犯 罪 学

（第二版）

主　　编：辛　科

副 主 编：赵晓静　陈荣娇

参编人员：（以撰写章节先后为序）

赵晓静　李　艳　辛　科

胡俊文　陈荣娇　田智敏

周红杰　朱慧灵　闫洪涛

法律出版社

LAW PRESS · CHINA

——北京——

图书在版编目(CIP)数据

犯罪学 / 辛科主编. -- 2版. -- 北京：法律出版社, 2020(2023.8重印)
ISBN 978-7-5197-4433-5

Ⅰ. ①犯… Ⅱ. ①辛… Ⅲ. ①犯罪学—高等学校—教材 Ⅳ. ①D917

中国版本图书馆CIP数据核字(2020)第063210号

犯罪学(第二版)
FANZUIXUE(DI-ER BAN)

辛 科 主编

责任编辑 李 群 陈 熙
装帧设计 贾丹丹

出版发行 法律出版社
编辑统筹 法规出版分社
责任校对 张红蕊
责任印制 耿润瑜
经　　销 新华书店

开本 710毫米×1000毫米 1/16
印张 33.5 **字数** 637千
版本 2020年7月第2版
印次 2023年8月第3次印刷
印刷 永清县金鑫印刷有限公司

地址:北京市丰台区莲花池西里7号(100073)
网址:www.lawpress.com.cn
投稿邮箱:info@lawpress.com.cn
举报盗版邮箱:jbwq@lawpress.com.cn
销售电话:010-83938349
客服电话:010-83938350
咨询电话:010-63939796

书号:ISBN 978-7-5197-4433-5
定价:59.00元

第二版前言

本教材第一版由法律出版社 2015 年 1 月出版，注重体系的完整性、内容的科学性和知识信息的新颖性，出版发行以来，受到了读者广泛的欢迎和好评。鉴于本教材第一版至今已经五年了，我国犯罪学研究及司法实践又有了新的进展，为了及时反映最新的理论研究成果及立法实践，更好地服务犯罪学的教学科研需要，在法律出版社的支持下，我们对本教材进行了修订并交付出版。

本次修订主要内容如下：

第一章犯罪学概述，修改犯罪学研究对象、犯罪学学科性质相关内容。

第三章犯罪学的思想渊源、创立和发展，增加“现代犯罪学”部分。

第四章犯罪现象，第三节犯罪现象的测量增加“官方犯罪统计的作用与局限”“我国犯罪黑数的现状与原因”；第四节新中国的犯罪现象增加 2008 年至今的犯罪数据；【延伸阅读】改为“犯罪化与非犯罪化”。

第九章犯罪原因理论，后附【经典人物介绍】龙勃罗梭，改为【延伸阅读】“中国犯罪原因研究的现状与困境”。

第十一章犯罪的个体因素，【经典案例剖析】改为【延伸阅读】“精神病的司法鉴定”。

第十三章犯罪预测，【延伸阅读】改为“大数据与犯罪预测”。

第十五章刑事政策，第三节增加“社会治安综合治理的发展与完善（2011 年至今）”。

第十六章罪犯矫正，第四节社区矫正修改完善第一部分社区矫正的概念和特征，第三部分修改为社区矫正面临的缺陷及困境，增加第四部分“我国社区矫正的立法进展”，增加第五部分“社区矫正的未来展望”。

第十八章财产犯罪，第二节我国的财产犯罪部分增加 2013—2017 年我国财产犯罪数据；【延伸阅读】改为“最高人民法院发布六起惩治电信诈骗犯罪典型案例”。

第十九章经济犯罪，修改完善第二节我国经济犯罪的现状部分；【经典案例剖析】改为【延伸阅读】“公安部：涉众型经济犯罪十大典型案件”。

第二十章暴力犯罪，第二节我国的暴力犯罪部分增加2013—2017年我国暴力犯罪数据；【经典案例剖析】改为【延伸阅读】“校园暴力”。

第二十一章未成年人犯罪，修改完善第二节未成年人犯罪的现状部分，补充了近年来未成年人犯罪的情况及发展趋势；文末【经典案例剖析】改为【延伸阅读】“美国青少年犯罪矫治体系”。

第二十二章有组织犯罪，修改有组织犯罪现状部分，增加有组织犯罪的发展趋势部分；【延伸阅读】改为“我国2018年开展，扫黑除恶，专项斗争以来的成果和新动向”。

第二十三章职务犯罪，修改完善第二节职务犯罪现状部分，增加“十八大以来我国反腐败的状况与特点”；修改完善第二节职务犯罪对策部分；【延伸阅读】改为“联合国反腐败公约”。

第二十四章计算机犯罪，修改计算机犯罪的现状部分；【经典案例剖析】改为【延伸阅读】“计算机黑客”。

第二十五章流动人口犯罪，修改完善我国的流动人口犯罪的现状及原因部分。

共删减、增补、修改六万余字。

本次修订，考虑到修订出版时间等因素，由主编辛科统一修订。感谢法律出版社的领导和本书责任编辑为本书出版所给予的支持；感谢我的同事山东政法学院副教授刘伟博士对本书修订提出的建议；感谢山东政法学院刑事司法学院2017级鼎山班甘信达和李静逸同学帮助收集部分犯罪统计数据资料。

编　者
2020年4月

前　言

犯罪学尽管在国外已经有一百多年的历史了，但它在中国的兴起和研究时间较短，尚处于初创时期。犯罪学具有很强的理论性和实践性，它以社会中的犯罪现象作为研究核心，重在探求犯罪的原因，力求从理论上探索有效解决犯罪问题的正确途径，并最终服务于预防和治理犯罪的社会实践。犯罪学的基本理论和实践方法，对创造良好的社会治安环境，促进改革开放和社会主义现代化建设有极为重要的意义，因此，它是法律类及警察类专业学生必修的重要课程。

为了适应高素质人才培养的需要，我们组织编写了本教材。

本教材分为五编：绪论、犯罪现象论、犯罪原因论、犯罪对策论、犯罪类型论，共25章，分别对犯罪学中各个方面的问题进行了阐述。为了更好地反映犯罪学研究的前沿，本教材在传统的理论体系中增加了刑事政策、罪犯矫正（包含社区矫正）、恢复性司法等内容。本书作者均为从事犯罪学教学及研究的一线人员，专业功底较为扎实，有的还具有多年的司法实践工作经验，也使本教材理论性与实践性结合得更为紧密，更适应教学的需要。

本书由辛科任主编，赵晓静、陈荣娇任副主编，各位作者在完成初稿后，对稿件进行了校对完善，辛科进行了统稿。

具体分工如下（以撰写章节先后为序）：

赵晓静　（宁夏司法警官职业学院）：第一、六、七章

李　艳　（安徽警官职业学院）：第二、三、十三、十七章

辛　科　（山东政法学院）：第四、十一、十二、十五章及各章后附延伸阅读或典型案例部分

胡俊文　（湖南司法警官职业学院）：第五、二十一章

陈荣娇　（江西司法警官职业学院）：第八、十章

田智敏　（云南司法警官职业学院）：第九章
周红杰　（山西警官职业学院）：第十四章
朱慧灵　（河南司法警官职业学院）：第十六、十九、二十四、二十五章
闫洪涛　（黑龙江司法警官职业学院）：第十八、二十、二十二、二十三章

本书在写作过程中参阅了大量的著作与文献，基本都已经在文中注释中标注出来，不再一一列出，在此深表谢意，若有疏漏，敬请谅解。

由于犯罪学在我国尚属年轻的学科，加上作者水平所限，时间要求紧，书中疏漏和不妥之处在所难免，敬请各位读者及专家批评指正。

目　　录

第一编　绪　　论

第三编　犯罪原因论

第四编　犯罪对策论

第五编　犯罪类型论

第一编　绪 论

第一章

犯罪学概述

第一节　犯罪学的概念及其研究对象

一、犯罪学的概念

（一）定义犯罪学概念的困难

“犯罪学”一词由法国人类学家托皮纳尔于1879年在其所著《人类学》一书中首次提出。1885年，意大利犯罪学家加罗法洛的代表作《犯罪学》问世。此后，“犯罪学”一词被学者们普遍接受。①

犯罪学以犯罪问题为研究核心，进行研究时，首先必须弄清楚犯罪学中的犯罪概念才能够进一步地进行犯罪学领域各种问题的研究。迄今为止，关于犯罪的概念至少产生了数十种观点。这些观点是人类在探讨“犯罪是什么”这个问题方面主要智慧的反映，体现了不同的人在社会发展阶段上对于犯罪问题的认识深度和广度。② 由于犯罪概念复杂，导致犯罪学概念的复杂。与此同时，在犯罪学的研究视角上，因其具有广泛性的特点，它既可以从刑法学的角度去研究，也可以从社会学、人类学、生物学、心理学、伦理学等多方面进行研究，这也是导致犯罪学概念在确定上存在难度的原因之一。作为一门有关犯罪的专门知识体系，犯罪学自19世纪后期在欧洲产生以来，并不存在一个表述完全一致的定义。

---

① 莫洪宪主编：《犯罪学概论》（修订本），中国检察出版社2003年版，第1页。

② 荣月：《犯罪学基本范畴探究——论犯罪学中的犯罪概念》，载法律教育网，最后访问日期：2004年8月4日。

（二）犯罪学的概念及其特征

1. 犯罪学概念的不同观点

如果不能够对犯罪学的概念进行明确的定义，就会直接影响犯罪学理论的研究方向及研究内容。在犯罪学的概念问题上虽然争议颇多、观点不同，但有一点是肯定的，那就是犯罪学是研究犯罪问题的科学，无论从何种角度来定义都不能脱离这一主题。关于犯罪学概念，在犯罪学领域存在多种不同的学说，但归纳起来主要有以下几种：

（1）不承认犯罪学是一门独立的学科，犯罪学的研究内容可以包括在刑法学之中。这种观点主要是反映在某些刑法学家的早期著作中。

（2）认为犯罪学是一门从广义上去解释犯罪现象的科学，包括对犯罪现象、原因、与犯罪作斗争、刑事政策问题、刑罚以及刑法的研究。此种观点的代表人物是美国经典犯罪学学派的代表萨瑟兰和其学生克雷西。

（3）认为犯罪学是最广义的犯罪科学中关于犯罪现象和犯罪原因的科学，与犯罪侦查学、刑法学和刑事政策学并列。

（4）认为犯罪学就是对犯罪人及对其所采取的措施的研究。

（5）狭义地认为犯罪学就是一门关于犯罪现象和犯罪原因的科学。此种观点是把犯罪和犯罪者作为整体进行分析和综合研究，探索犯罪发生的原因及其规律。这种观点主要是一些欧洲犯罪学家的观点，目前较少采用。

2. 犯罪学的概念及其特征

犯罪学就是关于犯罪现象及其产生原因和预防对策的刑事科学知识体系。① 或者表述为犯罪学是研究犯罪的产生、发展、变化的原因及其规律，探求预防、减少犯罪之途径的一门综合性学科。② 犯罪学具有以下特征：

（1）犯罪学是一门以犯罪为中心开展研究的学科，犯罪中心性是其基本特征之一。无论如何给犯罪学下定义，或者是何种学派给犯罪学进行定义，有一点是相同的，即犯罪学是以犯罪问题为核心所进行的学科研究。③

（2）犯罪学是一门对犯罪现象进行研究的综合性学科。犯罪学所研究的是最广义的犯罪行为，不仅包括法律意义上的犯罪行为，还包括其他违反社会规范的违法行为。与此同时，它的研究内容涉及从刑事立法、刑事违法到刑事司法的整个过程，涉及从犯罪现象、犯罪原因到犯罪对策的所有方面。这就显示出犯罪学研究犯罪内容的综合性和广泛性，是其他任何一个学科都难以比拟的。犯罪学

---

① 郭建安：《论犯罪学的研究对象》，载《江苏警官学院学报》2008 年第 1 期。

② 莫洪宪主编：《犯罪学概论》（修订本），中国检察出版社 2003 年版。

③ 吴宗宪：《论犯罪学的诞生》，载《林海（犯罪学流派）》2009 年 12 月 7 日。

不仅要研究每一个具体的个人实施犯罪行为的诸多问题，也要研究多人结合在一起实施犯罪行为的诸多问题，还要研究作为一种社会现象的整个犯罪现象的大量问题。在犯罪学研究的过程中，需要利用很多学科的理论和方法对犯罪问题进行探讨，所涉及的学科包括哲学、伦理学、法学（特别是刑事法学）、人类学、生物学、医学、统计学、精神病学、心理学、社会学、经济学等。利用这些学科的理论观点和方法，对犯罪问题进行多学科、多角度的研究，因此更充分地体现了犯罪学具有综合性的特征。①

（3）非规范性。犯罪学的非规范性是指犯罪学及其研究不受法律规范约束的特性。如犯罪学家赫尔曼·曼海姆所指出的，“犯罪学不是一种规范性学科，而是一种事实性学科”，是研究客观存在的犯罪事实或者犯罪现象本身，探讨它们的存在方式、发生原因、变化规律以及控制、预测和预防等问题。犯罪学的非规范性体现为犯罪学研究犯罪的非法律方面的特性。犯罪学研究的非法律性主要表现在对法律中没有规定为犯罪却有社会危害性的行为，以及关注犯罪行为的非法律特征的研究，例如，侧重于对犯罪现象的状况、犯罪人的心理问题、社会环境因素对犯罪行为的影响问题、犯罪行为发生的规律、控制和预防犯罪等方面的研究。②

二、犯罪学的研究对象

（一）犯罪学的研究对象本身是个需要确定的问题

在犯罪学的研究对象问题上，由于上述犯罪学概念在确定上的难度，也就导致在犯罪学的研究对象问题上出现了多种不同的观点和学派，而且此种争论是伴随着犯罪学产生而产生，直到目前为止仍然没有形成一致的观点。虽然如此，并不影响犯罪学作为一门学科的发展，在不断的争论中，犯罪学为人类社会关于研究和解决犯罪这一难题做出了重要贡献。

一门学科的研究对象的确立，对这门学科的地位乃至发展具有至关重要的意义。犯罪学的研究对象就应该是以犯罪行为实施者，即犯罪人以及犯罪现象及其原因为内容，这是由犯罪学这门学科本身的性质所决定的。

（二）犯罪学研究对象与对应的犯罪概念

任何一门学科都有自己的研究对象，没有专门的研究对象就不会有学科自身的独立，更谈不上完善和发展。作为一门独立的学科，犯罪学应有其独立的研究对象。但从迄今为止的各种犯罪学理论来看，学术界对犯罪学的研究对象问题有

① 吴宗宪：《论犯罪学的诞生》，载《中国犯罪学学会第十八届学术研讨会论文集》2009 年。

② 吴宗宪：《论犯罪学的诞生》，载《中国犯罪学学会第十八届学术研讨会论文集》2009 年。

3 种观点，与此相对应，有 3 种犯罪学概念。

第一种观点认为，犯罪学的研究对象是犯罪及一切有关问题，与此相对应，犯罪学的概念应表述为：与犯罪研究有关的一切学科的总称，一般称为大犯罪学，实际上也是刑事科学的同义语。

在这种大犯罪学的概念之下，一切与犯罪有关的现象、事实、制度、规范等都是其研究对象。这样就使得大犯罪学的研究对象显得繁杂、宽泛、缺乏独特性，因而也就难以使它成为一个具有完整科学体系的独立学科。所以，现代绝大多数的犯罪学家都不采纳这种观点。但也有少数学者采用，如 1982 年日本犯罪学研究会编撰出版了一本《犯罪学辞典》，从内容上看，涉及犯罪问题的各方面知识主题。1989 年，我国学者郭翔、鲁士恭主编的《犯罪学辞典》，同样也是采用的这种观点。

第二种观点认为，犯罪学的研究对象是犯罪现象及其产生的原因。犯罪学的概念相应表述为：研究犯罪发生、变化、发展原因的科学。通常称为狭义犯罪学，又称为犯罪原因学、犯罪病原学。

狭义犯罪学的研究对象不包括犯罪的预防控制，而仅仅局限于研究犯罪的原因，并且提倡以综合的眼光、跨学科的方法来分析这些原因。例如，探讨犯罪的生物学原因、心理学原因、社会学原因以及自然地理原因等。而对于犯罪的预防控制，则另设一门刑事政策学来加以解决。对犯罪学研究对象的这种狭义理解，是有其历史原因的。1876 年，意大利学者龙勃罗梭出版了《犯罪人论》，创立了现代犯罪学。从犯罪学产生到 21 世纪初，犯罪学的基本研究对象是犯罪人，犯罪学的理论体系就是在犯罪人个体这个基础上建立起来的，这种犯罪学理论的基本方向就是到犯罪人个体之中去寻找犯罪产生的原因。这种研究原因的倾向，在现代犯罪学的研究中一直延伸下去，各个学派如犯罪生物学、犯罪社会学、犯罪心理学等各自从不同的专业背景出发，探讨了犯罪的产生原因。所以，犯罪原因学几乎成了犯罪学的同义语。

狭义犯罪学在现代一般分为两大支：一是犯罪生物学；二是犯罪社会学。犯罪生物学是用生物学的观点来研究犯罪人的人格、素质上各种因素对犯罪的影响。例如，人的身体形态、体质、性别、性格、心理状态、精神因素、遗传关系等与犯罪的关系。犯罪社会学则是用社会学的方法来研究犯罪现象，研究社会结构以及社会生活诸条件对犯罪的影响。如家庭、学校、社区环境以及教育、职业、婚姻、经济状况、文化等社会因素与犯罪的关系，以及季节、气候、地理等自然环境对犯罪的影响。

从现实状况来看，德国、法国、意大利等欧洲大陆国家的犯罪学大多采用这种狭义犯罪学的概念。我国也有部分学者倾向于犯罪社会学的研究。

第三种观点认为，犯罪学的研究对象是犯罪现象、犯罪原因、犯罪控制，认为现象、原因、控制是犯罪问题的不可分割的组成部分。犯罪学的概念相应表述为：研究犯罪现象、犯罪原因和犯罪控制的科学。通常称为广义犯罪学。

这种理解认为，犯罪学研究的目的在于揭示犯罪产生、发展变化及其消亡的客观规律，进而寻求减少、预防甚至消灭犯罪的途径。犯罪原因不仅是犯罪现象得以产生的根据，而且也是制定犯罪预防对策的基础。犯罪预防是研究犯罪原因的落脚点和归宿，离开犯罪预防，犯罪原因的研究就失去了实际意义。因此，犯罪学应该既研究犯罪原因，也研究犯罪预防对策，如果仅仅说明了什么是犯罪，为什么会产生犯罪，而没有提出有效的预防犯罪的对策措施，那就不是一门完整的犯罪学。国际著名犯罪学家德国学者汉斯·约阿希姆·施奈德曾在其专著《犯罪学》中系统地概括了广义犯罪学的研究对象："犯罪学是人道和社会科学，它对个人和社会的犯罪化和非犯罪化过程作经验型研究，并把获得的知识介绍给立法者和执法者。其研究对象包括以下各个过程：刑事立法、社会越轨行为的产生和消失、犯罪现象与犯罪行为的形成以及与犯罪行为作斗争、犯罪人个性与犯罪生涯、被害人个性与被害人生涯、对犯罪行为的正式反应（如通过刑事护法实践）、非正式的社会监督（如通过家庭、学校）、习惯性越轨行为和习惯性犯罪行为。这些过程的相互影响并且作为个人和社会的犯罪化和非犯罪化过程形成一定的相互作用顺序。按照这一定义，犯罪学家就能够对刑事立法与司法保持距离，并进行批判性分析。"①

从世界范围来看，广义犯罪学在英美学术界多被采用，从20世纪五六十年代开始主张，现已成为当今世界犯罪学研究的主流。我国许多学者也都接受了这种概念。

（三）我国犯罪学研究对象的确立

犯罪学的研究范围，国外有广义与狭义两种理解；而我国的犯罪学研究者在较短的时间内，就形成了比较一致的看法，即犯罪学应该是广义的犯罪学，它的研究范围应该包括犯罪现象、犯罪原因、犯罪对策三个方面。研究犯罪原因和犯罪现象的根本目的，就是制定出合理而有效的犯罪治理对策。通过对犯罪现象和犯罪原因的研究，揭露出现实生活中的矛盾与问题，正是由于这些问题与矛盾的存在，才导致了绝大多数犯罪的发生。因此，只有从政治、经济、文化等方面一起着手，才能解决这些产生犯罪的社会问题，从而更有效地控制犯罪的发生及其带来的危害，达到治理犯罪的目的。

---

① ［德］汉斯·约阿希姆·施奈德：《犯罪学》，中国人民公安大学出版社、国际文化出版公司1990年版，第96～97页。

随着犯罪学学科的发展，总体来看，我国还是趋向于往扩大研究对象的方面发展的，所以应该从多角度、多方面来考察犯罪学的研究内容。本书采用广义犯罪学的观点确定犯罪学的研究对象，即犯罪学是以犯罪现象、犯罪原因、犯罪人、被害人、犯罪预防与控制为研究对象的。其具体内容有以下几方面：

1. 犯罪现象

犯罪现象是一种社会法律现象，它是一个国家在一定历史时期所发生的全部犯罪行为的总称。[①] 犯罪现象是犯罪学研究的前提和基础。无论是犯罪原因的研究，还是犯罪预防的探索，都离不开对犯罪现象的科学分析和描述。犯罪现象的基本表现形式包括：犯罪状况、犯罪结构和犯罪动态[②]以及犯罪人和被害人及被害现象等内容。

2. 犯罪原因

犯罪原因，是指引起犯罪发生的各种因素相互作用而形成的一个系统。主要包括犯罪根源，犯罪原因（指狭义的、直接引起犯罪的原因），犯罪条件和犯罪的相关因素等几个层次。

3. 犯罪人

犯罪人，是指实施了违法犯罪行为以及其他严重社会越轨行为，应受法律和道德责罚的自然人。[③] 犯罪学研究本质上是对人及其社会的研究和认识，关于犯罪人的研究在犯罪学中具有重要意义。

4. 被害人

被害人，是指因遭受各种犯罪侵害而受到损害或损失的人。由于被害人关系犯罪原因、犯罪表现与犯罪防治，特别是与犯罪原因密切关联，所以对被害人的研究必然是犯罪学重要的研究内容之一。

5. 犯罪预防与控制

犯罪预防与控制主要是指犯罪的防控问题，包括犯罪预测、犯罪预防、犯罪矫正和犯罪控制等方面内容。犯罪预测，是指运用各种科学知识和技术手段对不同时期的犯罪情态和可能出现的犯罪结果进行宏观上的事先推测和估计的犯罪研究工作过程；犯罪预防，是指从总体上调动一切积极因素和可能力量，最大限度地消除产生犯罪的主客观因素和阻止犯罪行为与结果发生的客观工作过程；犯罪矫正，是指对那些已经犯罪或有劣迹的人员，将其犯罪行为视作一种变态，从而进行挽救、医治或惩治等一系列工作过程；犯罪控制，是针对犯罪的产生与发展

---

① 魏平雄、赵宝成、王顺安主编：《犯罪学教程》，中国政法大学出版社 1998 年版，第 91 页。

② 莫洪宪主编：《犯罪学概论》（修订本），中国检察出版社 2003 年版，第 42 页。

③ 许章润主编：《犯罪学》，法律出版社 2007 年版，第 108 页。

的状况，为了掌握或把握住犯罪，不使其任意泛滥或超出一定的范围，从而采取的控制和制止犯罪的一系列客观工作过程。犯罪预测是犯罪防控的前提，犯罪预防是犯罪防控的基础，犯罪矫正是犯罪防控的根本，犯罪控制是犯罪防控的关键。①

第二节　犯罪学的学科性质及体系

一、犯罪学的学科性质

对犯罪学的学科性质作正确归属，有助于犯罪学的繁荣和发展。由于对犯罪学的研究对象及定义的不同理解，学者们对犯罪学的学科性质也有不同的认识，概括起来有四种观点：

第一种观点认为，犯罪学是法学的一个分支。持这种观点的学者认为，只有法律才能规定什么是犯罪，什么不是犯罪，犯罪行为是一种法律行为。犯罪学是在法律规定的基础上，研究犯罪的原因及各种控制手段，甚至有的学者把犯罪学视为刑法学的一个部分，认为犯罪学是刑法学的辅助学科，它必须依附于刑事法律，不能独立于刑事法律科学之外而存在。理由是犯罪学研究的客体是由刑事法律予以规定的，犯罪学的产生起源于刑事法律科学，犯罪学的阶级性取决于它所服务的刑事法律的性质。但从目前的研究趋势来看，仅仅用法学来概括犯罪学的学科属性是不完全的。应当看到，犯罪不仅仅是一种法律现象，更是一种社会现象，现代犯罪学的许多问题已经超出了法律现象和法律关系的范畴，是不能仅靠法律手段所解决的，如犯罪原因和促使犯罪实施的条件以及犯罪的一般预测和一般社会预防等。另外，犯罪学研究的目的之一是对刑事立法和刑事司法以理论指导，如果把犯罪学局限于法学的范畴之内，甚至仅仅认为它是刑法学的附属学科，则将使犯罪学丧失其独立性，更谈不上起指导作用了。如果犯罪学仅仅局限于对刑法所规定的犯罪行为进行研究，而不考虑用已经发生了变化的价值观念等对刑法规定之外的有害于社会的行为进行研究，就不能更好地完善和修改刑法，使之适应已经变化了的情况。

第二种观点认为，犯罪学是社会学的一个分支。这是在西方国家最为流行的一种观点，理由如下：

---

① 莫洪宪主编：《犯罪学概论》（修订本），中国检察出版社2003年版，第276、278、279页。

1. 从研究主体来看，犯罪学家中占比率最高、影响最大的是社会学家；在当代犯罪学研究中，阵容最强、著述最多的是社会学理论。而且，在西方，许多大学的犯罪学课程不是在法律系开设的，而是在社会学系开设的。

2. 从研究方法来看，社会学的研究方法在犯罪问题的研究中已经显示出了巨大的生命力，如调查法、统计法等。

3. 从研究对象来看，许多学者认为，犯罪是社会问题之一，它在本质上是一种社会现象；与犯罪产生有关的因素中，绝大部分是社会因素；犯罪控制实质上也是社会控制的一种。总之，犯罪学是社会学的一个分支。

但是应当承认，犯罪行为是一种法律行为，犯罪学中的一些基本概念如犯罪学现象、犯罪人、犯罪预防等，也是首先由刑事法学如刑法学、刑事诉讼法学等提出和研究的；另外，一些学者认为，将犯罪学看作社会学的一个部分，会使犯罪学脱离法学，由此会导致犯罪学对象的边沿如反社会现象、越轨行为等模糊不清。因此，仅仅用社会学来归属犯罪学的学科属性也是不十分恰当的。

第三种观点认为，犯罪学是一门交叉学科，是社会学与法学的交叉，是社会法学，又称法社会学，是用社会学的方法研究法律现象科学。一方面，犯罪学是用社会学的调查统计法和各种社会学理论去研究犯罪；另一方面，犯罪学研究的是法律所规定的犯罪。例如，中国政法大学魏平雄教授主编的《犯罪学》就是这样来界定犯罪学的学科属性的。“犯罪学是处在法学和社会学之间的一门边缘学科。它以人类社会中的犯罪现象、犯罪原因和犯罪预防为研究对象，因此可以划入法学的范围之内”，“但是，犯罪学在研究犯罪现象产生的原因时，又要涉及法学以外的社会科学……因此，犯罪学又具有社会学的内容，具有‘软科学’的特征。”

但是从当代犯罪学的研究来看，无论是研究方法还是研究对象，都不仅仅局限于社会学和法学范畴，这使得学界对这一学科的归属也产生了不同的意见。

第四种观点认为，犯罪学是一门综合学科，它以法学、社会学、心理学、经济学、医学、精神病学、生物学等多门社会科学和自然科学为知识背景，对犯罪现象从多种角度、运用不同方法进行多方面的研究。

现代大多数犯罪学研究者认为，犯罪是一种极其复杂的社会法律现象，它具有多个侧面、多个层次，因此，对犯罪问题进行研究不能只从一个角度出发，不能只运用某一门学科的方法，而应该有多个视角，从多种学科立场出发，运用多种理论方法取长补短，共同解释犯罪问题。在犯罪学的知识背景中，既有社会科学的理论、学说，也有自然科学的原理、方法，其中无论哪一门学科都无法单独解决犯罪学中的一些基本问题。这一观点在美国、英国、意大利、法国、德国等西方国家被普遍认可，我国也有部分学者持这种观点。

把犯罪学当作一门综合学科来看待，使得它有着广阔的发展前景。从研究方法论上来看，犯罪学的研究方法不再仅仅局限于社会学的调查统计法，其他一些社会科学的方法甚至自然科学的方法也在犯罪学研究中得以应用，例如，当代科学的“三论法”——信息论、系统论、控制论，已经开始为学者们所使用，这就使犯罪学的研究思路大大拓展了，对犯罪问题的研究也更深入了；从研究范围来看，作为综合学科的犯罪学，不再局限于法学的范畴，不再依附于《刑法》，仅仅对规范作出解释。犯罪学不再把犯罪仅仅看作《刑法》所定义的犯罪，而是从多种角度、多个学科出发，对犯罪这个事实作出自己的理解；不仅仅对法定犯罪进行研究，而且对与法定犯罪相关的一些行为如一般违法行为、不道德行为、社会越轨行为及其他具有社会危害性的行为进行研究。这使犯罪学就处在一个较高的位置上，真正地起到了对刑事立法和刑事司法的指导作用。

综上所述，我们认为，犯罪学应当是一门综合学科，它以几门、十几门社会科学和自然科学作为自己的知识背景，运用多种理论方法对犯罪问题进行全过程的研究。在这些知识背景中，法学、社会学、心理学是犯罪学的三大支柱学科，它们是描述犯罪现象、解释犯罪原因、提出犯罪控制对策的基础科学。

二、犯罪学的学科地位

（一）从学科地位上看，犯罪学处于一级学科的地位

学科地位的确定不是人为的，更不是一种任意性的安排，而实际是一种科学评价。学科地位的评价最终取决于该学科所承担的社会任务和学科研究对象所处的社会地位。犯罪学把犯罪现象作为研究对象，其最终目的旨在减少和预防犯罪、控制犯罪，因此其研究的方法和手段涉及对犯罪现象的宏观、规律性的研究，已经探究到犯罪这种社会现象的社会根源及其规律，是属于研究社会现象的社会科学。社会科学的作用就在于对国家的政治、经济乃至文化有重要的影响。犯罪现象不仅影响国家的政治稳定、社会环境，而且是一种无法消除的社会现象。由此种种，可见犯罪学在犯罪现象的影响下，其在理论构架和逻辑内容上都应当属于一级学科的地位。①

（二）犯罪学应当成为一级学科还不等于实际上已经成为一级学科

成为一级学科的条件和要求是比较高的，比如学科的发展水平，该学科的学科群的形成。虽然我国的犯罪学研究起步较晚，但是在犯罪学的研究领域，我国学者经过几十年的努力，在学科各领域已经形成了比较成熟的理论体系，形成了具有自己特色的研究体制。当然，我国的犯罪学研究在某些领域是比较滞后的，

① 王牧主编：《新犯罪学》，高等教育出版社2010年版，第8～9页。

比如在实证研究方面与西方国家的研究水平上还有差距。但是这些都不影响犯罪学作为一级学科的地位。犯罪学产生后，以犯罪问题为中心的学科逐步发展起来，形成了以犯罪社会学、犯罪心理学、犯罪人类学、犯罪生物学、犯罪统计学、犯罪地理学、犯罪环境学、犯罪对策学（刑事政策学）等为内容的犯罪学的学科体系。由此，可以看出犯罪学作为一级学科的基本条件均已具备。[①]

但是直到目前，我国依然存在把犯罪学作为刑法学之下的辅助学科对待的实际情况，只是把犯罪学作为刑法学的一个研究方向。这样就会导致犯罪学的研究方向偏差，影响犯罪学作为一门学科的发展，同时对刑法学的发展也非常不利。这种情况的出现是犯罪学的历史发展原因所导致的。

三、犯罪学的理论体系

犯罪学的理论体系是以犯罪现象的存在为核心，研究犯罪现象的产生、本质、存在形态、发展变化规律和对策的。[②] 体系，从哲学上讲是由若干相关因素相互联系、相互作用而形成的整体。多年来，犯罪学的体系问题在国外一直没有得到较好的解决。我国在改革开放以来，犯罪学研究有了长足发展，虽然起步较晚，但在研究内容和理论体系的构架上并不落后。在犯罪学的理论体系问题上基本形成一致的认识，促使我国犯罪学理论体系的基本形成。

犯罪学理论体系一般认为是“四论”，即绪论、犯罪现象论、犯罪原因论和犯罪对策论。我们认为，犯罪学理论体系还应包括犯罪类型论。犯罪学理论体系应包含以下内容：绪论、犯罪现象论、犯罪原因论、犯罪对策论和犯罪类型论。

（一）绪论

绪论主要讲犯罪学的概念、学科性质及其功能和作用；犯罪学的研究对象及其研究方法；犯罪学的思想渊源、创立和发展等。

（二）犯罪现象论

犯罪现象是由犯罪行为所决定的犯罪经验事实的总称，是犯罪学本体理论的重要范畴。犯罪现象研究应包括：第一，犯罪现象的概念特征，包括历史性特征、阶级性特征、法律性特征、社会危害性特征。第二，犯罪现象的构成要素，包括犯罪状态，犯罪结构，犯罪动态，犯罪人研究、被害人研究等内容，把握其最主要的影响因素，尤其是社会因素和法律因素等。第三，犯罪现象的规律，包括经济发展与犯罪内在联系的规律，现代化、城市化与犯罪内在联系的规律，文化冲突与犯罪内在联系的规律，社会变迁和犯罪内在联系的规律，以及犯罪的时

① 王牧主编：《新犯罪学》，高等教育出版社 2010 年版，第 8～9 页。

② 王牧主编：《新犯罪学》，高等教育出版社 2010 年版，第 8～9 页。

空分布规律，性别、年龄、职业分布规律等。深入研究犯罪规律，不仅有利于弄清犯罪原因，而且可以为研究犯罪防控对策提供重要保障。

（三）犯罪原因论

研究犯罪现象，就是为了查明犯罪原因，所以，犯罪原因研究是犯罪学本体理论最重要的内容。对每一种犯罪现象、犯罪类型、犯罪发展趋向都必须揭示其存在的原因，这是犯罪学研究的基本思维。犯罪原因是犯罪根源的具体化，指产生犯罪的各种因素的总和。它本身也是一个错综复杂的系统，既包括政治、经济、文化、法制原因，又包括心理、生理和人格原因，还包括客观原因和主观原因、直接原因和间接原因等。犯罪学的本体理论应该揭示这些犯罪原因相互作用的机制和过程，以及由此造成的错综复杂的犯罪态势；应该包括对中外犯罪原因的基本理论研究，犯罪的环境因素，犯罪的个体因素等内容。

（四）犯罪对策论

犯罪对策论主要包括犯罪预防的一般理论，主要是犯罪预防的原则、根据、方法等。犯罪预防是犯罪控制的重要手段，犯罪预防做不好绝不可能进行有效的犯罪控制，所以，犯罪预防是犯罪防控体系的核心。犯罪预测，主要指犯罪预测的内容、对象和方法等。犯罪预测是进行有效的犯罪预防的前提和基础，因而在犯罪防控体系中占有重要地位。犯罪控制，主要指犯罪控制的原理、目标和措施，主要包括刑事政策、罪犯矫正等内容，涉及社会控制、文化控制、道德控制、司法控制、技术控制等方面知识。同时关注国外预防犯罪的理论与实践内容，以期对较好研究成果的借鉴。犯罪不能消灭，却可以控制，只要能把犯罪控制在人们能够容忍的限度内，社会就会处于稳定的状态。

（五）犯罪类型论

犯罪类型论主要是对各种类型的犯罪现状、原因及对策进行的综合性论述。它包括对财产型犯罪、经济犯罪、暴力犯罪、未成年人犯罪、有组织犯罪、职务犯罪、计算机犯罪、流动人口犯罪等内容的犯罪学研究。

第二节　犯罪学与相邻学科的关系

犯罪学作为一门交叉学科，与许多邻近学科存在密切的联系，它经常以邻近学科的研究成果来充实自己。犯罪学中的许多问题是借助其他一些学科的理论来解决的。如果不利用其他学科的成果，犯罪学是难以进行深入研究的。[①] 但是，毕竟犯罪学与邻近的学科存在研究领域及研究方法的本质区别，所以还必须将犯罪学与他们的关系厘清。

一、犯罪学与刑法学的关系

（一）犯罪学与刑法学的联系

刑法学和犯罪学的关系是非常密切的。一方面，犯罪学的研究必然要推进刑法学的研究。19 世纪末的整个欧洲刑罚改革在很大程度上是受刑事人类学的推动的。从现实的情况来说，比如未成年人司法体制的改革和变化，未成年人特殊处遇措施的规定，实际上是以未成年人犯罪问题的研究为基础的。从整个刑事立法不断修订和改变的过程来说，也是要借助于犯罪学中对整个犯罪走势的研究和对犯罪规律的探寻，来影响整个刑事立法向着适应实践要求这样一个方向发展。另一方面，犯罪学也会从刑法学中获取自己的研究灵感。如果说犯罪学能始终关注刑法学发展动态的话，也就为自己的研究找到了一个更切合实践要求的方向。比如，近年来人们逐渐感到，在对犯罪人进行量刑的时候，行为人的人身危险性是一个值得关注的问题。人身危险性与主观恶性之间的关系，其在整个定罪过程中的功能一直是刑法学关注的问题。人身危险性的考察涉及很多方面，犯罪人生存的环境、生理上的气质、性格以及血型等问题都会对人身危险性产生很大的影响。在犯罪学的研究中，通过对刑法学研究，可以从中找到犯罪学进一步研究的重点与方向。总之，关注刑法学越多，犯罪学的研讨空间就越大。[②]

（二）犯罪学与刑法学的区别

刑法学主要是研究关于犯罪和刑罚的法律理论，不是犯罪和刑罚这两个现象的本身，而只有犯罪学才是研究犯罪现象本身的。刑法学是研究法律的法学，犯罪学是研究事物规律的科学。

犯罪学与刑法学是有很大差别的，其中最主要的就是二者研究的出发点不同。刑法学中对于犯罪的研究首要的目的是追究犯罪，对犯罪人准确的定罪和量刑，尤其要遵守罪刑法定原则，着眼点主要是个体；而犯罪学中对于犯罪的研究首要的目的是预防犯罪，因此它就要着重考察犯罪行为的背景、动机、起因、发展、后果及刑罚和刑罚的效果，而且为了更加科学地进行犯罪原因和犯罪预防的考察，就必须将视野放得更宽，以便得出正确的结论，这使它所关注的往往更多

---

① 莫洪宪主编：《犯罪学概论》（修订本），中国检察出版社 2003 年版，第 16 页。

② 张旭：《刑事政策、刑法学和犯罪学三者关系的梳理与探究》，载《国家检察官学院学报》2009 年第 2 期。

的是类的个体或者说是群体。①

二、犯罪学与刑事政策学的关系

（一）刑事政策学是个独立的学科

从犯罪学的角度来讲，犯罪学有广义和狭义之分。狭义的犯罪学指作为事实学的犯罪现象论、犯罪原因论，不包括犯罪对策的内容，刑事政策学具有独立的学科地位。广义的犯罪学除了犯罪现象论、犯罪原因论外，还包括犯罪对策论，刑事政策不具有独立的学科地位。

刑事政策学就是以刑事政策为研究对象的理论体系。刑事政策学作为独立学科是伴随着犯罪学学科的独立而同步产生的。刑事政策学研究可用以限制危害行为在社会中的数量的手段，主要研究可用以预防危害行为的恰当的社会组织措施与以引起危害的人相适应的处理措施。刑事政策学是以犯罪学为基础学科的犯罪对策学，刑事政策学的研究成果需要通过刑法学予以实现。刑事政策学是犯罪对策学，那么，刑事政策就应该是对付犯罪的政策。从政策学的角度来讲，刑事政策只能是公共政策，以权力为支持的刑事政策则必须是国家制定的刑事政策。刑事政策学是研究犯罪现象对策的理论体系。②

（二）犯罪学与刑事政策学的联系与区别

在狭义犯罪学的理论范围内，刑事政策学与犯罪学处于平等的独立学科地位。这两个学科具有内在的逻辑联系。犯罪学不能没有作为犯罪对策的刑事政策学的支撑，尤其是只研究犯罪现象原因的狭义的犯罪学；而刑事政策学则不能没有犯罪学对犯罪原因的研究，否则，犯罪对策就失去了确切的针对性和有效性。

刑事政策是关于犯罪治理理念和价值、观念的集合，它更多是从权衡和价值判断层面对犯罪所进行的反映，其宗旨在于从总体上指引一个国家治理犯罪的实践和活动。犯罪学是为了预防犯罪和减少犯罪而对犯罪这一社会法律现象进行辩证研究的科学。因此，犯罪治理可以说是刑事政策和犯罪学之间的交融点。一方面，犯罪学是刑事政策得以形成的基础。犯罪学是刑事政策（学）的上游学科，是刑事政策得以形成和提出的基础。借助犯罪学的研究可以为刑事政策的形成提供现实的支撑和引领。从知识形态来说，犯罪学不仅要对犯罪问题进行客观描述，它还要分析犯罪原因、找寻犯罪规律、提出解释犯罪问题的内在机理。刑事

---

① 张旭：《刑事政策、刑法学和犯罪学三者关系的梳理与探究》，载《国家检察官学院学报》2009 年第 2 期。

② 张旭：《刑事政策、刑法学和犯罪学三者关系的梳理与探究》，载《国家检察官学院学报》2009 年第 2 期。

政策的形成源于犯罪学学科的发展和成熟，犯罪学对于刑事政策的形成和发展具有至关重要的基础和支撑作用。另一方面，刑事政策也是犯罪学发挥学科价值的基本路径。作为犯罪学的研究来说，可能有很透彻的把握，借助对犯罪演变趋势的考察可以预知犯罪在未来一定期间内可能呈现的变化趋势，借助于犯罪学的思考，可以对整个社会的犯罪现象有一个全面的了解。但是犯罪学的成果不能够被自然地应用到刑事立法和刑事司法当中，唯独刑事政策能够发挥此方面的作用。借助于犯罪问题的研究生成刑事政策，再用刑事政策来引领刑事立法和刑事司法。犯罪学要借助于刑事政策这样一个特定的纽带与刑法学有机地连接起来，没有刑事政策的连接，就没有犯罪学研究成果对于刑法学的引领和影响。①

三、犯罪学与社会学的关系

（一）社会学概述

社会学是对人类社会和社会互动进行系统研究的一门学科，它主要研究社会组织与个体（包括文化、社会及其结构、社会互动、社会化、群体与组织、社会问题等），社会不平等（包括社会分层与多种形式的社会不平等），社会设置（包括家庭、教育、宗教、政府等），社会环境与社会变迁等内容。社会学是研究社会运行和发展规律的学科，重点从社会中的人以及人与人、人与社会、人与自然的关系来研究社会。社会学对社会的调控是通过宏观和微观共同实现的。社会学在宏观方面着重研究社会运行与发展的规律。

（二）犯罪学与社会学的联系

犯罪学与社会学产生的历史时期大致相同，它们都产生于19世纪后半期。

由于犯罪现象是社会现象，又是各种社会矛盾的综合反映，这种现象产生的原因既是社会学研究的对象，又是犯罪学的研究对象，从而使犯罪学与社会学在研究内容上存在交叉现象。只不过社会学是从社会结构、社会控制功能、人的社会化过程存在的缺陷和弊病等方面进行研究，而犯罪学对犯罪人犯罪原因的研究需要借鉴社会学的研究成果才能深入进行。并且社会学的许多研究方法，如社会调查、社会实验、历史比较法、统计法等都是犯罪学研究可以使用的。② 另外，犯罪学与社会学在研究领域上有交叉现象，比如美国著名学者萨瑟兰既是社会学家又是犯罪学家。

（三）犯罪学与社会学的区别

犯罪学与社会学虽然在研究内容以及研究方法上存在交叉和重叠现象，但是

---

① 张旭：《刑事政策、刑法学和犯罪学三者关系的梳理与探究》，载《国家检察官学院学报》2009年第2期。

② 魏平雄、赵宝成、王顺安主编：《犯罪学教程》，中国政法大学出版社1998年版，第20页。

由于他们研究的角度和深度不同，二者之间仍然存在区别。社会学和犯罪学都对犯罪的社会原因进行研究，但是社会学对犯罪社会原因的研究不能反映犯罪原因的全部内容，以及犯罪的社会原因和犯罪人自身原因的相互作用过程。犯罪学不仅要研究犯罪的社会原因和犯罪的主体因素，及其相互作用的过程，而且还要研究犯罪现象的状况、特点和规律，进而为预防犯罪提供理论和实践依据。①

四、犯罪学与心理学的关系

（一）心理学概述

心理学是研究人和动物心理现象发生、发展和活动规律的一门学科，以人的心理现象为主要研究对象。现代心理学从很多方面研究人的心理活动和行为表现，从而形成了不同的心理学分支学科，如生理心理学、认知心理学、社会心理学、理论心理学等。犯罪心理学并不是犯罪学科部分领域与心理学科部分领域的简单拼凑，而是应用心理学的理论方法，研究犯罪学科的基本对象——犯罪人，从而形成交叉于这两门学科之间的一门新的独立的学科——犯罪心理学。②

（二）犯罪学与心理学的联系

在心理学与犯罪学的研究中，都涉及犯罪问题。犯罪学是研究犯罪现象的综合性学科，而犯罪心理学则是它的一个组成部分。犯罪心理学作为法律心理学（也称法制心理学）的一个分支是一门交叉学科，既是犯罪学学科体系中的一个分支学科又是心理学学科体系中的一个分支学科。心理学的成果，尤其是犯罪心理学的研究成果深化了犯罪学的研究内容，开阔了犯罪学的研究视野，为预防犯罪提供了重要的心理依据。③ 犯罪学在研究犯罪的状态、动力与原因等问题时既离不开犯罪心理学的资料，尤其是离不开揭示犯罪人心理活动规律的资料，也离不开犯罪心理学的研究手段。相反，犯罪学在研究犯罪人的个性特征时，尤其注重个体的道德和社会心理特点，反社会技能、观点、习惯等的成因，个体在犯罪集团以外的行为等心理因素。④ 另外，在犯罪学与心理学的研究中双方在研究方法上有一定重叠，首先在犯罪学研究中，大量使用心理学的研究方法；其次心理学和犯罪学研究往往遵循一些共同的方法论原则。⑤

（三）犯罪学与心理学的区别

犯罪学与心理学虽然关系密切，互相支撑，但各自作为一门学科毕竟在研究

---

① 魏平雄、赵宝成、王顺安主编：《犯罪学教程》，中国政法大学出版社 1998 年版，第 20 页。
② 罗大华主编：《犯罪心理学》，中国政法大学出版社 2002 年版，第 5 ~ 6 页。
③ 魏平雄、赵宝成、王顺安主编：《犯罪学教程》，中国政法大学出版社 1998 年版，第 19 页。
④ 王牧主编：《新犯罪学》，高等教育出版社 2010 年版，第 16 ~ 17 页。
⑤ 张绍彦：《犯罪学》，法律出版社 1999 年版，第 10 页。

领域内容上重点不同。在心理学中，犯罪只是其中一个很小的方面，犯罪问题仅仅是心理学的一个应用领域——法律心理学中探究的内容之一；而在犯罪学中，犯罪问题则是其研究的主要方向，并且犯罪学的整个研究都是以犯罪问题为核心的。由于犯罪学与心理学分属不同的学科，二者在进行犯罪问题的研究的方式及研究角度上是不同的。在心理学中，只是利用心理学自身的概念和学说探讨犯罪问题。而犯罪学则不然，其不仅是利用心理学的概念和学说探讨犯罪问题，也广泛利用其他学科的方法和知识进行犯罪问题的研究。心理学只是从犯罪心理上进行犯罪原因的研究，而犯罪学的研究则涉及犯罪的多方面形成原因研究，其研究的深度涉及犯罪现象、犯罪人、犯罪原因、被害人及被害现象、犯罪原因、犯罪预防、犯罪对策等方面。①

五、犯罪学与监狱法学的关系

监狱法学是研究罪犯的行刑与矫治的学科。犯罪学与监狱法学在涉及罪犯的教育矫治、预防犯罪等内容和措施上存在相互交叉的地方，因而这两个学科是有一定联系的。犯罪学在研究罪犯的犯罪主客观原因方面的成果，为监狱研究和制定罪犯矫治的方案和措施提供了理论依据。而监狱学通过对罪犯的个案研究和分类研究，以及对罪犯的生理特征、心理特征和社会特征等方面的统计分析，又为犯罪学研究犯罪人的各种因素提供了事实依据。所以这两个学科具有很强的互补性。②

六、犯罪学与经济学、教育学、伦理学的关系

（一）犯罪学与经济学的关系

经济学又可称为经济科学，是研究人类个体及社会在发展的各个阶段的各种需求和满足需求的活动及规律的学科。在经济学领域中，所有制结构特别是私有制，分配关系，经济发展过程中的地区差别，经济运行中宏观控制的失误和微观管理上存在的真空和漏洞，以及经济特质转轨过程中对社会的震荡所产生的各种问题（如各种利益关系的调整、人口流动、物价上涨等），对犯罪的诱发和增长都有极大的影响。犯罪学在研究犯罪产生的社会原因时，必须运用经济学的研究成果，深入探究犯罪的经济因素，以及经济体制转轨变型对社会的冲击力度与犯罪控制的关系。③ 我国目前处于社会转型期，必然产生许多社会问题，它涉及社

① 王牧主编：《新犯罪学》，高等教育出版社2010年版，第16～17页。

② 魏平雄、赵宝成、王顺安主编：《犯罪学教程》，中国政法大学出版社1998年版，第18页。

③ 魏平雄、赵宝成、王顺安主编：《犯罪学教程》，中国政法大学出版社1998年版，第20～21页。

会学及犯罪学的诸多方面，加强研究社会问题，提出解决方案，有利于预防和减少犯罪，特别是对控制犯罪具有重要意义。因此在这一特殊时期深入进行转型期社会问题的广泛研究，以及犯罪对策研究就显得尤为重要。

（二）犯罪学与教育学的关系

教育学是研究教育现象，揭示教育规律的科学，而家庭教育、学校教育和社会教育的内容和方法，对一个人的健康成长具有十分重要的意义。从统计情况来看，大量的事实表明，文化水平低、成长环境恶劣以及社会的不健康因素的影响等都是诱发犯罪的原因。因此，教育也是预防犯罪的重要手段。不仅要加强对潜在犯罪人的教育，使他们知法守法，防止他们形成反社会心理，也要对已经犯罪的人进行强化教学矫治，改造他们的犯罪意识。所以犯罪学必须借助教育学的研究成果和专门知识，研究教育制度、教育内容、教育方法、教育质量等方面存在的问题，为加强教育和预防犯罪提供依据。①

（三）犯罪学与伦理学的关系

伦理学是以道德规范、道德行为研究对象的科学。伦理学以道德现象为研究对象，不仅包括道德意识现象（如个人的道德情感等），而且包括道德活动现象（如道德行为等）以及道德规范现象等。伦理学将道德现象从人类活动中区别开来，探讨道德的本质、起源和发展，道德水平同物质生活水平之间的关系，道德的最高原则和道德评价的标准，道德规范体系，道德的教育和修养，人生的意义，人的价值和生活态度等问题。

道德规范是社会为了调整人们之间以及个人与社会之间的关系，要求人们遵循的行为准则，也是评价人们行为善恶的标准。道德是一种心灵的契约，只能靠人们自觉遵守，靠舆论来实现道德的力量，所以约束力比法律弱很多。道德不具备法律的能力。道德虽然不具有法律的强制性，但道德规范因其调整社会关系的广泛性和普遍的约束力，它调整的范围更加宽广。道德作为上层建筑的特殊成分和社会意识的特殊形式，在社会的经济、政治、精神生活中有其特殊的社会作用。犯罪是由犯罪动力引起的。所谓犯罪动力，即推动犯罪发生的内趋力、外诱力及与它们相对应的内控力和外控力等的差力关系的称谓。道德正因为具有消除犯罪动力的特殊功能，特别是社会主义道德教育，它是提高人们文明程度和内控力的基本方法。道德教育能够促使良好社会风范转化为人的意志，变为人的意识，就会增强人的内控力，阻止和限制犯罪内驱力的形成和出现。犯罪学认为，犯罪原因是指引起和影响犯罪发生的各种事物或现象。犯罪原因可分为两大类：一是犯罪的社会原因，是指社会中那些决定、促使、引起犯罪产生的社会因素的

① 刘杰：《社会转型时期青少年犯罪问题探究》，载《青少年犯罪研究》2010 年第 3 期。

总和。根据其内容性质可分为社会结构原因、政治原因、经济原因、文化原因（如道德规范）。二是犯罪的个体原因，是指可能引起犯罪行为产生的一切个人方面的因素，主要包括影响犯罪的心理因素（如道德失范）和生理因素两部分。人之所以走上犯罪道路，主要是受到客观环境中不良因素的影响，形成了不良的心理品质，产生了犯罪意念。犯罪行为是具有主观能动性的人的行为，最终推动这种行为产生的必然是行为人个人方面的原因。只有当犯罪的社会原因在人的意识中反映出来，并转化为个人内在的行为动力之后，才会驱使个人实施犯罪行为。犯罪人的世界观和人生观是极端的个人主义，并由此派生出扭曲的、腐朽的、没落的道德观。犯罪人的道德标准是倒错的，在他们眼里，衡量是非、善恶、美丑的标准不是社会公认的道德准则，而是是否能满足其个人欲望。① 任何故意的犯罪行为都是缺德的行为，因此犯罪学研究运用伦理学的专门知识，研究不良道德观念的形成条件及对犯罪的影响，研究社会主义道德对净化社会环境的作用，以及加强思想道德建设在预防犯罪中的重要作用，以及加强道德预防的途径和方法。②

第四节　犯罪学的功能与价值

一、犯罪学的功能

何为功能，即事物或方法所发挥的有利作用。犯罪学属于社会科学，其应该具有社会学的基本功能。犯罪是人类社会不可避免的社会现象，犯罪学是关于犯罪现象的本质和规律的知识，可以帮助人们确立科学的犯罪观。犯罪学又是刑法学的上位学科，对于刑事立法和刑事司法具有指引作用，并且犯罪学所包含的内容涉及多个学科，是一门综合性较强的交叉学科。鉴于犯罪学所具有的这些特性，犯罪学的功能就是以犯罪学的特性为基础，是特性与外部事物发生关系过程中所产生的效益。犯罪学主要具有认识、导向和促进以及教育训练等方面功能。③

（一）认识功能——认识犯罪规律

科学的价值在于能揭示事物存在和发展的规律，不揭示事物存在和发展规律

① 潘宇民：《加强思想道德建设是预防未成年人犯罪重要举措》，载浙江文明网，最后访问日期：2008 年 10 月 31 日。

② 魏平雄、赵宝成、王顺安主编：《犯罪学教程》，中国政法大学出版社 1998 年版，第 21 页。

③ 许章润主编：《犯罪学》，法律出版社 2007 年版，第 14 页。

的科学是不存在的。规律是事物发展过程中的必然联系和必然趋势，任何事物都有自己的发展规律。科学的任务就是要揭示规律，并用来指导人们的社会实践活动。犯罪是存在于现实社会中的有害现象，在犯罪学产生之前，人们没能真正认识犯罪的原因与规律。犯罪学的产生，使人类同犯罪的斗争从经验上升到理论，从而使人们能正确地认识犯罪，并卓有成效地与之斗争。犯罪学作为研究犯罪的一门学科，在确定其研究对象时，必须突出对犯罪规律的研究。

刑事政策的调整和犯罪对策的设计，都必须来自对犯罪现象的正确认识。正确认识犯罪现象的关键是认识犯罪规律。犯罪现象是一种由社会以及自然环境所决定的社会现象，必须到社会环境中去寻找犯罪现象变动的原因，才具有最大的实际价值。犯罪现象是犯罪学最主要的研究对象之一，研究犯罪现象的目的显而易见是认识犯罪的特性，探索犯罪产生的规律。犯罪规律是犯罪学的研究对象，是犯罪这一社会现象发展过程中的必然联系，它与政治、经济、文化甚至时间、地点、犯罪人的年龄、性别，都有一定的规律性联系。通过研究考察犯罪现象进而分析探究犯罪特征，查找犯罪产生的原因，并从中探究出犯罪的发生、发展和预防的规律，这是我们从事犯罪学研究的基本思路，也是我们认识犯罪规律的过程，由此也可以看出是犯罪学的认识功能所在。在犯罪学产生之前，人类同犯罪的斗争基本上是各种经验，而犯罪学产生后，人们通过对犯罪现象的研究，发现并认识到犯罪产生、发展的规律，并且能够根据这个规律，制定预防犯罪的措施，也从中发现了防止犯罪产生的各种方法以及对犯罪的治理方法等。这说明犯罪学的产生过程就是人类认识犯罪规律的过程。事实上由于犯罪现象的复杂性，直到今天我们仍然在探索犯罪的规律，并且想方设法、努力达到对犯罪的全部认识，但这个过程是很漫长的。①

犯罪规律分为犯罪基本规律和具体规律。基本规律指一切犯罪的本质特征和发展趋势；具体规律指某类犯罪（受时空条件限制）的特征和变化原因。对宏观犯罪规律的研究主要依靠对理论的思辨和论证，在犯罪基本规律的知识体系层面上所要求的内容抽象性特征明显，解释起来涉及面较宽。因为其所要反映的是所有犯罪的最基本的规律，这在实际的研究中本身是很困难的，犯罪是人的行为，具有许多的尚未了解的不可知性，由此，犯罪基本规律在操作上难度大。具体规律的知识恰恰相反，抽象程度低，解释现象面狭，操作性强。②

（二）导向功能——指导刑事政策

刑事政策是指国家基于控制、预防犯罪的目的，在刑事立法、刑事司法和刑

① 许章润主编：《犯罪学》，法律出版社 2007 年版，第 14 页。

② 许章润主编：《犯罪学》，法律出版社 2007 年版，第 14 页。

事执行领域所制定、执行的策略、方针、措施。① 刑事政策学是以犯罪学为基础学科的犯罪对策学，而刑事政策学的研究成果又需要通过刑法学来予以实现。不同国家在不同时期，刑事政策的具体内容有不同的侧重；制定（和调整）刑事政策所依据的认识的真理性程度也不尽相同，也就是说，并不是所有的刑事政策都是合理、有效的。从犯罪现状的把握和了解来看，整个犯罪学的研究要借助对犯罪现象的结构、犯罪动态的把握这些问题的分析和描述，帮助我们了解现存社会的犯罪发生、发展的规律，了解犯罪未来的走势，对这些规律和走势的认识是制定控制犯罪对策的前提和物质支撑。没有对现实世界的了解，整个刑事政策必然建立在虚无的基础上。② 借助犯罪学的研究可以为刑事政策的形成提供现实的支撑和引领。从知识形态上来讲，犯罪学为整个刑事政策的形成提供理念、知识和具体理论的支撑。犯罪学的研究通过对整个社会的犯罪现象进行全面了解和透彻把握，借助于对犯罪演变趋势的考察，可以预知犯罪在未来一定期间内可能呈现的变化趋势。犯罪学的研究成果，不能够被自然地应用到刑事立法和刑事司法当中，必须借助刑事政策途径才能真正地与刑事立法、刑事司法发生契合或者真正地完成对于刑事立法、刑事司法的指引作用，借助于犯罪问题的研究生成刑事政策，再用刑事政策来引领刑事立法和刑事司法。③

刑事政策与社会治安状况密切相关。从某种程度上讲，无业人员犯罪、流动人口犯罪、青少年犯罪、刑释人员重新犯罪等现象，与就业政策、工资政策、教育政策及刑事政策中的某些失误具有一定的联系。刑事政策的最大特点在于它能够对犯罪态势作出及时的反应，最重要的是对刑事立法和刑事司法具有导向作用。其突出表现为对犯罪的反应方面所表现出的及时合理地确定打击面宽窄、打击力度的大小、惩治方式的设计等体现出的价值。确定打击面、打击力度以及制定惩治方案等实施刑事政策的过程又恰恰是对犯罪认识的过程。④

（三）促进功能——促进刑法发展

法国犯罪学家乔治·比卡说："犯罪学不仅仅产生于刑法的不足，同时也为刑法的新生创造了条件。"这句话精辟地概括了犯罪学诞生的原因和犯罪学在与刑法学的特殊关系中成长的过程。犯罪学作为一个学科与刑法学的最大不同是，它脱开了法律的框架，在法律之外，从社会等其他方面观察、研究整体的犯罪现

---

① 曹希国：《论刑事政策的定义》，载法律信息网，最后访问日期：2006 年 9 月 30 日。

② 储槐植：《刑事政策：犯罪学的重点研究对象和司法实践的基本指导思想》，载《福建公安高等专科学校学报》1999 年第 5 期。

③ 张旭：《刑事政策、刑法学和犯罪学三者关系的梳理与探究》，载《国家检察官学院学报》2009 年第 2 期。

④ 许章润主编：《犯罪学》，法律出版社 2007 年版，第 15 页。

象，研究犯罪的法律制度。不同学科有不同的研究方法。学科的不同研究方法之间不存在价值上的判断。刑法学对犯罪的法学研究方法是实现其学科任务的最重要的、最基本的方法。刑法学不能被代替，作为学科它有独立存在的必要和理由。德国著名刑法学家耶赛克说："在近代刑法史中，许多刑事政策的重大进步均要归功于犯罪学。少年刑法、限制自由刑的适用、对罚金刑的改革、缓刑和假释、缓刑帮助、保留刑罚的警告、矫正及保安处分和刑罚执行的改革等，在很大程度上均是建立在犯罪学研究工作的基础上的。"① 通过犯罪学而获得的犯罪本体性和规律性认识，可以为刑法的犯罪概念提出理论支持，这种理论支持具体表现为刑事立法提供犯罪化与非犯罪化、刑罚化与非刑罚化的指导或建议。刑法通过借鉴犯罪学研究获得的犯罪本体性和规律性认识，使自身更符合有效地防止犯罪的科学要求。同时，犯罪学研究成果有助于刑法学中的刑罚制度的细化。② 深入地研究犯罪原因问题（尤其是个体犯罪原因），对于制定和完善具有针对性的、行之有效的刑罚体系与措施有重要意义，而完善刑罚恰恰是完善刑法的一个重要内容。同样，犯罪学的研究成果对国家其他立法也具有建议、指导及修改完善作用。

（四）教育功能——教育公民守法

犯罪学作为一门综合性社会学科，除了在学科教育中的作用之外，还应该承担其社会性学科的教育功能。因此犯罪学教育可以考虑纳入通识教育范畴，以期在国民素质和犯罪预防等方面发挥作用。进入 21 世纪，我国进入了社会经济发展最快的时期，也进入了矛盾凸显期和犯罪高发期。犯罪现象仍在高峰上运行，犯罪学的研究成果可以预防和控制犯罪的发展，减少犯罪的危害，可以提高监管改造效果、降低重新犯罪率，从而可以防卫社会，促进经济的发展。犯罪问题从本质上讲是人与社会关系的问题。国家为构建和谐社会所做的一切努力，实际上是为了实现人的自由、全面的发展，促成人与社会的和谐。因此从关注每个人的利益、每个人的内心世界入手，加强个体心理卫生教育，是有效预防犯罪、构建和谐社会的必由之路，重建预防犯罪的防线。根据犯罪学理论，犯罪心理产生是不良内驱力与自控力矛盾双方多因素共同作用的结果，不良内驱力与自控力强弱受社会、自然、个体三方面因素的综合影响，社会因素是主要因素。深入研究导致不良行为的各种个体性因素，揭示犯罪行为、犯罪心理形成机制，探索预防和

① 王牧：《犯罪学与刑法学的科际界限》，载《中国犯罪学研究会第三届会员代表会议——暨第十一届学术研讨会会议论文》2002 年。

② 侯艳芳：《罪刑法定视野下的犯罪学与刑法学关系》，载法律教育网，最后访问日期：2005 年 1 月 30 日。

矫治不良人格特征的规律，努力避免个体身心理异常，产生犯罪行为，危害社会。①

二、犯罪学的价值

在犯罪学看来，由犯罪行为产生的犯罪现象是由社会政治、经济、文化和行为人个体多种因素造成的事实，犯罪行为人、犯罪手段和方法、犯罪行为、犯罪被害人、犯罪成本等，都是构成犯罪事实的要素。犯罪学的任务是对这些犯罪事实以及反映犯罪事实的各种犯罪现象进行全面、整体的研究，从而揭示犯罪发生、存在、发展、变化的规律性。犯罪是一种社会现象，是一种反社会的行为，研究这种社会现象的目的是减少和控制犯罪，其追求的直接目标是犯罪实际问题的解决，最高价值追求是创造良好的社会环境。②

犯罪自从人类诞生的那一天起就伴随着人类，只要人类存在，犯罪就不可避免。如果考察犯罪学的发展路线，就会发现，其间经历了中世纪神学桎梏下人性的泯灭。在这里崇尚人权的砝码被完全加在了预防犯罪的一端，从而使预防犯罪的一端完完全全取得了人性的胜利。也正是因为人类有如此泯灭人性的历史，所以才唤起了人类对于自身价值的认识，人类才认识到人权和人道对于人类的弥足珍贵。研究犯罪学价值取向，不仅可以提醒学者在犯罪学的研究中有意识地对这种价值层面的问题予以重视，更能促使学者从该价值层面出发，去探讨预防、控制手段，从而使研究成果更加体现人类的理性。③

改革开放以来，我国的犯罪学研究得到了全社会的广泛关注，研究工作不断深入，高质量的研究成果不断涌现。犯罪学研究的重要意义是其他学科所不具备的，是犯罪学研究所独具的，这是其独立学科地位在研究意义上的反映，而且这些重要意义无一不是社会所必需的，也就是说，社会需要把犯罪学作为一门独立学科来加强研究，只有这样才能促进其更好地发展，最大限度地满足社会的需要，并推动社会健康发展。

犯罪学的价值主要体现在以下几个方面：

（一）犯罪学从理性认识的角度进一步研究犯罪现象

在犯罪学产生之前，虽然犯罪现象一直伴随人类的生活，但人们对犯罪现象

① 于志葵：《试用犯罪学新原理论述有效预防犯罪必须加强个体心理卫生建设》，载中国法律信息网，最后访问日期：2008 年 11 月 24 日。

② 严励、杨铁军：《关注人本质意义上的犯罪学价值取向研究——犯罪学价值取向有无与初探》，载《河南公安高等专科学校学报》2009 年第 3 期。

③ 严励、杨铁军：《关注人本质意义上的犯罪学价值取向研究——犯罪学价值取向有无与初探》，载《河南公安高等专科学校学报》2009 年第 3 期。

的认识仅限于表象，也主要是从治理的角度来考虑犯罪问题。刑法虽然研究犯罪，但主要是为了应用刑罚服务的，没能从揭示犯罪本质及其规律的理性角度去认识犯罪现象。刑法学研究犯罪的法律规范，而犯罪学则研究犯罪的社会事实。一个是从社会的角度研究犯罪事实，另一个是从法律规范内研究刑罚运用的法律标准。刑法学不可能提供给我们关于犯罪的本质和规律的理性认识的知识，只有犯罪学是通过研究犯罪现象产生的原因、规律等，揭示犯罪的本质特征，从而为提出有针对性的治理犯罪现象的对策，为社会的和谐和稳定发挥作用。①

（二）犯罪学为正确制定社会政策起重要的指引作用

在犯罪学诞生之前，刑法是治理犯罪的唯一武器，而且在经历了相当长的一段时期后，研究发现用刑罚惩治犯罪，并没有取得很好的效果。由此人们开始探索用新的方法来治理犯罪，于是犯罪学产生了。用西方学者比卡的话说，“犯罪学产生于刑法的不足，即刑罚在对犯罪的治理中效果不佳”。菲利有一段非常著名的话，“犯罪和刑罚属于两个不同范畴的问题，刑罚并不是解决犯罪产生的问题，我们无疑说刑罚对于犯罪的威慑作用是非常小的（我几乎说根本没有威慑作用）”，菲利的观点是具有开创性的。刑罚的作用指向并不是针对犯罪原因的，刑罚实质上是用来消解人们的愤恨不平，从而缓解社会矛盾的。刑罚一用再用但是犯罪却没有减少，运用刑罚的目的是惩戒和警示已经犯罪或有犯罪企图的人，最终的目的是减少犯罪。但是刑罚的这一目的被事实证明，仅仅依靠这种唯一的手段是不可能达到的。由此，犯罪学从犯罪产生的各种深层次原因等方面开展研究，不像刑法学只是单一的从惩治的角度进行犯罪治理。犯罪学理论发现，归根结底，犯罪源于社会，“社会制造、生产犯罪，犯罪又损害社会”。犯罪是一种社会现象，最有效的犯罪对策存在于社会之中，这就是犯罪的社会预防。犯罪社会预防策略的产生是社会治理犯罪对策的巨大进步，丰富了人类治理犯罪的对策措施。这就涉及了刑事政策学，所谓的刑事政策学，是在社会发现和懂得了在刑法之外的社会预防之后而产生的。犯罪的社会预防对策是刑事政策学的核心内容和核心价值所在。②

犯罪的发生涉及社会的诸多方面因素，其中政府制定的社会政策无疑是一个重要因素，好的社会政策会化解社会的许多不稳定因素，为减少犯罪创造良好的条件，不好的社会政策则会使社会产生许多不稳定因素，造成犯罪大量增加。因

---

① 王牧：《犯罪学对于刑法学的贡献》，载京师刑事法治网，最后访问日期：2009 年 9 月 30 日。

② 王牧：《犯罪学对于刑法学的贡献》，载京师刑事法治网，最后访问日期：2009 年 9 月 30 日。

此，政府在制定社会政策时，决策不当或失误，必然与犯罪的升降起伏密切相联系。近年来，我国犯罪学界加强了对失业与犯罪、农民犯罪、进城民工犯罪等诸多问题的研究，并取得不少研究成果。正是这些研究成果，引起我国政府的高度重视，从而制定了努力扩大社会就业，下决心解决“三农”问题，采取非常手段偿还拖欠民工工资等方面的一系列正确的社会政策。这些社会政策化解了大量的社会矛盾和不稳定因素，在减少和控制犯罪方面发挥了重要作用。①

（三）促进完善刑事政策与刑事立法

犯罪学研究促进完善立法表现为它能以特有的视角对现行刑事政策和法律进行审视和检讨，对刑法典进行修改和补充，就防治犯罪的法律制定提出建议等。犯罪学在促进立法完善上的意义，首先表现在刑事政策的制定和修改方面。实践证明，任何刑事政策的制定和修改都必须建立在对犯罪发展变化的规律上进行深刻把握和对犯罪原因进行系统分析。刑事处罚的个别化原则、轻刑化原则、非犯罪化和非刑事化原则等，都是以犯罪学对犯罪与惩罚的互动关系的研究为基础而制定的。犯罪学研究完善立法的意义更表现在促进刑法发展上。比卡有这样一句话，“从刑事法史上看，犯罪学理论推动了刑法的现代化”，“对个人和社会的保护以及不可缺少的刑事司法现代化只能从犯罪学中获得益处”。德国刑法学家耶塞克说：“近代刑法史中，许多刑事政策的重大进步，要归功于犯罪学、少年刑法、限制自由刑的适用，对于罚金刑的改革、缓刑和假释、缓刑帮助、保留刑罚警告、矫正及保安处分和刑罚执行的改革等。”这些制度的运用大大地提高了刑罚执行的效果，在实践中降低了犯罪率。李斯特指出，“社会的发展需要刑法和犯罪学的紧密合作，合作是两者的生命所在，有前途的刑法需要犯罪学，有发展的犯罪学需要刑法，如果不从犯罪外在的真实的表现和犯罪的原因上对于犯罪进行研究，简单地说，如果不从犯罪学的角度对犯罪进行认识，那么有目的地利用刑罚与犯罪作斗争的武器充其量只不过是一句空话”。耶塞克讲，“没有犯罪学的刑法是个盲人，没有刑法的犯罪学是漫无边际的犯罪学”。② 例如，从 20 世纪 90 年代初开始，我国犯罪学界开始对黑社会性质犯罪进行研究，深入探讨了这种犯罪形式的特点、成因及打防对策，1997 年修改《刑法》时，吸收了犯罪学界的研究成果，才产生了第 294 条关于黑社会性质犯罪的立法规定。计算机犯罪也是犯罪学界首先引起高度重视，并取得丰硕的研究成果时，才在刑法上予以明

---

① 李锡海：《与犯罪学学科地位相关的几个问题》，载 www. csscipaper. com，最后访问日期：2010 年 11 月 4 日。

② 王牧：《犯罪学对于刑法学的贡献》，载京师刑事法治网，最后访问日期：2009 年 9 月 30 日。

确规定的。这说明，刑法的发展从来都是由犯罪学研究来推动的。①

（四）促进公正刑事司法

犯罪学研究促进正确司法表现为它能具体指导司法部门的业务工作。德国犯罪学家施奈德认为，犯罪学家将其理论型和经验型的研究成果转变成犯罪对策的建议，提供给立法者和执法者实际使用。由于犯罪学的研究成果具有科学性，司法部门的执法者使用这些成果，必然能有效地指导自己所从事的工作。具体而言，警官、检察官掌握了犯罪学的知识，懂得犯罪的规律和特点，能依据这些规律和特点更快、更好地侦破犯罪案件，提高侦破效率，更有力地揭露和打击犯罪。法官掌握了犯罪学的知识，树立起科学的犯罪观念，能更全面地认识犯罪人的主观恶性，更好地体现主观和客观相统一的定罪原则，避免出现刑罚不当的情况。监管干警掌握了犯罪学的知识，懂得分析犯罪人犯罪的具体原因，能更好地实行分押、分管、分教的管理制度，更有利于对犯罪人实行因人而异的教育方法，更有效地提高改造犯罪的质量。大力加强犯罪学教育，是提高我国司法水平的一个重要途径。②

（五）促进预防犯罪

犯罪学研究促进预防犯罪表现为它能为培育预防犯罪的社会基础提供重要帮助。犯罪学研究及犯罪学知识的普及能使全社会认识到：犯罪行为是否会发生，自己是否会成为犯罪的被害人，在多数情况下与自己的生活态度和行为方式密切相关，由此可以增强社会成员的自我防卫意识和提高自己的防卫能力，建立自身预防的心理基础。一旦社会公众预防犯罪的自觉性得到提高，整个犯罪预防就具备了良好的社会基础，这正是犯罪学研究追求的价值目标。犯罪学研究实质上是对社会和个人丑恶现象的研究，它通过研究社会弊端，查明个人犯罪的原因，深入透析社会问题和人性的弱点，提出治理犯罪的各种对策，使社会接纳和个人接受，从而能达到治理社会，对社会、个体人性的自我完善能提供有效指导。因此，犯罪学研究对于社会改革和社会自我完善具有推动作用，而社会的完善和人性的完善是实施犯罪预防必要的条件，犯罪学研究可由此使其预防犯罪的价值得以实现。③

① 李锡海：《与犯罪学学科地位相关的几个问题》，载 www. csscipaper. com，最后访问日期：2010 年 11 月 4 日。

② 李锡海：《与犯罪学学科地位相关的几个问题》，载 www. csscipaper. com，最后访问日期：2010 年 11 月 4 日。

③ 李锡海：《与犯罪学学科地位相关的几个问题》，载 www. csscipaper. com，最后访问日期：2010 年 11 月 4 日。

（六）促进经济发展

犯罪学研究促进经济发展表现为它能为社会减少重大损失。研究表明，犯罪对人类的威胁已超过了战争。相比较而言，战争具有局部性、暂时性，而犯罪具有长期性、全球性。从造成的损失看，犯罪也大于战争。以美国为例，早在20世纪80年代，美国平均每年死于谋杀的人数就达2.5万人，因交通肇事罪死亡的人数达5万人，两项加起来是7.5万人，超过美国在越南战争中死亡的人数。犯罪是对人类危害最大的一种行为。加强犯罪学研究，并将其研究成果转化为社会决策和打击犯罪的能力，能有效地控制和减少犯罪的发生，大大减少因犯罪造成的损失，这本身就具有很高的经济价值。犯罪减少了，社会稳定了，社会环境就会得以优化。良好的社会环境能有效地促进生产力发展，从而创造更高的经济价值，这是被大量实践证明了的真理。[①]

延伸阅读

犯罪学家及其工作[②]

从目前国际社会情况来看，可以说，犯罪学家就是从事犯罪学理论研究和实践应用的专业人员。之所以称为“专业人员”，是因为被称为“犯罪学家”的人员，必须具有相关的专业知识和技能，仅仅把犯罪研究作为业余爱好、缺乏专业知识和技能的人员，不能称为“犯罪学家”。

犯罪学家所从事的工作主要是：

一、犯罪统计

犯罪统计，是指测定犯罪数量和趋势的工作。通过这项工作，可以得知每年发生多少起犯罪案件，什么人在实施犯罪行为，犯罪案件在什么时间和地点发生，哪些犯罪最为严重。犯罪统计是犯罪学事业中最关键的方面之一，如果缺乏有效而可靠的数据资料，就不可能进行科学的犯罪研究和发展犯罪学理论。

二、研究法律社会学

法律社会学是研究社会力量在制定刑法中的作用以及刑法在调整社会关系中作用的犯罪学的分支学。犯罪学家通过对犯罪史的研究，了解以前的犯罪形式及其以后的变化，研究新的社会危害行为及其表现形式和危害程度，提出如何根据

① 李锡海：《与犯罪学学科地位相关的几个问题》，载www.csscipaper.com，最后访问日期：2010年11月4日。

② 吴宗宪：《西方犯罪学》（第二版），法律出版社2006年版。

时代的变迁和社会的发展，通过调整刑法条文来确立新的犯罪罪名或者取消现有的罪名的建议，也就是进行犯罪化或者合法化方面的研究。

三、进行犯罪学理论建构

理论建构，是指犯罪学家通过犯罪研究而提出理论观点的过程。几百年来，特别是近一百年来，犯罪学家们从心理学、生物学或生理学、社会学、政治学、经济学等角度进行了大量的探讨，提出了很多的学说。

四、确定犯罪行为体系

犯罪行为体系，是指犯罪行为的类型和模式。对犯罪行为体系的研究，是犯罪学的一个研究领域。许多犯罪学家努力研究犯罪行为的体系，试图对犯罪行为进行恰当的分类和准确的描述。

五、研究刑罚学

刑罚学是研究监狱管理和犯罪人矫治的犯罪学分支学科。刑罚学家们研究矫正和对已知犯罪人的控制问题，提出犯罪控制对策，探讨在现实世界中实施这些对策的政策。

六、研究被害人学

被害人学是研究犯罪被害人的学科。犯罪学家们研究的主要内容包括：利用被害调查测定犯罪行为的性质和程度；评价犯罪行为对被害人造成的实质损害；探讨被害危险的可能性问题；被害人应受谴责性或者被害人对犯罪行为的推动作用；被害人的救助与服务等。

第二章

犯罪学研究方法

第一节　犯罪学研究方法概述

一、犯罪学研究方法的含义

“方法”一词源于希腊，有相当于接近某物的途径之义。任何一门学科的研究，都必须借助于一定的方法。所谓方法，一般是指解决某一具体问题，从实践上或理论上把握现实所采取的途径、手段或方式的总和。科学研究的方法，就是研究主体认识与探索研究客体的中介和桥梁。犯罪学研究是研究者综合运用各种理论方法研究与探索犯罪现象、犯罪成因与防治对策及其规律的一种科学认识活动。犯罪学研究方法，就是犯罪学研究者认识犯罪现象及其规律、揭示犯罪成因、提出防治对策并形成犯罪学科学理论的中介和桥梁。

二、犯罪学研究方法的层次

由于犯罪学所涉及的犯罪与防治对象的广泛性，因此，犯罪学研究方法是一个有着不同层次的综合体系。人们通常将其分为三个不同的层次，且各层次之间有着紧密的内在联系。三个层次包括：犯罪学研究的方法论、研究方式、具体方法及技术。

犯罪学研究的方法论是关于如何进行犯罪学研究的基本理论，它在犯罪学研究方法体系中处于最高层次，是犯罪学研究方式和具体方法及技术的基本理论。犯罪学研究方式，是指贯穿于犯罪学研究全过程的程序和操作方式，它处于中间层次，是方法论与具体方法及技术的中介和桥梁。犯罪学研究的具体方法及技术处于最低层次，是一定方法论和研究方式在研究过程中的具体体现。

三、犯罪学研究方法的价值

对于犯罪学研究来说，犯罪学的研究方法具有重要的价值，在犯罪学研究中发挥着重要的作用。

（一）从事犯罪学研究的必要条件

对于研究者来说，熟悉和了解犯罪学研究方法，是他们科学地从事犯罪学研究的基本条件之一。只有真正掌握和恰当应用犯罪学研究方法，才能从事犯罪学研究。掌握科学的犯罪学研究方法，是从事犯罪学研究的必要条件。

（二）科学地研究犯罪问题的基本保证

真正的犯罪学研究，应当是一种科学的活动。科学的研究是需要遵循一整套研究程序、原则和方式等规则的研究。遵循这些规则，是保证研究活动科学性的重要途径。在犯罪学研究中，人们要想获得对犯罪现象的科学认识，都要自觉地使用犯罪学的研究方法。只有应用科学的研究方法，才能得出准确的研究结论。可以说，犯罪学的研究方法为犯罪学研究活动及其结论的科学性和准确性提供了重要的保证。

（三）犯罪学发展的重要条件

科学发展的历史表明，任何一门学科要获得突飞猛进的发展，都有赖于研究方法的突破和创新。对于犯罪学来说同样如此。所以，对于犯罪学的研究方法本身的探讨，也应当成为犯罪学研究的重要内容。只有密切关注和研究犯罪学的研究方法，不断探索如何利用新颖的方法来研究犯罪问题，才能有犯罪学研究方法的突破和创新，才能带动犯罪学学科不断向前发展。

第二节　犯罪学研究方法论

一、犯罪学研究方法论的含义

方法论是人们认识世界、改造世界的基本理论。它既是理论问题，又是技术问题，其目的是能及时、准确、全面地获取研究对象的信息以及随时发生的变化，并由此得出相关的认识以便指导自己的行动。研究任何科学，尤其是研究社会现象，都必须以一定的方法论作为基础。犯罪学研究的方法论，即犯罪学研究方法的理论，具体是指对犯罪学研究方式和具体方法及技术的整体认识和把握，以及如何运用这些方法规范和指导犯罪问题研究的艺术。

作为犯罪学研究方法的理论，犯罪学研究方法论不同于犯罪学研究方式和具体研究方法及技术。研究方式和具体研究方法及技术是研究者具体的行动规范与程序，它告诉研究者“应当怎样做”，而方法论是关于这些具体行动规范的理论，它关注的不是犯罪的经验事实及其认识，而是获得这些事实及其认识的方法的原理、依据、特点和作用，它告诉研究者“为什么应当这样做”。

二、犯罪学研究方法论的原则

犯罪学研究方法论原则，是指如何运用犯罪学研究方法论并且能理想地实现研究目的所必须遵循的研究准则。犯罪学研究方法论原则是犯罪学研究体现世界观和一般科学方法论指导作用的中介，是犯罪学研究方法论的核心。

在犯罪学研究中，应当以下列方法论原则为指导，努力按照这些方法论原则设计研究方案，实施研究活动。

（一）辩证唯物主义和历史唯物主义原则

辩证唯物主义和历史唯物主义是马克思主义哲学的组成部分，它深刻地揭示了世界发展的规律性，科学地阐明了物质决定意识，意识具有相对的独立性并反作用于物质的辩证关系。在犯罪学研究中，辩证唯物主义和历史唯物主义在以下几个方面起到了对方法论的根本指导作用：

1. 世界上的事物和现象之间的联系都存在普遍性，一切社会历史因素，包括政治、经济、法律和哲学等都是普遍联系、相互作用和相互影响的，构成一个有机的整体。

2. 人类社会是不断运动的、发展的，从而显现为历史过程；构成历史过程的各种事物和社会现象，也是运动的、发展的。

3. 在客观历史进程中，环境创造人，人也在不断改造环境。人类历史是由受一定环境制约的人类自己创造的。

4. 事物的变化发展是内因和外因共同作用的结果，内因是事物变化发展的根据，外因是事物变化发展的条件，外因通过内因起作用。

5. 一切事物都具有质和量这两种规定性，事物的发展变化包括量变和质变两种形式。

6. 在社会有机体中，相互影响、相互作用的一切因素是分层次、分等级的，其中物质生活的生产方式制约着整个社会生活、政治生活和精神生活的过程。生产力和生产关系之间的矛盾，经济基础和上层建筑之间的矛盾是普遍存在的，是社会发展的根本动力并推动着社会进步。

（二）系统论原则

系统论是研究系统的一般模式、结构和规律的学问，它是按照事物本身的系统性把研究对象作为具有一定组织、结构和功能的整体对待的理论。系统论是现代科学发展的重要成就，其基本思想已经在很多学科中加以应用，成为众多学科共有的方法论。

在犯罪学研究中，尤其要注意以下系统论原则的指导意义：

1. 整体性原则

整体性原则是指用系统的、整体的观点来看待事物的原则。

根据整体性原则，在犯罪学研究中要树立整体性、层次性的观点。任何犯罪现象都是多层次、多变量的各种因素相互作用的结果，由不同要素构成的一个整体。而且，犯罪现象中的不同要素又构成不同的子系统。也可以说，犯罪现象是由不同的子系统构成的一个整体。同时，犯罪现象也是更大的社会系统中的子系统之一，是社会这个整体的一个组成部分，构成社会的其他子系统对犯罪现象发生多种不同的影响。因此，不能割裂地、片面地看待犯罪现象，避免因仅仅关注犯罪现象的某一方面而忽略了犯罪现象整体的做法，既要看到犯罪现象内部的各个子系统对整个犯罪现象的影响，同时也要看到犯罪现象外部的其他因素对犯罪现象的作用。

2. 动态性原则

动态性原则，是指犯罪现象及其相关因素处在不断运动与变化之中的原则。

从系统论来看，实施犯罪行为的主体——犯罪人，是一个根据周围环境的变化而不断进行自我调节的自组织系统。犯罪人不仅根据自己的认识和意愿主动地进行一定的犯罪及相关行为，而且能在进行这类行为的过程中对自身进行认识，对自己的意愿进行调节，从而改变犯罪的意愿、手段和目标等。

同时，与个人发生相互作用的周围的环境也处在不断地变化发展之中。在社会科学中，特别是在心理学中，环境通常是指存在于个人心理之外并对心理的形成产生影响的全部条件。① 环境既包括在个人身体之外存在的客观现实，也包括身体内部的运动与变化。其中，影响心理的体外环境，根据性质与作用，可以分为自然环境与社会环境。社会环境可以继续按照不同的标准进行分类。对于个人及其犯罪行为来说，产生影响的往往是社会环境，而社会环境则处于不断的变化之中，这种变化对于个人及其犯罪行为有着普遍的影响。例如，在社会环境中，社会控制水平的提高，可能会削弱个人进行犯罪行为的意愿，从而减少犯罪行为的发生。相反，社会控制系统的破坏和社会控制水平的下降，有可能增强个人进

① 朱智贤主编：《心理学大词典》，北京师范大学出版社 1989 年版，第 272 页。

行犯罪行为的意愿，从而增加社会中犯罪行为的数量。

在犯罪学研究中，不仅要看到犯罪现象与相关因素的相互作用，更要看到犯罪人及其周围环境的不断变化，认识到这些变化对于犯罪现象产生的不同性质的作用。

3. 互动性原则

互动性原则是指犯罪现象内部的不同子系统以及犯罪现象与其他社会子系统之间存在相互作用的原则。

根据系统论的观点，在不同系统以及同一系统的不同子系统之间，不断发生着物质和能量的交换，不断进行着各种形式和强度的相互作用。犯罪现象是否产生，犯罪现象的不同形式和危害性等方面的差别，都与不同系统之间的相互作用密切相关。犯罪人在决定是否实施犯罪的过程中，要不断地对各种信息进行分析判断，然后才作出有利于自己的决定。在实施犯罪行为的过程中，同样也充满了信息和能量的交换。犯罪行为人对犯罪过程中发生的各种信息作出反馈，并根据环境因素来调整自己的行为方式。可以说，任何犯罪都是行为人与环境相互作用的产物。犯罪现象是一种充满了互动性的社会现象，这种互动性不仅包括犯罪现象内部各子系统之间的互动，同时也包括犯罪现象与其他社会现象之间的互动。

（三）思辨与实证相结合原则

思辨与实证是犯罪学研究中两种基本方法，由于这两种方法对犯罪学理论形成与发展起到了重要作用，学术界将西方的各种方法对犯罪学派和理论划分为思辨与实证犯罪学两大类。

思辨方法，即抽象推理的方法，它是依靠直觉、洞察和逻辑推理来获取知识的方法。思辨方法的显著特点，就是过分关注个人的直观感觉和已经存在的学说观点，更多地利用逻辑推理（演绎）来获得具体的认识。因此，思辨方法存在脱离现实情况、不重视实际调查的弊端。在犯罪学研究中，思辨方法曾经是在研究中使用的主要研究方法，古典学派所使用的主要就是思辨方法。古典犯罪学家们主要依靠过去的书本知识和逻辑推理来研究犯罪问题。

与思辨方法不同，实证方法是通过对实地调查和观察所得的经验资料的考量，以分析和预测一定社会行为的客观效果的一种研究方法。它重视经验资料的获取和对经验资料的归纳，强调从对经验资料的调查和归纳中得出结论。为了获取准确可靠的经验材料，研究者既要重视经验材料的来源，也要讲究获取经验材料的方法，具体的研究方法是特别重视各种形式的观察。同时，实证主义者也重视实验和比较等方法。在犯罪学历史上，实证主义学派大量使用了观察、实验、比较、测量和统计等方法认识犯罪现象，丰富和发展了犯罪学研究方法。

但是，应当看到的是，思辨方法与实证方法并不是截然对立的。思辨与实证作为人类科学的研究方法，在犯罪学研究领域中，不应当是彼此对立与割裂开来的，而应相互配合、取长补短，使思辨的定性研究和实证的定量研究充分发挥出各自应有的功效，综合构成犯罪学研究的科学方法。实际上，在当代犯罪学研究中，成功的犯罪学研究往往是思辨方法与实证方法有机结合的产物。

（四）价值无涉原则

价值无涉原则，是指在犯罪学研究中，排除一切个人价值判断，全面、深刻、客观地了解和认识研究客体，以便得出正确结论的方法论原则。

犯罪问题是严重的社会问题，任何一种犯罪行为的发生都会不同程度地给社会和广大公民造成一定的损害。因此，以犯罪问题作为研究对象的犯罪学极易产生价值涉入问题。这种价值涉入阻碍了对研究对象的深刻观察和认识，在很大程度上干扰了研究的客观性。

根据价值无涉原则，在从事犯罪学研究的过程中，研究者不应戴上“有色眼镜”看待所研究的对象，而应当从客观的态度出发，站在价值中立的立场上，冷静地、不带任何个人情感地对研究对象进行实事求是的分析、研究和探讨。只有这样，才能保证犯罪学研究活动的客观性，才能保证研究成果的科学性。

第三节　犯罪学研究具体方法

每门学科都有自己的研究方法，理论指导方法，方法寓于理论。犯罪学的研究方法多种多样，实践中运用较多的是犯罪调查方法、犯罪统计方法和比较研究方法三种。

一、犯罪调查方法

（一）犯罪调查的含义

犯罪调查是研究主体根据打击、预防和控制犯罪的实际需要，以及犯罪学研究的目的需要，采取一定的科学调查方法，有计划、有组织、有步骤地获取一定时空范围内的犯罪现象、犯罪原因和犯罪预防等方面原始数据资料的活动及过程。犯罪调查是犯罪学研究最基本的手段和方法，是犯罪学理论研究和防控犯罪决策的材料来源和事实依据。

（二）犯罪调查的主要类型

犯罪调查的类型十分广泛，主要有以下几种：

1. 全面调查

即对一定时期的犯罪现象进行全面系统的普遍调查。其特点是范围广、规模大、时间性强，能够获得对犯罪现象较为全面完整的了解。

2. 抽样调查

即从研究对象的整体中随机抽出部分样本进行调查统计，并根据对这部分样本调查的结果来推论整体状况。

3. 典型调查

即有目的、有计划地选择若干个具有代表性的研究对象，做进一步深入、细致的调查，借以认识调查对象的总体情况。其特点是以点代面，从若干个别事物（个别犯罪现象）的特殊本质中概括出客观事物（整体犯罪现象）的共同本质。

4. 专题调查

即在复杂的犯罪现象中抽出相同的案件或造成犯罪发生的相同原因，进行专门的调查研究。其特点是可以从大量相同案件中归纳分析其原因，深入分析和把握调查对象的特点和规律。

5. 个案调查

即对特定案件进行历史的、系统的深入调查。在犯罪学研究中，个案调查较多地运用于对犯罪人犯罪史的个案研究中。其特点是以小见大，调查系统深入，但局限性较大，不具备普遍性。

6. 追踪调查

即对已经调查过的对象在一定的时间间隔之后再次进行调查。其特点是能够获得一系列关于同一研究对象的动态性资料，从而运用历次调查资料进行比较研究，找出有关犯罪的规律性存在。

（三）犯罪调查的具体方式

犯罪调查的实施，是整个调查工作中最重要、最生动的一个阶段，它是通过各种具体方式来实现的。最常见的有以下几种：

1. 问卷调查

即根据既定的犯罪调查目的，提出一系列问题，制作表格或问卷，要求被调查者进行书面问答，然后加以统计归纳分析，得出研究所需犯罪者资料的方法。问卷调查有两种形式：自由式问卷和选择性问卷。自由式问卷是指问题虽然对每一个被访问者都是相同的，但是被访问者可以根据自己的情况做自由回答，可以先不列任何答案；选择性问卷即不仅问题相同，而且每一个问题都事先罗列若干个可能性的答案，由被访问者根据自己的情况，在其中选择认为恰当的答案。这两种方法各有利弊，可以结合使用。

2. 个别访问

即在进行犯罪调查的过程中对各个调查对象进行个别谈话和访问，了解各方面的反映和情况，然后将多方面访问中取得的材料汇集分析，得出结论。该方式从研究者的角度又可分为结构性访问和非结构性访问。所谓结构性访问，是指严格按照预先拟定的调查提纲或调查表向被访问者发问。此种访问得来的资料比较规范化，便于整理和数量分析。所谓非结构性访问，是指调查者在访问之前并未拟定详细的调查提纲和表格，而只就调查的题目提出有关问题。这种方式的优点在于被访问者不受拘束，能自然充分地表达自己的想法，便于调查研究者获得较生动、真实的资料。

3. 参与观察

观察是犯罪调查的一种重要方式，参与观察是其中的一种。所谓参与观察，是指观察者在保持其客观立场的前提下，亲身加入所要研究的犯罪组织或犯罪群体中去，参与他们的活动，甚至成为他们中的一员，以感知和记录观察犯罪研究对象的事实。此种方式的优点在于消除了观察者与被观察者之间的心理隔阂，有助于了解观察对象内部的真实情况。如中国老一辈犯罪学家严景耀博士，早在20世纪30年代就乔扮罪犯，进入北京监狱了解犯罪人的犯罪历程。观察罪犯服刑情况，调查犯罪原因，为此后在美国获得犯罪学博士所撰写的论文《中国的犯罪问题与社会变迁的关系》提供了大量真实的第一手资料。

4. 开会调查

即围绕与犯罪有关的某个主题，组织了解相应情况的人一起反映情况，提供可靠的资料和有用的分析意见。该方式是典型调查时经常采用的一种方法。召开调查会，能够较快掌握各方面的情况，有利于解决争论双方的意见，弄清犯罪事实的真相，解决各种民间矛盾与冲突。但此法也存在一些缺陷，如参加会议的人因有所顾虑，反映的情况不一定真实等。

（四）犯罪调查的研究步骤

犯罪学的犯罪调查研究，一般要经历选题、计划、实施和总结四个阶段。

1. 选题阶段

选题是犯罪调查的第一步，选题的好坏事关整个调查研究课题的成败。选题首先要具有重大的学术价值与实践价值。选题既要反对不敢触及实际问题、不敢涉及任何新理论的明哲保身的态度，也要反对选题不讲实际意义，一味猎奇乃至哗众取宠的不负责任的态度，同时还要考虑选题的可行性及研究者的自身条件与能力。

2. 计划阶段

科学的计划是成功的保证，犯罪调查研究尤为强调计划性。此阶段要求对已经确定的题目进行初步的探索，查阅有关资料（包括前人和他人的研究成果），向有经验的同志请教，提出若干科学假设，然后拟定调查提纲。

3. 实施阶段

该阶段主要是按计划收集和整理资料。应注意的问题是：按调查提纲和调查表格全面收集资料；记录和使用录音、录像工具应区别对象和场合；注意谈话艺术；应重复重要答案以得到调查对象的确认；将资料汇总和条理化。

4. 总结阶段

该阶段主要完成以下工作：首先，要对初步整理出来的犯罪资料进行分析研究，一方面要应用统计手段进行数量分析，另一方面要应用比较、归纳推理等手段发掘数量特征和资料本身的价值，寻找犯罪现象与其他社会现象之间的内在联系及作用机制。其次，提出解决犯罪问题的途径与方法，得出课题研究的最终结论。最后，撰写犯罪调查报告或者学术论文，这是研究成果的集中体现，也是对整个研究进行全面的总结。

由于犯罪调查结果是国家刑事司法工作以及犯罪学研究的基本依据，因此，要求犯罪调查工作及其研究结果必须做到全面、准确、及时与科学。

二、犯罪统计方法

（一）犯罪统计的含义

犯罪统计，是指应用统计学的原理和方法对各种犯罪现象、犯罪类型、犯罪原因及其他犯罪研究的指标进行统计的总称。犯罪统计是司法统计中的一种，是进行犯罪资料收集、整理、分析与推理等司法统计工作中的专业性工作，是犯罪研究不可缺少的手段与工具。

（二）犯罪统计的内容、功能和任务

犯罪统计的内容十分广泛，主要包括：犯罪的一般统计、指标犯罪统计、犯罪原因统计、犯罪危害的统计以及犯罪结构等方面的统计。犯罪的一般统计是指对依法处理的各种案件的统计总数、分类数以及犯罪成员基本情况的统计。一般统计包括单位统计、比例统计和相关统计。指标犯罪统计是指对各种指标犯罪的趋势和新出现的新型犯罪类型统计，包括每一种指标犯罪的总数和比例以及每种指标犯罪成员的年龄比、性别比、职业比和文化程度高低的比例等。犯罪原因统计是指对何种原因引起的犯罪及其作用的数量与比例关系的统计。犯罪危害的统计是指对财产危害和人身危害等方面的统计数字和比例的统计。

犯罪统计依其内容的不同，其功能可分为：（1）描述犯罪现象的状况，使公安司法部门和学术研究部门掌握社会不安定因素的规模、程度、水平和特点等状况；（2）分析犯罪原因，让公安司法部门和学术研究部门通过分析犯罪根源、

原因、条件及相关因素，制定犯罪对策；(3) 预测犯罪趋势和犯罪动向。

犯罪统计的任务是：(1) 调查统计犯罪研究对象的基本情况，分类归纳，并填写统计报表；(2) 对犯罪调查统计需要的资料进行汇总整理，系统积累；(3) 对占有的犯罪统计数字进行分析研究，提出统计报告，绘制统计报表，并鉴别、校核各种犯罪统计数据。编制统计资料专册，供决策机关和有关部门使用。

(三) 犯罪统计的步骤

任何完整的统计研究工作，都要经过调查、汇总和分析这三个阶段。犯罪统计也分为三个阶段，即犯罪统计调查、犯罪统计汇总和犯罪统计分析。

1. 犯罪统计调查

犯罪统计调查是指根据统计调查提纲，对各种犯罪现象、犯罪原因以及相关社会现象有组织地进行调查了解，收集情况，逐个案件或逐个罪犯进行登记整理、分类归纳的过程。犯罪统计调查是犯罪统计的开始阶段，是统计汇总和统计分析的前提和基础。它的基本要求是保证统计资料的准确性、全面性和及时性。犯罪统计的价值取决于统计调查的质量。因此，必须严格按照统一的统计调查纲目的要求，发动有关部门和基层政法机关共同完成。

2. 犯罪统计汇总

犯罪统计汇总是指将犯罪统计调查得来的大量零散原始资料进行系统整理和汇总，是犯罪统计的第二个阶段。通过犯罪统计汇总，获得犯罪调查对象的总数量，使研究者了解犯罪调查对象的整体状况，综观犯罪调查对象的全貌，从而为犯罪统计分析提供前提条件。犯罪统计汇总的任务是：对犯罪统计调查得来的原始资料按一定要求和一定类型进行分组归纳；对原始犯罪统计报表进行加工和汇总，填写统计综合表；按一定要求对犯罪统计调查所得的犯罪统计资料和统计报表进行系统加工整理。

3. 犯罪统计分析

犯罪统计分析是指在犯罪统计调查和犯罪统计汇总的基础上，对获得的犯罪统计资料进行加工、整理和研究的过程，也是犯罪统计的最后阶段。犯罪统计分析要运用唯物辩证法的观点，坚持实事求是的科学态度，将统计汇总的资料进行系统分析和综合，从而认识犯罪调查对象的整体和部分的关系，认识犯罪调查对象发展的新情况和新问题，以揭示犯罪现象内在和外在的联系。只有在搞好犯罪调查和犯罪汇总的基础上，运用好犯罪统计分析，才能发挥犯罪统计的积极作用。

三、比较研究方法

(一) 比较研究的含义

有比较才能有鉴别，有鉴别才会有发展。比较研究是犯罪学研究中应用的重要方法，它通过对不同时期、不同国家和地区的犯罪现象进行对比，进而了解其产生、发展和变化的因素，发现其内部变化和相互之间的联系，预测犯罪的发展趋势。比较研究主要包括横向比较研究和纵向比较研究两个方面。从横向观察，通过比较在同一时期不同国家或同一国家的不同地区的犯罪形成过程、特点和抑制犯罪的措施，我们就能认识不同国家和地区犯罪的共性和特性，进而才能真正认识我国犯罪产生及其存在的不可避免性。如在同一时间，比较城市和农村犯罪的人数、犯罪的类型、犯罪人的社会构成及其特征等，以掌握城乡犯罪的不同情况，进而寻求造成这种情况的原因，以便有针对性地采取措施。横向比较是一种固定的、在相对静止状态下的横剖式研究，主要是显示或说明同一时期不同范围的犯罪现象及其成因等方面的相同处和不同点。从纵向观察，比较同一国家或同一地区不同历史时期的犯罪状况、结构和动态，形成规律及对策，如比较我国1949年后不同历史时期犯罪率的升降涨落，分析社会环境、社会政策变化对犯罪的影响作用，就能掌握犯罪现象的动态和趋势，探寻犯罪现象的变化原因。纵向比较主要是从历史发展的角度进行纵贯式的研究，目的是把握犯罪现象的动态特征、规律及其制约因素，了解过去、解释现在、预测未来。

（二）比较研究的意义

比较研究的范围十分广泛，可以扩大至古今中外。当然，研究历史的和国外的情况，要遵循客观、现实的原则，辨别良莠，借鉴对我们有用的东西。通过比较，掌握不同社会经济发展水平下、不同情况和社会环境中，犯罪现象的不同特点以及共同具有的规律性。我国目前的社会主义市场经济体制与运行机制的建立在带来一系列积极因素的同时，不利于犯罪控制的消极因素也在增多，从而使我国的犯罪出现了一些新情况和新问题。“他山之石，可以攻玉”，一些主要资本主义国家经济发展比我国早，有些我们正在经历或尚未经历的他们已经经历。通过比较研究，我们就能够从一些国家和地区经济与犯罪的关系中得到启发，避免走弯路，为在市场经济条件下寻求预防和控制犯罪的有效途径提供有益的参考。

延伸阅读

几种常用的犯罪统计比率公式

1. 犯罪发生率，又分为人犯发生率与刑案发生率。人犯发生率以一定时间、地点的人口总数和发案人数为内容；刑案发生率以一定时间、地点人口总数和发生刑案数为内容。犯罪发生率一般用万分比表示。统计两个发生率的作用，在于测定一定时期犯罪发生的程度，并以此与异时异地犯罪状况做比较。

犯罪发生率如果用百分比表示，公式如下：

$$人犯发生率=\frac{一定时地发生刑案人犯数}{一定时地人口总数}\times100\%$$

$$刑案发生率=\frac{一定时地发生刑案件数}{一定时地人口总数}\times100\%$$

2. 犯罪破案率，是指一定地区、一定时间内发生的犯罪案件数与侦查破案数的比例关系。破案率直接反映出专门机关和人民群众在侦破违法犯罪案件工作上的能力和实绩。它一般用百分比表示，其公式是

$$犯罪破案率=\frac{一定时地破案总数}{一定时地发案总数}\times100\%$$

3. 初犯率，是指特定时间和范围内刑事犯罪中初次犯罪的人数与同一时空领域内刑事犯罪总数的比例。它一般用百分比表示，其公式是

$$初犯率=\frac{特定时间和范围内刑事犯罪中初次犯罪的人数}{同一时空领域内刑事犯罪总数}\times100\%$$

4. 重新犯罪率，是指在相对的时间、空间范围内，实施了两次以上犯罪的行为人数与同一时空领域内刑满释放人数的比例。重新犯罪率是检验监狱改造工作质量和社会接茬帮教工作成绩的重要指标。它一般用百分比表示，其公式是

$$重新犯罪率=\frac{特定时间和范围内刑满释放人员再犯罪的人数}{同一时空领域内刑满释放人员总数}\times100\%$$

5. 重大刑事犯罪率，是指重大刑事案件在刑事案件中所占的比例。重大刑事犯罪率是考察社会犯罪的数量与质量变化、社会危害程度及专门机关与社会的防控能力的一个指标。它一般用百分比表示，其公式是

$$重大刑事案件率=\frac{一定时间内发生的重大刑事案件}{同一时间范围内发生的全部刑事案件}\times100\%$$

第三章

犯罪学的思想渊源、创立和发展

第一节　犯罪学的思想渊源

一、我国犯罪理论的思想渊源

自从人类社会产生犯罪现象以来，便存在有关犯罪的思想。我国古代有许多杰出的思想家、政治家，他们在论政和论道的过程中，都不同程度地涉及了这个问题。尽管他们的观点零散，且由于历史的局限，尚未形成系统的犯罪学理论体系，但其中一些见解精辟，即使在今天，仍然具有极其重要的借鉴和参考价值。

在法学思想和犯罪问题上，许多思想家、政治家都进行了有益的思考和探索，提出了诸多富有思辨和哲理的观点。在对犯罪的产生和治理方面，他们都从维护本阶级的阶级利益出发，从犯罪与经济、犯罪与政治以及犯罪与文化道德的相互关系上提出了自己的认识。

公元前 11 世纪，在我国西周初期，政治家周公主张“明德慎罚”“德刑并用”。要求对犯罪进行具体分析，区别对待“眚”（过失）与“非眚”（故意）、“非终”（偶犯）与“唯终（惟终）”（累犯）以及认罪态度等不同情节，并要求罪止一身“不相及”，反对“乱罚无罪杀无辜”，甚至要求“毋庸杀之，故唯教之”。我国古代还有“杀人者死，伤人及盗抵罪”这样罪刑相适应的量刑思想，并有“赦老、赦幼、赦愚蠢（精神病患者）”和“宥弗识、宥过失、宥遗忘”等颇具人道主义精神的“三赦”“三宥”原则。

到了春秋战国时期，社会的大动荡、大变革使代表不同阶级、不同政治集团利益的思想家、政治家为了本阶级、本集团的利益，提出了各种政治主张。他们在思想文化领域进行了激烈的交锋，造就了“百花齐放，百家争鸣”的思想文化繁荣局面。在他们的各种政治主张中，关于犯罪的思想观点层出不穷，也出现了许多很有见地的观点。我国的法家先驱管仲指出，“法者，所以兴功惧暴也；律者，所以定分止争也”。他认为，扬善止暴是法律的一个重要的社会功能，并且重视赏罚的作用，提出“劝之以赏赐，纠之以刑罚”。管仲所采取的分层管理（“寓兵于农”）、轻徭薄赋（“取于民有度”）的预防犯罪办法以及“仓廪实则知礼节，衣食足则知荣辱”的预防犯罪思想，在我国预防犯罪史上占有重要的地位。管仲认为，“凡治国之道，必先富民，民富则易治也，民贫则难治也……民富则安乡重家，安乡重家则敬上畏罪，敬上畏罪则易治也。民贫则危乡轻家，危乡轻家则敢凌上犯禁，凌上犯禁则难治也”。他把道德与物质生活条件联系起来，同时也把犯罪同经济条件的好坏联系起来，认为经济与犯罪有着密切关系，经济上的贫困是产生犯罪的重要原因。这对于古代乃至今天我们从经济方面来认识犯罪的产生都具有一定价值。

春秋末期儒家学派创始人孔丘，被其弟子和后人尊称为孔子。他的学说蕴藏着人类的智慧和思想精华，包含着极为丰富的哲理。他继承了周公“明德慎罚”的思想，并进而发展成为“德主刑辅”的观念，重视道德的教化作用。他提出“道之以政，齐之以刑，民免而无耻；道之以德，齐之以礼，有耻且格”，强调道德教育感化人心比一味惩罚会得到更好的效果，认为以刑罚手段治理国家，虽然可使老百姓不敢犯罪，但他们并不懂得犯罪的可耻，如用道德去规范和感化并加强礼教，老百姓就会感到犯罪可耻而不会犯罪，即使犯罪也会反省悔改。在这里，孔子提出了两种行为规范：一种是靠国家强制力保障法律实施的法律规范；另一种是靠内心道德观念来调节的道德规范。在他看来，法律规范的作用是有限的，而道德规范的作用却是无限的。孔子还认为，“人之初，性本善，性相近，习相远。苟不教，性乃迁”，人的本性相差不多，只是后来的生活环境造成了极大的差别。这一观点，对于犯罪社会原因的研究更具有深刻意义。他还主张掌权者和执法者“修己安人”。因为“其身正，不令而行；其身不正，虽令不从”，如若掌权执法者自己行为不端，势必导致上行下效，虽有法令，也得不到遵从。他期望“以德去刑”，通过“德治，胜残去杀”，从而达到“无讼”的境界。

墨家在春秋战国时代，也是具有重大影响的学派，与儒家并立。其创始人墨翟的言论，被其门人编纂成《墨子》一书。墨子认为，统治者“厚作敛于百姓，暴夺民衣食之财”，致使“富贵者，奢侈；孤寡者，冻馁”，百姓“饥寒并致，故为奸邪”，这直接揭示出压迫和剥削是产生犯罪的根源。墨翟还主张统治者“赏当贤，罚当暴，不杀无辜，不失有罪”，若能如此，即可“劝善”“止暴”而自然达到“去罪而安国”的目的。墨家有关犯罪问题的观点在我国封建社会是极富代表性的。他们把犯罪同统治阶级的骄奢淫逸、铺张浪费联系起来，故而提出了发展生产、反对浪费的经济立法思想。这种思想对预防和减少犯罪具有重要意义。

战国后期的政治家韩非，是集法家思想之大成者。他关于犯罪和治罪的思想极为丰富，而且很精辟。例如，他在谈到犯罪的起源和原因时指出，“古者丈夫不耕，草木之实足食也，妇人不织，禽兽之皮足衣也。不事力而养足，人民少而财有余，故民不争。是以厚赏不行，重罚不用，而民自治。今人有五子不为多，子又有五子，大父未死而有二十五孙，是以人民众而货财寡，事力劳而供养薄，故民争，虽信赏累罚而不免不乱”。他认为人性是恶的，人的天性是自私自利、损人利己的，并将这种恶性概括为“八奸”：“且父母之于子也，产男则相贺，产女则杀之。此俱出父母之怀衽，然男子受贺，女子杀之者，虑其后便，计之长利也。”“故王良爱马，越王勾践爱人，为战与驰。医善吮人之伤，含人之血，非骨肉之亲也，利所加也。故舆人成舆则欲人之富贵，匠人成棺则欲人之夭死也。非舆人仁而匠人贼也，人不贵则舆不售，人不死则棺不买，情非憎人也，利在人之死也”。由此可见，犯罪既是社会方面的物质生活资料供应不足造成的，又是人性的自私自利原因所驱使的。另外，韩非还认为社会管理和赏罚不当，也会导致犯罪的发生，如他认为，“赏无功，则民偷幸而望于上。不诛过，则民不惩而易为非，此乱之本也”。他的许多治国之策都包含着治罪的因素。

战国时期关于人性善恶的辩论，也带有犯罪原因的探讨。在这场辩论中，孟子以孔丘创建的儒教为基础，提出“性善论”，认为“人性之善也，犹水之就下也，人无有不善，水无有不下”，孟子从“仁政”出发，认为要使人们遵守法律，主要不应靠刑罚而应靠教化。他主张对人们教以人伦，“父子有亲，君臣有义，夫妇有别，长幼有序，朋友有信”，这样才可以做到“从亲其亲，长其长，而天下太平。”“仁、义、礼、智，非由外铄我也，我固有之也。”同时，孟子也提出治天下不可以无法度，仁政者治天下应以法度“正五音，成方圆”；提出“省刑罚”和“薄税敛”的“仁政”主张；认为“富岁，子弟多懒；凶岁，子弟多暴”，“若民，则无恒产，因无恒心。苟无恒心，放辟邪侈，无不为已。及陷于罪，然后从而刑之，是罔民也”；认为贫困是迫使人们犯罪的原因，所以，他指出，“民能做到菽秽如水火，而民也有不仁者乎!”表达了物质财富的丰富是消除犯罪的根本途径。孟子主张用“为民制产”的政策来消除犯罪和防止人民造反，他说：“是故明君制民之产，必使仰足以事父母，俯足以畜妻子，乐岁终身饱，凶年免于死亡……”

性恶论与性善论相对立，首倡者是战国时期的哲学家荀况。他认为人性是恶的，犯罪是人性恶的具体表现。他说：“今人之性，生而有好利焉，顺是，故争夺生而辞让亡焉；生而有疾恶焉，顺是，故残贼生而忠信亡焉；生而有耳目之欲，有好声色焉，顺是，故淫乱生而礼义文理亡焉。然则从人之性，顺人之情，必出于争夺，合于犯分乱理而归于暴。故必将有师法之化，礼义之道，然后出于辞让，合于文理，而归于治。用此观之，然则人之性恶明矣，其善者伪也。”人性就是“目好色，耳好音，口好味，心好利，骨体肤理好愉佚”。但又认为，人性是天生的，“不可学，不可事”，然而却可改造，以师法化之。他还认为：“人生而有欲，欲而不得，则不能无求；求而无度量分界，则不能不争。争则乱，乱则穷。先王恶其乱也，故制礼义以分之，以养人之欲，给人之求。使欲必不穷呼物，物必不屈于欲。两者相持而长，是礼之所起也。”说明乱和犯罪、道德和法产生的原因。另外，他还从社会产生的角度，论述了乱和犯罪、礼与法产生的原因。他说：“人之生，不能无群，群而无分则争。争则乱，乱则穷矣。故无分者，人之大害也；有分者，天下之本利也；而人君者，所以管分之枢要也。”荀况还主张“隆礼重罚”以“治国安民”，认为“不教不诛，则刑繁而邪不胜；教而不诛，则奸民不惩；诛而不赏，则勤励之民不劝”。

汉代大儒董仲舒认为，“刑者法之辅”，主张“德主刑辅”，并从人性上解释犯罪的根源。他认为“天两有阴阳之施，身亦两有贪仁之性”，贪性和好利促使人们犯罪。“利者体之养也”，“体不得利不能安”，若妨碍人民获得“安体”之利，将引起犯罪。他还说：“（权贵们）身庞而载高位，家温而食厚禄，因乘富贵之资力，以与民争利于下，民安能如之哉？……富者奢侈羡溢，贫者穷急愁苦。穷急愁苦而上不救，则民不乐生。民不乐生，尚不避死，安能避罪。此刑罚之所以藩，而奸邪不可胜者也。”说明统治阶级无度的剥削是犯罪发生和刑罚繁多的原因。但他又认为，犯罪也是由穷人的人性不良造成的，他调和了孟子和荀子的人性论，创立了“性三品”说。所谓“性三品”，是指圣人之性、中民之性和斗筲之性。圣人之性是上层统治阶级的性，中民之性是士阶层的性，斗筲之性是下层被剥削阶级的性。圣人之性是善性，不能变。中民之性有善有恶，具有可变性，向上变善，向下变恶。斗筲之性是恶性，也是不能变的。如他说：“圣人之性，不可以名性；斗筲之性，又不可以名性；名性者，中民之性。中民之性，如茧如卵，卵待覆二十日，而后能为雏；茧待缫以涫汤，而后能为丝；性待渐于教训，而后能为善。善，教诲之所以然也，非质朴之所能至也。”这就是说，就人性上而言，犯罪作恶的人只能是出于下层社会地位的穷人和培养不够的下士，他的教化政策对象也只能是士，这说明他的犯罪观具有明显的阶级偏见。他的犯罪对策强调教化，认为逐利是使人变坏、犯罪的途径之一，因此，只有用教化的方法才能防止。如他说：“夫万民之从利也，如水之走下，不以教化堤防之，不能止也。是故教化立而奸邪皆止者，其堤防完也。教化废而奸邪并出，刑罚不能胜者，其堤防坏也。古之王者明于此，是故南面而治天下，莫不以教化为大务。”

南宋思想家朱熹认为，“刑者，辅治之法”，刑罚只是教化的辅助工具，法度禁令只能“制其外”，而“道德齐礼”方可“格其心”，用“三纲五常”教化人们，使百姓“不待黜陟刑赏一一加于其身”而能“去恶从善”，发展了“德主刑辅”先教后刑的思想，并提出狱讼“必先论其尊卑上下，长幼亲疏之分，而后听其曲直之词”，这实际是按伦理纲常、等级名分作出判罪处罚的观点。朱熹认为，“以宽为本而以严济之”的政策必然导致“刑愈轻而愈不足以厚民之俗，往往反以长其悖逆作乱之心，而使狱讼之愈繁”，因而极力主张“以严为本，而以宽济之”，同时提出恢复自汉朝以来逐步废除的肉刑，认为若施予犯严重罪行的罪犯以宫刑、剕刑处罚，虽使其躯体残损，但未危及其性命，并杜绝了其继续犯罪的可能。

明末清初思想家王夫之反对繁法酷刑，主张法简刑轻，并考虑到罪有轻重之别、原由之异，提倡“厚情定罪”“明慎用刑”。

我国古代的许多思想家、政治家在伦理道德、教育和法治等方面论述犯罪社会原因的同时，也注意到了个体生理和心理因素对犯罪的影响。如“人生而有欲”，若欲求过度，则必起非分之心，犯罪就不可避免地发生了。又如古人关于“少年血气方刚，戒之在斗；成年春性萌动，戒之在色；壮年利欲熏心，戒之在利；老年力衰难御，戒之在积”的论述，这一论述将不同年龄阶段的人的生理、心理特点以及容易发生的犯罪准确地加以概括，并以此告诫人们。

以上我国古代有关犯罪问题的各种观点和论说，从不同角度、在不同程度上反映了人们对犯罪的发生以及预防犯罪的方法的认识和主张，虽然有的观点零散而未成体系，有的甚至是片面的，但是其中许多论述思想深刻、内容丰富，是我国宝贵的文化遗产，也是我国犯罪学形成和发展的重要思想和理论渊源。

二、外国犯罪理论的思想渊源

早在公元前5世纪，欧洲有些思想家就从人体的不同形态、面相特点等生理因素入手解释犯罪发生的原因。古希腊唯心主义哲学家苏格拉底认为，“凡面黑而有恶相者，大都有罪恶的倾向”。古希腊哲学家柏拉图则认为，犯罪是由疾病引起的。古希腊哲学家、科学家亚里士多德认为，犯罪有遗传性，并从面相、骨相和人的个性、行为特征方面探讨犯罪产生的原因，指出犯罪人头盖骨的形状与一般正常人不同，人的头盖骨的形状与犯罪有关系。

16世纪末，随着近代自然科学的发展，骨相学也有所发展，意大利的自然哲学家、骨相学家波尔达认为，人的身体和性格与犯罪有必然的因果关系，变态人格的人，其发展的必然结果就是犯罪。法国启蒙运动的杰出代表、著名的资产阶级法学家孟德斯鸠在1748年发表的主要著作《论法的精神》，他认为犯罪与人的激情、意志和思想关系密切。德国医学家高尔在1825年发表《脑的机能》，他认为犯罪与脑的机能有关，并将犯罪区分为激情犯罪和本能犯罪两大类。在此之后，从人的生理、遗传素质、精神疾病和心理等方面研究犯罪的学者日益增多。如1835年英国学者卜悦卡特在其《犯罪者论》中提出罪犯有先天异常。1857年法国医生莫雷尔在《变质论》一书中指出犯罪是人体素质蜕化变质和自然淘汰的结果。

国外历代的思想家在从人的生理和心理角度论证犯罪原因的同时，也十分重视从经济、社会和家庭等方面来解释犯罪发生的原因。

柏拉图在其著作《理想国》中围绕正义的问题，阐述了法律应该惩罚不正义行为的观点。他认为，一个人的品行包括善和恶两个部分，当善良部分多于邪恶部分而占优势时，他就会受到赞扬；反之，就会受到责备。如果一个人的善良处于支配地位时，那么就有了正义，也就无须法律发挥作用；但是如果一个人对其恶性放松控制，其兽性就会活跃起来，这时就需要法律的力量来禁止人们的邪恶行为。那些有不正义行为的人，一旦被揭露出来，就必须受到惩罚，这样，其邪恶的行为才会被抑制。在刑罚问题上，柏拉图主张“刑罚个人化原则”。

古希腊的另一位思想家亚里士多德在其著作《政治学》中提出了较为系统的犯罪学思想。他认为犯罪的根本原因是人的罪恶本性。他将犯罪分为三种情况：一是由于人们缺乏衣食而进行的犯罪；二是由于人们在温饱之余，受情欲驱使，为了寻欢作乐而进行的犯罪；三是由于人们为了追求无穷的权威和肆意纵乐而进行的犯罪。针对这三种情况，亚里士多德提出了相应的救治办法。他指出，对于第一种情况，应采取给予相当的资财和职业的办法加以救治；对于第二种情况，应采取培养其德性，以克服过分的欲望的办法来救治；对于第三种情况，应采取教育的方法，使人知道自足而与世无争，以此来加以救治。亚里士多德对犯罪问题的论述中，也贯穿了“中道”的伦理思想。他认为，极富和极贫都会导致人们不愿顺从理性，极富的人常常会因放肆逞强而犯重罪；极贫的人则往往懒散无赖，容易犯轻罪。唯有中产阶级善德最佳，境界最高且很少有野心。在这里，他又把财产极多和极少都视为犯罪的原因。亚里士多德关于犯罪的思想，在犯罪学史上有着重要的意义，但受历史和阶级的限制，他的理论带有明显的局限性和片面性。

欧洲中世纪早期，宗教神学占据统治地位，神学家们依据《圣经》解释犯罪，极力宣扬“原罪”论，抹杀犯罪现象的社会根源。基督教神学最早的表现形式是教父学，它的主要代表人物是奥古斯丁，他主张“原罪”说，认为人类的祖先亚当和夏娃，在天国受上帝指派看守伊甸园时，偷吃禁果而犯了罪。这一罪过就传给了后代，成为人类一切罪恶和灾难的根源。也就是说，人类与生俱来有罪，因而人间生活就是接受上帝的惩罚和赎罪的过程，只有信仰上帝，“爱上帝，卑视自己”，才能受到上帝的恩宠以得救。奥古斯丁认为，大多数人欲望无穷而缺乏理性，而一个“没有理性的人，需要别人用命令来控制他的各种欲望”。他还指出，坏的意志是坏的行为的原因，但坏的意志本身却无任何动因，因此，坏的意志本身就是犯罪的根源，也就是犯罪原因。对于刑罚目的，奥古斯丁认为，法律的惩罚对犯罪者改正错误有好处，同时也能以此作为对其他人的教训。这种认识对预防犯罪具有一定的作用，但其目的还是维护当时的封建统治者的利益。

在欧洲资本主义萌芽时期，对犯罪问题的认识有了明显的进展，某些思想家已经开始注意从社会财产制度上分析犯罪的原因，提出私有制是一切社会祸害的总根源。英国早期空想社会主义的代表人物托马斯·莫尔在其著作《乌托邦》中，从社会学的角度研究犯罪问题，认为私有制是犯罪产生的原因，犯罪是对社会状况的一种反应。他全面分析了当时盗窃犯罪产生的社会原因，认为大批贵族像公蜂一样对佃农“敲骨吸髓，重重剥削”，而自己一事不做，使佃农无法生活而不得不去盗窃。他还指出，资本主义的资本原始积累，搞圈地运动，这也是盗窃犯罪的另一种原因。圈地运动剥夺了农民的耕地并变为牧场，迫使农民背井离乡，生活没有保障，便沦为盗贼。粮价暴涨，许多人被解雇，只好去讨饭和抢劫。社会风气奢侈无度，一部分人只讲究吃喝玩乐，或沉溺于游乐场所，当他们的钱花光之后，便走上抢劫之路。在预防犯罪的问题上，莫尔主张应给人们以谋生之道，使其不致铤而走险，而不应适用严刑峻法加以惩治。他认为，私有制是造成劳动人民贫困和一切罪恶的总根源，只有废除了私有制，实行公有制，按照人们的需要平均分配物资，无须用金钱交换，这样贫穷就会消失，诸如诈骗、盗窃、抢劫、叛乱、暗杀等一些每天惩罚也禁止不了的罪行也会消失。莫尔的犯罪学思想尽管带有空想的性质，但他却揭示了当时犯罪的原因，提出了预防犯罪的方法，这在犯罪学思想史上是一个重大的贡献，对以后犯罪学思想的发展产生了积极的影响。

在近代资产阶级革命时期，自然法理论一统天下，资产阶级已经将个人立场为主、强调利己主义的自然法取代以国家立场为主、注重道德作用的自然法。这一时期，犯罪学的思想比较丰富。英国著名的政治家、哲学家托马斯·霍布斯对犯罪和刑罚问题进行了深入的研究。他认为，人们生来就具有自私自利、残暴好斗的本性，这种邪恶的本性和认识、理解方面的缺陷就是犯罪的原因。他还强调，“罪行是一种罪恶在于以言行犯法律之所禁或不为法律之所令”，“没有法的地方便没有罪恶”，而法律是主权者的命令。所以，犯罪实际上是对国家主权者通过法律所建立起来的社会秩序的侵犯。

与托马斯·霍布斯同时代的洛克认为，自然状态是一种自由、和平的境界，而不是一种完全冲突的状态，人们尤其是儿童由好变坏完全是由其所处的环境（广义的教育）所决定的。洛克认为：“违法是不符合正当理性规则的行为，惩治罪犯的目的是促使其悔改，教育和警戒其不再犯罪。”

孟德斯鸠是法国启蒙思想家、著名的古典自然法学派的代表人物，在其《论法的精神》中将犯罪分为四种：危害宗教罪、危害风俗罪、危害公民安宁罪和危害公民安全罪，并进一步把犯罪与封建贵族的特权、贪污腐化及专制制度的各种弊端联系起来。孟德斯鸠主张刑罚的轻重应与犯罪恶害的大小保持均衡，如杀人和盗窃不宜同科。他坚决反对刑讯，指出刑讯是“人类所发明的邪恶制度中最邪恶的制度”。

第二节　犯罪学的创立和发展

一、刑事古典学派的犯罪研究

犯罪学诞生于18世纪的欧洲。18世纪以后，欧洲逐渐摆脱了封建神学的黑暗统治，启蒙思想蓬勃兴起，封建制度逐渐瓦解，人权观念日益深入人心。受启蒙思想家学说的影响，一些法学家基于人道主义立场，主张排斥复仇观念，强调罪刑均衡，反对刑罚擅断，对现代刑罚制度的建立产生了深远的影响。后人将这种思想称为刑事古典学派的理论。这种思想的代表人物有：意大利的贝卡利亚、英国的边沁、德国的康德、黑格尔和费尔巴哈等，其中以贝卡利亚和边沁最具代表性。

（一）贝卡利亚及其犯罪学思想

贝卡利亚是意大利著名的法学家，刑事古典学派的创始人和最杰出的代表人物，其代表著作《论犯罪与刑罚》，对后世的犯罪研究和刑罚理论产生了巨大的影响，在犯罪研究史上占有重要的地位。

关于犯罪原因，贝卡利亚在《论犯罪与刑罚》一书中提出，人达到了一定年龄，均有以理性行动的自由意志，若有人自甘违法乱纪，便有违于社会契约和社会道义，应当根据社会契约给予惩罚。同时经济条件和坏的法律也影响犯罪：经济条件主要是指贫穷，盗窃犯罪、抢劫和杀人犯罪以及走私犯罪都与贫穷有关；坏的法律是指法律过于严酷，过于严酷的法律会通过削弱人道精神来促成犯罪。

关于犯罪分类，贝卡利亚认为犯罪的真正衡量标准是对社会造成的危害。根据对社会危害的不同，他将犯罪行为分成三类：一是直接破坏社会或使它的代表者死亡的行为；二是侵犯公民的个人安全、生命、财产和荣誉的行为；三是违反法律规定的作为、不作为的行为。

关于对犯罪实施刑罚，贝卡利亚认为，国家设置刑罚的目的，旨在代表社会正义以惩罚犯罪人，保障社会成员的自由与权利。为实现刑罚的目的，必须保证刑罚的有效性。有效的刑罚具有以下三个特征：

1. 及时性

贝卡利亚指出，刑罚的使用要考虑其及时性。他认为，犯罪之后判处刑罚越迅速，刑罚就越公正，社会效果就越显著。

2. 必然性（不可避免性）

贝卡利亚认为，有效的刑罚应当具有必然性的特点。它意味着只要实施了犯罪行为，就肯定会被判处刑罚，没有任何意外可言。犯罪之后迅速判处不可避免的刑罚具有最大地阻止犯罪的威慑力量。

3. 罪刑相适应

贝卡利亚认为，刑罚的强度与犯罪的危害相适应；刑罚造成的痛苦要按一定比例大于犯罪所造成的危害或犯罪人所得到的利益；对特定的犯罪要处以特定的刑罚。

关于犯罪预防，贝卡利亚非常重视，并提出了以下预防手段：制定明确、简单的法律并公之于众；使法律的执行机构注意遵守法律而不腐化；奖励美德；改善教育。

（二）边沁及其犯罪学思想

边沁是英国著名的哲学家、法学家，刑法改革的领导人，是仅次于贝卡利亚的刑事古典学派的代表人物，在西方法律思想史和伦理思想史上占有重要地位，其学说对19世纪以后的刑事立法、刑事司法及犯罪学都产生了深远的影响。边沁的著作很多，他的犯罪学思想主要体现在其《道德与立法原则》和《刑罚原理》两部代表著作中。

边沁学说的核心是功利主义理论，或称“幸福计算”理论，认为人的本性或人类的基本规律就是求乐避苦。正是这种本性支配着人类的一切思想、心理、言论和行为。边沁的犯罪学理论正是在此基础上加以论述的。

关于犯罪原因，边沁认为，人类的行为都是为了追求快乐和避免痛苦，人类的一切行为都是理性选择的结果。所有的人都是在对多种因素加以理智的思考后，才决定追求其目标和实施其行为的。犯罪行为同样是因追求快乐和避免痛苦而产生的，但犯罪人的犯罪行为破坏了社会普遍幸福，因此应当受到惩罚。

关于犯罪的理论，是其学说的重要内容，它由以下三部分构成：

1. 刑罚目的

边沁认为，刑罚最广泛、最适当的目的就是尽可能地预防犯罪。刑罚一方面具有将痛苦施加于犯罪人，以平衡其因犯罪行为得到的快乐，并以此威吓大众，使他们避免犯罪；另一方面通过刑罚对犯罪人实施教育性的矫治，使其避免沦为再犯。

2. 罪刑相适应

边沁认为，要使刑罚实现预防犯罪的目的，就要求刑罚与犯罪之间相适应。为了真正做到罪刑相适应，应恰当地衡量犯罪行为对被害人造成的实际损害和在公众中引起的恐慌程度，还要考虑到犯罪人在实施犯罪时的心理状态、犯罪后被害人的状况等。

3. 刑罚体系

边沁认为，为了达到刑罚的目的，应当对不同的犯罪处以不同的刑罚。他设计了一套刑罚体系，其中包括十种刑罚手段：死刑、痛苦刑（如禁食和鞭打）、不能消除的刑罚（如截肢和烙印）、羞辱刑（如戴枷示众）、赎罪刑、慢性刑（如流放和监禁）、单纯限制刑（如吊销营业执照）、金钱刑（如罚金）、准金钱刑（如剥夺可以享受的服务）、特征刑（如穿囚服以表示身份）。在这些刑罚中，边沁十分推崇的是监禁刑，认为其有助于犯人的改造。

关于犯罪预防，边沁从增进最大多数人的最大幸福的功利主义原则出发，提出了以下预防犯罪的主张：通过良好的立法预防犯罪；通过刑罚的适用预防犯罪；运用多种制裁措施预防犯罪；通过预测个人的行为倾向预防犯罪。

（三）古典学派关于犯罪的思想总结

尽管古典学派的具体观点和表述有所不同，但从其最主要代表人物贝卡利亚和边沁的观点中可以看出以下基本的犯罪学思想：

1. 自由意志决定行为

古典学派学者认为，人的本性是自私的、邪恶的，犯罪就是人的这种本性的体现。所以，任何人都有犯罪的可能。同时，任何人都有同样的自由意志，都能根据自己的意愿作出选择。既有可能选择犯罪行为，也有可能选择守法行为。犯罪行为是个人自由意志选择的结果，违反了道义责任，犯罪人就应当对其承担责任。

具有自由意志的人之所以选择犯罪而不选择守法行为，是由其功利主义或享乐主义决定的。在犯罪人看来，与守法相比，犯罪行为正好符合这样的要求，因此，他就选择实施犯罪行为。

2. 强调犯罪的刑罚预防

古典学派学者认为，在人们订立契约、建立国家之初，就已让出一部分权利给国家，赋予国家使用刑罚手段维持社会正义和公平，国家即可根据社会契约对有违道义的犯罪人处以刑罚。

对犯罪人适用刑罚是为了抵消其因犯罪而获得的利益或快乐，起到预防犯罪的作用。预防犯罪的目的要求犯罪与刑罚之间必须相适应。因此，任何不符合犯罪目的的刑罚，都是不应使用的。

3. 认为其他手段也可以对减少犯罪发生作用

古典学派学者在表述了刑罚的预防作用之后，认为良好的教育体系也是降低犯罪发生的重要因素，而一个公平、公正、有效地为众人所信赖的司法系统更是防止犯罪的最佳手段。它们均可为建立、提倡、维护合乎人道和正义的观念与制度提供良好的基础。

二、实证派犯罪学的创立和兴起

实证派犯罪学是指对使用实证方法进行犯罪学研究的理论学说的统称。实证派犯罪学是在19世纪后半叶，针对古典学派犯罪原因研究的欠缺和当时犯罪对策的乏力而产生的。实证派犯罪学代表人物主要有意大利的龙勃罗梭、菲利、加罗法洛。

（一）龙勃罗梭及其犯罪学思想

龙勃罗梭是19世纪中后期意大利著名的精神病学家和犯罪学家，实证派犯罪学的创始人。他率先将自然科学的实验方法用于犯罪研究，开创了实证犯罪学的研究。在他的代表作《犯罪人论》中，提出了“天生犯罪人”的观点，成为犯罪人类学派的代表人物，被尊称为犯罪学的鼻祖。

龙勃罗梭用观察、解剖分析的方法，并辅以统计资料的支持，展开他关于犯罪人研究的论述。龙勃罗梭的犯罪学思想及理论如下：

关于犯罪方法，龙勃罗梭利用其在精神病院工作的条件和监狱提供的便利，常使用临床观察及历史研究的方法对犯罪人进行分类研究。他在对异常行为人观察后进行直觉分析和解释，特别是对当时的惩役犯、禁锢犯及非犯罪人士兵的头盖骨异常状况作统计研究。其临床及历史的研究方法，在今天的心理学、精神病学的研究及个案诊断治疗中仍常被使用。

关于犯罪人的分类，龙勃罗梭通过在对在监受刑者的观察和研究后，将犯罪人分为四种类型：（1）天生犯罪人；（2）精神病犯罪人；（3）激情性犯罪人；（4）偶发性犯罪人。他认为前两种人是真正的犯罪人，主观恶性大；激情犯和偶发犯不具有先天人体特质，主观恶性较小。

关于犯罪原因，龙勃罗梭主要持“天生犯罪人”的观点，偏重于用生物决定论来指导其研究，但在其晚年有所修正。综合起来，龙勃罗梭在犯罪原因方面的主张主要有：

1. 遗传因素影响犯罪

龙勃罗梭认为，天生犯罪人才是真正的犯罪人，而天生犯罪人又是隔代遗传的结果。由此，他认为隔代遗传的生理因素是影响天生犯罪人实施犯罪行为的最重要原因。

2. 社会因素影响犯罪

龙勃罗梭早年完全没有注意到社会因素对犯罪的影响。其“天生犯罪人论”虽然遭到了强烈批评，但也只是在其晚年才开始有了一些认识，对社会因素与犯罪之间的关系进行了一些探讨。这些变化反映在《犯罪人论》的第五版中。

3. 自然气候因素影响犯罪

龙勃罗梭在晚年分析了一些影响犯罪的自然因素，其中主要是气候。他认为，气候对犯罪数量和犯罪类型都有影响：过冷或过热的气温会消耗人的精力，减少其犯罪的激情；而中等（或比较适度的）气温就像酒精那样会刺激人们的神经中枢，使人们不能冷静地思考和生活，在激动的状态中实施侵害行为。炎热的月份或炎热的国家以暴力犯罪为多；寒冷的月份或寒冷的国家以财产犯罪为多；三四月以杀婴犯罪为最多等。

关于犯罪对策，龙勃罗梭认为应由四个部分构成：

1. 社会防卫理论

龙勃罗梭认为，社会为了自我防卫，防止犯罪威胁大众，必须制定刑罚来对违法犯罪行为进行处罚。但对于天生犯罪人来说，仅以道德的赎罪或名誉、自由剥夺的刑罚方式来处理，并不能达到矫治和防止其再犯的效果。社会必须采取自卫的方法将其隔离。对其他犯罪人则应以其行为的恶性程度处以不同的刑罚，或采取不同的矫正措施。

2. 对犯罪人的鉴定和识别方法

出于社会防卫和不同犯罪人不同处遇的需要，龙勃罗梭认为，必须对犯罪人进行识别和鉴定，以便确定犯罪人的责任程度和重新犯罪的可能性，决定给予犯罪人何种惩罚或治疗，为法官提供判决依据，也为其他参与矫治的人（如缓刑官、矫正机构的管理者）提供帮助。鉴别犯罪人的方法有两种：生理学的方法和心理学的方法。生理学的鉴别方法是：对调查对象进行生理检查，包括皮肤、文身、皱纹、毛发和牙齿等，看其是否符合犯罪人的特征。心理学的鉴别方法是：首先对被调查者的历史进行考察，向其亲属和朋友了解他过去的生活、成长环境及童年所患的疾病，了解其家族中是否有过犯罪人；其次是了解其婚史、配偶状况、从事过的职业及表现；最后是查明犯罪发生的时间和情节，若是累犯，则应查明其初次犯罪的年龄及犯罪时的具体情况。在调查的基础上确定其是否具有犯罪人应有的智力、情感、病态现象、记忆和言语等特征。

3. 对刑罚制度的改革建议

龙勃罗梭认为，社会基于安全的需要，对犯罪人处以刑罚是必要的，也赞成使用死刑。除此之外，他对刑罚制度还提出了以下改革建议：第一，自由刑的实施应以监禁为主，但应采取独居监禁的方式，以避免犯罪人在狱中相互感染恶习，出狱后沦为再犯。第二，出于人道和预防再犯的考虑，主张少年犯和老年犯不宜收容在监，应将他们置于具有感化性质的学校或农场之内，便于他们改过自新。第三，提出刑罚个别化原则，认为刑罚应针对不同的犯罪原因施以有效的惩罚措施，不一定同罪同罚，而应视犯罪人的犯罪原因、犯罪动机和犯罪目的而定。第四，提倡建立不定期刑制度，认为将刑罚的种类做细致的划分并无多大意义。同时，应废止短期自由刑及特赦制度。第五，主张犯罪被害者所受的损害，应由犯罪人负责补偿，这样既可以对犯罪人予以惩罚，又可以对被害者提供一些帮助。

4. 其他预防犯罪的建议

龙勃罗梭认为，犯罪正如疾病一样，是可以预先加以防范的。由此，他提出应建立良好的社会规范以供社会成员遵守，同时还应有预防犯罪的相关措施，主要有以下几个方面。

（1）预防贫穷儿童犯罪。由于社会中孤儿和贫穷儿童成年后犯罪的可能性最大，因此，对他们应及早提供良好的教育，将其安置在受人尊敬的家庭之中，对其进行良好的训练。国家应开办收容、教育贫穷儿童的机构，防止他们成为犯罪人。

（2）预防成年人犯罪。成年人在遇到生活危机时犯罪的可能性最大，因此，社会应在此时及时地为他们提供帮助。同时为移民建立廉价的旅馆、庇护所及有益身心的娱乐场所，为体力劳动者创办夜校、救助组织等。

（3）预防性犯罪。龙勃罗梭认为，离婚制度是预防许多通奸及其他性犯罪的一种有力的措施。预防性犯罪的方法还有减少婚姻的金钱色彩、使合法的性关系更容易进行等。

（4）预防诈骗犯罪。有效的措施应该是广泛宣传信用知识、改革信用制度、提倡道德和文明。

（5）对犯罪人的治疗。对天生犯罪人、精神病犯罪人等，不能将其放入普通的监狱，应将他们安置在特别的监禁治疗机构或精神病院中进行治疗。

（二）菲利及其犯罪学思想

菲利是意大利著名的刑法学家和犯罪学家，也是实证派犯罪学的创始人和代表人物。他的主要著作有《犯罪社会学》、《实证派犯罪学》和《犯罪研究》等。他否认古典学派的“自由意志论”，提出了著名的“犯罪三因素论”，在犯罪学史上占有重要的地位。

菲利以实证主义为基础，致力于对犯罪行为进行个人和社会两个方面的研究。在犯罪对策的问题上，主张以有效的社会防卫为目的，并以此构建了其犯罪学的思想体系。

关于犯罪原因，菲利提出了“犯罪三因素论”。他认为犯罪原因可分为三类：第一类是人类学因素，是指犯罪人生理、心理及种族方面的特征；第二类是自然因素，是指“我们生活于其中，但并未予以注意的一些物质环境”，主要包括自然资源、地形和气候等；第三类是社会因素，是指能够促使人类生活不诚实、不完满的社会环境，包括经济、政治、道德及文化生活中的各种不安定因素。

在菲利看来，犯罪是这三个方面的因素共同作用的结果，当这三类因素达到一定量的时候，就必然发生犯罪，无论哪一种因素都不能单独解释所有犯罪。

菲利的三因素论实际上标志着犯罪学多因素理论的建立。与单因素论相比，多因素论不仅反映了犯罪现象本身的复杂性，而且也说明犯罪学研究水平的提高，这是犯罪学发展中的一次历史性进步。

关于犯罪人的分类。菲利认为龙勃罗梭过分重视天生犯罪人，指出其忽视了社会环境对犯罪所造成的影响。因此，提出将犯罪人分为天生犯罪人、精神病犯罪人、常习性犯罪人、偶发性犯罪人、激情犯罪人五类。

关于犯罪数量的变化规律，菲利认为，影响犯罪的各种因素在社会上总有特定的数量，除非社会环境等因素产生急剧变化，否则犯罪的发生率不会发生变化。因此，犯罪的发生率受一定的法则支配，这种法则被菲利称为“犯罪饱和法则”。

关于犯罪对策，菲利认为应由两部分构成：刑罚理论和犯罪预防理论。

1. 刑罚理论

在其犯罪对策思想当中，刑罚理论是重要的组成部分之一。他的刑罚理论又分为刑事责任和刑事制裁两个方面。首先，菲利就刑事责任的基础进行了论述。他指出追究犯罪人的刑事责任，并不是基于犯罪人对自由意志的滥用和因此而产生的道德责任，也不是出于报复，而是出于保护社会、捍卫国家和法律的需要。因此，刑罚是一种预防性和镇压性的措施，刑罚的目的是保卫社会。其次，关于制裁，他赞成使用不定期刑，主张强制犯罪人对被害人进行赔偿，呼吁建立犯罪精神病院以收留犯了罪的精神病人，建议废除死刑等。

2. 犯罪预防理论

菲利认为，刑罚措施对抑制犯罪的作用是有限的，主张以社会防卫措施代替刑罚制裁。刑罚的替代措施主要出于预防犯罪的社会改良目的，涉及经济、政治和科学等各个方面。

（三）加罗法洛及其犯罪学思想

加罗法洛也是意大利著名的法学家和犯罪学家，实证派犯罪学的代表人物之一，对犯罪学的创立作出了重要贡献。在1885年出版的其代表作《犯罪学》中，提出了“自然犯罪”和“人定犯罪”的概念。

关于犯罪人的分类，加罗法洛将其分为四类：一是谋杀犯，是指视杀人如儿戏，毫无道德情感的人；二是暴力犯，是指为了满足自我而施暴者；三是财产犯，主要是指盗窃犯；四是风俗犯，主要是指心理异常的性犯罪人。

关于犯罪原因及“自然犯罪”的概念，加罗法洛认为，人类为了保护自我，均具有利己之心，但又由于必须生活于社会中，在某种程度上自然而然地发展出利他之心，这是产生社会道德的基本根源。利他情绪中最重要的内容是同情和正直，凡违反这两者的行为即为“自然犯罪”。“自然犯罪”人由于欠缺同情和正直等道德情绪，是真正的犯罪人。他还认为，社会环境对“自然犯罪”的增减并无多大作用。

与“自然犯罪”相对应的概念是“人定犯罪”。“人定犯罪”是指国家通过立法规定的属于自然犯罪范畴之外的犯罪。在加罗法洛看来，“自然犯罪”不论处在何种政治体制、何种地域范围，只要是违反人类道德正义的行为，如杀人、抢劫、放火、盗窃、强奸等，即便是不具有法律知识的人所为，都可判断出其就是犯罪行为。而“人定犯罪”则可因国家、地域或时空的不同具有不同的内涵，法律、政治、文明程度等均可影响此类犯罪的成立与增减，如堕胎、重婚行为。

关于犯罪对策，作为“社会防卫论”的倡导者之一，加罗法洛认为，刑罚的主要目的是阻止犯罪人重新犯罪，以保卫社会。因此，不应从报应犯罪人或罪刑相适应出发，而应根据犯罪人对社会的危险程度来使用刑罚，即刑罚应与犯罪人的人身危险性相适应。在此基础上，加罗法洛提出，对不同的犯罪人应适用不同的刑罚方法：对那些严重的道德失常的犯罪人应适用死刑；对缺乏正直情操的犯罪人，可适用长期监禁、流放、剥夺政治权利等刑罚；对那些缺乏利他情操，在特定环境下实施了犯罪行为但不可能再犯的犯罪人，可适用强制性赔偿的处罚方法等。

（四）犯罪学创立时期的犯罪学思想总结

一般认为，龙勃罗梭、菲利、加罗法洛对犯罪学的研究，和龙勃罗梭的

《犯罪人论》、菲利的《犯罪社会学》及加罗法洛的《犯罪学》的出版，标志着犯罪学作为一门独立于其他社会科学的学科的诞生。

实证派犯罪学是在19世纪中期以前的生物学、实证主义哲学、进化论和精神病学迅速发展的基础上创立的。它彻底改革了探讨犯罪的方法，将犯罪学的研究从犯罪行为转向了犯罪人，从而开始了科学探讨犯罪原因的时代。

尽管不同的实证派犯罪学家对犯罪研究的侧重点不同，研究结论和观点的表述也有差异，但作为一个学派则有其公认的基本观点——批判古典学派的“自由意志论”，使用实证研究方法；重视对犯罪人生理、心理特征的研究；反对报复刑论，主张从防卫社会的目的出发制定犯罪对策；改革刑罚制度，主张刑罚个别化；提倡在刑罚之外探索预防犯罪、矫正罪犯的措施等。

实证派犯罪学的创立，拓宽了犯罪问题的研究思路和途径，更新了研究方法，对后来的犯罪学研究产生了深远的影响。

三、近代西方犯罪学的发展

实证派犯罪学创立以后，在犯罪研究领域引起了强烈反响。自19世纪末到第二次世界大战结束之前，一些学者沿着实证的方向进行了更深入的研究，其中以犯罪人类学派和犯罪社会学派的研究最为引人注目。

（一）犯罪人类学派的进一步发展

自龙勃罗梭提出犯罪人类学理论之后，一些学者也沿用人类学的方法进行犯罪研究，对前者的理论进行验证，并提出了自己的观点，其中以格林和胡顿为代表。

1. 格林的犯罪人类学研究

格林是英国的精神病学家和犯罪学家，被认为是继龙勃罗梭之后进行犯罪人类学研究的重要人物。他在犯罪人类学方面得出的统计结论对龙勃罗梭的理论给予了最严酷的批判。

格林认为，犯罪人与正常人在性质上是类似的。人们之所以犯罪，在一定程度上取决于个人的素质和环境因素的作用。而人的素质与环境、所受的训练、家族等都有联系，其中家族因素是指有无低劣遗传；如果具有，也仅仅是犯罪倾向，还不足以对社会产生威胁。因此，格林认为，可以通过制定适当的法律降低犯罪。所谓适当的法律，就是指恰当地考虑阻止素质、机会和犯罪倾向的再生在犯罪中所起作用的法律。另外，格林还指出，可以通过教育措施改变犯罪的遗传倾向，因为道德准则教育可以对犯罪起阻止作用；可以通过隔离和监督不健全的人，以减少其实施犯罪的机会；对初犯处以罚金可以减少累犯的发生；从优生学上控制遗传缺陷，可防止由此产生的犯罪。

2. 胡顿的犯罪人类学研究

胡顿是美国的人类学家和犯罪学家，是继英国犯罪学家格林之后最重要的犯罪人类学研究者，曾在哈佛大学主持长达 12 年的犯罪人类学研究。他用人体测量和科学统计的方法研究犯罪人的人类学和社会学特征，其结论引起了强烈的反响。他承认龙勃罗梭是研究犯罪人隔代遗传和退化特征的先驱，但他认为龙勃罗梭的研究存在研究对象数量不多、缺乏科学统计等缺陷。

关于犯罪人，胡顿认为，犯罪人与普通市民之间存在身体上的明显差异，在社会学上也同样存在差异。不同类型的犯罪人之间也存在人类学差异。造成这种差异的原因不仅是复杂的，而且是相互影响的。

关于犯罪的原因及对策，胡顿相信治疗和改造措施的适用仅对青少年犯罪人有效，对其他顽固不化的犯罪人应实行永久监禁或隔离。另外，还应用控制遗传的方法，使人类健康地进化、可教育性增强，以减少和消除犯罪。

（二）犯罪社会学派的进一步发展

犯罪社会学派是从社会学的角度研究犯罪原因、探讨犯罪对策的学派。一般的观点是将菲利视为犯罪社会学派的创立者。在此之后，至第二次世界大战结束的一段时期内，该学派的代表人物主要有李斯特、塔尔德等。

1. 李斯特的犯罪社会学研究

李斯特是德国著名的刑法学家、犯罪学家，他对影响犯罪的社会因素的研究成果较丰富，对以后的犯罪学理论有着重要的影响。

在犯罪原因的问题上，李斯特一方面批判龙勃罗梭的“天生犯罪人论”，另一方面也不同意菲利的“犯罪三因素论”，认为菲利所说的自然原因实际上是社会原因的一种，而且不能将犯罪的社会原因与犯罪的个人原因等量齐观。因此，他提出“犯罪原因二元论”。在这二元的犯罪原因中，更重视犯罪的社会原因，将社会原因看成是影响犯罪的主要原因。

李斯特的犯罪对策主要包括目的刑论和刑罚个别化理论。基本观点是，刑罚的主要任务不是对已发生的犯罪行为进行报应，而是以预防再犯和保卫社会为目的。刑罚虽不是同犯罪作斗争的唯一手段，但却是最重要的手段之一。只有针对不同的犯罪人适用不同的刑罚，才能最大限度地发挥刑罚的效果。

2. 塔尔德的犯罪社会学研究

塔尔德是法国的社会学家、心理学家和犯罪学家。他注重用社会学理论对犯罪问题进行探讨，提出著名的“模仿论”理论，对犯罪学产生了重大影响。

“模仿论”理论是塔尔德学说的核心之一。最初该理论是在研究一般心理现象中发展起来的，后来被塔尔德用来解释包括犯罪在内的许多社会现象。他认为，犯罪及其他任何社会现象都是模仿的产物。犯罪，特别是少年犯罪，都是通过学习产生的。犯罪学习的具体形式和机制就是模仿。这种观点直接影响了后来的一批犯罪学家，包括萨瑟兰。

关于犯罪对策，塔尔德将道德责任视为制定和适用刑罚的哲学基础，他认为，社会之所以惩罚犯罪人，是因为犯罪人对社会负有道德责任，并在此基础上提出了一系列司法改革的建议。

3. 芝加哥学派的犯罪社会学研究

从 20 世纪 20 年代开始，美国芝加哥学派的克利福德·肖、亨利·麦凯等在对芝加哥青少年违法犯罪问题进行了广泛的研究后，创立了犯罪生态学。犯罪生态学以地区、气候、地形和建筑结构等与犯罪现象之间的相互作用为研究对象。在对芝加哥的犯罪进行了系统研究的基础上，他们提出了“同心圆说”和“社会解组论”，以此揭示该市犯罪分布的规律和成因。

四、现代犯罪学

到 20 世纪 60 年代，犯罪学的研究现状引起了普遍的非议。尽管发现某某因素与犯罪有关的经验研究报告层出不穷，但结论相反的报告也不断涌现，人们始终没有找到一种与所有犯罪都有关联的因素。在理论建构方面，尽管各种各样的理论学说层出不穷，但内容基本是大同小异；学者们既不热心于协调整合他们不尽一致的观点，也没有提出令人刮目相看的新的研究范式。总之，到 20 世纪 60 年代为止，实证犯罪学已经失去了它在 20 世纪初显现的那种朝气，无论是在帮助人们认识犯罪本质方面，还是在提出有效的犯罪对策方面，它都显得捉襟见肘、力不从心。在这种情况下，实证犯罪学的研究路线本来就存在的一系列致命的弱点，便成了众矢之的。这些缺陷主要包括：

第一，忽视刑法的倾向。在实证犯罪学的创始人那里，这种倾向即已存在，后来到美国犯罪学，尤其是社会心理学派占据统治地位的时候，这种倾向越发严重，“犯罪”与平常意义的“越轨”成了同义语。

第二，忽视对犯罪的反应，以及被害人在犯罪过程中的作用。由于过分地把注意力集中于犯罪人，因此公众以及权力机关对犯罪所做出的正式和非正式的反应被抛弃在研究视野之外；另外，对犯罪同样具有重要影响的被害人因素也被置之不顾。

第三，歪曲和贬低犯罪人，无保留地与现存社会秩序保持一致。在实证犯罪学家眼中，犯罪人即使不是心智不全的精神病人，也是适应不良的个性乖张之人。

于是从 20 世纪 60 年代中期开始，一种不同于实证犯罪学的新的研究思路在犯罪研究中逐渐显露出来，这就是“越轨角色的标定理论”。这一理论跟以往的社会心理犯罪学不一样，它的研究视野并不仅仅局限于犯罪人及其行为，而是扩展到了与犯罪过程有关的一切方面：被害人、旁观者、公众舆论、传播媒体、立法司法机关等。这些方面对犯罪人或者其行为所作出的反应，被认为是导致犯罪或重新犯罪的决定性力量。这其中，社会的立法、司法机构的作用尤其受到重视，犯罪被看成是他们使用权力的结果。

到了20世纪70年代，在美国又迅速兴起了一个犯罪学派别——“激进犯罪学”，也称为“批判犯罪学”。它既不像以往的实证犯罪学那样把犯罪人视为个人的变态行为，也不像标定论那样认为犯罪仅仅是他人强加给某些人的标签。它指出，犯罪是社会自身病态的表征，犯罪不是个人的事情，而是一种社会现象。因此，犯罪的根源或原因只能到社会既有的政治经济结构中去寻找。激进犯罪学的研究路线是从犯罪学现象着眼，通过批判地分析，揭示犯罪现象内在的、深刻的社会本质，进而得出根治犯罪的对策——革新社会、消除异化。这一研究路线显然与实证犯罪学的研究路线截然不同。①

自20世纪60年代至今，现代犯罪学对犯罪人生理因素和心理因素研究的水平都远远超过19世纪末的实证犯罪学派，但这并不是当代西方犯罪学的主流。当代西方犯罪学的一个显著特征是广泛运用各门社会科学特别是社会学的理论和研究方法去研究犯罪问题，犯罪社会学理论始终处于主导地位。当代西方犯罪社会学理论一般从社会结构和社会化过程两个角度研究犯罪问题。

（一）社会结构理论

社会结构理论认为，社会是划分层次的，不同层次的成员享有的政治、经济及其他社会权利不同，犯罪即与这种社会结构有关。社会结构理论大致可分为文化冲突理论、紧张理论、亚文化理论、社会生态学理论和激进犯罪学理论五个分支。

（二）社会化过程理论

一些西方学者指出，一个人在社会结构中的地位并不能完全决定其行为方式。一些社会地位低下的人并没有犯罪，相反，一些富人照样从事犯罪行为。为了解释这种社会结构理论所不能解释的现象，当代西方犯罪学又创立了社会化过程理论。该理论认为，犯罪是个体与社会以及个体与各种社会化机构在社会化过程中相互作用的结果。社会化过程理论共有四个分支：社会学习理论、标签理论、社会控制理论以及在前三种理论基础上形成的整合理论。

五、当代西方犯罪学的研究

（一）科际整合的犯罪学理论日益受到重视

当代西方犯罪学的特点之一就是理论的多元性。众多的犯罪学者依据不同的

① 谢勇：《犯罪学研究导论》，湖南出版社1992年版，第98～104页。

知识背景，从各自不同的角度出发，提出自己的犯罪学理论，因而形成众多的学术流派。这些流派彼此排斥，有的甚至根本对立，而且每一种理论都不能解释所有的犯罪。面对这种困境，自20世纪80年代以来，在系统论等学说的影响下，一些西方犯罪学家开始将各种犯罪学理论，甚至是根本对立的理论加以整合并进一步深化，以多因素的犯罪原因理论来解释犯罪问题，肯定犯罪是大量的互相联系的因素相互作用的结果，并寻求相应的对策。在这种情况下，犯罪学研究出现了多学科综合研究的特点。

犯罪学中的整合理论有不同的层次。有的只是将同一学科内的同一理论流派的不同理论和观点加以整合，有的是将同一学科内的不同理论流派的理论和观点加以整合，有的则是将不同学科的理论和观点加以整合，形成新的理论流派。

美国当代犯罪学家克拉伦斯·杰弗利于1989年发表论文《犯罪行为的科际整合理论》，1990年又出版专著《犯罪学：科际整合的探讨》。杰弗利试图将社会学理论、心理学理论和生物学理论加以整合，用以解释犯罪行为，其基本观点是：犯罪行为是由社会学、心理学和生物学因素相互作用引起的。

杰弗利认为，科际整合的探讨与多学科的探讨是不同的。许多教科书试图把生物学、心理学等学科的理论观点引入犯罪学，进行多学科的探讨。但是，这些教科书并没有将这些学科的理论观点整合为一种整体理论，而仅仅是分别介绍生物学、心理学的理论和方法对犯罪的研究，将生物学、心理学的犯罪观点与社会学的观点并列，而没有将它们融为一个有机的理论体系，没有探讨社会学概念的生物学和心理学基础。杰弗利指出，“真正的科际整合理论将不同的分析水平整合到一起。当遗传与大脑、学习的发展和行为系统的发展有关时，就讨论遗传。当大脑与学习、暴力和攻击性及对环境的文化适应有关时，就讨论大脑。当学习理论与遗传、大脑、文化适应、暴力和攻击性、性行为、精神疾病、反社会行为有关时，就讨论学习理论。当社会和文化变量影响遗传、大脑、学习过程、人格发展，同时社会和文化变量也受这些因素的影响时，就讨论社会和文化变量。遗传影响社会，而社会也影响基因”①。

由于犯罪既是一种社会现象，又是一种个人行为，因此，仅仅从某一学科的角度对犯罪问题进行研究，难免陷入片面化和绝对化。犯罪学必须综合与犯罪问题有关的学科，如法学、社会学、心理学、生物学和医学（特别是精神病学），从事科际整合的研究，才能得出科学的结论。应当正确处理好单一学科的专门化研究与科际整合的犯罪学研究的关系。一方面，科际整合的犯罪学研究与单一学科的专门化研究在方法上确有冲突之处；另一方面，两者又是相辅相成的。科际

① 吴宗宪：《西方犯罪学》，法律出版社1999年版，第615页。

整合的犯罪学研究是以单一学科的专门化研究为基础的，单一学科的专门化研究越是精确、深入，则数种单一学科的科际整合研究才能愈加确切，因而才能更加有效。单一学科的专门化研究与科际整合的犯罪学研究，相互结合，相互促进，增加了犯罪学学术研究的深度与广度。

（二）注重犯罪预防理论和对策的研究

第二次世界大战以来，西方国家在经济发展的同时，犯罪问题也日趋严峻，严重地危害社会的安宁，成为西方国家最为严重的社会疾病之一。面对这种状况。西方国家政府投入了大量的人力、物力和财力从事犯罪预防和对策的研究。一些犯罪学家也指出，与其苦苦探寻犯罪原因而不得其解，不如在犯罪预防与对策方面做出更多的努力。在犯罪预防理论中，“环境预防和社区参与理论”作为可操作性较强、易于取得成效的理论观点受到了特别重视。并且，国际犯罪学界已达成共识，对犯罪应实行综合预防和治理。

（三）青少年犯罪问题受到世界各国的普遍关注

第二次世界大战以来，西方各国青少年犯罪急剧增加，成为各国犯罪的主要特点之一，这引起了世界范围内的普遍关注。青少年犯罪的低龄化、暴力犯罪、性犯罪及吸食毒品等问题成为犯罪学研究中不容忽视的问题。因此，如何正确认识青少年犯罪的现象及原因，如何有效地预防青少年犯罪，如何教育、感化、挽救及改造犯罪的青少年等，成为各国犯罪学者共同思考和研究的重点。在各国的犯罪学著作中，有关青少年犯罪研究的著作占有相当的比例。

（四）犯罪学研究领域逐步扩大

纵观西方犯罪学历史可以看出，古典学派着眼于罪行、过去和罪责，实证学派把注意力集中在犯罪人、未来及危险性上。现代犯罪学在犯罪学研究方面开拓了新的领域——社会过程和被害人。现代犯罪学不再以静态方式研究犯罪行为的原因，而是把犯罪成因理解为一种由犯罪人、被害人和社会共同参与的社会过程。因此，现代犯罪学不仅对被别人标定为犯罪的那些人的行为进行研究，而且也对把别人标定为犯罪的那些人的行为进行深入探究，如警察、法庭、监狱，形成了“标签理论”。现代犯罪学注意研究被害人以及各种社会监控措施，不仅要看到社会监控具有预防犯罪的作用，而且也要对它们所引起的促使犯罪和继续犯罪的作用进行新的评价。一些现代犯罪学家把“犯罪行为”和“犯罪人”理解为用于标定一些行为和个人的一种称谓，而他们的任务就是揭示这种称谓的社会过程。与此相适应，一些新的犯罪学学科，如被害人学、激进派犯罪学、女权主义犯罪学等，逐步受到重视。

（五）犯罪学研究的国际合作与交流进一步加强

由于犯罪出现了共同发展的趋势和国际化倾向，各国学者开始更多关注、借鉴其他国家在预防犯罪上的成功经验，力求取长补短。近年来，国际性学术交流与合作也更加频繁。联合国成立了专门预防犯罪问题的学术交流机构，召开各种学术会议。同时，国际犯罪学学会也在积极进行这方面的工作，这有力地促进了现代犯罪学研究的发展。

第三节 我国犯罪学的发展

我国对犯罪学的系统研究最早开始于20世纪20年代末期。最初，我国的一些学者们主要是介绍西方犯罪学的研究成果，较具代表性的是：1922年刘麟生翻译的龙勃罗梭的《犯罪人论》和1936年许桂庭翻译的菲利的《实证派犯罪学》。同期，还有一些学者翻译和介绍了日本和美国等国学者的犯罪学著作，如1927年张廷键翻译的日本学者寺田精一的《犯罪心理学》，1936年查良鉴翻译的美国学者齐林的《犯罪学与刑罚学》等。通过翻译和介绍这些著作，西方犯罪学理论在旧中国传播开来，这对当时的中国学者产生了很大的影响，也引起了中国学者对犯罪学研究的重视。他们在接受国外学者犯罪学研究成果的基础上，开始研究当时中国社会的犯罪问题，并且出版了一批犯罪学著作，主要有1923年许鹏飞所著的《犯罪学大纲》、1932年李剑华所著的《犯罪学》、1933年鲍如为所著的《犯罪学概论》、1935年李剑华主编的《犯罪社会学》等。这些学者对犯罪学的研究受西方和日本犯罪学理论的影响比较深，在当时的历史条件下，对犯罪学在中国的发展起到了积极的作用。特别应当提到的是，老一辈社会学家、犯罪学家严景耀先生在1934年撰写的《中国的犯罪问题与社会变迁的关系》一书，此书在大量的实证调查的基础上，将犯罪问题同中国社会问题及社会制度联系起来。直至今天，这些理论仍不失其现实的指导意义。

中华人民共和国成立后，由于受“左”的思想干扰，特别是受苏联对社会科学否定、取消主义态度的影响，犯罪学研究未得到顺利发展。我国把犯罪现象、犯罪预防和对策作为一门独立学科进行研究是在20世纪70年代末，是在突如其来的犯罪浪潮冲击下被迫出现的。20世纪70年代末至80年代初，青少年犯罪日益严重，犯罪率急剧上升，引起全社会的关注。1979年，中央首次转发了中宣部等八个单位《关于提请全党重视解决青少年违法犯罪的报告》，为了响应中央通知精神，在全国掀起了一股研究犯罪问题的热潮。这一时期，犯罪学研究的特点主要表现为：以马克思主义的理论为指导，从中国的实际情况出发，坚持理论与实践相结合的原则，对我国青少年犯罪的历史与现状、特点与趋势、原因及治理与预防对策进行广泛而深入的研究。

一、我国犯罪学取得的进展

新中国犯罪学的建立虽然起步晚、时间短，却取得了显著的成绩，其具体表现在以下几方面：

（一）犯罪学研究队伍不断壮大

目前，全国已有一大批专门从事犯罪学教学与研究的教授、学者和专家，以及有志于从事犯罪学研究的司法实践工作者。他们有一定的理论研究水平和专业知识，其中很多人具有丰富的实践经验。理论工作者和实际工作者相结合，共同研究犯罪问题、共同促进中国的犯罪学研究，丰富了中国犯罪学研究的理论与实践。

（二）犯罪学研究机构相继建立

最先成立的全国性的犯罪学研究团体是1982年成立的青少年犯罪研究会。此后，许多省、自治区和直辖市也相继成立了青少年犯罪研究会。学会自成立以来，召开了一系列全国性和地区性的学术研讨会，并组织力量对青少年犯罪问题开展大规模的调查，承担了一系列重大项目的研究工作，组织出版了一批学术专著，主办了《青少年犯罪研究》，编写出版了《青少年犯罪研究年鉴》。

1992年4月中国犯罪学研究会成立，它标志着中国犯罪学作为一门独立的学科，已取得了社会的认可，也标志着中国犯罪学的研究进入了新的发展阶段。研究会编辑出版了《犯罪学论丛》，组织编写了《犯罪学大辞书》，并广泛参与预防犯罪的立法与实践活动。

此外，其他一些专门的学术团体，如1985年成立的中国监狱学会、1992年成立的中国警察学会等，也积极地从事关于犯罪学一些专门领域的研究，如罪犯改造研究、警察预防和打击犯罪研究等。一些政法实际工作部门建立了研究犯罪问题的专门机构，如司法部预防犯罪研究所、公安部公共安全研究所等。一些院校成立了专门从事犯罪学研究的机构，如中国政法大学犯罪心理学研究中心、北京大学犯罪问题研究中心、华东政法大学青少年犯罪研究所、南京大学犯罪预防与控制研究所。

（三）创办大量的犯罪学学术刊物

先后创办的《公安》《青少年犯罪研究》《青少年犯罪问题》《公安研究》《社会公共安全研究》《犯罪与改造研究》《中国监狱学刊》等全国性的学术刊物大大地推动了犯罪学的理论研究，同时又指导了治理犯罪的实践。

（四）犯罪学研究成果丰硕

犯罪学教材和专著包括《中国青少年犯罪学》《犯罪学》《犯罪心理学》

《犯罪社会学》《论证犯罪学》《当代实证犯罪学》《中国现阶段犯罪问题研究》《被害人学》《犯罪学通论》《比较犯罪学》等。这些教材和专著体系日趋完善，内容论述也有相当的深度。

（五）犯罪学教学受到重视

目前，各政法院校和综合大学法律系、法学院都较为普遍地开设了犯罪学课程。中国政法大学成立了刑事司法学院，华东政法大学成立了刑事司法系，专门招收培养大学本科层次的刑事司法专业和犯罪学专业学生。中央司法警官学院设有监狱学系。许多院校招收犯罪学研究方向的硕士研究生，为中国犯罪学的教学和科研，为犯罪防治实践部门输送了大批高级人才。自 1991 年起，北京大学法律学系开始招收犯罪学研究方面的博士研究生，标志着中国犯罪学的教学与科研又上了一个新台阶。

二、我国犯罪学研究存在的薄弱环节

需要特别指出的是，尽管我国犯罪学发展迅速、进展惊人，但必须看到，我国犯罪学至今仍处在创建阶段，还有许多薄弱环节需要加强，也还有很多方面需要进一步探讨和完善，犯罪学的研究任重而道远。

（一）犯罪学的研究尚未得到足够的重视

犯罪学研究的专门人才缺乏，没有形成阵营整齐、学派分明的犯罪学专业队伍；除了专门的法律工作者之外，极少有精神病学家、医生及社会心理学家等从事其他学科研究的专业人员加入其中；犯罪学的研究和成果没有得到我国科学界的普遍重视和正式认可，在很大程度上，犯罪学被视为各种与犯罪问题相关的学科组成的一个无序的“大拼盘”；从整个研究经费的投入和犯罪学研究机构的设置与活动上看，国家的支持力度也显得不够。犯罪学得不到足够的重视，必然影响学者们对犯罪问题研究的积极性，进而影响整个犯罪学理论的发展。所以，要想使犯罪学有长足的发展，全社会都要重视对犯罪问题的研究，加强不同领域、不同学科专家和学者之间的合作，重视对犯罪学专门人才的培养，并通过各种渠道和各种努力，逐渐将犯罪学的研究成果应用于刑事立法和社会治安综合治理的实践。

（二）犯罪学的理论研究仍需深化

犯罪学理论的发展是犯罪学发展的真正意义所在。中国犯罪学在 20 世纪的发展过程中，理论研究虽然有进步，取得了很大的成绩，但仍有不足之处，在今后的发展中，仍然需要深入研究以下几个方面的理论问题：

1. 关于犯罪原因的问题

今后，应该注重把犯罪作为抽象、一般问题去研究，而不仅仅停留在犯罪的具体、特殊问题的研究上，从而形成具有说服力的一般原因、理论。

2. 关于犯罪现象的问题

当前，随着经济的发展，国内外形势的变化，各种犯罪也在发生变化，尤其是暴力恐怖犯罪、经济犯罪、毒品犯罪、有组织犯罪、跨国犯罪、职务犯罪以及对“危安犯”的监管改造、对青少年犯罪的预防等，都作为重大课题明显地摆在党和政府面前，这就急需犯罪学者有针对性地进行理论分析研究，并提出犯罪治理对策。

3. 关于犯罪预防的问题

随着犯罪学研究的深入发展，预防犯罪成为各国学者研究的重点，而对犯罪发展趋势作出正确的预测，才能正确地制定出预防犯罪的战略和实施方案。因此，我国学者应进一步研究犯罪预测及相关学科理论，掌握犯罪预测技术，以便对我国21世纪初的犯罪趋势作出短期、中期、长期的预测，并制定出相应的对策，为党和政府制定犯罪预防的方针和政策提供依据。

（三）犯罪学的总体研究水平不高

30多年来，我国犯罪学研究虽成绩斐然，一些学说也确实对我国社会犯罪现实作出了深刻剖析，对我国犯罪未来发展态势进行了宏观预测，提出了一些带有我国特色，同时具有广泛影响的主张，促进了犯罪学研究的发展。然而，就犯罪学研究的整体水平而言，就犯罪学理论满足复杂多变的现实斗争，特别是就犯罪学对我国决策指挥部门的作用而言，我国现有犯罪学无论是理论体系，还是应用功能，都难以令人满意。因此，犯罪学研究有待突破现有的研究水平，科学确定和选择犯罪学的研究范围，不断发展和开拓诸如犯罪统计学、犯罪心理学、刑事政策学等新的领域，注重学术思想、理论观点的创新，培养和构建自己独立的研究平台，从而形成一个全新的、独立的、对现实社会的犯罪控制具有直接指导意义的犯罪学理论体系。

延伸阅读

刑事古典犯罪学派与实证派犯罪学的差异

实证派犯罪学与古典犯罪学派在关于犯罪研究和理论观点上的不同，归纳起来主要表现在以下几个方面：

一、历史背景与研究方法的差异

古典学派是启蒙运动的产物。启蒙运动是一种理性思维运动，强调个人应当基于理性的自觉，以评价一切社会及政治措施。古典学派受此思想影响，对当时不合理的刑法制度进行了猛烈的抨击。实证学派的兴起，则是受当时自然科学的影响，试图以科学研究的实证方式，寻求犯罪原因，探求犯罪对策。因此，实证研究方法与古典学派的理性思辨有着根本的不同。

二、犯罪原因论的差异

古典学派注重研究犯罪行为，主张“自由意志论”。实证派犯罪学重视研究犯罪人，认为犯罪是受其自身或其所在环境的因素决定的。

三、刑罚目的论的差异

古典学派认为，因果报应是自然的理性，对犯罪者科处刑罚是其应得的报应。这种报应应为等价的报应，否则刑罚超过罪责，就违反公平原则，显然不符合正义的精神。实证学派则认为，刑罚并非对于犯罪的报应，主张教育刑论。按照实证犯罪学的理论，犯罪并不完全是行为人自己造成的，社会也没有理由对犯罪人实行罪刑等值的惩罚。刑罚的目的是教育改造犯罪人，帮助其适应社会，起到保全社会的作用。

四、刑罚裁量依据的差异

古典学派认为，在一般情况下，人皆有平等的自由意志，所以刑罚适用的轻重应以犯罪行为客观危害后果为标准。实证学派则认为，刑罚裁量的轻重，应以行为人主观恶性的大小为标准，不应以行为的结果为标准。

五、刑事责任论的差异

古典学派认为，犯罪是有自由意志的人违反理性要求的行为，故应负道义责任。实证学派则认为，人无自由意志，并无道义责任问题，犯罪人之所以要负刑事责任，是因为其行为已对社会构成威胁或破坏。国家对犯罪人加以制裁，是为了保卫社会。

第二编　犯罪现象论

第四章

犯罪现象

第一节　犯罪的界定

犯罪的概念，是犯罪现象论的中心课题之一，也是整个犯罪学研究甚至刑事科学研究必须要回答的问题之一。如何界定犯罪，关系到学者的犯罪观和方法论，关系到犯罪学研究对象的确立，关系到犯罪学能否作为一门独立学科存在。然而长期以来，关于什么是犯罪的问题，古今中外的刑法学家和犯罪学家提出了种种定义，众说纷纭，莫衷一是。

一、犯罪的概念

迄今为止，人类在回答“犯罪是什么”这个问题的过程中，所产生的有影响的观点至少有数十种。归纳起来，人们主要是从以下几个角度来认识犯罪概念的：

（一）宗教及伦理学上的犯罪概念

根据词源学家们的考证，在英语词汇中作为法学术语的“犯罪”一词，是14世纪才从法语中移植过来的。当然，有没有设有专门的法律术语是一回事，而在司法实践中是否已经产生关于犯罪的概念则又是一回事。事实上，在人类社会早期历史中，人们在表达对犯罪的认识时，常常套用宗教或伦理学上的“恶行”“罪”“罪孽”等现成的词语，而在实践中则根据这些“恶行”的严重程度予以区别对待。

在早期社会中，一种行为在人们心目中之所以是有罪的，首先是因为它违背了宗教或伦理上的某些戒条，而这些戒条常常是在法律规定出现之前就已经发生着作用的。因此，正是这些戒条及对它们的违反，构成了关于“恶行”“罪孽”的最初界定。

例如，居住在美国新墨西哥州西部等地的那伐鹤印第安人部落有这样一些戒律：（1）不应强奸妇女；（2）不应偷窃；（3）不应悄悄地触摸熟睡的妇女；（4）不应因嫉妒他人妻女而与之争斗；（5）不应诅咒他人或其牲畜死亡（特指巫术）；（6）不应讥笑他人，因为你自己也很可能会遭到同样缺陷的折磨；（7）不应通奸；（8）绝不可处死男人；（9）不应说谎；（10）凡事不应过度，既不要过分富有，也不应陷入贫困。在触犯了这些戒律的所有行为中，被那伐鹤人视为最大罪恶的是乱伦和巫术。

据考证，中国古代最早的犯罪是性犯罪，其后才是盗窃、杀人等犯罪概念。早在原始社会的杂婚时期，虽然两性关系“完全自由”，但对于性交时间、场所等有所限制，如“实有季子，其性喜淫，昼淫于市，帝怒，放之于西南”（《路史·前纪》卷五《有巢氏》），这说明，原始社会即有了对白天当众性交者处以流放的惩罚。

在欧洲中世纪，意大利思想家布鲁诺就是因为宣传日心说，违背了基督教义，而被宗教法庭判处死刑，活活烧死。意大利科学家伽利略也因为支持日心说被宗教法庭判处终身监禁。

以上可以看出，在关于罪恶的上述界定中，完全是从一般的道德或宗教立场出发来定义和区分各种犯罪，即在形式上将犯罪定义为对有关道德规范、宗教戒条的程度不等的背离。

（二）刑法学上的犯罪概念

在西方，从法学的特有立场出发对“犯罪”进行界定，至少可以追溯至霍布斯。霍布斯认为：“罪行是一种罪恶，在于以言行犯法律之所禁，或者不为法律之所令。每一种罪行都是一种罪恶，但却不能说每一种罪恶都是一种罪行。”以这种区别为前提，霍布斯进而推导出以下结论：（1）没有法便没有罪恶。由于自然法是永恒存在的法，因此，任何违反道德的事情都不可能不是罪恶。（2）没有民约法便没有罪行。只有自然法的地方，人的不当行为只是罪恶而不是罪行。（3）没有主权的地方就没有罪行。因为没有这种权力，法律便无法得到实际的贯彻。

之后，法学特别是刑法学中关于“犯罪”的界定就是朝着是否存在法律规范的方向发展。

在现代，刑法学的犯罪定义有以下三类：

1. 形式定义

大陆法系国家将刑法学上的犯罪概念通常定义为符合犯罪构成要件的违法有

责行为。英美法系国家多认为，犯罪是刑事法律所禁止的故意或过失的违法或不履行法定义务的行为。

2. 实质定义

从贝卡利亚以来的许多学者就力图揭示犯罪现象的本质，揭露犯罪对社会的危害。马克思和恩格斯则认为，蔑视社会秩序的最明显最极端的表现就是犯罪，犯罪是孤立的个人反对统治关系的斗争。

3. 折中定义

即形式定义和实质定义相结合，如我国主流教科书通常这样定义犯罪。犯罪是具有严重社会危害性和刑事违法性并应受到刑罚惩罚的行为。

刑法的犯罪定义主要从法律出发，把犯罪当作法律现象，认为对法律的破坏是构成犯罪的决定性因素。显然，刑法上的犯罪定义最重要的特征就是“触犯刑法规范”。德国法学家贝林认为，“如果没有法定的严密明晰的犯罪构成要件，那么也就不存在犯罪”。

刑罚的犯罪定义优点是最大可能的明确性。由于刑法禁令是以国家的权威颁布的，因此以刑法规范来界定犯罪会使犯罪概念的边界比较清晰，有利于区分犯罪行为与一般越轨行为之间的界限。并且按照刑法规范来界定犯罪，会赋予公民一种法治国家的保障。然而这一定义的缺点也是很明显的，因为它使犯罪在时间和地点上受一种特定的法律制度的束缚，无法在法律制度不同的国家作犯罪学的比较研究。更为严重的缺点是，作为“刑法辅助科学”的犯罪学不可能调查刑法的形成、适用及其效果，而必须作为刑法的“仆从”，把已经确立的刑法规范作为起点，从刑法科学的手中接过研究对象。于是犯罪学就被置于这样一种境地：既不能批判地分析一种邪恶制度（如纳粹主义）下的刑法立法和适用，也不能调查在民主法治国家里刑法立法和适用对犯罪监督所起的作用。

（三）社会学的定义

犯罪的社会学定义总的精神是从社会和社会学角度，犯罪行为与社会的关系角度出发给犯罪下定义。一般认为并不存在一个统一的犯罪的社会学定义，不同派别的社会学有不同的犯罪定义。

美国社会学家、犯罪学家塞林认为，犯罪是违反行为规范的行为。他认为，社会群体如家庭、娱乐和工作群体、政治和宗教团体，为了维护社会价值而使其成员的行为受到一定的约束。哪里有社会群体，哪里就有行为规范，犯罪正是对这种行为规范的违反。美国现代犯罪学家约翰逊认为，从社会学角度看，犯罪是破坏某一群体的基本利益的行为，是对文化规范的蔑视。也有一些学者如斯蒂芬·赫维茨、赫尔曼·曼海姆、阿尔曼德·梅尔根等人用反社会性、社会危险性及社会危害性等概念来界定犯罪。

犯罪的社会学定义完全采纳了社会学的理论和方法来界定犯罪，其优点是可以与官方的犯罪定义拉开距离，因为在许多学者看来，法律的犯罪定义实质上是官方意志或优势舆论的产物，采纳这样的定义会使研究者丧失独立的立场；另外，从社会学角度认识犯罪问题，更容易抓住犯罪的本质。但是这一定义的缺点也是显而易见的，行为规范相比法律规范具有更大的不确定性。各种各样的社会群体会产生无穷无尽的、多种多样的行为规范，这些规范很可能是相互矛盾的。而究竟什么行为被社会视为危险的或者反社会的，也是因时、因地而异的。

二、犯罪学界定犯罪的依据和出发点

在非法学的犯罪概念和法学的犯罪概念二者之间，犯罪学应该如何抉择？这个问题自犯罪学正式诞生之日起，就一直困扰着犯罪学家们。

"犯罪学"这一学术专名的创始人之一拉菲勒·加罗法洛，在19世纪后半叶犯罪学诞生之初就指出，为了科学地探求犯罪的原因，犯罪学必须放弃刑法的犯罪定义。因为刑法的定义所描述的犯罪仅仅是刑法所禁止的行为，并未揭示犯罪自身的本质。所以刑法所规定的犯罪，是一种形式上的犯罪。他认为犯罪学应该研究实质上的犯罪，为此他提出了"自然犯罪"的概念。所谓"自然犯罪"，是指那些在所有的文明社会中都会被视为犯罪，并且都会遭受惩罚的行为。加罗法洛认为，自然犯罪只包括两种情形：一是违背了人类的怜悯之情的行为，如对人类生命的伤害行为；二是违背了人类的诚实之情的行为，如用暴力侵犯他人财物的行为。凡是没有违背怜悯或诚实之情的行为，尽管在刑法上也被称为犯罪，但在犯罪学中只能算作"未顺应"，它们不是犯罪学所要研究的对象。唯有自然犯罪才是真正的犯罪行为，需要犯罪学去探索其背后的原因。在这里我们可以清晰地看出，加罗法洛之所以认为犯罪学不能采纳刑法的犯罪定义，是因为刑法的定义是一种形式定义。在这种定义之下，犯罪就是"犯禁"，从而犯罪的原因在逻辑上自然就应该归结到刑法本身。因为按照刑法的犯罪定义，没有相应的禁令，就不存在相应的犯罪行为。因此，犯罪学应该建立自己的犯罪定义，这种定义要立足于犯罪自身的特征，而不以特定刑法的规范作为区分罪与非罪的标准。

现代犯罪学家普遍认为，犯罪学不能完全照搬刑法学的犯罪定义，不是法律决定犯罪，而是犯罪决定法律，犯罪学应该有自己的犯罪概念。原因有以下几个方面：

1. 从学科角度看，犯罪是犯罪学的基本范畴，是犯罪学的研究对象，定义犯罪概念不仅涉及犯罪学研究对象的内容和范围，而且更重要的是涉及学科的任务能否实现。刑法学界定犯罪是基于罪刑法定主义的要求，否则就会混淆罪与非罪的界限，既无法准确量刑，也难以保障无罪的人不受国家的刑事追究。而犯罪学的出发点是建立共识，进行犯罪的分析研究，并在比较犯罪问题时有共同的基础，达成预防控制犯罪的目的。

2. 从犯罪观上看，如何界定犯罪决定了研究者到底把犯罪单纯看作一个法律现象，还是一个包括法律现象在内的社会现象。观念的不同也决定了研究方法的差异。

三、功能性犯罪的定义

在犯罪学上，并不需要回答什么行为应当判定为犯罪以及如何处罚，因为这是刑法问题。犯罪学需要回答的是哪些行为应当被视为犯罪来进行研究，以期找到预防控制这类行为的有效途径，实际上它所解决的是犯罪学所研究的犯罪范围问题。这一问题的中心是确定何种行为属于犯罪学上犯罪的原则。在功能性犯罪定义看来，这个原则就是是否具有严重的社会危害性。

（一）功能性犯罪定义的内涵

按照功能性犯罪定义，所有具有严重社会危害性的行为都属于犯罪学所研究的犯罪范围。社会危害性是犯罪的本质属性，是功能性犯罪定义的基本内容。

危害，是指对象的利益受到损害或使之处于危险状态。对象的利益是通过各种社会关系表现出来的各种需要，具有多个侧面：

1. 对象的利益可以分为公共利益、群体利益和个人利益

利益从大到小依次为公共利益、群体利益和个人利益。这样，使公共利益（所有人共同生存、发展的客观条件）受到损害或对其构成危险的行为，应当被视为社会危害性最大的行为。这类行为理应成为犯罪学研究的中心。使特定群体的利益受到损害或者面临危险的行为是社会危害性较大的行为，犯罪学一般也应对其进行研究。对特定个人的特殊利益造成损害或使之面临危险的行为，只构成较小的社会危害性，甚至不具有社会危害性，不应成为犯罪学的研究对象。当然这些利益的划分标准在很大程度上依社会历史条件而定，不同的时空条件下会有一定的区别。

2. 对象的利益和需要还通过经济关系、权力关系、道德关系表现出来

对个人来说，这些利益或需要的重要性和价值从大到小依次为经济利益、政治利益和精神文化利益。使一个社会的现存经济关系、制度以及社会经济发展受到损害或面临危险的行为社会危害性最大，犯罪学应着重研究；对社会中的现行政治制度、权力关系构成损害或威胁的行为，社会危害性次之，犯罪学一般也要研究；危及社会的一般精神文化生活的行为，有些具有一定的社会危害性，有些不具有社会危害性，对这类行为犯罪学不一定要进行研究。

3. 对象的利益或需要还可以分为生理、安全、生存、健康、劳动等基本需求和归属、求知、娱乐、审美、交往等高级需求

前者最重要，后者次之。使前者受到损害或面临威胁的行为具有严重社会危

害性，犯罪学必须对其进行研究；使后者受到损害或面临威胁的行为不一定具有社会危害性，犯罪学对此类行为可以不予研究。

犯罪的本质属性在于其严重的社会危害性。犯罪概念中必须包含这一要素。对此，无论是在刑法学领域还是在犯罪学领域均无争议。但是，对于社会危害性这一犯罪最本质的特征，刑法学与犯罪学是否是在同一意义上理解的？对此，张远煌教授认为，回答应当是否定的。

在刑法学视野中，社会危害性首先是基于立法的需要，即作为立法者回答“何种行为应当被判定为犯罪以及对所规定的犯罪应当如何处罚”这一问题的依据而提出的。作为刑事立法依据的社会危害性，不仅在于其本身的客观性，而且也在于立法者对这种客观危害性的主观认定。

刑法中的社会危害性被赋予了鲜明的阶级内涵。按照马克思法学基本理论的观点，规定犯罪与刑罚的刑法是由掌握国家政权的阶段，即统治阶级根据自身的意志和利益需要而制定，并为其统治服务的。刑法的阶级本质决定了立法者在决定是否以及如何将一定行为规定为犯罪时，不可能只从该行为对社会的客观危害角度去考虑，而必须同时充分顾及维护现行统治关系的需要，即必须对行为的社会危害性从阶级利益出发进行评价。如果将根本没有社会危害性的行为规定为犯罪，则刑法就会因缺乏最基本的社会基础而无法实施，立法创设的罪名本身也就失去了意义。而基于统治阶段意志对社会危害性进行评价，则反映了刑法规定犯罪的政治趋向。如此，刑法作为阶级斗争的工具才能发挥作用。由于刑法是产生和存在于阶级社会中的，因此在规定犯罪的社会性与阶级性方面，两者不可能完全吻合，前者始终会受后者制约。

刑法中的社会危害性具有主客观相统一的属性。刑法将具有社会危害性的行为规定为犯罪，其目的在于通过追究行为人的刑事责任（主要表现为刑罚处罚）以遏制这类行为的发生。而遏制的前提是：行为人具有辨别是非和控制自己行为的主观能力。否则，追究行为人的刑事责任就形同“对牛弹琴”，不仅难以实现惩罚犯罪的目的，而且也背离了刑法保障人权的宗旨。因此，应当追究刑事责任的社会危害性的内部结构是主客观的统一，即只有一定的人在罪过心理支配下实施的危害社会的行为，才可能具有应当追究刑事责任的社会危害。因此，纵使行为有严重的社会危害性，但行为人并无罪过心理，则该行为就不是刑法意义上的危害行为，从而排除了其犯罪性。

因此，刑法上的社会危害性，并非本来意义的社会危害性，而只是客观分割性与统治意志不相容性的统一，是主观罪过和客观危害的统一。这决定了以刑法为研究对象的刑法学，只能戴着这层面纱去理解能表现犯罪社会危害性的各种法律要素。然而，从犯罪学角度看，对社会危害性的这种理解是很不适宜的，与犯罪学的研究任务和存在价值也是不相容的。

在犯罪学视野中，某些行为之所以被称为（被视为）犯罪，不在于立法者的判定，而在于它对社会的客观侵犯属性。这种客观危害，尽管理论上可以有不同表述，但就特定社会形态而言，其实就是对该社会各个阶层的利益和社会整体利益的实际侵犯。这种危害既不因统治者的意志和利益而转移，也不因行为人有无主观罪过而发生变化。犯罪学坚持从客观事实角度考察行为的社会危害性，并以此确定自己的研究范围，是由其学科性质和所担负的特殊任务决定的。

首先，作为事实性学科，犯罪学所要解决的问题不是什么行为应当在刑法上规定为犯罪以及如何对规定的犯罪进行刑罚处罚，而是在更广泛的意义上分析何种性质和表现形式的行为才应当被视为犯罪（相对于社会而言，即什么行为才应当是引起负责组织社会生活的政府及国际社会关注的犯罪）、这些行为的状态和形成原因如何，以直接寻求能有效预防这些行为的途径和对策。作为研究的逻辑出发点，犯罪学在定义犯罪时，必须考虑到所定义的犯罪具有真实性，考虑到被称为犯罪的行为应当具有在广泛的时间和空间范围内、在不同社会制度下进行比较分析的客观属性。否则，犯罪学的研究视野就会局限于立法者预先划定的行为范围内。这样，犯罪学所担负的促成社会理性认识犯罪和预防犯罪的任务就无法实现，其自身的特殊存在价值也无从体现。

其次，从犯罪学研究的初衷看，它并不是至少主要不是出于阶级斗争的需要才产生的，而是基于刑法在犯罪控制方面的苍白无力状态，力图通过探讨人们为什么会实施侵犯行为以及如何有效控制和减少这些行为，以努力改善社会自身的生存条件。这样，犯罪学在探讨犯罪的社会原因时，自然就会从是否有利于预防和控制犯罪发生的角度，对体现统治阶段意志的政治和法律制度进行批判性评价，以期促进社会犯罪防范体制的建立和完善。

（二）犯罪定义的外延

功能性犯罪定义的外延就是其表现形式。具体分析功能性犯罪定义的外延，包括以下几个方面：

1. 绝大多数法定犯罪

之所以说是绝大多数法定犯罪，而不是所有的法定犯罪，是因为法定犯罪当中包含一些“待非犯罪化的犯罪”。所谓待非犯罪化的犯罪，是指不具有或者已经失去严重社会危害性，应当非犯罪化为一般违法行为或正当行为，但仍未被非犯罪化而具有刑事违法性的行为。这些行为不应当成为犯罪学研究的对象。

2. 准犯罪

所谓准犯罪，是指那些不具有应受刑罚处罚性因而未被法定为犯罪，却具有严重社会危害性因而应当作为犯罪来研究的行为。这种行为包括：未达到刑事责任年龄的人实施的严重危害社会的行为；精神病人实施的严重危害社会的行为；自杀行为；滥用麻醉剂行为；依照《治安管理处罚法》应当处罚的行为；以及我国《刑法》第13条“但书”所指的行为等。

研究这些行为，主要是出于以下几方面的考虑：

（1）从表现形式上看，这些行为类似法定犯罪。

（2）从客观效果上说，这些行为在不同程度上具有比较严重的社会危害性，犯罪学对这些危害行为的原因作出解释，提出相应的预防控制办法，是很有必要的。

（3）从犯罪本身的产生、发展、变化的规律看，绝大多数法定犯罪都是由一些一般违法行为或其他越轨行为逐渐演变而来的。犯罪学把一些轻微危害社会的行为和严重危害社会行为视为一个渐进的动态系统来研究，是符合犯罪原因研究和犯罪控制研究要求的，是由犯罪学本身的特点所决定的。

这些犯罪既然具有不同严重程度的社会危害性，为什么又不应受到刑罚的惩罚，也没有被法定为犯罪呢？有以下两个方面的理由：

第一，法律要把某种行为规定为犯罪并处以刑罚，除了要考虑行为本身对社会构成的危害的大小，还要受其他许多因素的限制，如年龄、精神状态等。

第二，社会对某种行为处以刑罚，除了因为刑罚本身意味着某行为对社会的危害已达到了一定的严重程度，社会不得不以刑罚做出反应以外，还由于这种反应必须对行为人有意义。

3. 待犯罪化的犯罪

所谓待犯罪化的犯罪，是指已经具有严重的社会危害性，应当法定为犯罪但未被法定为犯罪的行为。它不同于准犯罪，关键看是否具有当罚性。当罚不当罚，一是看行为对社会危害性的严重程度，二是看施以刑罚是否有意义。

第二节　犯罪现象概述

一、犯罪现象的概念

犯罪现象是一种社会法律现象，它是一个国家或者地区在一定历史时期所发生的全部犯罪行为的总称。犯罪现象既有量的属性，也有质的属性。在理解这一概念时我们应该关注以下几个方面：

1. 犯罪现象与具体的犯罪行为不是一个概念，二者既有内在的联系又有量与质的区别。犯罪现象由具体的犯罪行为构成，具体犯罪行为包含在犯罪现象之中，二者是整体与部分、一般与个别的关系。从量的关系上看，两者是复数与单数的关系；从质的关系上看，犯罪现象不是具体犯罪行为的简单相加，而是具体犯罪行为的有机组合，是具体犯罪行为的系统化。

2. 学者们倾向于认为，犯罪现象的外延是社会现象。① 把犯罪现象定义为“社会现象”，不仅科学地揭示了犯罪的本质，同时也科学地反映了犯罪的来源。从形式上看，犯罪是以个体行为的方式表现出来的，社会管理者也把犯罪行为作为个体行为来处理，但从本质上看，犯罪是社会现象而不是个人行为。犯罪是一种评价事实，社会关系是评价犯罪的标准。犯罪是在一定的社会关系中实施，并在一定的社会关系中加以评定的，如果离开一定的社会关系，任何行为都无法评定为是否为犯罪。

3. 要科学地认识犯罪，必须把犯罪放到社会背景下，研究犯罪与社会的关系，这样才能揭示出犯罪的本质。

二、犯罪现象的特性

所谓犯罪现象的特性，是指为各类犯罪现象所共有的质的规定性的一般共性。包括以下几点：

（一）直观性

直观性，是指犯罪现象常常表现为各种各样的基本事实，这些事实无须通过理性思维即可感知，是“看得见，摸得着”的事实。犯罪现象的客观性表明，它随着社会的发展而发展，不以人的意志为转移，任何一个人、一个社会都不能只追求现代科学技术的发展而无视由此带来的犯罪现象。

（二）因果性

一定的犯罪现象总是一定的犯罪原因（形式化表现为一定的罪因结构）的产物，一定的犯罪原因总要产生一定的犯罪现象。犯罪现象的量、质变化，也会制约某种犯罪原因的消长、起伏及其作用力强弱，形成因果关系的复杂局面。犯罪现象的因果性在社会生活中的表现是多样复杂的，正确把握犯罪现象的因果性，有助于客观清醒地认识犯罪现象产生的原因，并针对多种原因采取不同的防治措施。

（三）相关性

犯罪现象内部之间还具有相关性，即犯罪现象彼此之间不仅具有递进关系，而且具有反映与被反映、制约与被制约、作用与反作用的关系，如加害与被害现

---

① 王牧主编：《新犯罪学》，高等教育出版社 2005 年版，第 77 页。

象之间就是彼此制约、相互作用的。

（四）社会性

犯罪现象的社会性是指犯罪现象植根于社会生活中，并构成社会生活的一个组成部分。犯罪人、犯罪对象、犯罪原因均与社会相连接。犯罪是一种特殊的社会现象，它产生于一定的社会形态之中。犯罪是由一定的社会成员实施的，该成员处于一定的社会关系之中。犯罪现象的产生是诸多因素相互作用的结果。所以犯罪现象与社会密不可分。

（五）饱和性

一定时空中，犯罪现象的质、量及其变化，不会超越这一时空条件所能允许的最大限度。在特定时空内，犯罪现象的质和量总是围绕某一相对恒定的坐标上下浮动，不会低于或者高于这一坐标的最高阈值。恒定的坐标，指社会所能容忍的犯罪现象的质、量的合适阈限。

三、犯罪现象的内容

依其层次的深浅，犯罪现象的内容包括以下几个方面：

1. 犯罪状况，是指一定时空内的犯罪数量、犯罪率、犯罪类型、犯罪危害、犯罪的时空分布以及犯罪人的构成状况（如年龄、性别、职业、出身、民族、所在地区、文化程度以及性格、气质和价值趋向等）的基本犯罪事实。

2. 犯罪特点，是指犯罪现象所表现出来的犯罪和罪犯的特殊性或共性。

3. 犯罪规律，是指在一定时空条件下，犯罪率的升降、涨落与犯罪变化发展的一般趋势或必然倾向，即犯罪的流量、流向的一般运动过程。犯罪规律是最深层次的犯罪现象，一定程度上决定着犯罪状况和犯罪特点。

四、犯罪现象的类型

所谓犯罪现象的类型，是指根据一定的目的和原则，按照一定的标准，在对纷纭多态的犯罪现象经过一定程度的提炼、抽象后，依据其内在的相似性而分析、划归的有关加害与被害、犯罪人与被害人的非刑法条文形态的经验事实群落。

历史上，加罗法洛分为自然犯罪和法定犯罪，龙勃罗梭分为先天犯罪和偶发犯罪，李斯特认为犯罪有怠惰与愚昧犯罪、恶僻犯罪之分。

（一）根据犯罪现象的地位，可分为主犯罪现象与副犯罪现象

主犯罪现象，是指犯罪行为和罪犯本体及其所直接具有而表征其特性的诸经验事实，如杀人行为，未成年犯、女犯；副犯罪现象，是指由犯罪行为或罪犯所派生、衍化并围绕其本体而表征其特性的诸经验事实，其特征是既非犯罪行为也

非罪犯直接具有或者固有的，如犯罪情境、犯罪的季节化、犯罪技术、犯罪标签、犯罪亚文化现象。

（二）根据犯罪现象的显隐程度，可分为显犯罪现象与隐犯罪现象

显犯罪现象，是指表征罪犯的反社会性，而表现为外化的社会、生理现象或犯罪的非抽象性结构的诸经验事实：一是外在的、具介性的经验事实；二是有关罪犯的非精神形态的社会、生物—生理现象，这类犯罪现象比较直观表浅，通过感官即可感知。隐犯罪现象，是指存在于犯罪人精神领域或犯罪行为内部，具有抽象性结构，因而常常须借助理性思维才能探知的犯罪现象：一是有关罪犯精神世界的犯罪现象，如犯罪习惯、犯罪倾向、犯罪遗传、阴暗心理；二是作为犯罪规律的犯罪现象，这类现象较内在、隐秘，需要借助理性思辨才能感知。

（三）根据犯罪现象产生与存在的概率性，可分为常规犯罪现象与随机犯罪现象

常规犯罪现象，是指通常为犯罪人及其犯罪所一般或特别具有，与一般或稳定的犯罪原因之间具有稳定恒久的因果关系，因而稳定、经常和普遍出现的经验事实，如职业犯、惯犯，所具有的长期形成的犯罪特征，只要具有这一特征，就属于惯犯的常规现象；随机犯罪现象，是指并非为一般犯罪人或犯罪所必然、固定具有，而常常以一种偶然或个别的方式出现的非稳定恒久的经验事实。如2004年12月29日发生在杭州市的浙江大学学生晶晶被害案，犯罪人勾海峰生活压力大，与老婆刚吵过架，被害人的嘲笑，就是随机犯罪现象。

（四）根据犯罪现象的存在状态，可分为静态犯罪现象与动态犯罪现象

静态犯罪现象，是指描述和反映犯罪与犯罪人的，具有相对稳定恒久特性的诸经验事实，如惯犯一般都有明显的犯罪特征，这种特征是其在长期犯罪过程中逐渐形成的，极难改变。再如犯罪规律，也是静态犯罪现象。动态犯罪现象，是指反映和描述犯罪与犯罪人的具有变动特性的诸经验事实，如犯罪动态、犯罪征兆。

（五）根据犯罪现象的依附倾向性，可分为加害犯罪现象与被害犯罪现象

加害犯罪现象，是指直接依附于犯罪及其主体，而由犯罪人所担受的诸经验事实，如犯罪倾向、犯罪技术、罪犯特征；被害犯罪现象，是指直接依附于被害及其被害人，而由被害人所担受或造成，描述或反映了具有“被害”性质的有关被害或被害人的诸经验事实，如被害人的被害倾向性、被害原因、被害预防、斯德哥尔摩综合征等。

现实中，各种类型之间常常出现交叉、重叠现象。

第三节　犯罪现象的测量

一、犯罪现象测量的意义

犯罪现象的测量是指通过对各种犯罪数据和资料进行调查、统计，对一个地区或国家的犯罪现象进行的测定与分析。其以犯罪定义和犯罪分类为基础，主要任务就是用数字说明犯罪的实际状况及变化，准确客观地反映犯罪现象的基本态势。一句话，就是用定量的方法说明犯罪存在的真实状况及动态发展情况。

犯罪现象的测量在犯罪学研究中具有重要意义：①

（一）有助于我们认识犯罪现象的真实状况

犯罪测量是认识和评估犯罪现象的规模和严重程度的基本方法和途径。通过科学、准确的犯罪测量，研究者可以获得关于犯罪现象的数量与结构特征、犯罪人与被害人的社会学特征、犯罪现象的社会损害总量、公众的社会安全感程度等方面的信息，从而对犯罪现象的规模和严重程度做出具体而直观的了解和把握。

（二）有助于我们探索犯罪原因

通过对犯罪相关资料的调查、分析，我们就可以了解家庭结构、社会风气、经济状况、地理条件等外部环境因素及年龄、性别、职业、智力水平、社会地位等个人因素与犯罪之间的关系，从而找出影响、促发犯罪产生的基本因素。

（三）能够指引评价刑事政策

犯罪测量可以直接检验刑事政策的实施效果，从而指引刑事政策和刑事司法实践，使刑事政策和刑事司法资源得以合理配置。如在我国改革开放初期，犯罪率大幅提高，党和政府作出了“严打”的决策，犯罪测量的数据表明，“严打”之初，效果明显，1983 年下半年和 1984 年上半年犯罪率明显下降。但是随着“严打”的进行，这一政策并没有继续发挥效用，犯罪率反而越来越高。至少作为背景之一，因为“严打”并没有有效地降低犯罪率，我们现在放弃了这一政策，而提出了“宽严相济”的刑事政策。

（四）有助于我们提出和验证犯罪原因理论

任何一种犯罪原因理论的提出，既要依据一定的方法论和借助某一学科领域现成的基本原理作为分析的手段，也要基于尽可能直接的经验材料对犯罪现象有

① 王牧主编：《新犯罪学》，高等教育出版社 2005 年版，第 182 ~ 183 页。

相当深刻的把握，只有如此，才有可能避免理论的谬误，而这种作为分析基石的经验素材，正来自犯罪测量的资料和结论。

二、犯罪测量的手段

犯罪测量的主要手段是犯罪调查和犯罪统计，两者共同构成犯罪现象测量的基本内容。

犯罪调查，是指国家司法机关、统计部门、有关学者为描述犯罪现象，解释犯罪原因，对犯罪案件、犯罪人和犯罪侵害等情况所进行的调查。犯罪调查依内容的不同，可以分为犯罪案件调查、犯罪人调查、犯罪侵害调查；犯罪调查依目的不同，可以分为罪名调查、处遇方式调查等。犯罪调查的具体方法多种多样，可分为：普通调查法、专题调查法；直接调查法、间接调查法；长期调查法、临时调查法；问卷调查法、追踪调查法、档案分析法、反馈调查法。

犯罪统计，是指国家司法机关、统计部门、有关学者定期而又系统地就犯罪现象、犯罪原因、犯罪控制所收集和出版的犯罪资料进行的统计研究。

犯罪调查与犯罪统计是犯罪测量中两个必不可少的步骤。犯罪调查要收集与犯罪有关的第一手资料，而犯罪统计则是将犯罪调查获得的材料进行整理、归纳、对比、分析，可以说犯罪调查是犯罪统计的基础，而犯罪统计是犯罪调查的理论提升，二者缺一不可。

在国外，犯罪测量从形式上一般分为正式的犯罪测量和非正式的犯罪测量两种，其区别并不涉及有效性和准确性，而是由谁来进行测量来决定的。如在美国，正式的犯罪测量是由政府和国家的刑事司法机关来进行，如美国的联邦调查局和司法部、警察机关、检察机关、法院以及矫正机关等，每一基层单位都有进行统计的任务，这些统计需要汇总到一个中心的机构，如州或联邦的有关机构。美国的官方犯罪测量主要有以下几种：

1. 统一的犯罪报告（The Uniform Crime Reports，UCR）。1981 年，美国司法部司法统计局建立，主要是从国家一级来协调掌握犯罪情况的数字和资料。当前，最广泛的正式犯罪统计和被逮捕的犯罪人资料来源于美国联邦调查局的 UCR。

2. 受害人调查（Victimization Survey）。受害人调查，是指调查者与被调查人群进行面对面的谈话，向他们询问是否有遭受犯罪侵害的经历以及被侵害的具体情况的调查。犯罪受害人调查方法从最初犯罪学家的试验性调查开始，经过不断的发展和完善，目前已经形成了由美国人口普查局在美国司法部司法统计局的协助下进行的公众年度被害调查（National Crime Victimization Survey，NCVS）的体系。通过对受害人的调查，可以反映出犯罪的数量、受害人家庭的特点、受害人的特点、犯罪人的特点以及受害人资料反映出的犯罪趋向。

除以上两种官方犯罪测量外，还有不是由政府或社会控制机构主导进行的非官方的犯罪测量，主要由私人的组织、机构或基于犯罪学者自己的研究需要所进行的调查，以此来弥补官方的统计在研究犯罪中的不足，主要代表就是自我报告的调查。

三、犯罪测量的指标

犯罪测量的指标，是指描述犯罪现象某一方面特征，并综合反映犯罪现象总体情况的标准。学者们提出了很多标准，概括地说，包括犯罪的量和质两个方面。犯罪的量方面的指标有犯罪数量和犯罪率，犯罪的质方面的指标主要有犯罪的社会危害性和公众的社会安全感。

（一）犯罪数量和犯罪率

犯罪数量，是指在一定时期内某国家或区域内具体犯罪的总和。犯罪率是指犯罪的系数，即把一定地区的犯罪人数量同该区域内的人口数量总和进行比较所得出来的犯罪人占人口总数的比例，通常用百分比或是万分比来表示。

我们在统计和研究犯罪数量时，首先应明确犯罪数量的计算标准。在计算时，有时是指犯罪案件数，有时则指犯罪人数。即使同为犯罪案件数或犯罪人数，也会因为涉及范围的不同而有很大的不同，如在法院判决的数字、检察院起诉的数字、公安机关的破案和立案数字之间，就存在很大不同。很显然，采用不同标准统计计算的犯罪数量往往存在很大差异，如果不注意数字确定的标准，容易使我们产生错误的认识，得出错误的结论。一般认为，犯罪学研究立案数更有价值，因为立案数更接近实际情况。

在实践中，犯罪数量也会受到许多因素的影响，主要有以下几个方面：

1. 破案率的影响

在我国司法实践中，犯罪数量与犯罪率的计算往往以法院判决的数字、检察院起诉的数字、公安机关的破案数字为标准。破案率的高低就直接影响着使用数字的准确性。因此，犯罪数量和犯罪率计算不考虑破案率的高低，就无法准确客观地反映社会的犯罪状况和治安形势。即使是以公安机关的立案数作为计算标准，破案率仍然影响着犯罪数量和犯罪率的计算。因为一些地方和部门采取“不破不立”的做法，通过降低立案数的方法提高破案率。

2. 破案时间和诉讼时间的影响

因为破案、诉讼必然要耗费一定的时间，因此要想完全得知当月或当年发生的案件数或犯罪人数是不可能的。而且破案速度和诉讼速度的快慢，直接影响着某一月份或某一年份的犯罪数量。在“严打”期间进行专项斗争时，破案速度和诉讼速度对犯罪率的影响尤其明显。所以在计算和使用犯罪数量和犯罪率时，也要将破案速度和诉讼速度考虑进去。否则，对某一时间段内犯罪数量的明显攀升、下降就可能得出错误的结论。

（二）犯罪的社会危害性

犯罪的社会危害性是犯罪的本质属性，但如何衡量犯罪的社会危害性在实践中却是一个难题。犯罪的社会危害性程度与犯罪案件的总数直接相关，但二者并不等同。如果根据犯罪统计，犯罪数量增加，并不意味着犯罪的危害程度变得严重了，因为很可能轻微的罪行大大增加，而重大罪行却减少了。

为了解决这个问题，1964 年美国犯罪学家索尔斯顿·塞林和马文·E. 沃尔夫冈出版的《违法行为测量法》一书中创立了一种违法行为测量方法。他们认为，犯罪统计不要受到各国刑事司法制度的牵制，而应以案件的客观特征作为行为指数来评价犯罪的危害。为此他们设计了一个案件衡量指数系统（见表 4-3-1）。据说，这一系统的可靠性和有效性在许多国家得到了验证。

表 4-3-1 案件特征与塞林、沃尔夫冈的衡量指数系统①

案件特征	衡量指数
被害人受到轻微人身伤害	1
被害人接受门诊治疗	4
被害人住院治疗	7
被害人死亡	26
被害人遭强奸	10
被害人同时受到武器威胁	2
在盗窃时进行恐吓（威胁或使用暴力）	2
（同时）使用暴力	4
强行闯入他人居室	1
一件被盗、被损坏或破坏的物品的价值（以美元计）	
10 元以下	1
10 元至 250 元	2
251 元至 2000 元	3
2001 元至 9000 元	4
9001 元至 30,000 元	5
3001 元至 80,000 元	6
80,000 元以上	7
汽车被盗（车主领回的汽车未受损坏）	2

① 材料来源：［美］索尔斯顿·塞林、［美］马文·E. 沃尔夫冈的《违法行为测量法》。转引自［德］汉斯·约阿希姆·施奈德：《犯罪学》，吴鑫涛等译，中国人民公安大学出版社、国际文化出版公司 1990 年版，第 199～200 页。

我国学者刘广三创设了“犯罪当量”这一概念，用以指称犯罪危害量。① 他认为，所谓犯罪当量，是指犯罪统计部门或者有关学者为了认识和比较犯罪的危害程度，通过一系列的定量分析方法，用数来表示一定时空范围内实际发生的犯罪的社会危害性的等级、规模、程度等量的规定性。简单地说，就是对各种犯罪的社会危害性的数量化。

（三）公众的社会安全感

公众的社会安全感是公众对社会公共安全状况的主观感受和评价，是公众在一定时期内的社会生活中对人身、财产等合法权益受到或可能受到侵害或保护程度的综合心态反应，也表示公众对社会治安状况的认知，对社会发展的信心水平。

社会安全感作为犯罪状况的评价指标，在一定程度上能够说明犯罪率的高低及犯罪危害性的大小，但运用时需要注意以下几点：

1. 它受到诸多因素影响，可能与社会治安真实状况不相吻合

人们的经济状况的改变，如财富的迅速增加或因下岗失业使经济收入的骤减；犯罪率的增加、危害人民生命财产的恶性案件的增加；人员流动造成环境的复杂化；人际亲和程度、人际信赖程度、个体对危险或不安全因素的耐受性等都可能影响人们的安全感。

2. 社会安全感具有文化差异

不同文化背景下的人对社会安全状况的感受可能不同。例如，20 世纪 80 年代末，由中国政府研究机构进行的一项公共安全感调查表明，公众对我国当时的社会治安状况和安全感的评价均为“一般偏下”，被调查者中有 49.1% 的人表示不敢夜间独自行走；而差不多在同一时期（1987 年）美国的一项类似调查表明，其犯罪率远远高于中国（1987 年美国的刑事发案率为 555‱），表示不敢夜间独自走路的只占 38% 。②

20 世纪 60 年代，由于犯罪率的上升，西方国家开始重视安全感问题，并进行了相应的社会治安指标评估体系的改革，安全感的研究有了进一步的发展。我国安全感的研究起步较晚，最有影响的研究是 1988 年公安部公共安全研究所主持的“公众安全感指标研究与评价”。这一课题在“社会秩序与公共安全指标体系”的编制过程中，“公众安全感指标研究与评价”是其三个子课题之一。

1988 年公安部“公众安全感指标研究与评价”课题的安全感评价体系主要由五个方面的因素组成：社会治安综合评价、执法公正情况评价、对公安工作的

① 刘广三：《犯罪现象论》，北京大学出版社 1996 年版，第八章。

② 王牧主编：《新犯罪学》，高等教育出版社 2005 年版，第 207 ~ 208 页。

满意程度、敢于作证的比重、敢走夜路的比重。这五个方面的具体内容有：违法犯罪案件发案率、治安灾害事故发生率、违法犯罪青少年比重、居民遭受侵害的程度、居民担心受害的地域、警察可见度、警察对居民求助的反应速度、警察接报案后的反应速度、破案率、查处违法犯罪青少年的效果、对警察的信赖程度、单身在家担心受侵害程度、女工上下夜班需要接送情况、遭受侵害后报案的比重、遭受侵害后敢于反抗的比重、邻里互助的程度、采取治安防范措施的情况、对“四防”检查成效的评价等。

目前，我国已经形成了较为成熟的公众安全感调查指标体系。

四、官方犯罪统计的作用与局限

官方犯罪统计是犯罪测量的传统依据，它是各级司法机关（警察机关、检察机关、法院、劳教机关、监狱等）在刑事司法过程中各阶段依据档案材料编制的犯罪统计资料。官方犯罪统计包括：（1）警察机关的犯罪统计；（2）检察机关的犯罪统计；（3）法院统计；（4）监狱统计。其中衡量犯罪总量和犯罪率的依据主要是警方的统计资料。

犯罪统计的历史较为悠久，1827 年法国的犯罪统计年报较早地公开了官方的犯罪统计。美国在 1934 年马萨诸塞州发布了第一份监狱服刑统计。在西方发达国家中，政府的犯罪统计工作比较健全，国家对外公布的统一犯罪报告中最为完整与系统的是美国联邦调查局定期发布的全美犯罪统计报告。德国每一年发布的全国性的犯罪统计资料有：警方的犯罪统计和联邦统计局的刑侦统计、刑罚执行（监狱服刑）统计、缓刑帮教统计。英国、法国、意大利、日本、澳大利亚等国家均有不同形式的犯罪统计报告或者犯罪白皮书。我国也有一些长期坚持和已形成的犯罪信息公开载体，比较权威和有代表性的主要有《中国法律年鉴》、《中国统计年鉴》、《中国检察年鉴》以及《人民法院年度工作报告》等，但没有专门的犯罪统计年鉴或犯罪白皮书。

较之非官方的统计（研究机构的档案、犯罪学家的调查等），官方犯罪统计的特点在于：

（1）是司法机关在执法过程中收集的，作为一种工作记录所反映的是司法机关的执法过程及其执法结果；

（2）官方犯罪统计以有关的法律制度为依据，注重统计的法律要件；

（3）官方犯罪统计是最具有持续性并且覆盖面最广的一种犯罪测量方法。

与上述特点相联系，官方犯罪统计的作用表现在：

（1）是了解一国或一个地区犯罪基本形态（犯罪现象的数量、发案率、犯罪结构）及变化趋势的依据之一，并且在传统上构成了犯罪学研究的主要素材；

（2）是国家拟定刑事政策、制定刑事法律和提出犯罪预防对策的主要依据；

（3）能够反映出刑事司法机关的资源配置及运行效果；

（4）依据官方犯罪统计，能够对刑事立法、刑事司法的科学价值及其在同犯罪作斗争过程中的功效作出评价。

但是，就衡量犯罪的实际状态而言，官方犯罪统计并不是犯罪现实的真实写照，只是在一定程度上接近现实。因此，在运用官方犯罪统计时，应当意识到以下局限性：

（1）官方犯罪统计的内容在很大程度上受居民告发意识强弱和统计制度是否健全、统计人员素质高低的影响。正因如此，官方的犯罪率不仅难以准确地代表实际的犯罪率，有时甚至与实际的犯罪率相反。

（2）官方犯罪统计由于以一定的法律制度为依据，因此，法律制度的变化会导致犯罪的数量、种类或结构的变化。

（3）由于各个国家的法律制度、经济发展水平及其居民的成分和结构的不同，不同国家间的犯罪统计往往难以进行正确的横向比较。

（4）官方犯罪统计注重以法律制度为依据，从而常常掩盖了犯罪学的观点。例如，一条刑法条款就包括了某一种犯罪行为的一系列表现形式（如盗窃罪就包括了许多形式的盗窃），而对于犯罪学而言，所要关注的则是各种具体的盗窃犯罪形式；又如，官方犯罪统计注重各种相近的犯罪类型之间的法律区别，而这种区别在许多情形下对于犯罪学研究毫无意义。例如，关于抢劫与抢夺的区别，关于教唆犯与实施犯的区分，等等。作为犯罪学而言，所注重的是犯罪的客观形式，对于这种纯法律的区分不感兴趣。

（5）实践中，由于一名案犯可能先后犯有多种罪行，因而司法机关对这种情形往往会进行重复统计，而对犯罪学而言，仅仅是一个人的犯罪经历问题。

（6）官方犯罪统计只能反映司法机关已经作出成功反应的那些犯罪行为（已经侦破、起诉和判决有罪的），而对那些未能作出成功反应和未获悉的犯罪行为则无法作出统计。

为了弥补官方犯罪统计的不足，使犯罪学建立在坚实的基础上，进入20世纪上半叶，人们开始寻求测量犯罪实际状况的其他方法，隐案（犯罪黑数）问题研究由此得以不断深入发展。

五、犯罪黑数

（一）犯罪黑数的概念

犯罪黑数，又称犯罪暗数或者犯罪隐数、隐案，它是指一个国家或地区在一定时期内，社会上已经发生，但由于诸多原因并未被司法机关获知或者没有被纳入官方犯罪统计之中的刑事犯罪案件。与犯罪黑数相对应的是犯罪明数，即官方统计的犯罪数，它是指已经实际发生并已被司法机关纳入统计之中的犯罪案件数量。人们一般常用的犯罪统计数是犯罪明数。

最早提出犯罪黑数问题的是比利时犯罪统计学家凯特勒，他说："如果我们对已发现、被判决的罪犯与未被发现的犯罪总数之间存在的某种固定关系缺乏估计，那我们所掌握的犯罪统计毫无用处。"此后，日本检察官、学者大场茂马于1908年在博士论文《难以矫治的罪犯及其处遇》中第一次使用了"不明数"这一概念，后来这一概念被德语区的犯罪学研究所采纳。在20世纪上半叶，犯罪黑数的研究越来越引人注目。经验型研究始于1941年库尔特·迈尔和1957年贝恩特·魏纳所作的犯罪黑数估计，这种估计绝不是以直觉和灵感为基础，而是以犯罪学的经验知识为基础的。与此同时，也有人试图把犯罪黑数排除在犯罪统计的考虑之外，发生这种情况主要是由于阿道夫·雅克·凯特莱在1835年发明了"恒比定律"。他认为，在明数（官方获悉的犯罪行为）与黑数（未获悉的犯罪行为）之间存在一种固定不变的比例关系，就是说那些明数大的犯罪行为的黑数也同样大，那些明数小的犯罪行为的黑数也同样小。根据这条定律，有人认为列入官方统计的犯罪行为对于实际的犯罪状况具有征候性和代表性，因此，研究犯罪黑数毫无意义。很久以后，人们才发现"恒比定律"是错误的，因为犯罪黑数因不同罪行而不同，而且年年都不相同。

随着犯罪学研究的发展，进入20世纪上半叶，人们开始寻求衡量犯罪状况的其他标准，犯罪黑数问题也由此引人注目，成为现代犯罪学研究的重要课题。

（二）犯罪黑数的研究方法及其评价

实证研究方法主要有两种：自我报告法和被害人调查。

1. 自我报告法

自我报告法于20世纪40年代开始于美国。这项非官方调查主要是为证明青少年和成年人违法犯罪的普通程度，而由社会学家或犯罪学家主持进行。其调查方式是通过问卷调查或直接询问，了解调查对象在生活中是否有过某些种类的违法犯罪行为。如1946年美国三名隐案研究人员，通过对114名11岁至16岁的男孩长达5年之久的调查，得到以下结果：全部114名11岁至16岁的男孩至少犯有6416起违法案件，其中只有95起（占1.5%）为刑侦当局获悉；在616起重大违法行为中，当局只发现68起（占11%）。而另外两名研究人员1974年在纽约市调查了1020名没有前科的成年男子和78名无前科的成年妇女，向他们了解生活中是否实施过至少可判处1年有期徒刑的49种犯罪行为中的一种或数种的情况，调查结果是91%的人承认犯过其中一种或数种罪行。在这次抽样调查中，男性犯罪的平均数是18，女性是11。

在美国的不同地区向居民（绝大部分是青少年）了解他们成为作案人情况的调查，取得了基本一致的结果，这些结果概括起来有以下几个方面：

（1）违法行为远比人们根据官方犯罪统计所估计的更加普遍。最常见的未被发现或未被告发的违法行为都是性质较轻的。几乎每个男性青少年不知什么时候就实施过损坏公共财产、商店行窃或较轻的伤害人身的违法行为。这一类违法行为普遍存在，因此不具有个人或社会的异常性质。

（2）有极少数青少年经常犯有严重的违法行为并发展成为顽固不化的再犯，这少数人对多数违法行为负有责任。一般来说，官方只对那些犯有最多、最严重违法行为的青少年作出正式反应。也就是说，官方记录在案的违法行为比那些未被官方发现的违法者的违法行为更经常、更严重。

（3）正式的社会监督当局（如警察、法院）只获悉违法行为当中的一小部分，只有少数违法青少年被抓获，而其中只有微不足道的一部分受到惩罚。因为造成较大损失的、较严重的违法行为比较轻的违法行为更容易被告发，所以较轻的违法行为的犯罪黑数就比较高。

（4）女性青年在犯罪黑数调查中受到的违法指控远远低于男性青少年。但是男性与女性之间这种受指控的差异并不像在明数中那么大。

自我报告法虽能获取一些有别于官方犯罪统计的重要数据和结论，但其局限性也是十分明显的。首先，这种调查方法涉及有关法律适用的溯及力以及时效问题，加之人们从情感上讲一般不愿意吐露过去的不轨行为，这在一定程度上会影响到调查结果的真实可靠性；其次，自我调查法的抽样范围较少，其结果只适用于衡量地区性犯罪状况，难以对全国性的犯罪状况作出较为正确的评价。正因如此，目前进行自我报告法的国家除了美国外，基本上只限于少数几个欧洲国家。

2. 被害人调查

继自我报告法之后，于 20 世纪 60 年代初，在美国兴起了被害人调查。随后，欧洲绝大多数国家和亚洲的日本都相继开展了这项调查。被害人调查的直接目的是通过对一般人口的受害情况的调查，获取独立于警察当局的第一手犯罪统计数据，以此对犯罪状况作出尽可能准确的估计。就调查方式而言，可分为官方的被害人调查和非官方的被害人调查。非官方的被害人调查除了调查对象不同以外，其组织实施与自我报告法基本相同。而官方的被害人调查则较为复杂。以美国人口普查当局组织实施的较具典型意义的美国被害人调查为例，该项调查共分为三个步骤：首先是全国犯罪的抽样调查，这是一项最重要的也是唯一不断进行的被害人调查。它包括在三年半的时间里，每隔六个月对全国固定的六万个家庭进行访问和再访问。调查材料用于估计全国主要犯罪的发生率。其次是访问抽样调查的 42,000 个商业企业的所有人、经理及职员。这种调查用于评估商业企业受害的情况（如抢劫、盗窃等）。最后是对六个主要城市的居民进行随意抽查，以估计城市的犯罪状况。后两部分的调查一般为一年一期。

被害人调查的收获是多方面的：

（1）实际发生的犯罪行为比告发的高出一倍以上。官方的犯罪统计只说明包括明数和黑数在内的全部犯罪行为中的一小部分，黑数的多少是因不同的罪行类型、不同的国家而不同的，其规模和结构都随着时间而发生变化，官方的犯罪统计只记录那些最严重的、最常见的传统犯罪行为。

（2）犯罪被害人在居民中不是平均分布的。男人比妇女更经常地成为罪行被害人；年轻人成为被害人的风险高于中老年人；随着年岁递增，成为被害人的风险就下降；单身者、离婚者和分居者成为被害人的风险高于正常的已婚夫妇；大城市的居民比农村、中小城市或城市郊区的居民更多地成为被害人；失业者更容易成为被害人；社会下层成员更容易成为暴力犯罪的被害人；家庭收入越高，个人或家庭被盗的可能性越大。

（3）有几类罪行的黑数特别多：毒品犯罪、经济犯罪、家庭内部使用暴力和性犯罪行为以及损坏他人财产行为。被害人不告发毒品犯罪，因为在大多数情况下被害人是赞同的。也很少有人向警方举报经济犯罪，因为受到损失的常常是一大批，而且他们往往把这种损失看成是轻微的或者根本就没有发觉。家庭内部使用暴力和性犯罪行为，或因被害人不认为是犯罪行为，或因考虑到家庭团结不予告发。

（4）虽然屡次成为被害人是罕见的（大约占被害人的5%），但是这种情况还是比人们原来根据统计的偶然性所预料的更为常见。一旦成为被害人，就可能再次成为被害人。目前，再次成为被害人的原因和后果都还没有充分研究明白，特别需要进一步澄清的是，某些人是否存在一种潜在被害倾向和一种特殊的脆弱性以及犯罪分子对这种人的相应的选择能力。

（5）不是生物、心理社会状况，而是生活方式导致越来越多的人成为被害人。有些人对犯罪分子具有较强的吸引力（如由于拥有高价值的物质财富）。另有一些人常常闯入容易成为被害人的场合之中而越来越容易遭受犯罪行为的侵害。社会孤立状态（如单身、分居、离婚）使人们容易成为被害人。而且与犯罪分子以及与犯罪案件在时空上越是邻近，成为被害人的危险性也越大。

被害人调查的缺陷主要在于调查周期较长，尤其是官方的调查还需要花费较多的人力和物力。此外，对不少犯罪，如贿赂、赌博、偷税漏税和家庭内部的犯罪等，往往难以使用被害人调查的方法。

（三）犯罪黑数研究的意义

通过犯罪黑数的调查与研究，我们可以清晰地透视其深刻的社会价值基础以及对犯罪学研究的重要意义。具体而言，有以下几点：

1. 犯罪黑数的研究为犯罪学的认识开辟了新的领域

犯罪学作为一门实证学科，长期以来所依据的事实材料主要是官方的犯罪统计资料和经验型的个案研究。这两方面的事实材料只涉及犯罪行为的一方当事人——实施不法侵害的犯罪人，而没有涉及被害人。但以被害人调查为中心的隐案研究结果表明，犯罪人与被害人之间并非单方面善与恶的一元化和绝对化的对立关系。不仅在许多情形中被害人对犯罪行为的产生负有法律上或道义上的责任，而且在一定场合下被害人与犯罪人存在相互转化的可能。因此，基于隐案研究而产生的基本认识是：应该检讨犯罪学传统的犯罪原因及犯罪预防理论，把被害人作为一个能动因素引入犯罪原因体系，这不仅是基于探讨犯罪原因的全面性考虑，而且更是出于提出实际犯罪对策的需要。因为离开了被害人的自我保护意识和积极合作的态度，任何预防犯罪的实际效果都将大打折扣。

2. 犯罪黑数的调查，可以查明一定时期犯罪现象的规模、分布和发展变化更接近于客观实际的情况，弥补官方犯罪统计的缺陷

犯罪黑数的研究通过对刑事犯罪案件发生的时间和地域分布、作案人与被害人之间关系的研究并将其与被害暗数（被害暗数是指一定时空中，已经告发和被害人已经知道但尚未告发的被害现象与实际存在的被害现象之差）交互参照，能够最大可能地测定出真实的犯罪现象状况。警方犯罪统计往往不能准确地反映出犯罪率的实际增减变化，因为官方的犯罪统计资料所表明的犯罪率的增减变化直接受制于警方涉猎已经发生的犯罪行为的深度和广度。当实际犯罪行为并没有增加时，如果公众的报案意识增强，警方工作效果提高或投入了更多的人力物力同犯罪作斗争，则势必会涉猎比先前多得多的犯罪行为，从而呈现出犯罪率上升的假象；反之，则导致犯罪率下降的假象。相比之下，犯罪黑数研究由于直接指向犯罪行为的“把关人”——被害人，不仅能较为全面地反映出犯罪行为的数量，而且能够根据被害人增减的情况，较准确地反映犯罪率的升降。

3. 犯罪黑数的调查，可以查明被害人的安全感以及对刑事犯罪的恐惧感

犯罪行为对被害者的损害可能是精神上的、物质上的、有形的、无形的、抽象的，也可能是具体的。被害者对犯罪的“切肤体验”使“安全感”与“恐惧感”不再是一个概念、一个理念，而是一种现实的生活感受。

4. 通过犯罪黑数的调查与研究，可以检验国家司法机关的执法水平和工作效率

犯罪黑数中的相对犯罪黑数，从某种程度上反映了国家司法机关在罪后的追诉与审判状况，特别是在罪后的侦查中，侦查机关对某些案件经常采用“不破不立”或“有选择、视情况的统计和上报”的手法，执法的公正性、犯罪资料

统计的真实性大打折扣，进而反映出执法机关的执法责任感和执法能力。

（四）我国犯罪黑数的现状及原因

自20世纪80年代后期以来，我国警界突破过去罪案统计严重不实的禁区，开始关注并不断组织对犯罪黑数问题的实证研究。据国家“七五”社科规划重点项目《中国现阶段犯罪问题研究》公安部课题组于1985年、1987年、1988年对15个省、市300余个派出所进行为期3年的刑事隐案调查，其结果显示我国犯罪黑数问题相当严重：[①]（1）我国犯罪统计中不仅存在犯罪黑数问题，而且比较严重。（2）犯罪的官方统计数最多只占实际发案的1/3。（3）各类犯罪的官方统计数与犯罪隐案之比，比值差异较大，杀人、强奸等严重侵犯人身案件的犯罪隐案数较小，官方统计数约占接报案数的90%～95%；侵犯财产案件犯罪隐案数较大；盗窃非机动车、扒窃、抢夺、破坏生产案的官方统计数只占接报案数的1/10。（4）犯罪隐案比较集中的犯罪类型包括：毒品犯罪、经济犯罪、家庭内部使用暴力和性犯罪行为（虐待妇女和儿童、婚姻生活中的强奸、乱伦）以及损坏他人的财产犯罪。

20世纪90年代以来，我国公安机关在对犯罪黑数问题的控制方面有所进展和突破，不少省、市公安机关自上而下推出了如实刑事立案的整治措施，并取得了一定的成效；在沿海和航空口岸普遍新建了海关缉私警察，侦破了一批走私贩私罪案；许多大中城市经侦警种相继单列，破获了一些隐性较强的涉税、金融诈骗等破坏市场经济秩序的重大经济犯罪案件；通过全国性的网上追逃战役，深挖出数万起隐案、积案和漏案等。

但是，由于诸多因素的限制，全国范围内仍然存在大批犯罪黑数，真实刑事立案统计并未取得实质性、全局性的理想效果。如某省公安机关1991年共立刑事案件69,996起，可是至1997年，该省警方所立全部刑事案件却骤然降到了3295起，1992年至1997年这6年中，全省立案总数竟年均下降21.5%[②]。来自公安部的统计资料显示，2003年全国共立案刑事案件439万件，破案184万起，破案率仅为41.9%。公安部负责人说，这还不算立案不实因素，如果如实立案，估计全国刑事案件破案率可能在30%左右。[③]

我国犯罪黑数形成的原因主要有以下几方面：

---

① 王树林：《关于犯罪黑数问题》，载《湖南公安高等专科学校学报》2000年第3期。

② 王树林：《关于犯罪黑数问题》，载《湖南公安高等专科学校学报》2000年第3期。

③ 资料来源：《我国刑事破案率约30%》，载 http：//news. sina. com. cn/o/2004－06－11/09192776822s. shtml，最后访问日期：2019年10月21日。

1. 被害人不愿报案或者控告导致司法机关无法立案，形成犯罪黑数

在许多犯罪黑数中，被害单位、群体和个人，因种种原因没有投诉，不愿或不敢报案，大致有下列情形：

一是担心名誉受损。很多被害人因碍于情面、维护隐私，或为保住名声、害怕家人亲朋或所在单位指责，忍气吞声，宁愿自食苦果，拒不报案，尤以女性被害人、在校青少年被害人以及知识阶层被害人、公务员被害人最为典型。

二是害怕遭到报复。因为与犯罪行为人具有同事、业务、亲朋或上下级关系的被害人，害怕打击报复，没有报案，如人身伤害、侵犯公民民主权利和侵犯财产等案件。尤为典型的是那些被某些流氓犯罪集团、带黑社会性质犯罪或恐怖组织控制的区域、行业和单位，以及受制于犯罪行为的受害人，如在“三资”企业、金融业、建筑业、娱乐业、出租车业、废旧物品收购业和流动暂住人口密集区、城郊结合部、边远乡镇地段，其直接或间接受害人对侵犯自己人身、财产权益或危害公共安全、破坏市场经济秩序，妨碍社会管理秩序等犯罪行为，隐匿案情、拒不报警的案例，则更为多见。

三是顾及连带责任。有些被害人自身实施了某些违法犯罪行为，因为害怕暴露，或者对受侵害事实自己也有一定过错责任，因而不敢报案。特别是那些群体内部成员参差不齐、组织管理松散混乱的行业、单位和群体，因担心各种检查考评一票否决，害怕当地警方依法追究单位连带过错责任，或恐惧主管部门、有关方面追索被害损失与赔偿，对发生在本单位、团体或群体的重大责任事故、玩忽职守、诈骗侵占财物、制贩伪劣产品、非法经营或流氓斗殴、黄赌毒等违法犯罪案件，持搪塞遮掩态度，而不报警报案。

四是怀疑警方无能。有些直接或间接受到犯罪行为侵害的单位、群体和个人，对警方能否破案、挽回损失持怀疑态度。认为即使投诉、报案，警察也管不过来，或者因为自身已遭受的人身、财物利益损失并非惨重不堪，类似受害情形未曾得到当地警方应有的关注与重视，或者受消极舆论的影响，采取隐瞒案情，遇害不报，甚至用非法方式化解被害后果，形成大量刑事隐案，如盗窃非机动车辆、偷窃少量财物、敲诈勒索、轻伤害、拐卖妇女儿童、侵占、诈骗、制贩伪劣产品等隐蔽性较强或查破难度较大的犯罪案件，等等。

五是认为不值得报案。有的被害人认为犯罪行为并未给自己造成实际上的生命健康损害或财产损失，或者犯罪行为并没有造成太大的损害或损失，报案后反而可能会“付出更大更高”的代价，即使破了案也得不偿失，不值得报案。有的被害人认为，犯罪确实给自己造成了一定的损害或损失，但如果报案，需要花大量的时间、精力和费用去参与刑事诉讼，觉得不划算而不报案。有的受害人具有一定的社会地位和身份，在受害程度不大的情况下，认为如果报案将有损自己

的名誉而不愿报案。这些受害人认为“不值得”报案的案件，形成了犯罪黑数。

六是被害人不知道报案 。有的被害人由于受自身年龄、文化素质、法律知识等因素的制约，虽然自己已经成为刑事案件中的受害人并已遭受到实际的侵害或损害，但不能意识到自己受害而不知道应该报案，或是不知道应该向哪个部门报案，如幼女被奸淫案件，这也成了犯罪黑数。

2. 警方不如实立案

一是破案率的影响。长期受计划经济体制下形成的静态治安、求稳怕乱传统观念的影响，决策层对改革开放历史条件下犯罪剧增现象的长期性、复杂性估价不足，急于求稳、追求政绩，为实现经济发展、案件下降的既定目标，曾多年要求发案率控制在当地总人口的万分之几，指令警方对全部刑事案件和重特大案件的破案率分别达到80%甚至90%以上，并将这些不切实际的低发案率、高破案率等人为参数，纳入公安工作目标管理、社会治安综合治理检查验收、县市党政领导人任期责任等年度考评指标体系。这种硬性的考核指标要求，使得公安机关的刑事案件立案率较低，实践中“不破不立”现象较为严重。

二是司法工作人员对法律理解存在偏差。由于立案的条件比较模糊，侦查人员在判断某一事件是否达到刑事案件立案标准的时候具有较大的主观性。我国公安机关具有治安行政管理和刑事案件侦查的双重职能，在接到报案或举报材料的时候，由公安机关判断是刑事案件还是治安案件，从而决定采用何种程序处理。其后果可能是，实体完全相同的案件，由于公安机关立案时的判断不同，导致程序和结果处理上的差异。有些已经达到刑事处罚标准的案件被错误地处以治安处罚，也就不会被司法机关列入犯罪案件进行统计，进而产生了犯罪黑数。

三是政法机关的相互钳制。公检法三机关在刑事诉讼职能上各有侧重，往往产生法律适用和案情定性上的差异使许多案件被退回补充侦查、不起诉或作出无罪判决，很难作出一致断定。长此以往，使得警方对类似的疑难案由，仅凭惯例、负面经验作出不立案决定，成为犯罪黑数。还有一些地方，因劳改劳教场所的改造、挽救工作不尽如人意，减刑、假释、保外就医、监外执行控制不严，刑释解教人员重新犯罪率偏高；或因刑事看守羁押场所人满为患，压力太大，成文不成文地对凡可能只判三年以下有期徒刑及拘役的犯罪嫌疑人，实行“变通”做法，大都以劳教手段处理结案，甚至对类似罪案只立易不立难，或可立可不立的则不立，造成隐案。如湖南省高级人民法院根据有关司法解释，将个人盗窃数额巨大的起点规定为一万元以上，盗窃数额特别巨大的起点规定为五万元以上。据此，当地警方对盗窃数额不足一万元案犯，常常只以劳教手段结案处置。据统计，1998～1999年度，怀化市公安机关决定报送的1243名劳教对象中，属盗窃案由的达626名，为两年劳教总人数的50.4%；占两年所立全部盗窃案件涉嫌案犯 1625 人的 38.5%。[①]

此外，研究犯罪黑数的成因，还不可忽视犯罪知情人、犯罪行为人两大原因。有些直接感受或间接知晓犯罪案情的犯罪知情人之所以见案不报、知情不举，大都因为害怕打击报复，顾及连带责任，怀疑警方无能，以及因其与犯罪人、被害人无利害冲突关系而持与己无关、高高挂起等不作为心态。一些触犯刑律的犯罪行为人，为逃避立案和刑罚制裁，或隐姓埋名，流窜作案，制造现场假象嫁祸于人，或利用科技手段掩饰案情后果，凭借隐匿方法毁灭罪案证据，以对抗警方的发现、打击，抵赖被害人、知情人的检举、控告，由此也产生了一些犯罪黑数。

第四节　中华人民共和国成立后的犯罪现象

中华人民共和国成立后，我国经历了五个重要的历史时期，即社会主义改造时期、开始全面建设社会主义时期、“文化大革命”时期、社会主义改革时期、改革开放初期以后的新时期。各个时期我国的犯罪情况表现出很大的差异性，究其原因这跟社会历史现实以及国家的刑事政策等都有密不可分的关系。

一、社会主义改造时期（1949—1956 年）

这个时期我国的犯罪情况总体来说呈现出急剧下降的趋势。1950 年全国发生的各种刑事案件有 51 万起，当时人口总数是 5.5 亿，按当时人口平均发案率为 9.3‱，出现了中华人民共和国成立后的第一次犯罪高峰。1956 年全国发生的各种刑事案件有 18 万起，当时人口总数为 6.4 亿，按当时人口平均发案率为 2.8‱。

其特点主要有以下几个方面：（1）从犯罪类型上看，反革命破坏、颠覆活动猖獗；（2）从犯罪主体上看，基本上是旧社会遗留下来的残余反动势力；（3）从年龄上看，主要是中老年人犯罪。

二、开始全面建设社会主义时期（1957—1966 年）

在开始全面建设社会主义时期，我国的犯罪总体来说呈现出大起大落的发展趋势。例如，1959 年全国发生的各种刑事案件为 20.05 万件，当时人口总数为

---

① 王树林：《关于犯罪黑数问题》，载《湖南公安高等专科学校学报》2000 年第 3 期。

6.72 亿，按当时人口平均发案率为 2.98‰。但是，1961 年全国发生的各种刑事犯罪案件则急剧上升到 42 万余件，当时人口总数为 6.59 亿，按当时人口平均发案率为 6.4‰，出现了中华人民共和国成立后的第二次犯罪高峰。1964 年发案率为 3.5‰。1965 年发案率为 3.3‰。1966 年我国的犯罪率下降为 2.4‰，这是中华人民共和国成立以来犯罪率的最低值。

其特点有以下几个方面：（1）从犯罪类型上看，反革命罪比例逐年减少，财产犯罪大量增多；（2）从犯罪主体看，青少年犯罪逐渐增多，但比例较小，还未成为严重的社会问题；（3）从犯罪手段上看，流窜犯罪突出。

三、“文化大革命”时期（1967—1977 年）

1966 年 5 月到 1976 年 10 月，是给国家和人民造成巨大损失和深重灾难的“文化大革命”时期。“十年动乱”使我国的社会主义社会进入了一个非常曲折的时期。这个时期极“左”路线与林彪、江青反革命集团的破坏，使党和人民遭到中华人民共和国成立以来最大的挫折和损失，从而陷入了史无前例的严重灾难和内乱之中。根据统计，从 1967 年的 16.1 万起到 1972 年上升为 40.3 万起，1973 年又上升到 53.6 万起，[①] 犯罪率为 6‰。从 1973 年至 1978 年犯罪的数量保持在 54 万起左右，出现了中华人民共和国成立以后第三次高峰，但是就青少年犯罪而言，却是中华人民共和国成立后第一次高峰。

其特点有以下几个方面：（1）公开性、普遍性、持续性。这一时期的新式犯罪活动有许多是与政治上大动荡交织在一起进行的。因而表现出与正常情况下明显不同的特点。不少犯罪活动是在“革命”口号和“革命”旗帜掩护之下，乘无政府盛行之机，大搞打、砸、抢、抄、抓，严重破坏政治秩序、经济秩序和社会秩序。（2）青少年犯罪数量大大增加，从 20 世纪 50 年代的 20% 上升到 60% 左右，自此青少年犯罪问题逐步成为我国令人关注的一个社会问题。（3）流氓犯罪猖獗，发生了大量侮辱、摧残、强奸妇女的案件，特别是强奸女知青的案件。

四、社会主义改革时期（1978—1989 年）

这一时期的刑事案件出现了急剧上升的势头。据统计，1977 年为 54 万起，1979 年为 63.3 万起。1980 年全国发生的各种刑事犯罪案件总数为 75 万起，1980 年全国人口总数为 9.8 亿，按当时人口平均发案率为 7‰。1981 年全国发生的各种刑事犯罪案件为 89 万起，1981 年全国人口总数为 10 亿，按当时人口平均

① 魏平雄等主编：《犯罪学教科书》，中国政法大学出版社 2008 年版，第 104 页。

发案率为8.9‱。这是中华人民共和国成立以来第四次犯罪高峰。1982年全国发生的各种刑事犯罪案件总数为74万起，1982年全国人口总数为10.1亿，按当时人口平均发案率为7.4‱。而青少年犯罪案件，20世纪80年代头三年，在整个刑事案件中的比例则是高达70%～80%。这充分说明了青少年犯罪更加集中地暴露出来。

这一时期犯罪案件特点有以下几个方面：（1）从犯罪主体看，绝大部分是青少年。这是中华人民共和国成立以来犯罪的一个最为显著的特点。从当时抓获的作案成员看，14～25岁的青少年案犯高达70%～80%。（2）从犯罪类型看，经济领域犯罪异常猖獗。经济犯罪的日益增加，使犯罪结构发生变化，形成了改革开放以来至今为止以治安犯罪和经济犯罪为主的犯罪格局。（3）犯罪现象开始出现地域差异。由于经济发展的原因，南方经济发达地区的犯罪率高于北方不发达地区，东部高于中西部不发达地区。

五、改革开放初期以后的新时期（1989年至今）

由于我国以前普遍存在"犯罪黑数"，1989年公安机关大力改正立案不实的情况，年立案数为197万起，比1988年增长138.2%；比1981年的89万起增加1.2倍；1990年全国发生的各种犯罪案件增至221.7万起，比1989年增长12.7%；1991年全国发生各种犯罪为236万起，比1990年增长36.7%。由于公安机关调整了盗窃案件的立案标准使1992年的盗窃案件大幅下降，从而犯罪案件总数下降为158万起，其中重大犯罪刑事案件为45万多起，仍然是上升的。凶杀犯罪增长4.9%，伤害犯罪增长4.8%，抢劫犯罪增长24.6%，强奸犯罪增长0.9%，伪造货币犯罪增长17.3%。1993年全国刑事犯罪案件立案总数是161万余起，其中重大犯罪案件为53万余起。1994年据公安部通报上半年刑事犯罪情况，全国立案刑事案件比1993年同期上升5.9%，其中大案要案比1993年同期上升20.1%。据《法制日报》刊文所载，1994年全国共抓获各类违法犯罪人员高达409.5万人，成为第5次犯罪高峰的173.5倍。1995年全国刑事犯罪案件仍然呈上升趋势，特别是大案要案上升趋势更加突出。1997年全国公安机关所立各类刑事案件的总量与1996年基本持平，有23个省、自治区、直辖市的刑事案件立案数比1996年有所下降。1998年全国公安机关立案的刑事案件为198.6万件，比1997年增长23%，1999年又比1998年增长约14%。进入21世纪，刑事犯罪又呈现一个新的高峰，2000年全国公安机关的立案数为352万件，至2002年，公安机关立案的刑事案件数则增加至395万件，2003年全国公安机关立案侦查的刑事案件为439.4万件，受理并查处的治安案件数量为487万件，分别比2000年增长20.8%和27.4%，比1995年增长1.71倍和64.1%。各种群体性事件、经济犯罪、刑事犯罪问题日益突出，收入差距过大和分配矛盾突出是重要诱因之一。2004 年，刑事案件立案数又增加到 471.8 万件。从 1993 年至 2004 年全国检察机关共立案查办贪污贿赂、渎职侵权等职务犯罪案件 60 多万件，其中县处级以上领导干部 3 万多人。

2005 年是近十多年来社会治安开始好转的第一年，2005 年全国公安机关立案侦查各类刑事案件 464.8 万起，比 2004 年减少 7 万起，同比下降了 1.5%。国家工作人员的职务犯罪案件继续呈高发态势，重特大案件不断发生。

2006 年，公安机关共立各类刑事犯罪案件 465.3 万起，与 2005 年相比基本持平。1～9 月全国公安机关共立刑事案件 334.6 万起，同比下降 11.2%，共侦破刑事案件 148 万起，同比上升 2.9%。全国公安机关加大对刑事犯罪活动的打击力度，开展“打黑除恶”和打击“两抢一盗”等专项斗争，同时进行了整治收缴爆炸物品、枪支弹药和管制刀具的专项行动。1～9 月，全国爆炸、持枪犯罪案件同比分别下降 19.3% 和 15.1%；全国可防性案件全面走低，其中入室盗窃案件同比下降 5.9%，入室抢劫案件下降 17.4%，抢夺案件下降 8.5%；全国公安机关共处置各类群体性事件 1.79 万起，同比下降 22.1%。从全年情况看，严重影响群众安全感的爆炸、放火、杀人、强奸等严重暴力犯罪进一步减少，同比分别下降 20.3%、12.8%、13.7% 和 4%；“两抢一盗”犯罪有所回落，共立 364.6 万起，同比下降 1.6%；“黄赌毒”犯罪创近年来新低，案件同比下降 16.2%；青少年犯罪降幅明显，25 岁以下青少年作案人员同比下降 5.5%。2007 年，全国公安机关共立案侦查各类刑事犯罪案件 474.6 万起，与 2006 年基本持平。其中，严重影响公众安全感的爆炸、放火、杀人、强奸、绑架等严重暴力犯罪进一步减少，同比分别下降 25.2%、11.3%、10.3%、1.9% 和 1.5%；抢劫、抢夺和入室盗窃犯罪与 2006 年持平。2008 年 1～10 月，全国公安机关共立各类刑事犯罪案件 387 万起，比 2007 年同期上升 0.6%。其中共立杀人案件 1.2 万起，比 2007 年同期下降 8.7%，杀死 1.1 万人，同比下降 11.8%，其中发生在居民住宅的 5774 起，同比下降 10.1%；强奸案件 2.5 万起，同比下降 5.6%；放火案件 4797 起，同比下降 5.5%；爆炸案件 425 起，同比下降 16.3%；投放危险物质案件 760 起，同比下降 11.5%；抢劫案件 22.2 万起，同比下降 8.3%，其中入室抢劫案件 1.7 万起，同比下降 8.5%；抢夺案件 13.3 万起，同比下降 8.6%。2009 年 1～10 月，全国公安机关共立各类刑事犯罪案件 444.3 万起，比 2008 年同期上升 14.8%。全国有 25 个省、自治区、直辖市公安机关刑事案件立案数与 2008 年同期相比有所上升。2009 年以来，全国公安机关进一步加大“打黑除恶”和打击有组织犯罪的工作力度，危害一方的黑恶势力有所收敛。1～10 月，共查获各类犯罪集团 4.5 万个，比 2008 年同期下降 3.1%；集团成员 18.1 万人，同比下降2.7%；涉及刑事案件24.4万起，同比下降23%。共打掉黑社会性质犯罪集团181个，同比上升25.7%；查获集团成员1737人，同比上升20%；涉案1345起，同比上升6.8%。

这一时期犯罪案件特点有以下几个方面：（1）犯罪数量持续大幅增加。（2）犯罪结构比以前时期发生了重大变化，新型犯罪不断出现。这一时期的犯罪现象仍以危害国家安全犯罪、治安犯罪和经济犯罪这三大类型犯罪为主，而每一类犯罪的具体内容都较以前发生了重大变化。（3）犯罪手段发生了重大变化。这一时期犯罪行为在性质上越来越恶劣，手段上越来越狡猾、凶残，在数量增加的同时，在性质上也不断变化，质变甚于量变。（4）犯罪主体发生了重大变化。犯罪主体由单一自然人变为法人犯罪与自然人犯罪并存，自然人犯罪中有组织犯罪所占比例越来越大。从犯罪人的年龄来看，青少年犯罪已占全部刑事犯罪的绝大部分，并且还在进一步朝低龄化发展。

进入21世纪第二个十年，我国的刑事犯罪案件数量继续增加，2015年达到顶峰，2016~2017年开始下降，严重暴力犯罪下降明显，但是新型犯罪、暴恐犯罪、个人极端暴力犯罪仍需重点防控。

根据全国公安机关刑事案件立案统计，2010年前三季度，全国刑事案件继续增长，但增长幅度不大，同比上升5.3%，全年共立案5,929,892起。2010年严重暴力犯罪案件和重大侵犯财产犯罪案件下降趋势明显。根据全国公安机关立案统计，2010年1~11月，放火、爆炸、杀人、抢劫等案件同比分别下降13.2%、8.2%、8.4%、16.7%。2011年，全国公安机关共立刑事案件6,004,951起，总量变化不大，略有增长，整体犯罪形势稳定。全国杀人、抢劫、涉枪涉爆等严重暴力犯罪持续明显下降。根据全国公安机关统计，持枪犯罪案件逐年下降，2011年与2010年相比下降46.8%，降到了历史最低。但是，2011年先后发生的一些暴力恐怖事件、涉枪涉爆案件等严重暴力犯罪对群众的社会安全感影响较大。2012年全国公安机关共立案6,551,440起，与2011年相比有所上升。根据最高人民检察院统计，2012年1~10月，共批准逮捕和决定逮捕各类犯罪案件574,310件、836,345人，同比均上升8.1%；共不批捕和决定不捕145,861人，同比上升14.2%。其中，无逮捕必要不捕66,759人，同比上升14.2%。根据最高人民法院统计，2012年刑事案件收案数大幅增长，同比增长约15%。2013年全国犯罪数量比2012年略有上升，全国公安机关共立案6,598,247起。根据全国公安机关的统计，2013年1~10月严重暴力犯罪案件同比下降10.7%，其中暴力性抢劫案件、抢夺案件、持枪犯罪案件、爆炸犯罪案件连续下降，持枪犯罪案件和爆炸犯罪案件在过去十多年连续大幅下降的基础上又分别下降了44.9%、36.2%，连创历史最低数量。但是有组织、有预谋的暴力恐怖袭击事件频发。

2013 年暴力恐怖活动呈现出从边疆地区逐步向内陆省份蔓延的趋势，而且活动具有明显的规律性，多是由一个人或小团伙实施的爆炸、纵火、持刀砍杀、驾车冲撞等“独狼式”袭击。同时，利用互联网煽动和编造恐怖信息的犯罪案件也呈多发态势。2014 年全国公安机关刑事案件立案数 6,539,692 起，与 2013 年相比略有下降。严重暴力犯罪持续下降，2014 年命案数量比 2004 年下降了 50%，涉枪涉爆犯罪案件连续 14 年下降，其中 2014 年比 2013 年分别下降了 3.6% 和 15%。

2014 年，影响人民群众安全感的刑事犯罪结构呈现新特点。故意杀人、爆炸、绑架等暴力犯罪案件大幅下降，恐怖活动犯罪案件成倍增长，涉枪支弹药爆炸物犯罪案件大幅上升。“两抢”犯罪案件大幅下降、盗窃犯罪小幅上升。全国检察机关共批准逮捕各类刑事犯罪嫌疑人 879,615 人，提起公诉 1,391,225 人。全国法院刑事一审收案 104 万件，全国各级人民法院审结一审刑事案件 102.3 万件，判处罪犯 118.4 万人，同比分别上升 7.2% 和 2.2%。严重暴力恐怖活动和个人极端暴力犯罪案件的频发，全国各级法院审结煽动分裂国家、暴力恐怖袭击等犯罪案件 558 件，判处罪犯 712 人，同比分别上升 14.8% 和 13.3%。

2015 年刑事案件稳中略升。暴力犯罪案件普遍下降。“两抢”犯罪案件下降，盗窃、诈骗犯罪案件上升。破坏金融管理秩序罪、金融诈骗罪、传销犯罪案件大幅上升。破坏金融管理秩序罪、金融诈骗罪、传销犯罪案件大幅上升。涉“毒赌”犯罪案件大幅增长，涉“黄”犯罪案件增速放缓。2015 年全国公安机关立案 7,174,037 起，比 2014 年有所上升。故意杀人、故意伤害、强奸、绑架、抢劫、爆炸及涉枪案件等持续下降。根据全国公安机关的刑事案件立案统计，2015 年全国持枪、爆炸犯罪案件较上年分别下降 42.7%、5.6%，涉枪涉爆犯罪案件连续 15 年保持下降态势。全国检察机关共批准逮捕各类刑事犯罪嫌疑人 873,148 人，提起公诉 1,390,933 人。全国各级法院审结一审刑事案件 109.9 万件，判处罪犯 123.2 万人，同比分别上升 7.5% 和 4%。

2016 年全国犯罪总量基本持平，但全国公安机关破案数量增幅较大。严重暴力犯罪案件持续保持下降，暴力恐怖袭击和个人极端暴力犯罪案件逐步减少。电信诈骗犯罪、职务犯罪、环境犯罪、网络犯罪等是 2016 年社会关注度较高的犯罪类型。常发性侵犯财产犯罪高发，地域性、职业性、组织性特点突出。经济犯罪形势日趋复杂，网络涉众型经济犯罪集中爆发。未成年人暴力犯罪引起社会焦虑，未成年人保护制度受到质疑。网络涉黄赌毒犯罪日趋突出，网络直播成为社会焦点。职务犯罪相对数量持续增长，民生领域犯罪被重点关注。开赌场、收保护费和强制交易仍是黑恶势力敛财的主要途径，乱政、抗法、霸财、行凶是农村黑恶势力的典型特征。2016 年全国公安机关立案 6,427,533 起，比 2015 年减少10%，电信网络诈骗泛滥，扒窃、盗窃机动车、电动车和自行车等街面犯罪高发。检察机关全年共批准逮捕各类刑事犯罪嫌疑人828,618人、提起公诉1,402,463人。全国法院审结一审刑事案111.6万件，判处罪犯122万人，同比分别上升1.5%、下降1%。

2017年全国公安机关共立刑事案件5,482,570起，立案数同比下降，尤其是严重暴力犯罪案件下降幅度较大，刑事案件破案率明显提高，人民群众安全感和满意度大幅提升。2017年1～11月，全国放火、爆炸、劫持、杀人、伤害、强奸、绑架、抢劫等严重暴力案件同比下降15.6%，比2012年下降51.8%；全国命案新发案件数量下降9.7%，新发命案破案率高达98.8%，全国命案积案破案数上升95.1%，中国已成为世界上命案发案率最低的国家之一，平均每10万人发生命案0.81起。[①] 传统侵犯财产犯罪和电信网络诈骗犯罪破案率得以提高。2017年全国公安机关共破获传统盗抢骗案件167.2万起，新发案件破案率同比上升4.5%。在“侦查打击—重点整治—防范治理”三位一体的治理模式下，电信网络安诈骗犯罪呈现出立案数、群众经济损失与破案数、查处违法犯罪人员数“双降双升”的态势。2017年全国公安机关共立电信网络诈骗案件53.7万起，同比下降6.1%，群众经济损失同比下降29.1%；全国公安机关共破获电信网络诈骗案件7.8万起，查处违法犯罪人员4.7万名，同比分别上升55.2%、50.77%。全国检察机关依法履行批准逮捕、提起公诉等职责，惩治电信网络诈骗等突出犯罪，切实保护公民人身权、财产权、人格权，维护国家安全和社会稳定。2013年至2017年，全国检察机关共批捕各类刑事犯罪嫌疑人453.1万人，较前五年下降3.4%；起诉717.3万人，较前五年上升19. 2%；其中2017年批准逮捕各类刑事犯罪嫌疑人约107万人，提起公诉166万多人，同比均有所上升。全国各级人民法院严惩危害国家安全、暴力恐怖、贪污贿赂、严重危害群众生命财产安全、侵害妇女儿童权益等突出犯罪，深入推进平安中国建设。2017年全国各级人民法院新收刑事一审案件约120多万件，判决生效被告人约127.6万人，同比都有所上升。

2018年全国公安机关刑事案件立案数和严重暴力犯罪案件持续下降。根据全国公安机关统计，2018年全国刑事案件立案数同比下降7.7%，尤其是严重暴力犯罪案件下降幅度较大，故意杀人、爆炸、抢劫等八类严重暴力案件同比下降13.8%。根据全国检察机关统计，2018年全国批准逮捕和提起公诉犯罪人数量有所减少，全国批准逮捕各类犯罪嫌疑人1,056,616人，提起公诉1,692,846人，同比分别下降2.3%和0.8%；其中起诉故意杀人、绑架等严重暴力犯罪

① 统计数据来源于历年中国法律年鉴社每年出版的《中国法律年鉴》及两高工作报告。

59,717 人，起诉抢劫、抢夺、盗窃等多发性侵财犯罪 361,478 人，同比分别下降 5.9% 和 6.9%。全国人民法院 2018 年审结一审刑事案件 119.8 万件，判处罪犯 142.9 万人；其中审结杀人、抢劫、绑架等严重暴力犯罪相关案件 4.1 万件，判罚罪犯 5.1 万人。“扫黑除恶”等严打整治活动促使群众安全感明显提高，社会矛盾风险排查化解机制促使犯罪机会和条件明显减少。从犯罪类型结构来看，传统犯罪逐步减少，但“互联网 + 传统犯罪”愈演愈烈，新兴行业领域犯罪凸显，非法集条“食药环”犯罪、未成年人暴力犯罪等社会关注度较高，黑恶势力犯罪、毒品犯罪出现了新特点，“大老虎”的“通病”和“微腐败”群体持续显现。① 全国检察机关共批准逮捕各类犯罪嫌疑人 1,056,616 人，提起公诉 1,692,846 人，同比分别下降 2.3% 和 0.8%。各级法院审结一审刑事案件 119.8 万件，判处罪犯 142.9 万人。②

总体来看，21 世纪第二个十年我国的刑事犯罪案件特点有以下几个方面：（1）犯罪案件数量持续高发，年保持在 600 余万起以上。（2）严重暴力案件持续下降，2016 年 1 月至 11 月，全国严重暴力犯罪案件比 2012 年同期下降 43%，命案下降 30%。（3）盗窃、诈骗犯罪占立案数的 80% 左右。（4）新型犯罪突出。电信诈骗、网络犯罪不断增多。2017 年 1 月中央政法工作会议上公布的数据显示，我国网络犯罪已占犯罪总数的 1/3，并以每年 30% 以上速度增长。2017 年电信网络诈骗的国际化趋势越发明显，来自中国境外的诈骗电话数量大幅增长，据统计，诈骗电话来源地已多达 70 多个国家和地区，来自国外的诈骗短信量已占到全部诈骗短信的 5% 左右。另外，电信网络诈骗犯罪诈骗模式也由“地毯式”诈骗向个性化的“精准式”诈骗转型。（5）群众安全感不断上升。根据全国社会治安满意度调查结果，2017 年全国人民群众的社会治安满意度上升到 95.55%，分别比 2016 年、2012 年上升了 3.56% 和 8%③。

延伸阅读

犯罪化与非犯罪化

犯罪化与非犯罪化是一对对立的刑事政策范畴。犯罪化是指国家通过刑事立

① 靳高风等：《中国犯罪形势分析与预测（2018－2019）》，载《中国人民公安大学学报》2019 年第 3 期。

② 统计数据来源于中国法律年检及历年两高工作报告。

③ 靳高风等：《中国犯罪形势分析与预测（2017－2018）》，载《中国人民公安大学学报》2018 年第 2 期。

法的形式对社会中实际发生的或可能发生的、被认为是对社会生存具有危害性的行为作出反应的过程。这一过程所产生的后果，便是在刑法中记载下来的对犯罪的界定，即刑法对某一行为的禁令。非犯罪化是指国家权力机关撤销刑法原来对某类行为的禁令，从而使该类行为在法律意义上由犯罪变为非犯罪。

第二次世界大战后，世界各国的刑事政策朝着两极化的方向发展，即朝着所谓“宽松的刑事政策”与“严厉的刑事政策”两个不同的方向双轨运行。在这一刑事政策走向的影响下，作为宽松刑事政策之一的非犯罪化思想应运产生，并引起了西方刑法理论界的热切关注，掀起了西方各国对非犯罪化的广泛实践。最初，欧美各国为了缓解犯罪率居高不下，监狱人满为患得局势，缩小打击面，只是对一些所谓的道德犯罪如同性恋、近亲相奸等实行非犯罪化。1957 年，英国出台了《关于同性恋和卖淫的沃尔芬登委员会报告》，允许 21 岁以上男子间自愿私下实施同性恋行为。以此为契机，英国于 1959～1967 年对淫秽犯罪、自杀、堕胎、同性性交等行为非犯罪化。受其影响，欧美以及非洲、拉丁美洲等国家掀起了非犯罪化运动。1967 年，丹麦刑法废除了对猥亵文书罪的处罚。1973 年，德国第四次修改刑法时，废除了决斗、堕胎、男子间单纯的猥亵等罪名。1975 年，奥地利修改刑法典，对一些性犯罪和堕胎罪实行非犯罪化。此外，欧洲不少国家对赌博采取事实上的非犯罪化的态度。至于药物滥用除少数国家立法采取非犯罪化以外，大多数国家对其采取“治疗处分”。

后来，非犯罪化又延伸到了微罪领域。德国在 1975 年通过的新刑法典中，全部废除了违警罪以及使用罚金和 6 个月以下监禁刑的轻罪，将其大部分转入违反秩序法中。意大利为实现非犯罪化制定了 1981 年第 689 号法律，把一些轻微的犯罪撤销，并修改了违警罪的罚则，用行政处罚代替刑罚，使之成为事实上的非犯罪化。

进入 20 世纪 80 年代后，非犯罪化运动在欧洲大陆继续走向深入。欧洲委员会犯罪问题委员会在来自奥地利、丹麦、法国、联邦德国、意大利、荷兰和瑞典的专家经过历时 8 年的研究和论证后，于 1980 年发表了著名的《非犯罪化报告》。该报告全面分析了非犯罪化的概念及其与非刑罚化，转处的关系，阐述了指导非犯罪化的基本原则、推动和妨碍非犯罪化的各种因素以及非犯罪化以后各种可能的替代方案或选择。① 作为这一重要成果典型代表的荷兰，不仅将卖淫、同性恋、吸毒等行为非犯罪化，而且率先于 2001 年 4 月 10 日通过立法使迄今为止仍存在广泛争议的安乐死行为予以非犯罪化。

目前，世界上的刑法向着轻缓化的方向发展，非犯罪化应对了这一发展趋

---

① 梁根林：《刑事法网扩张与限缩》，法律出版社 2005 年版，第 221～222 页。

势，广泛地影响着各国的刑事立法和司法实践，成为当今世界各国刑事立法和刑事司法必须考虑的一个重要问题。

1949年以来，在我国刑法的发展趋势中，非犯罪化一向未被重视，虽然我国刑法学界在1997年刑法修订前，对我国刑法是否也应实行非犯罪化开展过理论研究，在刑法修订中也体现了一些非犯罪化的思想，但总体来说，我国的刑事立法坚持的价值倾向，是以犯罪化为主，非犯罪化为补充的立法选择。我国1979年刑法仅规定了151个罪名，1997年修订后的刑法增加至430个罪名。1997年至今的10个刑法修正案又增加了30余个罪名，截至目前，我国刑法共有469个罪名。除了增加罪名以外，我国刑法还通过对已有罪名的构成要件进行修改的方式，使入罪行为的范围扩大。非犯罪化在人权保障、节约司法资源、促进刑法科学和刑事法治发展方面的价值不容我们忽视，其所蕴含的人权、民主的价值观念与我国构建和谐社会的战略意图相契合，因此，近年来我国一些学者提出了非犯罪化的主张。

第五章

犯罪行为

第一节　犯罪行为概述

一、犯罪行为的概念

对于什么是犯罪，在刑法学中和在犯罪学中的含义是不相同的。同样，关于犯罪行为，在刑法学中和犯罪学中的定义也不尽相同。

在刑法学中，犯罪行为是指被刑法所禁止的一切行为，这种行为是要受到刑罚惩罚的。

在犯罪学中，犯罪行为是指行为人实施了具有严重的社会危害性，应受刑罚处罚或必须进行社会监控、矫治的行为。

可以看出，刑法学研究犯罪行为的宗旨是从治罪出发，犯罪学研究犯罪行为的宗旨是从防罪出发。

（一）犯罪行为是犯罪现象的一个有机组成部分

犯罪行为是犯罪现象的核心。只有全面研究、分析犯罪行为，查明犯罪原因，才能有效防控犯罪。

（二）犯罪行为是具有严重社会危害性，应受处罚的行为

具有严重社会危害性是犯罪行为最本质的特征。如果一个行为没有任何社会危害性，或者虽然具有一定的社会危害性，但没有达到比较严重的程度，都不是犯罪行为。这一点，刑法学和犯罪学基本是一致的。但是犯罪学中的犯罪行为外延要宽泛得多，不仅包括刑法所规定的几乎全部犯罪行为，还包括其他具有严重社会危害性的行为。“应受处罚”不限于“刑罚处罚”，也包括非刑罚处罚措施。

（三）犯罪行为是一种客观的外在活动

犯罪行为，是指犯罪人实施的违法犯罪的行动、动作和举动，是一种客观外在活动。犯罪是一种行为而不是一种思想。因此，判断一个人的行为是否犯罪，要看这人是否实施了严重危害社会的行为，而不是其是否有犯罪的思想。

（四）犯罪行为是行为人的有意识的行为

某种行为虽然造成了一定的危害后果，但不是行为人有意识的行为，也就不是犯罪学所研究的犯罪行为。例如，银行值班人员被犯罪人捆绑，致使银行现金被抢走。

二、犯罪行为的构成要素

犯罪作为一种社会现象，无论表现为何种形式，都是犯罪人在一定的时间、一定的空间、采用一定的方法或手段实施的，离开了这些基本的因素，犯罪行为就不可能存在，因此，犯罪行为的构成要素，是指构成犯罪行为所必须具备的基本因素和条件。它由五个要素组成：

（一）犯罪时间

犯罪时间，是指构成犯罪的时间要件。时间因素的犯罪学意义主要表现为昼夜周期、自然周期、社会周期、季节周期4种时间段落与犯罪原因、犯罪预防的关系。任何犯罪行为都是在一定的时间中发生的，不同的时间对犯罪人有着积极或消极的意义，对犯罪人的犯罪决策和犯罪行为产生不同性质的作用。如季节、月份不同，犯罪发案率往往也不同。例如，强奸发案数最高的是6月、7月，最少的为11月，12月和1月渐增，2月无明显变化，从3月至5月又渐趋上升，发展到6月、7月达到高峰期等。犯罪的时间在某些情况下是定罪的根据。这里的某些情况，是指刑法规定的行为只有发生在一定的时间才能构成犯罪的场合。例如，我国《刑法》第434条规定，“战时自伤身体，逃避军事义务的，处三年以下有期徒刑”。因此，对于战时自伤罪来说，战时这一特定时间就成为该罪的构成要件。

（二）犯罪空间

犯罪空间即犯罪的特定的处所和范围。任何犯罪行为都是在一定的犯罪空间中发生的，否则，犯罪行为就无所依附，无法实施。

（三）人

其包括犯罪人和被害人。犯罪人的“人”的概念，如同“犯罪”的概念一样，有犯罪学和刑法学上的犯罪人两种。

在犯罪学中，犯罪人是指实施了危害社会的行为，危害程度达到了刑事法律规定的事实标准的一切人。犯罪人是外显的严重违反社会行为的实施者（严重破坏社会法律秩序，伦理秩序及政治秩序等的行为），是“犯罪人”这一特定身份的外在标志。

犯罪学中犯罪人是一个广义的概念，它包括具备和不具备刑事责任年龄、刑事责任能力的人，行为性质包括犯罪、违法以及危害社会的不良行为，处罚内容包括受到刑罚处罚，劳动教养以及其他的监控、矫治措施。

而在刑法学中犯罪人则称罪犯，是指根据刑法的规定，被依法认定为有罪的人。应严格区别这两种概念。

犯罪被害人是指其人身权利和财产权利受到犯罪行为侵害的人。它包括四层含义：

第一，被害人被害的原因是由犯罪行为造成的，而这种犯罪行为不仅限于刑事犯罪。

第二，被害人是犯罪行为的直接或间接侵害对象。

第三，被害人合法权益表现为物质和精神两个方面。犯罪行为对被害人造成的损害可能是有形的物质损失，以及由此造成的经济损失；也可能是无形的心理创伤、痛苦、恐惧等精神损害。人们往往只注意到有形的物质损失，而忽略精神损害。

第四，被害人包括自然人、法人、国家。衡量被害人的标准有两个：看是否遭受了犯罪行为的直接侵害；看侵害结果是否客观存在。

只要具备这两个条件，便具备被害人主体资格。因此，被害人只能是自然人、法人、国家。

（四）犯罪工具

犯罪工具是指供犯罪分子实施犯罪行为所使用的物品或器具。在司法实践中，我们常见的犯罪工具有盗窃犯用的钳子、起子，杀人犯用的刀子、匕首，抢劫犯用的木棍、铁棒等。

（五）行为方式

行为方式是指实施犯罪行为的手段和形式。如个人方式与团体方式、暴力方式与非暴力方式、秘密方式与公开方式等。

三、犯罪行为的特征

（一）严重危害性

社会危害性是犯罪行为的本质属性。犯罪的这种危害性主要表现在：危害安全和社会制度、危害国家经济利益、侵犯公民合法权利、破坏社会管理秩序等。判断一个人的行为是否犯罪，首先看他的行为是否具有严重的社会危害性。犯罪与一般违法及不道德行为都有社会危害性，区别它们的关键就在于危害程度。所以，社会危害性的轻重和大小是划分犯罪与一般违法行为的界限和基础。

在我国，犯罪的社会危害性，是指犯罪行为危害我国刑法所保护的社会关系以及体现这些社会关系的国家和人民利益的特征。具有一定严重程度的社会危害性是犯罪的本质特征，它揭示了国家将某种行为规定为犯罪的原因，阐明了犯罪与社会的关系，揭示了犯罪的社会政治本质。犯罪的社会危害性不是抽象的，而是具体的。我国《刑法》第13条对犯罪的社会危害性进行了具体的规定。犯罪的社会危害性具有多种表现形式：有的表现为实际的危害结果；有的表现为发生严重危害结果的现实危险；有的表现为物质性的危害结果；有的表现为精神性的危害。犯罪的社会危害性不是一个纯粹的事实概念，而是行为的客观危害和行为人的主观恶性的统一。影响犯罪的社会危害性及其程度的因素很多，有行为侵犯的客体，行为的手段、方法及时间、地点，行为造成的危害结果，行为人的个人情况以及行为人的个人心理状态等。

（二）社会性

每个时代的犯罪行为无不打上时代的烙印。在不同的历史时期，社会关系总是会发生变动，行为的社会危害性也会随之发生变化。这种变化表现为两种形式：一是社会危害性有无的变化，某种行为会因社会生活的变化由没有社会危害性变为具有社会危害性，某种行为因为社会生活的变化由具有社会危害性变为没有社会危害性。二是社会危害性大小变化，某种行为会因社会生活的变化由社会危害性较小变为较大，某种行为会因社会生活的变化由社会危害性较大变为较小。因此，要从历史变化的观点出发考察行为的社会危害性。

（三）生物性

生物因素包括生理因素和病理因素。生理因素是指人类正常的生理机能活动；病理因素是指人类异常的生命机能活动。犯罪的生理因素，主要揭示人类生理现象所决定的本能行为对犯罪的影响。生物因素不是犯罪行为产生的决定性因素，但它对犯罪行为的产生还是起着潜移默化的作用的。不可否认，无论是社会的犯罪还是个人的犯罪行为，都是诸多因素综合作用的产物，其中，生物因素只有最终与社会因素结合才能发挥作用，① 如盗窃、性犯罪等。

（四）传染性

传染性是指犯罪在社会中的暗示作用、学习和模仿。例如，高度的传染性是新型恐吓犯罪的突出特点，这种传染性会造成恐吓犯罪的连锁效应。已有恐吓事件所具有的共同之处，正体现出当前炸弹恐吓犯罪的一个突出特点，即犯罪行为的高度传染性。这种传染性不仅体现在犯罪行为数量的不断增加，也体现在犯罪

---

① 蔡文辉：《社会变迁》，台北，三民书局1995年版，第23～24页。

行为之间的互相模仿，高度的传染性带来了恐吓案件之间高度的相似性和一致性。据中国警察网电子版《人民公安报》第五版报道：2004 年 9 月 12 日，北京市通州区公安分局接到举报电话，称易初莲花超市内有炸弹。接警后，通州区公安分局立即组织大量警力前往易初莲花超市疏散群众并采取紧急措施进行现场处置。经过两个小时的全面排查，警方认定举报电话为虚假恐怖信息；11 月 26 日，北京市西单中友百货接到恐吓电话，称商场内被放置炸弹。公安机关出动大批警力赶到现场进行排查，消防部门也出动了 20 多辆消防车严阵以待；12 月 2 日上午，北京市大中电器大山子店同样接到了炸弹恐吓电话。据媒体报道，近几个月来，北京市共发生了 20 余起炸弹恐吓事件，同时在全国其他一些大城市，也都有类似事件发生。接连发生的炸弹恐吓事件，严重影响了社会正常秩序和人们的工作、生活秩序。这种新型的犯罪形态也引起了公安机关、新闻媒体以及有关专家、学者的高度关注。①

（五）当罚性

犯罪行为总会给国家、社会造成危害，因此，犯罪行为的主体一定会受到法律的处罚。犯罪行为的这种处罚包括刑罚处罚、行政处罚、社会监控、人格矫治等。如我国《刑法》第 17 条中规定，已满十六周岁的人犯罪，应当负刑事责任。已满十四周岁不满十六周岁的人，犯故意杀人、故意伤害致人重伤或者死亡、强奸、抢劫、贩卖毒品、放火、爆炸、投放危险物质罪的，应当负刑事责任。已满十二周岁不满十四周岁的人，犯故意杀人、故意伤害罪，致人死亡或者以特别残忍手段致人重伤造成严重残疾，情节恶劣，经最高人民检察院核准追诉的，应当负刑事责任。对依照前三款规定追究刑事责任的不满十八周岁的人，应当从轻或者减轻处罚。《刑法修正案（八）》规定，对判处管制的犯罪分子，依法实行社区矫正。

第二节　犯罪行为的分类

所谓犯罪行为的分类，是指根据一定的目的和原则，按照一定的标准，对犯罪行为进行抽象、概括的类型划分。

① 载中国警察网电子版《人民公安报》：http：//www. cpd. com. cn/gb/newspaper，最后访问日期：2014 年 9 月 12 日。

一、按照社会危害性大小进行分类

行为具有一定的社会危害性是犯罪的基本特征。犯罪的社会危害性，是指犯罪对国家和人民利益所造成的危害。犯罪的本质特征在于它危害了国家和人民的利益，危害了社会主义社会。如果某种行为根本不可能对社会造成危害，就没有必要把它规定为犯罪，也不会对它进行惩罚。某种行为虽然具有一定的社会危害性，但是情节显著轻微、危害不大的，也不认为是犯罪。由此可见，没有社会危害性，就没有犯罪；社会危害性没有达到相当的程度，也不构成犯罪。因此，犯罪的社会危害性是质和量的统一。

从当今世界来看，按照社会危害性大小对犯罪行为进行分类是世界各国较为普遍的做法，如法国犯罪学理论将犯罪划分为重大犯罪和轻微犯罪。

在我国，有学者按社会危害性程度将犯罪分为危害国家安全罪、普通刑事犯罪、轻微的违法犯罪。

二、按照犯罪侵犯的客体不同进行分类

犯罪客体是犯罪构成的必要要件。没有一个犯罪是没有犯罪客体的。犯罪之所以具有社会危害性，首先是由其所侵犯的犯罪客体决定的。一个行为不侵犯任何客体，不侵犯任何社会关系，就意味着不具有社会危害性，也就不能构成犯罪。

从世界范围来看，按照犯罪侵犯的客体对犯罪行为进行分类的是意大利著名学者、刑法学家、近代资产阶级刑法学鼻祖贝卡利亚。贝卡利亚于 1763 年 3 月到 1764 年 1 月写出了《论犯罪与刑罚》，在《论犯罪与刑罚》一书中，贝卡利亚明确表述：社会危害性是衡量犯罪的真正标准。①

此后，西方学者按照贝卡利亚的思路，将犯罪分为：侵犯国家法益的犯罪、侵犯社会法益的犯罪、侵犯个人法益的犯罪。

所谓侵犯国家法益的犯罪，是指有关国家存亡的犯罪以及有关国家权力及职能的犯罪。

所谓侵害社会法益的犯罪，是指侵犯公共秩序、社会风气、公共信用等方面的犯罪。

所谓侵犯个人法定权益的犯罪，是指杀人、伤害等对个人生命、身体、名誉、个人财产等造成侵害的犯罪。

1997 年 3 月 14 日修订、1997 年 10 月 1 日起施行的我国现行刑法，将各种各样具体的犯罪行为分为十大类，而每一类犯罪又包括若干个具体的罪名：危害国

① ［意］贝卡利亚：《论犯罪与刑罚》，黄风译，中国大百科全书出版社 1993 年版，第 84 页。

家安全罪，危害公共安全罪，破坏社会主义市场经济秩序罪，侵犯公民人身权利、民主权利罪，侵犯财产罪，妨害社会管理秩序罪，危害国防利益罪，贪污贿赂罪，渎职罪，军人违反职责罪。

三、按照行为的性质进行分类

依据有无违反社会性（反道德性），将犯罪分为自然犯罪、法定犯罪。

所谓自然犯罪，就是指违反一般人所共有的怜悯与正直的道德情绪的行为。这种行为，由于从根本上说是违反了人的本性，所以无论在任何社会、任何政治制度之下，自然犯罪都被认为是犯罪行为，如杀人、盗窃等。

所谓法定犯罪，就是指行为本身并不一定具有反社会性和反道德性，只是因为法律上规定这种行为应受到一定的处罚，因而成为犯罪。这种行为往往由于国家形势与法律的变化而被规定为犯罪。因此，这类犯罪通常没有固定的标准，这类犯罪主要根据国家需要而规定，可根据国家法律的变化而变化，比如一些政治性的犯罪。

四、按照行为的表现方式进行分类

按照犯罪行为的表现方式，可将犯罪行为分为以作为方式实施的犯罪行为和以不作为方式实施的犯罪行为。

（一）作为犯罪

作为是一种积极的行为，是指积极实施刑法所禁止的危害社会的行为。作为虽然是行为人一定的身体动作，但行为人在实施作为犯罪的时候，并不限于利用本人的肢体以实现一定的犯罪意图，而且还包括利用各种犯罪工具及其他手段，将本人的犯意付诸实施，如抢劫财物、投毒、杀人、强奸妇女等。

（二）不作为犯罪

不作为是一种消极的行为，是指行为人负有实施某种积极行为的特定的法律义务，并且能够实行而不实行的行为。简单概括不作为犯罪，用六个字简述就是“应为、能为、不为”。就其法律特征而言则具有隐蔽性、消极性、间接性和违法性等，即行为人应当履行某种特定义务而不去履行。特定义务一般有三个来源：

1. 法律明确规定行为人有义务做某事

法律明文规定的作为义务，是不作为之作为义务的主要来源，这也是罪刑法定原则的必然要求。在纯正不作为中，作为义务都是由法律明文规定的。这里的法律规定，是指由其他法律规定而经刑法予以认可，如果只有其他法律规定而未经刑法认可，则不能成为不作为之作为义务。例如，《民法典》第1059条规定，夫妻有相互扶养的义务；《刑法》第193条规定，对于年老、年幼、患病或者其他没有独立生活能力的人，负有抚养义务而拒绝抚养，情节恶劣的，构成遗弃罪。

2. 职务上或业务上要求的义务

职务或业务要求的作为义务，是指一定的主体由于担任某项职务或者从事某种业务而依法要求履行的一定作为义务。在不纯正不作为中，作为义务通常是职务或者业务要求的义务。它们一般都被规定在有关的规章制度中，这些规章制度具有法律上的效力，因此可以成为不作为的义务来源。如作为幼儿教师，因其职务上的要求负有保护幼儿安全的作为义务；值班医生有抢救危重病人的职责；仓库保管员有保管库中财务的义务；值勤消防队员有灭火的义务等。

3. 自己先前的行为引起的某种义务

基于先行行为的作为义务，是指由于行为人的某种行为而使刑法所保护的合法权益处于危险状态的行为人负有排除危险或防止危害结果发生的特定积极义务。例如，成年人带小孩去游泳，负有保护小孩安全的义务；交通肇事而使被害人有生命危险的，行为人有立即将受伤者送往医院救治的义务。

五、按照犯罪人实施犯罪的主观罪过心理进行分类

故意犯罪行为，是指已经预见到了自己的行为会造成危害社会的严重后果，仍然希望或者放任这样的行为的发生和结果的产生。

过失犯罪行为，是指行为实施时，行为人应当预见自己的行为可能发生危害社会的结果，因为疏忽大意而没有预见，或者已经预见而轻信能够避免。

无罪过犯罪行为，是指行为实施时，行为人既无故意也无过失。在英美法律中，对一些无罪过犯罪行为还要追究刑事责任。19 世纪的英国法律规定，如卖酒给未成年人，不管行为人是否知道买酒人的年龄，都构成犯罪。

六、按照犯罪的公开程度进行分类

西方国家的一些学者，主张按照犯罪的公开程度把犯罪分为司法犯罪、公开犯罪、实际犯罪。

司法犯罪，是指已经由法院作出判决的犯罪；公开犯罪，是指已经为警察和司法机关所了解和掌握的犯罪；实际犯罪，是指实际发生或客观存在的全部犯罪。

公开犯罪与实际犯罪数量之间存在的差数即犯罪暗数。

七、按照行为形成的方式进行分类

蓄谋性犯罪行为，是指行为人有预谋实施的犯罪行为，如蓄谋杀人。

突发性犯罪行为，是指由于某种情境的出现而突然发生的犯罪行为，如激情犯罪（是在绝望、暴怒等剧烈情绪状态下实施的犯罪行为。它缺乏明显的犯罪

预谋，是在强烈的情绪冲动支配下迅速暴发的犯罪行为，犯罪人缺乏自制力，不能正确地评价自己的行为的意义及其法律后果）。

连带性犯罪行为，是指为了实现既定目的而实施的行为所引发的与行为目的无关的犯罪行为。例如，犯罪人意图窃取财物，盗窃了一个军人的背包，结果发现背包里不仅有财物，而且还有手枪和子弹，于是把手枪和子弹藏于家中，这种私藏枪支弹药的犯罪行为就是连带犯罪行为。

第三节　犯罪行为的形成

犯罪行为的运行过程：任何犯罪行为都有一个形成和发展的过程。在犯罪行为运行过程中，存在多种影响因素，使犯罪行为或停止下来，或继续完成。刑法学中研究犯罪行为运行过程，是要根据犯罪的停止形态确定刑事责任，而犯罪学研究犯罪行为运行的过程，则是把握犯罪行为运行过程中的规律和特点，利用犯罪行为发展过程的特点，抑制犯罪行为的运行，以有效减少犯罪和预防犯罪。一般来说，犯罪行为的形成过程有犯罪决意的形成、犯罪行为准备、犯罪行为的实行3个阶段。

一、犯罪行为的形成过程

（一）犯罪决意

犯罪决意，是指实施犯罪行为的决心和意向。

犯罪决意一般经历了犯罪意图的萌生，经过了对有利于犯罪和不利于犯罪的诸因素，以及犯罪行为将产生的利与弊反复权衡之后而形成的。机会犯罪决意和激情犯罪决意更系临时和突发生成，决意形成的心理过程一般较少反复周折或无明显的阶段性界限，但其形成的心理过程同预谋犯罪决意一样，都将大致经历以下三个阶段：犯意的出现、动机的选择、经验和客观条件的影响。

犯罪决意有三种类型：预谋犯罪决意、机会犯罪决意和激情犯罪决意。

预谋犯罪决意，即经深思熟虑而形成的犯罪决意，如马加爵杀人案。

机会犯罪决意，即恰逢某种时机当即形成的犯罪决意。例如，甲将汽车停在自家楼下，忘记拔车钥匙，匆匆上楼取文件，被恰好路过的乙发现。乙发动汽车刚要挂挡开动时，甲正好下楼，将乙抓获。

激情犯罪决意，即受突如其来、强烈的情绪刺激而形成的犯罪决意，如临时性的冲动犯罪。

（二）犯罪准备

犯罪准备，是指为犯罪行为的实施准备条件。一般来说，犯罪准备包括：

1. 准备犯罪工具

准备犯罪工具，包括制造、改造、找寻、购买等多种方式，其目的是为犯罪准备最合手、适用的工具。如为杀人而购买刀具，或自制利刃、火器等，为盗窃准备撬压工具、攀登工具等，为投毒购买毒药等均属为犯罪准备工具。

2. 学习犯罪技术

犯罪技术包括行为人实施犯罪行为时使用的各种方法、措施和手段。如青少年模仿性强，犯罪学得很快。在看守所、监狱的“交叉感染”，使其学会了更多的犯罪“技术”，由以前的“一面手”变成“多面手”，并且胆子更大，反侦查性能力更强。这恐怕是重大、恶性案件在青少年中不断发生，并且青少年犯罪率居高不下的一个重要原因。

3. 收集犯罪情报

所谓“犯罪情报”，按照美国联邦政府资助的地区信息共享系统的界定，是指通过收集相关的信息并据以进行理性决策，从而了解过去已经发生、目前正在发生或者将来可能发生的犯罪行为的知识。① 通俗地讲，犯罪情报是指与实施犯罪有关的各种信息，如为了盗窃到某商场“踩点”。

4. 制订犯罪计划

犯罪计划是犯罪人在犯罪决意的支配下，对实施犯罪行为具体步骤的策划、安排和思考。

（三）犯罪实施

犯罪实施，是指犯罪人的行为已直接指向犯罪所要侵害的目标。

犯罪行为的具体实施方式主要与犯罪行为的性质、客观环境、犯罪人的主观因素等。一般地说，犯罪实施的方式有：秘密方式、公开方式、欺骗方式、暴力方式等。

二、犯罪行为的形成机制

（一）犯罪行为形成机制的基本含义

个体犯罪行为的产生中，往往包含着复杂的心理和其他方面的内容，这些内容被统称为“犯罪发生机制”“犯罪发生机理”等。

① 刘静坤：《美国警方如何收集犯罪情报》，载中国警察网电子版《人民公安》2010 年第 12 期：http：//www. cpd. com. cn/gb/newspaper/2010 - 07/08/content _ 1368834. htm，最后访问日期：2014 年 9 月 12 日。

狭义的犯罪行为形成机制，是指犯罪行为产生的过程与模式。根据这个理解，犯罪行为机制可解释“犯罪行为怎样产生”的问题。

广义的犯罪行为形成机制，是指犯罪行为产生的动力、过程与模式的总称。

根据对犯罪行为机制的广义理解，犯罪行为机制主要涉及下列三个方面的问题：

1. 犯罪行为产生的动力机制

犯罪行为产生的动力机制，是指犯罪行为产生的动力源泉。犯罪行为产生的动力机制，主要是指犯罪人的需要和犯罪动机，此外，也包括犯罪人的兴趣等心理成分。犯罪行为的动力机制回答“为什么会产生犯罪行为”的问题。

犯罪动机是推动个人进行犯罪行为的内部动力，是推动个人进行犯罪行为的最直接的心理推动力，是促使个人处于进行犯罪行为的积极状态的内部原因。

犯罪动机的主要特点是：反社会性、直接性、低级性、意识性、复杂性。

犯罪行为就是由犯罪人的需要、犯罪动机等内在动力直接引起的。

2. 犯罪行为产生的纵向过程

对于典型的犯罪行为来说，可以比较明显地分辨出犯罪行为产生的不同阶段，这些不同阶段就构成犯罪行为产生的纵向过程。

3. 犯罪行为产生的横向模式

如果对一个个具体的犯罪行为的产生过程分析，就可以发现很多犯罪行为并不是按照同样的典型模式产生的，而有可能是按照多种不同的模式产生的。

（二）犯罪行为产生中的互动机制

在犯罪行为的产生过程中，充满了犯罪人与周围环境的各种形式的信息交流和反馈。这些信息交流与反馈影响着个人的心理活动，促使犯罪人不断调节自己的心理活动的内容，从而对犯罪行为的产生和实施发挥影响作用。

犯罪行为产生的内在动力、纵向过程、横向模式以及互动机制，就构成犯罪行为机制的完整内容。

延伸阅读

犯罪行为的经济学解释

［德］佩特拉·维特希 著　樊文 译

1992年12月10日，芝加哥大学的经济学教授Gary S. Becker荣膺诺贝尔经济学奖。诺贝尔奖评审委员会给出的其作出这个选择的根据是，Becker的贡献在于把新古典经济理论的原则应用到了人类行为和人类合作的广泛领域，并重点介绍所谓的行为经济学观点的内容以及对于犯罪学的意义。

根据 Becker 的观点，犯罪行为被描述和解释为一个理性的并因而是“经济的”决定的外在表现。

解释犯罪行为的经济学观点不是别的，而是理性选择观点在人类行为的部分领域的应用，因为对于行为经济学家来说，犯罪也是一种经济活动。由此给出的经济学犯罪理论的讨论标题如下：第一，个人主义的观察方式（“方法论上的个人主义”）；第二，应用统一的观点解释服从行为和犯罪行为；第三，解释作为经济选择行为的犯罪。

因此，经济人模型同样适用于守法行为和犯罪行为：犯罪行为被理解为一个（理性）决定的外在表现，这个决定是在稀缺性条件下利己而为的犯罪行为人作出的。

在这样的基础上，Becker 是第一个对于犯罪行为的经济学解释作出彻底贡献的表述者。他把犯罪人的选择决定过程分为三个阶段：

信息阶段：借助于包括行为选项、可能的环境情景和视环境情景而赋予行为可能性以结果在内的选择决定领域。在信息阶段，犯罪行为人首先形成一个现实的选择决定情景，主要从以下三个角度进行分析：

——行为选项是所有考虑到的合法和非法行为。

——环境情景包括决定人在犯罪情况下不能影响的因素，如被判有罪或者判处无罪的可能性。这些可能性是主观上能够感受到的可能性。

——视环境情景，赋予选项特定的结果（如从犯罪行为所获得的积极或者消极收入）。只是在判决有罪的情况下，刑罚才是这种犯罪行为的（消极/负面）收入，这种收入对于罚金刑是直接的，对于监禁刑通过其金钱的等价物（尤其是丧失的收入额）可以得到测量。除此之外，每一犯罪行为都与其他消极的或者积极的、心理的（如对于暴力的兴趣）或者金钱的收入（如赃物的价值）联系在一起。

评估阶段：犯罪行为人获得了决定领域的信息之后，就要对行为选项所赋予的结果（如从抢劫银行所得到的收入）进行评估。

选择决定问题的解决阶段：最后，犯罪行为人——可能，他自己没有意识到——根据收益最大化原则在行为的多种可能性中选择了最高风险收益的行为项。因此，“如果一个人对其犯罪行为期待的收益大于他把自己的时间和资源投入其他的活动所可能实现的收益”，那么，他就总会并只会实施犯罪行为。

（来源：中国法学网：http：//www. iolaw. org. cn/showarticle. asp？ id =2011）

第六章

犯　罪　人

任何社会的发展都会有社会矛盾、人际矛盾，总会产生各种社会问题和行为问题，有问题有矛盾就会出现冲突，那么出现犯罪就是必然的了。要预防和治理犯罪，就必须研究犯罪行为的主体——犯罪人。其实犯罪学的起源就是始于对犯罪人的研究，是从研究犯罪人的产生发展起来的。“犯罪人”在犯罪学中始终占据主要地位。“犯罪人”是犯罪学理论中的核心概念之一，关于犯罪人的动机、特征及对其本质属性的认识，始终是犯罪学领域中的核心内容。

第一节　犯罪人概述

一、犯罪人的概念

各国学者从不同角度对犯罪人进行了广泛而深入的研究，对“究竟什么是犯罪人”各自的观点也不一样。

在意大利、美国、英国等国家，犯罪学学者们通常认为，犯罪人是犯罪行为的实施者，是构成犯罪行为的诸要素中极其重要而且相当复杂的一个。俄罗斯学者认为，犯罪人是指犯有法律所禁止的、应当负刑事责任的危害社会行为的人，应当理解为同外部条件和情况结合在一起、影响其犯罪行为的社会属性的总和。

法国犯罪学界有两种观点：一种是将犯罪学中的犯罪人等同于刑法中的犯罪人，认为犯罪人是实施了刑法所规定的、具有社会危害性的因而应受刑罚惩罚的行为人；另一种是所谓的现代犯罪人观点，认为犯罪人是具有反社会精神状态的或犯罪精神状态的病人，而犯罪仅仅是这种反社会精神状态或犯罪精神状态的一种外在表现。

以上意见归纳起来，大致有以下四种：

一是法律意义或刑事法律意义上的犯罪人概念。如美国一些学者认为，“犯罪人是违反刑法应受刑罚惩罚之人”，“犯罪人是被逮捕并被起诉判刑的人”，“是被刑事法庭宣判为罪犯的人”。法国学者认为，“犯罪人是实施了刑法所规定的犯罪行为的人”。其特点是：犯罪人的概念与各国刑法的规定相一致，因而范围明确，分类容易，便于统计和分析一国的犯罪情况。

二是社会学意义上的犯罪人概念。美国学者认为：犯罪人是“违反行为规范，危害社会的人”。其特点是：这一概念的范围广泛，它将具有一般违反社会规范的具有越轨行为的人，都包括在自己的研究范围之内，因而便于全面研究犯罪的原因，缺点是容易混淆罪与非罪的界限。

三是法律意义与社会学意义相结合的犯罪人概念。如将犯罪人定义为：“实施了危害社会的违法犯罪行为，应被采取矫治措施的人”。其特点是既包括刑法上的犯罪人，又不受刑法规定的局限，以研究触犯刑法规定的人为主，同时研究具有一般违法或越轨行为的人。这就便于系统地全面分析犯罪的原因、发展规律及其防治对策。

四是贴标签理论。认为犯罪人就是被成功地贴上了犯罪标签的人。

我们认为，在犯罪学中，犯罪人是指实施了违法犯罪行为以及其他严重社会的越轨行为，应受法律和道德责罚的自然人。犯罪人的生物学特征、心理学特征以及社会学特征的总和，构成了作为犯罪现象的内容之一的犯罪人的经验性特征。

犯罪人的上述定义包括以下含义：

1. 犯罪人是严重反社会行为的实施者

反社会行为是指那些违背社会公认的行为规范，做出对他人和社会造成损害乃至严重破坏的行为。反社会行为往往与违法犯罪行为有非常密切的关系。犯罪人就是实施了反社会行为的人，而且其反社会行为主要包括有严重破坏社会法律秩序、伦理道德秩序以及违反社会管理秩序的行为，这是犯罪人的“外在标志”。如果没有这一“外在标志”，即使某个人在内心充满了反社会情绪，也仍然不能被称为“犯罪人”。①

2. 犯罪学意义上的犯罪人既是具体的又是抽象的

说它是具体的，意即犯罪人是具有一系列生理学、心理学和社会学诸特征，

① 许章润主编：《犯罪学》，法律出版社2007年版，第108页。

可以进行经验描述的犯罪行为的实施者。说它是抽象的，意即对犯罪人可以进行一般抽象和概念性把握，这种一般概念性把握属于犯罪学研究者的犯罪观和人性观的一部分，它在经验研究的基础上发生和提炼出来，反过来又对于犯罪人的经验研究具有指导意义。

3. 以犯罪的自然人为基本标本

犯罪人包括自然犯罪人和犯罪法人两大类型，但在犯罪学中的犯罪人研究始终是以犯罪自然人为基本标本的，这主要是因为法人犯罪行为最终也是由自然人策划和实施的，关于犯罪自然人的结论同样也是适用于犯罪法人。当然，对于犯罪法人区别于犯罪自然人的独有特征，犯罪学也予以适当的注意和揭示。①

犯罪学中的犯罪人不仅包括触犯刑律应受刑罚处罚的犯罪人，而且包括一定范围内实施违法行为和违背社会道德应受法律和道德责罚的人，还可以是不具备责任能力实施了违法犯罪行为或者越轨行为的未成年人、变态人格者以及精神病人等。②

二、研究犯罪人的意义

（一）研究犯罪人有助于揭示个体产生犯罪行为的原因

犯罪学作为一门独立的学科就是从研究犯罪人开始的，其最初的研究在于通过犯罪人来探究犯罪的原因。1876 年，被称为“犯罪学之父”的意大利著名学者龙勃罗梭出版了《犯罪人论》一书，提出了天生犯罪人理论，虽然他的观点受到诸多批判，但是其用自然科学的方法研究犯罪原因是具有划时代意义的。犯罪学首先应当研究犯罪人，通过对犯罪人的特征研究对发现和分析犯罪形成原因具有非常重要的意义。

（二）研究犯罪人有利于对犯罪人群作出全面、深入的了解

犯罪人是犯罪行为的实施者，是构成犯罪现象各种要素中最为活跃、最为复杂的一个，如果不能对犯罪人进行研究，就不可能了解和掌握犯罪现象的全部特征，也就无法揭示犯罪形成的基本规律，更无法对形成犯罪的各种现象展开深入的探究，则对犯罪人的犯罪原因无从掌握，更谈不上对犯罪中犯罪人的本质属性做进一步研究，也就无法为我们分析和解决犯罪这一社会现象提供理论上的依据。

（三）研究犯罪人有助于预测、预防和改造罪犯

犯罪是社会发展中的一种反社会现象，而要解决和根治这一社会现象，就必

① 魏平雄、赵宝成、王顺安主编：《犯罪学教程》，中国政法大学出版社 1998 年版，第 170 ~ 171 页。

② 魏平雄、赵宝成、王顺安主编：《犯罪学教程》，中国政法大学出版社 1998 年版，第 171 页。

须对犯罪行为的实施者——犯罪人进行必要的系统的研究，从中发现和分析出犯罪人犯罪的基本规律和形成犯罪的原因，为我们有针对性地开展预测、预防犯罪以及改造罪犯提供科学的依据。

第二节　犯罪人的本质属性

一、犯罪人的一般属性

（一）犯罪人的一般属性，即人的生物属性和社会属性

所谓人的自然属性也就是人的生物属性，即指人在生物学和生理学方面的特点，即人的生理构造和自然本能。人是从高等动物类人猿进化而来的，具有与某些高等动物相类似的身体结构和生理机能，也具有与它们相类似的生物属性和自然需要，服从于生物规律。所谓人的社会属性，是指人作为人类社会的成员所具有的各种属性。人的生物属性和社会属性既相互区别，又相互联系和相互制约，其中，人的社会属性居于主导地位，起着统帅的作用，而人的生物属性则居于被支配的地位。

（二）犯罪人是社会属性与生物属性的辩证统一，社会属性与文化属性是包括犯罪人在内的一切人的本质属性

人是物质的，是一种客观存在，在这一点上人具有所有物质形态的共同属性。马克思说："人是社会关系的总和。"人生活在社会中，就必然生活在一定的社会关系中，这些复杂的社会关系形成了人的社会属性。人区别于动物的行为特征，如丰富的情感、心理和其他精神活动，人的学习记忆能力、劳动能力和创造能力、自我意识、高度的思维和想象能力等，必须通过人与人的各种（包括自然环境在内的）社会环境的相互作用，才能产生发展出来。人的生物属性与社会属性的关系并非对立。一方面，生物属性接受社会属性的制约；另一方面，生物属性又对社会属性起物质支撑和保障作用。换句话说，生物属性一旦丧失，社会属性也将失去存在的基础。人的生物属性与人的社会属性的协调与统一，是人的身心和谐均衡全面地发展、人与人协调统一地发展、人类全力致力于人同自然界的和谐共处关系的基本前提。①

文化是人与环境相互作用的产物，既是人适应自然、与之相互作用的结果，

① 魏平雄、赵宝成、王顺安主编：《犯罪学教程》，中国政法大学出版社1998年版，第175页。

也是人适应社会、人与人相互联系的结果。人的自然属性直接通过遗传获得，只要人的生命存在和外部条件许可，它就会定向驱动人的行为。人的文化属性则不同，人的文化属性必须通过学习才能获得。由于受文化因素的影响，人的自我表达方式、思维方式、行为方式、解决问题的方式、使用物的方式等都取决于人的文化属性。人是一种社会的动物、文化的动物，社会属性、文化属性是人区别于动物的根本特征。这也是犯罪人的特征之一。①

（三）犯罪人是一种具有理性、自我意识和自由意志的精神性存在

人不仅具有本能和直觉，而且具有理性、自我意志和自由意志；具有理性、自我意志和自由意志，是人区别于动物的根本特征。理性是人的一种思维方式，叔本华说，“一切表象中的主要区别是直观表象和抽象表象的区别，后者只构成表象的一个类，即概念。而概念在地球上只为人类所专有。这种使人异于动物的能力，达到概念的能力，自来就被称为理性”②。社会上绝大多数人、在绝大多数正常情况下，会自觉或不自觉地按理性原则行事，这就是人的理性行为。自我意识是人对自己身心状态及对自己同客观世界的关系的意识，是人类最深刻的特质，因为它是根植于生物人的利己性上的。自我意识能使人不断地自我监督、自我修养、自我完善。自我意识影响着人的道德判断和个性的形成，尤其对个性倾向性的形成更为重要。

二、犯罪人的特殊属性

犯罪人除了具有人的一般属性之外，还具有反社会性。犯罪人的反社会属性是指犯罪人的人格所呈现出的与社会价值准则相悖的、与亲社会性相反的 种恶的破坏性人格品质或倾向。

反社会性是通过犯罪人人格表现出来的，是蕴含于犯罪人的整个人格结构之中的，犯罪人的人格结构中既有反社会性也具有亲社会性的方面。犯罪人的反社会性取决于具有一定特质的各种人格因素的综合配置，并表现为这种综合配置的整体倾向，承认犯罪人具有反社会性并不等于否认犯罪人的人格结构中也包含着其亲社会倾向。实际上犯罪人的人格结构是一个反社会性与亲社会性的混合体，两种倾向往往在外界环境因素的影响下促使犯罪人做出具体行为的选择。③ 犯罪人的反社会性主要表现为以下几个方面：

---

① 魏平雄、赵宝成、王顺安主编：《犯罪学教程》，中国政法大学出版社 1998 年版，第 175 页。

② ［德］叔本华：《作为意志和表象的世界》，石冲白译，商务印书馆 1982 年版，第 30 页。

③ 魏平雄、赵宝成、王顺安主编：《犯罪学教程》，中国政法大学出版社 1998 年版，第 179～180 页。

（一）具有错误的信念体系

信念体系，是指人的世界观、人生观、价值观等系统的观念组合。犯罪人的错误信念体系主要表现为极端个人主义；对现实社会持极端的或否定的或敌视态度；接受某种与社会主流文化相对的亚文化或反文化（在性质上与主流文化极端矛盾的一种文化），其往往表现为迷茫、愤激、自行其是、荒谬荒唐、玩世与嘲讽、失落冷漠、鄙夷傲慢以及行动与破坏等方面，极易挑起事端，引起纷争。①

（二）具有歪曲的需要结构或者需要的满足经常处于挫折状态

人生挫折，本质上是人生实践与人生理想的矛盾冲突，现实的实践未能达到理想所企盼的目标，使理想未能变成现实。当人的一个动机、行为遇到挫折后，就会产生攻击和侵犯性反应，从而引起犯罪。犯罪人由于受到挫折心理上不能承受时会出现挫折攻击，即个人的欲望和动机不能满足，目的不能达到时，他会本能地向引发挫折的挫折源发起猛烈攻击，从而引发犯罪。

（三）自我意识欠缺

犯罪人自我意识欠缺主要表现为自我意识混乱和自我控制缺乏。犯罪人的自我意识欠缺，即过低的自我评价和过高的自我评价。过低的自我评价导致理想我与现实我的距离过大而导致了自我矛盾冲突，他们往往会产生否定自己、拒绝接纳自我的心理倾向。面对新的环境、挫折和重大生活事件时，常常会产生过激行为，酿成悲剧。过高的自我评价往往盲目乐观，以我为中心、自以为是，不易被周围环境和他人所接受与认可，容易引起别人的反感和不满。因此极易遭受失败和内心冲突，产生严重的情感挫伤，导致苦闷、自卑、自我放弃。有时会引发过激行为和反社会行为。

“自我控制”是社会心理学中经常用到的一个概念，它是指一个人迅速控制自己的冲动，改变自己对某件事情反应的能力。自我控制能力主要取决于人的道德观念和法制观念。如果犯罪人缺乏基本的道德观念和法制观念，则犯罪人就会出现自我控制能力的缺失或者减弱，在一定的环境刺激下就容易引发犯罪冲动，由此产生在失控状态下的犯罪行为。

（四）具有不良的性格特征

性格是人对现实的稳定态度以及与之相适应的行为习惯。犯罪人的不良性格特征表现为冷酷无情、野蛮粗暴、自卑虚荣、狂妄自大、好逸恶劳等个性特征；犯罪人的不良性格特征表现在其情绪特征方面，主要有强烈的愤怒情绪、起伏和

① 魏平雄、赵宝成、王顺安主编：《犯罪学教程》，中国政法大学出版社1998年版，第179～180页。

波动较大的不稳定情绪、严重的对立情绪和敌对情绪等；在犯罪人的理智性格特征上其不良性格表现为，思维偏激极端，是非善恶的分辨能力差，道德认识和评价的水平低等。①

（五）不良行为方式或生活方式的习惯化

犯罪人的不良行为是在不良心理支配下发生的。不良行为方式或者不良生活方式的习惯化主要由重复性行为反复巩固形成的，比如撒谎、好逸恶劳、自由涣散、占便宜等，如果一个人的上述行为多次反复实施又得不到制止，就会形成难以克制的“自动化”恶习，一旦形成恶习就会成为一种需要而不断发挥其作用。一般不良习惯本身并不构成犯罪，在某些情况下，某些具有不良习惯的人由于对自身缺乏清晰的了解，表现出一种自动化需要的犯罪行为，其主要原因是犯罪人已经缺乏对自己的调节和控制。②

第三节　犯罪人分类

一、犯罪人分类的概念及意义

（一）犯罪人分类的概念

犯罪人分类是指依据一定的目的和标准将犯罪人归属不同范畴的过程和结果。③ 也有学者将犯罪人分类概念表述为，是指按照一定标准和方法，对犯罪人进行鉴别、比较之后，根据其相似特征而进行的犯罪人归类。④

犯罪人分类的划分有多种标准。如犯罪人的年龄、性别、人格类型、婚姻状况、受教育程度、社会阶层、犯罪生涯（既往犯罪情况）等因素都可以作为犯罪人分类的标准。⑤

（二）犯罪人分类的意义

对犯罪人进行类型上的划分是一种科学认识和科学操作活动，具有一定的理论和实践意义。首先，科学的犯罪人分类反映了对犯罪人的本质以及犯罪现象的内在结构的理性认识；反过来，对于犯罪人和犯罪现象的进一步认识和研究又具

① 罗大华：《犯罪心理学》，中国政法大学出版社2007年版，第49～50页。

② 罗大华：《犯罪心理学》，中国政法大学出版社2007年版，第49～50页。

③ 孙昌军、凌辉：《犯罪人分类标准新探——以犯罪人格为视角》，载《福建高等公安专科学校学报》2005年第2期。

④ 许章润主编：《犯罪学》，法律出版社2007年版，第117～118页。

⑤ 魏平雄、赵宝成、王顺安主编：《犯罪学教程》，中国政法大学出版社1998年版，第181页。

有指引作用。其次，建立科学的犯罪人分类体系，为犯罪调查、统计和精确描述犯罪状况提供了基本指标。最后，建立科学的犯罪人分类体系，有利于开展犯罪预防和罪犯矫正工作的顺利进行。①

二、犯罪人类型

（一）犯罪人分类可以有多个标准，总体来讲关于犯罪人的分类标准主要存在客观主义与主观主义之争

客观主义的分类法是以古典犯罪学派为代表，注重以犯罪人的客观行为对犯罪人进行分类，如依照犯罪人的行为把犯罪人分为暴力型犯罪人、窃取型犯罪人、欺骗型犯罪人；按照犯罪所侵犯的法益将其分为危害国家利益的犯罪人、侵犯生命健康权的犯罪人、侵犯财产权利的犯罪人。在我国，监狱管理机关对犯罪人进行分类主要是依照司法部监狱管理局在1991年印发的《对罪犯实施分押、分管、分教工作的实施意见》来进行的，这一分类是以犯罪性质作为分类标准，将犯罪人分为财产型、性欲型、暴力型和其他四大类，带有明显的客观主义色彩。

主观主义的分类法是以康德的意志自由论和费尔巴哈的心理强制说为基础，由龙勃罗梭、加罗法洛等人加以发展。加罗法洛从心理学的角度对犯罪人进行划分，他将犯罪人分为：（1）谋杀犯；（2）暴力犯；（3）缺乏正直感的罪犯；（4）色情犯。之后的学者多从犯罪心理学、精神病学等角度对犯罪人进行分类。除此之外，有些学者在对犯罪人进行分类时，采用了客观主义与主观主义相混合的分类方法。②

（二）传统的犯罪人分类

目前，还没有任何一种有关犯罪人分类的综合性标准，较为常见的犯罪人分类有以下几种：（1）根据性别，分为男性犯罪人和女性犯罪人；（2）根据犯罪人经历，分为初犯、再犯与惯犯，或者分为职业犯罪人和业余犯罪人；（3）根据年龄，分为未成年犯罪人和成年犯罪人；（4）根据精神状态，分为正常犯罪人和精神病犯罪人；（5）根据犯罪方式，分为暴力犯罪人和智能犯罪人；（6）根据犯罪性质，分为暴力犯罪人、财产犯罪人（含经济犯罪人）和性犯罪人；（7）根据犯罪心态，分为故意犯罪人和过失犯罪人；（8）根据身份，分为白领犯罪人、蓝领犯罪人、政治犯罪人和普通犯罪人；（9）根据组织形态，分

① 许章润主编：《犯罪学》，法律出版社2007年版，第117～118页。

② 孙昌军、凌辉：《犯罪人分类标准新探——以犯罪人格为视角》，载《福建高等公安专科学校学报》2005年第2期。

为犯罪自然人和犯罪法人；（10）根据罪行轻重，分为重罪犯罪人和轻罪犯罪人；（11）根据刑法规定进行的犯罪人类型的划分。[1]

（三）以犯罪人人格为标准的新分类

由于人格的形成是人体与环境不断作用而形成各种心理特征的社会化过程。犯罪人格作为一种特定的身心组织，是犯罪人以及潜在犯罪人区别于其他人的内在本质属性，因为能够紧紧抓住事物的本质特征进行细化的分类，为此目前关于以犯罪人人格为标准的有关犯罪人的分类研究被许多学者所关注。[2] 人格主义思想是刑法主观主义与刑法客观主义并合的重要产物，其人格主义的刑法思想已经不同程度地渗透到了国内外刑事立法中，虽然我国法律没有明文规定，人格主义思想已经对我国刑事司法实践产生了影响。例如，最高人民法院在 2001 年 4 月 12 日施行的《关于审理未成年人刑事案件的若干规定》中第 12 条所确定的调查制度即是适例。[3]

以犯罪人格学观点对犯罪人可以进行以下分类：

1. 以犯罪人格所表明的人身危害性为标准，对犯罪人进行的分类。从犯罪人格在犯罪人人格体系中的强度、稳定性及其所标明的人身危险性出发，对犯罪人作出如下划分：（1）真正犯罪人，其表现为具有完全的反社会人格，且反社会人格在其人格体系中比较根深蒂固，强烈而难以改变，他们对于犯罪并没有耻辱感并为犯罪习性深深浸染，具有严重人身危害性，包括惯犯、多数的累犯，以及一些非常残暴的故意犯罪和行为人承认其深刻的反社会性的犯罪人，如实施严重危害公共安全犯罪和危及公民人身财产安全犯罪的人，聚众犯罪和有组织犯罪中的组织者和首要分子，以及职务犯罪人等。（2）亚犯罪人又称不纯正的犯罪人，他们具有的犯罪人格在程度上并不强烈，在整个人格体系中也不占主导地位，但就其实施的犯罪行为而言确实是由于其在此方面的人格障碍所导致，具有一般意义上人身危害性，刑法规范上不具有法定从重或法定从轻情节的犯罪人大多属于此类。（3）偶然犯罪人又称临时犯罪人，其犯罪人格尚不稳定或尚在形成过程中，由于受外界条件的作用而临时地表现出犯罪性，他们在犯罪过程中或犯罪后往往有所悔悟，并易于教育和矫正，具有较轻的人身危害性，包括防卫过当者、胁从犯、中止犯等。出于对犯罪人主观恶性的大小的考虑和进行改造的目的，此类犯罪人应当从轻或减轻处罚。（4）弱性人格犯罪人，这类犯罪人是基

① 许章润主编：《犯罪学》，法律出版社 2007 年版，第 118 页。

② 孙昌军、周亮：《以人格为标准的犯罪人分类方法之可行性研究》，载 http://www.2008duoduo.cn/lunwen/show-23303-1.html，最后访问日期：2020 年 1 月 1 日。

③ 黄俊平：《犯罪人分类：为矫治提供对策》，载《检察日报》2004 年第 3872 期。

于生理原因而导致人格发育不完整或者不健全，包括青少年犯罪人和病理性精神障碍犯罪人。青少年犯罪人由于社会阅历的限制，加上青少年的身心还处于一个不断发展的过程，往往表现为较弱的辨认能力和控制能力，在人格上就有一种不稳定性。① 病理性精神障碍犯罪人，存在一般精神障碍并具有一定的辨认和控制能力，但与常人有所区别。②

2. 从矫正犯罪人的目的出发，以犯罪人格在各维度上表现出来的反社会性为标准，对犯罪人进行以下分类：（1）在“神经质”这一组维度里，具有反社会性的衡量指标有情绪浮躁、郁闷、烦恼、过分奢望等，这类犯罪人是受感情支配而犯罪的，引起犯罪行为的情绪包括复仇、爱、易激怒性、嫉妒以及绝望等。他们大多有神经质障碍，需要进行更为彻底的生理和心理治疗，常见的有激情性犯罪人、人格分裂者、偏执狂、虐待狂等。（2）在“外倾性”这一组维度里，正面的衡量指标有好社交、好享乐、好刺激、夸张等，负面的有沉默、呆滞、严肃、无精打采等。实践调查发现，具有外倾人格的人在受到激惹时，更具有攻击性和敌意，更易实施犯罪。（3）在“宜人性”这一组维度里，具有反社会性的衡量指标有粗鲁、不合作、喜欢发号施令、报复、残忍、易怒等，常见的是缺乏同情心、手段残忍的暴力犯罪人，如实施严重危害公共安全犯罪和危及公民人身财产安全的暴力犯罪的人。（4）在“责任性”这一组维度里，具有反社会性的衡量指标有意志薄弱、无责任感、松懈、不检点、粗心等，常见的是意志薄弱性而缺乏自律和社会责任感的犯罪人，如大量的过失犯、初犯以及渎职犯。（5）在“开放性”这一组维度里，常见的有确信犯和高智能犯罪人。这类犯罪人确信“犯罪是他们的职责”，包括宗教狂热者、刺客、癔症者和精神分裂患者，或者具备高超的技能出于炫耀和贪利的动机而误用了聪明才智的犯罪人。③

第四节　犯罪人的实证研究

犯罪人的实证研究在于通过对犯罪人的大量观察和调查，以获取客观材料，从个别到一般，归纳出有关犯罪人的本质属性和发展规律。犯罪人的实证研究内

---

① 孙昌军、凌辉：《犯罪人分类标准新探——以犯罪人格为视角》，载《犯罪研究》2005 年第 2 期。

② 黄俊平：《犯罪人分类：为矫治提供对策》，载《检察日报》2004 年第 3872 期。

③ 孙昌军、周亮：《以人格为标准的犯罪人分类方法之可行性研究》，载 http://www.2008duoduo.cn/lunwen/show-23303-1.html，最后访问日期：2020 年 1 月 1 日。

容是比较广泛的，主要涉及犯罪人的年龄、性别、种族、社会经济地位等社会人口学特征的研究，以及关于犯罪人的犯罪生涯研究、犯罪人的个性研究和犯罪人生活方式研究等方面的内容。

一、犯罪人口研究

（一）犯罪人年龄

犯罪人所处的不同年龄阶段，由于其身心发展成熟的程度不同，社会经历各异，对犯罪率的高低和犯罪种类、方式的选择，会产生直接或间接的影响。各国犯罪统计表明，犯罪的高发年龄大多处在14岁、15岁至25岁青少年时期。①

青少年在这一时期生理上特别是性心理上迅速发育成熟，而心理的发展相对缓慢，因此具有心理冲突多、情绪不稳定、易于冲动、追求刺激、性的关心和冲动增强等特殊心理，自我意识明显增强，自我控制能力差，往往容易受外界各种不良因素的影响而导致其违法犯罪。②

成人犯罪主要指中年期或壮年期犯罪，其犯罪年龄范围大约在35岁至55岁。这一年龄段的人无论是生理、心理的成熟还是自己的人生观、价值观，以及社会阅历和法律意识都决定了其具有自觉对抗各种诱惑的能力，都能够用符合社会的道德观念来约束自己。因此这一年龄段的人的犯罪率相对来说是比较低的。但也不乏存在一定数量的成年犯罪人，成年犯罪人由于具有自身独特条件，往往利用自己的一技之长，犯罪手段狡猾，事先进行密谋策划，甚至进行犯罪演练，一旦实施犯罪，其犯罪的危害性和犯罪的成功率都是比较高的，而且其犯罪的隐蔽性也较强。③

老年期犯罪人由于其年龄较大，又脱离工作环境，与社会的接触较之以往要少许多，因此这一年龄段的犯罪率是最低的，但不排除其实施犯罪行为的可能。老年犯罪人涉及的犯罪多为非暴力犯罪，这主要是由其生理条件所决定的，比如其主要实施盗窃、投毒、奸淫幼女、防火、诱骗、教唆、伪造等比较隐蔽的犯罪。④

（二）性别与犯罪

一般来说，各国人口中男女比例大约各占一半，然而，女性犯罪的比率却明显低于男性。1950年我国的女性犯罪只占犯罪总数的2%～3%。改革开放以后，

① 罗大华：《犯罪心理学》，中国政法大学出版社2007年版，第47页。
② 莫洪宪主编：《犯罪学概论》，中国检察出版社2003年版，第253～255页。
③ 莫洪宪主编：《犯罪学概论》，中国检察出版社2003年版，第253～255页。
④ 莫洪宪主编：《犯罪学概论》，中国检察出版社2003年版，第253～255页。

女性在社会生活中的作用越来越重要，在广泛就业和女性社会地位提高的同时，女性犯罪率也开始逐步上升，犯罪种类涉及经济、杀伤、危害公共安全、性犯罪等方面。对于犯罪群体而言，女性犯罪的人数却远远低于男性，但却有不断上升的趋势，女性罪犯无论是绝对数还是相对比重都呈现逐渐增长的态势，逐步向世界发达国家的平均水平靠近。虽然女性犯罪的增长速度比男性快，但男性犯罪目前仍占主流。①

二、犯罪人犯罪生涯、个性和生活方式研究

（一）犯罪生涯研究

犯罪生涯，是指个人在一生中的某一时间卷入犯罪活动，并且在较长时期内继续进行犯罪行为直到最后停止犯罪行为的现象。它涉及个人在一定时期内实施的一系列犯罪行为及其连续形态。或者指个人成为犯罪人的过程以及个体犯罪行为的纵向序列。② 犯罪生涯往往又被描述为倾向犯或屡犯、习惯犯或者职业犯这些现象的一种新标识。③ 犯罪生涯研究的意义在于通过对犯罪人个人生活的生活史以及犯罪经历的深入观察和全方位的显现，可以为控制犯罪和刑事司法决策提供启示和建议。④ 犯罪生涯研究是对犯罪人个人犯罪历程和原因所做的纵深研究。这种研究对在特定的人生阶段一再受到刑法制裁的一组犯罪人的观察为基础，始终涉及相互关涉和相互联系的行动序列的犯罪行为次序的研究。⑤

青少年中期开始犯罪，早期出现的偏行（犯罪生涯）尤其是严重犯罪的倾向，结合其他社会的或者心理的不利因素，对于进入成年人生活期的犯罪生涯的发展来说，可使用的所有预测指标中，是最好的预测指标。在青少年犯罪行为人的犯罪生涯中突出的是，表现性的原因和动机，同龄人群体的影响和（在同龄人中的）地位的考量。在成年犯罪人的犯罪生涯中，能够观察到其专业化和升级的趋势，即使这种趋势在程度上不那么显著。在成年人的犯罪生涯中动机特征却是工具性原因，其实施犯罪的主要动机是获取个人需要。⑥ 犯罪生涯研究的对象应该是那些在一定时间内反复实施犯罪行为的人，即刑法学上所说的屡犯、惯犯、职业犯等。我国关于犯罪生涯的研究起步较晚，尚未形成系统的、较大规模

① 丛梅：《当前犯罪主体的性别特征分析》，载中国论文下载中心，最后访问日期：2009 年 1 月 16 日。

② 许章润主编：《犯罪学》，法律出版社 2007 年版，第 119 页。

③ ［德］汉斯－约格、阿尔布莱希特：《犯罪学词条：犯罪生涯》，樊文译，载中国法学网。

④ 魏平雄、赵宝成、王顺安主编：《犯罪学教程》，中国政法大学出版社 1998 年版，第 183 页。

⑤ ［德］汉斯－约格、阿尔布莱希特：《犯罪学词条：犯罪生涯》，樊文译，载中国法学网。

⑥ ［德］汉斯－约格、阿尔布莱希特：《犯罪学词条：犯罪生涯》，樊文译，载中国法学网。

的研究。

（二）犯罪人个性

个性也称为人格，是各种心理特征的总和，是指个体先天固有的生理类型和出生后的各种外界因素长期共同作用所形成的独特而稳定的心理特征，它包括个性倾向性、个性心理特征和自我意识三个方面，如气质、性格、能力等方面。或者说，个性是一定的社会立场和社会作用的影响下已经形成的社会品质。①

犯罪学的研究者们通过对犯罪人个性即人格特征与犯罪的关系长期大量的研究，结果表明一些人格特质、人格特征以及人格障碍与犯罪行为的发生密切相关，比如人格障碍、反社会人格等都与犯罪存在一定关系。人格障碍是指由于人格明显偏离正常而使个人形成的反映其生活风格和人际关系的异常行为模式。具有人格障碍的人不疯癫，也无智力缺陷，但他们都具有道德观念、理智、情感、性格等方面的缺陷，比如不能很好地适应环境、人际关系处理不当、性格怪癖、不近人情等。人格障碍者在变态心理的支配下，会反复出现偏离社会规范的行为，其中有的已属于危害社会的行为，有可能触犯法律构成的犯罪。因此具有人格障碍的人与犯罪有较为密切的关系，古今中外的大量调查研究发现人格障碍者犯罪率是较高的。② 反社会人格又称无情型人格障碍，是对社会有严重危害的一种人格障碍，多见于男性。这种人格障碍者是高度的利己主义者；对人冷酷无情，容易冲动，经常做出违法乱纪的事，但从无悔改羞愧之意，受挫折耐受力差，常常为自己开脱。此类人很多是性犯罪人、屡教不改的累犯和暴力犯罪人。③

犯罪人的个性即人格特征，是犯罪个体在与社会环境的接触和适应过程中表现为对外界社会信息具有选择性和定向性。需要是个体心理活动的重要内容，个体的内在需要是个体心理活动的原动力。不正当的需要是违法犯罪者的动机的基础，有了违法犯罪动机才导致违法犯罪的行动。④ 比如青少年接触不良的信息，如影视、碟片等，感到有兴趣了就会有意识地去找，外在以后又在重复内化，不断地构筑巩固这种心理定式。由于不断的量化最终导致产生一种犯罪心理结构的定式，这种心理定式具有一种不可逆转性，一定要通过外现尝试进行心理反应。⑤

① 莫洪宪主编：《犯罪学概论》，中国检察出版社 2003 年版，第 258、259 页。

② 罗大华：《犯罪心理学》，中国政法大学出版社 2002 年版，第 284～286 页。

③ 王牧：《新犯罪学》（第二版），高等教育出版社 2010 年版，第 115、116 页。

④ 周运清、王培刚：《未成年人违法犯罪的个性结构与特征分析》，载中国网专家博客，最后访问日期：2010 年 2 月 4 日。

⑤ 金其高：《犯罪学》，中国方正出版社 2004 年版，第 61 页。

（三）犯罪人行为方式

人们的日常行为中存在一定的常规和模式，并且行为具有一定的重复性和可预测性，这种惯常的行为就使行为人有了通常的生活方式和行为方式。① 每个人的行为方式都会有所不同，良好的行为方式会促进个人的发展或者促进社会的进步，相反不当的行为方式不仅不利于社会，而且会在一定的环境刺激下形成犯罪心理，有可能导致实施犯罪行为，对社会造成损害。不当的行为方式就是指个人满足自身生活需要的不恰当活动形式和行为特征的总和。犯罪人常见的不当行为方式有：

1. 不当劳动方式

犯罪人把犯罪作为自己的职业，没有其他的工作，把犯罪获得的非法收入作为自己生活的全部来源，或者作为自己发家致富的主要手段。为了通过这种方式获取收入，甚至不惜长期进行犯罪技能学习和练习，花费很大代价学习犯罪技能，潜心研究犯罪的方法、技能、手段。

2. 不当消费方式

消费本身是人生中满足个人需求的、愉快的持续行为，不仅受自身需求的影响，还受到其他外界因素的影响。不当消费主要表现为有害消费、愚昧消费、畸形消费、攀比消费、盲从消费等。当消费偏离了满足个人或家庭需求的目标，进行不当消费的时候，往往导致入不敷出，生活资源缺乏，这种时候行为人就有可能通过犯罪手段来解决自己以及相关人员的消费满足问题，从而诱发犯罪行为。据调查，少年犯的吸烟、饮酒的劣迹比中学生要高出许多，青少年的吸烟行为与偷窃、斗殴有很大关系。②

3. 不当交往方式

俗话说，“近朱者赤，近墨者黑”，很多犯罪人在社会交往中由于交往的人群存在问题而导致犯罪的情况比比皆是。同龄人的相互交往在未成年人的社会化过程中起着十分重要的作用。极少数未成年人之所以走上违法犯罪道路并恶性发展，是与其未成年同龄群体的不良交往息息相关的。团伙犯罪一直在未成年人犯罪中占有很高的比例。不良交往往往是未成年人走上团伙犯罪道路的起点。一些被家庭和学校排斥和抛弃的不良少年，在不良亚文化的吸引和感召下，由于相同的感受聚集起来，通过不健康的娱乐、游荡、交谈等方式形成不良交往的亚文化群体。他们通过密切接触、相互观察和模仿，使原有的错误的社会意识、不良的

---

① 李欣：《生活方式与犯罪治理》，载《黑龙江省政法管理干部学院学报》2008 年第 4 期。

② 张海芳：《男性青少年犯罪与家庭环境、生活方式和心理健康的关系及干预对策的研究》，载中国优秀硕士学位论文全文数据库，2006 年 9 月。

个性品质和行为习惯得到强化。由于受群体犯罪的环境气氛的影响，少年犯罪人的行为会相互感染，相互影响，以致加重犯罪的严重性。①

4. 不当闲暇方式

犯罪人由于选择不当闲暇方式，多沉迷于电视、游戏机、网络、闲逛，甚至沉迷于具有色情、暴力、赌博等内容的书刊、录像、游戏之中，而缺乏对自己行为的适当控制，结交不良朋友，经常出入高消费或不健康场所，迷恋颓废的享乐生活等都会导致其实施犯罪行为。消极不当的闲暇活动很容易诱使未成年人走上违法犯罪的道路②。

延伸阅读

人格责任论

人格责任论是针对刑事责任的根据研究而提出的一种理论。所谓刑事责任的根据，从犯罪人方面说，实际上是承担刑事责任的根据，它回答犯罪人基于何种理由承担刑事责任问题；从国家方面说，是追究刑事责任的根据，它回答国家基于何种理由追究犯罪人的刑事责任的问题。显然，二者是完全一致的。西方大陆刑法理论界关于刑事责任的根据有行为责任论、性格责任论和人格责任论。

人格责任论是为了克服行为责任论和性格责任论的缺陷而提出的一种并合主义理论，其基本假设是：认为不论具体个人的生物、心理、环境情况怎样，所有历史的和时下的变量对个体所产生的影响，都会在个体已经具有的人格中充分体现出来，犯罪正是犯罪人人格的外在表现。该理论最早由刑事古典学派的毕克迈耶提出，后来日本折衷派代表人物团藤重光基于客观主义的立场，正式提出了折中主义的“人格责任论”。大冢仁教授又在此基础上系统地提出了人格刑法学理论。在当今世界各国的刑法理论与实践中，主张将人格因素导入刑事法学领域，用以沟通行为人与行为之间的密切联系，从而调解行为刑法与行为人刑法之间的相互冲突，在世界的刑法理论上已经成了一种发展趋势。

我国张文教授等学者提出了犯罪危险性人格的概念，认为“犯罪危险性人格是指犯罪人自身特有的特殊人格”。按此观点，犯罪人无论是抽象的群体还是具体的个人，与守法者的区别都十分明确，即存在以反社会性为核心的犯罪危险

① 祝文胜：《青少年违法犯罪现状、原因及对策》，载正义网，最后访问日期：2011 年 2 月 25 日。

② 魏平雄、赵宝成、王顺安主编：《犯罪学教程》，中国政法大学出版社 1998 年版，第 270 页。

性人格。

人格能否作为区分犯罪人与守法者的本质特征，将是刑法学界与犯罪学界共同关注的问题。我国学者综述了近十年来，在对青少年犯罪的研究中所出现的人格研究，对使用不同人格测量工具得出的结论进行了较为细致的分析，为我们全面地认识犯罪与人格的关系提供了充足的资料。该项研究指出："目前关于犯罪者的人格特征研究一直有很多争议，是否存在犯罪性人格仍值得怀疑，但已有研究还是发现了犯罪者共有的一些人格特征，即高精神质、高紧张性、敏感……"① 同时，该文也对人格与犯罪研究中的问题进行了分析，认为青少年犯罪只是一个结果变量，某种人格特征或者人格类型如何导致青少年犯罪，其间的过程是怎样的，是否有其他变量的交互作用或中介作用等，还很少有研究等。

但从心理学关于人格的定义看，在刑事法学研究中将人格与行为视为两个范畴的观点是值得商榷的。我国学者王登峰教授认为人格的内涵可以划分为4个不同的层次。分别是可观察到的外显行为。只有当事人自己能够观察到，外人则难以观察的伴随着行为的内心情感和体验。稳定的动机，在行为和内心体验背后的稳定的目的性和导向性，反映个体价值观中的倾向性。这部分内容当事人虽然能够观察，但却很难完全了解自己的全部动机，而其他人则无法观察。无论是自己还是他人都无法观察到的生理生化反应模式和神经系统活动的变化。从这种解释进行演绎，王登峰教授提出行为是人格的组成部分，不能单纯地将上述四个层次割裂开来认识人格。

① 张春妹、邹泓：《人格与青少年犯罪的关系》，载《心理科学新进展》2006年第2期。

第七章

被　害　人

传统犯罪学注重对犯罪人的研究，忽略了对犯罪人对立面即被害人的研究，事实上被害人与犯罪原因密不可分，而通过研究被害人对深入研究犯罪人及其表现以及犯罪预防方面具有重要作用，开展对犯罪被害人的研究是我们探讨犯罪原因所必需的。

第一节　被害人学的产生与发展

一、被害人学的概念

"被害人"一词源于古代社会宗教仪式上对神的祭祀品这一概念，仅指被杀后供于祈祷仪式上的人或物（又叫"牺牲"）。① 现代意义所指的被害人的含义是指因遭受各种侵害而受到损害或损失的人。

被害人学，是一门以被害人为研究对象的学科。所谓被害人学，是研究刑事犯罪中的被害现象、被害原因，探索被害人自身的有关特性、致害因素以及被害条件、被害机制等被害规律，寻求对被害预防、被害防卫、被害补救、被害救助等有效途径与措施，以实现减少被害、避免被害等目的的科学。②

---

① 郭建安：《犯罪被害人学》，北京大学出版社 1997 年版，第 5 页。

② 张建荣：《面对各种被害人，人们最需要什么——犯罪被害人学概念的实证研究》，载《求实》2006 年第 4 期。

二、被害人学的产生

被害人是伴随着犯罪人的犯罪行为而出现的，但是关于被害人权利保护却没有与犯罪研究同步。主要原因是犯罪行为被解释为对代表统治阶级利益或广大人民利益的国家的侵犯，国家利益被放在了首位，司法程序由国家控制以后，被害人往往沦为了证人的角色，自然被害人的利益只能放在第二位。特别是在罪犯人权保护思想占据了主导地位的情况下，从 18 世纪中叶到第二次世界大战以前，对犯罪行为和犯罪人格的研究一直是犯罪学研究的主要内容，从而也就导致了有关被害现象及被害人的理论研究滞后于犯罪人的研究这一结果。

20 世纪中叶，即第二次世界大战后人们才把注意力逐渐转移到刑事被害人方面，开始关注对刑事被害人的研究，被害人学作为一门独立的学科的地位才得以确立。最早对刑事被害人进行系统研究的是德国著名犯罪学家冯·亨梯。1941 年冯·亨梯发表了被害人学的奠基作《论犯罪人与被害人的相互作用》。1948 年他又出版了《犯罪及其被害人》一书。他的主要观点是把犯罪者和被害者的关系看成一种动态关系，而不像以往学者所认为的犯罪者是犯罪行为的积极主体，被害者是犯罪行为的消极客体。他认为犯罪的被害者不单纯是犯罪行为的消极客体，他们在发展发生过程中或在减少犯罪过程中可能会成为积极主体。冯·亨梯的这一重要论断为研究被害人在犯罪过程中的作用问题提供了依据。[①] 对被害人学作出突出贡献的另一位学者是以色列律师本杰明·门德尔松。他的贡献主要有两个方面：一是本杰明·门德尔松在《被害人学是生物、心理、社会学的一门新学科》一书中创造了“被害人学”一词，并认为它是一门独立的学科，奠定了当代被害人学研究的基础；二是他通过对犯罪人和被害人互动关系的研究，对被害人在犯罪中责任的有无和责任的大小进行了分类，从而推动了对被害人问题的研究。在被害人学的推动研究上还有一位著名的学者是德国精神病学家亨利·艾伦伯格，他于 1954 年在《国际犯罪学及警察技术评论杂志》上发表了《犯罪人与被害人之间的心理关系》一文。

因此可以说，以色列律师本杰明·门德尔松于 1947 年发表的《被害人学——生物、心理、社会学的一门新科学》，德国著名犯罪学家冯·亨梯于 1948 年发表的《犯罪及其被害人》和德国精神病学家亨利·艾伦伯格在 1954 年发表的《犯罪人与被害人之间的关系》标志着被害人学的诞生。

① 参见莫洪宪主编：《犯罪学概论》，中国检察出版社 2003 年版。

三、被害人学的发展

被害人学经过初期发展后，至20世纪60年代已形成世界性规模，一些国家为达到对被害人的实际保护目的，将被害人学的理论研究成果通过立法的形式反映出来，如1963年新西兰率先通过了《被害人补偿法》；1965年美国加利福尼亚州也通过了《被害人补偿法》，并且美国于1966年启动了全国范围内的"被害调查"从而将被害人学推向实际操作、实证研究的新阶段。1973年，第一届国际被害人学的研讨会在以色列耶路撒冷召开。有30多个国家和地区的代表参加，会议对被害人、被害人学及被害人与犯罪人的关系等问题进行了探讨。1976年，第二届国际被害人研讨会在美国波士顿召开，会议集中讨论了被害人学的比较研究等问题，并且创刊了《被害人学杂志》。1979年第三届国家被害人研讨会在德国明斯特召开，会议就被害人学的概念、被害调查、被害人的处境、补偿及被害人在刑事司法制度中的地位等问题进行了广泛的探讨，还成立了世界被害人学学会，德国著名犯罪学家汉斯·施耐德当选为首任主席，使国际被害人学研究有了一个核心组织。此后于1982年、1985年、1988年、1999年分别在日本东京、南斯拉夫萨格勒布、以色列耶路撒冷、巴西里约热内卢召开了四届会议，1994年在澳大利亚召开了第八届会议，讨论了被害人权利与义务、消除被害性、为被害人服务、对被害人的赔偿与补偿、各类被害人的状况及被害预防的问题，使被害人的研究在国际范围内深入发展。[①] 1982年美国联邦政府制定《被害人及证人保护法》，作为各州政府制定犯罪被害人法案的蓝本。1990年，美国国会制定《被害人权利及损害恢复法》，明定犯罪被害人具有的权利。德国为强化被害人诉讼地位与权能，于1986年通过《被害人保护法》。日本最早有关保障被害人的立法是1958年公布的，2000年修正后的《刑事诉讼法》增加对被害人程序保护的规定。

总之，虽然世界各国由于历史文化的差异，在立法上给予被害人不同的地位和角色，但随着近现代人权运动及被害人学研究的进一步深入发展，被害人在各国刑事程序的地位都有大幅提高，其诉讼权利也大幅增加，极大地促进了被害人学的研究。

四、我国被害人学的研究

被害人学作为一门独立的学科产生于20世纪50年代。经过多年的发展，国际上的被害人学研究已经进入了一个较为成熟的发展阶段。相对来说，我国被害

① 金其高：《犯罪学》，中国方正出版社2004年版，第82页。

人问题的系统研究起步较晚，20世纪80年代才开始发表介绍国外被害人学的译文和国内关于被害人和被害人学的研究论文。1989年，第一批研究被害人问题的著作问世，其中，张智辉的《犯罪被害人学》是我国第一部犯罪被害人学的专著，继而赵可主编的《被害者学》和汤啸天、任克勤所著的《刑事被害人学》相继出版，成为我国被害人学创立的标志。主要对被害人的特征、分类、被害原因、被害人与加害人的关系、被害预测和预防以及被害人补偿立法等问题进行了分析和探讨，自此被害人学开始在我国蓬勃发展。①

进入21世纪以来，我国被害人学领域取得了丰硕成果，在被害人诉讼地位、被害人权利、被害人补偿、被害人援助、被害预防等方面有了新进展。随着人权观念的兴起和传播，加强被害人权益保障已成为各国人权保障发展的趋势。我国目前关于被害人学的研究也从上述几方面进行了积极有益的探索。

第二节　被害人概述

一、被害人的概念

关于被害人的概念，在犯罪学领域和刑事法律领域有不同的定义。被害人，是指受到犯罪行为侵害而受到损失的自然人、法人、社会团体、组织、机关、事业单位或国家。它包括以下几层含义：

（一）被害人的合法权益遭受犯罪行为的侵害

被害人是合法权益遭受了一定损害的人，犯罪行为侵害的是刑事被害人的合法权益。因此，准确把握好合法权益是准确全面地认识刑事被害人的关键之一。从犯罪学的角度理解犯罪行为给被害人所造成的这种损害应包括为物质和精神两个方面，既可能是有形的物质损失，以及由此造成的经济损失；也可能是无形的心理创伤、痛苦、恐惧等精神损害。②

（二）被害人是危害结果的直接或间接承受者

被害人是受到犯罪行为侵害的人，其所受到的侵害有直接的；也有被害人由于与直接被害人具有某种利害关系而间接受害，从而与直接受害人构成“共同被害人”。无论是直接还是间接受害，均属于危害结果的承受者，则共同承担了

① 王丽华、卢建平：《我国被害人学研究的回顾与展望》，载《河北法学》2009年第5期。

② 金其高主编：《犯罪学》，中国方正出版社2004年版，第77～78页。

某一犯罪行为所造成的损失或损害。①

（三）被害人是犯罪行为的侵害对象或犯罪行为所侵害的社会关系的主体

犯罪人通过对被害人的实际侵害，既侵害了被害人的现实利益还侵害了其所属利益的某种社会关系，事实上由于被害人在整个犯罪事件中都处于这种与犯罪人互动关系的特殊地位，就决定了被害人无论是犯罪行为的侵害对象或者是犯罪行为侵害的社会关系的主体都是危害结果的实际承担者，那么他当然应该是犯罪行为的侵害对象或犯罪行为所侵害的社会关系的主体。②

（四）被害人既包括自然人、法人、社会团体、组织，也包括国家和社会整体

关于被害人的概念有广义与狭义之分，广义的被害人不仅包括合法权益受到实际损害的自然人，还应该包括自然人以外的法人、社会团体、组织，也包括国家和社会整体；而狭义的被害人仅指受犯罪行为侵害的人。研究犯罪学中的被害人既要从广义的角度研究，更要注重从狭义的角度研究被害人，特别是从预防犯罪的角度上更应侧重对狭义被害人的研究。

二、被害人的特征

被害人特征，是指被害人区别于其他案件当事人的独有地表述被害人特定身份和特定被害状态的基本特点、特征或属性。分析研究被害人的特征，有助于深入地揭示犯罪中被害人被害现象及其被害原因，特别是针对被害人在被害过程自身因素的作用研究，为预防犯罪、防止被害提供感性素材。被害人的特征主要体现在以下几个方面：

（一）被害人客观性特征

客观性特征，是被害人自身的人口统计学特征、财产状况等客观条件及其所处社会环境和自然环境等因素。③ 对被害人的客观性特征可以从年龄、性别、婚姻家庭、职业、受教育程度、社会经济地位等方面进行研究和表述。

1. 年龄特征

年龄对生理、心理发展及一个人的社会化程度起着一种推定作用。一定的年龄与一定的生理、心理及社会发展程度是对应的，不同年龄阶段的人由于身心发育成熟的程度不同、社会经历的不同，其担当的社会角色也不同。由于担当的社会角色的不同又决定了其不同的社会生活方式、行为方式，而这一切都会对一个

① 莫洪宪主编：《犯罪学概论》，中国检察出版社 2003 年版，第 98 页。

② 莫洪宪主编：《犯罪学概论》，中国检察出版社 2003 年版，第 98 页。

③ 郭建安：《犯罪被害人学》，北京大学出版社 1997 年版，第 92 页。

人是否会成为刑事被害人或可能成为刑事被害人产生重大影响。[①]

一般而言，人在幼年时期处于生理、心理发展均未成熟的时期，还不具有独立的生存能力，在社会生活中还处于被人抚养又无抵抗能力的最弱地位，如果犯罪人对其进行侵害是最容易的。但是这个年龄段的人与社会和成人的接触少，从而发生冲突的情况几乎不存在，反而不会轻易受到犯罪侵害。人在青少年时期，生理上属于迅速发展的阶段，而心理上的发展相对缓慢，具有发展的许多特点，情绪不稳定易于冲动、追求刺激、争强好胜、好自我表现、体力充沛、欲望强烈、但个性发展还不成熟、缺乏足够的是非判断能力和自制力。因而在许多方面容易与他人发生冲突，受到犯罪侵害的可能性就比幼年时期大多了。这种侵害往往来自同龄人，由于青少年时期缺乏判断力和自制力，有可能成为犯罪人利用的对象，从而成为犯罪人中的一员。人到中年身体健壮，经历丰富，在价值观念、行为方式、生活态度等方面都比较稳定，由于幼稚和不够成熟而与他人发生的冲突的概率大为减少，受犯罪行为侵害的可能性大为降低。[②] 但是中年人由于竞争意识和竞争能力的增强，在社会生活中具有比较稳固的社会地位，积累了较高的财富，而且由于社会的激烈竞争促使中年人各种欲望的不断膨胀，他们容易成为矛盾的焦点，即易于因各种利益发生冲突，特别可能成为利益冲突对方的侵害对象，也容易成为犯罪人特别关注的对象，因而被害的可能性比青少年大。人到老年，生理上老化，反应迟钝，心理上各种兴趣、欲望、活动减退，与社会发生冲突的机会减少，受害的可能性相应降低。但由于老年人积累了一定的财富，生理和心理上的特殊性，又往往容易成为犯罪人注意的目标，特别是在侵犯财产类的犯罪中老年人被害率是比较高的。被害调查结果表明，青少年和壮年人被害率最高，幼年人和老年人的被害率最低。[③]

2. 性别特征

男女两性由于存在生理、心理和社会角色等方面的差异，在被害问题上也不尽相同。女性由于顺从性较强，又比较柔弱，容易成为犯罪人选择的目标。相反男性身体强壮，表现刚强，犯罪人在选择侵害对象时会有所顾忌，受害情况也完全不同。但是正因为男性的这种刚强，性格外露，对外界的刺激反应过激，往往遭到犯罪人暴力攻击的可能性较大。大多数类型犯罪尤其是暴力犯罪的被害人主要为男性，在严重人身伤害犯罪和抢劫罪中，男性被害人几乎是女性被害人的两倍。而在非暴力犯罪中，女性被害人多于男性被害人。男性被害人与女性被害人

① 郭建安：《犯罪被害人学》，北京大学出版社 1997 年版，第 94、101 页。

② 郭建安：《犯罪被害人学》，北京大学出版社 1997 年版，第 94、101 页。

③ 郭建安：《犯罪被害人学》，北京大学出版社 1997 年版，第 94 ~ 95 页。

之间的一个重要差异是，前者更多的是被亲属之外的朋友、相识者或者陌生人所害，后者则更多的是被亲友所害。实际上男性的被害率高于女性，在我国男性被害人占 62.8%，女性被害人占 37.2%。①

3. 婚姻家庭特征

家庭是社会的细胞，而婚姻关系是家庭关系的核心。婚姻家庭既是人社会化的场所，更是人社会化的标志。婚姻家庭担负着非正式社会监督的功能，健全的婚姻家庭不仅监督着家庭成员不去侵害他人，也监督保护着其成员不致被害。现实生活中成为刑事被害者的人，往往是脱离了社会监督、处于孤立无援状态下被害的，要么是离家者，要么是离异者或遭受家庭抛弃者。未婚者由于没有婚姻家庭的束缚，他们更多的是游离在家庭之外，不愿意或不具备被家庭监督保护的机会更多，则受到侵害的可能性较大。研究表明脱离婚姻家庭的人或家庭破碎的人受到犯罪人侵害的可能性较大，尤其是成为暴力犯罪侵害对象的比例更高。②

4. 社会阶层与文化程度特征

社会阶层是指根据其社会地位而对人进行的分级。这种分级主要是根据个人受教育的程度、职业、财产和权力等因素来进行的，而这些划分因素与犯罪有一定的关系。人们的社会阶层与犯罪相关，对被害问题也有重要影响。③ 在绝大多数情况下犯罪是处于社会底层的人所为，而他们的侵害对象又大多是与他们的社会地位相差无几的人。因此处于社会底层的人容易被害，他们构成了刑事被害的主体。处于社会较高阶层的人成为下层犯罪人侵害对象的机会不多，他们相互交往的机会较少，发生冲突相应减少，受侵害的可能性不大。但是处于社会较高阶层的人由于社会竞争等多种因素影响，受到同阶层人侵害的可能性是存在的，实际上他们受到的侵害主要来自同阶层的人。处于社会底层的人受到犯罪侵害的可能性大于社会上层的人。

人们的文化程度与其社会阶层有一定关系，社会上层文化水平高，社会下层文化水平低，虽然不是绝对的，但总体上有一定的代表性。文化水平高的人更注意对自己的保护，文化水平低的人则缺乏自我保护意识和防范，因此，文化水平较高的人受到犯罪侵害的可能性低于文化水平较低的人。④

（二）主观性特征

被害人的主观性特征主要是指被害人本身在心理、行为方面存在的那些容易

① 王牧主编：《新犯罪学》，高等教育出版社 2010 年版，第 178 页。

② 莫洪宪主编：《犯罪学概论》，中国检察出版社 2003 年版，第 101～103 页。

③ 郭建安：《犯罪被害人学》，北京大学出版社 1997 年版，第 9～97 页。

④ 莫洪宪主编：《犯罪学概论》，中国检察出版社 2003 年版，第 101～103 页。

导致被害的因素，如被害人不良的和不同于主流社会的品性、生活方式、行为方式、习惯、人际关系等。①

被害人本身的心理、行为方式存在容易导致其被害的因素，而这些因素如被害人的人际关系、生活方式、行为方式、习惯以及其不同于主流社会的品性等，有些是属于被害人责任方面的，有些不属于责任方面的，有些特征对成为刑事被害人起决定作用，有些起一般作用，还有些只在特定的刑事被害过程中起作用。② 研究被害人的主观特征具有非常重要的意义，因为这类特征在被害过程中，能起到诱发犯罪或者辅助犯罪的作用。如果能够从被害人方面消除这些因素，被害人被害的可能性就会大大降低。被害人的主观特征按其对犯罪的发生所起的作用是否具有主观意识和表现形式是否积极，可分为两类，即诱发性特征和易感性特征。③

1. 被害人的诱发性特征

诱发性特征，是指在被害人方面存在的引发犯罪人的犯罪行为从而使自己受害的行为因素，多指被害人方面在被害之前针对后来的犯罪人实施的挑衅性的或诱惑性的行为。比如，被害人的殴打、凌辱、虐待、诽谤及责难等行为在先导致被害人的被害，或者被害人之前的伤害表示及对加害人亲属的报复示意招致被害人的被害。又如，女性被害人的举止轻浮、色情诱惑等诱发犯罪人的侵害行为。诱发性特征使被害人对犯罪行为有趋近性，实际上由于被害人存在的诱发因素在多数情况下，犯罪是在被害人的诱发性因素的刺激或者激发下产生的，当然也存在一些诱发性不强的因素，这些因素只是在一定的条件下与多种因素聚合才会诱发犯罪的犯罪动机。例如，被害人的某个模仿着装特征，引起犯罪人的犯罪起因，导致被害人的被害。

在诱发性特征中由于被害人性别的不同引起的被害后果也有所不同。男性被害人的诱发性因素主要有武力挑衅、恶语相激、仗势欺人、侵犯非难、露富显财、自我炫耀，往往招致暴力攻击和财产侵害。女性被害人的诱发因素主要表现为财欲、性欲、报复等方面的自身行为失当，刺激了犯罪人的犯罪欲望，导致被害人被害。当然外界的其他因素也是犯罪人犯罪的主要诱因，对犯罪的产生起重要作用。诱发性特征的常见形式有：举止轻浮、色情诱惑、武力挑衅、恶语相激、仗势欺人、露富显财、自我炫耀等。④

---

① 郭建安：《犯罪被害人学》，北京大学出版社 1997 年版，第 96 ~ 99 页。

② 莫洪宪主编：《犯罪学概论》，中国检察出版社 2003 年版，第 101 ~ 103 页。

③ 郭建安：《犯罪被害人学》，北京大学出版社 1997 年版，第 96 ~ 99 页。

④ 郭建安：《犯罪被害人学》，北京大学出版社 1997 年版，第 96 ~ 99 页。

2. 被害人的易感性特征

易感性特征，是指被害人自身在心理和行为方面具有的、处于无意识状态的、易被犯罪人引入被害境遇从而使自己成为犯罪侵害对象的因素。这类特征是犯罪人实施犯罪行为的重要条件而又是被害人本身可以通过改进自己的心理和行为加以消除的。易感性特征与诱发性特征的区别在于易感性特征是以消极不作为的形式出现，不像诱发性特征是以积极的形式促使犯罪人进行加害。易感性特征只是吸引了犯罪人的加害行为实施，被害人的被害主要是其处于无意识状态或者被害人的某种特殊状态被犯罪人加以利用，最终导致被害人的被害，甚至有的被害人还会反复受到犯罪人的加害。如被害人急于摆脱贫困、病痛等而被加害人加以利用受到侵害。一个人易感性特征越强越容易遭受犯罪侵害，且易于反复被害。①

三、被害调查

（一）被害调查的概念

关于犯罪调查的方法主要有犯罪人调查、自我陈述调查以及被害调查三种方法。其中犯罪人调查是指对纳入刑事司法统计的犯罪人进行的犯罪调查。自我陈述调查，又称为自报调查，是指调查者采取问卷的方式让被调查者报告在过去特定时间内，违反法律和社会规范的类型及程度的调查方式。②

被害调查是在上述两种调查方式之后产生的，主要是为了弥补上述两种调查方式的不足而在20世纪60年代由美国总统执法与司法行政委员会创造的。它是指以普通公众、家庭、单位为对象的犯罪调查方法，又称为被害人调查。

（二）被害调查的内容

被害调查就是要从社会公众的角度了解实际发生的犯罪状况，统计分析具有何种特征的人或者组织容易遭受犯罪侵害，被害后果，被害人对犯罪、刑事司法和犯罪预防的态度等问题。其主要涉及特定时空范围内犯罪现象的反映形式及犯罪被害数量、被害率以及被害重伤率和被害死亡率、被害人的人口统计学特征、生活方式特征和人格特征以及被害人与犯罪人的关系表现、犯罪被害现象的时空分布特征、被害后果、公众对警察机关的信任程度及报案态度、公众安全感及公众对具体犯罪类型和刑罚的态度等方面内容。被害调查在为刑事政策的制定、被害问题的本土研究以及犯罪问题的国际性研究等方面都具有重要意义。我国在被害调查方面的工作起步较晚，虽然在1994年参加了联合国进行的第二次国际被

① 郭建安：《犯罪被害人学》，北京大学出版社1997年版，第96～99页。

② 李伟：《犯罪被害人学》，中国人民公安大学出版社2010年版，第9～14页。

害调查，但是调查的范围仍显过窄，不足以推动我国此项工作的开展，我国在被害调查层面上的各项工作有待于进一步推进。①

第三节　被害人与犯罪人的关系

被害人不仅是犯罪行为的承受者，同时也是犯罪案件的一方当事者。事实上，犯罪行为是一个系统，在这个行为系统中，刑事被害人作为与犯罪人相对应的一方，与犯罪人一样，也是重要一极。正是犯罪人与刑事被害人之间的双向互动，才使犯罪行为得以成立。②

一、被害人与犯罪人的互动关系

任何形式的犯罪与被害都是被害人与犯罪人互动的结果。犯罪人与被害人在互动过程中主要有以下几种模式：

（一）被害人受攻击模式

在绝大多数犯罪与被害中，常常是犯罪人有预谋有计划有目的地对被害人进行侵害。尽管犯罪人处于主动的优势地位，被害人处于被动的劣势地位，其仍以自己的作为或不作为对加害人产生影响，或消极对抗，或微弱的公开反抗。在这个过程中被害人无论是积极的作为还是消极的不作为，其都参与到整个犯罪事件的互动中来了，但被害人最终因为不能自救，以自己的被害而结束这个互动过程。此种模式的犯罪人主观恶性较大，被害人常以无辜的被害人居多。例如，某甲和某乙系无业游民，二人为弄零花钱于一天夜里合谋在一僻静的路边实施抢劫，一位家住附近的女工下夜班后骑车回家，被某甲和某乙拦在路边，二人掏出事先预备好的匕首，威胁女工交出身上的现金和首饰，女工欲反抗，被二人打倒在地，某甲和某乙强行抢走女工的财物后扬长而去。在此案例中，犯罪人是事先有计划、有预谋地实施犯罪行为的，犯罪人某甲和某乙处于主动的优势地位，被害女工处于被动的劣势地位，但双方仍然存在一个互动的过程。被害女工无论是作为还是不作为都对某甲和某乙的抢劫行为产生积极的或消极的影响。女工稍有反抗即被犯罪人打倒在地；如果女工不反抗，十分顺从交出自己的财物，也许某甲和某乙不会对其实施暴力；如果女工大声呼救、极力反抗，就会刺激犯罪人对

① 李伟：《犯罪被害人学》，中国人民公安大学出版社2010年版，第9~14页。

② 杜永浩、石明磊：《论刑事被害人的界定》，载《湖北警官学院学报》2003年第2期。

被害人采取比较激烈的手段将被害人置于比较危险的境地，甚至导致被害人的死亡；所以被害人在遭受侵害后的表现会直接影响犯罪人某甲和某乙的犯罪行为。因此在暴力性犯罪中，被害人与犯罪人往往发生面对面的接触，被害人无论是消极地对抗、顺从、试图逃离，还是积极地公开反抗都表现出被害人在互动过程中的一种状态，都有可能推动犯罪行为向不同方向发展。在这种情况下，犯罪人始终处于主动进攻者的地位，被害人由于是在毫无防范的境况下突然受到侵害，往往处于被动状态。此类被害人在犯罪的形成上没有任何的过错，是无辜的被害人，犯罪人应该对犯罪的发生承担全部责任。①

（二）被害人推动模式

被害人推动模式，是指被害人在事实上诱发犯罪人实施了犯罪行为而使自己成为被害人的一种模式。在这种模式中，被害人通过实施一个或更多的推动行为来实现其引诱他人用犯罪行为做出还击。② 由于被害人先前的违背伦理道德的行为或具有法律责任的言行或不法的挑衅行为，诱发了犯罪人从本来正常的社会心理逐渐演变为犯罪心理，诱使犯罪人用犯罪行为对被害人进行反击。被害人的诱引、挑衅、刺激、侮辱、谩骂、殴打、虐待等言行，以及被害人的态度、言语、举动和被害人的生活工作状态、独居、财产等因素，在犯罪人侵害被害人的互动过程中起着不断推动和强化犯罪人犯罪动机并实施犯罪行为的作用。例如，许多强奸犯罪被害人在行为中存在对犯罪人行为轻浮、态度暧昧、过分亲昵、贪图钱财、毫无防备、半推半就等形式，导致最终被害。又如，在家庭暴力犯罪案件中，父亲对母亲、子女的暴君型统治，导致父亲被子女打伤打死的情况，原来家庭暴力中的犯罪人转化为了杀人案件中的被害人，角色发生转换。被害人诱发推动犯罪人犯罪的这种模式中，犯罪人主观恶性要比被害人受攻击模式中的犯罪人的主观恶性要小，被害人往往有过错，具有可谴责性。③

（三）冲突模式

冲突模式是一种典型的社会互动模式，在此类模式中，犯罪人与被害人之间有着相当长时间的互动关系。一方侵害，另一方被害，但角色常常互动。比如在一些激情状态下发生的斗殴和家庭暴力案件中，犯罪人和被害人直到犯罪的危害结果出来之前很难判断双方谁是犯罪人谁是被害人，犯罪与被害是在矛盾双方互动结束时才出现的。这种类型的犯罪人在犯罪之前没有目的，没有预谋和策划，

---

① 吴光前：《刑事犯罪被害人在犯罪中的地位及刑法意义》，载中国法院网，最后访问日期：2004 年 4 月 30 日。

② 金其高：《犯罪学》，中国方正出版社 2004 年版，第 85 页。

③ 吴光前：《刑事犯罪被害人在犯罪中的地位及刑法意义》，载中国法院网，最后访问日期：2004 年 4 月 30 日。

犯罪的发生往往具有盲目性，甚至有些犯罪是在一定的情境和激愤境况下发生的。冲突模式实际上也可以称为“双向推动”模式，犯罪人与被害人之间常常互换角色，被害人最初可能就是侵害者，而犯罪人可能是被侵害者，在整个犯罪与被害的互动过程中，双方既是被害人又是犯罪人。此类模式的犯罪在家庭暴力犯罪案件和邻里之间的暴力犯罪案件中表现得比较突出，被害人的过错比较严重。①

（四）可利用模式

在这一模式中，被害人本身具有某些容易被犯罪人利用的主客观因素，如贪财、急于求成、轻信他人等。犯罪人利用被害人的各种主客观因素，把握被害人的心态，使被害人在毫无察觉的情况下实施了使犯罪人感到属于对其有诱惑的行为，从而使犯罪人觉得被害人具有某些可以被利用的特征，进而对其进行犯罪侵害。如被害人独居，并且经济条件好，就有可能诱发犯罪人实施盗窃、抢劫等犯罪。还有犯罪人通过发诈骗短信的方式进行犯罪，就是利用被害人贪利贪财的心理实施的犯罪行为。“可利用的被害人”模式与其他模式的重大差别在于，在这一模式中被害人无意于或者根本就没有意识到本身行为的诱惑性。② 这一模式双方没有长时间的互动关系，被害人是完全被动的，几乎是在无意识的状态下受到犯罪侵害的。由于被害人的人格特征、行为方式、家庭资产和相貌打扮等诱发性特征被犯罪人所利用，导致自己在无意识下被害。虽然由于被害人的因素诱发、推动或导致犯罪行为的发生，但从整个犯罪原因上，仅属于犯罪条件，而非犯罪原因。

（五）自愿的被害人模式

在一些场合，犯罪与被害结果是在犯罪人与被害人相互配合下才可能发生的。犯罪人事先故意设定圈套，被害人处于过于相信犯罪人或者想轻易地获取某种利益而陷入犯罪人的圈套。③ 例如，被害人轻信犯罪人的谎言，上当受骗的各类诈骗犯罪中，如果没有被害人的轻信行为犯罪人的诈骗犯罪就难以完成。在这种类型的模式中，犯罪人是积极主动、有预谋、有计划地故意实施犯罪行为，而被害人则是自愿积极地主动接受或配合犯罪人的行为，但是被害人并不知道自己的配合行为实际上是帮助了犯罪人的犯罪行为，犯罪人与被害人虽然在整个犯罪中都是积极主动的，但绝不会发生相互的转化，对被害人来说是极不愿意发生被害结果的，相反被害人始终认为自己可能是受益者，事实上被害人自己的自愿行

① 金其高：《犯罪学》，中国方正出版社 2004 年版，第 86 页。

② 金其高：《犯罪学》，中国方正出版社 2004 年版，第 87 页。

③ 金其高：《犯罪学》，中国方正出版社 2004 年版，第 87 页。

为促使了被害人自己的被害结果。因此，这种模式的被害人本身有一定过错，他们往往是过于轻信或者是贪利，这正是被犯罪人利用的因素，但其不应承担过错责任。

二、被害人与犯罪人的相互作用

被害人与犯罪人的相互作用，源于他们的人际关系。人际关系是人们在物质交往和精神交往过程中发生、发展和建立起来的关系。人际关系的建立往往取决于人际间的吸引、喜爱和相互影响与行为因素和人际间在时间和空间上的接近、相互交往的频率等。它建立在个性特点的基础之上，产生于每种社会关系的内部而不是外部，间接而不是直接地表现了社会整体对个性的影响。个性（人格）是指一个人的整个精神面貌，即具有一定倾向性的心理特征的总和。一个人在特定的条件下对外部刺激的反应，其方式和强度都要受到其人格特性的影响，尤其对于在特殊情境下对特殊刺激的反应，人格特性的影响作用更为明显。人际关系的最重要特点就是它具有情感基础，这种关系是在人们相互间产生的一定感情基础之上形成和出现的。这种情感基础包括情感表现的全部形式，包括使人接近或联系的情感，也包括使人分离或敌对的情感，并且每一种表现形式的强度都有可能不同。被害人陷入危险情境的情形可以分为三种情形：第一种情形是无知、无意识或者疏忽；第二种情形是轻信或者漠视；第三种情形是自私、自负或者贪婪。①

被害人与犯罪人的人际关系的情感基础具有突出的特点，双方关系的延续过程，无论是喜欢还是厌恶，在犯罪发生之前，一般都转化或发展为双方相互敌视或对抗，或者一方敌视或对抗另一方。被害人与犯罪人人际关系的另一方面是相互交往。积极的社会交往有助于一个人个性的形成和更好地适应社会，保持心理健康；相反，消极的社会交往会破坏一个人的心理平衡，严重的将导致人格变异和越轨行为。在个体心理发展和社会交往过程中形成的人际反应特质，是通过犯罪人与被害人在特定的人际关系和交往过程中的相互作用，对犯罪发生的方式和被害人在犯罪中的作用产生影响的重要因素。②

（一）犯罪行为发生前的相互作用

犯罪行为发生前，犯罪人与被害人的相互作用主要有两种：一种是犯罪人与被害人之间并不发生直接的冲突，犯罪人与被害人可能认识或者相互知道对方，

① 刘军：《被害人谨慎义务的对弈思考——以控制犯罪成本分析为视角》，载《法制与社会》2009年第5期。

② 郭建安：《犯罪被害人学》，北京大学出版社1997年版，第132~135页。

也可能相互之间没有任何关系，但无论如何在犯罪行为发生之前犯罪人所作的有关犯罪的决定都与被害人的某些因素有关，也就是说，被害人存在的生活状态或者其实施的某些具有诱惑性的行为因素最终导致了犯罪人的犯罪行为，无论被害人是积极地还是消极地参与，双方在犯罪发生的过程中都具有互动作用。另一种是犯罪人与被害人有接触，甚至是一种面对面的直接接触，双方已经存在某种关系，由于各种原因和矛盾的激化，而发生犯罪人侵害被害人的犯罪行为，或者犯罪人为了达到自己的犯罪目的而有目的有意识地选择犯罪对象，或采取各种手段引诱犯罪对象，最终对被害人实施犯罪行为。这个过程本身就是犯罪人与被害人相互作用，相互影响的过程。

（二）犯罪行为发生时的相互作用

犯罪人对被害人开始实施犯罪行为时，他们之间的相互作用主要是通过犯罪人与被害人各自本身的具体行为表现出来。其主要有以下几种情况：

1. 被害人未能进行反抗而被害

被害人遭受犯罪人侵害的情况有两种可能性：一种是被害人不知情的情况下，被害人没有与犯罪人发生任何关系而受到侵害。如被害人没有在家，而犯罪人利用被害人外出的机会对被害人实施盗窃犯罪行为。但是不能说被害人没有与犯罪人发生接触或者其他关系，就认为被害人与犯罪人不存在互动关系，正因为被害人未与犯罪人发生接触，犯罪人在整个犯罪行为的实施过程中始终处于高度防范的状态，在心理上是处于一种游离状态的互动关系，如果被害人突然出现在犯罪现场则这种互动关系就会直接表现出来。而另一种则是被害人与犯罪人会发生面对面的相遇或者冲突，双方处于同一犯罪现场，犯罪人与被害人的心态完全不同。犯罪人在这种场合下，犯罪行为的实施是在犯罪人有预谋、有策划的精心准备之下进行的，犯罪人是有充分的心理准备的，当然犯罪人在整个犯罪中是处于主动的地位的，而被害人则完全处于被动的地位。即便如此，犯罪人与被害人的相互作用仍然是贯穿在整个犯罪过程中的，甚至犯罪现场的环境等因素对犯罪都具有一定的推动作用。被害人在犯罪人的侵害行为实施过程中表现为没有反抗或者无力反抗，犯罪人的目的往往容易达到，比如在抢劫、强奸、杀人、伤害等暴力犯罪中经常是这样的。[①]

2. 被害人的对抗失利而被害

被害人出于人的本能，在受到犯罪行为的侵害时会表现出反抗或者反击行为，而与犯罪人发生直接的对抗。但是在双方力量悬殊的境况下，被害人的反抗行为反而刺激了犯罪人的犯罪激情，在这种情况下被害人的反抗就会失利，被害

---

① 金其高：《犯罪学》，中国方正出版社2004年版，第88、89页。

人可能处于弱势地位，而被害人的利益就会遭受损害。

3. 被害人的对抗有力，损失轻微

在被害人遭受犯罪人侵害时，被害人不但利用自身的条件，而且被害人善于运用智慧发起对犯罪人的反抗，使犯罪人难以达到犯罪目的，甚至出现被害人迫使犯罪人停止犯罪行为。被害人最终只是受到较小的损失，或者比较轻微。比如在抢劫、强奸、绑架等犯罪中，这种现象也不少见。

4. 被害人由被动转为主动，制服犯罪人

“被害人”一词给人们的印象是受害者是弱者，但是在某些犯罪中被害人能够利用自身的优越条件、外部环境和智慧与犯罪人进行周旋，而由被动的受害状态转变为主动状态，制服犯罪人。

三、犯罪人与被害人之间的角色互换

（一）犯罪人向被害人的转换

这种情况是指犯罪人受害的情况，即有罪的被害人，是指在犯罪过程中起到引起、促成、决定犯罪的作用，反而被犯罪危害的人。这时的加害人和被害人角色进行了互换，位置发生了转化，最初的被害人成了刑法意义上的“犯罪者”，而原先的不法行为实施者倒成了整个犯罪行为的被害人。最典型的就是正当防卫情况下的角色转换，例如，犯罪团伙互相斗殴的过程中，一方被另一方打伤的情况。

（二）被害人向犯罪人的转换

被害人向犯罪人转换可以分为三种情况：

1. 被害人被迫参与犯罪

被害人在被害后迫于犯罪人的威胁成为犯罪人的同伙参与犯罪。典型的例子是在拐卖妇女案件中被拐卖妇女被犯罪人强奸威胁后，加入犯罪团伙实施犯罪行为。①

2. 防卫过当的情况

防卫过当者因为自己的正当防卫行为明显超过必要限度而由被害人转化为加害人，但他又不同于原来故意对他实施侵害行为的加害人。原来的加害人变为被害人在道义上属于咎由自取，而在法律上却是被害人。

3. 报复加害的情况

被害人在受到加害人加害行为的侵害之后，被害人没有及时报案和诉诸法律，而是私自准备力量和作案工具，对加害人进行报复，如严重伤害或杀害加害人，或者为了对加害人进行报复而伤害或杀害加害人的子女和亲属等。报复型的

① 周延：《论被害人的致罪性》，载法律图书馆论文资料库，最后访问日期：2006 年 10 月 2 日。

角色转换，是原来的被害人被害以后，有预谋、有计划、有准备地对原加害人实施的一种复仇性行为，由此使原来的加害人变为被害人的过程。报复型的角色转换，双方既是被害人，又是加害人。①

第四节　被害人的类型

一、被害人类型的概念

被害人类型，是指依据一定的目的和原则，按照不同的标准对被害人所作的群属规划或分类。随着被害人理论的研究不断深入，许多被害人学家根据不同的研究目的，从不同角度、依据不同标准对被害人进行了划分，在划分被害人的标准上出现了多种多样的划分，这种多样性划分对进一步深入研究被害人问题，特别是在探究被害人被害原因，正确、准确追究犯罪人责任以及预防犯罪等方面具有重要意义。

二、被害人类型的划分标准

（一）以被害人的生理特征为划分标准

依据被害人个体的生理年龄可以将其划分为未成年被害人、青壮年被害人和老年被害人；依据被害人个体的性别可以将其划分为男性被害人和女性被害人。

（二）以被害人的心理特征为划分标准

依据被害的心理起因可划分为贪财型、淫乐型、轻浮型、疏忽型、轻信型等；依据被害人的人格特征可划分为暴躁型、抑郁型、孤独型、怯懦型等。

1. 贪财型被害人

贪财型被害人，是指由于贪图钱财或贪得无厌地压榨他人钱财的被害人。

2. 淫乐型被害人

淫乐型被害人，是指由于沉迷于不正常的性关系而遭受犯罪侵害或可能遭受侵害的被害者。

3. 轻浮型被害人

轻浮型被害人，是指因为言语行为随便、不严肃、不庄重而遭受或可能遭受犯罪侵害的被害者。此类被害者中女性居多，但也不乏男性被害者。

---

① 周延：《论被害人的致罪性》，载法律图书馆论文资料库，最后访问日期：2006 年 10 月 2 日。

4. 疏忽型被害人

疏忽型被害人，是指受到犯罪行为侵害或可能遭受侵害的原因是自身粗心大意的行为和习惯的被害者。

5. 轻信型被害人

轻信型被害人，是指由于生理缺陷或生活经验、知识水平所限，容易轻信他人而遭受或可能遭受犯罪行为侵害的被害者。

6. 暴躁型被害人

暴躁型被害人，是指遇事着急、不善于控制感情、往往采取激烈的方式处理问题与人际关系的被害者。

7. 怯懦型被害人

怯懦型被害人，是指由于胆小怕事、软弱的性格而遭受或可能遭受犯罪行为侵害的被害者。

8. 孤独型被害人

孤独型被害人，是指具有孤僻、自命清高、喜欢独处的性格特征的被害者。

9. 抑郁型被害人

抑郁型被害人，是指具有抑郁倾向，甚至患有抑郁症的被害者。抑郁是指心有愤恨、不能诉说而烦闷的情绪。精神处于抑郁状态的人，一般会对生活失去热情，有厌世情绪，缺乏自我防范意识，因而容易成为犯罪人的理想加害目标。①

（三）以被害人的责任大小为划分标准

依此标准可将被害人划分为三类：无过错的被害人、有过错的被害人、有罪的被害人。

第一，无过错的被害人。被害人对犯罪的发生没有任何责任，他之所以被害，完全是犯罪人故意侵害的结果。在这种情况下，被害人处于被动的、非参与性的状态，而加害人则是故意的、主动而积极的攻击者。此时，加害人具有较强的必然性，而被害人具有明显的偶然性。因此，这类被害人常是无辜的被害人，而加害人的主观恶性和人身危险性最大。

第二，有过错的被害人。在这种情况下，被害人的过错足以诱发或引发加害人的犯罪行为，其过错对犯罪的产生和进程起积极的推动作用，甚至具有因果制约性。也可以说，没有被害人的挑唆和诱发，犯罪行为就不会发生或不可能即刻发生。有过错的被害人自身都具有被害性，而正是该被害性诱发了加害行为，“造就”了加害人，有的甚至直接参与了加害人的犯罪决定过程，起着积极作用。基于被害人与加害人的关系始终处于互动状态，被害人在加害行为发生前和

① 李伟：《犯罪被害人学》，中国人民公安大学出版社2010年版，第31、32页。

发生时常以积极主体出现，而不是消极客体。因此，有过错的被害人要根据责任大小对自己被害担负一定责任，从而表明加害人的主观恶性相对较小。

第三，有罪的被害人。即加害人本身的行为已经触犯了刑法，同时他又成为被害人或第三人行为的被害人，这时的加害人和被害人角色进行了互换，位置发生了转化，最初的被害人成了刑法意义上的“犯罪者”，而原先的不法行为实施者却成了整个犯罪行为的被害人。如正当防卫的“被害人”，就是犯罪者在实施犯罪过程中，受到被侵害人或第三人的正当防卫而被害。此类被害人因其先前的犯罪行为致使其要对犯罪负全部责任，因而免除加害人的刑事责任，加害人人身危险性相对最小。[①]

（四）以被害人是否具备被害性为划分标准

以被害人是否具备被害性为划分标准，可将被害人划分为机会性被害人和状态性被害人。机会性被害人是被害人类型之一，机会性被害人是指并非因为自身的性格、素质或机会行为的某些特点或倾向而受害，而是纯粹因为某种偶然的突发的不幸事件而被害。并非因为自身的性格、素质或行为的某些特点或倾向而受害，而是纯粹因为某种偶然的突发的不幸事件而受害的人。这种不幸突发事件常常是被害人所无法预料或无法抗逆的“飞来横祸”，被害人对不幸事件的发生无任何被害倾向性和受容性，更无任何责任可言。如路遇流弹而亡者，或因飞机失事而遭受财产与人身损害的乘客。[②]

状态性被害人，是指遭受犯罪侵害是由于自身具备被害性的被害者。[③] 例如，被害人缺乏防范意识，过分炫耀招摇等状态的存在，容易引起具有犯罪意图人的注意并施加侵害行为，导致被害。

第五节 被害人的国家补偿与社会救助

一、被害人国家补偿

（一）被害人国家补偿的概念

被害人国家补偿，是指在刑事被害人未能获得或者难以获得犯罪人赔偿的情

① 吴光前：《刑事犯罪被害人在犯罪中的地位及刑法意义》，载中国法院网，最后访问日期：2004年4月2日。

② 许章润主编：《犯罪学》，法律出版社2007年版，第131页。

③ 李伟：《犯罪被害人学》，中国人民公安大学出版社2010年版，第30页。

况下，由国家或具有行政自主权的地区政府基于法律规定而为的替偿义务，以给付刑事被害人或其他法定权利人一定额度的补偿费用的形式，弥补其因刑事犯罪所遭受的经济损失。①

被害人补偿制度最早起源于公元前1700年左右的《汉谟拉比法典》。到19世纪英国功利主义哲学家边沁已洞察到社会无法保障被害人，主张由国家创设犯罪被害人补偿制度。

自20世纪60年代以来，国家补偿犯罪被害人制度作为一种正式的法律制度开始在世界范围内大规模建立。短短几十年时间，英国、美国、澳大利亚等欧美、大洋洲国家，以及亚洲一些国家和地区相继制定了有关立法。建立被害人国家救助或补偿制度已成为世界性的发展趋势。

被害人由于犯罪分子的犯罪行为，使个人或整体受到伤害，包括身心损伤、感情痛苦、经济损失或基本权利的重大损失，他们理应受到社会的同情和关怀。同时，我们需要努力在被害人与犯罪人之间寻找一种利益平衡。被害人在受到犯罪行为侵害之后，在实体上就获得了两大权利：对加害人的人身惩罚权和经济上的求偿权，所以对被害人的保护也总是围绕着此二者展开的。②

在理论界关于对被害人予以国家补偿有以下几种学说：

1. 国家责任说

该学说认为，国家垄断了适用暴力镇压和惩罚犯罪的权力，国家应当负有保护公民的人身和财产安全，使其不受犯罪侵害的义务。由于犯罪被害人的存在，说明国家未能保护公民免遭犯罪的侵害，所以国家当然有责任对犯罪被害人予以补偿。

2. 社会福利说

该学说认为国家对犯罪被害人予以补偿是一种社会福利。国家是通过社会政策来改善和关心每个社会成员的生活，如果某个社会成员因犯罪被害而伤残、贫困，那么，其他社会成员应当共同分担其损失，社会应给予其适当援助。

3. 社会保险说

该学说认为，国家对犯罪被害人予以补偿是一种附加的社会保险。各种保险的目的都是使人们能够应付威胁其生活稳定和安全的意外事故。所有这些社会保险的费用都取之于国家税收。在犯罪被害人不能从其他渠道获得足额赔偿的情况

---

① 陈彬、李昌林、薛竑、高峰：《刑事被害人救济制度研究》，法律出版社2009年版，第9～10页。

② 熊智：《被害人权利保护的障碍和解决途径》，载www.chinacourt.org/html/article，最后访问日期：2011年5月8日。

下，也应视为社会保险帮助解决的意外事故之一，由国家予以补偿，而不致使犯罪被害人被迫独自承受这一事故带给他的损失。

4. 社会契约说

此种观点认为，政府基于社会契约而独占了防卫力量，就有了保护人民免受攻击及失窃等不法侵害的责任。根据社会契约，政府禁止人们持有或携带枪械作为防身武器，而独占一切防卫力量，人们也将自身安全交与国家保护，国家应该确保公民不受各种犯罪的侵害。因此，被害人因犯罪所遭受的损失政府均有赔偿或补偿责任。①

5. 预防犯罪说

该学说认为国家对犯罪被害人予以补偿是一种预防犯罪的手段。当犯罪被害人的权利受到侵害而又得不到适当的补偿时，特别是受害程度严重如死亡或重伤害等所带来的对犯罪被害人（包括其家属和遗属）一生的生活上的影响和精神上的打击，而得不到来自国家和社会的关怀、帮助，即公正待遇，使犯罪被害人的正义理念的破灭，很容易产生对罪犯及其家属以及社会的报复情绪从而走向犯罪的道路。为防止犯罪被害人成为新的犯罪人，犯罪被害成为新的犯罪原因，国家对犯罪被害人予以补偿。②

（二）被害人国家补偿的特征

河南农民艾绪强，为了报复社会，在繁华的北京王府井大街上，劫杀出租车司机，并驾驶抢来的出租车在人行道上横冲直撞，一手制造了“王府井连撞9人造成3死6伤”的刑事案件。2006年5月30日，北京市第二中级人民法院判决艾绪强死刑，并赔偿7名受害人及家属经济损失100余万元。艾绪强当庭表示：愿意赔，但没钱赔给受害人，希望国家能够出钱帮自己赔偿。通过此案我们应该认识到，刑事被害人需要国家补偿的实质，就在于刑事被害人是在无法获得或者难以获得赔偿的情况下，由国家基于法律规定的替偿义务，以通过给付被害人或者被害人的其他法定权利人一定的补偿费用的形式来弥补其因犯罪所遭受的经济损失。③

刑事被害人国家补偿具有以下几个方面的特征：

1. 被害人国家补偿目的具有社会公益性

在刑事被害人补偿法律关系中，作为补偿义务主体的国家与享有补偿权利的

---

① 李伟：《犯罪被害人学》，中国人民公安大学出版社2010年版，第135页。

② 左志平：《试论我国建立暴力犯罪被害人国家补偿制度的适当性——以农村法院暴力犯罪审判为视角》，载安徽法院网：http：//www. ahcourgov. cn，最后访问日期：2019年12月1日。

③ 陈彬、李昌林、薛竑、高峰：《刑事被害人救济制度研究》，法律出版社2009年版，第10、11页。

被害人之间的法律地位是不平等的，这是因为对被害人的补偿是国家基于维护社会的整体利益的考虑，国家最终的目的是通过补偿维护社会的共同利益，弱化由于犯罪给国家带来的各种不利于社会和谐稳定的因素。另外，国家在承担维护社会整体利益的义务时，也要求被害人予以特定的配合与支持。事实上对被害人的国家补偿是出于社会公益的考虑。①

2. 被害人获得国家补偿具有替偿的性质

刑事被害人所获得的国家补偿并不是由于国家的错误而产生的，而是由犯罪行为所衍生的，国家对被害人的补偿是出于犯罪人不能对被害人进行赔偿的情况下所进行的，是代替犯罪人进行补偿，但并不由此就免除犯罪人的赔偿责任，国家始终有向犯罪人追偿的权利。国家之所以替犯罪人进行补偿是因为国家在社会管理中存在过失，未能防止犯罪的发生、未能保障公民免受非法侵害。

3. 被害人国家补偿具有补偿额度的补充性

国家在对被害人进行补偿时，并不能进行全额的补偿，被害人由于犯罪行为所遭受的损失范围是比较大的，国家不应当全额承担。这是由于国家对被害人的补偿是出于社会公益性考虑，其主要目的是维护社会整体利益，因此国家不应该也不可能进行全额补偿，只是对被害人损失的部分额度的补偿，而且在补偿时还必须符合补偿的条件才能进行。②

4. 被害人国家补偿主体的特定性

在国家对刑事被害人进行补偿时，补偿的对象是有要求的，必须是符合补偿条件的具有受偿资格的人才能获得国家补偿。根据受补偿主体的实际情况，应该界定下列人员有权获得补偿：③（1）犯罪被害人；（2）被害人赡养、扶养、抚养的人；（3）被害人的法定代理人。

（三）我国的被害人国家补偿现状

我国刑事被害人补偿制度是在我国现行法律框架内进行的，对被害人受损利益的补救主要是通过刑事附带民事诉讼制度，由加害人补偿的。这种制度存在很大的缺陷，在许多情况下，被害人根本无法获得补偿。犯罪者因经济困难或者被判刑甚至被执行死刑而没有赔偿能力的现象较为普遍，使刑事被害人无法获得赔偿，或者赔偿无法得到充分兑现，导致被害人及其家庭生活陷入困境或精神痛

---

① 陈彬、李昌林、薛竑、高峰：《刑事被害人救济制度研究》，法律出版社2009年版，第10、11页。

② 陈彬、李昌林、薛竑、高峰：《刑事被害人救济制度研究》，法律出版社2009年版，第11～15页。

③ 陈彬、李昌林、薛竑、高峰：《刑事被害人救济制度研究》，法律出版社2009年版，第50页。

苦，成为诱发各种矛盾的社会问题。1995 年，国家就颁布了《国家赔偿法》；1996 年，《刑事诉讼法》修订以后，对犯罪嫌疑人、被告人的人权保障得到了进一步加强，但是对于刑事被害人的救助工作，则一直缺乏统一的规定，形成了被告人与被害人权益保护的失衡。许多刑事被害人“求偿不能”“求助无路”，损害了法律公正感。以近年来发生的大要案为例，云南大学学生马加爵杀害的 4 名大学同学无一人得到赔偿；杨新海流窜杀人案，作案 26 起，杀死 67 人；张君抢劫杀人案中死伤 50 余人；宫润伯变态杀人案杀死 6 名佳木斯儿童；石悦军杀人案杀死 12 人，伤 5 人；邱兴华案杀死 11 人，上述大案中几乎没有一个被害人获得过被告人的赔偿，因为凶犯几乎没有可供赔偿的财产。① 而据中国犯罪学研究会的调查，80% 以上的刑事犯罪受害人无法从被告人方得到经济赔偿。

在刑事案件高发期，刑事被害人成了一个庞大的群体，处理不当将给社会稳定埋下重大隐患。被害人遭受犯罪侵害，本身就给这些人身体和心灵造成了创伤，在其权利得不到有效保护、利益得不到补偿的情况下，往往引发长期上访甚至报复社会等问题。

（四）建立被害人国家补偿机制

目前，我国犯罪率居高不下，甚至还有上升趋势。犯罪行为作为最不和谐的因素，已经成为和谐社会建设的一大障碍。被害人往往由于犯罪人的侵害不可避免地受到身体上和精神上的巨大伤痛和伤害，使其处于不和谐的状态中。由于犯罪行为对社会生活秩序的破坏和损害，必须通过支付一定数额的金钱才能对受到侵害的对象进行救治和复原。只有对受害者实施及时的救治，才可能使受害者尽早从被害的情景中恢复过来，重新开始生活。由于我国目前仍然没有一部关于国家对被害人进行补偿的法律，而被害人又得不到犯罪人的赔偿，致使有些被害人完全陷入困境。为了防止被害人对国家和社会失去希望而报复社会，或者消除、淡化被害人对犯罪人的仇恨心理，恢复被害人的正常社会生活，稳定社会秩序，非常有必要构建刑事被害人国家补偿机制。② 鉴于我国人口多、底子薄的实际，应主要考虑对因犯罪造成人身伤害的被害人进行补偿。在没有足够的资金补偿被害人的损失的情况下，补偿的对象应限定为：被害人及依靠其生活确实陷入了困境的人；应以自然人被害人为限；应以故意犯罪，特别是暴力犯罪所造成的对被害人的生命、健康以及精神的损害为重点。因为相对于其他的犯罪行为而言，侵

① 陈彬、李昌林、薛竑、高峰：《刑事被害人救济制度研究》，法律出版社 2009 年版，第 26 ~ 30 页。

② 陈彬、李昌林、薛竑、高峰：《刑事被害人救济制度研究》，法律出版社 2009 年版，第 26 ~ 30 页。

害人身权的犯罪行为对被害人的伤害更严重，更具有国家救助的紧迫性和必要性。当然针对其他犯罪造成严重人身伤害申请国家补偿的，还需要设立一定的条件，否则就体现不出国家补偿的性质是“救急救难”。[①] 被害人国家补偿的资金来源对建立被害人补偿机制非常重要，借鉴国外的经验并结合我国的实际，学者们建议设立“被害人补偿基金”。该补偿基金以国家预算为财源，在司法行政部门内设立专门委员会负责补偿金的收取、管理和发放等事宜。除此之外，被害补偿基金还可以包括以下几方面的来源：（1）罚金的一部分；（2）监狱服刑者的劳动收入的一部分；（3）犯罪人的犯罪所得或其财产依法没收后的变卖所得；（4）法院收取的诉讼费的一部分；（5）上交国库的无主财产的一部分；（6）捐助款等各项，也可以作为补偿财源的一部分。[②]

二、被害人的社会救助

被害救助的理论研究在我国开展的较晚，在名称上也不够统一。有的学者称为“社会支援”，有的学者称为“被害人支助”“被害人服务”等。社会救助，是指公民因各种原因导致难以维持最低生活水平时，国家和社会按照法定程序给予款物接济和服务，以使其生活得到基本保障的制度。[③]

被害救助又称被害援助，是指政府、社区、被害人援助组织以及其他社会组织和个人对被害人因遭受犯罪侵害所造成的财产损失、人身伤害、心理和精神创伤而给予的经济、医疗、心理和社会方面的支持和帮助。[④]

被害人在社会中处于弱势群体的地位，他们因犯罪的侵害而被剥夺了正常生活的权利，因此，一个充满关爱和同情心的社会有责任帮助他们回归到正常的生活状态。被害人回归社会的这一过程不仅指经济上、身体上的恢复，同样应当包括被害人心理健康的恢复。而且加强对被害人心理损伤及其治疗的研究，表明被害人个体不再只是为帮助打击犯罪、恢复社会秩序而存在的工具，被害人本身就具有独立的价值，值得尊重和保护。[⑤] 遭受犯罪行为侵害对被害人和其亲属来讲，是一场人为的灾难。他们遭受的痛苦不仅仅限于身体和财产，而且涉及对他

① 孙永生、柴春元：《犯罪被害人国家补偿制度新探讨》，载法律教育网，最后访问日期：2008年1月6日。

② 田思源：《犯罪被害人的权利与救济》，法律出版社2008年版，第169页。

③ 陈彬、李昌林、薛竑、高峰：《刑事被害人救济制度研究》，法律出版社2009年版，第60页。

④ 李伟：《犯罪被害人学》，中国人民公安大学出版社2010年版，第139页。

⑤ 俞亮、张驰：《刑事被害人的心理损害及其援助》，载www.psychcn.com，最后访问日期：2001年7月27日。

们精神和心灵上的创伤。肉体的痛苦或许能够通过医学治疗而治愈，但精神和心灵上的创伤往往难以磨灭。被害人通常通过诉讼程序惩治犯罪人，获得经济赔偿，但其却不能因此得到彻底解脱，被害人常常表现出强烈的自我封闭心理倾向，强迫自己与社会隔离。这种心理如果任其发展，会导致下列恶果：一是个人复仇，被害人不信任国家和法律对自己权益的保护，一味寻求复仇的途径，从而被害人转换成新的犯罪人；二是自我摧残，随着精神孤独感的逐渐增强，在无法得到理解和有效援助的情况下，走上精神崩溃的边缘。因此对被害人的救助意义就在于，通过心理咨询、生理医疗服务使被害人尽早恢复身心健康，使犯罪人带给被害人的心灵创伤得到愈合。被害人心理上得到及时治疗和精神上得到安慰，就会抚平被害人及其家人的怨恨和仇视心理，使他们走出阴影，回归社会，重新纳入社会生活的常态。①

延伸阅读

斯德哥尔摩综合征

斯德哥尔摩综合征，斯德哥尔摩效应，又称斯德哥尔摩症候群或者人质情结或人质综合征，是指犯罪的被害人对犯罪人产生情感，甚至反过来帮助犯罪人的一种情结。这个情感造成被害人对加害人产生好感、依赖心甚至协助加害人。人质会对劫持者产生一种心理上的依赖感，他们的生死掌握在劫持者手里，劫持者让他们活下来，他们便不胜感激。他们与劫持者共命运，把劫持者的前途当成自己的前途，把劫持者的安危视为自己的安危。于是，他们采取了“我们反对他们”的态度，把解救者当成了敌人。

该症源于一起真实的案件。1973 年 8 月 23 日，两名有前科的罪犯 Jan Erik Olsson 与 Clark Olofsson，抢劫瑞典斯德哥尔摩内位于 Norrmalmstorg 广场最大的一家信贷银行，并劫持了 4 名银行职员。在与警察僵持了 130 个小时后，歹徒最终投降。然而这起事件发生后几个月，4 名曾经遭受挟持的银行职员，仍然对绑架他们的人显露出怜悯的情感，表明并不痛恨歹徒，表达歹徒不但没有伤害他们还对他们多加照顾的感激，并且对警察采取敌对的态度。更甚者，人质中一名女职员 Christian 竟然还爱上劫匪 Olofsson，并与他在服刑期间订婚。这两名抢匪劫

① 陈彬、李昌林、薛竑、高峰：《刑事被害人救济制度研究》，法律出版社 2009 年版，第 91 ~ 92 页。

持人质达6日之久，在这期间他们威胁受俘者的性命，但有时也表现出仁慈的一面。在出人意表的心理错综转变下，4名人质抗拒政府最终营救他们的努力。斯德哥尔摩综合征因为被发现在斯德哥尔摩人质挟持事件而得名。

研究者发现这种综合征的例子见诸各种不同的经验中，集中营的囚犯、战俘与乱伦的受害者，都可能发生斯德哥尔摩综合征。男女皆可能有此症状，但女性的比例比较高。

美国联邦调查局的人质数据库显示，大约27%的人质表现出斯德哥尔摩综合征的症状。据心理学者的研究，情感上依赖他人且容易受感动的人，若遇到类似的状况，很容易产生斯德哥尔摩综合征。

斯德哥尔摩综合征，通常有下列几项特征：

1. 绑匪为了某种“正义”原因而绑架人质，并得到人质认同。

2. 人质必须真正感到绑匪（加害者）威胁到自己的存活。

3. 在遭挟持过程中，人质必须体会出绑匪（加害者）可能略施小惠的举动。

4. 除了绑匪的单一看法之外，人质必须与所有其他观点隔离（通常得不到外界的讯息）。

5. 人质必须相信，要脱逃是不可能的。

而通常斯德哥尔摩综合征会经历以下四大历程：

1. 恐惧：因为突如其来的胁迫与威吓导致现况改变。

2. 害怕：笼罩在不安的环境中，身心皆受威胁。

3. 同情：和挟持者长期相处认识到对方系不得已而为之，且并未受到“直接”伤害。

4. 帮助：给予挟持者无形帮助，如配合、不逃脱、安抚等；或有形帮助，如协助逃脱、向法官说情、一起逃亡等。

第三编　犯罪原因论

第八章

犯罪原因概述

犯罪原因是犯罪学的核心内容，也是犯罪学研究的中心课题。犯罪原因理论在犯罪学中占有非常重要的地位，它是犯罪学中分歧最多、争议最大的问题。

第一节　犯罪原因的概念、特点与研究意义

一、犯罪原因的概念

原因和结果是一对哲学范畴。整个世界是一个普遍联系和相互作用的整体。在普遍联系和相互作用的世界中，各种现象和现象之间都是一种引起和被引起的关系。我们通常把引起某种现象的现象称为原因，而把某种被引起的现象称为结果。犯罪原因，是指能够引起犯罪现象和犯罪行为发生的各种社会、自然和个人等因素相互作用而形成的一个系统。犯罪从宏观上看是人类社会发生、发展过程中出现的病态的社会现象；从微观上看是社会中的某个人或某些人实施的危害社会的行为。因而引起社会出现这种现象和引发行为人实施这种行为的各种因素就是犯罪产生的原因，它包括犯罪根源、犯罪原因、犯罪条件和犯罪的相关因素四个层次。犯罪学上的犯罪原因有广义和狭义两层含义：广义的犯罪原因，是指上述各种因素按其作用层次、力度及作用机制所构成的能引起犯罪现象和犯罪行为存在与变化的罪因系统；狭义的犯罪原因，是指处于犯罪原因系统中能独立地、直接引起犯罪行为发生和犯罪现象变化的因素。

二、犯罪原因的特点

（一）系统性

犯罪原因是一个复杂的、综合的系统。首先，犯罪现象是一种社会矛盾的综合病症，它的产生也是一个复杂的过程，是各种社会现象纵横交错、互相综合作用的结果。产生这种社会综合病症的原因也不可能是单一的，而是一个多元的、多层次的、多变量的动态的综合系统。其中既有政治、经济、思想、文化、法制等因素，又有犯罪个体的生理、心理的因素；既有犯罪人的主观因素，也有客观因素；既有腐败消极因素，也有健康积极因素在社会发展过程中的不可避免的起作用；既有直接因素，又有间接因素。各种因素对犯罪现象和犯罪行为的发生都不是孤立起作用的，而是在犯罪过程中相互作用和共同整合从而引起犯罪结果发生。各种因素作用的大小、强弱、途径、过程等，都受制于一定历史条件下社会运动发展的总规模、总态势。

其次，犯罪原因系统中各种犯罪因素及其作用机制是错综复杂的。犯罪原因和犯罪结果之间的关系，存在因果依存关系、条件关系、状态关系。因果依存关系反映事物运动、变化和发展的动力和源泉；条件关系保证了动因发挥作用；状态关系反映了事物的运动、变化和发展的结果。这三种关系纵横交错形成了犯罪原因的复杂性。

可见，引起犯罪发生的诸多因素彼此相互作用形成一个整体，综合地结合在一起发生作用，共同导致犯罪的发生。任何一个孤立的因素都不可能独立地引起犯罪，只有各种因素的结合才能导致犯罪的发生。犯罪原因具有系统性，这就要求我们在分析犯罪和犯罪现象时必须系统地分析犯罪产生的原因，而不是简单地罗列各种因素。

（二）层次性

层次性表示事物的结构或者运动形式具有等级次序性。犯罪原因的层次性是指犯罪原因不仅是多样复杂的，而且这多种因素是有等级次序性的，各种犯罪因素在犯罪原因系统中所处的地位和作用是不尽相同的。在一个完整的罪因系统中，引发犯罪的各种因素，依照其对犯罪结果产生的作用程度、作用方式、作用范围，具有不同的等级性、层次性。

一般而言，犯罪原因包括犯罪根源、犯罪的具体原因、犯罪条件和犯罪的相关因素。根据作用范围的广狭，还可以分为犯罪现象的原因、类犯罪的原因和个体犯罪的原因。等级次序性既是犯罪原因复杂多样性的体现，又是分析犯罪原因体系的必然要求。在分析犯罪原因时，应该分清犯罪原因的层次，把握犯罪原因作用的等级，从而清晰地揭示社会犯罪现象的原因。

（三）动态性

犯罪原因的动态性是指犯罪原因不是静态的现象而是动态的过程。过程的含义是事物发展变化的连续性在时间和空间的表现。事物因自身的矛盾运动，使其发展在时间上前后相继，在空间上连续不断，形成一个发展变化的过程。过程的内容是对立面的统一和斗争，过程的形式是从相对稳定的量变状态到显著变化的质变状态。

动态性是过程的基本特征，犯罪原因具有动态性特征表现为两层含义：在宏观上，犯罪作为社会现象，引起它发生的各种犯罪原因（各种社会现象）必定会随着社会发展变化而发展变化，犯罪原因的具体内容永远处于不断变化的过程中；在微观上，犯罪作为个体行为，促使个体犯罪的外在原因内化为犯罪动机是一个变化过程，而犯罪动机转变为犯罪行为又有一个催化过程。总之，犯罪是各种主客观原因在相互作用过程的产物。

犯罪原因的动态性是事物矛盾运动的普遍性所决定与制约的。因此，不能静止孤立地考察犯罪原因与犯罪现象的因果关系，而应当用运动的、发展的观点，在查明犯罪原因各种要素的同时，揭示出各种要素之间的相互联系和相互作用的状况，借以更加能动地、科学地制定预防犯罪的措施。

三、犯罪原因的研究意义

犯罪学是一门以犯罪现象和犯罪原因为研究对象的刑事科学。犯罪学的生命力取决于其能否控制犯罪、预防犯罪、为现实社会发展服务，而控制、预防犯罪的前提是能认识犯罪、找到犯罪发生的各种原因。因此，犯罪原因研究在犯罪学中具有特殊的意义，成为构筑犯罪学学科体系的基石。犯罪原因研究的意义主要体现在以下几个方面：

（一）研究犯罪原因，有利于实践中认识犯罪，掌握犯罪变化发展的规律

犯罪是一种“复杂的内在社会矛盾综合作用而外化的客观物质运动形态”，自有其本身的运动规律。我们要认识影响制约犯罪的各种社会现象与过程的相互关联，掌握其内在规律，才能为控制与预防犯罪服务，这就需要深刻地掌握犯罪现象及犯罪行为的原因，把握犯罪原因的特点。

在研究、分析犯罪产生的原因时，首先，要尽可能找出犯罪的各种原因要素，注意这些要素和犯罪之间的关联性，深刻认识犯罪原因的系统性、层次性、动态性等特点，从而把握犯罪产生、发展、变化的规律性。其次，犯罪原因的研究要注意宏观和微观相结合。从宏观上研究分析犯罪原因，要求我们把犯罪现象作为一个整体，从一般意义上分析和阐述特定社会中为什么存在犯罪现象，群体犯罪现象变化和发展的基本动力如何，一定时期内犯罪波动的主要原因是什么

等；从微观上研究犯罪，则要求我们深入社会生活的内部，进一步认识社会生活中哪些现象影响和诱发犯罪。在从宏观到微观相结合的基点上研究犯罪原因，既可以使我们从宏观上认识到犯罪现象的本质及其总体变化规律，又可以具体把握影响犯罪现象的各种要素，从而帮助我们在从现象到本质、从局部到整体的认识基础上作出全面合理的解释。

（二）研究犯罪原因，是预测、控制、预防的前提

一切犯罪都离不开其产生的原因。我们对犯罪原因的研究不是为研究而研究，而是通过对犯罪原因的研究，更明确、更深刻地认识犯罪现象，找出犯罪产生和发展变化的作用机制，从而为犯罪预防和犯罪控制提供具体的理论指导。一方面，犯罪原因研究揭示了犯罪现象的本质和发展变化的规律，有助于决策者树立科学的犯罪观和犯罪对策观，提高在犯罪控制领域的决策水平。另一方面，通过准确地分析和界定影响犯罪的现实要素的范围和性质，为宏观规划犯罪预防，建立全社会犯罪预防体系提供事实基础；通过剖析犯罪行为发生的客观过程，为微观上组织具体预防行动指明方向和提供途径。

社会治安综合治理是具有中国特色的犯罪预防和控制手段，这也是发动社会各种力量对犯罪和犯罪现象进行齐抓共管的原因，但是这里的齐抓共管离开了犯罪的各种原因都是无的放矢。只有准确地把握犯罪的各种主客观原因，才能有针对性地进行教育和改造，正确地执行刑罚，降低重新犯罪率，从而开展有针对性的犯罪对策研究。犯罪原因研究告知我们，犯罪原因就存在于我们足下的土壤之中，离开这一根本认识，控制与预防犯罪必将陷入误区，更不可能科学地预测未来的犯罪趋势，而且也难以达到真正减少和遏制犯罪的目的。

（三）研究犯罪原因，有利于促进犯罪学学科的发展

犯罪原因研究是犯罪学的基石，犯罪原因论的形成为犯罪学提供了广泛的研究对象，促进了犯罪学学科的形成和发展。由于对犯罪原因的不同认识，犯罪学又产生了许多分支学科，如犯罪人类学、犯罪生物学、犯罪心理学、犯罪社会学，这些学说的成果有力地促进了犯罪学的繁荣和发展。

犯罪学作为一门学科，其学术水平在很大程度上取决于犯罪原因研究所达到的科学水平。因为，“各种犯罪学说的区分点，往往是以怎样回答犯罪原因为标志；各种犯罪学科所建立的理论体系和理论结构，也往往是以它的犯罪原因论作依据的”。也就是说，犯罪原因研究水平所达到的高度，直接表明犯罪学的学科水平及方法论的正确性，这无疑会影响该学科的生命力。

第二节　犯罪原因研究的历史

犯罪原因是犯罪学的核心内容，是犯罪学研究的中心课题。而犯罪是一种复杂的社会现象，关于犯罪形成的原因，古今中外学者有很大的认识差异。从人类历史的长河上看，认识与研究犯罪原因，大体上可以分为古文明时期、中世纪时期、文艺复兴时期、近现代时期。每个时期因生产力发展水平和人类精神世界发展程度的制约及影响，呈现出不同的特点。

一、古文明时期

人类从原始社会走向奴隶社会的过渡时期及奴隶社会的初期，由于生产力的极端落后但又产生了少量的剩余产品，出现了利益差异与利益冲突，演发了阶级、阶级斗争及国家的产生。此时对犯罪原因的认识因受人类认识社会、认识自然能力的局限，以一种超自然的唯心主义面目出现，认为犯罪是鬼怪、神灵指使的结果，犯罪人是鬼神附体的替身，是中了恶魔的妖孽。将一切犯罪的原因归结为受精神世界外的神怪影响。于是，在许多国家的民族神话中大多能见到类似于希腊神话中“潘多拉的黑匣子”的犯罪起源的传说。

犯罪原因起始认识的古文明时期，是指奴隶社会向封建社会变革时期一些思想家在论述自然、社会、人生等重大哲学问题时所兼顾到的有关犯罪、犯罪原因的认识与看法。在欧洲公元前5世纪至公元前4世纪左右，有苏格拉底、柏拉图、亚里士多德等一些哲学家。在亚洲公元前6世纪至公元前3世纪，有孔子、荀子、老子和墨子等一大批圣贤。他们第一次以极其朴素的唯物和唯心主义的方法论与世界观，观察与分析犯罪现象及成因，提出了许多宏观、中观与微观的罪因观点（还谈不上系统的理论）。如苏格拉底将犯罪与人的骨相相连，认为面黑与相貌怪异者是罪犯。柏拉图认为不良教育和不良环境的影响与犯罪行为有联系，此方面的作用是促使人的恶性占优势并由此产生使人作恶的原因。亚里士多德则认为犯罪的根本原因是人类的罪恶本性。而孔子则认为人性善，人作恶是贫困、受教育程度与外界环境的不良影响的结果，他认为“贫而无怨难，富而无骄易”。荀子认为人性恶，人的一切越轨行为包括犯罪在内，都是由于人的天性是恶的本性所致。管仲认为，犯罪与社会经济条件相联系，提出“仓廪实则知礼节，衣食足则知荣辱”的主张。老子认为，统治阶级的剥削和社会矛盾是犯罪赖以产生和存在的客观原因。韩非子认为，犯罪产生的原因有客观原因和主观原因两大方面，客观方面主要是因为人所处的环境是十分计较利害得失的社会，人与人的关系是一种利害关系；主观方面是因为人性恶，是人的私欲作祟，即“民慕其利而傲其罪”。

二、中世纪时期

中世纪时期，是指深受封建宗教思想束缚与禁锢的欧洲宗教神权统治时代。此时因神学与法学“联姻”，无疑也影响到对犯罪与犯罪原因的基本认识。宗教时代的犯罪原因的认识，特点之一是将宗教“原罪说”规范化，将亚当与夏娃偷吃禁果被上帝驱逐伊甸乐园的传说作为人类犯罪与受磨难的正统起源，记载在《圣经》之中并广泛传播。神学大师们如奥古斯丁将一些宗教传说进一步地理论化，他认为圣经的“原罪说”是人类犯罪之始，犯罪行为的发生是人所具有的恶的意志、恶习的必然结果。故借此恐吓人民，要求大众皈依宗教，通过抑恶扬善，求得升天堂的机会。

三、文艺复兴时期

欧洲 14 世纪至 16 世纪的文艺复兴运动，促进了自然科学与社会科学的巨大发展，带来了犯罪原因分析的科学时代。在这一时期，一大批启蒙思想家在其各自百科全书式的思想体系中都或多或少地论述了犯罪与犯罪原因，他们均从社会环境或自然环境等客观现实出发分析犯罪的原因，反对封建的超自然的唯心的“原罪说”。如莫尔认为犯罪的根本原因是社会，在于私有制；霍布斯认为一切罪行都源于无知、谬误，源于仇恨、淫欲和贪婪等激情；孟德斯鸠认为犯罪与专制制度的各种弊端相关，深受地理环境因素的影响；犯罪古典学派贝卡利亚更是高举着反封建的大旗，提出了犯罪是人的自由意志选择的结果。

在启蒙思想、自然科学成就的鼓舞与方法论的指导下，在资产阶级革命胜利后，在犯罪浪潮冲击的现实要求下，一大批自然科学家——生物学家、人类学家、数学家、统计学家、地理学家和社会科学家——法学家和社会学家等，开始了规模空前的犯罪问题研究，提出了一系列的犯罪原因理论与观点，并以此为基础诞生了犯罪人类学派和犯罪社会学派。犯罪人类学派由意大利人类学家、精神病分析学家、医生龙勃罗梭所创立，他认为犯罪是人类行为在现代人身上隔代遗传的结果，犯罪人具有区别于正常人的骨骼及生理特征，存在“天生犯罪人”。犯罪社会学派由德国的刑法学家李斯特创立，他在继承了前人有关犯罪形成的社会学原因的基础上，将犯罪原因视为社会与个体原因的集合（“二元论”）并与菲利的社会、个体和自然环境（“三元论”）的多元论相对立，使人类社会对犯罪原因的认识更深入了一步，从贝卡利亚仅局限于犯罪行为的罪因研究到龙勃罗梭集中于犯罪人的罪因分析，向犯罪现象的整体研究的转换做出了特殊的贡献，使罪因研究更具科学性——犯罪的实质是一个社会问题，犯罪是社会环境与个人素质综合作用的结果。

四、近现代时期

20世纪以来，在两次世界大战之后，犯罪频发。面对如此严峻的社会治安形势，各国政治家、法学家、犯罪学家均投入了极大的精力关注犯罪问题、研究刑事政策、剖析犯罪原因和寻找防治对策。美国因现代化尤其是城市化较欧洲国家的崛起迅速，由此引发的社会问题（犯罪问题为主）尤为突出。在芝加哥大学工作的一批社会学家借此机会深入研究城市犯罪问题，在20世纪30年代掀起了一股强劲的犯罪社会学理论研究的旋风，不仅丰富了社会学理论，而且将犯罪学研究的中心转移到美洲大陆，并使犯罪社会学的旗帜高高飘扬。21世纪以来，几乎最有影响的犯罪（社会）学理论都是关于现代化和都市化与犯罪联系的理论，如犯罪生态学论、犯罪同心圆论、社会解体论、不同接触论、相对剥夺论、亚文化群论、冲突理论（群体冲突理论、社会文化冲突理论、阶级冲突理论、标签理论）等。认为现代化（工业化、城市化）所带来的社会经济的发展制约与决定了近、现代社会犯罪的状况、规模与特点。现代化进程对犯罪率和犯罪方式具有明显的和普遍一致的影响。美国当代犯罪学家路易丝·谢利认为："所有这些主要的美国犯罪学说都可以纳入现代化学说之中。"这些主要的美国犯罪学说都是根据日益城市化的现代生活条件来解释犯罪的原因；都是根据个人以及身居其中的社会和城市生活的普通作用来分析现代化对犯罪的影响。

中国的犯罪原因研究尽管是马克思主义犯罪观作指导并且事实上属于其科学理论大厦的一部分，但其研究对象领域及方法论，均属于工业化与城市化时代的犯罪原因研究范畴，并且在研究结论和代表性论点上均有重复西方工业化初期罪因研究成果的一面，目前，我国正在进行现代化建设，工业化和城市化步伐日益加快，其间，随着经济的发展，犯罪现象日益严重，犯罪发生率亦急剧增长，多少有些类似西方资本主义国家工业化发展中期的社会征兆，亦多少带有现代化与犯罪率同步增长的罪因结论的含义。对于历史的相似性，我们应该承认犯罪存在的规律具有某些同一性，同时也不应对当前犯罪率的增长尤其是重大恶性案件的增加大惊小怪，而是应该在吸取发达工业国家有关控制预防犯罪的经验与教训的基础上，充分发挥社会主义国家的优越性，将犯罪现象和犯罪行为控制在社会发展尤其是经济发展和老百姓所能承载和接受的范围内。

第三节 犯罪原因的体系

一、犯罪原因体系概述

体系，从词源意义上讲，是指若干有关事物或某些意识相互联系的一个整体。现代系统论认为，任何系统都是有结构和层次的，不是各事物的杂乱拼凑。系统是由相互制约、相互依存、相互作用的若干部分或要素，以一定的结构组成的具有某种整体状态和整体功能的有机联系的统一体。系统作为事物有机联系的统一整体具有以下特征：第一，系统必须包含若干组成部分或要素；第二，各系统组成部分或要素都是相互制约、相互依存、相互作用的，紧密地相互关联着的；第三，这些相关的部分或要素又是以一定的有序的结构在系统内部结合在一起的；第四，这种有序的结构使系统构成一个统一的有机整体并决定整体的状态；第五，这个处于一定状态的有机整体具有不同于它各组成部分或要素的总体功能；第六，由于任何系统又都是构成一个更大系统的组成部分或要素，这个更大的系统就成为它的环境，它随着这个环境的变化而改变，以保持它与这个更大系统的适应。犯罪原因是一个复杂的系统，各种致罪原因所构成的体系也不是各种因素的简单堆积，而是一个具有复杂结构、多维层次的有机和谐的动态系统。

犯罪原因由外因和内因组成，是我国犯罪学界关于罪因结构的最具代表性的认识。犯罪的外因也即犯罪的客观原因，是指犯罪主体以外的一切促使犯罪人实施犯罪行为的原因，主要是犯罪主体以外的社会环境即社会存在的各种因素。犯罪的内因也即犯罪的主观原因，是指犯罪主体本身的诸种促成犯罪行为实施的原因，主要是犯罪者的犯罪意识，表现为犯罪主体的心理结构和人生观方面的缺陷等。犯罪人实施犯罪行为是其内因和外因相互作用的结果。犯罪的外因和内因的关系在宏观上就是社会存在和社会意识的关系，根据社会存在决定社会意识的哲学原理，只要社会中存在矛盾、存在消极因素、存在制度缺陷、存在管理漏洞等引起犯罪发生的因素，就必定有犯罪。犯罪的外因和内因在微观上表现为客体和主体的关系，解决的是犯罪主体怎样产生犯罪意识的问题。实施犯罪是人的一种实践活动，犯罪的这种实践活动是以主体反映客体的认识为必要条件和内在因素。综上所述，推动个人实施犯罪行为的内在因素即认识（犯罪动机）的形成是内因与外因相互作用的结果，相互作用的双方是相互依存的。当主客观因素相互作用产生犯罪时，这才使反社会意识成为现实的犯罪主观原因（内因），使社会结构缺陷成为现实的犯罪客观原因（外因）。这就是外因与内因在个体实施犯罪过程中相互依存的表现。

犯罪原因体系是一个多因、多变量、有主次的动态系统。罪因系统由犯罪根源、犯罪具体原因、犯罪条件、犯罪的相关因素以及犯罪人的个性特征等要素构成。他们尽管在罪因系统中的地位、作用、机制各有不同，但彼此之间相互联系并相互依存，又在一定条件下相互转化。

犯罪原因的结构层次，是指犯罪原因的诸因素之间相对稳定的联系方式，也即犯罪原因的组合和作用形式。犯罪原因是引起犯罪发生的各种要素相互作用而形成的一个系统。犯罪是各种要素相互作用的一种社会综合病症，这些要素并非简单孤立的集合，而是以不同的方式、按不同的作用程度作用于事物的运动过程，有的从内部本质发生作用，有的从外部条件发生作用。按照他们对犯罪结果发生作用的程度和方式，形成一种层次结构。

犯罪根源或本源是犯罪的根本原因，是犯罪最深层次的原因，它制约着犯罪的具体原因、条件及相关因素，最终制约着犯罪的产生和消亡，是罪因体系中的第一个层次；犯罪的具体原因是引起犯罪行为发生的直接动因，它在根源、条件和相关因素的作用下，对犯罪行为的产生起着直接和决定性的作用，属于罪因体系结构中的第二个层次；条件是犯罪现象和行为出现的客观因素，它促使和制约着原因和结果的相互联系，是罪因和结果的中介因素，如具体的时间、空间、被害人等因素，属罪因体系结构中的第三个层次；相关因素是罪因的客观依托和背景，是影响和造成犯罪的可能性的因素，如气候条件、地理因素、自然环境等，属罪因体系结构中的第四个层次。

层次既表示了事物的结构也表现为事物运动形式的次序性。犯罪原因变为犯罪行为是一个动态过程：社会和个人的各种复杂多样的致罪因素相互作用，必然遭到犯罪原因以外的免罪系统的强大阻挠，彼此斗争；致罪因素如能穿透免罪系统，则产生“潜在犯罪人”；潜在犯罪人在遇到特定背景（环境条件——社会的和自然的）形成“犯罪场”，从而实施犯罪。所以从犯罪的动态过程来看，其运动形式次序是：犯罪原因—犯罪场—犯罪行为。

二、犯罪根源

什么是犯罪的本质和起源（根源），这是犯罪学无法回避的重大理论问题。犯罪根源又称犯罪本源、犯罪的社会历史根源、犯罪的总根源等。犯罪根源处于犯罪因果链条中的最前端，从深层次上决定着一个社会的犯罪形态与变化规律，是“犯罪原因的原因”或“犯罪的终极原因”。所谓本源，就是普遍性的终极原因，是一般历史条件（不论何种社会形态、何种社会制度）与一般社会环境

（不论环境的具体因素）以及一般犯罪行为（不论犯罪人的个体性格、年龄）产生的原因。本源研究不直接受特定时空、特定社会制度、特定生产方式、特定文化模式和特定犯罪形态的限制，力图解释不同条件下产生犯罪的原因，具有普遍的概括力、宽泛的解说力和兼容性。

在人类无法解释犯罪这种社会现象时，曾把犯罪根源视为主体之外神的意志。古典犯罪学派认为，犯罪是犯罪人的“自由意志”的选择，实证犯罪学派则从环境和遗传角度解释犯罪。犯罪生物学、犯罪心理学、犯罪社会学从人的生物性、人的潜意识、个人因素和社会因素的关系等不同角度解释犯罪根源。西方学者由于其自身方法论和世界观的限制，不可能从本质上正确认识犯罪，解释犯罪产生的终极原因。马克思主义理论指导下的中国犯罪学肩负着回答犯罪根源的历史使命。

在我国犯罪学界，犯罪根源理论经历了较长的历史发展过程。在对犯罪根源的长期探索过程中，学界形成了较为通行的观点，认为犯罪的本质是其阶级性，犯罪是阶级矛盾和阶级斗争的产物；犯罪起源于阶级、国家、私有制的出现。私有制使凶杀等犯罪行为由原始社会个人之间的事情转化为反对剥削阶级统治秩序的手段，私有制经济是犯罪现象得以产生的物质基础。犯罪主要是被统治阶级自觉不自觉地反抗现行统治的一种方式。总之，私有制是一切犯罪产生的总根源。

20 世纪 80 年代以后，我国犯罪根源理论研究深入发展，出现了多种理论。最突出的观点就是认为犯罪起源于社会物质资料的生产方式，犯罪是任何社会形态中的基本矛盾——生产力与生产方式、经济基础与上层建筑矛盾运动的结果。犯罪的本质属性和原始形态早在国家诞生之前就已经存在。即使在无阶级的氏族社会中，也必然存在反对统治关系、蔑视社会秩序的“非规范行为”。阶级、国家产生后，统治阶级用法律将其标定出来，法定犯罪不过是人类社会进入阶级社会之后对“非规范行为”的新的称谓。如果仅仅把私有制、国家和法律之后的“非规范行为”才称为犯罪，那么这种认识与其说是原因分析，不如说是法律分析。应将犯罪现象置于更广阔的历史时空，将犯罪视为人类社会基本矛盾的动态发展全过程中处于演变状态的社会历史现象，犯罪赖以生存的社会基础要比阶级斗争产生时所特需的社会条件广泛深厚得多。

那么，到底犯罪的根源是什么？马克思对此有经典论述，“犯罪——独立的个人反对统治关系的斗争，和法一样，也不是随心所欲地产生的。相反，犯罪和现行的统治都产生于相同的条件”。这为我们提供了解开犯罪根源之谜的钥匙，马克思主义的基本原理告诉我们：人类社会的生产方式是整个社会结构中最隐蔽的基础和变化的根本动因，物质生活的生产方式制约着整个社会生活、政治生活和精神生活的过程。马克思主义观察一切社会现象以及历史进程的基本观点和方法，是从物质的生产方式和社会的经济结构——生产力与生产方式及二者的矛盾运动来入手研究的。这也是我们观察包括犯罪在内的一切社会历史现象的唯一正确的方法。生产力和生产关系是人类社会的最基本矛盾。在人类社会发展史上生产力和生产关系既相适应，又相矛盾。适应是相对的，矛盾是永恒的。一切生产关系的根本变革（如私有制的出现或消灭）都是二者矛盾运动的结果。所以考察社会现象仅仅看到社会关系变化是不够的，必须看到变化的原因。

马克思犯罪根源论认为，犯罪，“这种人类蔑视社会秩序的最极端的表现”，其终极原因就是社会生产方式中生产力和生产关系的矛盾运动的结果，这是一切社会形态下，犯罪共同的终极原因。不同社会制度下，根源相同但犯罪原因各不相同。适应于各种不同的社会形态犯罪生成的模式就是：生产力与生产关系的互动生成各种不同形态的社会矛盾（犯罪的社会原因在不同社会制度下有不同性质、不同内容、不同表现形式）；与特定的个人相互作用，产生反抗现行统治的意识与动机；在一定的外界条件下，外化为与社会规范为代表的社会秩序的冲突，其中，蔑视社会秩序的最明显、最极端的表现就是犯罪。

在原始社会，人类的第一种社会制度是按母系计算世系，生产资料归母系氏族所有，财产由母系亲属继承。随着生产力的进步和男女分工的出现，传统的社会关系状况与此不相适应，氏族内制定了各种惯例和禁令来调整社会关系。而从母权制过渡到父权制，也是生产力发展到一个新的历史阶段的结果。它按父系计算世系，生产资料归父系血缘亲属继承，这是生产关系的一次重大调整。尽管父权制没有改变公有制性质，但危害“全新的社会关系”的行为却大量增加，需要以新的社会秩序来维护。于是，“新的法律规范已逐渐渗入氏族的习惯”，氏族管理机关制定法律，审判案件，处理惩罚犯罪，以维持社会秩序。可以认为，原始社会的历史证明了生产力与生产方式的矛盾运动推动了社会的发展。在这个过程中，不断出现社会关系的不协调因素，表现为违反惯例与禁令，也就是违反了氏族整体利益的个人意志行为，这种行为在本质上违反了氏族社会的统治关系（社会管理关系）。氏族的反应也是从母系氏族的习俗和舆论调整逐渐发展到用生理、身体的强制处罚，如血族复仇之类的处理，再发展到父系氏族的“法庭”的判决，实行“惩戒权”。这表明，原始社会的抢劫杀人与阶级社会的抢劫杀人在外在表现形式上一致，危害的统治关系一致（区别在于原始社会的统治关系没有阶级性，阶级社会的统治关系有阶级性），属于“被禁止的现象”，而受到制裁也一致，就不能否认两种行为本质的一致性。因此，没有阶级对立不等于没有危及统治关系的社会矛盾。在社会关系的重大调整中，非阶级对立的社会矛盾一样会激化，一样会表现为十分极端的行为。

当社会生产力得到长足的发展，劳动产品有了剩余，这就为私有制的产生创造了条件。这是人类历史上生产力发展引起的生产方式的根本变革，改变了社会生产方式，私有制、阶级和国家登上了历史舞台。这一变革的根本动因也是生产力与生产方式的矛盾运动。私有制不是犯罪产生的根源，私有制的产生带来了阶级对立和阶级剥削。在剥削阶级占统治地位的社会制度下，统治阶级与被统治阶级矛盾尖锐，两极分化严重，社会极为不平等，广大人民群众处于贫困和相对贫困状态，为维护自身利益而作为“孤立的个人”反对统治关系。统治阶级则利用法律形式来体现和维护统治秩序，维护其阶级利益，将严重破坏统治关系的行为以刑事法律形式规定为犯罪。

在社会主义社会，生产关系发生了巨大变化，剥削阶级作为一个阶级已经被消灭了。生产资料以公有制为主体，广大社会成员的整体根本利益是一致的。生产关系的这种变化又反过来推动了生产力的发展。但是，社会主义社会仍然存在生产力与生产关系不相适应的一面，表现为存在众多的社会矛盾，反映在社会现象上，即存在大量的诱发犯罪的因素。在未来的共产主义社会，社会生产方式——生产力与生产关系的互动仍然活跃，仍然会产生社会矛盾，这是社会生命力的源泉。对此，列宁曾有精辟的论述，“只有共产主义社会才能为完全不需要国家创造条件，因为那时已经没有人需要加以镇压——这里所谓没有人是指阶级而言，是指对某一部分居民进行有系统的斗争而言。我们不是空想主义者，我们丝毫也不否认个别人捣乱的可能性和必然性，同样也不否认有镇压这种捣乱的必要性”。列宁所称的需要镇压的捣乱行为，虽不像阶级社会中刑事法律意义上的“犯罪行为”，但无疑是一种危害社会整体利益的行为，危害社会管理秩序的行为，只不过称谓不同而已。

综上所述，无论是前阶级的氏族社会还是在阶级社会，产生犯罪的终极原因均源自社会的基本矛盾即生产方式的自身矛盾。阶级社会的犯罪与原始社会的犯罪行为的区别表现在：（1）阶级产生使阶级社会的犯罪具有了政治法律性质；（2）二者侵害的社会法益性质不同，前者侵害的是社会整体的利益，后者侵害的是统治阶级的利益，但两种利益都是以“统治关系”的形式表现出来的。

三、犯罪原因

犯罪根源不等于犯罪产生的具体原因。犯罪作为社会基本矛盾运动的结果，是以社会现象表现出来的一种特殊物质运动形态。这些社会现象，既表现为各种社会关系的相互作用，又表现为社会政治、经济、文化等社会结构的矛盾运动；既表现为社会的上层建筑和意识形态的状况，又表现为个体的社会化过程与微观社会环境的相互作用……这就是罪因系统的第二层次——犯罪的具体原因。任何社会的犯罪现象和犯罪行为的形成，都离不开具体的犯罪原因。没有犯罪的具体原因，就没有犯罪现象和犯罪行为存在。犯罪具体原因是犯罪根源的抽象理论的具体化，和犯罪条件的相关因素一起，具体回答在特定的社会中为何会产生和存在犯罪。犯罪的具体原因包括宏观上犯罪现象生成的原因和微观上个体犯罪行为生成的原因。

（一）犯罪现象生成的原因

这是将犯罪作为社会现象来探索其产生的原因。在社会发展过程中，生产力与生产关系、经济基础与上层建筑之间的矛盾，带来了社会关系的不协调、社会结构的失调。这种失调所产生的各种社会现象的相互作用，就是犯罪现象产生的具体原因。例如，私有制和私有观念的存在带来政治生活的腐败，阶级矛盾不可调和使阶级斗争更加尖锐化，导致社会动乱。社会经济制度的不完善，使失业、离婚等种种社会问题严重化，微观社会环境中的家庭、学校、社区环境的不良因素，社会文化中的消极因素泛滥等。这些都是犯罪现象生成的具体原因，在这些原因体系中，很多属于社会政策、社会制度上的因素。因此，要减少犯罪这种社会现象，就必须调整社会政策，减少具体社会制度的失误和漏洞。在这个意义上，“最好的社会政策就是最好的刑事政策”。

（二）个体犯罪行为生成的原因

一个社会的犯罪现象是由这个社会所有的个体犯罪行为的综合构成的。没有个体的犯罪，就不会有社会的犯罪现象。因此，控制和预防犯罪的本质是对个体犯罪行为的控制和预防。个体犯罪生成的原因有别于犯罪现象的原因，更应该着重于对人的行为的研究。人是一种高级的社会动物，人的行为必然是以人的生理、心理特征为基础，在意识特征的支配下，与具体社会环境相互作用（环境的影响与人的能动选择）的结果。从社会学角度看，人的行为是社会化程度的体现，所以个体犯罪原因既有内因，也有外因。内因主要研究个体犯罪心理、犯罪动机的形成过程及犯罪心理与犯罪行为的关系。还研究犯罪个体的性格品质缺陷、社会化障碍、反社会意识形成的原因及过程，以及犯罪个体的生理因素等。外因研究主要是对犯罪个体以外的客观外在环境对其行为生成的影响。家庭、学校、社区环境、社会信息、亚文化等微观社会环境中的消极因素，作用于个体不良意识特征、不良个性倾向与内外因的相互作用，犯罪动机与犯罪心理因此产生。在一定的犯罪机遇、外界有利的时空条件下，最终外化为犯罪行为。所以，研究个体犯罪原因离不开内因，也离不开外因。只有从人的生物性和社会性相统一的观点分析，才能得出正确的结论。

四、犯罪条件及相关因素

犯罪条件及相关因素是犯罪原因体系中的第三层次和第四层次，都是犯罪原因外化为犯罪行为的过程中使犯罪结果得以实现的中介性因素。由于致罪因素的复杂性与多变性，条件与相关因素在实践中常常难以区分，但也是有章可循的。

（一）犯罪条件

犯罪条件，是指能够为犯罪人在实施犯罪行为时直接利用的，制约和影响犯罪发生变化的客观因素。犯罪条件包括个人条件和社会条件。个人的性别、年龄、职业等因素与社会环境中存在的管理制度松弛、社会特殊空间环境中的消极因素在一定程度上都能被犯罪人利用，称为犯罪人实施犯罪的条件。

犯罪条件不同于犯罪原因。犯罪原因是必然会引起犯罪结果的因素，犯罪条件本身不能直接引起和产生犯罪结果，但可在时间和空间上影响犯罪结果。犯罪条件是强化犯罪原因从而引起犯罪结果发生的中介，是犯罪原因发生作用的借助力量，对犯罪产生只能起促进、加强、保证和便利的作用。虽然犯罪条件不是犯罪产生的主要原因，但犯罪人的犯罪意识、犯罪动机产生之后，没有一定的外在条件，是不能直接表现为犯罪行为的。所以，犯罪行为的产生是犯罪具体原因和犯罪条件共同作用的结果。

（二）犯罪的相关因素

犯罪的相关因素，是指对犯罪的产生有一定作用和影响的因素，属罪因体系的第四个层次。犯罪和多种自然、社会现象相联系，即使排除了犯罪的具体原因和犯罪条件，犯罪的相关因素仍然十分复杂。这些因素包括地理环境、天象、季节等。例如，地理环境对犯罪的影响，使犯罪人产生可凭借特殊的地理环境既能增强作案成功率又能确保安全的侥幸心理。

犯罪的相关因素在罪因系统中是次要的部分，是伴随犯罪原因和条件而可能影响犯罪发生的现象。它虽然同犯罪有一定的关联性，但并不影响犯罪的后果。这种影响作用主要表现在对犯罪原因提供辅助性的便利上。

第四节　犯罪原因的分类

一、犯罪原因分类的意义

（一）有利于认识犯罪原因的内部结构

犯罪原因是一个多因素、多层次、多变量的系统，其内部结构异常复杂。犯罪原因分类将各种犯罪的原因进行科学划分与对照比较，有利于认识不同的犯罪原因构成要素，有利于认识各罪因子系统在整个犯罪原因学系统的地位与作用，准确地分析各罪因要素之间的相互联系，由此可以深入认识犯罪原因的内部结构，并可以判断若干罪因系统内部结构设置的合理性及犯罪的危害性，从而为构建科学的犯罪原因体系创造理论前提。

（二）有利于界定各种犯罪原因的概念，避免罪因研究的混乱

在犯罪原因研究上，东西方学者在较长时间里都对罪因的分类研究这一课题表现出极端的轻视和不屑一顾。缺乏犯罪原因的科学分类，常常导致犯罪概念模糊，也常使论证者陷入概念混淆不清的泥潭，造成理论研究者许多不应有的自身矛盾与混乱。因此，有必要对犯罪原因的概念进行分类，并在此基础上对犯罪原因进行界定，从而增强犯罪原因研究的科学性、规范性和应用性。

（三）有利于犯罪原因的理论构建和预防犯罪的实践

对犯罪原因的分类研究，能够认识到以往未认清的罪因理论问题，例如，长久以来犯罪学界对犯罪现象、类犯罪、个体犯罪行为的原因是不分开研究的，通过分类研究，学界发现这三种原因不是同一事物，不予分开阐述不利于犯罪原因的正确认识，也不利于有针对性地进行犯罪现象、类犯罪、个体犯罪的预防和控制。一般而言，对犯罪现象原因的认识，应从宏观的社会环境中去寻找，其预防控制对策也应是国家宏观的根本性的社会政策和刑事政策；对类犯罪原因的认识，应从此类犯罪联系的中观环境中寻找，其预防控制对策也应将宏观与微观的社会措施和刑事政策结合起来；对个体犯罪行为原因的认识，应从微观环境中寻找，其预防控制对策应在微观的社区、学校和家庭中予以落实。

二、犯罪原因的具体分类

（一）犯罪原因分类的多元标准

犯罪现象是社会现象中最为复杂的一种，诱发和引起犯罪现象的原因也复杂多样，要分清不同性质、不同作用力、不同内容的犯罪原因，只采取一种分类方法是绝对行不通的。因此，犯罪原因的分类方法要采取多元标准的分类方法，应当根据犯罪原因群自身存在的方式，从不同的角度、不同的层次、不同的取向进行分类。目前，国内学者们在犯罪原因分类问题上，一般以犯罪原因的作用范围、作用内容、作用程度和哲学层面为分类标准，进行分类。此外，学界还流行根据各自的犯罪原因论所构建的犯罪原因体系及结构层次的理论标准，对犯罪原因进行分层分类，将孤立的分类解析纳入系统分类综合研究中。总之，犯罪原因的分类标准具有多元性、多渠道性、多种思维的总体特征。

（二）犯罪原因的具体分类

1. 按照犯罪原因的作用范围进行分类

按照犯罪原因作用范围不同，可分为整体犯罪现象的原因、类型犯罪的原因和具体犯罪行为的原因。整体犯罪现象的原因是犯罪的一般原因，是指一个国家或一种社会形态存在犯罪的原因；类型犯罪的原因是指各种类型的犯罪原因，如暴力型犯罪原因、经济型犯罪原因、渎职类犯罪原因等；具体犯罪行为的原因也即个体犯罪的原因，是指某一个人走上犯罪的原因。在犯罪学研究中，具体犯罪行为的原因仍然是抽象的个别犯罪行为的原因，并不等同于现实社会生活中的各类犯罪行为发生的原因。

2. 按照犯罪原因的作用程度进行分类

按照犯罪原因的作用程度不同，可区分为犯罪根源、犯罪具体原因、犯罪条件和犯罪相关因素。犯罪根源是犯罪产生的本源，是犯罪产生的终极原因，是对犯罪产生起根本作用或最主要作用的原因；犯罪具体原因，是指决定犯罪发生的诸多因素和过程，是引起个体犯罪行为的直接动因，对犯罪现象和犯罪行为的发生起决定性作用；犯罪条件和犯罪相关性因素，是指能引起和诱发犯罪的各种要素，其和犯罪的具体原因相互作用导致犯罪结果发生。

3. 按照犯罪的哲学意义进行分类

犯罪原因按照哲学意义的不同，可分为普遍性原因与特殊性原因、主观原因与客观原因、内因与外因、主要原因与次要原因。

犯罪的普遍性原因，是指能够引起整个犯罪现象的原因；犯罪的特殊性原因，是指只能引起个别地区、某种类型犯罪人产生犯罪的原因。在研究犯罪原因时，既要了解犯罪的普遍性原因，又要注意特殊原因的发现。

犯罪的主观原因，是指犯罪行为人的不良人格及犯罪动机等因素，包括犯罪人犯罪意识和犯罪心理的内容；犯罪的客观原因，是指主体之外的致罪因素，以及社会存在方面的原因，具体包括：行为人所处的社会环境中的消极因素、腐败因素、制度漏洞，以及助长、促使、便利犯罪发生的各种情景要素。引起犯罪的主观原因指的是与犯罪有关的各种犯罪心理和犯罪人的人格特征；引起犯罪的客观因素，是指犯罪行为和犯罪个人形成的社会条件。这一范畴的确定，对于科学地说明犯罪行为的产生、分析和认识一定人的“犯罪化”的过程，特别是对于认识社会、环境和犯罪人个体特征之间的相互关系，具有特别重要的意义。犯罪无论是作为个体的行为还是群体的社会现象，只有在具有决定性的客观力量通过主观条件而起作用，使主观原因和客观原因有机结合在一起的情况下才产生。犯罪作为个体行为，其形成离不开犯罪人的主观意识。每一种犯罪行为都是一定的人为满足自己的某种需要而在自己意识和意志支配下进行的。犯罪行为的直接动因是犯罪人相对的自由意识和意志，也即引起犯罪的主观因素。

犯罪的内因是指犯罪个体的内部矛盾以及消极因素的作用过程；犯罪的外因是指犯罪个体外部矛盾以及其消极影响对其作用的过程。犯罪的内因和外因的确定是绝对性和相对性的统一。绝对性是指内因和外因划分具有绝对性，在对犯罪结果作用的关系上，内因和外因的地位和功能在一定条件下是可以相互转换的。也即除具体的特定的关系外，某种具体的特定的关系上的所谓的内因，相对于另一种具体的特定的关系而言则可能是外因，这就是内、外因的相对性。因此在把握犯罪的内外因素研究时不仅要把握其要素，还要掌握其相互转化的过程。

研究犯罪原因的主次必须指明是何种对象的主次。社会产生犯罪的主次原因是指社会自身存在犯罪原因的主次。个体犯罪形成的主次原因，是专指个体所受诸原因作用的主次，这种主次往往是因具体犯罪而异的。犯罪现象产生原因的主次与犯罪行为形成原因的主次的相互关系是辩证统一的。社会本身存在产生犯罪的原因，决定社会中总会有些人走上犯罪道路，这是社会犯罪的主要原因，对犯罪个体和群体的产生起着决定性作用。至于究竟哪个人或哪些人会成为犯罪主体，则是由犯罪人自身的生理、心理特征以及政治思想、道德观、人生观和世界观等次要原因决定的。

4. 按照犯罪原因的社会内容进行分类

按照犯罪原因的社会内容不同，可将犯罪原因分为社会原因、经济原因、政治原因、文化原因、自然原因、生物原因、心理原因等。

犯罪的社会原因是指引发犯罪产生与存在的社会诸因素及过程。社会原因是犯罪现象存在和发展变化的最主要的原因，具体包括家庭、学校、社区、单位以及宏观社会环境等要素。

犯罪的经济原因是指引发犯罪产生与存在的经济诸因素及过程。马克思主义犯罪观十分强调经济原因在犯罪产生与发展变化过程中的作用，从社会物质生活的生产方式和社会经济结构中探寻犯罪产生的总根源，并指出私有制及其带来的贫困和剥削是犯罪产生的重要原因。

犯罪的政治原因是指引起犯罪产生和存在的政治诸因素及过程。就法定犯而言，犯罪的产生就是由统治阶级制定的刑法所规定的，其目的就是防止与惩治敌对阶级和社会成员的捣乱和破坏，维护统治阶级统治秩序。政治原因的核心内容是阶级斗争与犯罪的关系，执政党及政府官员的腐败与犯罪现象的增多亦息息相关。

犯罪的文化原因是指引起犯罪产生和存在的文化诸因素及过程。犯罪在一定意义上可称作一种负面的文化现象，它反映出一个民族、一个时代的文化品质和特质，因而是衡量一个社会文明程度尤其是精神文明的杠杆（当然也有悖论）。

文化因素中的核心内容是传统文化、外来文化和亚文化对犯罪的负面影响，社会的精神文明对犯罪的作用。

犯罪的自然原因是指影响犯罪的自然环境因素，包括地理、气候与时间。犯罪受一定的自然环境的影响，并由此形成了不同地域的犯罪特征。自然环境不是决定犯罪存在与变化的主要因素，甚至谈不上是条件因素，但是任何犯罪行为的发生都离不开一定的时间和空间条件。地理因素或多或少会影响人的行为，当然也包括犯罪行为。

犯罪的生物原因是指影响犯罪的生物因素及其作用过程。生物因素是犯罪行为赖以生成的内在的物质条件。一般而言，人的生物因素对犯罪行为的发生具有不可否认的作用，但只是条件关系，不具有直接的因果关系。亦有学者主张生物因素与犯罪具有必然的因果关系。

犯罪的心理原因是指犯罪行为外化的个体内心活动的依据。任何社会原因或其他客观原因，都必须通过心理的内化与外化环节的作用过程，才能引发犯罪的产生。因此，心理原因主要涉及犯罪心理形成的原因与犯罪心理外化的原因。

延伸阅读

犯罪原因研究的十个发展趋势①

作为一种认识活动，犯罪原因研究也有自己的发展规律。早期的理论往往更接近于常识性的解释，而近几十年来出现的一些新理论在许多方面突破了常识性解释的框框。我们从三个方面就十个问题概括介绍犯罪原因研究所经历的发展变化及新近的趋势，使大家对这一问题有整体性的了解。

一、着眼点的转移

1. 从以现行法定犯罪定义为根据只研究法定犯罪的产生原因到以功能性犯罪定义为根据研究各种危害社会行为的原因。

2. 从研究犯罪事实的原因到研究犯罪定义的原因。一般来说，犯罪原因研究的基本问题就是人为什么会实施社会定义为犯罪的那些行为？但是，一些新理论的问题是，社会为什么要把某些行为定义为犯罪并处以刑罚？例如，标签论、冲突论、批判犯罪学等都给自己规定了这个课题。

3. 从着重研究下层社会成员实施的传统犯罪原因到开始注重上层社会成员

① 参见白建军：《犯罪学原理》，现代出版社1992年版。

利用权势实施的各种犯罪行为的原因。

4. 从行为人理论到行为理论。犯罪原因研究是着眼于犯罪行为人的剖析还是犯罪行为本身的研究，是两种不同的倾向。

二、价值论的更新

1. 从恶果必有恶因的因果模式到恶果未必源于恶因的因果模式

传统理论认为，恶果必有恶因，恶因必致恶果。凡是具有犯罪原因意义的因素或现象都具有恶的或病态的性质，都是异常的事物，都是社会应当给予否定性评价的东西。新的理论认为，恶果未必源于恶因，恶因也不一定导致恶果，任何事物都可能成为犯罪的原因。

2. 从一元规范论到多元规范论

传统理论认为，社会中存在一个统一的、普遍公认的行为准则或道德规范，其正当性是毋庸置疑的，而且也没有人怀疑。人之所以会犯罪，只能用低等需要的亢进和对公众规范的蔑视来解释。多元规范论则更适合于当代社会的解释。按照多元规范论，一切人都普遍接受的所谓统一的准则或规范，在当代社会中并不多见。许多看上去无可争论的准则或规范，只是对其制定者更有用、更有价值，而不是对所有阶级、群体具有同等价值。

3. 从“特殊人”到“正常人”

传统理论认为，犯罪人与非犯罪人在内部素质上具有根本区别。新的理论认为，犯罪并不是一类特殊人的特有行为模式，也不存在所谓犯罪素质，犯罪人与非犯罪人之间并无本质区别，每个人都可能犯罪。

三、方法论的变化

1. 从犯罪与犯罪控制的单向模式到犯罪与犯罪控制的相互作用模式

当代一些新理论如标签论、文化冲突论、激进犯罪学认为，不能仅仅用犯罪率的高低和社会治安状况的好坏去解释社会反应的激烈程度和刑罚的轻重，而应该用包括刑法在内的犯罪控制的本质、特点、严厉程度、完善程度解释犯罪的状况及变化。犯罪控制措施也可能导致犯罪，把对犯罪的社会反应作为原因来分析比作为结果来分析更有意义。

2. 从犯罪人实施的犯罪到犯罪人与被害人互动中的犯罪

被害人学创立以后，人们开始认识到，在绝大多数犯罪中，被害人都对加害人犯罪动机的形成和犯罪行为的最终实施具有重要影响，这些影响在许多场合下都具有犯罪原因意义。因此，犯罪并不是犯罪人自身素质、条件的单独结果，而是犯罪人与被害人互动的结果。犯罪人与被害人也是一个不可分割的对立统一体。

3. 从犯罪原因丛的多因素研究到犯罪终极原因的综合因素研究

犯罪原因丛是许多相对独立的犯罪因素的总和，是它们在人们观念中简单地堆积。在现代科学方法论的影响下，人们已经不满足于犯罪原因丛的多因素研究，研究犯罪终极原因的综合因素理论受到越来越多的重视。所谓犯罪终极原因，就其形式而言，是一定内容、一定数量犯罪因素及一定时空范围内的某个或某类犯罪按照一定的有序结构所组成的系统中各子系统之间的相互作用过程。

第九章

犯罪原因理论

第一节　我国犯罪原因的理论

犯罪学自20世纪二三十年代传入我国，我国学者就从翻译国外犯罪学著作开始了自己的研究。中华人民共和国成立以后，特别是改革开放以后，犯罪学研究在各综合性大学和专门性院校都获得了长足的进步，其中有中国特色的犯罪学观点层出不穷，限于篇幅，仅作以下几个学者的介绍。

一、犯罪原因多维结构立体论

随着现代系统科学方法论的引进、介绍和普及，我国理论界已经意识到系统方法对于研究犯罪原因的重要性，并试图将犯罪原因当作一个系统予以全面地认识和剖析。从整体上和各要素之间辩证统一地研究犯罪原因的做法，逐步取代了单一地和孤立静止地研究犯罪原因的传统，成为犯罪原因研究的主流和未来犯罪原因研究发展的趋势。

多维结构系统论是北京大学储槐植教授创立并不断丰富与完善的。该理论指出作为一个系统的“犯罪原因”可以定义为：引起犯罪发生和变化的决定因素（四维结构犯罪原因）和影响因素（犯罪场）相互作用的统一整体，即社会原因（二维）和个体原因（二维）两个方面四维结构即犯罪场的多维结构系统。其中犯罪的社会原因包括生产方式结构（社会存在）和社会意识两方面；犯罪的个体原因包括心理结构和人生观两个方面。四个方面相互作用形成一个原因系统，称为四维结构理论。犯罪场则是指存在于潜在犯罪人体验中、促成犯罪原因实现为犯罪行为的特定背景。在这一定义中，犯罪场包括这样两方面因素，一为潜在的犯罪人，二为客观条件。客观条件包括时间因素、空间因素、被害人因素和犯罪控制弱化因素。但并不是所有人感受到同样的客观条件都要实行犯罪行为，比如夜晚，在一个无人的昏暗的小巷中有一个戴着金项链的女人在独自行走，这样的条件对于一般人看来就不是犯罪场，他们也不会实行犯罪行为，但是如果这样的信息传递给潜在的抢夺或抢劫犯罪人，他们就会实行犯罪行为，在他们眼中，这就是犯罪场。①

四维结构犯罪原因暨犯罪场论，着重分析了犯罪原因系统的结构，说明了犯罪原因系统的基本组成部分，通过分析犯罪原因系统内部结构的功能来说明原因系统各组成部分对产生犯罪所起的作用。它是目前国内对罪因系统研究最精深的一种，其中的“犯罪场”论更是新颖独特，又具有合理性，并且赢得了广泛的好评。②

二、犯罪综合动因论

犯罪综合动因论是用辩证唯物论的系统观点研究个体犯罪心理成因的一种理论，该理论认为，个体犯罪原因是一个整体系统，这个整体系统是由若干相互联系和相互作用着的主体内外因素所构成的，形成多层次多维度的原因网络结构。作为整体系统的个体犯罪原因，具有其各主体内外因素没有的特殊属性。由于各组成因素间的相互作用，个体犯罪原因处于一种动态变化之中。犯罪综合动因论注意个体犯罪原因的整体性、层次性、结构性和动态性，认为人之所以犯罪是多种主体内外因素综合的互为动力作用的结果。

犯罪综合动因论认为，个体犯罪是一个整体系统（母系统），这个系统是由若干个相互联系和相互作用着的主体内外因素（子系统）所构成的，形成多层次多维度的原因网络结构。犯罪综合动因论注意个体犯罪原因的整体性、层次性、结构性和动态性，认为人所以犯罪，是多种主体内外因素综合的互为动力作用的结果。为了进一步说明问题，罗大华教授将影响犯罪心理结构形成的因素分为主体因素和主体外因素两类。

主体因素（母系统）包括犯罪人的生理因素、心理因素、行为因素三种。生理因素包括年龄因素、性别因素、神经类型因素、异常的生物学因素等；心理因素包括个体倾向性因素、性格结构因素、控制系统的缺陷和个性异常；行为因

① 王玮喆：《犯罪场论》，西南政法大学2010年硕士学位论文。

② 陈信谦：《单因素·多因素·层次系统——中国犯罪原因研究层次30年之述评》，载《湖南公安高等专科学校学报》2010年第2期。

素包括错误的活动、不良的行为方式以及其结果、有害的行为习惯、模仿和学习不良模式。

主体外因素（子系统）包括社会环境因素、自然环境因素和情境因素 3 种。社会环境因素包括大社会环境因素、小环境因素：大社会环境因素是个体生活的整个社会环境，影响着犯罪心理的性质、类型以及全社会犯罪率的高低。主要有政治环境因素、经济环境因素、文化环境因素、精神环境因素以及法制环境因素等，小环境因素是指个体生活的具体环境，直接影响犯罪心理的产生，主要有家庭环境因素、学校环境因素、工作环境因素、居住环境因素、交往环境因素以及职业因素等。自然环境因素包括地域因素、季节因素、时间因素、自然灾害因素等。情境因素包括侵害对象、现场其他人以及现场条件和气氛。如图 9－1－1 所示：①

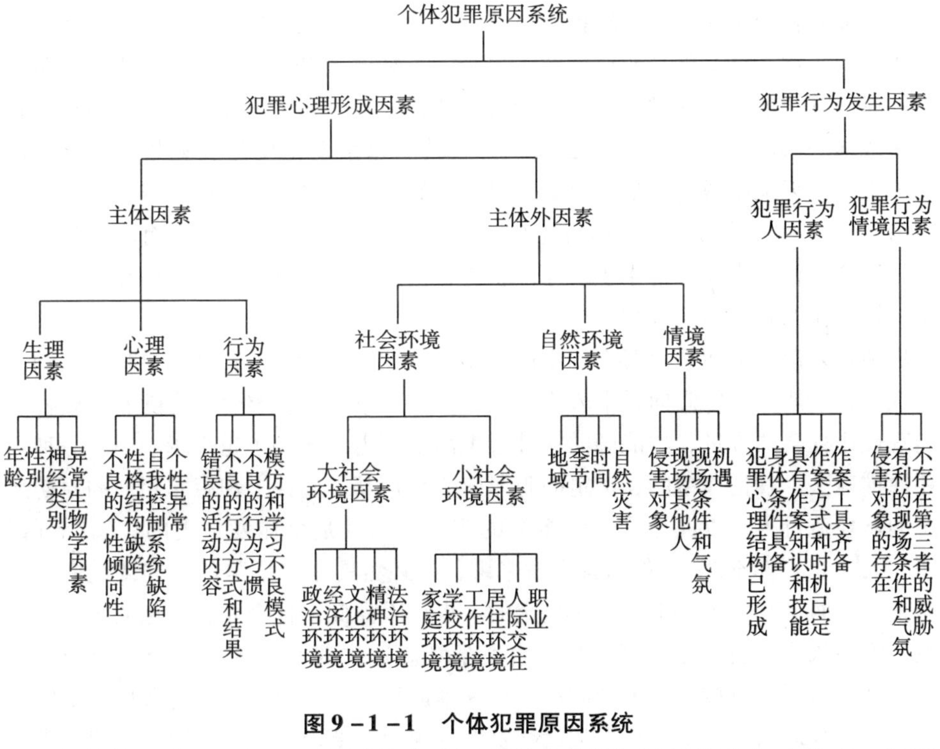

图 9－1－1　个体犯罪原因系统

与其他几种理论相比，犯罪综合动因论以唯物辩证法为研究的出发点，运用联系的、发展的观点分析各种主体内外因素对犯罪心理形成的影响。它不仅注重各因素的研究，更将各个因素视为一个相互联系、相互作用的有机整体，运用系

① 罗大华：《犯罪心理学》，中国政法大学出版社 2003 年版，第 86 页。

统论的观点和方法研究各因素间的结构及其对原因整体的作用和影响。由于科学的世界观与方法论的指导，犯罪综合动因论正确地反映了犯罪心理成因的客观实际，揭示了犯罪心理成因的一般规律和共同特点，具有全面性、科学性的优点，从而成为我国犯罪心理学界有关犯罪心理成因的权威性理论。①

三、本能异化论

本能异化论作为探讨犯罪本源的理论认为，犯罪本源作为终极原因，其结论应当是周全的、穷尽的、经得起反证的。这是一种较为系统地从人与环境的互动关系上阐释犯罪本源的理论观点。该理论认为，犯罪本源取决于人类依从本能的行为与社会规范的历史性冲突，即犯罪本源存在于人的生物本能与社会理性的冲突之中。②

本能异化论采用的是两种推理方法：一种是回溯推理法。其认为，既然是探索犯罪的本源，就必然从犯罪的源头追起。于是属系发生史和个体发生史两条线索同时展开，前者是人类及人类社会的起源，后者是人之个体的社会化历程，且两条线索的共同点都是以“人之初”为发端。属系发生史的线索指出，就在原始人类无意识地组成一个群体社会，以便更好地满足自身欲望的时候，他们却正在为自己“为所欲为”的自由意志创造出一个强大的对立物。从而，人类开始被塑造成一种只有在规范中生活才能获得自由的社会生物，如今已演化为高度发达的社会文明就是本能异化所产生的异化物。个体发生史的线索指出，现代文明的出现是以运用文明手段对人的本能活动施行控制为标志的，其结果是人从幼儿到成年，本能活动的倾向在个人生活中的比例越来越少，整个社会随着原始社会向现代化社会的推进，本能倾向在社会生活中所占的比例也越来越小。另一种是还原推理法。其把典型的、法定的犯罪简化为在基本属性上和犯罪相似的原初形态的非规范行为，以此作为探索本源的钥匙。尤其是个体发生史的线索充分说明，人并非“性本恶”，但从其自发来讲，人必然具有“恶”的倾向或趋向，这正是与生而具有的个人中心主义决定的。也正因如此，社会才有教化的必要，也就是说，孩子不会自觉学好，却会自发学坏。这主要是因为，未受社会教化的人，其行为可能更接近于本能冲动。这种本能行为尽管对具有生物属性的个体来讲是完全合理的，但不符合人类社会发展的规律和要求，因此很容易触犯人类本身为自己制定的规范，造成越轨或犯罪。

---

① 参见罗大华：《犯罪心理学》，中国政法大学出版社 2003 年版。

② 许章润主编：《犯罪学》，法律出版社 2007 年版，第 168 页。

四、深层敌意论[①]

该理论认为，态度对行为的影响，是回答人为什么会犯罪时的一个值得关注的领域。敌意是探索当代社会犯罪原因的一个最简单的现象。敌意是社会主体之间互不相容、相互排斥的否定性态度，它有多个层面，其中深层敌意是以一定社会规范、社会群体或其他不特定的多数人为对象的敌意，这种敌意与犯罪之间有密切的联系。社会深层敌意的强度越大，表现在人们行为中的频率越高，这个社会的犯罪问题就越严重。

从抽象层面来看，犯罪的本质特征是社会危害性。犯罪行为及其后果说到底意味着对其他社会成员及其生存条件的否定，是社会敌对行为。行为与结果是对主体主观意向的客观反映和最好说明。对社会的否定态度与危害社会的行为有着内在的因果联系。只有敌视社会规范和社会群体的心理倾向才最能导致以身试法敌对社会的行为。

从经验层面上看，深层敌意通过以下几个方面引起犯罪：

第一，强烈敌视一定规范、群体的人直接实施触犯一定规范、侵害一定群体的行为。如“严打”中有人专门寻找穿制服的国家工作人员公开实施杀人行为。

第二，作为一种不特定的多数人共有的心理倾向，深层敌意往往在人们之间互相传播。

第三，深层敌意对主体的影响主要表现在干扰、影响主体对社会事实的认知。

第四，有形敌意无论怎样激烈地表现，社会总能处在仲裁者的位置上，而深层敌意激烈到一定程度往往把社会置于冲突中对方的位置上。

深层敌意植根于一定的社会结构，植根于联结人的多元的不平等关系。

社会是由多种社会关系组成的。在社会关系网络中，每个人都处在一定的位置上。正是每个人特定的地位、角色，规定着人的各种要求和态度。

多元的不平等必然把人置于各种困境之中。为了摆脱困境，人们必然求助于各种规范。这就带来了规范的选择、运用和人们之间的规范竞争。规范的冲突反映着利益、地位之间的冲突，同时又掩盖了利益、地位的冲突。当人们被指责触犯了某种规范，或当他们意识到自己是按照某种自己所笃信的规范去行为而与他人发生冲突时，他们会激发出更强大的冲动。另外一些规范更可能成为他们敌视的对象。

敌意论认为，犯罪是多元社会不平等的结果，两者之间的中间变量是深层敌

① 白建军：《犯罪学原理》，现代出版社 1992 年版，第 122 ~ 181 页。

意。这个理论同样适用于对中国当代犯罪问题的解释。

第一，中国当代社会是在完成了对旧的不平等社会的改造以后建立起来的中国历史上平等化程度最高的新型社会。同时，又是处在新的平等化进程的起点上的社会，还在新的水平上存在多元的不平等。这是研究当代中国社会犯罪问题的根本出发点。

第二，现时的中国社会，不仅是处在新的平等化进程的起点上的社会，而且是各种不同价值规范、道德原则并存、冲突的社会。

第三，从20世纪80年代初至今，中国正处在体制变动中。根据敌意论不难看出，这种改革使各种利益关系得到了不同程度的调整，提高了平等化的程度，但同时又带来了另一个无法避免的事实：利益关系的调整改变了一些人的社会地位。无论是优势变劣势者还是劣势变优势者，他们利用既有的优势资源进行交换，产生了获取私利、危害社会的行为。一方面，这些行为给尚未健全、完善的法制带来冲击；另一方面，给人们多年来形成的社会主义价值规范、道德原则带来冲击。因此，近年来，青少年犯罪、治安犯罪、财产犯罪的增多，不能不加分析地归咎于20世纪80年代初的改革开放，新条件下新的不平等和规范的冲突才是这些犯罪的主要原因。

第二节　外国犯罪原因理论

西方对犯罪问题的研究最早起源于古希腊，随着欧洲启蒙运动和工业革命的推进，犯罪学的研究也逐步走向新的台阶。直至现代，西方国家对犯罪学的研究产生了许多有着巨大影响的理论，本书着重介绍以下理论。

一、犯罪人类学理论

（一）背景

1. 犯罪人类学派诞生于19世纪后半期，在这一时期，西方许多国家已经逐渐完成资产阶级革命，新的统治者需要一个良好的社会环境来巩固其统治，发展经济，但是社会上的犯罪现象并没有随着古典学派所倡导的刑事法律改革而减少。相反，犯罪现象随着社会的发展而变得日趋严重，对犯罪的控制成为统治者日益重视的问题。

2. 这一时期，自然科学的兴起和发展，使过去许多令人困惑的问题得到了解决，面对纷繁复杂的犯罪现象，人们渴望从自然科学的角度揭示并获得最终的答案。

3. 诞生于19世纪二三十年代的法国的实证主义哲学为犯罪人类学派提供了方法论和观念上的革新。在此角度上，犯罪人类学派在犯罪学中往往又被称为犯罪实证学派。

（二）主要代表人物与其著作及观点

1. 切萨雷·龙勃罗梭

切萨雷·龙勃罗梭是意大利精神病学家、犯罪学家、犯罪人类学派的创始人和主要代表人物。他出生于意大利威尼斯的一个犹太人家庭，获得过医学和外科学学位，并且作为军医在军队服役。龙勃罗梭的教育和职业背景使他对人类学的研究产生了浓厚的兴趣并为他的研究提供了方便，他对军队、精神病院以及监狱里的犯人做了大量人类学的研究。1876年，龙勃罗梭出版了他的代表作——《犯罪人论》，此后他不断对犯罪人和精神病人进行研究，多次对自己的著作和理论进行修订，该书第一版只是共252页的小册子，到1897年第五版时，已经有1903页了。

龙勃罗梭通过对士兵、精神病人、犯罪人进行外貌和颅相上的观察以及身体测量，尸体解剖等，发现犯罪者和未犯罪者在身体解剖特征方面都有明显差异。特别是1870年，龙勃罗梭对当时意大利的一个江洋大盗维莱拉的尸体解剖，在他打开维莱拉的颅骨后，龙勃罗梭发现一个明显的凹陷，他称为“中央枕骨窝”。受这一现象的启发，龙勃罗梭认为犯罪人是出生在文明时代的野蛮人，他们的生物特征决定了他们从出生时起就具有原始野蛮人的心理和行为特征，他把这称为返祖现象。龙勃罗梭还总结出许多关于犯罪人的特征，比如面部不对称、颚骨过大、下巴向上突起、头部大小形状异常；对疼痛和触摸的感受性比正常人低，比正常人焦虑；更多的虚荣心、冲动性、复仇心和放荡心；缺乏道德感等。

“天生犯罪人”一经提出，即引起了社会极大的争议。随着别人的影响和批评，尤其是他的两个弟子菲利和加罗法洛，龙勃罗梭逐渐认识到自然因素和社会因素对犯罪产生的影响。在其晚年的著作和观点中，龙勃罗梭提出以下影响犯罪的因素：气温、文明程度、人口过剩、新闻媒介、生活状况、酗酒、抽烟、教育、经济条件、宗教、家庭出身等一系列因素。

龙勃罗梭以他的犯罪原因为基础提出了相应的犯罪预防理论。龙勃罗梭认为，首先，应当预防犯罪人的产生，而不是惩罚犯罪人，对天生犯罪人应当采取隔离的方法；应当建立预防贫穷儿童的犯罪机构，防止他们变成犯罪人；应当建立预防贫穷成年人犯罪的机构，在成年人遇到生活危机的时候提供帮助；应当建立单独的少年和女性刑事司法制度等。此外，龙勃罗梭还提出了针对一些具体犯罪现象的预防，比如预防性犯罪要提倡离婚自由，使卖淫合法化，预防诈骗罪要广泛宣传信用知识，改革银行信用制度等。

现在来看，当时人们对龙勃罗梭的许多批评都有合理之处，然而他的珍贵之处在于，他在当时的科学发展的条件下，开创性地将一般科学方法和基础理论应用于犯罪和犯罪人研究领域，提出了自己独特的犯罪理论，开创了犯罪学研究的新时代，是犯罪学历史上不可替代的重要人物。他的代表作——《犯罪人论》的出版，标志着犯罪学作为一门独立学科的诞生，他则被尊为犯罪学鼻祖。

2. 恩里科·菲利

恩里科·菲利是意大利犯罪学家、法学家，曾经在都灵大学师从龙勃罗梭，其代表作为《犯罪社会学》。菲利按照龙勃罗梭的方法对犯罪人、精神病人还有士兵作对比研究，提出了自己关于犯罪原因的新的理论，此理论被称为“三因素说”，即人类学因素，自然因素和社会因素。菲利认为犯罪是这三个因素相互作用的结果。这其中尤其值得注意的是，菲利认为社会因素在犯罪中起着主要的作用，他认为，“我们应当把犯罪的周期性变化主要归结于社会因素的作用”①。正是由于他对社会因素在犯罪中的重视，他也被视为是犯罪社会学派的创始人。

“犯罪饱和法则”是菲利提出的另外一个重要观点，根据他对犯罪资料的研究统计做了这样的论述：“无论是自然犯罪还是法定犯罪，在总量上都是继续增加的，但每年的变化有时候增多，有时候减少，这些变化在一个较长时期内，会积累成为一系列真正的犯罪浪潮。由此可见，它与某种类似于化学定律的法则相一致，我称为犯罪饱和法则。就像一定量的水在一定的温度条件下会溶解一定量的化学物质，而且不多也不少那样，在有一定的个人和自然条件的特定的社会环境中，也会发生一定量的犯罪，不多也不少。”②

3. 加罗法洛

加罗法洛是意大利著名的社会学家、法学家、犯罪学家。他享有声誉的著作是他的《犯罪学》，在此著作中，他提出了著名的自然犯罪的观点。加罗法洛认为，以往对犯罪的定义都是法律上的规定，它不能准确表述“犯罪”这个术语，要准确表达这个术语，就要从社会的立场对犯罪提出一个科学的、社会学的定义，使每个人哪怕是不具备法律知识的人也能了解什么是犯罪。

基于这样的考虑，加罗法洛提出了“自然犯罪”的概念和定义。他说：“自然犯罪就是那些文明社会都认为是犯罪并用刑罚手段镇压的行为。”因为自然犯罪“违背了任何年龄阶段的任何人都具有的两种基本的利他情操——政治的情

① ［意］恩里科·菲利：《犯罪社会学》，郭建安译，中国人民公安大学出版社 1990 年版，第 47 页。

② 吴宗宪：《西方犯罪学》，法律出版社 2006 年版，第 124 页。

操和怜悯情操的犯罪行为”。[1] 这样的犯罪是真正的犯罪，除此之外的犯罪，加罗法洛则称为法定犯罪，即某个国家为了自己一定时期统治的需要而作出规定的犯罪。

二、犯罪生物学理论

犯罪生物学在犯罪学的著作中有两种解释，广义上认为犯罪生物学包括了犯罪人类学；狭义上认为生物学仅仅是20世纪初期发展起来的，应用生物学方法进行的一类犯罪学研究。在这里，我们采用后一种解释，认为犯罪生物学是继犯罪人类学之后利用更新的生物学手段进行犯罪研究的科学。

（一）遗传生物学研究

1. 家族与犯罪

19世纪末期，在达尔文的进化论和龙勃罗梭实证研究的启发下，有人开始研究向低级人退化的人与犯罪之间的关系，其中最重要的研究手段就是对犯罪家族的研究。最早进行这方面研究的是美国社会学家和犯罪学家理查德·路易·达格代尔。达格代尔对社会学知识非常感兴趣，非常关心社会改革，在1861年他成为纽约监狱协会执行委员会委员。1874年，达格代尔在纽约州的几个郡视察时发现，一个郡监狱里有6个因为多种犯罪而受到审判的人，这6个人分属4个不同姓氏，却彼此之间有着亲属关系。他对此十分感兴趣，专门花了时间对这些人的家族关系进行了研究，结果发现了一个惊人的道德堕落的家族。一个叫马克斯的男人，被描述成“猎人、渔民和酒鬼，心情愉快，爱好交往，不愿意从事一成不变的工作”，有时拼命工作，有时懒惰鬼混，老年时成为盲人，并将眼睛失明的疾病遗传给他的子女和孙子女。他居住在纽约州的犯罪发源地之一——芬格湖沿岸的林地中。后来他的两个儿子分别与另一家姓“朱克”的6姐妹中的2个结了婚，其中一个叫作艾达·朱克，此女在当地被称作“犯罪人之母玛格丽特”。到了1874年，马克斯的子孙已达709人，在马克斯的儿子与艾达·朱克繁衍的540名后代中，180人是在济贫院或其他福利机构领取救济的穷人，140人是犯罪人，60人是惯盗，7人是杀人犯，50人是卖淫者，40人是性病患者。达格代尔将“退化”的朱克家族与清教徒传教士乔纳森·爱德华兹的有“高贵血统”的后代进行了比较，发现爱德华兹的一些后代成了美国总统，大多数人没有违反法律。据此，达格代尔认为，低劣的后代和犯罪行为是由多种因素引起的。他认为，犯罪人在心理方面和身体方面都比一般人低劣。这个结论不仅适用于个别犯罪人，而且也适用于作为一个阶层的犯罪人……低劣是血统和训练的结

① 吴宗宪：《西方犯罪学》，法律出版社2006年版，第134页。

果。因此，可以把罪恶的根源归结为社会地位……犯罪首先是一种社会现象。每个年龄的人都会犯罪，但是，并不是每个人都会变成犯罪人。每种犯罪都是本能倾向和训练的产物，是个人因素和社会条件共同作用的产物。①

2. 身心条件与犯罪

身心条件指的是生理和心理的统一体。探讨身心条件与犯罪关系的研究者重视身心之间的密切联系和相互作用，认为犯罪行为的发生受到身心条件的影响。

奥地利犯罪学家阿道夫·伦茨是最早从犯罪生物学角度研究犯罪原因的学者之一。他在格拉茨大学创建了犯罪生物学观察研究所，对犯罪人进行临床观察和研究。伦茨认为，犯罪是一种心理和肉体的现象，犯罪人的人格主要是遗传的结果。伦茨断言，祖先的反社会倾向和性格特征会削弱后代的社会适应能力，因此，家族史中曾经有过精神疾病和精神失常、癔症、癫痫、神经质、酒精中毒和自杀都是后代难以适应社会生活的原因，是导致后代各种反社会和越轨行为的原因。根据伦茨的研究，遗传性是引起犯罪的必然原因，只有在良好的社会环境中，个人才能摆脱潜在的不良因素所可能导致的不良后果，伦茨认为，遗传的不是犯罪倾向，而是适应不良的素质。

（二）体质生物学研究

犯罪的体质生物学是从犯罪人身体素质方面探讨生物、生理因素与犯罪人的关系。体质生物学的探讨盛行于20世纪初期，主要的研究是从内分泌异常、体型与犯罪、中枢神经的异常、学习能力异常等角度研究与犯罪之间的关系。随着西方犯罪社会学的影响，犯罪生物学逐渐被边缘化。

三、犯罪心理学理论

犯罪心理学是主要从个体心理特征的角度解释犯罪行为的理论，一度成为犯罪学理论的主干，产生和形成了诸多理论和学说，这里作如下介绍。

（一）精神分析理论

1. 奥地利精神分析学家西格蒙德·弗洛伊德创立的精神分析学说

（1）意识和潜意识。弗洛伊德认为，意识是人们直接感知到的心理部分，潜意识是个体无法感知到的心理部分，它是个体在成长过程中不断被压抑的本能和欲望。因为个体在成长的过程当中会产生无数的欲望和冲动，而这些欲望和冲动是被社会风俗、习惯、法律、道德所不允许的，因此这些被压抑了的欲望和冲动就被排挤在人们的意识阈之下，潜伏在人们的内心深处，时刻寻找机会不自觉地追求满足。潜意识是弗洛伊德精神分析学说的核心。

① 吴宗宪：《西方犯罪学》，法律出版社2006年版，第191页。

（2）人格结构理论。在潜意识的基础上，弗洛伊德认为成年人的人格或心理是由3部分组成的：本我、自我、超我。

本我：是指原始的、与生俱来的本能，它完全处于潜意识之中，只是为了满足欲望和需要，完全按照快乐的原则活动。

自我：是指人格中的现实状况，它力求在社会允许的范围内引导本我的要求，使个体能够较好地适应社会。

超我：是指完全道德化的人格状态，它遵循至善的原则，用于抑制本我的冲动和欲望。

这三者之间的关系表现为超我为本我的欲望和需要限定了范围，压制超出社会允许的那些欲望和冲动，一旦超我失去对本我的控制就会出现越轨等犯罪行为。①

2. 奥地利精神病学家阿尔弗雷德·阿德勒及其犯罪学观点

阿德勒认为，人人都会有一种羡慕别人、战胜别人、征服别人等追求优越的动机。当这些动机受到本身条件以及外界的阻碍而不能获得适当满足的时候，就会在人的心理上形成一种自卑感或自卑的情结，犯罪就是个人为了克服自卑感而进行过渡补偿的结果。他把导致犯罪的心理原因——深刻的自卑感或自卑情结归结为以下三种因素：

（1）身体的缺陷。阿德勒认为，某些身体器官缺陷、体弱、多病、笨手笨脚、生长发育迟缓、丑陋畸形或者行为幼稚的儿童很可能在成长的环境中产生自卑感。

（2）低劣的社会经济条件。阿德勒认为，低劣的社会经济条件对正在成长的儿童有很大的影响，它会使儿童在与他人的交往中比较而产生自卑感，在贫富悬殊的环境里更为突出。

（3）错误的教育。阿德勒认为，对孩子冷酷无情或者娇惯都是错误的。受到冷酷无情对待的孩子，一般缺乏心理的平衡发展与和谐，在社会交往中往往受到孤立，对社会充满了不满，在社会生活中不断遭受挫折，体验自卑感。同样，受到娇惯的孩子使他们对父母极为依赖，对现实生活中未来的困难和挫折缺乏心理准备和应对，因此，当他们进入社会后，一旦受到挫折就会觉得自己被忽视或受到轻视，自卑和绝望就由此产生。

阿德勒巧妙地运用了“补偿”这个概念，认为人人都会为了实际或想象的低劣而进行补偿，使自己能够克服自卑和低劣，成为众人瞩目的中心，成为优于别人的人。对于受过良好教育、身体健全、社会经济条件好的人来说，采取符合

① 许章润主编：《犯罪学》，法律出版社2007年版，第46、47页。

社会要求的、适度的补偿就可以克服其轻微的自卑感而获得满足。但是对于上述三种情况来说，他们受自身条件和周围环境的制约，只有采取过度的不符合社会要求的补偿行为才能克服其严重的自卑感，从而达到心理平衡。就像德国社会学家曼海姆所说："对于许多人来说，这可能是他一生中成为众人瞩目的中心的唯一机会，他们极其渴望用这样的行动来支撑他们的自尊。"①

（二）精神病学理论

犯罪学的精神病学理论是指运用精神病学的理论和方法研究犯罪人与犯罪心理的理论学说和观点。这方面的研究主要集中在人格障碍与犯罪的关系上。这里主要介绍麦科德夫妇的研究。

麦科德夫妇认为儿童遭到父母抛弃、放任是精神病态者行为产生的首要原因，因为遭到父母排斥的儿童不爱父母，他们的父母也不爱他们，因此就不会对父母产生认同。这样当他们从事越轨行为的时候他们就不怕失去爱，事实上他们从未得到过爱。麦科德夫妇认为，这样的精神病态者具有下列特征：

1. 不合群性

精神病态者是不合群的人。他们缺乏准则观念，不知道应当遵守社会规则，其行为往往与社会发生冲突，阻碍个人的发展。

2. 受无法控制的欲望的驱使性

精神病态者大多受无法控制的欲望的驱使，他们反社会性的行为原因表现为对快乐的直接追求，似乎为了暂时的快乐刺激而牺牲一切。

3. 高度的冲动性

与正常人不一样，精神病态者的冒险活动似乎常常是漫无目的的，缺乏稳定的目标。

4. 攻击性

精神病态者没有学会用社会认可的方式处理所遇到的挫折。他们对挫折的典型反应就是狂怒的攻击行为。他们对快乐无法遏制的追求常常与社会发生冲突，而这种冲突又常常导致挫折、愤怒和攻击。

5. 缺乏罪恶感

精神病态者很少体验到罪恶感，在错误的行为后也很少表现出焦虑、忧虑和悔恨。

6. 缺乏爱

精神病态者只爱自己，不爱别人，只考虑自己的快乐，不考虑别人。②

---

① 吴宗宪：《西方犯罪学》，法律出版社 2006 年版，第 246～247 页。

② 吴宗宪：《西方犯罪学》，法律出版社 2006 年版，第 276 页。

四、犯罪社会学理论

犯罪的社会学理论是在20世纪西方犯罪学中做出最大贡献的理论的总称，是指用社会学的理论和方法研究犯罪问题的过程中产生的理论和观点，其理论内容庞杂，着重介绍以下几个理论：

（一）迪尔凯姆及其犯罪学理论

埃米尔·迪尔凯姆是19世纪后期法国著名的社会学家，他用个人和集体的关系、社会规范对人的控制来解释犯罪，开创了一条新的研究犯罪的道路，对20世纪西方犯罪学的研究产生了重要的影响，被称为“最著名和最不容易理解的主要社会思想家之一”。

19世纪的法国是一个极其变动的年代，因为法国大革命以及法国社会的高速工业化，这两场革命对法国的影响巨大，就像美国社会学家罗伯特·尼斯比特所说的，“对社会突然的、震动性巨变的强烈感受，社会从因循数千年的历史轨道上发生了转折”以及对传统价值观消失的强烈直觉——与传统价值观相伴的是旧的安全感和旧的暴政与不平等——而即将出现的是新的权力、新的不安全感、新的暴政，除非采取严厉的措施，否则他们比以前看到的任何情况还要糟糕”。①

1. 失范与犯罪

失范是迪尔凯姆的一个重要概念。他认为法国社会的工业化以及引起的劳动分工破坏了法国社会传统的社会团结。由于这种工业化过于迅速，社会还不可能及时形成足够的调整其活动的机制。这种状况导致了许多社会异常现象的发生。迪尔凯姆说：“在经济灾难中，有几分类似剥夺人们社会地位的情形发生了，这种情形忽然间将一些人抛进比以前更差的境况中。由此这些人必须缩减他们的需求，克制他们的欲望，学会更强的自我控制……他们无法适应强加在他们身上的社会环境，这种情况的前景令人无法忍受。”与此同时，迪尔凯姆还认为，在经济繁荣的时候比经济衰退的时候失范更加严重，因为经济繁荣刺激了欲望的产生，而恰恰此时对这些欲望约束的规则已经崩溃。他进一步说道：“随着经济的增长，人的欲望也增长了。就在传统规则丧失权威的时候，实现欲望所能带来更大的奖赏却刺激着人们，使他们更加急功近利，对于控制更加不耐烦。恰恰是在欲望应当得到更多约束的时候，它们却得到了更少的约束，因此违规状况或者社会反常状况进一步恶化。”迪尔凯姆认为，法国社会在大约100年的时间里，传

---

①［美］乔治·B. 沃尔德、托马斯·J. 伯纳德、杰弗里·B. 斯奈普斯：《理论犯罪学》，方鹏译，中国政法大学出版社2005年版，第127页。

统的规则已经被破坏，人的欲望和自由不再受到约束控制。欲望和自由是法国工业革命的原动力，但是它也制造了失范的混乱状态，同时也带来了较高的自杀率。①

2. 犯罪正常论

迪尔凯姆把犯罪定义为违背集体意识的行为。他认为，社会存在整体的一致性，也就是“大体上的社会相似性”，这个相似性被其称为集体意识。不过在每个社会中社会成员之间都存在许多个体差异，所以个人与社会之间总存在不一致，“如果个人与集体类型之间不存在或多或少的差异，社会将不称其为社会”。于是，这种不一致就与集体意识产生冲突，越轨犯罪行为就是自然存在的现象，没有犯罪的社会是不可能存在的。迪尔凯姆说：“设想一种神圣的社会，一种由可为楷模的人组成的完美的修道院，在那里不知道所谓的犯罪，但是其中出现的世俗之人可以原谅的过错在那里也会引起愤慨，就像普通的犯罪在普通人意识中可引起愤慨一样。如果这种社会有审判和惩罚的权力的话，它就会把这些行为规定为犯罪，并像对待犯罪那样对待它。基于同样的原因，完美正直的人会用最严厉的方法惩处自己的最小过错，而大多数人仅是避免自己触犯真正的犯罪，用较为适当的标准约束自己的行为。”所以，如果现在被界定为犯罪的所有行为不再发生，新的行为就会被纳入犯罪的类别之中。一个不存在犯罪的社会是异常的或病态的社会。一个没有犯罪的社会就可能是一个集体意识压制相当严厉，一直没有人能够反对集体意识的社会。在这样的社会中，犯罪可能会被消灭，但是导致人类进步的社会变迁也可能消失。社会变化或社会进步通常都是有反抗集体意识压制的行为引起的，那些频繁实施这些反抗行为的人，往往被社会宣布为犯罪人。因此苏格拉底和耶稣被宣布为犯罪人，圣雄甘地和乔治·华盛顿也被宣布为犯罪人。同样的道理，如果小孩不做坏事他就不可能长大成人。小孩做坏事后会受到惩罚，没有人希望小孩做坏事。但是一个从来没有做过任何错事的小孩可能遭受的是病态的过度控制。消灭了小孩所做的坏事，也就消灭了他独立长大成人的可能性。在此意义上，小孩所做的坏事是为了他个人可能的发展而付出的代价。②

迪尔凯姆在犯罪学领域的杰出贡献在于，他对反社会行为作了广泛的探讨，在他之前和之后的学者都试图从外部因素寻找犯罪的原因，而迪尔凯姆则认为，只能从社会本身之中寻找犯罪的原因。犯罪不是先验的存在，而是社会本身所固有的。犯罪在任何社会都存在，并且是一种正常的社会现象，是社会总体的必要

---

① ［美］乔治·B. 沃尔德、托马斯·J. 伯纳德、杰弗里·B. 斯奈普斯：《理论犯罪学》，方鹏译，中国政法大学出版社 2005 年版，第 137 页。

② ［美］乔治·B. 沃尔德、托马斯·J. 伯纳德、杰弗里·B. 斯奈普斯：《理论犯罪学》，方鹏译，中国政法大学出版社 2005 年版，第 131～133 页。

组成部分。正像迪尔凯姆所说的："我们不要犯错误，将犯罪从正常态的社会学现象中划分出来，并不仅仅是说犯罪是一种人的不可避免的弱点而必然产生的社会现象，尽管犯罪是一种令人遗憾的现象。而是证实犯罪是公共健康的一种因素，是任何社会都不可缺少的部分。"①

（二）紧张理论

紧张理论的代表人物是罗伯特·金·默顿，他是20世纪最著名的美国社会学家之一。他的紧张理论被认为是改变美国社会的三个犯罪学理论之一（其他两个理论分别是社会控制理论和社会学习理论）。这一理论认为，犯罪是由于个体不能通过社会主流文化所教导的手段达到社会主流文化所认可的目标而产生的沮丧和气愤的产物。默顿认为，任何文化都有两个共同特征：一是确立目标，二是规定手段。在确立目标的过程当中，社会主流文化所倡导的目标多是以金钱权力为终极成功的标志，忽略了多元文化目标的鼓励和支持，在规定达到目标的手段中，则倡导勤奋、踏实、接受良好教育、克制欲望等具有强制性的手段。超出主流文化所规定的这些手段，则被视为是越轨和犯罪的表现，会受到禁止，所以这些手段也被称为"制度性手段"，具有强制性。默顿认为，当社会成员接受和认可上述目标，并且能够按照制度性的手段达到目标的时候，就不会产生紧张感。然而，社会成员总是处于社会的不同层次，社会中上层成员拥有比下层成员更好的条件，社会下层成员达到目标的可能远远低于社会上层成员，这其中只有极少数最有才能和最勤奋的人才有可能通过制度性的手段达到目标，对于大部分的下层成员来说，这种可能性是不现实的，因此下层成员的紧张感极为严重。②默顿把个体对目标和社会适应的方式作了如表9－2－1所示：③

表9－2－1　个体对目标和社会适应的方式

适应模式	文化目标	制度性手段
同步（conformity）	+	+
创新（innovation）	+	-
形式主义（ritualism）	-	+
退却（retreatism）	-	-
反叛（rebellion）	+/-	+/-

---

① 吴宗宪：《西方犯罪学》，法律出版社2006年版，第85页。

② 吴宗宪：《西方犯罪学》，法律出版社2006年版，第342页。

③ ［英］韦恩·莫里森：《理论犯罪学》，刘仁文、吴宗宪等译，法律出版社2004年版，第166页。

1. 同步，又称为遵从，意味着接受主流文化的目标和用制度性手段并实现这样的目标。大多数人都会选择这种方式去适应社会。

2. 创新，是指接受社会认可的目标，但是拒绝用制度性的手段去实现。采用这样的方法适应社会的人，他们认可社会的目标，但是他们发现不可能用制度性的手段获得成功。因此，他们就想出各种获得财富也就是达到目标的方法，商人会诈骗、以次充好、逃税等；穷人可能会赌博、卖淫、贩毒、抢劫等。默顿认为，贫穷本身并不引起犯罪，但是在为了社会的所有成员都赞同的文化价值目标而竞争时，如果贫穷和相关的不利环境与把金钱至上的成功作为主要目标的文化观念相结合时，大量的犯罪就会自然而然地产生。

3. 形式主义，是指人们拒绝文化目标但是却接受社会认可的制度性手段的适应形式。这种人已经不希望获得所谓的成功，但是却辛勤工作，小心翼翼，克制自己的欲望，用制度性的手段维持着自己最低限度的成功，他们就是那些经常受到恐吓的雇员，坐在办公桌后面热心遵从官僚主义的人，在社会的中下层可以发现很多这样的人，害怕失去最低限度的成功迫使他们采取这样的适应方式。

4. 退却，是指有意识地拒绝社会中的文化目标和制度性手段，退出正常社会生活的适应方式。他们既无法用制度性的手段又不可能用创新等越轨的方法达到文化目标，于是内心的冲突和紧张迫使他们逃离正常的社会生活，把逃避作为解决矛盾冲突的唯一方法，他们演变为精神病患者、孤独症患者、无家可归者、酒精中毒者、吸毒者、流浪者等。

5. 反叛，是指个体用新价值观来取代现行社会的价值观的适应方式。采用这种适应方式生活的人，反映了个体想采取另外一种生存模式的欲望。①

默顿认为，在以上的五种适应方式当中，除了第一种，其他四种都表现出较高的紧张性，和犯罪、越轨的联系十分紧密。他的理论对以后的紧张理论研究起到了最关键的作用。后来他的学生克罗沃德和奥林又做了关于紧张理论在青少年犯罪中的运用的研究，他们的努力促进了美国《少年犯罪预防和控制法》（1961年）的诞生。这一理论还成为肯尼迪总统（1961～1963年在位）和约翰逊总统（1963～1969年在位）的“反贫穷战争”的理论基础。自1964年开始到1970年为止，美国政府共花费几十亿美元为贫穷者提供成功机会，以便减少犯罪及相关问题。

（三）控制理论

控制理论是基于如下的假设：每个人在现实的社会中都有犯罪的动机，都是潜在的犯罪者。然而，其中大多数人都没有犯罪，人们之所以没有犯罪，是因为

① 吴宗宪：《西方犯罪学》，法律出版社2006年版，第348页。

存在控制我们不犯罪的各种因素，而犯罪者，正是这些控制的因素和力量被削弱了的缘故。其主要代表人物和著作就是美国犯罪学家特拉维斯·赫希及其1969年的著作《少年犯罪原因》。书中赫希谈到了一个核心的概念：社会联系。他认为，每个人都有犯罪的倾向，如果不加以控制的话，人和人都会进行犯罪。犯罪的产生与个体的社会控制被削弱有关，“当个人与社会的联系薄弱或者破裂时，就会产生少年犯罪行为”。正是因为担心个体与主要的社会化机构之间的联系和感情被削弱和破坏，如个体与学校、家庭、朋友、社区、单位等，于是个体才不去犯罪。赫希将个体与传统的社会化机构之间的关系表述为以下四种：

1. 依恋（attachment）

依恋是指个体对他人或群体的感情联系的强度。个体对他人和群体之间的感情联系越强，则犯罪和越轨的可能性就越小，因为当他在作出某个选择的时候，就会考虑他人和群体与自己之间的联系和感情，因此依恋在青少年犯罪中起着极为重要的作用。赫希认为，青少年主要的依恋表现在对父母的依恋，对学校的依恋，对同辈朋友的依恋。

2. 投入（commitment，又译为奉献）

投入是指个体在同步或传统活动上的付出，它将青少年个体引向与犯罪和越轨相背离的道路，使青少年个体在自身的社会化中接受到良好的社会教育，获得较好的职业，顺利成长。

3. 参与（involvement，又译为卷入）

参与是指个体对传统活动的一种倾向性，个体参与的程度越高，则越远离犯罪和越轨，参与引导着个体对传统社会所看重的成功的追求。赫希认为，更多的参与传统活动会将个体与犯罪的诱惑割裂开来，犯罪总是和游手好闲紧密联系的。

4. 信念（belief）

信念是指个体对共同价值体系和道德观念的赞同、承认和相信。反映了传统道德价值观在个体内心的强度。个体越是遵从或者相信这些价值观和传统道德，则越是远离犯罪和越轨。

赫希认为，这四种关系之间是相互影响的，他们共同制约个体对越轨行为和犯罪的选择，是20世纪后半期产生的具有重要影响的犯罪学理论之一。[①]

（四）不同交往论

不同交往论的代表人物是埃德温·哈丁·萨瑟兰，他是美国最著名的犯罪学家和社会学家之一，他在犯罪学方面的研究影响了美国乃至世界的犯罪学半个世

① 吴宗宪：《西方犯罪学》，法律出版社2006年版，第342页。

纪。不同交往论又翻译为不同接触论、不同联系论等。这个理论主要包括如下几个观点：

1. 犯罪行为是学习得来的。萨瑟兰否定了犯罪行为遗传的可能。

2. 犯罪行为是交往中相互影响学会的。

3. 犯罪行为最主要部分的学习发生在有密切联系的群体之中，非人际交往的媒介如电影、报纸、杂志对犯罪行为的产生只起相对次要的作用。

4. 犯罪行为的学习主要包括两项内容：一是犯罪技术的学习，二是关于犯罪的动机、内驱力、合理化、态度等相关内容。

5. 犯罪动机、态度的学习，与个体交往的群体有关系，有的群体把法律规范理解为必须遵守的东西，有的群体则对法律规范持否定态度，个体与后一种群体学习就会习得关于犯罪的动机态度等。

6. 一个人之所以变成违法者，是因为他赞许破坏法律的解释超过了不赞许破坏法律的解释。

7. 不同的交往会因出现的频率、持续的时间、先后顺序和强度不同而有所差异。

8. 学习犯罪的过程包含着其他学习中所有的全部机制，而不是简单的模仿。

9. 尽管犯罪行为是一般需要和价值的表现，但却不能用那些一般需要和价值来解释犯罪。正像小偷一般是为了金钱而盗窃，诚实的劳动者也是为了金钱而劳动。

萨瑟兰理论的价值在于，这个理论可以用来解释多数的犯罪行为，改变了以往犯罪学的研究方向，不再把研究精力放在大量的“不正常人”的身上，牢固地确立了犯罪是学习得来的观点，今天多数犯罪学的研究都是以此观点为前提的。萨瑟兰的理论对西方犯罪学理论的发展造成了深远的影响。①

（五）标签理论

标签理论产生于美国20世纪30年代，到了六七十年代得到了长足的发展。其中著名的代表人物有弗兰克·坦南鲍姆、埃德温·莱默特等人。标签理论认为：事物不取决于其内在性质，而取决于社会解释方式，即事物被叫作什么，以及这个名称所引起的含义。任何行为都不是有罪的，而是社会定义的结果，就像法律定义罪犯，学校定义学生，家长定义子女一样，一个人之所以会成为越轨者或是犯罪人，就是代表权威的社会化机构给他们贴上了如“坏人”“差生”“犯罪者”之类的标签。

---

① 吴宗宪：《西方犯罪学》，法律出版社2006年版，第300页；许章润主编：《犯罪学》，法律出版社2007年版，第42页。

莱默特将个体被贴标签后的互动次序分为以下八个阶段：（1）初次越轨；（2）社会惩罚；（3）进一步初次越轨；（4）更强烈的惩罚和越轨；（5）更进一步的越轨，或许开始对执行惩罚的人产生敌意或怨恨；（6）危机已经达到难以忍耐的地步，社区开始以正式的行动来指责该偏差行为；（7）个体加强其越轨行为，把越轨当成对指责和惩罚的一种反应手段；（8）最终，个体接受了越轨者的社会身份，并把此内化为人格的一部分，作出相应的行为。

标签理论对刑事司法活动起到了深远的影响，尤其是20世纪60年代和70年代成为对少年司法制度进行广泛批评和改革的理论基础。①

五、合理选择理论

合理选择理论又称为犯罪理性选择理论，是指犯罪人是有理性的、会思考的人，犯罪是犯罪人对犯罪所得和损失经过理智思考后进行的行为。犯罪学家把犯罪理性理论看成是古典主义在今天的一种发展。它是一种从个体层次上分析的微观理论。理性选择理论采用经济学理论中的“预期实用性”原理为基础，认为人在作决定时，都会详细思考，仔细盘算，在心中权衡自己所作的决定所获的最大利益和所付出的最小成本，也即犯罪人的所有决定都是根据期待要花费的精力和可从犯罪中获得的回报，与被抓、被判刑的轻重所比较、平衡后而作出的。

理性选择理论有广义和狭义之分，前者包括古典犯罪学、现代威慑论、20世纪80年代以后出现的理性选择理论以及日常活动理论；后者指的是20世纪80年代以后出现的理性选择理论。②

美国犯罪学家罗纳德·克拉克和英国犯罪学家德里克·科什尼通过某个犯罪类型，比如夜盗，来分析一个“理性犯罪人”的犯罪决策。

1. 背景因素。犯罪人的背景因素包括三类：心理因素（气质、智力、认知类型）；养育因素（破裂的家庭，社会化机构的照料，父母犯罪）；社会和人口统计学因素（性别、阶级、邻里、教育）。

2. 以前的经历和学习因素。这类因素包括：直接的犯罪经历和替代性的犯罪经历（看到过别人的犯罪行为的经历）；与执法机构的接触；良心和道德的态度；自我知觉；预见能力和计划性。

3. 一般性需要。个人的一般性需要包括金钱、性、友谊、地位、和寻求刺激的方法等方面。

4. 已知的解决方法。包括：合法的解决方法，如工作、结婚等；非法的解

① 吴宗宪：《西方犯罪学》，法律出版社2006年版，第403页。

② 江山河：《犯罪学原理》，上海人民出版社2008年版，第26页。

决方法如犯罪。

5. 对解决方法的评价。个人对已经想到的解决的方法的评价包括：付出努力的程度，惩罚的可能性和严厉性；个人要付出的代价等。

6. 对机会事件的反应。在犯罪决策中，周围的具体环境会提供多少利于犯罪的决策。例如，犯罪的机会是不是很容易，金钱需要的紧迫性，醉酒等。

7. 准备性。如果上述条件都有利于犯罪行为，那么个人就会作出犯罪的准备。①

六、重整羞耻理论

重整羞耻理论是由澳大利亚社会学家约翰·布雷思韦特提出的。其基本观点是，在一些文化当中，把犯罪看作是一种羞耻的事情，认为犯罪羞耻的这种观念有助于减少犯罪的发生，因此，为了预防和控制犯罪，应当在社会中复兴或者重整认为犯罪羞耻的观念。

布雷斯韦特通过对日本的研究发现，“二战”以后，日本工业化和城市化发展的速度较之许多发达国家都要快速，但是日本却能够有效地控制犯罪的增长。学者们认为日本能够保持相对较低的犯罪率，主要在于这个国家的同族同源性质，它的中央集权的程度，它的共同的社会和文化传统。在这个国家，法律的制约在许多方面都是行之有效的，比如，由于有刀枪方面的管制，没有一定资格的人不能随意得到武器，这对于那些企图实施暴力行为的人来说，已经是个极大的限制。还有一个重要的因素就是“羞耻感”是日本民族文化的一个特色，在人们的内心中憎恶犯罪，把犯罪看成是令人羞耻的事情，这种“耻感文化”必然导致社会保有较低的犯罪率。因此在这样的国家里，羞耻是一种强有力的非正式的社会控制工具。

布雷思韦特在两种意义上使用羞耻的概念：（1）羞耻（shame）。这是指犯罪人产生的认为犯罪是可耻的内心体验。在这种意义上，可以译为“羞耻感”。（2）羞恶（shaming）。这是指让犯罪人感到羞耻的过程。这一过程通过司法机关、社会舆论等进行的活动让犯罪人和其他人产生认为犯罪羞耻的强烈的情感。正如布雷思韦特所说：“表达谴责的所有社会过程，这种谴责过程的意图或目的在于使受到别人羞恶或谴责的个人产生悔恨，（通过这个过程）别人也了解了这种羞恶。”②

布雷思韦特将羞耻分为两类：

---

① 吴宗宪：《西方犯罪学》，法律出版社2006年版，第293页。

② 吴宗宪：《西方犯罪学》，法律出版社2006年版，第480页。

1. 烙印化

烙印化是指受到羞恶的犯罪人产生强烈的羞耻感或越轨感的现象。这是一种最普通的羞耻形式，这种羞耻可能发生在学校的纪律听证会上，也可能发生在法庭上打上羞耻的烙印和贬斥的行动，就会对犯罪人或越轨者产生威慑效果，使他们害怕遭到社会抛弃和公众的羞恶。例如，在美国加利福尼亚州，有一个叫梅萨的小镇，在通向小镇的路上，竖着五块大型的广告牌，字母红黑相间，十分醒目：这可不是一般的商品广告牌，而是警告“狗男狗女”的广告牌子，上面写着：“亲爱的‘约翰斯’（美语意为嫖客），一旦证据确凿，梅萨官员将提供免费登照！”原来梅萨镇人虽少，地盘狭窄，社会风气却十分低俗，特别让该镇官员头痛的是这儿的嫖客久禁不止，且愈演愈烈，由地下走向公开。镇官员一直想取消这种有伤风化的现象，可尽管采取了很多措施，如关押、罚款、严密监视，但收效甚微。1994 年梅萨的镇长阿特·马德里心生一计，不妨利用“羞耻”这一武器，打击伤风败俗的人肉生意。于是，该镇从 1994 年开始拨出专款专门购买报纸的版面，用以刊登人赃俱获的妓女和嫖客的姓名、年龄、职业、地址以及现场拍照。只要抓获纵容实施肉体买卖的人都将一律见报，公开曝光。此举果然收效甚大，在三名嫖客被首次曝光后对社会的震动很大，民众纷纷评说：“只要还有一点点羞耻感的人，以后就不敢再干这种丑事了。”镇长很乐观地说：“尽管用羞耻的方法不能完全根除卖淫嫖娼的丑恶现象，但是镇子街上卖淫者人数已经有了减少。如果羞耻具有威慑的话，我们将坚持做下去。”①

2. 重新整合

重新整合是指执法者或是社会公众向遭受羞恶的越轨者或犯罪人保证，如果他们认错改正，社会就会再次接纳他们的过程。布雷思韦特认为，为了预防犯罪，社会必须鼓励重整羞耻。在一项开放性的计划当中，将少年犯罪人和被害人召集到一起，让少年犯罪人体验羞耻；同时将少年犯罪人和他们的家人、朋友召集在一起，以便帮助少年犯罪人重振羞耻。② 目前这种理论已经和更为巨大的“恢复性司法”运动联系起来，据布雷思韦特的调查表明，已经收到良好的效果。

---

① 程洁：《解读我国引入重整羞耻理论的可行性》，载《经营管理者》2010 年第 10 期。

② 吴宗宪：《西方犯罪学》，法律出版社 2006 年版，第 482 页。

延伸阅读

中国犯罪原因研究的现状与困境[①]

一、我国犯罪原因理论的共性

改革开放以来，随着犯罪学研究的恢复和发展，我国犯罪学界对犯罪原因的研究取得了巨大的进步，从简单介绍西方犯罪学理论到提出自己的犯罪原因论，从单纯的阶级斗争一元论到综合因素系统论，从整体上论证犯罪原因到研究各种类型犯罪的具体原因，短短几十年的时间就涌现出了数十种关于犯罪原因的理论。

统观我国各种犯罪原因论，可以发现它们具有两个明显的共性：

1. 大多数犯罪原因理论都把犯罪原因视为由多种因素构成的系统，单一因素论已经无人坚持。研究者们多从系统论的观点出发，把诸多致罪因素组合成罪因系统。

2. 大多数犯罪原因理论都是从人与社会的关系层面解释犯罪原因的。犯罪学者大多把犯罪人视为社会人而非生物人，把犯罪现象视为社会现象而非自然现象进行研究，倾向于在人与社会关系的层面寻找犯罪原因。当然不同的犯罪原因论侧重点各不相同，有的原因论侧重于社会方面的因素，有的原因论则侧重于人本身，有的则从人与社会的双向的互动模式中解释犯罪的原因。

二、我国犯罪原因研究的困境

相对于20世纪80年代和90年代初期犯罪原因研究的突飞猛进，目前我国犯罪原因的研究已经近于停滞。尽管每年仍有大量关于犯罪原因的论文论著发表，其中不乏有新意的突破之作，但总体而言，仍然没有超出前述犯罪原因论的范畴，基本上还是在罪因系统的框架内罗列各种致罪因素，然后泛泛指出各因素互相作用，有机构成一个系统而已。

中国犯罪原因的研究步入困境，主要体现在以下五个方面：

（一）犯罪原因理论的概念范畴含糊不清

具体而言表现在两个方面：

1. “犯罪原因”及其相关概念界定不清。仔细考察各种犯罪原因论就会发现，不同的犯罪原因论对“犯罪原因”的界定并没有一个统一的认识。学界关于“犯罪原因”的提法也多至数十种。

---

① 刘广三、杨厚瑞：《中国犯罪原因研究的现状与困境》，载《法学论坛》2007年第2期。

2. 在阐述犯罪原因论时大量使用含义模糊的词句，而不加任何限定与说明。作为犯罪学的核心理论，犯罪原因论的首要任务就是对现实的犯罪原因作出科学合理的解释，而要做到这一点，必备的前提则是概念的明确和理论的清晰。

（二）实证研究方法极为匮乏

作为一门事实学科，犯罪学在方法论上天生的要求主要用实证的方法研究犯罪事实，强调要通过科学的、可操作的步骤、方法对犯罪事实进行定量的调查分析，但在我国犯罪原因研究中欠缺的正是科学的实证方法。

实证研究方法的匮乏使得我们的犯罪原因论难以精确化或者数量化，使得犯罪原因理论的检验出现困难，使得当前犯罪原因的研究链条中断，使对犯罪原因的探究难以深入。

（三）理论基础较为薄弱

当前犯罪原因研究陷入困境还突出表现在理论基础的薄弱上。

1. 哲学基础的薄弱

首先，在一些犯罪原因研究中存在一种倾向，即过于强调犯罪学的应用价值，忽视哲学思辨的功能。其次，与前一种相反的倾向则是混淆哲学与犯罪学的界限，用哲学特别是马克思主义哲学的某些论断来代替具体的犯罪原因的研究。

2. 其他相关学科理论的薄弱

犯罪学是一门开放的综合性的学科，它要综合运用社会学、生物学、心理学、经济学等各种社会科学和自然科学的理论和方法研究犯罪问题。近现代以来，西方的犯罪学家们以各个学科的理论知识为基础，对犯罪原因提出了各种各样的解释，系统和丰富了人们对犯罪原因的认识。社会失范论、标签论、染色体异常论、内分泌失调论等，无不依赖于现代各个学科理论知识的运用。

（四）中庸思想盛行

自龙勃罗梭以来，犯罪学的科学品性日见彰显。作为一门“科学”，它属于求“真”的领域，强调要对各种因素或变量进行经验性的或物理性的观察，并在此基础上提出具有“可证伪性”的理论假设，通过不断的“猜想—反驳”来实现对真理的探求。儒家思想中崇尚过犹不及的“中庸”之道，更多地属于道德哲学或者伦理学“善”的范畴。两者本来是风马牛不相及，但是当前犯罪原因研究中实证方法和理论基础的不足使得犯罪原因论的科学性受到了抑制，同时在几千年的传统文化的影响下，中庸思想趁机大行其道，使得当前犯罪原因理论平庸化、笼统化、简单化、雷同化，极大地损害或阻碍了人们对犯罪原因的科学探究。

（五）功能性目的性不明确

一个科学的犯罪原因论，不仅应该能够合理的解释已然的犯罪事实，而且应该能够以之为基础对未然的犯罪现象和趋势进行科学的预测，并且能够为犯罪控制实践提供明确的指引或提供切实可行的犯罪控制途径或方法。这也正是犯罪原因研究的功能或目的所在。但是这一功能或目的在我国的犯罪原因研究中却没有得到应有的重视，研究者们似乎更乐意构建一个无所不包的庞大而复杂的罪因体系，而不怎么关注其所构造的罪因系统对犯罪控制实践究竟有何作用。

第十章

犯罪的环境因素

第一节　犯罪的环境因素概述

一、犯罪的环境因素的概念

犯罪的环境因素是指引起犯罪发生的犯罪主体之外的一切条件和情况。它包括犯罪主体之外的社会环境和自然环境因素。犯罪的社会环境因素是指引起犯罪发生的主体之外的各种社会现象，包括宏观社会环境和微观社会环境。宏观社会环境主要是指社会的政治、经济、文化、教育、法制和社会变迁等因素；微观社会环境是指家庭、学校、社区等因素。这些社会因素相互联系、相互作用，构成犯罪原因的次级系统。在此系统中，各因素的作用和地位是有差别的，并且随着时间的推移而变化。比如，在经济转轨时期，经济因素对犯罪的影响相对较突出，导致经济犯罪和侵财类犯罪大量增加。犯罪的自然环境因素是指对犯罪发生起促进作用的季节、气候、城市建筑等因素。这些特定的环境因素不能孤立地起作用，必须与社会环境因素、主体因素结合在一起才能对犯罪产生有一定的影响。

二、犯罪的环境因素的特征

与犯罪的主体因素相比较，犯罪的环境因素具有以下特征：

（一）独立性

犯罪的环境因素是独立于犯罪主体之外的因素。犯罪的环境因素是犯罪主体之外的诸多社会现象和自然现象，但社会现象在犯罪者个人主观上的体现，比如思想道德，却不属于犯罪的社会因素范畴。至于自然环境因素，更是独立于犯罪主体之外不以犯罪主体意志为转移的因素。

（二）间接性

犯罪的环境因素对犯罪产生的作用是间接的。犯罪的社会因素和自然环境因素是犯罪系统中的外因，必须通过犯罪主体起作用，这些因素本身并不能直接产生犯罪。

（三）条件性

犯罪的社会环境和自然环境因素必须通过犯罪主体起作用，他们一般不对犯罪的发生起决定性影响。当然这并不排除犯罪的社会因素在一定条件下也对犯罪的发生起决定作用。例如，某些人在此时此地是守法公民，而在彼时彼地却沦为罪犯，关键可能就在于一时一地的政治、经济等因素的影响。

（四）系统性

犯罪的环境因素对于任何犯罪产生的影响都是普遍存在的，是犯罪原因系统结构中的主要组成部分。犯罪的环境因素对个体犯罪产生的作用是多种多样的因素相互联系和相互作用的结果。这种联系和作用一是使犯罪环境因素表现为一种层次性，这种层次性包括其对犯罪发生所具有的从远而近、从宏观到微观、从直接到间接的作用等；二是使犯罪的环境因素中的各种要素呈现出一种动态性，即犯罪的社会和自然原因中的相关因素的运动过程。

（五）可控制性

犯罪的环境因素尤其是社会原因是社会矛盾的产物，而社会矛盾是客观存在的。随着社会的发展，导致犯罪产生的各种社会矛盾能够不断为人们所认识，并且能够逐渐为人们所克服或避免。因此，从这个意义上来说，犯罪是可以得到控制的。

第二节　犯罪的政治经济因素

按照马克思主义的观点，犯罪是阶级矛盾不可调和的产物。而阶级矛盾从深层次分析，主要是所有制关系造成的。经济制度是所有权的法制化，直接关系到社会产品的分配和人们利益的调整，从较深层次影响人们利益的冲突和犯罪发生。而物质生活的生产方式制约着整个社会生活、政治生活和精神生活的过程。如果说经济的基础地位使其在人类社会的生存和发展中发挥着根本性的作用，政治与文化因素则作为上层建筑影响人类的行为。生产力与生产关系、经济基础与上层建筑是人类社会的基本矛盾，其相互作用演绎了包括犯罪在内的无数纷繁复杂的社会现象。

一、政治因素与犯罪

政治作为一个权力、控制、功能系统，以静态和动态两种形式存在。从静态看，政治由诸多要素组成，除了构成国家的元首、政府、军队、警察、法庭、监狱等组织机构外，还包括意识形态、社会制度、执政者的路线、方针、政策及国家机构的运行机制等内容。从动态看，政治表现为一个过程，其目的在于取得并有效地控制政权，调整阶级内部、阶级或阶层之间、群体之间以及国家之间的关系。政治对社会的经济因素具有重大的影响，是社会发展变革中极为重要并且十分活跃的因素。犯罪作为社会法律现象，当然具有鲜明的“政治色彩”，同时犯罪的产生也与社会政治因素密切相关。这些政治因素包括阶级状况、社会政治制度、国家机构的运行制度等。

（一）阶级状况与犯罪

与政治相联系的是统治。统治是一种社会管理。在阶级社会里统治具有阶级性，政治则体现了统治阶级的意志。犯罪是阶级斗争的必然结果。私有制的产生与阶级的出现，使社会危害行为具有了阶级属性。在阶级对立的社会，对统治关系的危害，首先是对阶级统治的危害。在剥削阶级占统治地位的国家，剥削阶级对被剥削阶级进行剥削与掠夺，尖锐的阶级对立和阶级斗争制造了大量的犯罪。可见，犯罪是取得政权的统治阶级基于政治斗争的需要而以国家意志即法律形式界定的行为。在阶级社会里，阶级斗争是政治斗争的重要表现形式，只要有阶级斗争，取得政权的统治阶级就必然根据阶级斗争的需要而宣布被统治阶级的反抗为犯罪行为。政治性犯罪（阶级斗争性质犯罪）是自古以来就存在的一种犯罪现象。例如，谋反和叛国历来都被视为最严重的刑事犯罪：在奴隶社会里表现为奴隶的逃跑、起义；在封建社会里表现为农民的抗税、抗租、起义和对王室的不忠等阶级反抗行为。统治阶级都认为是最严重的犯罪行为。在不同的历史时期、不同的国家，统治阶级对犯罪行为性质的界定虽然不同，但都将直接危害其统治阶级政权稳定的行为规定为犯罪。当然，即使在阶级社会里，阶级斗争并不是犯罪产生的唯一原因，也存在因为非阶级性的社会矛盾和社会失调产生的各种一般犯罪，比如杀人、放火、强奸、抢劫等反人类行为，在各个国家、各个历史时期都被确定为犯罪。但是这种非阶级斗争性质的犯罪究其实质也危害了统治阶级的统治秩序，是一种不自觉的反抗。因此，犯罪是阶级矛盾的表现形式之一。

我国目前正处于社会主义初级阶段，这是一个相当漫长的历史过程，必然会存在各种各样的社会矛盾，阶级斗争也必将在一定的范围内长期存在。阶级斗争对犯罪仍然有一定的影响，如危害国家安全犯罪、严重的刑事犯罪与阶级矛盾也有密切关系。我国《刑法》规定了12种危害国家安全犯罪，都是危害国家政权稳定和危及社会制度的最严重的刑事犯罪，都有着直接阶级斗争的内涵。此外，如杀人、放火、爆炸等严重刑事犯罪，亦具有阶级斗争的性质。从个体角度来看，这类犯罪者往往遭遇社会挫折，或多次受司法机关的处罚，产生了强烈的反社会意识和对现存统治秩序的不满和反抗。从犯罪行为和犯罪结果看，表现为明显的自觉性、组织性、疯狂性、连续性，造成的危害结果特别巨大。

（二）社会制度与犯罪

社会制度是一个综合概念，反映特定社会的社会本质。它包含三层含义：第一，社会形态，即宏观的社会制度；第二，政治、经济、文化、教育、家庭制度，即中观的社会制度；第三，各单位、组织的规章制度，即微观的社会制度。政治因素中的社会制度主要指社会的政治制度和法律制度。因而，社会制度对犯罪的影响是多方面的。

马克思主义的犯罪学观点认为，一切剥削制度，不管它属于哪种形态的社会制度，都与犯罪有密切的联系，甚至会成为犯罪产生的根本原因。社会主义社会是阶级社会向无阶级社会（共产主义社会）过渡的社会形态，并不是人类社会发展过程的终极形态。社会主义社会和社会主义制度在其自身的发展变革过程中，必然产生若干不相适应和不相协调的情形，进而会引发许多社会矛盾和社会问题。不同的社会成员、社会组织对这些社会问题和社会矛盾的反应会采取不同的态度和行为方式，其结果就包括违法犯罪行为的产生，但社会主义社会相对于资本主义社会而言，犯罪现象受到了更为有力的控制。

（三）政治体制弊端与犯罪

政治体制弊端是指国家管理形式、机构设置、实际措施等方面的具体政治制度存在的缺陷。在我国现阶段，政治体制弊端包括权力缺乏制约、干部终身制、官僚主义等，其中最主要的是权力设置和运行过程缺乏制约和可问责性。这些政治体制上的缺陷和漏洞是我国现阶段犯罪持续增长，尤其是职务犯罪日益严重的原因之一。

1. 权力过于集中

政治权力分割、平衡与制约是防止权力滥用的必要措施。这是古今中外的政治实践所证明的一条政治规律。犯罪经济学分析表明，当犯罪所需成本较少，而犯罪所得却较大时，犯罪心理就容易产生。在权力过于集中而又缺乏必要制约和有效监督措施的情况下，实施犯罪的机会和犯罪得逞的概率均会增加，而受到法律制裁的风险却相对较少，犯罪所得大于犯罪所失，因此，犯罪发生的可能性就会增大。

改革开放以来，我国的经济体制改革取得了长足的进展并取得了显著的成效，但政治体制改革却相对缓慢，许多陈旧的体制模式至今仍被使用。这种陈旧的管理模式的主要特征是决策权力过于集中于机关首长，特别是集中到党政“一把手”身上。“一把手”在领导集体中处于权力的核心地位，起着关键的作用，既承担了很大责任，也集中了相当的权力。然而，对“一把手”的制约机制在一定程度上却形同虚设。这就导致“一把手”权力范围无明确界定，无所不包，无所不管，同时又无人监督，而一旦出现问题却难以追究责任。这种状况导致某些党政一把手恃权傲法、目无法纪、胆大妄为，享乐主义、极端利己主义恶性膨胀，以致最终走上犯罪的道路。

2. 政治运作过程中缺乏透明度

随着市场经济体制的逐步完善和整个社会文明程度的提高，社会公众了解、关注及参与政治生活和国家权力运作过程的愿望越来越强烈。但从现实状况来看，我国各级各类的国家机关中的规章制度和管理过程的透明度还是比较低，权力“暗箱操作”现象比较普遍。虽然目前有些单位和地区正在推行“政务公开”等针对性措施，并且取得了一些效果，但总体上仍然不够理想，离预期的目标尚有不小的差距。这就使权力行使笼罩上神秘的外衣，使一些人试图通过权钱交易去寻求参与政治运作的机会，也就为腐败提供了可乘之机。

3. 人事制度方面的缺陷

为适应市场经济的要求和政治文明建设的需要，我国全面推行了人事制度改革，并取得了显著成效，但弊端仍然较多，为腐败留下了空隙。其表现为：第一，干部选用机制仍然沿用过去的委任制，其基本原则是统一培养、统一选拔、统一管理，自上而下任免。这一用人机制是“跑官要官”“买官卖官”现象存在的重要因素之一。第二，干部使用制度僵化，公务员能进不能出、能上不能下。干部一旦提拔，就形成事实上的终身制。因此，除非干部自身严格自律，否则就缺乏自律的动力。第三，干部任用考察漏洞多。这导致一些腐败官员不但没有及时查处，反而出现经过一道道组织考察程序得到提拔重用的“边腐败边升官”现象。第四，干部提拔年龄界限过于严格。为了实现干部的年轻化，干部提拔的年龄过于严格。这使一些超过提拔年龄的干部心理失衡，在晋升无望的情况下，开始为自身谋取非法经济利益。

4. 权力运行缺乏监督

“不受监督的权力必然会导致腐败，绝对的权力导致绝对的腐败”。监督机制是防止国家权力滥用的重要保障。在我国目前的政治生活中，党内监督、人大监督、司法监督、行政监督、群众监督、舆论监督等各种形式的监督都存在不同的监督不到位和监督乏力的现象。（1）党内监督有时难以真正到位。党内监督是通过党的纪检部门对党员干部实行的监督，是中国共产党在长期革命和建设过程中形成的重要监督形式。但负有纪检职责的干部的任免、调动却由党政主要领导决定，因此，难以避免监督不力的情况发生。（2）国家权力机关监督的主动性不强。从法律规定上看，各级人大作为国家权力机关具有人事任免权、重大事项决策权和干部监督权，拥有这些权力是行使监督权的坚强后盾。但实际上我国目前人大监督缺乏主动性，一是人大代表选举机制不够健全，一些人大代表个人素质不高，难以行使监督职责；二是监督程序可操作性差，致使监督渠道不畅，监督措施难以落实。（3）群众监督难以形成合力。我国历史上缺乏民主政治的创痛，"官本位"思想严重，社会公众缺少对公职人员监督的思想意识和行为习惯。这种监督常常处于零散的、自发的、被动的、无奈的状态，难以形成应有的合力。（4）新闻舆论监督力度不够。新闻舆论监督主要是通过新闻运作手段实施的监督。实践证明，新闻舆论的监督在预防和揭露犯罪方面作用显著。虽然我国目前新闻媒体对政治生活监督的力度不断加强，并取得一定的成效，但还有待于进一步改进。其主要表现为正面宣传居多、负面报道较少，现象介绍居多、深刻分析较少，新闻媒体的监督作用未能得到充分发挥。

二、经济因素与犯罪

经济条件是人类赖以生存和发展的最基本的物质基础，经济基础是社会发展形态和社会制度的决定因素。因而经济因素对人们的思想和行为起着决定性的影响作用。利益驱动或者说物质产品和精神产品的需求，是人们行为的基本动力。同样，对于犯罪行为，经济状况也不例外地具有直接而重大的决定作用。与犯罪的发生密切相关的经济因素主要包括社会经济制度、生产力发展水平、社会经济管理和社会分配制度等。

（一）社会经济制度与犯罪

社会经济制度的内容十分广泛，其中最具有普遍意义和决定作用的是所有制形式，它决定着社会的政治制度，决定着人们的社会政治经济地位，因而也决定着人们的思想意识和价值取向。经济制度是所有权的法制化，在经济社会里直接关系到社会的产品分配和人们利益的调整，从较广的层面影响人们利益的冲突和犯罪的发生。

20 世纪 80 年代以来，我国经济体制经历了两次重大改革，由社会主义计划经济转向有计划的商品经济；党的十四大又确立了社会主义市场经济体制。在计划经济时代，由单一的公有制经济体制和平均主义的分配方式决定，各企业之间一般不存在利益冲突。但在市场经济条件下，多元的经济结构和多元分配方式的存在，使不同所有制经济之间、不同企业之间产生利益冲突。为了争夺生存空间，在市场竞争中立于不败之地，有些缺乏市场竞争能力的企业就会采取不正当竞争的手段甚至违法犯罪手段进行生产经营活动，产生大量的法人犯罪。市场经济与犯罪的关系具体表现为：

1. 市场竞争与犯罪

竞争是商品生产的内在动力，是发展市场经济的必然要求。但是，正如有市场经济就会有竞争，有竞争就会有不正当竞争。常见的不正当竞争行为有：(1) 制造、销售假冒伪劣商品；(2) 公用企业或其他依法具有独占地位的经营者，限定他人购买其指定的经营者的产品，以排挤其他经营者的公平竞争；(3) 政府及其所属部门滥用行政权力，限定他人购买其指定的经营者的商品，限制其他经营者正当的经营活动，限制外地商品进入本地市场或者本地商品流向外地市场；(4) 经营者采取财物或者其他手段进行行贿以销售或购买商品；(5) 经营者利用广告或其他方法，对商品的质量、制作成分、性能、生产者、有效期限、产地等作出引人误解的虚假宣传；(6) 经营者以盗窃、利诱、胁迫等不正当手段侵犯他人商业秘密；(7) 经营者以排挤竞争对手为目的，以低于成本的价格销售商品；(8) 经营者销售商品，违背购买者的意愿搭售商品或者附加其他不合理的条件；(9) 经营者从事非法有奖销售；(10) 经营者捏造、散布虚伪事实，损害竞争对手的商业信誉、商品声誉；(11) 投标者串通投标，抬高标价或压低标价，投标者与招标者相互勾结，以排挤竞争对手的公平竞争。

当前，我国不正当竞争最为严重的当属“假冒伪劣产品”泛滥成灾。概括起来主要有四大类：生产销售伪劣药品、生产销售伪劣工农业生产资料、生产销售伪劣生活资料、假冒他人注册商标的行为等。历年来，我国司法部门加大了这类违法犯罪行为的惩处力度，但这类严重的经济型犯罪仍然是禁而不止，甚至有上升的趋势。一方面，市场经济追求利润的最大化的非伦理特征决定了不正当竞争的存在，不正当竞争是引发犯罪特别是经济型犯罪的重要因素之一。另一方面，竞争会使一些企业破产、倒闭，这本属于正常的经济现象，但不少经营者缺乏竞争残酷性的认识，更缺乏失败的心理准备，于是在企业破产倒闭时，抱怨竞争对手，仇视社会，进而实施杀人、放火、爆炸等严重危及公共安全的犯罪。

2. 市场经济的价值观与犯罪

市场经济体制的建立不仅极大发展了社会生产力，而且在更深层次上改变了人们的思维方式和价值观念。凡此种种变化也产生了一些消极因素，主要表现为以下两方面：

(1) 物质利益至上。我国传统的价值观是重义轻利，提倡的是知足常乐、随遇而安，而市场经济则信奉竞争，优胜劣汰，适者生存，到处为物质利益所笼罩，金钱常常成为一个企业或个人成功或失败的标准。在这种社会氛围下，极易滋生“金钱至上，有钱就有一切”的拜金主义观念。“拜金主义”思想使一些人完全抛弃了传统的价值观，为了金钱，为了无止境的物质欲望，铤而走险，实施犯罪。如近年来，赌博、贩毒、卖淫嫖娼等社会丑恶现象的沉渣泛起，都是与“拜金主义”思想分不开的。而经济上的成功，物质上的富有，又成为一部分人寻欢作乐的资本。这种状况在市场经济建立的初期尤为明显。当现有的文化活动满足不了一些素质低下的“暴发户”的精神欲望，而较低的文化水平又决定了他们不能享受高雅的娱乐方式时，嫖娼、赌博、重婚等丑恶现象便会悄悄地滋长起来。而对于经济贫困而又好逸恶劳、贪图享乐之人而言，走私贩毒、盗窃抢劫等违法犯罪活动就成为他们获取金钱的途径和手段。

（2）极端个人主义。我国传统文化强调“社会本位”，国家、集体和社会公众的利益高于一切，个人只有服从他所依附的集体，才有生存的必要和价值。这种文化氛围产生的是“顺从的小民”，人们大多循规蹈矩，很少有越轨行为。而市场经济要求市场主体独立、自由及平等，强调发挥市场主体的积极性和能动性，这就要求个体的价值、权利和地位得到充分的认可和尊重。这种“个人本位”的文化观完全颠覆了传统的“社会本位”的文化观，充分体现了“以人为本”的理念，这是社会的巨大进步。但是其负面影响也是显而易见的，“个人本位”极易滋生“极端个人主义”。当“极端个人主义”成为人们的生活信条，在“人不为己，天诛地灭”的思想指导下，有些人不惜损害国家、集体、公众的利益，诉诸强奸、抢劫、杀人放火、贪污受贿等犯罪行为。

（二）社会经济管理与犯罪

管理一般是指管理者为了实现预定的目标，依照一定的原则、程序和方法，对管理对象要素以及运作过程进行的计划、组织、指挥、协调和控制等一系列活动。社会经济管理主要是指处于“动态”中的社会经济和人们对社会经济的主观参与。社会经济管理的状况受制于社会经济制度和生产力发展水平等社会经济因素。由于社会经济制度和生产力等社会经济因素总是在不断变化、发展之中，社会的经济管理也必然处于不断变革和改进之中。经济管理制度和方式的变化，又必然会带来经济利益的再调整和再分配，因而会产生人们利益关系的相应变化，各种利益关系在新的机制建立过程中会发生各种矛盾和冲突。我国在建立和实行社会主义市场经济体制下，不论是对人的管理，还是对物的管理和对事的管理，与计划经济体制相比都有重大的变化。但新的管理体制的建立、健全和完善，还需要相当长的时间。因此，在这个较长时间里，新的经济管理体制中的偏差、失误和漏洞无可避免地存在，这为犯罪行为的实施提供了有利的条件。社会经济管理的漏洞包括宏观上经济制度的漏洞和微观上企业单位等微观管理和制度上的漏洞。

从宏观方面看，新旧体制转换的过程必然会存在市场管理、金融管理、物质管理、价格管理等方面的诸多漏洞，这就使经济领域内的贪污受贿、走私贩私、偷税漏税、生产伪劣产品、假冒注册商标等犯罪活动有了可乘之机。以我国经济体制转轨带来的价格双轨制为例，这种价格体制所导致的不正常现象就是，一些单位和个人为了获取廉价的原材料和紧俏的商品，大肆进行行贿走私等违法犯罪活动；同时，一些国家工作人员则利用自己掌握的调拨国家物资、商品的权力，收受贿赂，收取各种名目的“好处费”“劳务费”等经济回扣。一些犯罪分子利用价格双轨制进行倒买倒卖、买空卖空、囤积居奇等违法活动获取不法利益。同时，由于价格双轨制的存在，还使市场主体不能公平竞争，由此引发不正当竞争，或者使不正当竞争得以强化。当然，随着市场经济体制的逐步健全和完善，价格双轨制也失去了存在的必要，此类经济管理中的缺陷和漏洞也随之得到弥补。从微观上看，某些地区、部门、企业在一些具体管理体制上存在无制度可依、制度不全或有章不循等漏洞。比较集中地表现为财物收支、物质调拨、对外经济联系和经营活动没有或缺乏严格的审批程序；财会供销工作没有专人负责，分工不明确，缺乏必要的监督和制约；单位内部各部门之间分工也不明确，职责不清，遇事推诿，不负责任；不少部门的领导在经济管理中存在严重的官僚主义、本位主义和分散主义，完全不遵循经济规律等。这些漏洞的存在就有可能助长和强化某些人不健康的主观意识，趁机进行贪污、诈骗、走私贩私、行贿受贿等经济犯罪。

（三）生产力发展水平与犯罪

生产力发展水平代表了一个国家和地区的经济发展水平。生产力发展水平与犯罪的关系错综复杂，不能简单地得出生产力水平低犯罪率就会高，也不能断言生产力水平高犯罪率一定就低。犯罪作为一种社会现象受很多因素的影响和制约，是多种因素共同作用的结果。

1. 生产力发展使商业性犯罪增加

生产力发展水平的提高表明经济快速增长，带来了商业性犯罪的数量和种类也急剧增长。这首先表现为诸如诈骗、滥用信用、滥用公共财物（如贪污或挪用公款）等传统型犯罪数量的增加；其次在经济高速发展和转型时期，一些新的犯罪也会不断出现，如签发空头支票、利用现代媒介发布给受害人造成重大经济损失的虚假信息及披露商业秘密和违反证券交易规则的犯罪等。此外，伴随经济的发展和竞争的加剧，某些与工业生产有关的犯罪往往也会出现增加的趋势，如违反环境保护、劳动者自由与安全以及产品质量的犯罪等。

2. 贫困与犯罪

贫困是世界各国普遍存在的一种致罪的因素。贫困包括绝对贫困和相对贫困。绝对贫困是指一个国家生产力水平低，人民的物质生活资料得不到满足的状况。“当无产者穷到完全不能满足最迫切的生活需要，穷到要饭和饿肚子的时候，蔑视一切社会秩序的倾向也就越来越增长了。”在这种情况下，“男人进行抢劫或是盗窃，女人盗窃或是卖淫”是无法避免的。可见，在绝对贫困下，当人们不能维持最低生活需要时，“饥寒起盗心”的求生型财产性犯罪就会增多。而在生产力得到发展或生产力水平较高的情况下，在一些国家会出现相对贫困的问题。在相对贫困的状态下，虽然大多数人生活水平有所提高，基本生活需要能够得到满足，但贫富悬殊，收入差距拉大，一部分人处于相对贫困状态。犯罪学表明，相对贫困比绝对贫困更容易引起人们的挫折感、被剥削感，导致严重的心理失衡。这种心理失衡突出地表现为社会成员之间盲目攀比。攀比的基本特征是，在社会成员或群体意识中存在一条均等线作为衡量自身和他人社会地位的标准，对超出均等线以上者产生强烈的嫉恨，同时自身产生被虐待的感觉。改革开放以来，局部攀比已经演化为全社会的攀比，形成一种社会普遍心理。在这一过程中富有阶层的生活方式和消费方式成为社会时尚，被人们争相效仿。高档消费品成为荣誉和地位的象征，超出购买力追求高档消费品成为一般家庭的苦恼。这种贫富悬殊的差别使一些人备受刺激。当这种强烈的刺激引起的金钱欲在通过正常途径得不到满足时，一些人就有可能通过非法手段来满足这种要求，使他们的被剥夺感得以补偿，心理得以平衡。这种状况将促使财产犯罪迅速增加，并且越来越多地与暴力犯罪联系在一起，表现为针对社会的带报复性和发泄型的犯罪也将迅速增长，如危及公共安全的放火、爆炸、灭门凶杀等恶性案件时有发生。可见，与相对贫困相比，绝对贫困更容易引发犯罪行为的发生，而且在相对贫困状态下，犯罪的数量和质量都超过绝对贫困状态下的。

目前我国“农村贫困”的顽症还没有彻底治愈，“城市贫困”的幽灵又开始徘徊。当绝对贫困正在逐步淡出人们视野的时候，相对贫困却开始扩散。其中，城镇人口的失业导致的绝对贫困以及因贫富差距过大而导致的相对贫困，与犯罪的关系极为密切。

第三节　犯罪的文化教育因素

一、文化与犯罪

文化，从广义来说，是指人类社会历史实践过程中所创造的物质文明和精神文明的总和；从狭义来说，是指社会的意识形态以及与之相适应的制度和组织机构，它包括人类的生活方式、情感方式、意识形态、风俗习惯、道德、宗教、法律及民族思维方式等行为规范或准则。人是文化的动物，包括犯罪在内的人类行为，归根结底，都是文化的产物。一定的文化模式及其社会历史背景，决定了一定犯罪行为模式及特点；一定的犯罪现象及其特点，又总是受制于特定的文化模式并反映着特定文化模式的内涵。犯罪作为一种社会现象即是社会生活中诸多矛盾的综合反映，而犯罪行为总是受一定的思想意识和价值观念所支配，是行为人犯罪心理和意识的外化，而思想意识和价值观念本身就有其文化内涵。从某种意义上说，犯罪也是一种文化现象，是特定社会文化背景下的消极文化综合作用的产物。

（一）文化冲突与犯罪

文化冲突是指不同性质、不同模式的文化在相互接触、相互融合的过程中所产生的矛盾和对抗。犯罪由文化冲突所引发，而文化冲突导源于文化变迁、文化传播以及"国民性"的差异。文化冲突的结果是相互吸收、融合，或是一种文化取代另一种文化。美国犯罪学者塞林在其《文化冲突与犯罪》一书中翔实地阐述了文化冲突与犯罪的关系。他认为，社会上存在两种文化冲突：随着文明的发展，不同时期文化规范之间的纵向冲突；同一时期由于两种文化规范对立而产生的横向冲突。同时，他也认为，"文化准则的冲突必然导致行为规范的冲突"，"犯罪就是行为规范的冲突"。我国现阶段文化冲突与犯罪的关系表现为以下三种形式：

1. 现代文化和传统文化的冲突

我国在改革开放以来，尤其是随着经济体制改革和政治体制改革的深入进行，多元化经济结构的形成和市场经济的建立健全，社会进入了全面转型时期。在文化方面，出现了新旧文化的激烈冲突，传统文化和现代文化中的不良因素大量滋生，文化中维系社会主义价值体系和行为模式的功能被严重削弱。在这一文化背景下，社会在高速发展的同时也伴随着大量的犯罪现象的增加，主要表现为：（1）社会需求结构畸形化。市场经济的建立完善，一方面极大地刺激了社会公众的物质欲望，另一方面维系市场经济的诚实、信用、公平的"契约精神"又尚未内化为社会公众的行为模式，于是物欲横流，而精神需求却严重不足。（2）社会价值体系多元化。集体主义精神被削弱，极端个人主义、享乐主义和金钱万能等不良观念大肆蔓延。（3）"官本位制"文化依然浓厚。缺乏制约的权力仍然具有较大的运作市场，各类腐败型犯罪加剧了社会风气的恶化，并导致社会公众价值观念的失落与错位。（4）家庭及学校教育严重滞后。未能充分发挥在市场经济条件下健全青少年人格和提高国民素质的社会功能。（5）大众传播媒介的商业化倾向增强，外界不良文化大量渗入，文化环境呈现恶化趋势。（6）封建迷信和不良习俗在相当程度上死灰复燃，现代社会所需要的文明、健康的生活方式尚有待于完善。

2. 不同民族、地域、群体之间的文化冲突

在传统的社会里，社会流动、人口流动性较少，人们生活在相对稳定的地域和文化环境中，由于价值观念、行为模式、生活方式都较相似，彼此之间行为协调，矛盾冲突也较少。随着市场经济的建立和发展，社会经济交往频繁，城乡之间、不同的社会群体之间文化交往日益增多，不同的价值观念、行为模式、生活方式的冲突也是在所难免的。

3. 中外文化的冲突

随着我国对外开放程度的深入，国家之间的交往合作日益加大，在引进国外的资金、技术、管理方式的同时，国外文化也大量输入，国外文化中的不良价值观念、意识形态、生活方式也会对我国进行渗透，形成中外文化的冲突。

文化的诸种冲突，必然会形成多元文化价值观、道德观和生活方式共存的趋势，而一个国家的法律规范是依据一定的社会主流文化价值观所制定的。因此，多元文化价值观必然会导致与现行法律规范冲突的机会增多，从而使犯罪增多。

（二）文化传播与犯罪

文化传播是指不同文化模式间文化要素的传递与扩散及其过程，是人类在社会交往过程中产生于社区、群体及人与人之间共存关系中的一种文化互动活动。任何文化总是一定时空中一定民族的文化，其间既有普遍的相通暗合的共性，也有不同甚或激烈排斥之处。文化传播必然导致不同文化特质间的碰撞、冲突与调适，造成文化与社会的变迁甚或动荡。特别是当两种或多种不同特质的文化因素犬牙交错地共存于同一社会时，因人们价值取向不同而造成的行为取向与方式的评判标准必然会有差异，便极易导致行为的失范。即便属于同一文化圈，但因分属不同的地域，因而难免会存在差异，因而也有可能导致“文化误解”。在文化的调适和重新整合完成之前，占统治地位的主流文化必然会有形或无形借助国家暴力的形式排斥与之根本对立的异质文化，而使后者所支配的行为在一定情境下成为越轨行为。

在近代人类历史上，伴随着征服、殖民统治和传教所进行的文化传播是激烈的文化冲突，并导致犯罪甚至是战争。例如，在阿拉伯世界，当西方文化汹涌而至时，为了“保持穆斯林良好的品德”，“抵抗魔鬼的诱惑”，不少阿拉伯国家规定，但凡与《古兰经》相悖的喝酒、抽烟、赌博、打牌等习俗，均规定为犯罪，违禁者偷食禁果自然要受到惩罚。在中国清末民初的农村，接受新的婚姻伦理、追求婚姻自由的青年每每被社会所不容，封建宗法统治者对于私奔或再嫁等违反

宗法伦理的人，更是施以“沉塘”或“活埋”等酷刑惩罚。另外，当一种文化特质被接受并被强制推行后，基于文化中的某些观念和规则所实施的行为只要与之相悖，也会被视为犯罪。例如，男女平等、一夫一妻制的西方观念，已被中国法律所认可时，根据宗法伦理而虐待妻子或重婚的，也将被视为犯罪。

随着科学技术的迅速发展，现代信息传播媒介的普及与商业化的传播倾向，文化传播过程中，大量的不良文化渗入我国，导致文化环境不断趋于恶化，在一定程度上诱发了犯罪发生。一方面，不良的（色情、暴力）书刊、影视等大众传播工具，在一定情况下可以引起人们尤其是青少年的消极个性特征，从而引发他们越轨行为产生。另一方面，大众传播工具与社会公众是在互相影响过程中进行交往的。在这个过程中，社会公众实现这些要求的动机，大众传播工具为其提供行为的动力和榜样。如果这种交往的性质是消极的，在一些人那里就会发生犯罪。

（三）国民性格与犯罪

国民性格是指某一类文化类型烙于其整个民族的性格特征，亦即某一类文化类型时空中的全体成员所共同具有的倾向性人格特征。文化类型的丰富多彩造就了不同的国民性格，甚至同一文化类型之内也存在不同的“历史民俗区”“宗教民俗区”或“风俗阶层”“民俗集团”。这些差异本身即属于文化冲突，同时又必然孕育新的文化冲突。总体来看，国民性格的这种特征与犯罪的关系表现在以下 3 方面：

1. 国民人格的偏斜易触引、促发犯罪

在文化史上，常常出现这样的现象，即某一文化类型由于过分强调某些价值或信念，致其极度膨胀而压抑、摧残甚至窒息了其他对于人格健康同样不可或缺的重要价值或信念。原本旨在弘扬符合健康理性人格的某些价值或信念，却破坏了构成健康的国民性格所内在要求的诸因素的和谐与有机性，而为国民人格中的病态及其外化形态的行为失范埋下了隐患。例如，“孝”是中国理想人格中的必备要素，但“孝”的义务性的无限度扩延，却为无生气的家长制、干涉婚姻自由等提供了伦理的支持，而这种深层文化观念中干涉的合理性与当今中国现代法律所赋予的违法性的冲突，正是这种取向与犯罪关系的鲜活写照。此外，某些并非偏斜的国民性格取向也与犯罪有关。比如，在中国北方人性格刚烈，俗话说“没有北京人不敢说的话，没有东北人不敢打的架”，北方的暴力犯罪案件远甚于“文章锦绣”的江南。而内地某些地区基于“不开化”的价值观念所发生的诸如宗族械斗，买卖妇女儿童的案件亦会多于发达沿海地区。

2. 国民性格的冲突易触引、促发越轨行为

有的国民性格的差异仅仅具有地理学或人类学的意义，而有的国民性格的差

异则属于评判价值、衡量规则的重大原则的冲突。倘若两种迥然不同的国民性格共时性地遭遇在一起，便有可能导致激烈的冲突，进而可能促发越轨行为。例如，通常而言，拉丁民族热情奔放，北欧居民多沉静内敛。在传统的移民国家如澳大利亚等的一些城市社区，来自不同民族或者地区的居民之间因为处事方式的不同，甚至仅仅是说话声量强弱不同，便常常导致误解、摩擦乃至严重冲突。而这种基于不同国民性格的情绪，很可能触引或者促发后续的冲突，直至发生犯罪行为。

3. 国民性格中的阴暗劣质与反社会性契合，共同促使反社会行为的产生

每一种文化类型的国民性格中的阴暗劣质，常常与反社会性直接契合，而形成推动主体实施反社会行为的合力。例如，作为“日本魂”的“武士精神”本是封建武士的道德规范，强调主从关系中的“忠节”“服从”，崇尚武勇、杀伐。同时，作为上述一切的组织保障，强化“礼仪”，即根据武士的等级制度，制定旨在有效贯彻首领意图的严密的“黑帮式”纪律。日本民族刚勇、坚忍的性格特征的形成与所谓的“武士精神”不无关系，但它却不免导致了“嗜血”与“冷酷”这一劣质，影响所及，直接造成日本黑社会集团间的火拼常常采用人身摧残与肉体消灭的残酷方法。同时这种复活了的“武士道”精神与现代法西斯主义相结合，形成了军国主义的国家武士道，支配着第二次大战时的日本战争罪犯们的心灵，成为他们实施战争罪行的精神麻醉剂。

（四）亚文化与犯罪

亚文化又称次文化、副文化，是指人们在生产、生活过程中逐渐形成的与社会主流文化相对立的价值体系、行为模式、生活方式的及其现象的综合体。其中与主流文化价值观和行为规范相悖、助长越轨行为的亚文化又称为犯罪亚文化。犯罪亚文化是亚文化的极端表现形式，是对主文化的违背和否定。犯罪亚文化对犯罪的影响主要表现为以下几个方面：

1. 犯罪亚文化与亚文化一样均来源于主文化，他们并不是与主文化完全隔绝的孤立部分，犯罪亚文化也包含主文化的一些基本特征

犯罪亚文化对犯罪的影响与主文化对合法行为的影响大致经历了相似的历程。亚文化、犯罪亚文化与主文化的关系就如同树枝、树叶和树干的关系一样，只有树干的光秃秃的树木缺乏生机和活力；但任何树枝和树叶都源于树干，离不开树干所运送养料的支撑；同时，树枝和树叶也不能过分旁溢斜出、妨碍树木整体的健康发展，对影响树木整体成长的树枝和树叶，只能对其施以合理的修剪。因此，我国犯罪亚文化是随着社会转型从主文化中分化出来的分支和余脉。虽然犯罪亚文化是对主文化的违背和反动，但犯罪亚文化也不是反对主文化的每一方面，而仅反对主文化中的某些部分和部分规范。如在青少年犯罪亚文化中，青少

年人可能会反对主文化所认可的权威家长、教师权威，反对主流教育方式对自身的束缚；但他们绝不会全盘否定主流社会的一切，他们不会反感对财富与成功的追求，尽管他们可能采取犯罪的方式来获得成功和财富，其实他们更渴望通过努力获得主流社会认可。实际上，就如同主文化通过文化的规范性要求人们克己复礼、和谐相处、守法文明一样，犯罪亚文化也是通过特定的文化规范性要求潜在犯罪人实施社会越轨行为。

2. 与主文化不同，犯罪亚文化和亚文化仅通行于各个社会阶层和亚群体中

与一般意义的亚文化不同，犯罪亚文化的显著特色在于其拥有不良的价值取向、行为规范和生活方式，包含某些反社会意识。而这些因素构成了特定犯罪人危险人格的核心组成部分。与主文化广泛流通于主流社会相比，亚文化和犯罪亚文化仅在特定群体内适用，这是构成特定亚群体的显著标志。犯罪亚文化专属于犯罪亚群体和潜在犯罪人，是他们的生存方式。这些犯罪亚群体既包括黑社会性质组织、恐怖犯罪组织等有组织犯罪集团，也包括一般的犯罪团伙和违法人群（妓女群体、吸毒群体），还包括非组织性的犯罪人和潜在犯罪人（如农民工犯罪中的农民工）等。

犯罪亚文化为犯罪亚群体成员提供在反社会意识基础上缔结成的身份认同。作为犯罪亚群体的精神基础，反社会意识“是指犯罪人通过犯罪而暴露和宣泄的根本对立于社会的精神现象的综合体，主要包括悖逆的价值取向、对于社会主导文化的病态抗拒心理和犯罪亚群体的‘同类意识’三要素”。作为犯罪人之犯罪心理的重要组成部分，这种反社会意识能对犯罪亚文化成员的行为方式、身份认同、人格与思想产生影响，能催生犯罪的发生与蔓延。在反社会意识推动下，犯罪亚群体成员在共同的生活方式中形成了一致的行为规范、价值规范、语言符号系统和亚群体专有的禁忌和仪式。这些犯罪文化因素构成了犯罪亚群体成员区分我们与人们、我们与政府的根本标准，是犯罪亚群体成员的身份标志，并促成了犯罪亚群体内部的稳定和身份认同。因此，犯罪亚文化能以反社会意识整合犯罪亚群体，影响内部成员的人格、思想和行为，促使群体成员遵循犯罪亚文化而实施犯罪。

3. 主文化的文化危机为犯罪亚文化的沉渣泛起提供了机会和可能，社会转型和社会分层则为犯罪亚群体的滋生提供了实现条件，各种犯罪亚文化的滋生和蔓延客观上刺激和推动了犯罪的发生

犯罪亚文化是与主文化相对立的一种极端反社会的亚文化形态，两者存在此消彼长的互动关系。在特定区域、群体中，犯罪亚文化的兴起往往意味着主文化的失效或部分失效；主文化在法律、道德、习俗、宗教等方面的充分体现和渗透将有助于社会秩序的稳定，有助于对犯罪行为的控制。主文化危机在一定程度上

造成了文化规范层面的真空、混乱，这为犯罪亚文化的崛起提供了有利条件。一时间社会上出现了封建文化、暴力文化、色情文化、享乐文化、官本位文化等各种影响犯罪发生的不良文化因素，囿于上述不良文化因素的影响，犯罪亚文化的形成条件由此成熟。同时，社会分层、分化导致与主流社会相对应的亚群体陆续出现，主流社会信奉主文化，亚群体往往信奉亚文化甚至犯罪亚文化。信奉犯罪亚文化的群体主要由有组织犯罪集团、犯罪团伙和各种边缘群体等组成。各种犯罪亚群体是犯罪亚文化的实现载体。

二、教育与犯罪

（一）学校教育与犯罪

教育是指能增进人们知识和技能，影响人们思想品德的活动。其主要指学校对适龄儿童、少年、青年进行培养的过程。学校教育中存在的种种弊端与青少年犯罪有着千丝万缕的联系。我国当前的学校教育中的弊端对于青少年犯罪的影响主要表现在以下三方面：

1. 片面追求升学率，忽视素质教育

许多学校把主要精力放在应付考试和追求升学率上，甚至把升学率作为衡量教育质量的唯一标准。学校办学指导思想始终受制于社会、家长及政府职能部门的评价标准。而这一标准的具体内容就是学校的升学率。在这种背景下，学校很难把德育教育真正放在首位，法制教育更是无从谈起，心理教育严重滞后。同时，学校对学生的评价也完全以学业成绩的好坏为标准，只重视文化知识学习，而忽视人格的养成。这种教育取向影响最大的往往是学业成绩较差的学生，他们因为学业成绩差而备受老师和同学的冷落，自尊心和自信心都受到严重的挫伤，成为学生中孤立无援的群体，对学校和老师失去信心，甚至产生强烈的抵触情绪，于是厌学、辍学现象增加，更有甚者最终走向犯罪。

2. 基础教育不够普及

我国现行教育体制存在严重弊端，一方面是大中城市中小学生不正常的“择校热”，片面追求升学率；另一方面是一些农村贫困地区居高不下的“辍学率”。根据我国义务教育法的规定，凡年满 6 周岁的儿童均需入学接受九年义务制教育。但一些贫困地区的儿童，因家境贫寒仍然不能上学；有的已经入学的也被迫辍学。大量的退学率、辍学率严重影响了青少年的整体文化。文盲加法盲使很多学校流失生不能明辨是非，流浪社会后，极易染上恶习，进而实施违法犯罪活动。事实数据说明，中小学流失生的大量存在，已经成为青少年犯罪源源不断的“后备军”。

3. 教育方式陈旧

一些学校陈旧的教育内容和教育方式严重脱离社会现实，难以发挥教育的功效。同时，陈旧的教育方式还体现在体罚式教育上，这种教育方式简单粗暴，动辄对错误学生体罚或变相体罚，是教育者无能的表现。这些粗暴的行为使学生得到的不是对错误的悔改之心，而是对暴力的恐惧，继而产生紧张心理，随之而来的便可能是反叛、厌学、逃学、自暴自弃，甚至是对生活的绝望。

（二）家庭因素与犯罪

典型案例：2006年×月×日20时15分至40分，一名外地来哈尔滨的17岁青年王玉喝醉酒后25分钟内连抢三名妇女，并对其中两名妇女进行猥亵，当晚被抓获。12日，王玉因涉嫌抢劫、猥亵妇女被警方刑事拘留。王玉在谈到自己经历时如此说道："我小时候住在尚志市，6岁时父母离婚了。7岁时，我跟着母亲改嫁到了山东，和继父一起生活。继父对我不好，我不愿意和他一起生活，偷着和一个武术教练学武术。上到小学三年级，我10岁时，实在忍受不了继父，就偷偷离开了家，去了上海。从此我就和家人失去了联络，彼此不知道对方的死活。我成了一个孤儿，没爸没妈，没有家。"

家庭是人们以婚姻、血缘关系为纽带而形成的共同生活体。作为社会细胞，家庭不仅是人们生存的基本环境，也是人类个体社会化最初和最重要的形式。人的社会化的程度和方向都是从家庭开始的，家庭环境是影响少年儿童心理和行为健康发展的重要原因。"父母是孩子的第一任老师"，通过父母的教养行为，把社会的价值观念、行为模式、态度体系及社会道德规范传递给儿童，并由此构成了儿童社会化的具体内容和目标。因此，家庭环境的好坏，对于一个人的成长关系重大。家庭环境是由家庭结构、家庭意识、家庭行为、家庭物质等方面组成。家庭结构是指家庭成员及其相互关系；家庭意识包括家庭的道德观念、理想观念、价值取向、审美情趣等，家庭意识反映家庭成员的共同利益和共同心理，从而形成家庭的是非标准，约束家庭成员的行为；家庭行为是指家庭中规定的行为原则，反映家庭成员的各种活动和行为规范；家庭物质反映家庭生活环境、消费趋向、经济状况。

1. 不完整的家庭

不完整的家庭，亦称为破碎家庭或缺损家庭，是指缺少父母一方或双方的家庭，如父母一方或双方死亡；父母离婚；父母一方入狱；父母长期两地分居等。家庭不完整对未成年人影响极大。单亲家庭的子女往往因缺少母爱而在幼小的心灵上引起各种不良反应，并容易导致心理失衡。他们常常感到孤独、自卑、忧虑、失望，这种心态如果不及时调整，久而久之会导致性格扭曲、心理变态，严重影响其情感意志和品德的形成。实践证明，家庭结构是导致青少年行为越轨、药物滥用、过早性经验、学业失败以及心灵创伤的高危险因子。由此可见，不完整的家庭与青少年犯罪之间存在密切的关系。

2. 不和睦的家庭

不和睦的家庭是指家庭成员之间感情失和。家庭不和主要有两种情形：一种是夫妻感情不和；另一种是父母与子女感情不和。在夫妻感情不和的家庭中，夫妻经常发生争吵甚至打架，家庭气氛冷漠、紧张。子女夹在父母中间，不知所措，整天心神不宁，精神高度紧张。生活在这样家庭的子女容易形成空虚、烦躁、不安和失望等不良情绪。父母与子女之间感情不和，则使子女失去母爱或父爱，缺乏家庭的关心和爱护，使他们感到家庭的冷漠。特别是在继父母与继子女之间，更容易出现感情上的隔阂，使儿童养成孤僻、冷淡的性格。在不和睦的家庭中，父母离婚对子女的影响尤其明显。在这类家庭中，家庭冲突程度远远高于一般家庭。有的夫妻在闹离婚期间心情烦躁，把子女当作出气筒经常打骂；有的夫妻把心思全用在离婚问题上，根本无暇顾及子女的感受和日常生活；有的为了在离异后得到孩子，想拉近和孩子的感情，就一味地娇惯孩子；有的离异后带着孩子，坚决不许孩子亲近对方，以此折磨对方。生活在不和睦的家庭中，子女对父母的尊重和崇拜化为乌有，父母的说教不起任何作用，甚至是起反作用。长期生活在这样家庭中的子女由于缺乏父母的关心和家庭的温暖，情感上极其孤独。他们感到自己无人关心，精神无所寄托。为寻找慰藉，便可能与社会上的不良群体交往，甚至离家出走，从而滑入违法犯罪的深渊。

3. 教育方式不当的家庭

父母抚养教育好子女，不仅是父母的义务，也是父母应尽的社会责任。家庭作为一个教育单位，与学校教育和社会教育相比，具有独特的作用。而家庭教育效果如何，在很大程度上要取决于家庭教育方式。科学的教育方式对青少年的健康成长十分有益，而不良的教育方式却十分有害，它是导致青少年违法犯罪的一个重要因素。我国家庭中较为普遍存在的不当教育方式通常有以下几种类型：

（1）溺爱型。即过分地宠爱，其表现是对子女娇生惯养，百依百顺，一切听从子女摆布。溺爱对子女健康成长极为不利，往往使其养成以下不良品质和行为态度：①意志消沉，不思进取；②贪图享受，好逸恶劳；③以自我为中心。

（2）虐待型。即用粗暴的训斥、体罚、打骂等对子女进行管理教育。这种的教育方式不仅为现代文明社会所不容，而且对子女的健康成长也极为不利：①伤害子女的自尊心；②诱发谎言；③导致子女与父母的对立；④“破罐子破摔”，甘愿沉沦。

（3）放任型。即父母对子女漠不关心，放任自流，放弃教育责任。青少年正处于成长阶段，是非辨别能力弱，缺乏对自己行为的评价能力。如果放任不管，极易在社会不良因素的影响下，染上恶习，走上违法犯罪的道路。

可见，不当的家庭教育方式，无论是溺爱型、虐待型，还是放任型，都是导致青少年产生心理偏差和实施违法犯罪的重要因素之一。

4. 行为不良的家庭

从广义上说，家庭不和睦的行为和家庭教育方式不当的行为也是不良的行为。这里所说的“不良行为”是指除上述行为以外的家庭成员特别是父母的不良行为，如不良习惯、不道德行为、违法行为或犯罪行为等。未成年人好奇心强，易受暗示和影响，容易模仿，可塑性强，但辨别是非善恶的能力差，所以往往模仿自己心目中崇拜的人物。父母和子女朝夕相处，从感情到经济上都有不可分割的联系，所以父母常常是子女最初的崇拜对象，父母的不良行为极容易传染给子女，导致其走向歧途。据调查结果显示，违法犯罪青少年的家庭成员有违法犯罪记录的占20.5%，其中正在服刑的占10.7%。在家庭成员有违法犯罪记录的犯罪青少年中，约有50%的人认为，犯罪家庭成员对他们有意识地传授犯罪或有潜移默化的影响。而亲属犯罪后的处境又会使他们产生自卑、自暴自弃和无所谓的心理。可见，父母的不良行为与子女的犯罪行为之间存在密切的关系。

第四节　犯罪的自然环境因素

犯罪的自然原因，就是诱发、促成和影响犯罪现象及其过程的自然因素系统。不管哪一种犯罪，都在一定的时空领域内发生，犯罪一开始就与自然环境有着密切的联系。犯罪的自然因素主要指时间与空间因素。犯罪与自然环境相关联主要有以下三种方式：（1）气候、季节有规律的更替，偶然的气候变化和其他自然因素变化，可能促发行为人产生犯罪动机，而且实施犯罪行为。（2）犯罪人会有意识地选择，利用时机和地形条件，更有效地实施犯罪，逃避刑法打击，进而构成犯罪行为与结果之间的因素关系。（3）行为人还可能遇到意识之外的自然因素的作用，使其行为陷入停顿，或改变犯罪行为方式、犯罪作用方向。自然环境因素不是决定犯罪产生与变化的主要因素，但是，作为人类生存的时空环境条件，自然因素也确实影响着犯罪活动。

一、时间与犯罪

任何犯罪行为都是在一定时间内完成的，犯罪人对时间的选择不仅表现在实施具体犯罪中对时间的精心安排，还表现在对昼夜和季节等自然周期的利用上。

不同类型的犯罪表现出不同的时间动态趋势。某些类型的犯罪在年度内、一天之内，乃至自然周期、社会周期里，在一定程度上还是有某些相同的趋势。而犯罪行为实施也具有明显的时间选择性，在不同的季节和不同的时刻，犯罪率和犯罪的类型有所差别。时间因素的犯罪学意义主要表现为昼夜周期、自然周期、社会周期和季节周期4种时间段落与犯罪原因和犯罪预防的关系。

（一）昼夜周期与犯罪

犯罪在一天24小时之内，在昼夜的周期里，确实有相关的规律性，犯罪现象在白昼和黑夜的不同时间点上，表现形态因时而异，并表现出一定的时间规则。经调查表明，一般来说，夜晚的发案率要高于白昼。因为，就犯罪与犯罪者而言，夜幕为屏，激发和怂恿了其内在的冲动与犯罪胆量，并在客观上形成了使犯罪得以掩护的外在条件；就被害与被害人而言，由于夜间处于休息或者疲惫状态，警觉松弛，注意力疲怠，抵抗力减弱，而常常陷入疏于、怠于防备或者无法防备的被害情境，为犯罪人提供了乘虚而入的机会；就社会环境而言，此时亦属防备力量与外在制约因素减弱或者中止的状态。因此，盗窃、强奸，乃至伤害、杀人等暴力犯罪，夜晚的发案率要明显高于白昼。在自然环境相同的条件下，社会环境或者主体因素不同，犯罪的昼夜时间曲线亦有区别。以盗窃为例，在我国某市繁华路段破获的273起盗窃案件中，有115起发生在社会上，而118起发生在单位。发生在社会上的案件以白天为多，共95起；发生在单位的则相反以晚上为多，白天仅35起。这说明在晚上，单位守备防范疏于白天。但某些犯罪白昼的发案率却高于夜晚，如扒窃行为，几乎全发生在白昼，特别是城市上下班高峰期。

（二）自然周期与犯罪

所谓自然周期，特指诸如生物节律、妇女例假以及月之圆缺等周而复始的生理、自然的时间段落。这种周期因直接导致人生理和心理上的相应变化，而表现出其与犯罪在一定程度上的相关性。

1. 女性犯罪与女性例假的关系

人们研究认为，妇女经期常常因生理状况反映出心浮气躁、容易疲劳，多表现为神经质。于是，可能导致自然调控能力减弱，比较容易与社会发生冲突，或者是冲突程度加剧。因而女性经期犯罪的人数较多。又如妇女在更年期时会出现一系列特殊的生理、心理和行为变化，但目前研究并没发现有整体上导致更年期妇女的犯罪比其他年龄段的女性犯罪率更高。

2. 生物节律对犯罪的影响

生物科学研究，每个人在一天中有生物节律的最高点和最低点，由于个体差异，这种节律各有不同，在一个月内也会有生物节律的最低潮和高潮期。处于生物节律最低潮期时，人的心理易出现较大波动，工作能力和自身行为调控能力下降，判断力相对减弱，因而可能容易发生责任事故类犯罪。

3. 天象对犯罪的影响

犯罪学所讲的天象一般仅限于月亮的圆缺、气象因素以及太阳黑子爆炸等。国外学者研究推测，由于人体内80%是水分，因此根据万有引力定律，月圆之时月亮对地球的引力最大，犯罪率明显上升，反之则下降，从而形成了人体及犯罪的“潮汐”现象。有人对美国佛罗里达州马伊阿未城杀人犯罪研究，其结果认为月圆同暴力犯罪之间存在相互联系，月亮对人的生物循环产生着影响，所以杀人罪多出现在月满时期和新月刚出现时期。另外，学者研究认为，犯罪与气温、气压和湿度等变化也有一定的关系。美国认为伤害类案件在气温高、气压和湿度低而无风的晴天发案率最高。日本学者研究证明雨天或者即将下雨而湿度高的时日杀人案件较多，原因是这种气象对人的精神作用有害。

（三）社会周期与犯罪

具有社会性内容并循环往复的社会周期（周末、节假日）、上下班高峰时刻与犯罪有着共振式的波动变化。不同国家和民族，由于传统文化的影响或社会生活的作用，形成若干时间长短不一的社会性周期，随着这些社会性周期周而复始的更替，同样作为一种社会行为的犯罪，也出现有规律性的变化。节假日是社会周期的基本表现形式，每逢此时，人们得以暂时摆脱劳作，放松休息。在普遍较之平时更为宽松的气氛下，不仅人们的自我约束减弱，社会性接触的机会大为增加，而且酗酒、纵欲、狂欢之类的消遣活动，极易引发各种越轨行为。比如，在我国农村“冬闲”时期和春节期间，嫖、赌、盗窃以及因酗酒而斗殴、伤害、交通肇事，因操办红白喜事或者其他喜庆活动所导致的失火、责任事故以及其他刑事纠纷较平时均有上升趋势。同理，在城市社会中，当上下班乘客流量达到高峰时刻，扒窃犯罪活动开始猖獗。因此，社会周期对犯罪的影响是显而易见的，并且犯罪也表现出周期规律性特征。

（四）季节周期与犯罪

季节是自然环境的要素之一，季节这样的自然要素可以从某种程度上影响制约人类社会生活和人类心理状态，也同样可以影响到社会生活领域的犯罪现象和犯罪率的增减。在四季差别分明的地带，犯罪随季节交替而出现的涨落曲线最为明显。一年四季中冬夏两级对于犯罪的涨落影响最大，春、夏与秋、冬交替，即换季之际次之；就犯罪而言，性犯罪和暴力犯罪等受内在生命力制约的侵犯人身的犯罪，受季节影响最为明显，财产犯罪、妨碍公务犯罪等犯罪次之。可见，在不同的季节里，犯罪种类和犯罪率的增减都会呈现出一定的差异。据统计，在整个北半球国家，强奸等性犯罪每年从三四月开始递升，六七月间达至顶峰，八九月渐次下降，11月后降至最低；杀人、伤害等暴力犯罪也呈现类似的涨落交替。

在春夏之交及夏季，随着一元复始，万物复苏，人作为自然的成员也开始了自己生物、社会和心理的萌动和苏醒期，经历着一个从逐渐苏醒到全面亢奋的生理过程。谚语有云，“春草萌发，春心波动”，说明人在春暖花开的季节里，男女性爱方面要求特别强烈。生理学证实，人在春夏之间性欲最为强烈。这期间不仅生理上性的原始冲动和生命的本能要求进入全面的渴望、解放与挣扎，心灵的躁动和社会性欲求亦益强烈。这种生命的冲动与外部所能提供的冲动对象及其程度的冲动，在意志薄弱者、心智障碍者或者具有理想的健康人格者，均不免造成行为的失范。春夏季装束简便。春季和夏季，一般地区气候适宜，人在经历了冬天的严寒，心理生理都有一种情窦开放的欲望，春夏季更是女性展示“美”的时候，她们服饰简便，现代装束使身体裸露较多，在客观上对男性的性欲起到了刺激作用。另外，夏季简易装束客观上为强奸犯罪者实施犯罪行为提供了便利条件。夏季气候炎热，温度高，人的情绪受高温刺激，生理反应出烦躁不安，情绪波动大，容易激动，对周围环境往往产生不耐烦的情绪，冷静思考的克制力减弱，非常容易激化纠纷，恩怨相报，使斗殴、伤害、杀人等暴力行凶事件产生。夏季日照时间长，昼长夜短，为人类活动提供了时间上的便利。夏季人们需要的生活费比冬季少，生意兴隆，就业容易，赚钱的机会比冬季多。这些条件促使人们在空余闲暇时间里，逛歌厅、酒吧、影院、游戏厅等，饮酒寻乐，因色相和酒而引起的寻衅滋事大量增加，这些都是导致暴力犯罪产生的条件和诱因。而盗抢类、侵财类犯罪的季节曲线与上述犯罪正好相反，一般冬季为最高峰，夏季次之，春秋季最少。原因是冬季寒冷，户外活动较少，加上黑夜时间较长，盗窃等行为因此较少受外在制约。特别是冬季所需生活必需品较其他季节更为丰富，亦促发了贫困者为满足生活被迫实施盗窃等财产犯罪的铤而走险的意念。

二、空间与犯罪

空间以一定的自然环境（地理位置、气候、自然资源）和人文环境（社会风气、社会制度、观念、风俗、民情）为其内容。探讨空间环境与犯罪的关系，实质上是以某一自然因素或人文因素作为依据，对一特定区域内的犯罪现象进行比较研究。由此能够发现犯罪现象在区域性分布上的不均衡性和差异性。

（一）城市与犯罪

1. 城市犯罪状况

城市作为社会进步的火车头和现代文明成果的集中展示地，历来是政府组织和社会公众关注的中心。城市的犯罪率一般高于农村，大城市的犯罪率要高于中小城市，并且城市的犯罪结构和农村的犯罪结构同样存在较明显的差别。随着都市化的进程，犯罪也显现出不断蔓延的趋势。我国属于发展中国家，尽管在社会转型时期，都市化的进程较快，但整个社会的异质化程度还较低，城市的高犯罪率也存在于我国的城市中。另据1994年我国法院系统工作报告中透露的数字，1993年，全国判决发生效力的犯罪数为451,920人，其中，上海为10,073人，北京为9365人。

2. 城市犯罪原因

（1）城市人口密集，社会关系松散，社会流动性大，交通便利，是导致犯罪增加的原因，也是城市对犯罪防近代面对的现实问题。随着住宅高层化、主体化、密集化、单元化，城市居民的生活空间与社区的联系，一方面人口集中，既集中了犯罪人，又集中了被害人；另一方面居民聚集于狭小的空间，邻居关系却越来越疏远，使犯罪人容易物色犯罪对象，作案后又能迅速消失在人海中，犯罪人的行为屡屡得手后，又强化了犯罪动机，使其更加肆无忌惮。城市极大的流动性和便利的交通，又为犯罪人流窜作案和犯罪潜逃创造了客观条件，加大了犯罪成功的概率。

（2）城市经济发达，娱乐场所密集，强烈刺激人的不良欲望，进而诱发犯罪。都市生活为人们获取高价值物质财富提供了许多机会，但在市场经济中的人、财、物的大流通中鱼龙混杂，有孕育经济犯罪、渎职犯罪的一定土壤，于是使城市不但犯罪数量增加，而且滋生蔓延扩大到社会金融、证券、期货交易等许多敏感领域，其高智能化、技能化、多元化使犯罪的社会危害性加大。

（3）都市快节奏的生活刺激了人们的竞争和超越意识，个人生活压力加大，现实生活中难免出现一些心态扮演、感情冲动的行为表现，人与人之间攻击性现象增加，导致暴力型犯罪频发。城市居民贫富差距日渐扩大，社会利益的激烈冲突在所难免；城市社会结构亦在不断变动之中，一些亚文化群体容易产生纠合形成社会治安的破坏源和犯罪高发点。

（二）农村与犯罪

从总体上看，我国农村的人口流动较小，农民之间的联系比较固定，他们的社会活动面也较窄小，人际关系简单，犯罪类型不像城市复杂，犯罪率比城市低。实践证明，农村地理位置不同，犯罪的类型也有不同：（1）边远的农村环境。边远农村区域，传统犯罪常见。如盗伐滥伐森林、非法捕捞、非法狩猎等犯罪。财产犯罪多集中于盗窃、抢劫等犯罪上。伤害、杀人等案件的起因，也多是以奸情、邻里纠纷为主。（2）农村集镇环境。集镇犯罪率高于边远地区。集镇是农村人、财、物的流通枢纽，社会关系也比边远农村复杂，有一定的流动性，犯罪人容易找到作案对象，实施犯罪。（3）沿海发达地区的农村环境。沿海发达的农村地区，经济相对发达，人们社会生活空间更大，社会关系比较复杂，制假、造假等方面接近于城市，而侵犯人身的犯罪比边远农村地区少。

（三）特殊空间与犯罪

所谓特殊空间是指相对城、乡时空实体而言，比较微小、容易滋生犯罪的固定或者流动的局部自然地理或者人文地理环境。这类空间因其地理位置和社会控制方面的特性，往往成为犯罪的多发地带。

1. 城市死角

所谓城市死角，是指城市中具有触引或者隐匿犯罪的有利环境，如城市立交桥洞、地下停车场、地铁、电梯间、无人居住区、窄小的胡同、公园、流动人口集聚地等。这些空间因其特殊的地理因素，往往为社会控制力所不及，成为城市中违法犯罪的多发地带。

2. 城乡结合部

城乡结合部多为往来于城市和乡村的咽喉部位，人口及车辆的流动性大，社会成员的构成较为复杂，加之地处两个或两个以上的行政区划的交接处，社会管理方面不易协调，容易出现脱节现象，从而在一定程度上成为社会控制的薄弱或真空地带，常常成为流窜作案的犯罪分子或在逃犯罪人员的藏身之所，以及不法分子进行窝赃、销赃、制假贩假的理想场所。同时，城乡结合部聚集了大量的农村进城务工人员，有的外来务工人员因为找不到工作，生活没有着落，最后走上犯罪的道路。

3. 偏远的矿山、施工区、工厂区

这类地区远离城市，缺乏文化娱乐设施和消遣场所，并且在人员结构上男女比例严重失调，青壮年居多，他们精力旺盛、体力充沛，但文化程度相对较低，自制能力较弱，闲暇时争勇好斗，并常常借助于酗酒、嫖赌行为打发单调时光，因而由此引发的流氓、伤害、斗殴类案件远比其他地区高。

4. 国（边）境地区

国（边）境地区是国际或者地区间人员往来和货物流通的通道。这类地区往往外来人口比重大，人员流动频繁，商贸发达，信息灵通。正因为这些特征使其成为国内流窜犯罪分子的重要集聚地，而且也是走私、贩毒、私渡及间谍类犯罪的频繁发生地。

延伸阅读

现代化与犯罪

现代化是指自工业革命以来由传统农业社会向现代工业社会大转变的过程，

是在工业化及其创造的现代生产力的巨大推动下，人类社会的经济、政治、思想文化等各个领域发生深刻变革的过程。

从15世纪中叶开始，西方社会就掀起了工业化和现代化的浪潮，在短短几百年的时间里，巨大的社会财富被创造出来，与此同时，犯罪率也急剧上升，而且犯罪的种类也不断翻新。正如路易丝·谢利总结的那样：近50年来，几乎所有的发达国家的犯罪率都在增长，而那些犯罪率稳定或下降的国家最近由于少年罪犯参与作案的增多，导致人们对现代化本身的疑虑和对现代化社会的“恐惧症”。现代化进程中如何有效地减少犯罪、控制犯罪的上升趋势，是处于转型时期的国家在现代化发展时期尤为重要的问题。美国著名政治学家亨廷顿则警告说：“现代性产生稳定性，而现代化却产生不稳定性。”

中西方学者对现代化与犯罪的关系问题都有研究，路易丝·谢利的观点代表了西方学者的观点，这种观点可以简单地概括为：现代化本身是犯罪之源，而且任何社会在现代化过程中都不可避免地会陷入犯罪猛增的困境之中；因此现代化国家终将形成经济发展与犯罪同步增长的格局和态势，这带有历史的必然性。路易丝·谢利明确指出：当代社会犯罪问题的普遍性表明，社会发展进程和社会发展的成就都有助于犯罪。社会发展进程把犯罪这个孤立的主要是影响城市中心的社会问题提高到现代社会的主要问题上来。由于社会日益城市化，曾经一度影响城市居民生活的局部问题变成影响现代生存的性质和阻碍许多国家未来发展进程的问题。犯罪已成为现代化方面最明显和最重要的代价之一。

我国学者对犯罪与现代化的关系研究得比较晚，而且对这个问题的研究主要是从社会学的视角上，研究的问题集中于经济发展与犯罪的关系上，研究大致可以分为两个阶段：第一个阶段始于20世纪80年代中期。当时许多学者、专家对经济发展与犯罪二者的关系提出过许多不同见解，主要有：(1)“正比论”，认为犯罪率与经济发展成正比。(2)“同步论”，认为犯罪率上升趋势与经济发展的趋势呈同步状态。(3)“代价论”，认为社会要现代化，就难免付出代价，犯罪率上升就是要付出的代价之一。(4)“反比论”，认为犯罪率与经济发展成反比。第二个阶段始于20世纪80年代末，是对这一问题的深化阶段。周路在其《警惕过高的代价》一书中提出“远正近负效应论”，即现代化进程对于社会稳定的影响既有正效应又有负效应，远期以正效应为主，近期以负效应为主。后来周路又提出“双重效应论”，其主要观点是社会转型和市场经济对社会稳定的影响具有积极和消极两重性。

第十一章

犯罪的个体因素

第一节 概 述

犯罪的个体因素是指存在于犯罪人个体自身的与犯罪有关的生理生物学因素、心理因素及其他因素。犯罪人是犯罪行为的实施者，是构成犯罪行为的诸要素中具有能动性的因素。因此，犯罪学研究犯罪原因必须要考虑犯罪人自身的因素，这样才能真正认识犯罪行为的发生机制。

在犯罪学的历史上，人们很早就开始了对犯罪人个体的研究，如以龙勃罗梭为代表的犯罪人类学派、以弗洛伊德为代表的心理学派、以胡顿为代表的犯罪生物学派，都以犯罪人的个体原因为研究核心，以探求个体因素对犯罪的影响。

犯罪学研究认为，犯罪原因从总体上可以分为社会原因和个体原因。社会原因是外在的客观因素，个体原因是内在的主观因素，二者在犯罪的发生过程中都起着重要的作用。但是个体原因和社会原因哪一种在犯罪的发生中起决定性的作用，学者们有不同的观点。早期的人类学派、心理学派、生物学派及德国学者李斯特等都认为，生物生理等个体因素在犯罪发生过程中占据主导地位，因为他们把先天因素看成是犯罪人个性形成的决定性条件，因而忽视甚至否认后天因素的作用。

但是现代学者普遍认为，社会环境因素是犯罪产生的决定性因素。从人的属性来看，人包括犯罪人是生物属性和社会属性的统一，社会属性是包括犯罪人在内的一切人的本质属性。这一本质属性表明，一切影响犯罪现象和犯罪行为的具体因素都带有社会性，犯罪人的个体原因也具有社会性；从人类行为的角度来说，生理、心理和社会因素都对人的行为发生着重要影响，但是这些因素对人的行为所产生的具体影响是不一样的，它们的具体影响可以这样界定：生理因素是基础，心理因素是核心，社会因素是根本。人类行为中的个人问题，其真正原因常常不是个人原因，而是深层次的社会原因。个人心理、品格等的形成虽然受到遗传等先天因素的影响，但起主要决定作用的还是后天所处的社会环境的影响。我们在强调社会因素决定性作用的同时，也不能忽视主体因素尤其是心理因素的能动作用。个体对外在环境因素并非消极地、机械地反映，而是有选择性地反映。这种反映取决于个人已经形成的心理特征，取决于构成每一个人本质的性格特点。实践证明，有些人之所以走上犯罪道路，除了外在因素以外，其个性心理方面的特征也不容忽视。

对犯罪个体因素展开研究，可以使犯罪原因研究更加深入和全面，进而使犯罪预防措施具有针对性。从预防犯罪的角度来说，消除社会环境的负面因素有时候是很困难的，需要长时间的努力。而针对那些具有可能犯罪人格，或者由于生理异常或精神变态而具有攻击性的个体或群众给予预先的、有针对性的防范，在一定程度上也会起到遏制犯罪的作用。

第二节　犯罪的生理生物因素

影响犯罪的生理生物学因素，是指与个体的身体或生理特征及其变化有关的犯因性因素。从犯罪学产生至今对犯罪现象的认识成果来看，犯罪的生理因素主要是指犯罪个体的年龄、性别、体型特征、内分泌功能、神经类型、遗传素质及其他一些异常的生物学因素。

一、年龄因素

年龄与犯罪问题始终是犯罪学界研究的课题之一。年龄对犯罪的形成虽然没有必然联系，但不同年龄阶段的人，由于其心身发展的成熟程度不同，社会经历各异，对犯罪率的高低和犯罪种类、方式的选择，都会产生直接或间接的影响。

（一）从犯罪率来看，违法犯罪多发生在14～25岁这一年龄段，且未成年人犯罪的比例还有日渐增长的趋势

青少年犯罪率较高，是现代众多国家面临的一个普遍问题。尽管各国对青少年年龄段的界定不尽相同，但大致处于具有责任能力和成家立业之前的这段时期（13～25岁）。青少年犯罪率较高是由青少年时期的心理年龄特征决定的。这一

时期是一个半幼稚、半成熟的过渡时期，特别容易接受外界不良因素的影响而形成犯罪心理，导致违法犯罪。与青少年犯罪率高形成鲜明对比的是，老年人的犯罪率一直较低。

但由于受不同历史时期和社会背景的影响，年龄与犯罪之间的变化有着不同的特点和变化趋势。以青少年犯罪率为例，我国在新中国成立初期青少年犯罪率较低，1956 年仅占全部罪案的 18%，但是 1957 年增至 32.3%。这个百分比相对稳定，维持到 1965 年，即“文化大革命”的前一年。多数估计认为，“文化大革命”期间，青少年犯罪率为总犯罪率的 40% ~50%。地方的调查表明，14 岁至 25 岁的犯罪率在 1973 年前后达到一次高峰，此后即下降，1975 年仅较“文化大革命”前的 1965 年略有上升。新的上升发生在改革开始后的 70 年代后期，全国和省级的统计均作如是说。1979 年，在全国总犯罪数量中，青少年犯罪为 47.6%，而在 1988 年直线上升到 75.7% 的高峰。据中国青少年犯罪研究会的统计资料表明，近年来，青少年犯罪总数已经占到了全国刑事犯罪总数的 70% 以上，其中十五六岁少年犯罪案件又占到了青少年犯罪案件总数的 70% 以上。[①] 但天津市的调查却显示，从 1990 年到 2002 年的十余年间，青少年犯罪人的比重明显下降，其在 1990 年占 63.1%，而到 2002 年则下降为 36.2%。这一现象的出现在一定程度上与社会人口的年龄趋于老化有一定关系。[②]

（二）世界各国学者普遍认为，年龄与犯罪类型也有明显联系

如青少年多实施杀人、强奸、抢劫、伤害、盗窃等犯罪，这是因为他们体力旺盛、行为冲动、性欲强烈、抑制力差。而中年人则由于生活经历已较为丰富，活动技能趋于成熟，所以多实施智能犯罪，如诈骗、贪污、伪造文书等。老年人由于年老体弱，精力不足，实施犯罪的侵害对象多为反抗力微弱的儿童、妇女、有生理残疾或精神疾病者；在犯罪类型方面，多实施与其生活经历、体力和思维能力大致相适应的窝藏、教唆、奸淫幼女、传授犯罪方法及纵火等犯罪行为。

二、性别因素

性别是人的自然属性，是一种生理现象。这种生理现象深刻地影响人的精神面貌和行为方式，对于犯罪人来说也毫不例外。男女两性在犯罪的数量、类型、手段、方式等方面均存在明显的区别。

（一）犯罪数量上的差异

尽管在各国人口比例中，男女差不多各占一半，但从犯罪率看，男性犯罪人

① 《我国青少年犯罪人数逐年增多呈恶性发展态势》，载 http://news.xinhuanet.com/edu/2003-12/24/content_1246551.htm，最后访问日期：2019 年 12 月 30 日。

② 周路主编：《当代实证犯罪学新编》，人民法院出版社 2004 年版，第 113 页。

远远多于女性犯罪人，这是世界各国的一个共同特点。据资料显示，当今发达的工业化国家中，犯罪女性大致为罪犯总数的10%～20%，在发展中国家则为3%～5%。在我国，女性犯罪人比例基本上与发展中国家差不多。据对1990年、1993年、1996年、1999年和2002年天津市当年入狱罪犯的调查，男性所占比重分别为97.8%、97.5%、97.3%、96.3%、93.9%，而女性分别为2.1%、2.5%、2.7%、3.7%和6.1%。①

男女犯罪率差别如此之大，原因可能有以下几点：

1. 男女在社会活动范围、社交方面有差别。一般来说，男性较女性范围宽。

2. 犯罪是一种需要体力和智力的活动，从生理上看，男性体力比女性强。

3. 从性格上看，男性较富有攻击性、主动性，而女性则具有被动性、依附性。

4. 从社会化看，父母与社会是男孩子更像"男孩子"，女孩子更像"女孩子"。社会要求男孩子富于竞争性，雄心勃勃，勇于进取；要求女孩子仪表整洁，行为驯服，妩媚可爱。这样就使犯罪这种具有攻击性的行为更多由男性来实施。

5. 犯罪统计资料显示出，女性参与犯罪活动的少于男性，是因为还存在一大部分女性所特有的、掩盖女性犯罪活动的"隐案"。据对隐案的调查，男女罪犯之间的比例，其差距并非官方统计所表明的那么大。根据这些"隐案"的调查报告所提供的资料表明，西方工业化国家中作案犯罪的女性占罪犯总数的35%。而且大城市的隐案数多于中小城市。

当然，随着社会的发展和文明的进步，妇女在社会政治、经济和家庭中的地位不断提高，也使近年来女性犯罪率一直呈上升的趋势，从前述天津市的调查来看，2002年女性犯罪人所占比重比1990年增加了4个百分点。另据报道，北京市朝阳区检察院根据2000年至2002年5月的统计发现，妇女犯罪案件和人数以平均每年45%的升幅增长。②

（二）犯罪类型上的差异

从犯罪种类来看，女性由于体力较弱，她们所犯的罪往往以无须费力或消极性的犯罪居多，如杀婴、遗弃、毒杀、性犯罪、放火、盗窃、伪证等。女性在犯罪种类上所表现的特殊性，往往因各国的国情、社会背景的不同而有明显区别。在我国，目前女性犯罪绝大多数是妨害社会管理秩序和侵财型犯罪，这两类案件

① 周路主编：《当代实证犯罪学新编》，人民法院出版社2004年版，第102页。

② 《北京朝阳检察院成立妇女犯罪审控组》，载http://www.humanrights-china.org/china/news/2002-6-9/News0200269130423.htm，最后访问日期：2019年12月30日。

几乎占全部女性犯罪案件的3/4。犯盗窃和组织介绍卖淫两类罪的比例最高，且增长速度很快。

男性在犯罪类型上多选择与体力、智力相当的暴力性、攻击性、智力性强的犯罪，如盗窃、杀人、抢劫、强奸、伤害等重大暴力犯罪。总体来看，男性犯罪所涉及的类型非常广泛，而女性犯罪的类型却相对集中。

（三）犯罪手段上的差异

男女两性由于在生理结构、心理机制和社会角色等方面的不同，这就决定了两者在犯罪手段上也呈现出差异。与男性犯罪相比，女性犯罪较为突出的特点有：

1. 作案手段的非暴力性和低暴力性

女性由于体力不足而往往“扬长避短”，利用自己女性的魅力和不易引人警觉和怀疑的社会心理，去实施各种与其“身份”相适应的犯罪。例如，在财产犯罪方面，女性一般所涉及的主要是扒窃、盗窃商场小件物品，或以性别掩护实施诈骗、色情抢劫、麻醉抢劫等犯罪形式，而很少撬门扭锁入室行窃或公然暴力抢劫。

2. 犯罪行为的隐蔽性

与女性内在情感体验较强、不轻易表露心声和行为较为谨慎的一般人格特点相适应，女性实施冲动性犯罪的甚少，女性犯罪的手段较为隐蔽、间接。从理论上讲，正是由于女性犯罪的隐蔽性，有可能增加女性犯罪的隐案量，同时加大查处女性犯罪的成本投入。例如，据天津市有关部门统计，1990年入狱的88名女犯中，每个女犯被抓获的平均时间值为1年零8个月，而当场作案被抓获的只占3.8%。

3. 女性犯罪具有较明显的逆变倾向性

所谓逆变倾向，是指女性在初次犯罪遭受制裁之后，人格的自尊比较难以恢复，“破罐子破摔”的心理倾向较为突出，犯罪后的改造难度大。出现这一现象的原因，除了与女性犯罪的预谋性较强有关外，主要是由于女性的自尊感较男性强烈而又脆弱；同时，不容忽视的一个社会现象是，女性犯人受到的社会歧视往往比男性犯人更为严重，当她们重新步入社会生活时，在婚姻的缔结、家庭的重建、职业的选择、事业的追求以及自我形象的重树等方面都面临着严峻的压力，从而使其重新适应社会的过程较男性更为艰难。

综上可见，男性在犯罪手段上多采用具有主动、进攻性的暴力手段；而女性由于体力上的限制、社会经验的不足，以及缺乏胆量、自身的忍耐性等特点，在犯罪手段上具有被动性、欺骗性、非暴力性、隐蔽性的特点，且在犯罪中多利用女性的性别特点作掩护。不过，值得注意的是，近年来，女性犯罪的暴力性倾向也逐渐增加，诸如杀人、抢劫、伤害等暴力案件上升势头明显；且有些女性的犯罪手段也是极其残忍、令人目不忍睹。

（四）犯罪年龄上的差异

男女犯罪人在年龄上有如下特点：

1. 女性犯罪的初犯年龄比男性要迟

根据美国的统计，16~18岁犯罪的男性有17%，而女性仅有7.7%；日本的调查表明年龄在19岁以前的初犯者，男性有20.6%，女性仅有11.4%。

2. 女性的犯罪高峰年龄比男性要迟

美国男性犯罪高峰为16~25岁，女性则为26~30岁；意大利男性为25~30岁，而女性则为30~40岁；日本男性30~40岁，女性40~50岁。我国天津市2002年的调查表明，女犯罪人的平均年龄和犯罪年龄中值均比男性高；高峰年龄中年女性更突出。①

尽管各国因政治、文化、习俗等多种因素的影响，男女犯罪高峰年龄有所差异，但女性犯罪的高峰年龄普遍比男性要高；一般来说，女性犯罪中年为主，男性犯罪则多集中在青少年时期，原因可能是：男性在青年期过后，进入中年，已经完全成熟，体力与性欲逐渐减弱，社会地位、家庭生活趋于安定，故不再倾向于犯罪。而女性进入中年期后，随着家庭问题、婚姻问题的复杂化，同亲属、丈夫、邻居、同事之间发生矛盾冲突的可能性加大，从而诱发犯罪。这从女性杀人、伤害等犯罪的被害对象多为近亲属、熟人上就能体现出来。

需要特别说明的是，性别对于犯罪的影响虽然并不能完全排除两性对身体构造、心理素质、社会角色等因素的作用，但是性别本身并不是影响犯罪的绝对原因，更没有与性别绝对联系的犯罪种类存在。实际上，男女两性犯罪的基本因素是一样的，都是多种因素综合作用的结果。

三、遗传基因

在犯罪学的发展史上，曾经出现过遗传决定论。早在19世纪后半叶，意大利犯罪学家、实证犯罪学创始人龙勃罗梭就提出过“天上犯罪人论”，认为犯罪人是隔代遗传的。到了20世纪后半叶，又有“血型决定论”“染色体说”。如染色体说认为，有的男性具有XYY染色体，是“超男性”，这种男性具有攻击性，屡次进行杀人和性犯罪，不能自制。最近几年，科学家都用基因分析法，对同性恋、吸烟、离婚、自杀、精神分裂症、酗酒、羞怯、政治自由主义、智力以及犯罪行为进行了解释。荷兰和美国的学者提出，某些男性侵犯他人的暴力行为，有可能与他们身上遗传基因的微小缺陷有关。美籍华裔科学家陈景虹教授经过锲而不舍的悉心研究，近期提出了基因与人类行为的因果理论。她认为，有些人之所

① 周路主编：《当代实证犯罪学新编》，人民法院出版社2004年版，第103页。

以不能循规蹈矩，动辄惹是生非甚至犯罪，是和他们的遗传基因有关，对于具有这种性格的人可进行基因治疗。陈景虹曾经在一次学术会议上指出，滥杀无辜的马加爵，他的暴力倾向就可能与缺失脑中单胺氧化酶（MAO）基因有关。

但直到今天，对人的侵犯性和暴力性进行生物研究，仍然存在很大争议。基因决定论把人的本质归结为基因，片面夸大基因的作用，断言基因决定人的一切，甚至用基因为犯罪开脱。在探究 DNA 与犯罪的相互关系时，特别要警惕这种倾向。对于基因决定论，不妨作出如下思考：

首先，基因起作用是有条件的，离不开环境。基因有隐性与显性之分。不少人都带有疾病的隐性基因，但大多数并不患病。显性基因要表现出来，也有极为复杂微妙的内外调控机制。1990 年开始启动的人类基因组计划，试图解读人类基因组这一最为神奇奥妙的生命之书。历经十个春秋，已经绘制出了结构草图，迈出了极有意义的历史性的一步。这表明，那些看似“无用”的碱基序列，可能正控制着基因的开与关。大量的调查数据也令人信服地指出，环境因素起着明显的重要作用。社会病、环境病、生活方式病之类正越来越引起人们的重视。因此，基因对行为来说只是可能性，还不是现实性。

一些研究者也认为基因与环境是相关的。威斯康星州立大学和伦敦国王大学的分子生物学家 2002 年发现了一种与反社会行为有关的基因，（分析认为）这可能是由童年时代的受虐经历诱发的基因变种，可以影响血液中复合胺的含量。心理学家里基纳·帕雷表示：“我们由此认识到基因与环境的关系，在生物学层面，它们是互相影响的。”据美国人类基因研究协会的说法，如果基因将家族成员联系在了一起，那么经历的不同会使家庭成员有所差别。贝勒医科大学精神病学家格伦·盖伯德说母亲抚爱孩子的方式会使孩子的一些基因产生化学性改变，会调和他们的情绪。他主要研究影响个性紊乱的生物和环境因素。他认为，“母爱可以征服导致犯罪行为的病态基因”。①

其次，人有社会性、能动性。每一个人都生活在一定的社会关系中；按照马克思主义的观点，“人的本质不是单个人所固有的抽象物，在其现实性上，它是一切社会关系的总和”。遗传基因是人类行为的先天性因素，但并不能决定人类行为的一切。

四、异常的生物生理学因素

当代西方犯罪学家还认为，内分泌异常、物质代谢异常、脑损伤及其后遗症

① 《父与子作案手法如出一辙　科学家寻找犯罪基因》，载 http：//www. people. com. cn/GB/keji/1059/1971745. html，最后访问日期：2019 年 12 月 30 日。

等因素与犯罪有关系。

（一）内分泌异常

20 世纪初，美国学者罗斯和夏等人认为，大脑发育和大脑功能同某些关键性的化学物质的生物化学反应相关，这些物质及其反应能对攻击行为、性侵犯等某些社会行为产生影响。这些因素主要是睾丸激素和神经递质。由于研究水平的限制，主要是从青年男性的攻击行为推导出来的，所以难以得到学术界的赞同。目前的研究以关于男性荷尔蒙和摄取营养的过度和不足等问题引人注目，如一些研究指出，猥亵儿童和强奸犯罪者的暴力行为与男性荷尔蒙的多寡成正比。美国的一些研究报告认为，强奸犯体内的睾酮比普通人多。

（二）物质代谢异常

近年来，有的研究人员认为，青少年的身心要得到健康发展，必须吸收适当数量的化学物质和矿物质（铅、钴、镁、铜、亚铅等）；假如人体吸取的化学物质和矿物质失去了一定的比例，会造成大脑功能受到损害，致使行为表现失调。一些学者认为，体内维生素的量与犯罪有关联，维生素 B 缺乏症者（B1、B3、B6）犯罪性较高。

《北京青年报》报道：一些化学家、医学家、营养学家近来对研究犯罪根源表现出极大的兴趣，提出犯罪根源新说。① 脑化学专家发现，一个人的犯罪行为与饮食有关系。美国犯罪学家斯蒂芬·舍恩特勒做了一个实验，他在 14 个少年教养所内，用果汁和含糖量丰富的快餐作为犯罪少年的食物，结果，袭击、打架和偷窃之类的反社会行为减少了近 5%。但是当他仅仅增加了含有维生素 C 和其他营养成分的橘子汁和果糖后，犯罪率又回升了。这个实验说明，缺乏某种营养物质可能是犯罪的根源。

（三）脑损伤

有学者认为，在婴儿期，诸如出生时呼吸停顿、患脑膜炎、脑炎等疾病都可能造成大脑损伤。到了性成熟的青春期，就会成为一种具有犯罪倾向的重要原因，并且会因在适应成年生活时遇到的社会困难而加剧，导致违法犯罪行为的产生。

（四）体型

体型是指身体的外形特征的体格类型，将体型与人的性格、行为、疾病等联系起来第一位有影响的学者是德国精神病学家克瑞奇米尔。他把人的体型分为瘦长型、无力型、健壮型或运动员型以及肥胖型五种。早期他只是研究体型与性

---

① 《缺某种营养是犯罪根源　监狱推出灭罪餐》，载 http：//www.cycnet.com/xinli/news/wj/20121401.htm，最后访问日期：2019 年 12 月 30 日。

格、精神病之间的关系，后来才与犯罪联系起来。在1955年出版的《体型与性格》一书第21版和第22版中，克瑞奇米尔专门写了“体质与犯罪”一章。他认为：总体来看，犯罪人呈现出与一般人同样的体型分布，但犯罪人中具有肥胖体型的人，略少于一般人口中肥胖型人所占的比例。瘦长型的人多实施盗窃和欺诈犯罪，健壮型的人多实施侵犯他人人身的犯罪及性犯罪，肥胖型的人也容易实施欺诈犯罪，异常体型的人容易实施性犯罪。后来美国学者谢尔登参照了克瑞奇米尔的研究，进一步把体型进行了细分，根据人体细胞中不同胚层的发育情况，提出了一种胚层——体型学说。他把人体分为内胚层型、中胚层型及外胚层型。同时，谢尔登经过大量的实际调查，发现了犯罪青少年与特定的体型——中胚层体型的高度相关性，进一步证实了体型、气质与行为之间存在一定的对应关系。

（五）药物依赖

药物依赖作为一个包括认知、行为、心理综合征在内的症候群，其特点是无论文化、地域、种族及社会经济背景如何，患者都有同样的病程、体征及症状，表现为不顾药物对身体的危害和严重的社会后果而反复自我给药，因而这种成瘾往往与犯罪囚禁和社会遗弃及自我沦落相伴共生。同时，成瘾还与健康的自我摧毁及艾滋病、性病、肝炎、结核病等形影相随。美国的调查显示，近年来，在主要的大城市中，因海洛因类药物问题而送入医院急诊室的病例，每年由3万多人上升到7万多人，死亡人数也由2000多人上升到4000多人。与之相对，美国约有25%～60%的入狱犯人与滥用药物有关。

（六）酒精依赖

酒精依赖是一种精神障碍，可识别的症状包括不顾及有害后果的强烈和持久的饮酒愿望、缺乏控制饮酒的能力、对饮酒比对其他活动和义务给予更高度的优先考虑、对酒精的耐受性以及当突然中断酒精使用时出现身体的戒断反应。酒精可引起健康问题，包括造成事故和损伤、心脏病、癌症、肝病和酒精中毒性精神障碍。酒精也与社会问题有关，包括犯罪、暴力、婚姻破裂、学习成绩低下、旷工率较高、自杀和经济债务。

第三节　犯罪的心理因素

心理因素是指主体心理中存在的与犯罪有密切联系的不良因素。辩证唯物主义认为，心理现象是脑的机能，是人的大脑对客观现实的反映，而且是主观能动的反映。人的心理是在社会实践中产生和不断发展的。心理学认为，心理现象主要包括心理过程和个性心理两个方面。个性心理又包括个性倾向性和个性心理特征两个方面。下面我们主要从这几个方面探讨一下影响犯罪的因素。

一、心理过程因素

心理过程是心理活动发生发展的过程，是心理活动的基本形式。心理过程根据其性质和形态又可以分为认知过程、情感过程和意志过程。

（一）认知水平

一般来说，犯罪人的认知水平是较低的。大量的调查研究表明，犯罪人的智力发展水平，就其平均值而言，处于中下层次，低于一般人的智力水平。当然，这并不能说明认知水平低者必然犯罪，认知水平高者必然不会犯罪。事实上，认知水平高的人犯罪的也很多。

但是犯罪人的认知水平与犯罪类型和犯罪手段的选择具有较高的相关性。如以简单暴力为特征的传统犯罪类型，像强奸、拦路抢劫、伤害等犯罪的行为人大多认知水平较低，而伴随着社会发展特别是科技进步而出现的犯罪类型，如计算机犯罪、信用卡犯罪等行为人则多具有较高的认知水平。而且，认知水平较高的人常进行较为充分的犯罪准备，并具有狡诈的行为特征，甚至会采取一些反侦查措施。认知水平较低的人，常常是采取简单、原始、愚昧的手段进行犯罪，犯罪的发生过程较为简单。

需要注意的是，从社会发展的角度看，刑事犯罪人的智能化程度正在提高，这说明体现犯罪认知水平的一般能力在提高。之所以出现这种情况，与人们文化素质的普遍提高有关，与报刊、影视等大众传媒的普及有关，特别是其中大量渲染作案方法、犯罪过程和侦破手段的文章、影视，使一些心术不良者从另一个渠道获得了不法行为的经验。这些经验必然会在他们的犯罪活动中体现出来。

（二）情绪情感与犯罪

情绪情感是伴随着认识过程产生的，是人对客观事物是否符合人的需要而产生的主观体验以及相应的行为反应。人类的最基本情绪是快乐、愤怒、悲哀和恐惧，其他情绪情感都是在这些情绪的基础上产生的。相对于情绪，情感较为稳定而深刻，如道德感、审美感、理智感等。

情绪情感对个人行为的作用主要表现在三个方面：第一，动机作用。适度的情绪兴奋，可使人的身心处于活动的最佳状态，从而对个人完成工作具有推动作用。第二，适应作用。即当人出现某种不适应时，可以通过情绪的发泄和调节来获得心理平衡，消除不适应感。第三，信号作用。在学习、工作和生活中人们可以把情绪情感的外部表现——表情，看作一种信号。通过这种信号来了解别人和自己，传递信息，并以此来互相影响、互相沟通。

情绪情感在犯罪形成中的作用主要有以下几个方面：

1. 不良情绪的积累对犯罪动机有催发作用

当个体的需要得不到满足时，便会产生一些诸如嫉妒、怨恨、敌视等消极和不满情绪，如果这种体验得不到合理控制或及时宣泄，持续积累起来，就会使机体处于持续紧张状态，当紧张状态达到一定程度时，就会使个体感到极度的紧张、焦虑和压抑。为消除这种焦虑、压抑，获得心理平衡，个体常常会出现有意无意的情绪发作，从而导致犯罪。如有的人因仇恨、嫉妒等情绪，可以直接引发犯罪动机和行为，导致杀人、投毒和放火等犯罪。

2. 激情与犯罪

激情是一种强烈的、爆发性的、短促的情绪状态，如狂喜、暴怒、悲恸、绝望等。这种情绪常由对个人具有重大意义的事件所引起，但这种事件常常是突然发生的，并表现为剧烈、重大的变化。激情常伴随着生理变化和明显的外部行为表现。人在激情状态下，往往导致意识障碍、动作失调、自制力减弱，从而做出丧失理智的事情。但是人在激情状态下，并非完全意识不到或不能控制自己的言行，通过有意识地转移注意或内部言语的暗示、提醒可以缓和以致控制激情的爆发。激情也不一定就是消极的，只要善于控制和调节自己的情绪，激情常常可以调动身心巨大潜力，战胜艰险，取得胜利。

激情能够使一个人的认识范围变得狭窄，理智分析能力受到抑制，自我控制能力减弱，失去对自己行为的意义和后果的正确评价，严重时会失去理智，忘记自己。因而这种情绪能迅速引发犯罪动机，导致杀人、伤人、毁物等暴力性犯罪行为。青少年犯罪中，有很多是激情犯罪。“激情犯罪”在西方犯罪学中往往被看作挫折攻击型的犯罪，其含义是指人在受到强烈刺激和挫折后，由于情绪的异常激动而产生行为的异常冲动，在发生难以控制的暴烈行为时不计后果也不择手段。

3. 应激性犯罪

所谓应激是指机体对各种内、外界刺激因素所作出的适应性反应的过程。应激的最直接表现即精神紧张。“应激”一词，首先由汉斯·塞里于 1946 年应用于医学领域，他通过多次临床和实验研究，提出了应激和全身适应综合征的理论，受到了医学界的重视，并被广泛用于医学理论和临床实践。

一般应激状态使机体具有特殊防御排险机能，能使人精力旺盛，激化活动，使思想特别清晰、精确，动作机敏，推动人化险为夷，转危为安。但紧张而又长期的应激会使全身兴奋，注意和知觉范围缩小，言语不规则、不连贯，行为紊乱。在这种情况下，极有可能导致犯罪行为的发生，这就是应激性犯罪。实践中这类犯罪常见的有防卫过当、紧急避险过当等。

（三）意志特征与犯罪

从心理学上讲，意志是人自觉地确定目标，并根据目标调节、支配自己的行动，克服困难，实现预定目标的心理过程。意志对人的行为具有发动、坚持、制止、改变等方面的作用，是人类特有的一种心理活动。

意志特征与犯罪心理也有着密切的关系。调查研究发现，违法犯罪人的意志特征具有两重性：一方面，对于社会规范要求的意志行为，往往表现为意志的薄弱性，消极的意志品质较多。如抑制某些方面活动的能力较差，易受暗示等。另一方面，在从事违背社会道德和法律规范的违法行为的过程中，显示出意志力的畸形发展，通常也能表现出果断、自觉、坚毅等品质，为了达到犯罪目的，不惜排除一切障碍。

二、个性倾向性因素

"个性"一词最初来源于拉丁语 Personal，开始是指演员所戴的面具，后来指演员——一个具有特殊性格的人。一般来说，个性不仅指一个人的外在表现，而且指一个人真实的自我。

个性是指一个人在其生活、实践活动中经常表现出来的、比较稳定的、带有一定倾向性的个体心理特征的总和，指一个人区别于其他人的独特的精神面貌和心理特征。个性对于一个人的活动、生活具有直接的影响；对于一个人的命运、前途有直接的作用。

个性是一个整体，它有多种组成成分。如果各种成分之间的关系协调，人的行为就正常；如果某些因素不良，或者各种成分关系失调，就会造成不正常行为，甚至是犯罪行为。

现代心理学认为，个性包括个性倾向性、个性心理特征两部分。个性倾向性是指决定一个人的态度、行为和积极性的选择性的动力系统。

个性倾向性是人的个性结构中最活跃的因素，它是一个人进行活动的基本动力。个性倾向性决定着人对现实的态度，决定着人对认识活动的对象的趋向和选择。

个性倾向性主要包括需要、动机、兴趣、理想、信念和世界观。它较少受生理、遗传等先天因素的影响，主要是在后天的培养和社会化过程中形成的。个性倾向性中的各个成分并非孤立存在，而是互相联系、互相影响和互相制约。其中，需要又是个性倾向性乃至整个个性积极性的源泉，只有在需要的推动下，个性才能形成和发展。动机、兴趣和信念等都是需要的表现形式。而世界观属于最高指导地位，它指引和制约着人的思想倾向和整个心理面貌，它是人的言行的总动力和总动机。由此可见，个性倾向性是以人的需要为基础、以世界观为指导的动力系统。

（一）需要、动机与犯罪

需要是个体和社会生活中必需的事物在人脑中的反映。人既是生物有机体，同时又是社会的成员。人为了个体和社会的存在和发展，必定要求一定的事物。例如，食物、衣服、婚配、育幼等，这是维持个体存在和延续种族发展所必需的；从事劳动，在劳动中结成不同的社会关系，人们之间的交际活动等是维持社会存在和发展所必需的。这种必需的事物反映在个人的头脑中就成为他的需要。所以，需要总是反映有机体内部环境或外部生活条件的某种要求，它通常以意向、愿望、动机、兴趣等形式表现出来。

需要同人的活动联系着，是人的活动的基本动力。人的活动被某种需要所驱使。需要一旦被意识到并驱使人去行动时，就以活动动机的形式表现出来。需要激发人去行动，使人朝着一定的方向，追求一定的对象，以求得自身的满足。需要越强烈、越迫切，由它所引起的活动就越有力。同时，人的需要也是在活动中不断产生和发展的。当人通过活动使原有的需要得到满足时，人和周围现实的关系就发生了变化，又会产生新的需要。这样，需要推动着人去从事某种活动，在活动中需要不断地得到满足又不断地产生新的需要，从而使人的活动不断地向前发展。

人的需要各种各样，美国著名心理学家马斯洛提出需要层次论，把人的需要分为五种：生理需要、安全需要、相属关系和爱的需要、尊重的需要及自我实现的需要。马斯洛认为，低层的需要获得适当满足后，高一层次的需要才会产生。人类这五种需要不可能完全满足，越到上层，满足的百分比越低。从现实的犯罪案例来看，基于这五种需要而产生犯罪动机实施犯罪行为的情形都存在。

犯罪人的需要是很复杂的，从大量的案件材料和统计来看，犯罪人的需要各种各样，既有不良需要或不正当需要，即内容违背社会道德和其他社会公共准则的需要。例如，吸毒、剥夺他人生命、以损害别人来显示自己，等等，也有的不是现实需要，即内容合理但在当时条件下不能获得满足的需要。例如，在生理成熟前倾而结婚年龄推迟的条件下，大量处在“性饥渴”状态的青年在结婚之前的性需要；工资收入较低的人想过上现代化生活的超前消费需要等。还有内容符合情理和社会生活准则的合理需要。例如，某青年工人要求别人尊重自己的人格，得到的却是嘲笑和控告，因而一气之下将侮辱者致成重伤，等等。这类需要之所以导致犯罪，主要是由于满足需要的手段有问题。

动机是为实现一定的目的激励人们行动的内在原因。犯罪动机是引起、维持个人的犯罪行为，并引导这种行为超一定目标进行的内部动力。从司法实践的大量案例和心理学、犯罪学理论来看，大部分的犯罪动机都是在犯罪人一定需要的基础之上，受犯罪诱因的刺激产生的；犯罪动机的产生是犯罪人的需要和犯罪诱因相结合产生作用的结果。从目前的研究来看，比较常见的犯罪动机有：贪利型的犯罪动机、报复型的犯罪动机、反社会的犯罪动机、性欲型的犯罪动机等。

（二）兴趣与犯罪

兴趣是个体以特定的事物、活动及人为对象，所产生的积极的和带有倾向性、选择性的态度和情绪。

兴趣在人的生活和活动中的作用是巨大的，良好的兴趣可以使人善于适应环境，对生活充满热情；不良的兴趣同样可以使人积极去活动，但往往与社会规范相抵触。犯罪学的研究发现，许多犯罪人的犯罪行为的发生就与他们的某种低级、庸俗的兴趣有关。例如，性犯罪者在犯罪发生前后，大多爱看黄色书刊、光盘等。还有一些行为异常的青少年对大众传播中的消极、反面的内容易产生兴趣，并积极模仿，导致违法犯罪行为的发生。另外，从某种不良兴趣发展而成的嗜好如赌博、酗酒等更是导致违法犯罪行为产生的重要原因之一。

（三）信念与犯罪

信念是指一个人坚信某种观点的正确性，并支配自己行动的个性倾向。信念是激励一个人按照自己的观点、原则和世界观去行动的被意识到的思想倾向，是一个人在长期的实践活动中，根据自己的生活内容和积累的知识经过深思熟虑所决定的努力方向和奋斗目标。

大量的研究表明，犯罪人往往拥有一套错误的甚至是反动的观念体系。如一些犯罪人认为，“人不为己，天诛地灭”“人生在世，吃喝二字”“人为财死，鸟为食亡”“社会就是弱肉强食”“败者寇，胜者王”。有的则将性解放、性自由作为自己的人生信条。在这些信念的支配下，他们可以不择手段，进行各种违法犯罪活动。

（四）世界观与犯罪

世界观是指人对整个世界的根本看法所组成的信念体系。它包括自然观、人生观、社会观。一个人的世界观是在一定的思想影响下形成的，它不仅决定一个人个性的一般倾向性，而且对所有的心理活动起着支配和调节作用。错误的世界观在犯罪心理的形成和犯罪行为的发生过程中起着重要的作用，但也不能说每一个犯罪人都形成了完整的错误世界观。不同类型的犯罪人在其世界观体系中有不同的侧重，财产型犯罪与性犯罪大多与犯罪人的人生观、道德观密切相关，而危害国家安全犯罪人则多与其反动的社会观、政治观密切相关。

三、个性心理特征因素

个性心理特征是个人在活动中表现出来的、稳定的个体心理的特殊性。个性心理特征因素包括能力、气质和性格。由于每个人的遗传与环境的差异，人的个性特征也存在种种差异，这些差异也会导致人产生各种不同的行为方式。

（一）能力与犯罪

能力是人们表现出来的解决问题可能性的个性心理特征，是完成任务、达到目标的必备条件。能力一般是在先天素质的基础上，经过后天的教育和培养发展起来的。

能力一般包括智力、特殊能力和技能。智力又称一般能力，是在各种活动中都存在和表现出来的认识能力，如观察力、记忆力、想象力、思考力、创造力等。它的水平高低对各方面活动都有影响。通常所谓一个学生的智力高低或是否聪明能干，就是指一般能力而言的。特殊能力指对某一专业领域的活动有特殊意义并在其中显示出来的能力。如画家的颜色辨别能力和空间想象力，音乐家的音高辨别能力和节奏感，数学家所需要的数字记忆广度和计算能力，教师或理论宣传工作者必备的语言表达能力、分析问题解决问题的能力和组织工作的能力等。这些都是对顺利完成某一专业领域的活动起重要作用的心理条件，而技能则是一种可操作性能力。

在能力中人们最早关注的是智力与犯罪的关系。1914 年，美国学者戈达德就提出，智能上的缺陷是犯罪的重要因素。他认为 50% 以上的罪犯智力是低下的。赞同这种观点的人认为理由有二：一是低智商的青少年往往注重眼前利益而忽视长远利益，贪图眼前享乐；二是低智商容易做出错误判断。但是随着智力测验技术的成熟以及大量统计数据的问世，这种带有假设性的结论受到越来越多的质疑和批评。但是仍有学者认为智力与犯罪负相关。①

现在一般认为，能力的强弱并不能决定一个人是否犯罪，但能力会在犯罪类型方面表现出一定差异。同时，能力与犯罪人采用的犯罪手段有一定的联系。

（二）气质与犯罪

气质是人的个性心理特征之一，它是指在人的认识、情感、言语、行动中，心理活动发生时力量的强弱、变化的快慢和均衡程度等稳定的动力特征。主要表现在情绪体验的快慢、强弱、表现的隐显以及动作的灵敏或迟钝方面，因而它为人的全部心理活动表现染上了一层浓厚的色彩。它与日常生活中人们所说的“脾气”“性格”“性情”等含义相近。

气质是一个古老的心理学问题。早在公元前 5 世纪，古希腊著名医生希波克拉底就提出了四种体液的气质学说。他认为人体内有四种体液：血液（来自拉丁语 – sanguis）、黏液（来自希腊语 – phlegma）、黄胆汁（来自希腊语 – chole）和黑胆汁（来自希腊语 – melanoschole）。希波克拉底曾根据哪一种体液在人体内

① 刘强：《美国犯罪学研究概要》，中国人民公安大学出版社 2002 年版，第 111 页。

占优势把气质分为四种基本类型：多血质、胆汁质、黏液质和抑郁质。现代心理学沿用了这四个分类名称，但标准发生了很大改变，主要是从感受性、耐受性、反应的敏捷性、情绪的兴奋性、外倾性与内倾性等方面来划分的。

人的气质对行为、实践活动的进行及其效率有着一定的影响，气质不影响活动的性质，但可以影响活动的效率。因此气质并不能决定一个人是否犯罪，但不同气质的犯罪人在犯罪过程中也具有不同的特点，了解犯罪人的气质差异对于审讯犯罪人也有很大的帮助。

（三）性格与犯罪

性格是指一个人对现实的稳定度以及与之相适应的习惯化了的行为方式。性格表现既包括行为的方式，又包括实践的方式和思维、意志、情感等心理活动的方式。这些心理特征在类似的情境中不断出现，有一定的稳定性，以致习惯化，这便形成人们独特的性格。习惯化的心理风貌就是性格，那种偶然的情境性的心理特征，不能称为一个人的心理特征。

性格是个性最鲜明的表现，是个性心理特征中的核心特征。性格不仅与气质、智力（综合性能力）的关系非同一般，而且性格还具有情感特征和意志特征。

性格不同于气质，它有好坏之分，而且与犯罪关系密切。通过对违法犯罪人的调查研究发现，各种类型的违法犯罪人都有与犯罪行为相关的不良性格特征。如北京医科大学精神卫生研究所、北京回龙观医院和天津市安定医院 1993 年曾对 55 名工读少女和 60 名正常少女进行过全面测查，结果证明工读少女具有明显的性格偏离，其行为特征为说谎、偷窃、性格异常和酗酒；往往热衷于非社会和反社会的行为。人格特征为未成熟，稚气重，自负和自我放纵、依赖性强、性格外露、爱交际、好享受、好出风头、判断能力差等。

犯罪心理学研究表明，下列不良性格特征是人发生犯罪行为的重要心理因素：

1. 对社会现实和对自己态度的性格特征方面：对社会持敌视态度，对集体漠不关心、自私自利、冷酷无情、狡猾虚伪、野蛮粗暴、自卑虚荣、狂妄自大以及好逸恶劳、浪费奢侈等，这些性格特征都容易在其他不良因素作用下形成犯罪心理。

2. 性格的意志特征方面：下列不良意志特征与犯罪心理形成有关：盲目性、冲动性、放纵性、依赖性、易受唆使性、任性、顽固性、鲁莽冒险性以及意志薄弱、缺乏自制力等。

3. 性格的情绪特征方面：强烈的愤怒情绪、起伏和波动很大的不稳定情绪、严重的对立和敌对情绪、萎靡不振、消沉悲观、多愁善感的心境等不良消极的情绪特征与犯罪心理形成有关。

4. 性格的理智特征方面：思维偏激极端、是非善恶分辨力差，道德认识和评价水平低等特征与犯罪心理形成有关。

第四节 变态心理与犯罪

在司法实践中，我们经常会遇到这样一些案件，行为人实施犯罪行为的手段、目的和情节明显与普通犯罪人不同，显得怪异、荒诞，难以用常情理解。这类行为是在行为人的变态心理的支配下实施的。

一、变态心理的概念和分类

变态心理，又称心理障碍、病理心理、病态心理，是与常态心理相对而言的。它是指大脑机能或精神心理活动超出正常范围，使个体在认识、情感、意志、行为和智能、人格等方面出现的异常。这种精神异常或心理异常，精神病学和心理学均称之为变态心理。

现在普遍认为，变态心理是因为没有能力按社会认为适宜的方式行动，以至于其行为后果对本人和社会是不适应的。所谓“没有能力”，可能是有器质性缺陷（如脑损伤）的原因，也可能是机能性缺陷（如缺乏知识、能力）的结果，或者二者兼而有之。虽然心理变态的人常有明显的偏离社会常模的行为，但不能认为行为违反社会常模的人都“有病”。如普通犯罪人的行为也违反了社会常模，但他们不是由于“没有能力”按社会要求的标准去做，故应与有心理病态的人加以区别。

变态心理与常态心理之间虽然存在差异，但是并没有一条绝对分明的界限。通常根据以下几种标准去区分心理的正常或异常：

（1）以经验为标准，这种经验可以是本人的报告，如感到忧郁，也可以由别人的经验来判断他人的心理是否正常。

（2）用适应社会的常模为标准，在某一群体中，大家都有一定的行为模式，个别人在群体适应过程中偏离常模，我们也称心理异常。

（3）可根据是否存在病因与症状，如果存在，就认为是病态心理。

（4）根据统计标准，正常的人占多数，两个极端为异常，但只有低于一般人的心理水平的人为病态，超过一般水平的为超常是最健康的人。最不健康的为严重的精神病人。

(5) 心理测量与实验标准，即利用心理测验、实验仪器来测量判断人的心理是否正常。

精神病学和变态心理学对变态心理的分类不完全相同。如我国的精神疾病分类方案《中华医学会精神疾病分类——1984 年》将精神疾病分为 14 大类，概括说有精神病（精神障碍）、神经症、心理因素所致生理功能障碍、人格障碍、性心理障碍、精神发育迟滞、儿童精神障碍等。变态心理学分为精神病、神经症、性心理异常和人格障碍。变态心理按照在日常生活中所见，大致可以有下列五类：

(一) 严重的心理异常

这是指人的整个心理活动发生瓦解，心理活动各方面的协调性遭到严重破坏，人与周围的现实环境关系也呈现严重失调，因而这种人丧失了正常的理智、言行与行为，不能理解和认识自身现状和正常环境，不能正确处理人际关系，不能参与社会正常活动，甚或给社会秩序造成紊乱和危害，亦不能照顾自己正常的生活，这类人实际上是患有严重精神病的病人。

(二) 轻度的心理异常

这是指人心理活动的整体中某些方面受到了损害，使他们心理活动的各个方面的协调性受到一定的影响，与周围环境的关系也出现了某种程度的失调，特别在人际关系的处理方面，通常是很不好的。但是他们能认识和理解自身的心理不健康状态，并能主动去寻找改善和调整这种不正常状态的措施与方法，对客观的现实反映虽有一定的歪曲，但日常的工作与社会生活一般可正常进行，生活能够自理。这是一类属于所谓神经症的病人。

(三) 躯体疾病所致的心理异常

这类也称心身障碍，是指人们在躯体各系统有疾病时所出现的各类心理异常现象。这类病人既有躯体疾病的各种表现，也有心理异常的表现，特别是表现为情感方面的障碍，如对疾病的过于担心、悲观、焦虑、恐惧、害怕等。由于这些心理异常，通过心理对生理的影响，又可加重各种躯体疾病的症状和体征。这种心理异常在综合医院的各类病人中都是很常见的，但这种心理异常又常为各科医生与护理人员所忽视，因而对病人躯体疾病的愈后影响很大。

(四) 大脑疾病或身体有缺陷时的心理异常

这里又包括以下三种心理异常：

1. 大脑有器质性疾病时的心理异常

例如脑内生肿瘤或脑炎以后，或脑动脉硬化，脑变性等之后，会产生各种心理异常，特别常见的是智能的障碍与个性心理特征的改变，当然亦可有情感、认识、行为等方面的变化。

2. 大脑发育障碍所引起的心理异常

其主要是因为各种原因，包括出生前、出生时、出生后以及婴幼儿早期各种不良因素，引起胎儿或新生儿大脑发育障碍，特别是发育迟滞，因而使大脑不能达到一定的年龄水平而出现心理异常。这种心理异常主要是表现为智能方面的障碍，产生各种智力低下，如白痴、痴愚、智力不良、智障等表现。当然这种人在情感、认识、行为等方面亦有大量的病理性表现。

3. 因聋、哑、盲、跛等躯体缺陷而产生的心理异常

当人们因各种原因产生一定的残疾时，就会给人们带来某种程度的心理异常，如悲观、消沉、嫉妒健康人、敏感、多疑等。

（五）特殊情况下的心理异常

这是指在药物作用下，或在催眠状态、梦境状态等特殊情况下所产生的心理异常。在各种催眠药、麻醉药或毒品作用下，人们会出现许多心理异常，如吸食或应用大麻、吗啡、海洛因、鸦片等时，特别是成瘾时，正常的心理活动就遭到破坏，从而出现各种心理变态。另外，健康人如在催眠作用下，或处在梦境状态时，亦会出现短时期的心理异常。

我们在下面着重分析人格障碍、性心理障碍以及精神病与犯罪之间的关系。

二、人格障碍与犯罪

（一）人格障碍的概念与特征

人格障碍，又称病态人格，是指人格发展的异常。其偏离正常的程度已远远超出了正常的变动范围。人格障碍的特点表现如下：

1. 人格障碍者一般来说意识是清醒的，认识能力也保持完整。这种人是在没有意识障碍、智力活动无明显缺损的情况下，出现行为活动和情感等方面的明显障碍。这种人中的大多数都有求医的要求，希望治好自己的“病”。

2. 人格障碍通常开始于童年、青少年，并一直持续到成年，甚至维持终生。人格障碍关键在于预防，而不是治疗，因为治疗的效果一般不太理想。

3. 人格障碍者一般都能正确处理自己的日常工作和生活，能理解自己的行为后果，也能理解社会对自己行为后果的评价标准。但由于这种人缺乏自知力，尽管经常同周围发生冲突，并处处碰壁，却很难从错误中吸取教训。因此，难以适应单位和社会环境。

4. 人格障碍者在智力水平、思维水平和创造等方面并不低，有的还超过常人，但由于人格异常，妨碍了他们的意志活动，破坏了其行为的目的性和统一性。

5. 人格障碍与一般疾病不同，它没有起病标志和病程变动。因此，人格障碍不能作为真正的精神病。

（二）人格障碍的类型

由于人格结构的复杂性，缺乏明确划分人格的标准，所以，人格障碍的分类众说纷纭，迄今没有一致的见解。但为了指明人们行为模式的特征，人格障碍类型的概念仍有重要价值。

世界卫生组织（1986 年，日内瓦）在 ICD 10（International Classification of Diseases）里提出了下列人格障碍分类：（1）偏执型人格障碍；（2）分裂型人格障碍；（3）反社会型人格障碍；（4）冲动型人格障碍；（5）癔症型人格障碍；（6）强迫型人格障碍；（7）焦虑（回避）型人格障碍；（8）依赖型人格障碍；（9）其他人格障碍；（10）未特定的人格障碍。

（三）人格障碍者犯罪的特点与类型

1. 人格障碍者犯罪及其特点

人格障碍者的犯罪与常态人格有着许多不同之处：

（1）人格障碍者犯罪，一般具有偶然性、冲动性，事前较少详细谋划，方法简单、原始，常常是极残忍的。而正常人犯罪总是尽可能地周密计划，充分准备，自认为有把握时才实施犯罪，犯罪时较为警觉。

（2）人格障碍者犯罪往往只顾眼前，不计后果，动机目的短浅，甚至模糊，如偷窃癖往往并无明确的财产动机，只是为了获得心理变态的满足，这与一般财产犯罪是不同的。

（3）人格障碍者犯罪多是单独进行，而其单独作案并非出于自身安全考虑或羞耻心，而是缺乏与人合作的意识。一般人犯罪大多结伙进行，即便单独作案也多是出于安全的考虑。

（4）人格障碍犯罪者多难以矫治，他们不能从受到的处罚中吸取教训，容易重犯。

（5）人格障碍者犯罪的原因主要是来自其自身内部，与外部关系不大。

（6）人格障碍者犯罪作案时间、对象、手段等方面具有固定性。如有的犯罪分子在公共场所用锋利的刀片刺划女性，不仅犯罪手段、工具一致，而且作案时间、地点都是固定的，受害人的特点也差不多，且受害部位都是一样的。

2. 易于犯罪的人格障碍类型

现就 ICD 10 中提及的几种主要类型的人格障碍描述如下：

（1）偏执型人格障碍。特点为对自己的能力估计过高，惯于把失败归咎于别人。对批评或挫折过分敏感，对侮辱和伤害不能宽容。长期耿耿于怀、多疑，易将别人无意的或友好的行为误解为敌意或轻蔑而产生歪曲体验。好胜心强，有强烈的自尊心，看问题主观片面，工作和学习上往往言过其实，易生嫉妒。在失败的时候，时常迁怒于人而原谅自己，往往认为自己成了别人阴谋的牺牲品。因此，这种人容易产生偏执观念。

（2）分裂型人格障碍。特点是情绪冷淡、缺乏亲切感，不能表达对他人的温暖、体贴以及愤怒，对赞扬或批评无动于衷，没有愉快的情感体验，缺乏亲密、信任的人际关系，过分沉湎于幻想，孤僻自处，行为怪僻。

（3）反社会型人格障碍。或称悖德型人格障碍。行为与整个社会规范相背离而令人注目。这种人对他人的感受漠不关心，缺乏同情心。忽视社会道德规范、行为准则和义务，长期对其行为不负责任。他们的认识完好，但行为未加深思熟虑，不考虑后果，常因微小刺激便引起攻击、冲动和暴行。他们从无内疚感，不能从经验中吸取教训，一犯再犯而不知改悔。不能与他人维持长久的关系，容易责怪他人，或为自己的粗暴行为进行辩解。具有这类人格者极易受偶然动机驱使实施危害社会的行为。由于这类变态人格的反社会性倾向，所以在工读学校、看守所、监狱、教养或劳改单位的犯罪者中比率颇高。据报道，在美国的在押犯人中可达40%～60%，日本30%～50%，欧洲国家等亦类似。

（4）冲动型人格障碍。或称暴发性人格障碍。其特点为对事物往往作出暴发性反应，稍不如意就火冒三丈，易于暴发愤怒冲动或与此相反的激情。行为有不可预测和不考虑后果的倾向。不能在行动之前事先计划，有不可预测和反复无常的心境，行为暴发时不可遏制。易与他人冲突和争吵，特别在行动受阻或被批评时。不能维持任何没有即刻奖励的行为。这种人经常变换职业和酗酒。有学者曾以为与癫痫有关联，但实际上并无证据。此类人格者极易发生偶发性、应激性犯罪，一般很难加以制止。

（5）癔症型人格障碍。特点是情感用事，戏剧性地、过分夸张地自我表演，暗示性增高，行为易受他人影响。情感表浅，容易变化，犹如黄梅季节的天气。以自我为中心，自我放纵，不为他人着想。好炫耀自己，不断渴望受人赞赏，感情易受伤害，追求刺激，富于幻想，说谎欺骗，操纵他人为自己的需要服务。此类人格者极易发生性犯罪、流氓犯罪和诈骗犯罪。

（6）强迫型人格障碍。特点是刻板固执，做事循规蹈矩、墨守成规，不会随机应变。优柔寡断，由于个人内心深处的不安全感导致怀疑和过分谨慎。要求十全十美，但又缺乏自信，导致过度的反复核对，过分注意细节，以致忽视全局，由于过分谨慎多虑，过分专注于工作成效而不顾消遣和人际关系。这种人易产生强迫症状和焦虑忧郁反应。拥有这类人格者一般不会产生攻击行为。

（7）焦虑（回避）型人格障碍。特点是懦弱胆怯，自幼表现胆小，易惊恐。有持续和广泛的紧张、忧虑的感觉。敏感羞涩，对任何事情都表现得惴惴不安。有自卑感，常不断追求受人欢迎和被人接受，对排斥和批评过分敏感。日常生活中惯于夸大潜在的危险，达到回避某些活动的程度。个人交往十分有限，对与他人建立关系缺乏勇气。

(8) 依赖型人格障碍。特点是缺乏独立性，感到自己无助、无能和缺乏精力，害怕为人遗弃。将自己的需求依附于别人，过分顺从于别人意志。要求和容忍他人安排自己的生活，当亲密关系终结时则有被毁灭和无助的体验。有一种将责任推给他人来对付逆境的倾向。

(9) 不成熟型人格障碍。当前，在我国青少年中，很多人表现出一种不健康的人格发展倾向，其中有些人的人格发展严重不良，以致我国一些医学心理学家认为，这些青少年的人格障碍已经形成了一个独特类型，根据其主要心理特征，命名为“不成熟型人格障碍”。这些青少年自幼受父母、祖父母、外祖父母宠爱，生活优裕；情绪幼稚，依赖性极强；他们以自我为中心，要父母顺从自己，稍不如意，则激动暴怒；他们缺乏道德感、义务感，对别人缺乏同情心；不遵守社会公德，甚至胡作非为，不讲道理；他们不善于与人相处、不珍惜友谊；自我欣赏，自以为是，听不得一点批评意见；他们适应能力差，习惯于让别人照顾自己，如处境不良或遭受挫折，则容易自暴自弃，轻率自杀，或暴怒发狂，残忍伤害别人。这种人格障碍的形成至少部分与父母长辈的溺爱、过度保护、包办代替的教养方式及社会或家庭的不良影响有关。另有一类自我意识障碍，病人不能确认自身的人格特点，如双重人格、人格转换、人格破裂、人格解体，常为其他精神疾病或脑部疾病所引起，也不同于前述人格障碍，不要混为一谈。

(10) 怪癖型人格障碍。此类人格障碍者的特点是具有不同于正常人的顽固癖好。其中与犯罪有关的主要有“纵火癖”、“偷窃癖”和“赌癖”。

第一，纵火癖。这是一种以纵火为最大乐趣的心理变态行为。这种怪癖者，尽管并无破坏和报复动机，也深知纵火的严重后果，但在难以克制的顽固而强烈的纵火欲望和冲动的驱使下，千方百计地寻找纵火的机会。

第二，偷窃癖。这是一种在无法控制的偷窃冲动驱使下，专门以偷窃他人财物为乐趣，从中获得某种特殊快感的心理变态行为。男女均有所见。其特点是：①反复出现难以控制的偷窃冲动和行为，所窃物品无明确选择性，不以攫取经济利益和供自己使用为目的，不计较所窃物品的价值，有些甚至是废物。常把盗窃的东西拿回家贮存起来，或偷偷地送还物主或扔掉；②偷窃前无预谋，拿什么方便就拿什么；③偷窃均为单独作案，无同伙合作；④偷窃冲动似有一定的周期性，当偷窃意念达到一定程度时，控制力便下降而去作案；⑤行为人明知自己的行为违反法律规范，不被社会所接受，但又难以克制冲动，监禁和处罚也难以改变其行为；⑥此行为逐渐产生，持续进展，长期迁延，很难矫治，有的随年龄增长而逐渐减轻。

据案件统计资料显示，偷窃癖约占所有偷窃案件中的5%，而其中70%是女性，其中又以中年妇女占多数。其实患者清楚知道自己的行为是错误的，他们会后悔、内疚。然而这是极危险的事，假如被捕，也许第一次遭受法官警告或罚款，再犯则可能会遭判监禁。这样对已具有忧郁症背景的患者更加不利，对原本已存有压力的家庭也有如雪上加霜，境况会越来越坏。

三、性心理障碍与犯罪

性心理障碍又称性变态（sexual deviation），是指性冲动障碍和性对象的歪曲，即寻求性欲满足的对象与性行为的方式与常人不同，违反社会习俗而获得性欲满足的行为。

性心理障碍大致分为以下几类：

1. 性对象障碍

（1）不以成熟异性为性对象：恋童癖。

（2）不以性器官为性活动对象：恋物癖、异装癖。

（3）以同性作为性对象：同性恋。

2. 性动作障碍

（1）以间接的行为方式引起性活动：露阴癖、窥淫癖、色情狂。

（2）以古怪条件引起性活动：施虐狂、受虐狂。

3. 性别认同障碍

实践中，性心理障碍与犯罪关系很密切，一方面一些性心理障碍本身就为法律所不容，另一方面这些性心理障碍极易导致违法犯罪行为。

（1）同性恋。以同性为满足性欲的对象，称为同性恋。同性恋是否属于疾病，意见不一。同性恋的双方中，有男性被动型和女性主动型者。

（2）恋童癖。特征是以儿童为性活动对象。其性欲要求可能针对异性或同性儿童，以露阴癖及强奸等形式表现出来。恋童癖者常为儿童的亲戚或父母的朋友，多为男性，主要是抚摸儿童。要注意把真正的恋童癖与单纯喜欢孩子的男性区别开来。诱奸儿童、强迫儿童做性动作的恋童癖者，社会危害很大。

（3）恋物癖。是指经常反复地收集异性使用过的物品，并将此物品作为性兴奋与满足的唯一手段的现象。患者大多数为男性，也有女性患者，多为异性恋者，偶尔也可以在同性恋者中见到，有的还伴有窥淫行为。恋物癖者常常以偷窃手段获取异性物品。

（4）异性服装癖。或称异装癖，主要表现是通过穿戴异性服饰而得到性欲满足，喜欢从头到脚穿着打扮成异性一样。有时这是同性恋者恋物癖的一种形式，但也有异装癖者穿着异性服装并不是为了给自己性刺激，只是暂时地体验异性的感受。有的以此进行流氓犯罪活动。

（5）裸露癖。以显露自己的生殖器而求得性欲满足为特征的性变态，大多数是男性。常出没于昏暗的街道角落，厕所附近、公园僻静处或田野小径上，每遇到女性则迅速显露其生殖器，或进行手淫，从对方的惊叫、逃跑或厌恶反应中获得性满足。通常并无进一步的侵犯行为，但由于对社会风尚造成危害，常常受到严厉惩罚。

（6）窥淫癖。以偷看别人的性活动或异性裸露的身体为唯一方式而取得性兴奋快感的一种性变态。大多数男性窥淫癖比较胆小，性生活能力不足，也不采用暴力来满足自己性欲要求。除了偏爱有关性的电影镜头或裸体女性形象外，常冒被捕的危险，不择手段去偷看女性洗浴或排便，多伴有手淫。虽经严厉惩戒，但恶习难改。

（7）施虐狂和受虐狂（SM）。施虐狂指通过在异性或配偶身上造成痛楚或屈辱以获得性欲满足的性变态。施虐程度不一，从轻微疼痛至严重的伤害。具体方式有鞭打、捆绑、脚踢、手拧、针刺刀割等。有时与性的暴力犯罪难以区别。只有以施虐为情欲所必需的，才称为施虐狂。施虐狂可导致强奸犯罪，但并不是每个强奸犯都是施虐狂。庞兴华总结了司法实践中施虐狂犯罪的类型，归纳为以下几种：施虐色情毁装；施虐色情伤害；性活动中的施虐；施虐色情杀人。

四、精神病与犯罪

精神病是指在各种生物学、心理学以及社会环境因素影响下，大脑功能失调，导致认知、情感、意志和行为等精神活动出现不同程度障碍的疾病。单纯提“精神病”一词，它有两种不同的含义：一种是广义的，亦称精神疾病、精神障碍，由不同病因（生物学、心理学和社会环境因素）作用于大脑，破坏了大脑在一定范围内相对稳定的功能状态，导致认识、情感、意志行为等精神活动出现异常，异常的严重程度及持续时间均超出了正常精神活动波动的范围，因而或多或少损害了患者的生物及社会功能的一组疾病。包括重性精神病、神经症、精神发育迟滞和人格障碍。另一种是狭义的，仅指重性精神病，如精神分裂症等。

实践中精神病人违法犯罪常见，其特点如下：

1. 精神病人犯罪受其病态心理所支配，作案动机模糊不清或难以理解，对作案也缺乏充分的准备和周密思考。据统计，在352例精神病凶杀案中，93%的案例是在无计划、无安排或无准备的情况下突然发生的。

2. 在精神病人违法犯罪行为中，以凶杀案为多，其中又以精神分裂症患者居多。据辽宁省精神病院1971—1980年完成的2000例精神病人法律鉴定中，凶杀案占30.5%。

3. 犯罪行为多指向自己的亲人。

4. 犯罪手段极其残忍、狠毒，与一般犯罪不同。

5. 实施犯罪的过程明目张胆，对行为的后果缺乏认识，事后不逃遁。

6. 审问时一般不承认有精神病，对犯罪事实供认不讳，坚持“作案有理”；一般表现为神不守舍、反应迟钝，答话颠三倒四，意识不到案件的严重性。

延伸阅读

精神病的司法鉴定

司法精神病学（forensic psychiatry）是临床精神病学的一个分支，涉及与刑事、民事和刑事诉讼、民事诉讼有关的精神疾病问题，其主要任务是对涉及法律问题又患有或被怀疑患有精神疾病的当事人进行司法精神病学鉴定，为司法部门和法庭提供专家证词和审理案件的医学依据。

对因未达法定年龄或因精神障碍、生理缺陷等原因而减、免法律责任，是现代各国司法的通例。因为，患者在精神障碍状态下实施犯罪行为，往往并非主观所为，而是无法自控或丧失意识，并不具备正常人犯罪那样的主观恶性。

我国《刑法》第18条规定：“精神病人在不能辨认或者不能控制自己行为的时候造成危害结果，经法定程序确认的，不负刑事责任。”“尚未完全丧失辨认或者控制自己行为能力的精神病人犯罪的，应当负刑事责任，但是可以从轻或者减轻处罚。”这是我国减免精神病人刑事责任的法律依据。

在精神障碍者刑事责任能力判断标准上，我国刑法采用了兼具医学和法学内容的混合标准：首先，行为人必须是“精神病人”，具备患病的医学基础；其次，还要考察行为人在涉案时对行为的辨认能力和控制能力状况，根据辨认能力、控制能力完整、丧失还是部分丧失等不同状况作出与之对应的完全、无、限制刑事责任能力的评定意见。

理论虽然完备，但实践中精神病的司法鉴定却有种种问题。

首先，精神病诊断本身。与其他临床各科相比，临床精神病学的诊断缺乏可量化的鉴定标准和可读取的生理生化指标。

其次，此类鉴定活动需追溯至犯罪行为发生时行为人的精神状态，相关当事人总有逃避刑罚的动机。这些都加大了鉴定的难度，影响鉴定的准确性。

最典型的案例，是1999年的南通姐妹硫酸毁容案。江苏南通女子王逸，将硫酸泼向母亲、妹妹和外甥，致3人重伤。她先后历经五次精神司法鉴定，却出现了四个不同鉴定结果。起初，江苏两级精神疾病司法鉴定王逸患精神分裂症、无责任能力，而一审法院迫于妹妹一方压力，对前两次鉴定结果均未采信，转而采信了由上海司法部鉴定科学研究所做出的“无精神病，有完全责任能力”的鉴定意见，判处死刑。最高人民法院复核该案时，又邀请专家重新进行鉴定，最后评定王逸“患抑郁症，部分责任能力”，改判死缓。但事情还没结束。王逸入狱不久，就住进监狱系统的精神病院。然而抗抑郁治疗没有效果，院方改用抗精神分裂症药物后，王逸的病情方才缓解。也就是说，没被法庭采信的前两次鉴定结果，才是对的。

王逸的案子并非特例，精神疾病司法鉴定重复鉴定且鉴定结果不一致的现象非常普遍。北京医科大学司法精神病学研究室统计了110例重复鉴定的案例，首次鉴定与北医大精研所鉴定一致的，仅有12例。鉴定结果的分歧客观存在，技术层面又无法妥善解决，每当出现针对鉴定意见的质疑时，进行二次鉴定成了常见做法。

然而从数据上来看，多次司法精神鉴定的效果有可能更加尴尬。据德国学者Seyffert的统计，“海德堡医院的第二次鉴定与第一次鉴定意见相同者只有45.7%，不同意见者却有54.3%之多”。我国司法部司法鉴定中心的数据也大同小异，“重新鉴定意见的一致性：29例（42%）鉴定意见一致；40例（58%）鉴定意见存在差异”。司法鉴定如此不准确，精神病也就难免成为不少嫌犯最后的救命稻草，不管他们是否真的有精神病。

2015年，我国台湾地区就发生了一起盗墓团伙为求减刑，二审时集体辩称患精神疾病来放手一搏的案例。遗憾的是，没有哪种精神障碍能导致患者不能自控的实施盗墓。不过，我国台湾地区盗墓团伙放手一搏的场景，很难在我国大陆出现。因为我国大陆的司法精神鉴定启动权属于司法机关，也就是说，在侦查、起诉、审判阶段，只有与之对应的公安、检察院、法院才有权决定是否进行精神鉴定。而对于犯罪嫌疑人、被害人等当事人，法律只赋予了他们申请鉴定的权利。

法官们不轻易启动精神疾病司法鉴定的原因之一，是强制医疗程序的不健全。长期以来，我国刑法规定，对于不负刑事责任的精神病人应当责令其家属或监护人严加看管，必要时由政府“强制医疗”，然而其具体程序至今仍不完善。因此在实践中，许多家属往往没有尽到看管监护的责任，许多地方也没法收治精神病人，使得法官对启动鉴定的结果及其最终可能酿成的后果颇为担心。除此之外，由于精神医学的特殊性，非常容易出现鉴定起来没完没了的局面。司法机关抱着多一事不如少一事的态度，往往不轻易启动鉴定程序，除非有明显证据。

明显的佐证主要包括两点：第一，被告人具有精神病病史，或者被告人的家属具有精神病的情况；第二，被告人的言行举止怪异，与精神正常的人存在明显差异。

但有时，即使被告人提供了家族精神病史、被告人平时精神不正常的表现等证据，司法机构还可能考虑到案件的社会影响，拒绝启动鉴定。这些案例包括了陕西邱兴华故意杀人案、新疆英国人阿克毛贩卖毒品案、福建南平郑民生凶杀案、湖北熊振林特大杀人案、广西南宁兰新诚杀害覃氏三姐妹案等。这类案件在当时都造成了相当大的社会影响。

2006年的陕西邱兴华特大杀人案，让全社会第一次对中国精神司法鉴定的启动制度产生怀疑。2006年7月14日，邱兴华在汉阴县铁瓦殿道观，用弯刀和斧头砍杀了6名神职人员和4名香客，并将道观住持的眼球、心肺、脚筋炒熟喂狗，随后纵火逃离。逃亡途中，又造成一死一伤。一审判决邱兴华故意杀人罪和抢劫罪数罪并罚，判处死刑。这一起特大杀人案，在当时就引起了国内精神病专家的关注。中国司法精神病鉴定领域的泰斗杨德森教授和无锡市精神卫生中心主任医师、教授刘锡伟断定邱兴华患有精神疾病，希望有关部门能敦促省高院在二审期间对其作“司法精神病”鉴定，否则无法服众，造成冤假错案。多位著名法学家和相关专家联名发表公开信，呼吁对邱兴华作司法精神病鉴定，并对司法精神病鉴定的启动制度提出质疑。质疑者指出，控辩双方应该平等享有聘请专家证人的权利，所以，只能由控方启动和实施司法鉴定违反了程序正义的原则。但当年负责二审的陕西省高级人民法院无视建议，拒绝了辩方提出的精神司法鉴定申请。2006年12月28日上午9时，二审法庭宣布维持原判，决定判处被告人邱兴华死刑，随后，邱兴华即被枪决。

不过，现行制度虽然饱受质疑，但在最大限度防止被告人靠装疯卖傻来逃避刑罚方面，也确有一定合理性。因为，成功诈病的案例也真实存在。1999年，北京男子张某杀人后在看守所听说精神病人可以不承担刑责，便利用自己的知识伪装成精神分裂症患者，成功通过医生的鉴定。后来因受不了精神病院的治疗才说出实情。2013年5月9日，北京男子陈某因家庭琐事持刀砍刺双亲，导致其父死亡、其母重伤。陈某归案后，被鉴定为精神分裂症，无刑事责任能力。但同年11月29日，陈某主动向约束中心工作人员反映，自己之前一直在装病。随后的重新鉴定结果是陈某有人格障碍，具有完全刑事责任能力。

严苛的启动规则，有时似乎违反了人道，而如果不这样，正义又面临挑战。到底怎么做，才能真正兼顾正义与人道?

早在13世纪，英国法官莱克顿在其《英格兰的法律与习惯》中，就认为孩童与疯人不应受罚，一方面受限于天生无知，另一方面需要审视的是其是否有犯罪意志，而非行为本身。

1843年，英国发生了著名的马克诺顿案。马克诺顿患有偏执型精神分裂症，因幻想自己被当时的保守党迫害而决定刺杀保守党党魁兼首相罗伯特皮尔，却误杀了首相的秘书，马克诺顿因此被控犯有谋杀罪。此案催生了判断精神障碍者刑事责任能力的规则——马克诺顿规则，这个规则有两个要素：因精神疾病而缺乏理智；行为时不知行为的性质或对错。同时，精神司法鉴定的“无病推定”原则也由本案产生——一般的精神病诊断采取的是“有病推定”，因为家属一定是发现亲人异常才会将其送医，而司法鉴定中，被鉴定者有诈病的本能，所以应该采用“无病推定”。

马克诺顿规则和无病推定原则，目前仍是英国在这方面的主要规则，美国约有一半的州法院也适用该规则。英美的这些规定，与中国现行法律并无大的冲突。然而，在精神病鉴定的启动制度上，英美法系与大陆法系却存在巨大差异。

大陆法系国家往往实行职权主义司法程序，即由公权力一方（检察官、法官）主导司法流程。在启动司法鉴定方面，也由司法官员说了算。以德国为例，委托精神疾病司法鉴定的权力由法官享有，控辩双方都只有向法院申请精神病鉴定，而没有直接启动鉴定的权利。

不过，大陆法系也并不都靠检察官和法官自由决定。还是以德国为例，法官如果要驳回精神病鉴定申请，必须要说明理由。另外，当事人对于法院驳回鉴定请求可以进行上诉，让上级法院来审查启动鉴定决定的合法性。

至于英美法系，控辩双方都可以聘请专家证人进行精神鉴定，但被告的精神状态是否可以为其罪行抗辩，只能留给判断事实的陪审团决定。

不过归根结底，不管哪种启动模式，因精神障碍而脱罪的人往往并不意味着获得自由。

在英、美、德、日等发达国家，因精神障碍而无罪，以及因精神障碍无受审或诉讼能力者，将长期待在精神病院。美国各州因精神障碍而脱罪者在医院留置的时间，可以比判决有罪应得的最高刑期还长，从而在很大程度上打消了嫌犯装病脱罪的动机。

不过，发达国家的做法在中国并不完全现实。据中国疾病预防控制中心2009年统计，当年中国精神障碍重症患者已超过1600万，但据2018年多部委公布数据，到2017年年底，中国在册严重精神障碍患者人数仅为581万。2015年全国流行病学调查显示，全国有超过1.8亿人患有精神障碍。与之相对的是，全国精神科医生占人口比例和精神科床位密度都远低于世界平均水平。另一项调查则表明，91%的患者从未接受过专业治疗。①

① 《张扣扣为什么没能做精神病鉴定?》，载百科 TA 说：https://baike.baidu.com/tashuo/browse/content?id=a46e4d35158ba403fffb9c8a&lemmaId=4842437&fromLemmaModule=pcBottom，最后访问日期：2019年11月24日。

第四编　犯罪对策论

第十二章

犯罪预防概述

第一节　犯罪预防的概念与特征

犯罪预防是犯罪学研究的出发点和最终归宿，被誉为犯罪科学理论的皇冠，它也是犯罪学研究的一个难点。目前学术界对诸如犯罪预防的概念、犯罪预防的价值、犯罪预防的可能性与局限性等基本问题还存在争议。

一、犯罪预防的概念

（一）学术界关于犯罪预防概念的界定

长期以来，各国犯罪学学者在犯罪预防这一领域进行了大量有益的探索。但由于犯罪预防内涵和外延的模糊性，各国学者对犯罪预防概念的看法不一，一般来说，主要有以下两种理解：

1. 广义的犯罪预防

广义的犯罪预防包括一切防止犯罪、惩治犯罪和预防犯罪活动的总和。它除了含有犯罪发生前的预防措施外，还包括犯罪发生过程中和犯罪发生后的打击与改造措施等。广义犯罪预防的观点由来已久，自犯罪预防思想产生以来，直到20世纪80年代，各国犯罪学学者几乎都从广义的角度界定犯罪预防，把与犯罪作斗争的一切方法和手段均包括在预防之列。这一理论的奠基人是犯罪社会学派的代表人物菲利。他在《犯罪社会学》一书中，详细地阐述了其刑事政策思想，主张将以社会改革为主要内容的各种刑罚替代方法以及预防再犯的个别化措施均纳入犯罪预防体系。这种“预防就是一切”的广义犯罪预防思潮，不但为新社会防卫学派所推崇，而且在不少西方国家的刑事政策中也有所反映。如1989年在里斯本召开的国际犯罪预防大会上，法国司法部代表团在向大会提交的报告中，除各种旨在阻止犯罪行为发生的事前干预手段外，还将再犯预防及对刑事犯罪受害人的赔偿等列入预防之列。

在东欧各国，广义的犯罪预防概念占绝对统治地位。苏联学者茨维尔布利认为："犯罪预防，就是用来消除犯罪原因和条件或者减弱这些原因和条件的作用，从而保证减少并在将来彻底消除犯罪的各种因素的社会体系。"[①] 波兰著名犯罪学家霍维斯特更加明确地指出：所有能够对消除犯罪原因及条件起作用的（即使起中介作用）的措施，都应包括在犯罪预防的概念里面。[②]

我国不论是在理论界或是在实践中都奉行广义的预防观念。理论界大体认为，犯罪预防是指综合多种社会力量，运用各种手段和措施，通过消除或减少诱发犯罪因素的途径，有效地防止、遏制和减少犯罪及重新犯罪的措施体系；在实践中，发动各种力量，运用多种手段，对犯罪进行综合治理，是我国的一项基本刑事政策。

2. 狭义的犯罪预防

狭义的犯罪预防，是指在犯罪发生之前主动采取措施进行防范。虽然广义的犯罪预防的概念在犯罪学界占据统治地位，但这种更为严格限定预防活动的狭义的犯罪预防的概念正逐渐受到重视。1982年，欧洲部长理事会第837号建议案，明确把基于刑罚之确定及执行的惩罚性及威慑性预防排除在预防范畴之外，并将犯罪预防只视为实现刑事政策的一种手段，而与刑事政策的其他手段相区别。1984年，欧洲司法部部长在第14届大会决议中再次强调了前述建议案中所界定的犯罪预防范围的重要价值，认为这是对犯罪进行有效预防的前提条件。

受欧洲部长理事会建议案的推动与影响，许多欧洲学者从不同的角度对犯罪预防的概念展开研究，提出了一系列狭义的犯罪预防概念。其中影响较大的是1986年比利时学者提出的概念："预防，是指国家、地方组织及社会团体，通过消除或限制致罪因素及其对孕育着有利于犯罪机会的物质及社会环境的恰当管理，以达更好地控制犯罪的目的而采用的一种手段。"[③] 在这一概念中，将犯罪中的阻遏措施（特殊预防）和犯罪发生后的惩罚与改造方法（再犯预防）等排除在犯罪预防概念之外。从狭义角度探讨犯罪预防已引起了我国一些学者的关

① ［苏］J. 茨维尔布利等：《犯罪学》，群众出版社1986年版，第103页。

② ［波兰］霍维斯特：《犯罪学的基本问题》，冯树良等译，国际文化出版公司1989年版，第133页。

③ 张远煌：《现代犯罪学的基本问题》，中国检察出版社1998年版，第258页。

注，如有学者认为，“犯罪预防主要是以消除或者减少犯罪的原因和条件为目的的各种措施的总和”①，“犯罪预防是指为消除或减少犯罪产生、存在和发展变化的原因或机会而采取的防止犯罪发生的各种措施和活动”②。

2004年，第十届联合国预防犯罪与罪犯处遇大会通过的《犯罪与司法：21世纪所面临的挑战》决议的附件中，明确规定了联合国官方的预防犯罪概念：“预防犯罪指的是谋求增进治安和安全且不诉诸正规的刑事司法制裁的战略和倡议。”“预防犯罪应该解决一切形式的犯罪、暴力受害和不安全，并考虑到犯罪活动日益国际化情况。”“此概念是属于狭义犯罪预防还是广义犯罪预防，迄今研究的较少，但有学者认为‘联合国把犯罪预防界定在狭义的层面上’”。③ 但是，王顺安教授认为，这一概念从内涵和外延来看，属于折中的层面，实质或理念仍是广义的犯罪预防。④

（二）犯罪预防的概念

由于我国理论与实践均采纳广义的犯罪预防观念，因此，我们对犯罪预防定义如下：犯罪预防，是指国家、社会（群体、组织）和个人所采取的旨在消除犯罪原因，减少犯罪机会，威慑和矫正犯罪人，从而防止和减少犯罪发生的一系列策略与措施的总和。

二、犯罪预防的特征

（一）主体特征

预防犯罪的主体是国家、社会和个人。国家尤其是国家刑事司法机关，是预防犯罪的主要力量，但是由于犯罪是一个社会问题，是各种社会矛盾的综合反映，因而预防犯罪不能只依靠几个国家机关，而应该依靠全社会的力量。所有国家机关政府部门以及社会团体、群众组织、公司企业等都有预防犯罪的职责。公民个人也负有预防犯罪的责任，社会鼓励公民见义勇为，刑事法律也赋予公民个人扭送犯罪分子和正当防卫的权利。

（二）对象特征

犯罪预防的对象是全体社会公民。犯罪预防并不是仅仅针对有犯罪之虞者，而是针对一切人。因为犯罪并非某一类人的特有的行为特征，不存在“天生犯罪人”，人人都可能犯罪，人人都应该成为预防犯罪的对象。既包括已经有违法

---

① 董士昙：《犯罪预防基本理论探讨》，载《山东警察学院学报》2009年第2期。
② 李春雷、靳高风：《犯罪预防的理论与实务》，北京大学出版社2006年版，第3页。
③ 李春雷、靳高风：《犯罪预防的理论与实务》，北京大学出版社2006年版，第2页。
④ 魏平雄等主编：《犯罪学教科书》，中国政法大学出版社2008年版，第263页。

犯罪行为的人，也包括守法者；既包括犯罪人，也包括被害人。

（三）目的特征

犯罪预防的目的是防范、减少犯罪，而不是根治、消灭犯罪。犯罪预防的首要目的是针对犯罪产生的原因，加以防范遏制，以减少犯罪率。犯罪的预防和控制与社会生产和生活条件状况的一致性决定了要想从根本上铲除犯罪尤其是消除一切危害社会的丑恶行为是非常渺茫的。

（四）措施特征

犯罪预防的措施是一系列的对策体系。由于犯罪的原因是复杂多样的，犯罪的预防措施也不是单一的或者某几项措施的简单相加，而是一个多环节、多层次的体系。这一体系具体包括整合意识价值（思想观念预防）、完善社会结构（社会环境预防）、调整社会政策（制度规范预防）、合理惩罚犯罪（惩罚性预防）、教育矫治犯罪人（矫正性预防）、立法预防、司法预防等。[①] 从过程来看，既有犯罪发生前的预防措施，也有犯罪发生过程中、犯罪发生后的控制措施。

（五）本质特征

预防犯罪是一个控制过程，实质上是国家和社会控制人们行为的一种活动。为了防止犯罪行为发生与再发生，国家除了在社会政策与刑事政策中充分考虑控制与防治犯罪的因素外，还专门建立起庞大的国家刑事司法机关——施控系统进行具体操作与控制。预防犯罪是一个控制过程，它不仅表明防治犯罪的对策体系需要在相互联系与相互作用的过程中发挥出整体大于部分的综合预防功能，而且表明对犯罪现象和犯罪行为的防治需要一个艰苦的过程才能实现目的。正因如此，预防犯罪工作尤其是防治犯罪体系的设置与实施，必须符合系统科学的控制论原理。

第二节 犯罪预防的必要性、可能性与局限性

一、犯罪预防的必要性

（一）犯罪预防有利于避免和减少犯罪给社会造成的损失

已然的犯罪给人类社会造成的危害是巨大的。其造成的损失既有物质的，也有人身的。

据联合国有关方面的调查统计表明，国际有组织犯罪仅以非法贩毒所获的暴

① 张小虎：《犯罪预防与犯罪控制的基本理念》，载 http：//deyupro. bjedu. cn/onews. asp？id = 1054，最后访问日期：2019 年 12 月 30 日。

利，每年就高达5000亿美元，等于联合国约2/3会员国国民生产总值之和。在20世纪80年代后5年中，集团犯罪平均每分钟可得的非法收入高达100万美元，各种非法收入每年通过“洗钱”达3000亿美元，相当于联合国1990年和1991年两年预算的150倍。①

据有关资料显示，1980年至2005年，我国就有8232名公安民警为国捐躯，因公负伤141,312人。② 2009年，全国公安民警因公伤亡3302人，其中因公牺牲431人，因公负伤2871人（不含轻微伤）。③ 尽管牺牲负伤原因多样，但是仅因抓捕刑事犯罪人而造成的伤亡就占很大比例。2005年因抓捕犯罪嫌疑人导致伤亡达1959人，其中牺牲27人，负伤1932人，共占伤亡民警总数的43.1%。④犯罪造成的直接经济损失更是惊人，据统计，仅2006年至2010年6月，全国检察机关共立案查办各类渎职侵权犯罪案件3.8万件，共4.9万余人，这些案件共造成直接经济损失545亿余元，导致2.3万余人死亡，3200余人重伤。⑤

如果我们能够做好犯罪预防工作，控制与减少犯罪行为的实际发生，就可以减少许多不必要的损失。此外，也可以减少因犯罪发生后国家刑事司法机关为侦破犯罪，惩罚与改造罪犯所耗费的人力、物力和财力。据报载，加拿大监狱关一个犯人一年要花费6万多加元，美国关一个犯人一年要花2万多美元。在我国至少要花1万元人民币，再加上他们给社会造成的损失，公安、法院、检察院在控制犯罪方面的开销，据估计，在我国一个犯人每年给国家造成的耗费至少在3万元人民币。⑥ 而预防犯罪可大大减少这些损失，预防犯罪的积极意义是不言而喻的。

（二）预防犯罪可以增强社会公众的“社会安全感”，稳定社会秩序

社会安全感是公众对社会安全状况的主观感受和评价，是公众在一定时期内的社会生活中对人身、财产等合法权益受到或可能受到侵害/保护程度的综合心态反应，也表示公众对社会治安状况的认知，对社会发展的信心水平。社会安全

---

① 魏平雄等主编：《犯罪学教科书》（第二版），中国政法大学出版社2008年版，第265页。

② 《公安部通报2005年全国公安民警因公牺牲负伤情况》，载央视国际：http://www.cctv.com/news/china/20060223/101251.shtml，最后访问日期：2019年12月30日。

③ 《去年全国3302名公安民警伤亡》，载燕赵都市网：http://politics.yzdsb.com.cn/system/2010/04/06/010430425.shtml，最后访问日期：2019年12月30日。

④ 《公安部通报2005年全国公安民警因公牺牲负伤情况》，载央视国际：http://www.cctv.com/news/china/20060223/101251.shtml，最后访问日期：2012年12月30日。

⑤ 《近4年全国渎职侵权犯罪案件共造成直接经济损失545亿元》，载http://www.jcrb.com/zhuanti/jczt/czhyfdzqqfzzl/zhkd/201009/t20100916_445171.html，最后访问日期：2019年12月30日。

⑥ 张翠玲：《预防犯罪：织社会安全之网》，载人民网：http://www.people.com.cn/GB/channel1/11/20001024/284190.html，最后访问日期：2019年12月30日。

感的影响因素固然很多，但是犯罪率的高低是其中一个很重要的因素。犯罪除了给人类社会造成重大物质损失外，还会给社会心理造成震荡，一个犯罪频繁的社会，人民缺少安全感，政府的威信也会受到影响。如果我们采取措施预防了犯罪的发生，对已然的犯罪进行及时打击控制，无疑会稳定社会秩序，使社会公众的安全感大大增强。

（三）预防犯罪的重要性和现实性早已为国际社会所公认

犯罪是一个全人类共同面临的严重问题，有远见卓识的政治家、专家学者很早就重视犯罪的预防工作。现代刑法学、犯罪学的开山鼻祖贝卡利亚就说："预防犯罪比惩罚更高明"；日本著名学者藤原藤一认为，"预防犯罪应该是法中之最"，他们已经把预防犯罪的重要性和价值提到了相当高的程度。

"二战"以来，犯罪浪潮一浪高过一浪，社会危害性越演越烈，世界各国都十分重视犯罪的预防问题。早在1946年联合国成立之初，其社会问题委员会便对预防犯罪问题极为关注，强调联合国应在国际范围内协调预防犯罪活动。1948年联合国经济及社会理事会通过第155（Ⅷ）号决议，建议联合国对国际预防犯罪问题承担领导责任。1950年12月1日联合国大会进一步通过第415（Ⅴ）号决议，以便审议各时期犯罪方面的趋势和变化，研究防止犯罪的措施，交流各国预防犯罪的有效政策和经验，促进预防犯罪和刑事司法方面的国际合作。为此，联合国专门设立了预防和控制犯罪委员会及预防犯罪和刑事司法处，具体负责预防犯罪的经常性工作。

联合国还制定了许多公约，强调对犯罪的预防工作。《联合国少年司法最低限度标准规则》（北京规则）特别关注预防犯罪要从少年健康成长抓起，规定"尽力创造条件确保少年能在社会上过有意义的生活，并在其一生中最易沾染不良行为的时期使其成长和受教育的过程尽可能不受犯罪和不法行为的影响"。联合国专门制定的《联合国预防少年犯罪准则》（利雅得准则）指出："青少年通过从事合法的、有益社会的活动，对社会采取理性态度和生活观，就可以形成非犯罪型的态度。"

总体来说，犯罪在本质上是一种恶行，或者说对现存社会是一种恶行，为此，现存社会基于共同的道德情感，出于维护社会共同体不致被毁灭以及社会统治秩序免遭瓦解的需要，必然要对犯罪予以防范和排除。

二、犯罪预防的可能性①

犯罪能不能预防？长期以来，在犯罪学家中并没有取得基本一致的看法。以

① 董士昙：《犯罪预防基本理论探讨》，载《山东警察学院学报》2009年第2期。

龙勃罗梭为代表的西方犯罪生物学派，把犯罪原因看作个体的生理、心理的产物。既然犯罪源于人的生物本能和遗传因素，自然会得出社会的事前干预对犯罪行为的影响微乎其微、犯罪不可预防的结论。以法国社会学家迪尔凯姆为代表的社会学者，将犯罪看作一种正常的甚至是有益的社会现象。社会反应理论认为，罪与非罪之间并没有明显的界限，它们二者之间不存在明显的二分法，犯罪是刑事立法和司法活动的产物。因此，对犯罪根本没有预防的必要，甚至彻底否定“制造”犯罪的刑事立法和司法系统。一些传统的刑法学者更加相信刑罚的效力，认为对犯罪的有效控制，重点不在于预防，而在于强化对犯罪人的制裁，他们往往把犯罪的增多看作刑罚的软弱无力。从社会实践来看，自工业革命以来，犯罪像打开的“潘多拉魔盒”，突然间释放出巨大的能量，犯罪率成倍增长。尽管世界各国政府都投入了大量的人力、财力进行研究和预防，但实际收效甚微，并没有有效地解决当代世界犯罪泛滥的问题，其现实状况难免让人对犯罪预防的有效性产生怀疑。

但是，人们并没有因此失去治理犯罪的信心，大多数犯罪学家仍然坚信，犯罪是可以预防的。其依据是：

（一）人的本质属性为犯罪预防奠定了生物学基础

从根本上讲，人与动物的本质区别在于，人是社会性的动物，社会性是人的本质属性。人的行为，特别是一些复杂的高级行为是后天习得的。而动物的行为是与生俱来、先天遗传的，因而其行为方式几乎是不能改变的。动物的先天遗传基因已经将动物的行为程序预先设计好了，动物的先天行为是严格按照遗传密码进行的。人类来自动物界的事实本身，虽然决定了人还不能完全摆脱动物的一些本能属性，但人的本质属性是社会性而不是生物性，是社会性与生物性的有机统一。人类真正社会意义上的行为，不但超越了人的本能，而且甚至是反本能的。人类个体的行为包括犯罪行为不是由其生物学因素决定的，而是由社会环境因素决定的，是社会环境因素与社会个体在社会化过程中相互作用的结果。人性的可变性这一事实，决定了人类自身的个性特征和行为方式是随着环境的变化而变化的，人类的犯罪行为是可以通过社会干预加以预防的。

（二）人的社会行为随着社会环境变化的特征为犯罪预防创造了条件

人是在与他所处的社会环境中一起成长起来的，人的个性心理、情感特征、道德操守、宗教信仰的形成，在很大程度上受制于其所处的社会环境。“近朱者赤，近墨者黑”说的就是这个道理。古代孟母三迁，择邻而居；国家和政府大力发展文化教育事业，净化文化市场，都是为了给青少年成长提供一个良好、健康的文化环境。1949 年以来，我国的犯罪变化的规律也充分说明，什么时候政治稳定、经济发展、文化教育事业兴旺发达、法制得到很好的贯彻与执行，社会治安形势就好，犯罪率就低；反之，社会治安就发生混乱，犯罪率就升高。可以说，犯罪是社会变动的“晴雨表”，它随着社会环境的变化而变化。社会环境的可变性决定了“适者生存”的人类行为方式的可变性。从各国犯罪预防活动的实践看，加强情景预防，不断改善人类生存的社会环境，主动干预犯罪活动，加强警察和群防组织的巡逻，堵塞漏洞，挤压犯罪活动的空间，加强被害人自身的防范，就可以大大减少犯罪的机会，使犯罪得到有力的控制，保持社会治安的相对稳定。

（三）现代科学技术的发展为犯罪预防创造了强有力的手段

科学技术作为第一生产力，极大地推动了社会经济的发展和促进了人们生活水平的提高，这为从根本上减少和控制犯罪创造了条件。社会经济的发展不仅为提高人的科学文化素质奠定了物质基础，而且也为社会预防犯罪提供了先进的物质、技术手段。特别是以电子计算机为代表的现代科学技术，更是极大地促进了犯罪预防由可能性向现实性的转化。现代社会要想有效地预防和控制犯罪，就必须占有大量翔实的信息资料并掌握先进的犯罪预测工具。现代通信技术和电子计算机设备为收集犯罪信息，分析、贮存信息，建立犯罪信息库创造了现实条件，使科学的犯罪预测由可能变成了现实，从而能够准确有效地预防犯罪。同时，闭路、电子监控设备的发展也为技术预防创造了有利条件，增强了社会的控制和防范能力。此外，现代生物科学技术（如 DNA 技术）的发展为揭露犯罪提供了更为科学的依据，进一步提高了刑罚的威慑力，制约了一些具有侥幸心理的潜在犯罪者规避惩罚的企图，有效地发挥了犯罪的一般预防和特殊预防的功能。

（四）国际范围内的通力合作为犯罪预防提供了广阔的空间

现代犯罪的一个显著特征是犯罪日趋国际化，这种态势随着全球化进程的加快而日益明显，但这同时也促成了犯罪预防与控制的国际合作。联合国多次呼吁并具体组织落实国际范围内的打击、预防犯罪的国际合作事宜，先后成立了一系列国际刑事司法机构和地区性犯罪预防机构，如国际海牙法庭、国际刑警组织等。其中，国际刑事警察组织于 1914 年 4 月在摩纳哥召开的第一次国际刑事警察会议上正式成立。我国于 1984 年 9 月被接纳为国际刑事警察组织的正式成员国。该组织的宗旨是：追捕罪犯，挫败犯罪阴谋，交流经验技术，分析国际刑事犯罪活动的主要趋势，保证和促进各国刑事警察当局尽可能的广泛合作，建立和发展有助于预防和镇压普通犯罪的各种制度。近年来，为了打击国际恐怖主义，我国与美国等世界其他国家加强了双边、多边国际合作，并取得了显著的成效。2002 年 6 月 16 日，中、俄、哈、吉、塔、乌六国在上海举行的峰会上签署了《打击恐怖主义、分裂主义和极端主义上海公约》。该公约不仅对恐怖主义作出了明确的界定，而且还建立了切实可行的部门合作机制，成为地区间国际反恐合作的典范。可以看出，国际社会的有效合作、相互交流，为打击和预防犯罪提供了有利的条件。

三、犯罪预防的局限性

犯罪学的理论和实践虽然有效地揭示了犯罪预防的可能性与现实性，但是我们也不能因此忽视犯罪预防的长期性和艰巨性，如果对犯罪预防活动的作用程度和范围作过于乐观的估计，可能会陷入“预防万能论”的认识误区。实际上，犯罪预防作为控制犯罪的一种手段，其作用和范围要受多种因素的制约，人们在预防犯罪的过程中将不可避免地存在种种困惑与局限性。这种局限性主要表现为：①

（一）社会的复杂性与犯罪存在的长期性

从犯罪产生的根源上讲，犯罪根源于一定社会的生产方式，而生产方式的矛盾是社会现象中最深层次的矛盾，它不仅仅是犯罪和各种消极因素的根源，同时也是各种积极社会现象的根源。要解决这个矛盾，主要靠发展社会生产力。随着社会生产力的发展，人类精神文明的极大提高，社会一切问题包括犯罪问题都将大大减少并最终得到有效的控制。但是，发展生产力，不断解决生产方式的自身矛盾，实际上构成了人类社会生活的全部内容，是人类社会生活中的一个极大的难题。犯罪的预防和控制与社会生产和生活条件状况的一致性决定了要想从根本上铲除犯罪尤其是消除一切危害社会的丑恶行为是非常渺茫的。但是，人们在犯罪面前并不是无能为力的，只要大力发展社会生产力，建立健全社会各种制度，完善各种社会关系，尊重自然规律，对犯罪问题加强研究，科学地揭示犯罪的原因及其规律，就能够有效地控制犯罪，犯罪预防的目标是能够实现的。但这无疑是一个非常漫长的过程，我们绝不能幻想短期内就能实现。我们必须加强研究和探索，为有效地预防和控制犯罪创造条件。

（二）犯罪现象的复杂性及其规律的难以把握性

首先，犯罪现象是一种十分复杂的社会现象，其形成的原因，不仅与社会的政治、经济、文化、教育、法律、道德、伦理、宗教、民族等社会现象和因素有密切的联系，而且还与自然环境因素和个体的心理、生理因素存在各种不同的联系。揭示犯罪现象与这些因素的关系，把握犯罪现象存在、发展和变化的规律性，不是轻而易举的，而是一个长期、艰难的认识过程。其次，把握犯罪规律方面的局限性难以保证所拟订的所有预防措施都是完全符合实际的，而其中的这些偏离在一定程度上降低了预防的效果。最后，由于社会条件的局限性，即使所提

① 董士昙：《犯罪预防基本理论探讨》，载《山东警察学院学报》2009 年第 2 期。

出的措施是贴切的，也可能因其付出的代价过高而无法广泛实施，从而影响到预防效果的充分发挥。所有这些都制约了对犯罪现象的规律性认识，而缺乏对犯罪规律的科学性认识，要制定出切实可行的犯罪预防措施是不现实的。

（三）犯罪预防方法与手段本身存在的不足

犯罪预防是一种事前阻遏犯罪的方法，这就决定了犯罪预防必须建立在科学的基础之上。可是，由于犯罪的特殊性、复杂性及其黑数的存在等原因，一方面，使研究人员通过各种调查手段收集到的犯罪资料的真实性、可靠性因此受到削弱；另一方面，尽管一些科学的研究方法，特别是一些自然科学的方法逐渐被应用于犯罪学研究，但由于犯罪学的研究对象不像自然科学研究的对象那样全是一些盲目的不自觉的力量在起作用，它所研究的对象全是有意识、有目的并按照一定的思维方式活动的人或犯罪人，因此，对犯罪的预测和预防还难以达到像自然科学研究那样准确的程度。同时，由于具体犯罪行为的多样性和可变性，犯罪预防研究所制定的方法不可能对所有的犯罪形式都有同等的效果，有些犯罪必须有严厉的制裁措施做后盾和保障，如恐怖犯罪、黑社会犯罪等；有些犯罪就需要通过早期教育以达到预防的目的，亦有一些犯罪，需要增加巡逻的密度和扩大巡逻的范围，以防止犯罪活动在时间和空间上发生转移，增加情景预防的效果；还有一些待犯罪化或非犯罪化的犯罪，更加难以用一种十分准确的科学方法进行预知。这不是人类的无能，而是人类的主观认识受制于客观世界的认识局限性造成的。当一种犯罪行为还没有充分暴露出其社会危害性时，或一种犯罪行为还没有充分表现出已失去社会危害性的特质时，人们就难以制定出超前的措施对它进行预防。

（四）人类追求的价值目标之间所固有的矛盾与冲突

人类社会每前进一步，常常要以付出一定的代价为条件。因为人类在追求某些价值目标时，常常在价值体系内部和实践活动方面表现出某种冲突的情形，从而影响到所追求的价值目标的实现。这种矛盾状态对社会的困扰常常令人类徒叹奈何。例如，国家发展商品经济无疑会刺激人们的金钱欲望，从而成为一些犯罪的诱发因素；同时由于商品经济的发展，必然伴随着人、财、物的大流动，给控制犯罪带来很大的困难。但商品经济又是社会发展不可逾越的阶段，从自然经济状态发展到商品经济状态，是人类社会的极大进步，只有在商品经济高度发展的基础上，才能有效地缓解社会的基本矛盾，从而使社会逐步走上民主、自由、富足的生活道路，实现人类的伟大理想。又如，家庭作为社会的基本细胞，它的解体是青少年犯罪的一个重要诱因，因此，致力于家庭的和谐与稳定是预防青少年犯罪的一项根本性措施。但是结婚与离婚自由又是公民的一项正当权利，国家不能因为家庭解体影响到青少年犯罪而剥夺人们自由离婚的权利。因此，当社会中某些价值观念和社会实践活动与犯罪预防发生冲突时，就需要我们从宏观全局上通盘考虑，不惜以犯罪预防措施让位于其他社会性措施，这可能就是社会发展不得不付出的代价。

第三节　犯罪预防的基本原理与原则

一、犯罪预防的基本原理①

（一）犯罪预防与人类社会发展相同步原理

犯罪原因研究表明，犯罪现象是人类社会的一个赘生物，其产生和存在的全部原因和根据就在于人类和社会自身内部。因此，从本质上说，犯罪预防的理论应当是一套关于社会规划和人性塑造的理论，而预防犯罪的实践则应当是一个规划、建设社会和塑造、完善人性的实践。根据上述原理，在实践中应注意以下两点：

1. 预防犯罪应首先着眼于人与社会的自我完善，而不应过分或单纯地依赖于强硬的社会控制。

2. 预防犯罪的规划应成为社会建设与发展规划的有机组成部分。

（二）社会控制适度原理

社会控制就是社会组织运用社会力量对人们的行动进行制约和限制，使之与既定的社会规范保持一致的社会过程。社会控制是建立在既定的社会规范之上的，并主要表现为外在力量的施加，但它并不排除个人内在约束力的发挥。

社会控制有广义和狭义之分。广义的社会控制，泛指对一切社会行为的控制；狭义的社会控制，特指对偏离行为或越轨行为的控制。预防犯罪的过程实质就是一种社会控制活动。社会控制作为防范社会冲突和维护社会秩序的手段，本身存在一个“度”的问题。过分严格的控制虽然可以彻底堵塞冲突发生的缺口，但是势必在一定程度上造成社会紧张气氛，遏制社会的活力。过分宽松的社会控制则不适当地放纵人的行为，导致社会成员对社会规范熟视无睹，影响社会稳定和秩序，最终会牺牲社会成员的自由。因此，社会控制应当适度。

坚持这一原理，应注意处理好以下几对关系：

1. 社会控制与社会自由的关系。“适度的社会控制就是能最大限度地允许社

---

① 许章润主编：《犯罪学》（第二版），法律出版社2004年版，第292～296页。

会成员自由的社会控制形式”。①

2. 社会控制与人的需要满足之间的关系。社会控制意味着不使人随心所欲，为所欲为。

3. 外在控制与自我控制之间的关系。法律和制度作为外在硬性的社会控制机制，是任何一个社会都需要的控制手段，但却不是唯一的控制手段。社会成员总体的道德水平决定了内在控制的力量。理想的犯罪预防和控制，应该是二者的平衡，既注重外在的社会化，也注重内在的自我修养。

（三）结构整合与价值整合并举原理

西方学者把社会整合分为文化整合、规范整合、意见整合以及功能整合四个方面。我国将社会整合分为结构整合与价值整合两个方面。社会结构整合是指通过各种方式，将社会结构不同的构成要素、互动关系及其功能结合为一个有机整体，从而提高社会和谐运行程度的过程。价值整合是指确立、重整统一的社会价值准则和社会规范，并使社会成员共同信守。我国改革开放40多年来，社会结构出现分化解体，价值冲突频繁加剧，因而犯罪现象大量增加。从预防犯罪的角度来看，实行社会结构整合与价值整合并举是非常必要的。

（四）成本—效益原理

从经济学的角度看，犯罪也是一个“产业”，有“投入”，有“产出”。犯罪预防同样如此。从长远来看，通过社会政策的调整来解决社会问题，消除犯罪原因，较之对犯罪的刑罚遏制和对犯罪人的改造，其成本更低而且效益更佳；通过增加教育投入，发展教育事业，提高全民族的整体素质，来减少犯罪的发生；较之通过税收政策、社会福利政策等调节社会分配，来减少犯罪的发生，其成本更低而且效益更佳。

二、犯罪预防的基本原则

所谓犯罪预防的基本原则，是指在犯罪预防过程中必须始终遵循和坚持的基本准则和基本要求。犯罪预防结论的理性程度，不仅取决于犯罪预防具体研究方法和所运用的知识领域是否科学，而且取决于研究总体运用法则的方法论取向。犯罪预防研究的基本原则支配着犯罪预防发展的正确方向。犯罪预防应坚持以下基本原则：②

（一）专门机关与全民参与相结合原则

专门机关与全民参与相结合原则，是指在犯罪预防工作中不仅要依靠公安、

① 郑杭生主编：《社会学概论新修》，中国人民大学出版社2003年版，第411页。

② 董士昙：《犯罪预防基本理论探讨》，载《山东警察学院学报》2009年第2期。

检察、法院、监狱等部门，而且要调动社会各界和广大人民群众的力量，让全社会都参与到犯罪预防这项宏大工程中去。

公、检、法、司等部门，是预防和控制犯罪的专门机关，担负着维护社会生活秩序和广大人民群众生命财产安全的崇高使命，是犯罪防治的核心力量，它们在犯罪预防中的地位和作用，是其他任何组织和个人都无法替代的。但是，犯罪作为一种极其复杂的社会现象，它涉及社会生活的方方面面，因此必须“全党动员，全社会参与”，才能形成犯罪预防的合力，构筑起犯罪预防的网络体系，有效地挤压犯罪的空间，使犯罪分子无藏身之地。

（二）“标本兼预”原则

治标预防是针对现实的犯罪问题，在研究并掌握其规律、特点的基础上，通过控制和消除犯罪实施的条件、机会和情景因素等预防犯罪发生的一种措施。而治本预防则是针对犯罪现象和犯罪行为产生的基本原因而采取的事先预防措施。

治标预防与治本预防是有效预防犯罪的两个方面：一方面是解决现实的犯罪问题；另一方面是解决根本的犯罪问题。前者是“预表”，后者则是“预本”。因此，片面强调、忽视某一方面，或者人为地把二者割裂开来的观点，都是十分错误的。单纯地强调治标预防，只在减少犯罪条件、堵塞犯罪漏洞上下功夫，如加固门窗、加强夜间巡逻等，尽管可以减少作案机会，在短期内降低犯罪率，但却难以从根本上阻止犯罪心理的形成，难以解决犯罪的实质性问题。当然，片面强调治本预防，认为只有搞好根本性的预防措施才能收到良好预防效果的想法，也是十分幼稚和片面的。因为治本预防具有长期性，短期内难以收到明显的效果。如果不采取一切必要的治标预防措施，不仅无法承载治安形势恶化之时的强大压力，而且有可能还会刺激一些犯罪动机不强的人去尝试犯罪，导致偶发性犯罪的增多。要知道，如果犯罪机会太多，就会刺激一些本来可以不犯罪的人或处于犯罪边缘的人实施犯罪。

因此，必须辩证地看待治标预防与治本预防的关系，片面地强调任何一个方面都是错误的。只有将二者有机结合起来，才能保证犯罪预防的效果。

（三）早期预防原则

早期预防是指犯罪预防工作宜早不宜晚，宜先不宜后，争取将工作和措施做到前面，做到防患于未然，达到事半功倍的预防效果。实践表明，早期预防优于晚期预防，一般预防优于特殊预防。为此，每位父母和老师都必须充分认识家庭和学校早期教育的重要性，将少年儿童的早期智力开发教育与良好生活习惯、个性品质的养成教育有机地结合起来，尤其应注意少年儿童和青春期的社会化教育，为个体今后的进一步发展打下一个良好的基础。一个人如果具备了较好的内在素质基础，就能够在今后的生活道路上面对一切困难险阻，经得住金钱、权力和美色的种种诱惑，充分享受人生。否则，一个人如果从小就沾染上种种不良恶习，具有人格缺陷，那么在今后的生活道路上就会面临更多的风险，稍有不慎就可能陷入犯罪的深渊。因此，要有效防止犯罪结果的发生，取得最佳的犯罪预防效果，就必须从娃娃抓起，实施早期预防。

（四）系统性原则

系统性原则是指犯罪预防措施应该遵循和符合系统原理，建立科学、高效的犯罪预防系统工程。犯罪原因的多样性和复杂性决定了犯罪预防措施必须建立一个与之相匹配的系统工程。而系统工程的建立，必须坚持和遵循系统的原则。首先，预防措施必须具有整体性，充分发挥犯罪预防的整体性功能，考虑到涉及犯罪问题的一切领域和因素，并尽可能地把一切措施有机结合起来，充分发挥各措施之间的整体、综合效用。其次，应重视其系统内部各项预防对策、措施、手段之间的层次、结构关系，做好系统内部协调性工作，保持其系统内部各要素之间及系统与外部环境之间信息交换和彼此联系。为此要呼吁并促使国家和政府建立起一个有效的组织机构，真正在实践中将犯罪预防系统中的各部门各要素有机协调起来，并保证彼此之间的信息联系，从而使犯罪预防体系不再是一种纯理论建构，而真正以理论指导实践，发挥理论应有的指导功能。我国建立具有组织协调功能的犯罪预防机构不仅是21世纪犯罪发展趋势使然，而且也是社会稳定与发展的迫切要求，其成立的条件也已成熟。

（五）法治原则

法治原则是指犯罪预防必须建立在完备的法律制度的基础之上，使预防工作法治化。中华人民共和国成立以来，我国的犯罪预防工作尽管取得了较大的成绩，但预防工作的法治化程度还很不够。改革开放前三十年，犯罪预防工作主要靠抓阶级斗争；改革开放之后情况虽然有所改变，但主要还是依靠“人治”。这种“人治”的办法固然有其合理的一面，但它必须要有法律作为依据，受到法律的制约。因为犯罪预防最终要落实到对行为人的控制与防范上，将涉及对行为人的人身自由和其他权利的约束。对此必须通过法律进行调整，以确保犯罪预防措施及其活动符合法律规范，防止非法限制和剥夺公民的人身自由和合法权利。要做到这些，一是要加强立法，制定较为完备的犯罪预防专项法规，全面规范和调整犯罪预防过程中出现的各种社会关系；二是要加强犯罪预防的法制监督，使犯罪预防工作真正做到有法可依、有法必依、执法必严、违法必究，从而使犯罪预防走上良性循环的轨道；三是必须加强犯罪预防队伍的组织建设，建立健全一支高素质的犯罪预防队伍，这是提高犯罪预防的组织保证；四是大力开展法制教育和犯罪预防教育，运用多种形式，促使广大人民群众知法、守法，自觉地维护法制秩序，敢于同各种违法犯罪作斗争，不断增强自身的防范能力，最大限度地减少被害的机会，以此形成良好的犯罪预防环境。

第四节　犯罪预防的模式和体系

一、犯罪预防的模式

犯罪预防模式，是犯罪预防标准化、制度化的基本实践形式。从结构上看，它表现为特定的犯罪预防主体、策略和措施的综合配置和具体动作。每一国家都将依据其特定的犯罪状况、社会经济状况以及文化传统来采用适当的犯罪预防模式。

（一）犯罪预防模式的分类

在犯罪预防过程中，由于各国国情不同、社会制度不同、历史文化传统不同，因而采用的模式也是各不相同。我国学者冯树梁教授把犯罪预防模式分为以下几种：综治模式、防控模式、防治模式、混合模式、过渡模式。并且每一种模式都不是单一的，而是互相有所交叉。如综治模式中有防控模式的诸多因素，而防控模式中也有综治的成分。

综治模式以我国的社会治安综合治理为代表。该模式强调治理力量、治理手段、工作环节均要“综合”，如我国社会治安综合治理的内容包括六个方面：打击、防范、教育、管理、建设、改造。

防控模式即既预防又控制，本质是“寓防于控”，典型代表是英国的情境预防。这一模式的核心理念恰如美国纽曼教授所说：“既然我们不能抑制人们的犯罪动机，我们何不从犯罪的目标与条件上去限制犯罪？因为，众所周知，没有作案的目标与条件，犯罪是不可能发生的。”①

防治模式强调“寓防于治”，典型代表是新加坡。新加坡是从治国、治世、治理社会入手，以法律防治和社会防治并重而达到治安目的。新加坡在治理社会过程中从一开始就把治理环境、保持社会稳定放在了与经济发展并重的地位，既重视道德的感化作用，也发挥社会政策的社会稳定器作用；既重视法律的威慑作用，也强调警民关系的改善和基层社会的建设。

混合模式以日本为代表，既区别于中国的综合治理模式，也区别于欧美的防控模式和新加坡的防治模式，而是兼收并蓄。在理论上，日本理论界提出了预防

① 冯树梁：《中外预防犯罪比较研究》，中国人民公安大学出版社 2003 年版，第 51 页。

犯罪的共同体体制理论，主张以系统论或者综合治理的观点来预防犯罪；在措施上，强调对暴力犯罪进行综合整治，在预防犯罪力量上，强调促进全社会的预防犯罪意识和推动全社会特别是社区对犯罪预防的参与。

过渡模式特指俄罗斯，自苏联解体后，俄罗斯的社会制度由社会主义变为资本主义，经济体制由计划经济向市场经济过渡，社会生活的各个方面都发生了重大变化，预防犯罪的战略思想也不够明确。①

英国犯罪学家唐瑞和法林顿提出了另外一种分类。他们认为，犯罪预防模式主要有四种：法律制裁、发展式预防、社区预防和情境预防。由于他们的社会学偏向，特别强调后三种模式。

发展式预防，是指旨在通过对潜在犯罪人的行为发展进程进行有计划的干预从而达到阻止犯罪的目的，尤其是对在人类发展研究中发现的危险对象以及对其进行的保护性干预；社区预防，是指通过对社会环境进行有计划的干预，改变那些共同居住环境中对犯罪意念存在影响的因素；情境预防，是指通过有计划的干预措施以阻止犯罪行为的发生，尤其是通过减少犯罪机会和增加犯罪风险来达到预防犯罪的目的。②

（二）外国犯罪预防模式

西方进入资本主义阶段后，由于犯罪的骤增，迫切需要加强防范，于是各种犯罪预防的观点应运而生，如法律预防、心理学预防、生物学预防、社会预防、情景预防、技术预防、综合预防等。

“二战”后，单一犯罪预防对策理论逐步向预防体系化方向发展，“多数西方国家的犯罪预防体系都是由警察、法院和矫正机构组成的。警察对犯罪进行预防和侦查，法院对犯罪进行审判，矫正机构对犯人进行矫正，防止他们重新犯罪”③。

在美国，犯罪预防模式由两部分构成：常规预防和非常规预防。前者又称犯罪控制，是指国家司法机构履行各自的专业职能活动；后者是民间的犯罪预防活动。常规预防体系包括警察、法院和矫正机构。常规犯罪预防分为3个层次：（1）发现各种孕育、滋生犯罪的环境和机会，加以改善和控制，这是一般性预防。其主要措施是：“环境设计、邻里照看、一般威慑、私人保安以及就犯罪和预防犯罪进行的教育。”（2）鉴别潜在的罪犯和犯罪高发区域并进行早期干预。

---

① 冯树梁：《中外预防犯罪比较研究》，中国人民公安大学出版社2003年版，第35～93页。

② ［英］戈登·休斯：《解读犯罪预防——社会控制、风险与后现代》，刘晓梅、刘志松译，中国人民公安大学出版社2009年版，第13页。

③ 张智辉等编著：《比较犯罪学》，中国人民公安大学出版社1992年版，第388页。

其主要措施是：鉴别和预防潜在的罪犯；发现高发区，进行社区预防，在实践中采用自卫策略，创造安全自然环境的“防御空间”；对轻微违法人员实行转处；通过家庭和学校解决潜在犯罪者的问题。（3）防止再犯。其主要措施是：逮捕、起诉、监禁、治疗和矫正。运用刑罚的方式剥夺罪犯再犯的能力，通过矫正和治疗措施防止再犯，充分发挥刑罚的威慑作用。上述三个层次的预防与民间预防活动相互配合，形成了一个完整的犯罪预防体系，在犯罪预防中发挥了良好的效果。

英国犯罪预防的模式是：在兼顾司法预防和社会预防的同时，将犯罪预防的重点转向情景预防，对犯罪实行由多机构参与的、有深厚群众基础的综合治理。英国犯罪预防模式是其理论研究和长期实践筛选的结果。从1945年开始，英国政府对刑事司法机构的投资不断增加，但与此同时记录在案的犯罪数平均每年也增长了5%～7%，司法预防的大量投资并未取得理想的效果。从20世纪60年代起，一些学者转而对社区预防和社会预防寄予厚望，但实施的结果同样令人失望。在社区预防和社会预防充分展开之时，犯罪持续增长的势头并没有得到遏制。20世纪80年代，人们通过大量的研究分析认为：英国犯罪增长的主要原因是工业社会犯罪机会增多，那么，遏制犯罪增长的主要措施也应侧重于减少犯罪机会。这种理论为英国犯罪预防模式的形成奠定了科学的基础。因而，英国内政部采纳了这种观点，从20世纪80年代中期开始，将情景预防摆在了突出的位置。之后，宣传发动工作日益深入，到1993年已达到了预期的效果。从英国内政部1998年公布的统计数字看，1993年至1997年，英国犯罪数量连续5年下降。这是英国犯罪预防政策日臻成熟的标志，同时也是其选择了卓有成效的犯罪预防模式的结果。

2000年，联合国在《犯罪与司法：21世纪所面临的挑战》决议中提出了三级预防的模式：（1）一级预防，一般针对使个人预先有犯罪和/或受害倾向的社会因素和心理问题。其实质是社会预防，目的是减少犯罪动机，强调重视儿童发展、社区发展和社会发展。（2）二级预防，包括针对有成为罪犯和/或受害者的危险的措施。其实质是情境预防，目的是减少犯罪机会，这是20年来最具实效的犯罪预防方法。（3）三级预防，涉及通过重新参与社会生活和/或处理以及支持受害者的服务，防止罪犯成为惯犯。

二、我国犯罪预防的体系

犯罪预防体系与模式相比，更强调具体的对策及措施。我国学者认为，预防犯罪模式是社会治安综合治理。而对犯罪预防体系则有不同的理解，主要有以下几种观点：

1. 两道防线说。认为犯罪预防体系包括宏观预防和微观预防。

2. 三道防线又有四种提法：（1）家庭预防、学校预防和社会预防相结合；（2）犯罪前预防、犯罪过程中预防和犯罪后预防相结合；（3）道德预防、行政预防和刑罚预防相结合；（4）社会公约或村规民约、调解或治保组织与工读学校，治安管理处罚法、公安机关与劳动教养，刑事法律、司法机关与劳动改造相结合。

3. 四道防线的犯罪预防体系：社会预防、心理预防、治安预防和刑罚预防相结合。①

目前四道防线的预防体系占据主导地位，其依据是：犯罪预防体系应针对犯罪原因来设计。现代犯罪学研究表明，犯罪原因不外是客观社会原因和主观心理原因综合作用的结果，犯罪作为一种人的行为则是行为人犯罪心理外化的结果。因而要想预防犯罪，就必须针对犯罪现象产生的社会原因和犯罪行为发生的心理原因，相应地采取社会预防措施和心理预防措施。对于那些越过这两道防线的人，再实行治安预防和刑罚预防。②

但是这种四道防线的体系只是从犯罪人预防的角度提出的。被害人学的产生和发展，使我们的视角由一元转向二元：犯罪的发生、罪犯的形成，不仅有犯罪人一方的原因和条件，也有被害人一方的原因与条件。因此犯罪预防也应该有以犯罪人为中心的模式和以被害人为中心的模式。这样犯罪预防的体系应当包括以下五个部分：

1. 社会预防，是指以防止和减少犯罪为目标而进行的发展经济、制度变革、文化建设以及社会组织管理的活动与过程。

2. 心理预防，是指为了使个体在一定情境下的行为符合社会规范，旨在增强人的社会适应能力和自我控制能力的社会培养及自我修养过程。目的是培养健全人格，并对生理和心理具有严重缺陷的人采取矫治性治疗措施。

3. 治安预防，是指公安机关针对具有一般违法行为的人所采取的监督、控制和防范措施。治安预防只是一种外部控制活动，虽然在一定程度上能消除违法犯罪人的犯罪意念，起到一般预防作用，但其本质决定了它不能消除犯罪产生的原因，因而不能从根本上预防犯罪。

4. 刑罚预防，是指国家通过刑法的设立和适用来遏制犯罪的预防活动，其主体是国家专门机关，工具是刑罚，对象包括所有公民。刑罚预防通过一般预防和特殊预防功能来实现其预防犯罪的目的。

---

① 周密主编：《犯罪学教程》，中央广播电视大学出版社 1990 年版，第 235 页。

② 魏平雄等主编：《犯罪学教科书》（第二版），中国政法大学出版社 2008 年版，第 279 页。

5. 被害预防，是指从被害人、被害情境的角度所采取的预防犯罪发生的措施体系的总称。其目的在于提高社会公众的预防被害意识和能力，避免成为犯罪被害人，从而避免犯罪的发生。

延伸阅读

美国预防犯罪的基本理念与做法

为什么要预防犯罪？美国政府首先想到的似乎更加具体实在：预防犯罪可以让美国政府减少社会支出和让美国社会获得巨大的经济财富。根据美国国家犯罪预防协会首席执行官艾尔冯索－伦哈特最近提供的资料，自 20 世纪 90 年代以来，美国犯罪活动造成美国经济损失年均达到4280 亿美元，其范围包括财产损毁、伤病员医疗费用、社会公众心理创伤损失、保险费用、公共资源浪费、跟踪抓捕和依法处理罪犯所耗费的巨额社会资源、形形色色的风险成本等，但是还没有包括伪劣虚假商贸、侵害知识产权、信息技术犯罪等。总而言之，犯罪造成的国家和人民直接和间接损失是难以估量的，导致纳税人的钱被无止境地浪费，从而在一定程度上破坏国家实力。美国政府认为，只要成功预防犯罪，美国等于每年凭空增加几百亿美元乃至几千亿美元的财富。当然不止在经济实惠方面，预防犯罪和降低犯罪案件发生率的其他好处多得数不清。也许是在利益驱动下，美国政府的整个司法系统似乎在越来越起劲地预防犯罪，其中包括组织动员社会机构、学校单位、社区街道居民，直至每一个公民，举报任何犯罪分子线索，向警察署随时提供信息，跟踪排查任何犯罪活动线索，识别和打击犯罪分子等。此外，美国政府十分重视从学龄前儿童开始直至退休后老年人的全程犯罪预防教育，在美国各地积极推行无暴力解决纠纷，其中包括在社区居民行政单位聘用调解员，积极推行庭外调解各种社会或家庭纠纷，提倡相互帮助、和谐共生，在很大程度上杜绝社会、劳资、邻里、家庭等矛盾因为处理不当而转化为暴力犯罪，避免社会公共资源浪费，为美国获得更大经济效益。

城市和乡镇私人保安队伍是美国预防犯罪的重要力量，例如，从 2003 年 5 月起，美国明尼阿波利斯市警察署和当地商贸公司和社区街道管理机构通过多方洽谈和深入讨论，达成共识，签订协议，充分发挥市区私人保安公司和每一个公民在社会治安方面的积极作用，结成明尼阿波利斯城市预防犯罪伙伴合作关系。该市私人保安人数与该市警察队伍总人数是 13∶1，如此庞大的私人保安队伍并不是乌合之众，而是人才济济的公共安全保卫力量，不乏跟踪排查犯罪嫌疑人和化解暴力犯罪的谈判能手，而且特别熟悉当地人文环境，其实是确保当地社会安全的巨大资源。美国警察与私人保安公司犹如兄弟般的合作，等于迅速扩大警力，大幅度提高警察维护治安和办案功能，等于把美国警察维护治安和办案力量延伸到城市乡镇的每一条街道和居民小区的每一个角落，把突发事件消灭在萌芽状态，最大限度地确保美国各地公共安全。

根据美国联邦应急事件管理总署制定的社区应急反应法规，美国警察预防犯罪和确保公共安全的另外一个重大措施，就是建立主要由在警察学院经过培训和考核上岗的公民志愿人员组成的“社区居民应急助理梯队”。他们的主要任务除了调解邻里之间纠纷和跟踪调查犯罪嫌疑人，更重要的是帮助警察处理天灾人祸方面的十分严重的或者大规模突发事件。其宗旨就是让更多的社会公民帮助警察，动用各种有必要利用的社会资源，发挥公民的最大治安积极性，尽一切可能消除形形色色的风险和遏制处于萌芽状态的突发事件，预防犯罪和确保社会公共安全。

第十三章

犯罪预测

第一节　犯罪预测概述

一、犯罪预测的概念与特点

目前，国内外学者对犯罪预测的理解尚未取得一致。综合比较借鉴不同学者的观点之后，我们认为，犯罪预测是运用科学方法，依据现有的犯罪数据和资料以及对可能影响犯罪的各种相关因素的分析和研究，对在未来特定时空范围内可能出现的犯罪现象的状况、结构和发展趋势等所作的推断与估计。其特点是：

（一）现实性

犯罪预测立足于现实基础之上，对现实的犯罪资料、犯罪形势、治理犯罪的经验、特定时期的犯罪发展变化的规律及可能发生的征兆，进行观察、分析和判断，作出测定。

（二）引导性

任何科学的预测都是为人们展示和前瞻未来的，目的是让人们预先了解所预测的事物未来发展将要出现的情况，以便采取超前的应对态度或决策，争取主动。

（三）结果的可变性

决定预测结果的变量很多，而且还处在不断的动态变化之中，所以很容易导致预测结果的变化，这是预测结果可变性存在的原因。

（四）复杂性

预测的复杂性是由预测的特殊性决定的，同时也是由犯罪原因多样性引起的，因而给预测带来很大的难度。

二、犯罪预测的作用

犯罪预测的作用主要表现在以下三个方面：

（一）提供信息，为控制犯罪创造条件

通过犯罪预测，为社会和有关部门提供未来犯罪发展形势的信息，使其掌握未来犯罪发展趋势，以便采取相应措施进行防控，消除产生犯罪的原因和条件，把未来的犯罪控制在最小的范围内和最低的程度上。

（二）为制定犯罪对策和采取防控措施提供预测根据

任何政策的制定和措施的采取，都是以现实存在和未来可能出现的形势为根据的，犯罪预测能为制定犯罪对策和采取防控措施提供根据，使政策和措施有的放矢，发挥效用。

（三）为犯罪预防规划工作提供基础

犯罪预测既是制定预防犯罪综合规划和专业规划的基础，又是有关部门确定一定时期内犯罪预防活动的任务、方向、手段的基础。预防犯罪规划不能孤立进行，必须把解决近期任务和几年的任务结合起来，同国家发展计划结合起来，这样才会符合实际。因此需要预测，变未知为已知，做好规划。

第二节　犯罪预测的种类和内容

一、犯罪预测的种类

犯罪预测是一项十分复杂的工作，根据预测的内容、特点和具体要求的不同，犯罪预测可以划分出许多不同的分类，其中主要分类有：

（一）从规模上，可分为宏观犯罪预测和微观犯罪预测

宏观犯罪预测是从制定宏观预防和控制犯罪政策的需要，对犯罪总体的发展趋势所做的预测。这种预测一般由犯罪的专门研究机构或决策机关组织进行，以便从整体上把握未来犯罪的发展趋势和变化规律，为宏观决策提供依据，如全国性的犯罪预测和大区域性的犯罪预测等。

微观犯罪预测是从采取局部预防和控制犯罪措施的需要，对影响局部社会环境及部门本身业务活动的专项或多项预测，如城市的犯罪预测、农村的犯罪预测和社区的犯罪预测等。这种预测一般由实践部门及其研究机构组织进行，以便从

微观上把握和控制犯罪，为社会的整体防范提供条件。

在实践中，宏观犯罪预测具有全局性的指导意义，是母系统；而微观犯罪观测在一定意义上是宏观犯罪预测的基础和组成部分，是子系统。

（二）从性质上，可分为定性预测和定量预测

定性预测是指根据犯罪的性质、特点、过去和现在的状况等，对未来犯罪进行非量化的趋势分析和推断的一系列工作过程，其目的一般是判断犯罪处于何种水平，严重化程度如何，有哪些变化趋向或发展趋势等。

定量预测是指通过建立数学模型、应用统计方法和利用电脑技术，对犯罪进行量化分析，对犯罪的未来发展趋势进行预测和推断的过程，其目的在于对犯罪状况和变化趋势有一个直观的、量化的描述，它依靠的是客观数据而不是主观判断，较之定性预测更为准确。

需要指出的是，在犯罪研究中，单纯地使用定性或定量预测都不能全面、客观地反映犯罪的未来趋势，只有将两者有机结合使用，才能收到良好的效果。

（三）从时间上，可分为短期犯罪预测、中期犯罪预测和长期犯罪预测

短期犯罪预测，是指对未来1～2年的犯罪情态、趋势和变化规律的预测，其目的在于依据犯罪预测结论制定、实施犯罪防控的具体方案与措施。短期预测时间短，实战性强，整个预测过程几乎处于临战状态，因此，宜细不宜粗，要求预测及时、决策果断、反应迅速、效果明显。短期犯罪预测易把握、变差小，是一种在实践中经常采用的预测方式。

中期犯罪预测，是指对未来3～5年的犯罪情态、趋势和变化规律的预测，其目的在于着手制定或调整犯罪防控中心和打击重点，宜粗细兼顾，宏观部署与微观安排要配合适中。由于我国发展国民经济计划一贯以5年为期，因此，中期犯罪预测应适应国民经济5年发展计划。

长期犯罪预测，是指对未来10年及以上时间范围内的犯罪情态、趋势和变化规律的预测，其目的是为久远的犯罪防控计划、防控措施提供科学依据。长期犯罪预测是根据战略需要进行的预测，因此只是粗略地描画未来犯罪可能出现的发展趋向，宜粗不宜细，并大都与国民经济的长远规划同步进行，以保证国家各种计划的顺利实施。

二、犯罪预测的内容

犯罪预测是为防控犯罪服务的。因国家政法部门与犯罪作斗争的对策和防控措施具体要求不同，其对犯罪预测内容的侧重也不相同。主要表现在以下方面：

（一）预测犯罪指数总量及其构成的变化趋势

预测犯罪指数总量及其构成的变化趋势，也就是预测案件的发生率、发生量

及其发展方向。这方面的预测主要反映一定时期内全国或局部地区犯罪总形势的变化。

（二）预测犯罪在一定时期内的社会危害性程度

预测犯罪在一定时期内的社会危害性程度，即预测一定时期内犯罪造成社会财产直接和间接损失的总量以及造成人身伤害和死亡的趋势。

（三）预测犯罪原因、条件的变化趋势

例如，对城市犯罪的主要原因和条件、农村犯罪的主要原因和条件、性犯罪的主要原因和条件、青少年犯罪的主要原因和条件、团伙犯罪的原因和条件的预测；社会不良风气的发展变化趋势及其对犯罪的影响，文化冲突、环境变化、经济发展、政策实施、人口发展与流动等对犯罪产生的影响等的预测。

（四）预测犯罪手段的变化趋势

犯罪手段是随着犯罪人的教养、文化水平以及科技的发展而不断变化的。每当科学文化有了明显的进步，犯罪人也会不失时机地加以利用。例如，交通工具的现代化、通讯器材的现代化都被犯罪人所利用；计算机网络犯罪等高科技犯罪，在现代社会中更是有蔓延和迅速增长的趋势。

（五）预测犯罪结构的变化趋势

犯罪结构是指根据犯罪学原理对犯罪进行分类确定的比例关系。它是评定各种犯罪社会危险性和组织犯罪预防活动的依据之一。表现犯罪结构的数据主要有重罪和轻罪的对比、故意犯罪和过失犯罪的对比、各种类型犯罪的对比、未成年人犯罪和成年人犯罪的对比、常见犯罪和新型犯罪的对比、集团犯罪和个体犯罪的对比、犯罪区域分布的对比、不同居民区域之间犯罪分布情况的对比等。

（六）预测社会治理犯罪的能力

预测社会治理犯罪的能力，即预测治理犯罪的社会机构、设施、人员、装备、国家的投入和社会组织的配合等。

第三节　犯罪预测的方法与步骤

一、犯罪预测的方法

犯罪预测的方法，是指在取得相关信息的基础上，对犯罪预测目标进行定性和定量分析，借助各种预测技术和手段，推断和测定犯罪发展变化趋势的总称。犯罪预测方法很多，常用的有以下几种：

（一）经验判断法

所谓经验判断法，是指预测者凭知识、经验和综合分析能力，或借助集体智慧、经验以及请专家协助进行预测的方法。

经验判断法的优点是经验来自实践，具有一定的科学性且简便易行；其缺点是在运用定量分析时，精确性不足。同时，由于直观判断受预测者心理、情绪的影响，容易产生主观片面性，并具有较大的局限性。

（二）资料预测法

资料预测法通过充分占有同预测对象有关的资料并对其加以分析和运用，预测未来犯罪趋势的一种方法。其基本环节为资料的获得、分析和运用。

运用资料分析预测法的前提是掌握可靠的资料。预测者要通过多种渠道，尽量全面、准确和翔实地占有同预测对象有关的资料，并对其进行系统梳理、专业研判和正确运用；否则，预测方向就很可能出现偏差甚至错误。

（三）因素分析法

因素分析法是一种常用且较为客观、可靠的预测方法。它在承认犯罪现象受到很多复杂因素制约的前提下，从中找出制约犯罪产生、变化和发展的重要相关因素，以作为对犯罪态势进行犯罪预测的预测因子，并通过对这些预测因子与犯罪相关性的分析，确定预测因子与犯罪的相关系数，从而测定各该预测因子的预测能力。然后，再根据各预测因子所起作用的大小及其变化，预测犯罪的发展趋势。

运用因素分析法预测犯罪，关键是要确定制约犯罪产生、变化和发展的预测因子及其预测能力。这可以通过对各种因素与犯罪的相关性和相关系数的分析获得。所谓相关性，是指两种或两种以上数列彼此相随的变化趋势。数列间的这种相关性可分为三种，即正相关、负相关和零相关。正相关，是指一种数列的增加，同时伴以他种数列的增加；负相关，是指一种数列的减少，同时伴以他种数列的减少；零相关，是指一种数列的增加或减少，不引起他种数列的变化。相关性是通过相关系数来表达的，相关系数就是用以表示两种事物相关程度与方向的适当数量。相关性越大相关系数就越高；反之，则相关系数越低。[①] 通过因素分析法，不仅可以预测犯罪的未来态势，而且还可以根据对预测因子相关系数的分析，从预测因子中挑选出长期起作用的因素和暂时起作用的因素；强相关因素、一般相关因素和负相关因素；容易控制的因素以及阻止犯罪发生的因素，为刑事政策的制定提供科学的依据。

除以上预测方法外，常用的还有德尔菲法、趋势外推法、调研预测法和网络

① 魏平雄主编：《中国预防犯罪通鉴》，人民法院出版社 1998 年版，第 303 页。

预测法等。但无论采用哪种预测方法，所有的犯罪预测都要注意两个问题：确定制约犯罪的各种因素变量；收集全面准确的数据和信息。

二、犯罪预测的步骤

（一）确定预测目的、内容和对象

预测对象包括特定的地区、个人或群体以及犯罪类型、方法和手段等。因为人的精力有限，预测对象要进行选择。预测对象的选择，应抓住带有倾向性、全局性的目标，否则就会失去意义；预测目的是希望通过犯罪预测达到某种结果；预测内容是预测对象在特定时间内的变化趋势。确定预测对象、目的和内容是犯罪预测的最初步骤。

（二）收集、研判数据和资料

预测目标确定后，即可以其为中心收集相关资料，为以后的研判与分析奠定基础。

收集资料时要注意对主观和客观方面的事件、案例及数据等的全面收集。在此过程中，常常需要反复多次调研和补充收集某些资料。因此，要有不厌其烦的工作耐性。同时，在收集资料时，不能以个人感情和主观意识为主导，要以科学的精神全面、准确地收集各种资料，保证收集的资料与客观事实相符合。

在资料收集完毕后，还要对其进行分析研判，以便寻找出犯罪现象与社会影响间的内在联系，分析犯罪现象形成与发展变化的主客观原因，从而获得解决问题的途径和方法，并提出新问题。

（三）选定预测方法和技术

选择什么样的预测方法，是依据预测目的、占有资料情况、对预测准确度的要求以及该犯罪现象产生过程和发展变化的特点等决定的。但由于犯罪现象的复杂性和引起犯罪本身原因的多样性决定了应尽可能的综合运用几种方法来进行预测，以取长补短，提高预测的可靠性。

（四）适时修改完善预测结论

任何事物都是不断变化发展的，预测结论也并非一成不变。随着社会的发展，根据犯罪态势和有关变量的变化，预测者需要不断适时修改、补充和完善相关结论，以做到与时俱进，真正有助于决策与执行部门打击犯罪的方向正确、措施得力。

综上所述，在犯罪预测活动中，各环节应前后衔接、缺一不可；但全面、准确、及时地获取犯罪预防理论与实务的信息资料，是各个工作环节的核心，也是整体科学预测工作的前提与基础。

延伸阅读

大数据与犯罪预测

20世纪90年代末，美国航空航天局的研究人员创造了“大数据”（big data）一词，自诞生以来，它一直是一个模糊而诱人的概念，直到最近几年，才跃升为一个主流词汇。大数据，又称巨量资料，指的是所涉及的数据资料量规模巨大到无法通过人脑甚至主流软件工具在一定时间范围内进行捕捉、管理和处理的数据集合，是需要新处理模式才能具有更强的决策力、洞察发现力和流程优化能力的海量、高增长率和多样化的信息资产。麦肯锡全球研究所给出的定义是：一种规模大到在获取、存储、管理、分析方面大大超出了传统数据库软件工具能力范围的数据集合，具有海量的数据规模、快速的数据流转、多样的数据类型和价值密度低四大特征。

大数据的特点是数据量大、数据种类多、要求实时性强、数据所蕴藏的价值大。在各行各业均存在大数据，但是众多的信息和咨询是纷繁复杂的，我们需要搜索、处理、分析、归纳、总结其深层次的规律。大数据必然无法用人脑来推算、估测，或者用单台的计算机进行处理，必须采用分布式计算架构，依托云计算的分布式处理、分布式数据库、云存储和虚拟化技术，因此，大数据的挖掘和处理必须用到云技术。大数据价值创造的关键在于大数据的应用，随着大数据技术飞速发展，大数据应用已经融入各行各业。

犯罪预测是通过分析过往的犯罪数据来对未来的犯罪趋势进行预测的，由于人工预测，受数据获取及计算能力所限，往往因为获取的数据是比较有限的，作出的预测准确性也较差。随着计算机速度的加快，现在对数据的抓取、挖掘、计算能力都大大提高了，利用大数据进行犯罪预测也成为可能。

20世纪90年代开始，发源于英美的“情报主导警务”和“Com Stat模式”事实上都可以看作是今天大数据犯罪预测的雏形，只不过那时可以利用的数据资源远远少于现在。在2001年“9·11”事件后，美国就开始注重信息数据的融合和共享，进行了多项立法，开发了多个项目，其中包括著名的融合中心来推动跨地方、跨部门的警务数据共享，以应对越来越严重的恐怖主义威胁和有组织犯罪。Pred Pol是一款“预测性警务”（predictive policing）软件程序，是加州大学洛杉矶分校和圣塔·克拉罗大学的数学家和社会学家以及洛杉矶警局共同合作开发，美国有西雅图、亚特兰大等几十个城市都在使用Pred Pol预测帮派犯罪、毒品犯罪、枪支暴力、街面盗抢等犯罪活动。英国肯特警察局使用该工具预测毒品犯罪和抢劫。肯特警局不仅利用该工具派警，还会安排参与公共安全的市民志愿者和毒品干预人员前往该地区。基于 Pred Pol 的犯罪热点预测信息，警官可以结合预测地点的谷歌街景图像提高发现和阻止犯罪的能力。在使用中，巡逻警官只需携带一个电子地图，地图上会指示出发生犯罪的热点地区，他们则按照地图指示开展巡逻。据开发者提供的研究报告显示，该软件能够有效地降低犯罪率，圣塔·科鲁兹警察局从 2012 年 1 月至 6 月，与前些年同期相比盗窃案件减少了 14%，洛杉矶警察局的福特希尔分局从 2013 年至 2014 年一年的犯罪率减少了 20%，在其他地区也得到了类似的报告。2012 年，纽约警察局和微软合作开发了 DAS 系统（区域警报系统），该系统能够从监控摄像头、自动车牌识别系统、射频感应器等多个数据源实时地分析潜在的威胁①。

在我国，从 2012 年开始，北京市怀柔公安分局开始推进大数据警务的建设，针对辖区内地域广、发展快、警力相对紧张的情况，通过与天津工业大学专业力量的合作，启动了“犯罪数据分析和趋势预测系统”建设，该系统于 2013 年 4 月 18 日正式上线运行，并于 2014 年 5 月进行了改进和系统升级。这套系统共收录了 1.6 万余件犯罪案件数据，通过标准化分类后导入系统数据库，同时采用地图标注，将怀柔分成 16 个警务辖区，抓取 4700 余个犯罪空间坐标实施空间网格编号，通过多种预测模型，自动预测未来某段时间、某个区域可能发生犯罪的概率以及犯罪的种类。此系统将犯罪案件分为入室盗窃案、强奸案、杀人案、诈骗案、抢劫案等八大类，按不同区域，以图形的方式显示出发案比例。② 以预测结果为重点的主动型工作模式，在案件多发的龙山、泉河、怀柔镇派出所辖区，2013 年刑事案件发案分别下降了 10.7%、9.3%、8.8%。③

基于大数据的犯罪预测的发展方兴未艾，十分具有生命力，它的优势是十分显著的。首先，基于大数据的犯罪预测有助于我们理解现在和预见未来的风险。传统的犯罪预测，依靠研究者或者警察的经验判断，而人的经验判断难免会受到自身偏见的影响。基于大数据的犯罪预测，可以免除这些偏见的影响，也可以验证以往的经验是否正确。其次，诸多进行犯罪预测的方法可以进行组合，相互验证，寻找最优解，这能使预测的结果更加精确，以便于更好地指导实践。最后，这种犯罪预测具有便捷高效的特点，利用大数据技术可以提高犯罪预测的准确性，综合考虑各个因素的相关性，多角度预测犯罪，并且主动进行干预，进而实

① 王欣：《美国的大数据警务应用》，载《现在世界警察》2018 年第 4 期。

② 《大数据分析推进警力合理分配》，载 https：//www.doit.com.cn/article/0617196375.html，最后访问日期：2019 年 11 月 22 日。

③ 《警情大数据算出哪儿贼多　怀柔研发“数据分析系统”》，载人民网：http：//bj.people.com.cn/n/2014/0617/c82840－21441061.html，最后访问日期：2019 年 11 月 22 日。

现犯罪的预防。

大数据作为一项新兴的技术，仍然有很大的发展空间。对于大数据的热潮，我们要有一个科学审慎的态度。首先，通过大数据的犯罪预测不能直接判断因果关系，如果要寻找因果关系，仍然需要大量的人力来进行分析。其次，基于大数据的犯罪预测，在某种程度上威胁了个人隐私和个人自由，这需要在数据来源和数据保护上多做努力。最后，在大数据的犯罪预测研究中，非常容易出现“受限于研究结果”“执迷数据”的倾向，有一些信息是不容易被量化的，在研究中，必须要注意到那些信息，将大数据运用于犯罪预测中，并不是为了数据而数据，而是要以犯罪预测理论为依托，将大数据进行合理的加工利用，这样才能使大数据变成强大的武器。①

① 胡素梦：《大数据云计算背景下的犯罪预测研究》，载《法制博览》2018年第8期（下）。

第十四章

犯罪预防的体系

第一节　犯罪社会预防

一、犯罪社会预防的概念与特点

（一）犯罪社会预防的概念

所谓犯罪社会预防，是指为了使社会健康和谐有序地运行和发展，而动员社会的所有机构、单位和个体的力量所进行的旨在消除、减少和避免犯罪诱因的系统防控的全部活动。

（二）犯罪社会预防的特点

1. 犯罪社会预防的主体极其广泛，同时也与客体即预防对象统一

从广义上讲，犯罪的社会预防的主体既包括国家的行政机关，也包括所有企事业单位、各种团体，同时也包含全社会所有公民个体，参与者如此众多，涉及面如此广泛。而犯罪社会预防众多参与者在预防他人或单位犯罪的同时，也存在预防自身犯罪的工作和内容。所以，犯罪社会预防的参与者既是犯罪社会预防的工作者即主体，同时也是犯罪社会预防的对象即客体，二者是一致的，角色也是可以互换的。

2. 犯罪社会预防是积极主动的防范犯罪活动，是犯前预防即事先预防

犯罪的社会预防是犯罪整个预防体系中的首要环节和第一道防线，它是在犯罪行为和犯罪结果未出现前，就对预防对象所采取的一系列防范措施，进而减少犯罪行为的产生，杜绝犯罪危害结果的出现，因此应属于积极和主动的防范活动，是事先预防，从而显现出它的预防结果也是最好的。因为犯罪行为没有出

现，犯罪的危害结果没产生，也就没有对社会和个体所造成的损失和影响，故其在整体犯罪预防中的地位自然十分重要，预防犯罪的意义也就非常重大。

3. 犯罪社会预防是一项治本的预防犯罪系统防治工程

从犯罪的起源和原因来看，许多犯罪都与其所处的社会环境有关，特别是不良的社会因素成为犯罪现象屡禁不止的重要诱因，而犯罪的社会预防正是要把消除、减少和避免诸多消极社会诱因作为其预防工作的重中之重。德国著名社会学家李斯特就特别强调："最好的社会政策就是最好的刑事政策。"在预防犯罪的众多政策和法律中，大多数不是直接预防和控制犯罪的，而是通过多种社会政策的科学制定与完美贯彻实施，从而使整个社会能健康、和谐、有序的运行，使各种社会矛盾有效地消除或者缓解，减少和避免诸多犯罪诱因的产生，从而减少或避免犯罪行为的出现，以达到从根本上预防犯罪的目的。刑事法律主要是针对犯罪人的，对没有犯罪的正常公民而言，它是毫无意义的。而社会政策却是针对全社会所有公民的，它与每个人的生活息息相关。社会政策的制定、实施的好坏，直接影响个体的切身利益。如果社会政策既科学又能落到实处，则政通人和，和睦欢乐，社会和谐，各种社会矛盾也就趋于缓和，产生消极的社会诱因也就大大减少，犯罪现象自然少之又少，犯罪的社会预防便达到了最佳效果；反之，则完全相反。因此，有人曾这样说，社会矛盾是犯罪现象的"晴雨表"。它若激化，犯罪现象就增多；它若缓和，犯罪现象则大大减少。比如，一个人犯了盗窃罪，我们不仅要对他进行惩罚和改造，更重要的是要弄清他犯罪的原因。如果他是生活所迫，那就要考虑进一步改进我们现实的政策。因为我们不能让一个无工作也无收入的人坐等饿死，而要想办法通过落实有关就业政策和福利政策，让此类人能够生活下去，这样才能从根本上解决他们的后顾之忧，否则，就会出现"前门进去改造、后门出来继续犯罪"的局面，社会预防的效果也就无从谈起。因此，社会预防是一项治本的犯罪预防措施，不可不加强之。

4. 犯罪社会预防的手段方法和措施多种多样，相互间相辅相成、共同作用

犯罪社会预防的主体、客体的广泛性和多样性决定了其预防的手段、方法和措施也必须具有广泛性和多样性的特点。具体来说，应该有政府的行政行为，也有企事业单位的工作影响，还有小区、家庭、个体的预防意识；既有强制的行为，如政府的行政命令、政策、规范等，也有鼓励的自愿的带有选择性的自主意识行为，如公民的诚信、道德等。在犯罪的社会预防中，政府既要实施法律性的行政手段，也要采取政治、经济及文化等预防方式，还应结合历史及现实、国内及国外的具体情况，实施相关的预防措施。但是不论采用哪种手段或方法，也不论实施什么预防措施，目的都必须是一致的，要达到社会预防犯罪的最佳效果。因此，要求多种预防手段、方法措施间不能相互矛盾或者抵触，而应一致和统一，

相辅相成，共同作用于犯罪的社会预防，才能取得犯罪社会预防的应有效果。

二、犯罪社会预防的功能

作为犯罪的社会预防功能，主要是指犯罪社会预防的手段、方式、方法及措施本身所属具有的各项预防效果和作用，其主要体现在以下几个方面。

（一）社会建设功能

犯罪社会预防的社会建设功能，主要表现在犯罪的社会预防措施对其所处社会的政治、经济文化的建设、发展与完善有着积极影响和促进作用。首先，犯罪社会预防的社会建设功能是由社会预防的终极目标所决定的。犯罪社会预防最直接的目的是抑制、减少和消除社会诸多犯罪现象和犯罪行为的出现和产生，而犯罪的减少和消除又有利于社会的和谐和稳定，有利于社会的政治、经济、文化的快速建设和发展。这实际上也是犯罪的社会预防通过预防犯罪而要达到的最终目标和归宿。其次，犯罪的社会预防的许多措施和社会建设的内容都是一致和统一的，如社会政治体制和经济体制的改革与调整，社会和经济发展的规划和决策，传统文化的集成与发扬等。它既是社会建设的内容，同时也是犯罪社会预防措施之一。因为社会预防要缓解社会矛盾和减少犯罪的社会诱因，就要求必须对不适应社会发展的政治、经济体制进行改革和调整，对社会和经济发展做出科学合理的规划和决策，对民族传统文化继承、发展和摒弃作出明确的规定。最后，在犯罪的社会预防内容中有些“堵塞性”的手段，实际上是对犯罪行为的预防，对整体的经济运行乃至社会建设起的是保驾护航的促进作用。例如，对污染环境、非法开采、瞒报谎报企业重大事件及其他经济违法犯罪行为的防范和制裁措施，其最终目的仍然是保障和促进社会的正常发展。总之，犯罪的社会预防措施的最终目的包含在社会建设之中，而社会建设的快速发展，又为社会预防犯罪提供了坚实的物质基础和良好的社会环境条件，在客观上促进了社会预防犯罪工作的开展，二者是相辅相成，共同促进的。

（二）社会整合功能

犯罪的社会整合功能，就是通过社会预防措施的实施，使其所处的社会成为一个具有共同价值和凝聚力的完整体系，增强公民对社会共同价值的遵从和顺应。系统地讲，就是指“调整或协调社会中不同因素的矛盾、冲突和纠葛，使之成为统一体系的过程和结果。在这个过程中，社会各有关系的单位通过相互顺应，遵守相同的行为规范，而达到团结一致，形成一个均衡的体系”①。从犯罪的社会整合功能概念中，可以看出关键有两个词，即“共同价值”和“凝聚

① 李剑华等编：《社会学简明词典》，甘肃人民出版社1984年版，第257页。

力”。“共同价值”是指单位、部门或个体对事物的是非好坏是否具有相同的判定结果。如果有，那就是社会具有共同价值，反之则相反。它是一个社会的人们对社会共同价值准则认同感的重要标志，也是该社会和谐、稳定、有序进步和发展的重要思想前提基础。而“凝聚力”则是在“共同价值”基础上产生的反映社会各方面是否具有团结力、向心力、整体观念的重要标志。它是决定社会政治经济等方面发展的重要前提和保障。

犯罪社会预防措施的社会整合功能，就是通过其社会预防措施的实施努力达到社会具有的共同价值，成为一个很有凝聚力的完整体系。首先，通过立法机构对法律的制定，行政部门对行政行为的规范，使部门单位和个人形成共同的社会价值取向，增强对社会共同价值的遵从和顺应。其次，通过对违法犯罪人的惩罚和对违法犯罪行为的打击，进而抛弃可能导致违法犯罪行为的价值取向和错误的思想观念，接受和认同正确的即社会共同的价值。再次，通过大力宣传、教育，大力弘扬符合社会进步发展的共同价值，抑制影响阻碍社会和谐有序发展的错误价值取向，使大家思想统一、标准一致，在思想和认识上形成遵循和顺应社会共同价值的良好社会风气。最后，通过缓解社会诸多矛盾，减少犯罪的社会现象，提高社会成员的物质文化生活，使每个人能够幼有所育，老有所养，感受到社会的温暖，人生的希望，进而增强对共同社会价值的认同感，最后达到对社会共同价值的遵从和顺应。既然单位部门和个体具有统一的社会价值取向，思想统一，观念一致，那么，大家的凝聚力就会大大增强，团结力、向心力更不用说。因为每个个体的想法一样，目的一致。这样就使我们所处的社会成为一个具有共同价值和凝聚力的完整体系，反过来，又增强了公众对社会共同价值的遵从和顺应。

（三）社会控制功能

犯罪社会预防的社会控制功能，是指社会为了使其所有部门单位和社会个体遵纪守法，守德随俗，而施之于部门单位、个体或群体的影响或约束，以确保社会的正常发展。社会控制可分正式控制（强制控制）和非正式控制（非强制控制）两种，前者是指由政权机构、立法执法等具有社会职能的部门实施对全社会所有部门或单位、个人均具有强制力的法律化、制度化的社会控制，是必需的，具有权威性和强制性；而后者则是凭借社会舆论、道德修养、村俗民风、个体约束等非法律或行政行为而实施的对单位主体或者个体进行的不具有强制力的、非制度化的影响和约束。

犯罪社会预防的社会控制功能主要表现在以下几个方面：

1. 社会预防措施体系中的某些预防措施本身就是社会控制手段的主要组成部分，具体内容也有相同或相似之处。比如，政府行政管理部门的执法管理活动、法律部门的立法及司法活动，就是社会预防犯罪的重要措施，也是社会控制的重要手段。

2. 作为社会预防主体的国家立法部门、政府机关、企事业单位、各种社会组织和团体，均是超个体的社会控制力量，它们通过一系列的立法司法活动、行政管理工作及法律约束、舆论导向等形式影响和制约着社会个体，使之遵纪守法。

3. 社会预防通过各项具体措施和手段的落实和实施，直接影响到社会个体的价值取向，使之尽量内化，并转化为个体进行自我控制的内在动力。

（四）个体社会化功能

社会预防措施的社会化功能，是指社会预防措施对社会成员的个性形成与发展的积极影响，并使之社会化。主要表现在以下两个方面：

1. 通过实施社会预防中一系列的社会预防活动和措施，能够缓解多种社会矛盾，减少犯罪现象，改善社会生存和发展的环境，并有助于人们个性的发展和形成，进而为个体能够顺利地适应其所处的社会环境提供良好的社会微观环境和宏观环境。

2. 社会预防的主体通过自身的规范活动和一系列预防措施的实施，可以传授给社会成员大量的社会价值取向和法律、政策及规范，而这些价值与规范一旦内化为社会个体的人格核心，便可以促进个体对社会的适应与顺从，完成个体社会化的进程。

（五）社会心理调节功能

社会预防的心理调节功能是指通过预防措施的实施，对社会群体及个体的情绪、需要、矛盾及心理冲突的慰藉、缓解、调适和恢复平衡的作用。要衡量社会犯罪预防措施是否科学、合理、有效，它的社会心理调节功能表现如何，便成为一个十分重要的标准和尺度。如果社会预防措施是科学、合理和有效的，那它对社会个体的社会心理调节功能自然是最有效的，否则不但调节作用很小，甚至会导致矛盾激化，起到相反作用。比如之前有关农民免交农业税的社会政策，它不但符合当前的农村实际，而且能够被广大民众接受，特别是受到占我国人口绝大多数的农民兄弟的欢迎，缓解了农民的心理矛盾，有利于农村的稳定和发展，从而减少了农村犯罪的发生。

第二节　犯罪心理预防

一、犯罪心理预防的概念

所谓犯罪心理预防，就是指通过运用心理学的相关知识和手段对人的认识、情感、意志等心理过程的刻意调试，对人的能力、性格等心理特征的有意塑造，目的是使人的认识正确，情感正常，意志坚定，能力提高，性格健全，能和其所处的社会环境融为一体，并适应当今社会的生存和发展。

二、犯罪心理预防的特点

由于犯罪心理预防注重的是人们的心理特点，所采取的方法和手段也是针对人的心理活动，因此，其特点和其他的犯罪预防有着明显的区别，主要体现在以下几个方面。

（一）注重预防对象的心理特征，并实施有目的的心理干预

人的心理特征既有共性也有差异。所谓共性，是指一般人或者大多数人所具有的心理特点，如爱美、憎恶等；差异则千差万别，比如有的人过度爱美，更有甚者是非颠倒，善恶不分或心理扭曲等。而个体之所以犯罪，作出错误的行为，主要是因为其心理存在问题，如认识偏差、性格孤僻等，而犯罪心理预防就是要通过一系列的心理预防活动，把偏激的认识纠正过来，把孤僻的性格改变过来，使其心理活动恢复正常和健康。

（二）犯罪心理预防是一项十分复杂的系统工程

因为人的心理活动是最复杂多变的，要想全面了解和准确把握是十分困难的，再加上个体活动的差异，更是难上加难。因此不能急于求成，要有耐心和毅力。另外，个体的心理活动受外部环境变化的影响，大到社会环境，小到家庭环境、工作环境等。因此，我们在努力对人们进行犯罪心理预防的同时，也应注重改变预防对象或主体的社会环境和周边环境，只有这样才能把这项艰苦的工作做得更好。

（三）犯罪心理预防主要是事先预防

意识决定行为，行为导致后果。犯罪也不例外。个体的犯罪意识，即不健康偏激的心理，必然会决定其过激甚至犯罪行为，而犯罪行为又会直接产生危害他人或社会的后果。

犯罪心理预防就是要从犯罪的源头上抓起，即注重树立个体健康正确的意识和心理状态，从根本上杜绝犯罪活动产生的土壤和前提，从而打消主体的犯罪念头，达到预防犯罪的目的，不给社会和其他人造成任何危害和损失。需要特别说明的是，犯罪心理预防中也存在一定的犯中预防和犯后预防，比如对正在实施劫持人质犯罪的犯罪嫌疑人进行心理干预，就是犯中预防，而对已判刑入狱的心理预防则属于犯后预防。

（四）犯罪心理预防的对象主要是未犯罪的精神正常的人

个体的心理活动在社会活动中难免出现一定的偏差和问题，但是要这个个体

整体精神正常就属于我们犯罪心理预防的对象，当然也应包括正在实施犯罪和已被判刑入狱的具有正常精神状态的人。对有精神疾病的主体应该把病治好，再进行心理预防。

三、犯罪心理预防的途径

（一）加快个体社会化的进程

个体社会化的顺利完成，是犯罪心理预防的一个基本途径。个体社会化主要是指社会个体适应社会和其行为符合社会规范的过程，主要包括以下几个方面：

1. 不断完善社会，创造有利于人格健全发展的社会文化环境。人格的健全发展需要具备良好的社会文化条件，一定的社会文化环境对社会个体成员的发展起着潜移默化的作用。所以，心理预防的基本途径之一就是创造一个民主、科学、公平、正义，讲究法制、充分尊重人的价值，又能够充分满足人物质文化需要的环境。

2. 传授社会文化和社会规范。掌握社会规范，接受社会文化，是参与社会并成为合格社会公民的重要条件。这一过程也是人格的塑造过程，其本质是心理预防的一种重要形式。传授社会文化与社会规范的形式包括：家庭教育、学校教育、劳动集体教育、人际互动和文化传播媒介等。社会文化和社会规范传授与学习的主要内容有：道德规范、法律规范、社会习俗和行为模式以及科学文化知识等。

3. 大力开展心理卫生工作和心理健康咨询活动。

（二）加强社会个体自我修养和完善

自我修养是指个人对其内在人格和道德感的自学养成和培育，它是个人按照自己的信念或者社会期待，在正确自我认识和自我评价的基础上，不断进行自我调整、修正和完善的过程。只有不断地加强社会个体的自我修养，才能具有较强的社会适应能力，也才能较好地抵御外界的不良刺激和感染。

（三）加强自我控制能力

自我控制是指基于个性或者按照社会的期待而自觉进行的自我约束和克制。它的实质是个人对外在环境影响的一种拒绝或摆脱，从而显现出人的主体性在环境面前的相对独立性和自主性，其意义就是在不良环境下或不良诱惑面前，个人在一定程度上可以适当地把握自我，作出正确的行为选择。

四、异常人格的矫正

异常人格是指某些社会个体受多种内外因素的作用和影响，而使其人格明显偏离正常的人格轨道，导致人格异常。在实践中，因人格异常而导致的犯罪，甚至是恶性犯罪有明显的上升趋势。所以，对异常人格的矫正便成为犯罪心理预防的一项重要措施，其矫正方法主要有以下几种：

（一）物理疗法

物理疗法是利用药物或其他手段，对患者进行身体上的侵入，以达到心理矫治目的的治疗方法。物理疗法包括化学疗法、电痉挛疗法、心理外科手术、维生素疗法、睡眠疗法。

（二）精神分析疗法

精神分析疗法是以精神分析为基础，通过自由联想、移情、宣泄、释梦、奏效等步骤，对患者进行治疗的方法。

（三）行为疗法

行为疗法是以条件反射理论为基础，通过系统脱敏法、厌恶疗法、消退训练法等方式，对变态人格或反常人格或反常行为，采用心理学技术、药物或器械，个别给予惩罚或强化的治疗方法。

（四）人本主义疗法

人本主义疗法是以人本主义心理学理论为基础，通过患者中心疗法、存在疗法、现实疗法等方式，矫治变态人格的治疗方法。

第三节　犯罪治安预防

一、犯罪治安预防的概念

犯罪治安预防是指以国安、公安及保卫部门等专门的社会防控力量为主体，广大社会单位和公民积极配合进行的旨在维护公共秩序和国家安全的社会管理和防控犯罪的活动总和。

犯罪的可知性是犯罪治安预防的基本出发点和前提基础。因为犯罪作为个体的行为，又是现实社会中的客观存在，它总要受到一定条件的制约，总要体现出自身的产生和发展的规律，而犯罪治安预防正是利用犯罪行为的特点和规律，凭借特殊公共权力，通过管理、改善和控制可能被利用来实施犯罪或诱导犯罪的环境因素，来消除、减少犯罪机会，并运用特殊的权力及时发现犯罪的前兆，阻止犯罪行为的产生、实施和犯罪结果的造成。

二、犯罪治安预防的特点

（一）针对性

犯罪治安预防是针对特定的人、特定的行为、特定的场所、特定的时间或特定的行业实施的防控活动，具有明确的预防对象、预防时空、预防目标，针对性极强。

与其他犯罪预防措施不同，犯罪治安防控不是普遍性、一般性的犯罪预防工作，而是具有针对性的预防工作。它的目标十分明确，就是防治具有犯罪倾向的人实施犯罪或完成犯罪。同时，还有针对性地在特定的时间，如重大节日，特定的场所如集会场所、交通要道等，在特定的活动如会议、重大活动等，进行防控活动。这也是同其他一般预防工作的重要区别之一。

（二）专门性

这主要是指治安预防的主体是国家专门的社会控制部门或力量。这种专门的社会控制力量，特指具有行政处置权的国家治安行政管理部门。这些专门部门通过训练有素的专业人员，运用国家赋予的权利，对特定对象、特定场所和特定行业进行管理、监督，对有犯罪倾向或正在实施犯罪或已完成犯罪行为的人进行防控、阻止或拘捕，以减少犯罪行为的发生，降低社会危害性，阻止犯罪行为的继续或进一步扩大，及时抓获、打击犯罪分子。在此预防过程中，许多措施如拘传、罚款、带离现场、使用警戒具等只有公安部门才有权力，其他任何单位和个人是无权实施的，也是无法实施的。因此，治安预防有专门性，也具有很强的专业性。

在治安行政管理部门的业务指导下建立起来的各种治保组织、治安联防队、保安公司等，是协助治安行政管理部门进行犯罪控制的群体性组织，他们在治安控制犯罪的实践工作和活动中起到了积极的促进作用，是我国治安预防的重要补充。

（三）强制性

犯罪治安预防作为一种专门性的防控措施，具有明显的强制性。主要表现在：（1）实施犯罪治安预防的主体是国家治安行政管理部门，是具有行政执法的权力机关，故其行政行为，包括其中的预防措施均具有显著的强制性特点，任何单位和个人都必须无条件服从。（2）对违法或不服从治安管理机关的预防措施的行为，有多种惩罚措施和方法，而从警告到拘役，其强制性均仅次于刑事惩罚。（3）由治安管理部门实施的劳动教养的处罚措施，在人身自由的强制性方面表现得尤为突出，区别于一般治安处罚，仅低于刑事惩罚。

（四）有效性

犯罪治安预防的主体是国家专门的治安行政管理部门，预防对象具有很强的针对性，预防措施又是强制力极强的行政措施，故犯罪治安预防的效果和其他预防措施相比，应该是十分明显和有效的。它能在某一时间、某一区域使某一类犯罪的犯罪率明显降低，是一项治标措施。

（五）长期性和艰巨性

犯罪治安预防的效果尽管十分明显和有效，但其预防措施多带有强制性，公民个体或犯罪行为人也多是因为惧怕其强制威慑力而不敢或终止犯罪，但归根结底，犯罪治安预防是防控犯罪的外部条件或外因，而不能减少、消除或避免犯罪产生的内部条件或内因，即社会矛盾和社会问题，这些产生犯罪的基本条件和土壤一日得不到抑制和消除，犯罪现象和犯罪行为就随时可能再次出现。因此，治安预防只能解决治标、局部问题，这也就决定了治安犯罪预防工作的长期性，不可能只靠几次严打、专项整治就能解决犯罪问题，就能完成犯罪治安预防工作的任务，而要常抓不懈，长期坚持。同时犯罪治安预防工作的治标性和长期性又决定了它艰巨性的特点。由于犯罪治安预防工作不能解决犯罪的深层次问题，预防对象极其复杂和危险，其预防措施又带有明显的强制力，故在实施过程中，有时人们难以理解和支持，这就需要治安管理部门和执行人员要付出更大的精力和努力，要做艰苦细致的思想教育说明工作，并要有长期努力的思想和打算。因此，我们说，犯罪治安预防还具有长期性和艰巨性。

三、犯罪治安预防的任务

（一）预防、控制和减少违法犯罪，维护公共秩序

预防、控制和减少违法犯罪是其首要任务，它通过对具有犯罪倾向或决意要实施犯罪的人采取有效方法和控制措施，预防犯罪的发生或制止正在实施违法犯罪的人停止其行为，防止其恶性转化，从客观上保护了人民的生命和财产不受侵害或不受更大损失。此外，治安预防通过对社会治安的整治和专项治理及治安案件的防范和处理，起到维护社会秩序、增强公众的安全感、减少犯罪对社会和公民造成的损失、保证公共秩序的正常运行和社会和谐稳定发展的作用。

（二）惩罚、教育违反治安管理的行为人和轻微违法的犯罪人

治安预防不仅体现在日常治安管理与查处工作上，而且还体现在对已经实施了违反治安管理法的轻微违法犯罪人的惩戒与教育上。对违反治安管理的行为人，对实施了轻微违法犯罪行为但不够刑罚处罚的人，预防是治安预防的重点。对此类行为人的防范工作直接影响整个预防工作的好坏，关系着犯罪现象的整体防范与现状。治安处罚措施主要有警告、罚款和拘留，劳动教养①是更具有限制人身自由的严厉措施。但惩戒不是目的，只是手段，它通过治安处罚警戒和教育那些敢于违反治安管理的行为人，使他们能引以为戒，痛改前非，遵纪守法。

① 劳动教养制度现已废除。

（三）警戒教育和警示一般社会成员，规范人们的行为准则和思想理念

治安预防在实施处罚的同时，首先，要通过治安管理法规的制定、颁布、实施和广泛的宣传，人人皆知，让其内容、目的深入人心。其次，通过惩戒措施的实施，不仅打击了违法行为，也对一般社会成员起到了一定的警示作用。最后，通过治安法规的宣传教育和治安警戒作用，使公民明确自己的行为规范，树立正确的价值观念和是非标准，自觉地遵守有关治安预防的条例制度，起到预防犯罪的社会效果。

四、犯罪治安预防的分类

（一）按犯罪治安防控的阶段，可分为事前预防、事中预防、事后预防

1. 事前预防

事前预防，即对潜在的违法犯罪人的事先防控。其主要是指依靠治安行政管理部门的力量，对有犯罪倾向的个体进行的有针对性的防控工作，以防止其实施违法犯罪行为。它的主要特点是犯罪行为还没有开始实施，只是有实施的可能或倾向，是事前的治安预防。

具有不良社会习性和轻微违法行为的人在社会生活中已经染上了某种不良的习性并且有轻微的违法行为，应被认为是有犯罪趋向，且可能实施某种犯罪。这类人主要包括：（1）有习惯性偷窃，诈骗、抢劫等违法行为，尚不构成刑事处分的；（2）经常进行赌博的人；（3）有流氓习气并且实施过一般流氓行为的人；（4）有打架斗殴行为，并且携带武器出入公共场所的人；（5）游手好闲，无固定职业和稳定收入的人；（6）有吸食毒品习惯且没有完全戒掉的人等。

2. 事中预防

事中预防，即对刚开始实施犯罪做准备或已经实施犯罪行为的人。其特点是犯罪行为已经出现或开始实施，但还没有完全实施或结束，危害结果即将产生或已经产生但不是最终结果。

准备实施或正在实施犯罪行为的人即犯罪嫌疑人是指有某种迹象表明其正在实施某种犯罪或者正在为某种严重犯罪做准备的人，以及有证据证明其可能已经实施了某种犯罪，并且有可能进一步实施同类犯罪或更严重的犯罪人，如杀人、放火、爆炸、投毒、抢劫、强奸等。

3. 事后预防

事后预防，即对犯罪行为已经实施完成、社会危害结果也已出现的人员进行的预防其重返社会后再次犯罪的治安预防，此类人员主要包括刑满释放人员。这些人员经司法管理部门一定时期的教育改造，多数能悔过自新，成为新公民。但也确实有部分人员由于诸多原因而重新犯罪，其中有些人恶习较深，没有真诚悔

改；有些人受他人的教唆又重蹈覆辙；有些人虽有悔过自新的愿望，但重返社会后，在新的婚姻、生活中遭受挫折或受到歧视时，便自暴自弃，重新犯罪。运用治安行政管理部门的力量，防治刑满释放人员重新犯罪，是治安预防的重要内容。

（二）按犯罪治安预防的时间、空间，可分为特定时间的预防和特定空间的预防

1. 特定时间的预防

特定时间预防，是指公安行政管理部门根据犯罪发生具有时间性的特点而采取的有针对性的预防措施。例如，夏季和深夜是流氓、强奸、抢劫等犯罪的高发时段，节假日、重大公共活动是打架斗殴、非法集会、爆炸等突发事件的高发期，而春节前后又是各种侵财、暴力犯罪的高发时间段。

2. 特定空间的预防

特定空间的防控，是指公安行政管理部门根据犯罪产生的具有特定空间的特点而采取的有针对性的预防措施。例如，重要公共场所，较偏僻的涵洞、街道、照明不好的街道、人员复杂且流动性大的车站，码头、饭店、旅店、各种娱乐健身场所等，均为犯罪多发的空间。

（三）按犯罪治安预防的主体，可分为人的力量预防和物的技术预防

1. 人的力量预防

人的力量预防主要是指公安管理行政部门在治安预防过程中以人的力量为主要依托，充分发挥执法管理者的主观能动性，来达到预防犯罪的目的，如严格执法规范管理、尽职尽责等。

2. 物的技术预防

物的技术预防主要是指公安管理部门在治安预防过程中，在充分发挥执法管理主体主观能动性的同时，也要运用现代科学技术的研究成果，设计和利用各种技术防范手段，实时发现犯罪、阻止犯罪，制服犯罪人的活动和防控措施。例如，在重要的场所装监控器、对通讯活动进行监听等。

（四）按犯罪治安预防的规模，可分为宏观预防和微观预防

1. 宏观预防

宏观预防，是针对特定时期对社会秩序和人民生产生活具有重大影响的犯罪现象或行为，国家公安行政管理部门在较大范围内采取的规模较大的临时性预防措施。它通过较大范围内的统一活动，集中力量对某个领域、某类活动实行重点控制，以防止或阻止某一类或几类犯罪的产生，遏制其增长的趋势。宏观预防具有对象相对集中的特点和预防措施暂时性的特征，如对抢劫机动车辆的查处力度就比较大，范围波及全国，成效也非常明显。

一方面，每一种犯罪存在的社会形态，其犯罪的种类总是多种多样的。不论多么强大的公权力，其人力和财力也都是有限的，不可能对所有的犯罪同时实行全面控制。因此，宏观控制职能是根据一定时期犯罪形势的发展和模式，针对某一类或某几类犯罪，全面布置控制力量，并根据这类犯罪的活动特点采取相应的控制措施。这就使宏观预防的对象必然限定在某一类或几类犯罪上。

另一方面，犯罪现象总是发展变化的。随着社会环境的变化，随着时间的推移，特别是随着治安防控力量在某一方面的强化，原来严重危害社会生存和发展的犯罪可能对社会不再构成严重威胁，而另外一些犯罪则可能对社会构成新的威胁。因此，宏观控制的预防措施的目标必然是暂时的。在某一时期，宏观控制的目标可能是这一类犯罪；而在另一时期内，宏观控制的目标就会变成另一类犯罪。目标的可变化性决定了宏观控制的措施也必然要发生相应的变化，从而使它具有临时性的特点。宏观控制的措施是一种应急性措施，哪里需要，它就出现在哪里，但是不能长时期不间断的使用。

2. 微观预防

微观预防是在容易发生犯罪的各个局部范围内，国家公安行政管理部门有针对性的采取专门性的预防措施，它通过对犯罪率较高的某些场所、某些行业或某些个体开展经常性的防控工作，防治或制止犯罪的发生。

微观预防是在较小的范围内实施的，具有方便、易行的特点。同时，它又可以广泛布点，在较大范围内形成一个有机联系密布结合的网络，从总体上减少犯罪的发案率和预防的成功率。

微观预防的目标不是控制某一类犯罪或几类犯罪的发生，而是预防特定范围内可能发生的各类犯罪。因此，它不随着某一类犯罪或几类犯罪的多少而结束或松懈，而是一项经常性的防控工作。

微观预防是犯罪治安预防的重要组成部分。它是在犯罪的多发区域实施的。在这些区域内，或者存在具有犯罪倾向的人，或者存在诱发犯罪的因素，或者存在有利于犯罪实施或完成的条件或者有便于藏匿犯罪人、工具或赃物的场所。因而，犯罪常常在这些区域内发生。而在这些区域内布控犯罪防控力量，采取一定的预防措施，就可能在各个具体场所及时发现和制止犯罪，降低犯罪的发案率，提高预防的成功率。因此，微观预防对于局部范围内犯罪率的升降具有极为明显的影响。同时，微观预防如果能在较大范围内形成一个有机联系、密切配合的网络，就能全面控制犯罪的发生。

微观预防又是实施宏观控制目标的重要途径。犯罪的治安宏观预防和犯罪的治安微观预防是犯罪治安预防的两个方面、两种类型，它们之间具有密切的联系。宏观预防的目标要通过微观控制并贯穿于微观预防之中才能加以实现。离开微观预防，宏观预防的目标就难以达到。而宏观预防的目标对微观预防又具有指导意义。宏观预防的目标能够帮助微观预防明确自己在特定时期的预防特点，使微观预防更适应于同犯罪斗争的需要。

犯罪的微观预防的内容主要包括以下三个方面：（1）对重点人员的控制，即对部分具有明显犯罪倾向的人所采取的预防措施；（2）对特定场所的控制，即在犯罪多发场所采取预防措施；（3）对特定行业的控制，即在某些容易被犯罪利用的行业所采取的预防措施。

五、犯罪治安预防的地位

犯罪预防是通过消除和减少促进犯罪产生的各种诱因来达到减少乃至最终消灭犯罪的。消除和避免犯罪产生的各种因素包括各个阶段各个方面的防控工作。消除和减少社会政治生活、经济活动和文化建设中出现的各种腐败现象、丑恶现象和不公正不合理的社会现象，以减少和淡化个体与社会之间的矛盾冲突，防治个体及社会观念的形成，加强和改善家庭教育、学校教育和社会教育，防止个体产生犯罪的意识，树立正确的人生观和价值观；加强治安行政管理工作和人民调解工作，防止矛盾激化，制止有犯罪倾向的人实施犯罪行为；加强和完善法治建设，改善和强化刑事司法等，都是犯罪预防的主要方向。犯罪治安预防就是在犯罪预防的一系列活动中的一项具有专门性的预防措施，是犯罪预防的一个重要方面。它通过对具有犯罪倾向或者决意要实施犯罪行为的人采取有效的防范措施，使之放弃或没有机会去实施或完成犯罪。因此，对于犯罪预防的目的来说，这是一种极为有效的手段，在犯罪预防体系中具有不容忽视的地位和作用。

犯罪治安预防虽然在犯罪预防体系中具有重要的地位，但是它并不能完全取代犯罪的其他预防措施，这不仅因为治安预防只能是犯罪预防的一个环节、一个方面、一项措施或一种手段，它无法在犯罪产生的各个阶段都发生作用，而且还因为犯罪治安预防的主要功能是治标而不是治本，它既不能从根本上消除犯罪产生的社会基础，也不能使具有犯罪倾向的人完全打消犯罪的动机和念头。因此，犯罪预防不能完全依赖于治安预防，它的预防作用也是有限的，并需要其他预防措施的互相配合，才能发挥出最佳防控效果。

六、犯罪治安预防的途径

（一）犯罪治安预防途径的概念

犯罪治安预防途径是指国家公安行政管理部门，根据治安预防的对象和特点，运用社会权力，为完成预防任务达到防控目标而采取的各种有针对性的治安预防犯罪的各种手段及措施的活动总和。简言之，治安预防的途径就是采取治安方法的手段及措施的防控过程，即为防控犯罪应采取什么样的手段和措施，如何实施这样的手段，怎么落实此类的防控措施。

（二）犯罪治安预防途径的分类

治安预防途径涉及面广泛，种类也较多，从实施途径的手段和措施及法律效力、强制力的大小、强弱来看可分为法律途径、行政途径和其他途径。

1. 法律途径是指其预防的手段措施均属于法律范畴，具有明显的法律效力，它的强制力也高于行政途径和其他途径，如刑事拘留、交通管制、治安处罚等。

2. 行政途径是指其预防的手段措施均属行政执行的范畴，具有较强的强制力，高于其他预防途径，但低于法律预防的途径，如户籍管理、治安巡查等。

3. 其他途径是指其预防行为、手段或措施，既不是行政的更不具有法律效力的辅助预防的途径，如警民共建工作，警民结对子互助工作，民警以常人身份与朋友、同学的倾心交谈等。

（三）犯罪治安预防途径的地位和作用

治安预防途径的科学与否，其手段和措施能否真正落实，直接影响和决定治安预防犯罪任务的完成和预防目标的实现。因为明确的任务和广大的目标均要通过正确的途径才能保证其圆满完成和顺利实现。治安预防的任务和目标也不例外，它同样要依靠和通过科学正确的预防途径，采取具体的手段和落实针对性的预防措施，以确保治安预防犯罪任务的顺利完成及预防目标的终极实现。因此，治安预防途径在犯罪的治安预防工作中具有十分重要的地位，发挥着不可替代的积极作用。

（四）犯罪治安预防的基本途径

犯罪治安预防的基本途径主要包括实现该途径的一定手段和相应的防范措施，而这些手段和措施的主要依据是《治安管理处罚法》等法律规范。治安防控措施与刑罚惩罚不尽相同，它虽然也会给被处罚人造成一定的痛苦，但其严厉程度弱于刑罚。一般认为，治安防控措施具有强制性、治疗性、教育性的特点。它是国家整个法律行政政策中一种重要的管理处罚方法，与刑罚和其他处罚措施相辅相成，共同发挥预防犯罪的重要作用。

根据治安防控途径和所采取的具体措施不同，我国现有的治安防控途径和措施主要有以下几种：治安管理处罚、强制禁戒与治疗、非人身的治安控制措施等。

（五）犯罪治安预防的具体途径

根据治安防控具体对象的特点及某类犯罪易发的特性，在遵守犯罪治安预防基本途径的基础上，应根据防控对象和犯罪行为的实际情况，实施和采取有针对性的预防犯罪的具体途径和措施，是实现治安预防的基础和保障。

对治安预防对象实施的具体防控途径：

1. 对具有不良习性、实施了违法行为且具有犯罪倾向的人防控。
2. 对准备实施或正在实施犯罪行为的人防控。
3. 对刑满释放和社会服刑人员防控。
4. 对公共场所的防控。
5. 对特殊行业的防控。
6. 对流动人员的防控。
7. 对季节易发时间段的防控。

第四节　刑 罚 预 防

一、刑罚预防的概念

犯罪的刑罚预防是指国家通过刑事立法和刑事司法，运用刑罚手段遏制和预防犯罪的活动。它的具体内容和实现途径包括：（1）通过制定刑事政策和刑事法律，标定犯罪，设置刑罚；（2）通过刑事审判，正确地运用刑罚，给犯罪者应得的惩罚；（3）通过刑事侦查，及时揭露犯罪，查获犯罪人，减少犯罪者避免刑罚的机会和可能；（4）通过执行刑罚，惩罚和改造罪犯，防止其再次犯罪。

二、刑罚预防的特点

（一）刑罚预防的主体是国家立法机关和刑事司法机关

在我国，全国人民代表大会及其常委会是国家立法机关，享有刑事立法权，它通过刑事立法确定打击罪犯的方法和刑罚适用的对象。公、检、法和国家安全机关以及监狱机关，是国家刑事司法机关，分别行使对犯罪的侦查、起诉、审判和执行刑罚的权利，从而最终实现刑罚目的。

（二）刑罚预防的基本方式和手段是刑罚

刑罚是专门适用于犯罪人的最为严厉的制裁方法，表达了国家和社会对犯罪以及犯罪人最为强烈的否定性评价。

（三）刑罚预防的目的在于通过对犯罪者的惩罚和改造，实现对犯罪的特殊预防和一般预防

刑罚只能适用于已经实施犯罪行为的人，惩罚和改造犯罪人即特殊预防，是刑罚设立、适用和执行的首要目的。特殊预防作用是通过对犯罪人施加刑罚，还

可以起到宣传道德律令、教育社会公众、威慑潜在犯罪人的作用，这就是刑罚的一般预防作用。

（四）相对于犯罪的社会预防和心理预防，刑罚预防主要是对犯罪的一种事后控制，而不是事前防范

刑罚的效果不可能触及或消除产生犯罪的社会原因。因此，刑罚预防的作用主要是控制罪犯的数量，是一种治标而不是治本措施，只能成为预防犯罪的补救性手段，而不能成为首选措施。

三、刑罚预防的作用

（一）刑事立法在预防犯罪中的作用

刑事立法是社会对犯罪现象作出的正式反应和控制方法之一，在预防和控制犯罪中起着重要作用。具体表现在：

1. 界定犯罪标准，明确打击对象。国家通过刑事立法，界定犯罪的概念，规定犯罪标准，从而划定了刑罚打击的对象。

2. 设立刑罚以及非刑罚处罚措施，从而规定了打击犯罪的具体手段和方式。我国刑法建立了以主刑和附加刑为基本框架的刑罚体系，规定了以自由刑为中心的具体的刑罚种类，同时规定了赔偿经济损失、训诫、责令具结悔过等若干非刑罚处理方法；在我国刑事诉讼法和监狱法中，规定了执行刑罚的原则、制度和具体方式。

3. 明确专门机关的职能分工及其活动原则，规范刑事诉讼以及刑罚执行程序，保证刑事司法程序正义。

4. 统一与犯罪做斗争的政策、原则和策略，规范和指导刑事司法以及整个预防犯罪活动。

5. 传达道德律令和刑罚禁令，规范人的行为，引导社会心理，抑制犯罪冲动。

（二）刑事司法在预防犯罪中的作用

刑事司法在预防犯罪中发挥着十分重要的作用，主要体现在：公、检、法机关以及监狱机关迅速及时地查获犯罪人，准确公正地适用刑罚和执行刑罚，可以打击犯罪者的气焰，抑制潜在犯罪人的犯罪动机，充分发挥刑罚的威慑作用。公、检、法以及监狱等专门机关通过对犯罪人的侦查、起诉、审判和执行刑罚，可以使犯罪人受到深刻而生动的教育和改造，从而改恶从善，不再犯罪。

第五节　被害预防

一、被害预防的概念与特征

所谓被害预防，是指被害主体为了避免犯罪侵害、预防被害结果的发生而采取的各种减少和杜绝被害的所有措施和手段的总和。其特征是：

（一）被害预防的对象具有多样性和广泛性

不仅公民个人、企事业单位，国家行政机关乃至全社会，均可能成为犯罪危害行为的侵害对象。因此，所有单位、个人和社会都应树立被害预防的意识，都有采取防范措施避免遭受侵害的责任和义务。

（二）被害预防的主体指向是各种易致被害的各方面的不利因素

包括诸如制度不完善、法律不健全、社会管理存在漏洞、个体的不良心理、处理方法不当等。明确被害的易致因素，是做好被害预防的前提和基础，被害预防就是要通过消除和减少易害因素的产生而达到预防被害的目的。

（三）被害预防的手段和方法具有灵活性和多层次性

由于被害预防的对象的特点，决定了其预防手段和方法的灵活多变性。国家和社会主要是通过制定完善的法律制度，实施科学、高效、合理的社会管理，来减少社会矛盾的产生和激化，避免犯罪人的产生和犯罪行为的出现。而社会团体、企事业单位则需要严格管理制度，提高防范意识，加强防控措施来减少和避免产生犯罪的机会和条件，达到预防被害的目的。社会公民和个人则应增强被害的防范意识，消除其本身具有的不良被害因素，如不健康的心理、不道德的行为和不合时宜的生活习惯等，以达到不受犯罪伤害的目的。

二、被害预防的意义

（一）被害预防是整个犯罪预防体系中的重要环节，是和犯罪预防相对应的重要防范措施

犯罪预防主要是针对犯罪人、潜在的犯罪人和引起犯罪发生的原因，而被害预防则是主要针对被害人、潜在被害人以其他易致被害因素。犯罪预防固然重要，因为一般来讲，罪犯是产生犯罪行为的主体，是被害结果产生的主要因素，但不容忽视的是，有些犯罪的发生是由被害方诱引或促成的，有的甚至完全是被害方的责任等。所以，我们在强调和研究犯罪预防的同时，也必须注重被害预防

的探究。只有这样，才能使预防犯罪的体系和内容更加系统和完备，也才能使预防犯罪的效果更加明显，真正达到防控犯罪的最终目标。

（二）被害预防有利于实施犯罪整体预防的战略

以前我们提到犯罪预防往往只注重罪犯，而忽视了矛盾的另一方，即被害人；往往只注重研究罪犯为什么要犯罪，如何减少和避免犯罪人或犯罪行为的产生和出现，而淡化了被害人的言行及被害人在整体犯罪过程中的推动和促进作用，于是就出现了忽视被害人的现象，使罪犯防控工作出现了偏差，效果自然也就不明显了。而强调被害预防，则是注重研究被害人易致害的因素，而减少和避免这些易害因素则能减少被害现象的发生，也就从另一个方面减少了犯罪人进行犯罪的可能和条件。这就要求所有被害预防对象都应从自身做起，注重自身言行，提高预防被害的意识，采取相应措施，减少避免被害现象的发生。从矛盾的另外一个方面来解决犯罪预防的问题，使整体犯罪预防体系更加科学合理和完善。被害预防是我们实施犯罪整体预防战略不可缺少的重要环节。

三、被害预防的内容

（一）对加害人的防范

这是指运用各种有效手段，防止犯罪人的出现或犯罪行为的产生，从而相应地达到预防被害的目的。

1. 防止加害人的产生

通过法治宣传，教育、培养公民的健康心理，提高公民的整体素质，强化公民的遵纪守法意识，以促进社会的公平、正义、和谐，减少或避免加害人的形成和出现。

2. 防止加害行为的产生

对“已然加害人”（犯罪人），应通过刑罚执行，促使其认罪服法，悔过自新，以后不再犯罪，从而达到预防加害行为再次产生的防范目的。

对“潜在加害人”（有可能犯罪的人），应做到早发现、早控制、早教育、早防范，促使其悬崖勒马，打消犯罪的心理和念头，以达到预防新的加害行为产生的目的。

（二）对被害人的防范

1. 对国家社会、机关团体、企事业单位的被害防范

国家社会应在法律、规章制度、政治经济建设、社会稳定、国家安全、和谐发展等客观方面作出积极的努力，促使社会矛盾缓和，防止各种危害国家社会的犯罪行为的出现，从而使国家社会免遭犯罪行为的侵害。

机关和团体应规范自己的工作行为，树立一切为民的理念，杜绝违法、野蛮

行政，防止与公民和单位的对立，避免矛盾的产生和激化，以达到避免遭受不法侵害的目的。

企事业单位应关注所辖公民的切身利益，把民主放在首位，把为群众谋利益落实到一切工作中去，使人们的生存有既定的保障，避免各种矛盾的产生和激化，防止犯罪行为的产生，从而达到预防受害的目的。

2. 对社会个体被害的防范

对社会个体危害的防范，是指采取多种措施和手段，预防被害个体的产生和被害结果的出现。公民成为被害人除客观和偶然的因素外，与其自身的主观因素有着密切的关系。同时，被害人一旦形成，被害结果也就不可避免地出现了。故应注意以下几个方面：（1）每个公民都应牢固树立遵纪守法的观念和意识，首先不做违法乱纪和违背社会道德的事情，因此要避免被害人的形成，注意个人的行为养成。（2）要有一个健康平和的心态及处理问题和解决矛盾的正确方法。（3）对于危险或被害要有一定的预知和敏感性，以便及时采取补救措施，避免或减少被害或受害的程度。

3. 对易被害因素的防范

易害因素是指易被害犯罪分子（加害人）所利用的各种主客观条件的综合。

（1）主观因素。易被害人群，是指具有某些特性而极易遭犯罪分子侵害的群体。这些易被害因素是个体特有的，是人的因素，具有一定的主观性，如贪财贪色者、贪权者、逞强好斗者、疏忽大意者等，都极易成为易害对象。因此，具有上述不良品行和思想的人，更应该加强自身的被害防范。

（2）客观因素。主要是指易被犯罪分子（加害人）利用或犯罪行为多发生的时间和空间。它是一种客观存在，是不以人们的主观意志为转移的。例如，在时间上，节假日前后侵财犯罪相对较多，春夏季性犯罪相对集中；在空间上，公共场所群殴、盗窃犯罪较多，而偏僻地段则抢劫、强奸、杀人等犯罪极易发生。所以，我们应该根据不同的时间和地点，教育和指导人们有针对性地采取多种方式进行被害预防。

四、被害预防的阶段

根据被害预防的发展过程，可将其分为被害前预防、被害中预防和被害后预防三个不同阶段。

（一）被害前预防

被害前预防，是指在被害行为发生之前所进行的一种提前防范的被害预防阶段。其防范措施是：（1）要牢固树立预防被害的意识，且各种防范措施要提前落实到位，杜绝任何侥幸心理。（2）注意观察和发现周围的异常情况，及时采取相应的防范措施。(3) 注意自身的言行，合情合理地处理各种情况，不惹事、不激化矛盾。(4) 可适时报警或求救。

（二）被害中预防

被害中预防，是指在被害行为发生过程中所采取的一种被害预防的阶段。其作用和目的是要将被害后果减少到最低限度。其预防措施是：(1) 必须做到冷静，切忌惊慌失措，盲目冲动。(2) 即时对所处被害状态进行评价，并立即采取相应的解救措施。(3) 注意尽可能多地准确记下或保全加害人的特征及相关情况的物证，并及时向公安机关提供。(4) 可适时报警或求救。

（三）被害后预防

被害后预防，是指在犯罪侵害已经完成、被害已成事实的情况下，对再度被害及恶性逆转等采取防范的阶段，其作用和目的是杜绝再次被害或继续加深被害的恶性程度。其预防措施是：(1) 伺机脱离加害人的控制，避免受继续加害或恶性加害的可能性。(2) 切忌轻易刺激或者激怒加害人，更不可轻言"我认识你"、"我记住你了"和"我要报警，你跑不了"等，以避免遭受进一步的伤害。(3) 即时对所处被害后的状态进行评估，并立即采取相应的防范和解救措施。(4) 尽可能多地掌握加害人及相关信息和特征，并及时向有关部门汇报。(5) 适时报警或向周围人求救。(6) 对被害采取相应的安慰和保护措施。

五、被害预防的措施

被害预防的措施可分为：传媒手段防范、法律手段防范、人防、物防和技术防范五个方面。

（一）传媒手段防范

传媒手段防范是指社会有关部门通过传播媒介及多种教育渠道与形式，提高全体社会成员的被害防范意识。针对一定时期内犯罪状况和被害特点，使用电视、录像、报刊、标语等进行专门的宣传和教育，形成一个防范性很强的被害预防氛围。

（二）法律手段防范

建立健全有关保护被害人合法权益的法律法规制度，如被害人赔偿法（补偿法）等，保障被害人在诉讼中的权益不受侵害，确保被害人相应的法律地位，给被害人以法律上的支持和保护。

（三）人防

人防主要是指社会个体，使用有关的预防犯罪知识、经验和技能，避免犯罪侵害的防范措施。主要包括：个人有意识地避免形成某种被害倾向性；个人要遵循社会规范和社会道德常识等准则行事，以免陷入某种犯罪情景导致犯罪被害；

个人要学习、运用预防被害知识、经验和技能。

（四）物防

物防主要是利用物的特性来防范被害的预防措施。例如，建设道路要同时修建路边的照明设备，减少废弃房屋的存在，学校、医院、银行等尽量不在偏远地段设置。加强对危险物品的管理和控制，加强对关乎民生的食品、药品等日常必需品的检查力度，避免加害人利用物的漏洞对人的侵害。

（五）技术防范

技术防范主要是指运用先进的科学技术和设备来监控犯罪行为、侦破犯罪案件，以达到保护被害人的防范措施。主要包括：

1. 利用监控设施及时发现可疑人员、犯罪行为，采取有效措施，防范被害行为的产生，达到被害预防的目的。同时监控录像的存在又可为及时破案、抓获犯罪人提供强有力的技术支持和保障，能起到震慑犯罪行为人的作用。

2. 利用先进的科学技术，能快速、准确地侦破犯罪案件，不仅能有效地震慑犯罪，也能及时有效地保护被害人和可能受害的其他公民，起到打击和预防的双重防范作用。

延伸阅读

联合国预防犯罪和刑事司法委员会

联合国预防犯罪和刑事司法委员会（U. N. Commission on Crime Prevention and Criminal Justice，CCPCJ）是根据联合国经社理事会1992年2月6日通过的1992年1号决议，于1992年4月21日在维也纳联合国会议中心正式成立，为联合国经济社会理事会职司委员会之一。预防犯罪和刑事司法委员会闭会期间，日常业务由设在维也纳的预防犯罪和刑事司法处负责处理。该委员会的前身最早是专家咨询委员会，后者于1971年被以技术工作为重点的犯罪预防和控制委员会所取代，使联合国在刑事司法政策方面的工作覆盖面更加广泛。随后，根据1991年在凡尔赛宫举行的一次部长级会议中达成的政治协议，成立预防犯罪和刑事司法委员会。

该委员会的职能和主要活动是：在预防犯罪和刑事司法领域向联合国提供政策指导；促进、监测和审查联合国预防犯罪和刑事司法方案的执行；促进并协调区域和区域间的研究活动；动员成员国支持联合国预防犯罪和刑事司法方案；筹备预防犯罪大会并审议大会提交的工作方案。经社理事会规定了该委员会的任务和首要工作：包括采取国际行动打击各国和跨国犯罪，如集团犯罪、经济犯罪、洗钱等；加强刑法在环境保护方面的作用；预防城市犯罪，如青少年犯罪与暴力；以及提高刑事司法管理体制的效率和公正性。（见1992年第22号决议）

中国于1980年恢复参与联合国预防犯罪和刑事司法领域工作，现为该委员会成员及《联合国打击跨国有组织犯罪公约》缔约国之一。中国出席了联合国预防犯罪和刑事司法委员会历届会议。

截至2004年3月，中国已与42个国家签订了66项司法协助条约和引渡条约，并加入了20余项涉及国际司法合作的多边国际公约。此外，中国还签署、批准了11项关于打击恐怖主义的国际公约。作为国际社会的一员，中国愿加强与各国在预防犯罪和刑事司法领域的交流与合作，为维护中国及世界的和平与发展承担应尽的责任，并作出不懈努力。

第十五章

刑事政策

第一节　刑事政策概述

一般认为，现代“刑事政策”一词起源于德国，最早是被誉为“刑事政策之父”的德国学者费尔巴哈于1803年在其所著的《刑法教科书》中使用。“刑事政策”这一术语虽然由来已久，如今在世界各国也被广泛使用，但对其理解，无论是从理论研究的角度，还是就各国的刑事政策实践看，都远未达成一致。

一、刑事政策的概念

（一）学术分歧

迄今为止，对于如何界定刑事政策，学者们的认识大相径庭，存在很大的分歧，学者们各抒己见，无法统一。

国外学者的代表性观点：

首先提出刑事政策概念的费尔巴哈认为：“刑事政策是国家据以与犯罪作斗争的处罚措施的总和。”①

德国刑法学家李斯特认为：“刑事政策是国家和社会据以与犯罪作斗争的原则的总和。”②

① ［法］米海依尔·戴尔玛斯－马蒂：《刑事政策的主要体系》，卢建平译，法律出版社2000年版，第1页。

② 杨春洗主编：《刑事政策论》，北京大学出版社1994年版，第4页。

法国学者马克·安赛尔认为：“刑事政策是由社会，实际上也就是从立法者和法官的思维角度出发，由立法者和法官在认定法律所惩罚的犯罪，保护‘高尚公民’时所作的选择。”①

法国学者米海依尔·戴尔玛斯－马蒂认为：“刑事政策就是社会整体据以组织对犯罪现象反应的方法的总和，因而是不同社会控制形式的理论与实践。”②

我国学者的代表性观点：

我国台湾地区学者林纪东认为：“刑事政策的含义，可分为广义与狭义两说。广义说认为刑事政策是探求犯罪的原因、从而树立防止犯罪的对策。狭义说则认为刑事政策是探求犯罪的原因，批判现行的刑罚制度，及各种有关制度，从而改善或运用现行刑罚制度，及各种有关制度，以期防止犯罪的对策。”③

储槐植教授认为：“我国的刑事政策是我们党和国家为有效地惩罚和预防犯罪，依据我国的犯罪状况和犯罪产生的原因而确定的，对犯罪行为和犯罪人，区别不同情况，运用刑罚或其他处遇手段的行动准则和方略。”④

王牧教授认为：“狭义的刑事政策是指国家打击和预防犯罪而运用刑事法律武器与犯罪作斗争的各种手段、方法和对策。它涉及的内容主要是刑事立法、司法和司法机关的刑事惩罚措施。广义的刑事政策是指国家打击和预防犯罪而与犯罪作斗争的各种手段、方法和对策。它不仅包括以直接防止犯罪为目的的各种刑罚政策，还包括能够间接防止犯罪的各种社会政策。”⑤

中外学者的上述刑事政策定义，在刑事政策的主体范围、目的、手段、领域、表述的中心词几个基本方面存在明显的分歧或不同，因而刑事政策被区分为广义、狭义与最狭义三种。

（二）概念

结合上述各国学者的论述和我国的实际情况，并借鉴政策学的研究成果，我们认为，刑事政策是指社会公共权威综合运用刑罚、非刑罚的方法与各种社会手段，为了维护社会稳定，实现社会正义，所采取的预防犯罪、控制犯罪的策略。

具体来讲，刑事政策包括以下几个方面的具体含义：⑥

---

① ［法］马克·安赛尔：《新刑法理论》，卢建平译，香港天地图书有限公司1990年版，第12页。

② ［法］米海依尔·戴尔玛斯－马蒂：《刑事政策的主要体系》，卢建平译，法律出版社2000年版，第1页。

③ 林纪东：《刑事政策学》，（台）“国立”编译馆1969年版，第3页。

④ 储槐植：《刑事政策：犯罪学的重点研究对象和司法实践的基本指导思想》，载《福建公安高等专科学校学报》1999年第5期。

⑤ 王牧主编：《新犯罪学》，高等教育出版社2005年版，第334页。

⑥ 侯宏林：《刑事政策的价值分析》，中国政法大学出版社2005年版，第77～89页。

1. 刑事政策的主体是国家等公共权威

具体来说，就是执政党、国家机关、党和国家领导人等各种社会公共权威。执政党和政府等国家机关既是刑事政策的决策者，同时也是刑事政策的执行者，是完全意义上的刑事政策的主体。西方公共政策学理论认为，政府是公共政策的当然主体，刑事政策作为公共政策的一种，政府理应成为其主体。但是在中国，作为执政党的中国共产党在中国公共决策中占据着领导地位，这已为中国宪法所确认，得到了公共政策学者的公认，所以，中国公共政策之主体当然包括执政党——中国共产党，刑事政策的主体也应如此。国家机关包括立法机关、行政机关、司法机关。在我国国家机关体系中，各级人大、行政机关和特定的司法机关均可成为刑事政策的主体，这与享有立法权不同。

2. 刑事政策的对象是广义的犯罪

犯罪概念是刑事政策理论体系中的核心概念。解决犯罪问题的冲动和需求催生了刑事政策；犯罪态势构成了刑事政策的现实根据；犯罪理论是刑事政策的必要理论前提；对犯罪的预防、控制，对犯罪人的矫正处遇构成所有刑事政策的核心。但这里的犯罪不是刑法学上的狭义犯罪，而是犯罪学意义上的广义犯罪。之所以如此理解，是由刑事政策的根本目的决定的。

3. 刑事政策的目的是预防和控制犯罪，保障自由、保护秩序、实现正义

预防犯罪、控制犯罪是刑事政策的直接目的，保障自由、保护秩序、实现正义是刑事政策的根本目的。刑事政策应以预防和控制犯罪为目的，不具有如此目的之政策即使客观上具有预防、减少、抑制犯罪的效果，也不宜归入刑事政策的范围。预防犯罪侧重于事前和事后的预防，体现了刑事政策的防御性特征；控制犯罪则强调惩罚和打击，体现了刑事政策的进攻性特征。自由、秩序与正义是刑事政策的根本目的，也是刑事政策的根本价值目标。预防犯罪、控制犯罪的直接目的，如果不是为了保障自由与人权、保护秩序与安全、实现公平与正义，就失去了存在的合理根据。自由、秩序、正义则是刑事政策决策和执行过程中进行选择、分配的最为重要的价值。

4. 刑事政策的手段包括刑罚、非刑罚方法和其他各种为防控犯罪而采取的社会手段。刑事政策的手段，从历史发展来看，经历了一个从刑罚到类似作用制度再到其他各种手段的不断扩展的过程。刑罚是刑事政策手段的核心。对于已然的犯罪而言，不论是侦查、审判起诉还是执行，都是以刑罚这种国家所垄断的特别暴力的运用为核心的。手段虽经扩展，但刑法正如米海伊尔·戴尔马斯－马蒂所说的是“刑事政策最重要的核心、最高压区和最亮点”。但要实现刑事政策的目的，刑法和刑罚有非常大的局限性，对于未然的犯罪而言，需要运用各种综合手段，尤其是针对犯罪原因的手段。李斯特说过，“最好的社会政策，也就是最

好的刑事政策”。

5. 刑事政策的内容是治理犯罪的策略。作为刑事政策的策略是指预防、控制犯罪的路线、方针、战略、方式、方法、措施等，是这些宏观和微观策略所组成的有机整体，不能片面地强调某一方面。

6. 刑事政策的渊源包括执政党的政策性文件、国家机关的政策性文件和领导人的讲话等。

二、刑事政策的分类

刑事政策的分类，可以从多个角度、多个层面进行。结合政策学的分类方法，并借鉴刑事法学界对刑事政策分类的研究成果，主要有以下分类：

（一）根据刑事政策所处的层次分类

根据刑事政策所处的层次来分，分为总刑事政策、基本刑事政策、具体刑事政策。

总刑事政策是用以指导一定历史时期防控犯罪活动的全局性、高度原则性的方针，它在刑事政策体系中处在最高层次。总刑事政策是其他各项刑事政策的出发点和基本依据。总刑事政策的基本功用在于保障其他各项政策遵循同一套刑事政策的理念，谋求实现统一的政策目标。在我国，社会治安综合治理是总刑事政策。

基本刑事政策是党和国家制定的，对一切犯罪及其他有关危害行为作斗争具有普遍意义的方针、策略和准则。基本刑事政策能够长期指导全部刑事立法、刑事司法及其他有关活动，具有全局性和整体性的重要指导作用，如我国一直奉行的“惩办与宽大相结合”就是基本刑事政策。

具体刑事政策是党和国家制定的，针对特定时期，特定犯罪态势及其危害行为的方针、策略和准则。一般来说，具体刑事政策具有短期性、局部性的时空特点，如“少捕、少杀、慎捕、慎杀”政策是我国的具体刑事政策。

（二）根据刑事政策所运用的手段和所涉及的领域分类

根据刑事政策所运用的手段和所涉及的领域来分，分为划分刑事法律政策与刑事社会政策。

刑事法律政策是指社会公共权威运用刑事司法手段防控犯罪的策略，是总刑事政策在刑事法领域的具体化。根据所作用的刑事法的不同领域，刑事法律政策又可细分为刑事立法政策、刑事司法政策、刑事执行政策。

从犯罪学角度看，是从下列意义上来理解“社会政策”这一概念的，即国家为解决某些社会问题所拟定与实施的政策与措施，特别是指那些与犯罪现象的产生、发展和预防、控制有密切联系的各项政策。它是侧重于处理和解决各种社会问题，保持社会稳定、健康、持续发展的行动指南。

（三）根据刑事政策的横向过程分类

根据刑事政策的横向过程来分，可以将刑事政策分为刑事立法政策、刑事司法政策、行刑处遇政策和犯罪预防政策。

第二节 我国的基本刑事政策

自中华人民共和国成立后至今，我国基本刑事政策经历了从“惩办与宽大相结合”到“严打”再到“宽严相济”的发展历程。下面详述之。

一、惩办与宽大相结合政策

惩办与宽大相结合的刑事政策是我国最基本、最重要的刑事政策之一，它的形成经历了从镇压与宽大相结合的政治斗争策略（镇压与宽大相结合政策又经历了镇压与宽大两个政策到镇压与宽大相结合为一个政策的过程）到惩办与宽大相结合的刑事政策的过程，它最早源于革命战争时期毛泽东提出的镇压与宽大的对敌斗争策略，具有明显的政治斗争策略色彩。1956 年，镇压与宽大相结合的政治斗争策略正式定型为惩办与宽大相结合的政策，内容更加全面、具体，以后这一政策逐渐适用于各种刑事犯罪，从此成为我国最基本、最重要的刑事政策之一。

（一）惩办与宽大相结合政策的发展演变

早在第一次国内革命战争时期，毛泽东就曾指出，为了把土豪劣绅的威风打下去，必须分别不同情况，实行区别对待，采取多种斗争方法，其中包括对罪大恶极的土豪劣绅使用最严厉的镇压手段。

在第二次国内革命战争时期，毛泽东坚决抵制和批判“左”和“右”机会主义路线在对敌斗争方面的错误政策，并使镇压与宽大政策在法律中得到体现。1934 年 4 月 8 日颁行的《中华苏维埃共和国惩治反革命条例》是代表性法规和立法司法经验的结晶，其中明确规定，对于一切图谋推翻或破坏苏维埃政府及工农民主革命的反革命分子，区分不同情况进行处罚。对于那些严重危害人民的重大反革命分子、首要分子和再犯分子要严惩，甚至判处死刑；而对那些被他人胁迫以及自首、坦白和立功的分子，则规定减轻或免除其处罚。一般认为，该条例中已经体现了镇压与宽大的内容。

在抗日战争时期，面对国内形势的变化，1940 年 12 月 25 日，毛泽东在其为中共中央写的对党内的指示《论政策》一文中指出，关于锄奸政策。应该坚决地镇压那些坚决的汉奸分子和坚决的反共分子，非此不足以保卫抗日的革命势力。但是绝不可多杀人，绝不可牵涉任何无辜的分子。对于反动派中的动摇分子和胁从分子，应有宽大的处理。

1942 年 11 月 6 日，中共中央根据各抗日根据地执行宽大政策中出现的某些偏差，作出了《中共中央关于宽大政策的解释》，明确提出镇压与宽大政策，同时提出了镇压政策与宽大政策的界限。至此，镇压与宽大还是两个政策，分别对不同的人实行：镇压政策主要适用于那些首要分子，宽大政策主要适用于那些服从分子。

解放战争时期，斗争的对象主要是国民党反动势力。在这一时期，镇压与宽大政策由于其内容已经具体化，因此这一政治斗争策略得到了进一步发展。

中华人民共和国成立初期，在人民民主专政的国家政体下，镇压反革命成为首要的政治任务，也是刑法的任务。在镇压反革命运动中承续并发展了镇压与宽大的政策，并且明确提出了镇压与宽大相结合的政策。

1949 年 9 月，我国临时宪法《共同纲领》第 7 条规定："中华人民共和国必须镇压一切反革命活动，严厉惩罚一切勾结帝国主义、背叛祖国、反对人民民主事业的国民党反革命战争罪犯和其他怙恶不悛的反革命首要分子。对于一般的反动分子、封建地主、官僚资本家，在解除其武器，消灭其特殊势力后，仍需依法在必要时期内剥夺他们的政治权利，但同时给以生活出路，并强迫他们在劳动中改造自己，成为新人。假如他们继续进行反革命活动，必须予以严厉的制裁。"这一具有宪法性质的规范表明了对反革命进行镇压与宽大相结合的政策。

《惩治反革命条例》一方面规定了对那些罪大恶极为人民所痛恨的反革命分子，必须予以镇压；另一方面又规定，对一切自首、坦白、立功赎罪的胁从分子，予以宽大处理。

镇压与宽大相结合的政策，毕竟产生于战争年代，具有明显的政治斗争的色彩。在革命战争年代及中华人民共和国成立初期，它基本上是作为对敌斗争中的政治手段或策略而产生并加以运用的，适用于解决敌我矛盾。随着历史的演进，在我们党和国家面对同犯罪作斗争的任务的时候，逐渐把它作为同犯罪作斗争的策略，并最终成为同犯罪作斗争的基本刑事政策。当我国的主要矛盾不是阶级矛盾时，该政策的历史使命即告终结，而应代之以新的刑事政策，此即"惩办与宽大相结合"的刑事政策。

1956 年 9 月，刘少奇同志代表中共中央向中共八大所做的政治报告中首次提出惩办和宽大相结合的政策名称。同年 9 月 19 日，罗瑞卿同志在中共八大第一次会议上作的《我国肃反斗争的主要情况和若干经验》的报告指出，党在肃反斗争中的严肃与谨慎相结合的方针，体现在对待反革命分子的政策上，就是惩办与宽大相结合的政策，它的具体内容就是：首恶必办，胁从不问，坦白从宽，抗拒从严，立功折罪，立大功受奖。惩办与宽大，两者是密切结合不可偏废的。

惩办与宽大相结合政策是中国共产党在长期的革命斗争中和新中国的建设中，在总结正反两方面的经验过程中，逐步形成和发展起来的一项基本刑事政策，是对镇压与宽大相结合政策的继承与发展。

1979 年 7 月，第五届全国人民代表大会第二次会议通过了《刑法》，其中第 1 条明确规定，中华人民共和国刑法……依照惩办与宽大相结合的政策……制定。从此这一政策被法律化了。这标志着作为基本刑事政策的惩办与宽大相结合政策的进一步完善。

（二）惩办与宽大相结合刑事政策的内容演变

惩办与宽大相结合政策的内容较之从前的镇压与宽大相结合政策更加完整系统，在理论上，惩办与宽大相结合的政策是我国的基本刑事政策。其 6 个方面的传统内容因为阶级斗争形势和政治经济形势不同而发生了一些变化，而且其精神实质也被进一步发展了。

1. 传统内容

“首恶必办”是指对罪行严重的反革命分子，必须坚决惩办。“首恶”一般指罪大恶极、不思改悔者。“必办”通常是指坚决的镇压，包括处以重刑和极刑。

“胁从不问”是相对“首恶必办”而言，指对那些被欺骗、收买、裹胁、强迫参加反革命活动的分子，未做坏事或未做较大坏事，凡是能够放弃先前立场，不继续为害的，均给以宽大处理，包括释放、不逮捕或者免除追究。

“坦白从宽”是指反革命分子或者其他犯罪分子主动坦白交代自己的罪行，就可以受到较宽大的处理，包括免除追究刑事责任。

“抗拒从严”是指反革命分子或者其他犯罪分子顽固抵赖，拒不认罪交代，无悔改之意，就要受到较严厉的处理。

立功折罪、立大功受奖。“立功”或者“立大功”是指反革命分子或者其他犯罪分子实施犯罪以后，不但能够坦白交代自己的罪行，真诚悔过，而且能够反戈一击，回过头来帮助有关部门查处其他犯罪。“立功”或者“立大功”则是指检举、揭发共犯人或其他犯罪分子，或者以提供线索等方式协助司法机关破获重大案件或捕获犯罪人等。所谓“折罪”，即以后来立功减其先前之罪，作为事后情节，可以从轻发落，甚至免除处罚。如果功劳大，还可以受到适当奖励。

2. 现代含义

惩办与宽大相结合刑事政策内容已经在我国 1979 年、1997 年《刑法》，

1979 年、1996 年《刑事诉讼法》中得到了较好的体现，因此其传统内容已经法律化了，我们需要从刑事法角度去掌握其精神实质。

一般认为，区别对待，宽严相济，分化瓦解，打击少数，教育改造多数是这一刑事政策的主要精神实质。

区别对待是惩办与宽大相结合政策的基本要求。它是指对犯罪分子要根据其犯罪行为的社会危害性及其程度和犯罪分子的人身危险性及其大小，实行区别对待，处理有轻有重。

宽严相济是惩办与宽大相结合政策的中心内容。宽和严密切结合，有宽有严。它要求惩办与宽大必须兼顾，不可偏废；惩办与宽大都要有必要的限度，即毛泽东所指出的："如同宽大应有边，镇压也应有边，无边是不对的。"宽中有严，严中有宽；宽和严有张有弛。

分化瓦解是惩办与宽大相结合政策的斗争策略要求。

打击少数，争取、挽救、教育和改造多数是惩办与宽大相结合刑事政策的立足点、归宿和目的。

二、"严打"刑事政策

"严打"是"从重从快严厉打击刑事犯罪活动"的简称，是我国进入 20 世纪 80 年代以来，面对违法犯罪升级、蔓延而采取的一项重要刑事政策，伴随了我国 20 多年的改革开放与经济建设历程。

（一）严打政策的历史发展

1982 年 1 月 11 日《中共中央紧急通知》、1982 年 3 月 8 日第五届全国人民代表大会常务委员会通过《全国人民代表大会常务委员会关于严惩严重破坏经济的罪犯的决定》、1982 年 4 月 13 日《中共中央、国务院关于打击经济领域中严重犯罪活动的决定》的公布，标志着我国实际上开始了严厉打击严重经济犯罪的"严打"斗争。

1983 年 8 月全国政法工作会议召开、1983 年 8 月 25 日中共中央发出《关于严厉打击刑事犯罪活动的决定》以及 1983 年 9 月 2 日全国人大常委会通过了《全国人民代表大会常务委员会关于严惩严重危害社会治安的犯罪分子的决定》和《全国人民代表大会常务委员会关于迅速审判严重危害社会治安的犯罪分子的程序的决定》，标志着严厉打击社会治安领域犯罪活动的"严打"斗争正式启动。从此，"严打"几乎在所有社会生活领域展开，中国因此进入以"严打"作为对社会进行法律控制和政治控制的重要手段时期。

从 1982 年在经济领域开始的"严打"至 2004 年淡出，20 多年历经 3 大阶段。在 3 个阶段中除 1985 年外，我国每年都组织"严打"战役或者"严打"专项斗争。

第一阶段是1983年9月开始的为期3年的第一次“严打”斗争。这次“严打”取得了立竿见影的效果，1984年全国立案数就回落到51万起，此后3年虽略有回升，但幅度不大。但是从1988年开始，全国刑事案件立案数又开始大幅回升，1990年达到221.6万起，1991年达到了236.5万起，为此我国开展了第二次全国范围内的“严打”运动。经过严打，治安形势短期内有明显好转。但是此后犯罪率又猛烈反弹，因此，2001年4月2日至3日，党中央和国务院在北京召开了启动第三次全国范围内“严打”的全国治安工作会议，开展了全国范围内的第三次“严打”。经过此次“严打”，2002年全国刑事案件立案率10年来首次出现下降。①

（二）严打政策的定位

关于严打的政策定位，理论界存在两种观点：第一种观点认为，严打政策是一种具体的刑事政策，是“惩办与宽大相结合政策”中“惩办”的一面。该观点认为，“依法从重从快”这一具体刑事政策与惩办与宽大相结合的刑事政策的精神是完全一致的，不是对立相悖的。那种认为我国基本刑事政策已经改变的观点是没有根据的错误认识。这种观点把惩办与宽大相结合理解为基本刑事政策，而严打是具体刑事政策。因此在一个时期强调从重从快，并不会导致对惩办与宽大相结合的刑事政策的根本否定。第二种观点认为，严打实际上已经取代了“惩办与宽大相结合”的刑事政策而成为基本刑事政策。笔者赞同这种观点，理由如下：

1. 惩办与宽大相结合的刑事政策与严打刑事政策在内容上是相抵触的

尽管惩办与宽大相结合的刑事政策包括了惩办与宽大两个方面，但并不是惩办政策与宽大政策的简单相加，而是惩办政策与宽大政策的有机结合，这种结合才是它的本质所在。严打虽然在逻辑上可以包含在惩办的范畴之内，但它过分强调了从重从快，将惩办政策的一面张扬到了一个极端，这势必影响到宽大政策的落实。正如我国学者所言，严打政策只是体现出惩办与宽大相结合中惩办的一面，或称为“重重”的一面，而远非犯罪控制的全部内容。因此，严打刑事政策在内容上与惩办与宽大相结合的刑事政策相结合的刑事政策是存在抵触的，采用严打刑事政策意味着一定时期内惩办与宽大相结合的刑事政策的搁置。事实上也是如此，可捕可不捕的不捕，可杀可不杀的不杀，这些体现惩办与宽大相结合的刑事政策都不适用于严打。

① 卢建平主编：《中国刑事政策研究综述》，中国检察出版社2009年版，第260页。

2. “严打”政策的精神贯穿了刑事立法和刑事司法的全过程

基本刑事政策的重要表征是它既指导司法实践，也指导立法。1997 年修订《刑法》时，删除了 1979 年《刑法》第 1 条中惩办与宽大相结合的内容。对此，参加立法工作的领导同志的解释是：惩办与宽大相结合政策是我们党和国家同犯罪作斗争的基本刑事政策。这些政策对于争取、改造多数，孤立、打击少数，有着重要作用。由于刑法根据犯罪的不同情况作了一系列区别对待的规定，这一政策已经体现在具体规定中，因此，刑法中不再专门规定惩办与宽大相结合政策。这一说法遭到了专家的质疑。

实质上，自从严打政策出台后，我国无论是在刑事立法上还是在刑事司法实践中，均体现了“严打”政策的精神。在刑事立法层面，“严打”政策出台以来，随之而来的是大规模的修改刑法，基本方向是由轻变重。据统计，1983 年严打以后到 1997 年修订《刑法》之时，全国人大常委会通过了 24 个决定和补充规定，增设罪名数十种，死刑罪名也大为增加：从 1979 年《刑法》的 28 个死刑罪名增至 74 个死刑罪名。[①] 在刑事司法层面，为了强调“从快”，缩短了诉讼期间，全国人大常委会于 1983 年 9 月 2 日颁布实施《关于迅速审判严重危害社会治安的犯罪分子的程序的决定》，对于杀人、强奸、抢劫、爆炸和其他严重危害社会安全应当被判处死刑的犯罪分子，法院可以不遵守在 7 日内向被告人送达起诉书副本以及各项传票、通知书送达期限的规定，可以不预先通知开庭时间，上诉期限也由 1979 年《刑事诉讼法》规定的 10 日缩短为 3 日；在缩短诉讼期间的同时，我国还通过修改法院组织法的方法，将某些案件的死刑核准权交由高级人民法院和解放军军事法院行使，以求提高诉讼效率。

（三）严打政策的嬗变与发展[②]

从 1983 年第一次“严打”发展到 2001 年“严打”，历经 20 年，在历次“严打”的嬗变与发展过程中，“从重从快”“严打”刑事政策也在发生着重大变化。这些变化标志着“严打”刑事政策逐步成熟和走向理性。

1. “严打”的对象和目的日趋科学和符合实际

一方面，“严打”对象的政治色彩逐渐消除。1983 年“严打”对象包括写反革命标语、传单、挂钩信、匿名信的现行反革命分子，以及有现行破坏活动的林彪、“四人帮”反革命集团残余分子。到了 1996 年、2001 年“严打”，其对象都限定在严重普通刑事犯罪，如暴力犯罪、抢劫犯罪、黑恶社会团伙等。而且打击

① 陈兴良主编：《中国刑事政策检讨——以“严打”刑事政策为视角》，中国检察出版社 2004 年版，第 125 页。

② 汪明亮：《“严打”理性评价》，北京大学出版社 2004 年版，第 41 页。

对象从“浮在面上”为主发展到深挖深层次犯罪和深挖“保护伞”。

另一方面，“严打”的目标日趋符合实际。1983 年的“严打”目标是在 3 年内实现社会治安的根本好转，1996 年的“严打”目标是解决当前突出的社会治安问题，2001 年的“严打”目标是实现两年社会治安明显进步。

2. “严打”的主体从多元化向单元化发展

1983 年“严打”强调在党委的统一领导下，党政军等有关部门齐动手，开展“严打”斗争，当时把判处死刑的权限交由县区级的法院，县区级的领导直接可以决定判处死刑，公、检、法部门联合办公，“严打”主体为多元化。1996 年和 2001 年的“严打”主体仅限于司法机关，非司法机关不直接参与“严打”斗争。

3. “严打”的手段从单一向多元发展

1983 年、1996 年的“严打”强调的是“从重从快”的打击手段，忽视对犯罪的预防。2001 年的“严打”，不再是单纯的“从重从快”，而是要求“严打整治”，在打击之外，还注重“打防结合”，治标与治本结合。

三、宽严相济刑事政策

（一）宽严相济刑事政策的提出

2004 年 9 月，中国共产党十六届四中全会提出了“构建社会主义和谐社会”的命题，围绕这一命题，党在许多领域相继进行了工作思路的调整。2004 年 12 月，罗干在全国政法工作会议上提出：“正确运用宽严相济的刑事政策，对严重危害社会治安的犯罪活动严厉打击，绝不手软，同时要坚持惩办与宽大相结合，才能取得更好的法律和社会效果。”2005 年 3 月，最高人民法院的工作报告在介绍 2004 年的工作时说：“坚持‘严打’方针和宽严相济的刑事政策，严把案件事实关、证据关、程序关和适用法律关，加强司法领域的人权保障。对罪行极其严重的，依法核准死刑；对罪行虽然极其严重，但有法定从轻、减轻处罚情节或者不是必须立即执行的，依法改判死缓或无期徒刑；对事实不清、证据不足的依法发回重审。”但该年度的最高人民检察院工作报告，还没有谈及“宽严相济”的刑事政策。

2005 年 12 月，罗干在全国政法工作会议上要求政法机关要更加注重运用多种手段来化解矛盾纠纷，更加注重贯彻宽严相济的刑事政策，促进社会和谐稳定，并明确指出宽严相济是“指对刑事犯罪区别对待，做到既要有力打击和震慑犯罪，维护法制的严肃性，又要尽可能减少社会对抗，化消极因素为积极因素，实现法律效果与社会效果的统一”。随后，在 2006 年 3 月召开的第十届全国人大第四次会议上，最高人民法院、最高人民检察院的工作报告均对此作出回应：最高人民法院的工作报告在介绍2005年刑事审判和执行工作时指出，人民法院“贯彻宽严相济的刑事政策，对罪当判处死刑但具有法定从轻、减轻处罚情节或者不是必须立即执行的，依法判处死缓或无期徒刑。对认定事实不清、证据不足的案件，依法发回重审”。在谈到2006年的工作安排时，最高人民法院指出，要“坚持宽严相济的刑事政策，对犯罪情节轻微或具有从轻、减轻、免除处罚情节的，依法从宽处罚”。最高人民检察院的工作报告也指出，2005年全国检察机关认真贯彻宽严相济的刑事政策，坚持区别对待，对严重刑事犯罪坚决严厉打击，依法快捕快诉，做到该严则严；对主观恶性较小、犯罪情节轻微的未成年人、初犯、偶犯和过失犯，贯彻教育、感化、挽救方针，慎重逮捕和起诉，可捕可不捕的不捕，可诉可不诉的不诉，做到当宽则宽。

2006年10月召开的十六届六中全会通过了《中共中央关于构建社会主义和谐社会若干重大问题的决定》，其中明确要求“实施宽严相济的刑事司法政策，改革未成年人司法制度，积极推行社区矫正”。同年11月，全国政法工作会议提出，在和谐社会建设中，各级政法机关要善于运用宽严相济的刑事司法政策，最大限度地遏制、预防和减少犯罪。

2007年3月，最高人民检察院在全国人大会议上的工作报告中，就做好2007年的检察工作提出：要“贯彻宽严相济的刑事司法政策，最大限度地增加和谐因素。宽严相济是我国的一项重要刑事司法政策，在和谐社会建设中更具有现实意义。最近，最高人民检察院在深入调查研究的基础上，制定了《关于在检察工作中贯彻宽严相济刑事司法政策的若干意见》。检察机关在批捕、起诉、查办职务犯罪等各项工作中，都要根据案件具体情况，做到该严则严、当宽则宽、宽严适度，使执法办案活动既有利于震慑犯罪、维护社会稳定，又有利于化解矛盾、促进社会和谐。在依法严厉打击严重犯罪的同时，对情节轻微、主观恶性不大的涉嫌犯罪人员，可从宽的依法从宽，能挽救的尽量挽救，给予改过自新的机会；对涉嫌犯罪的未成年人，坚持“教育、感化、挽救”方针，采取适合其身心特点的办案方式，配合家长、学校加强帮教。积极推行有利于贯彻宽严相济刑事司法政策的工作机制，实行依法快速办理轻微刑事案件的工作机制，完善业务工作考评体系。加强调查研究和宏观指导，把握好政策界限和执法尺度，保证宽严相济刑事司法政策的正确运用。最高人民法院也在其工作报告中指出，要“认真执行宽严相济的刑事政策，最大限度地减少社会对立面”。

可见，“宽严相济”刑事政策的提出，与构建社会主义和谐社会的执政理念有着密切的联系。可以说，“宽严相济”既是构建社会主义和谐社会的应有之义，也是构建社会主义和谐社会的必然要求。

（二）宽严相济刑事政策的科学定位

刑事政策按照不同的标准可以分为不同的种类，其中最基本的分类是按照刑事政策的层次，分为总的刑事政策、基本刑事政策和具体刑事政策。① 总的刑事政策是党和国家制定的在一定历史时期内全局性的刑事政策，如社会治安综合治理政策；基本刑事政策是指党和国家制定的总的刑事政策的内容在某一方面工作中的体现和具体化，如惩办与宽大相结合政策；具体刑事政策是指国家针对某一阶段或某些犯罪现象制定的具体行为规范和行动准则。按照手段和所涉及领域的不同，可以分为刑事立法政策、刑事司法政策、刑事执行政策及刑事社会政策。② 刑事立法政策是指在刑事立法领域发挥作用的刑事政策，刑事司法政策是指在刑事司法领域发挥作用的刑事政策，刑事执行政策是指在刑事执行领域发挥作用的刑事政策。显然，作为基本刑事政策会涵盖刑事立法、司法及执行领域，而刑事司法政策的作用范围仅限于刑事司法领域。

宽严相济的刑事政策到底应该定位为基本刑事政策，还是刑事司法政策，实践中和学术界存在争议。

从官方的定性来看，存在一个演变的过程。2004 年 12 月 22 日，罗干在中央政法工作会议上指出："正确运用宽严相济的刑事政策，对严重危害社会治安的犯罪活动严厉打击，绝不手软，同时要坚持惩办与宽大相结合，才能取得更好的法律和社会效果。"显然，在这里，罗干同志把宽严相济与严打、惩办与宽大相结合政策并列，有的学者解读为基本刑事政策。③

2006 年的"两高"报告明确要求我国现阶段实行"宽严相济"的刑事政策。最高人民法院的工作报告中两次提到"宽严相济"。在报告开头介绍一年来审判和执行工作情况时，要求"贯彻宽严相济的刑事政策，对罪当判处死刑但具有法定从轻、减轻处罚情节或者不是必须立即执行的，依法判处死缓或无期徒刑"。第二处是在介绍 2006 年工作安排时，强调"坚持宽严相济的刑事政策，对犯罪情节轻微或具有从轻、减轻、免除处罚情节的，依法从宽处罚"。"宽严相济"是一项重要的刑事政策，宽不是要法外施恩，严也不是无限加重，而是要严格依照刑法、刑诉法以及相关的刑事法律，根据具体的案件情况来惩罚犯罪，该严当严，该宽则宽，宽严相济，罚当其罪，只有这样才能够符合"稳、

① 何秉松主编：《刑事政策学》，群众出版社 2002 年版，第 65 页。

② 侯宏林：《刑事政策的价值分析》，中国政法大学出版社 2005 年版，第 106 页。

③ 王牧、赵宝成：《构建和谐社会：中国犯罪学发展的历史机遇——2006 年犯罪学研究述评》，载《中国法学》2007 年第 2 期。

准、狠”的原则要求，真正做到“判决经得起历史的检验”。[①] 最高人民检察院工作报告中对宽严相济政策的阐释是“对严重刑事犯罪坚决打击，依法快捕快诉，做到该严则严；对主观恶性较小、犯罪情节轻微的未成年人、初犯、偶犯和过失犯，贯彻教育、感化、挽救方针，慎重逮捕和起诉，可捕可不捕的不捕，可诉可不诉的不诉，做到当宽则宽。”显然，“两高”报告更多的是从司法层面解读宽严相济刑事政策的。

2006年10月11日，中国共产党第十六届中央委员会第六次全体会议通过的《中共中央关于构建社会主义和谐社会若干重大问题的决定》明确提出，“实施宽严相济的刑事司法政策，改革未成年人司法制度，积极推行社区矫正”。在这里，宽严相济第一次被明确表述为“刑事司法政策”，可以说是官方定论。

但在学术界，大多数学者仍然倾向于把这一政策定性为基本刑事政策，而陈兴良教授则认为宽严相济刑事政策是刑事立法政策与刑事司法政策的统一。[②] 笔者认为，从实然的角度看，宽严相济是刑事司法政策；从应然的角度看，宽严相济应当是基本刑事政策。

从实然的角度看，宽严相济刑事政策作为司法政策主要是基于两个方面的原因：其一，官方已经把宽严相济刑事政策定性为“刑事司法政策”，中共中央决定的措辞必然是经过慎重斟酌的，有其充分理由和依据；其二，在现有法律法规未作改变的情形下，宽严相济的精神只能在司法层面实现。

从应然的角度看，宽严相济刑事政策必然上升为基本刑事政策，理由如下：第一，单纯从司法层面难以完全实现宽严相济刑事政策的实质要求，会受到我国现行法律制度的掣肘。从总体上来看，我国的刑罚结构是一个重刑结构，死刑过重，生刑过轻，并且现行刑罚体系在有期徒刑、无期徒刑和死刑之间，存在刑罚轻重不协调的现象，监禁刑过多，社区矫正刑欠缺。司法不能超越立法，刑罚结构本身宽严失度，仅靠司法难以矫正，必须通过法律制度的修改，才能真正实现宽严相济刑事政策的内在要求。第二，宽严相济刑事政策要求制度创新，如刑事和解制度，辩诉交易制度等，这些不能仅停留在司法层面，必然要上升到立法层面。第三，从我国的实践经验看，一个刑事政策会逐步由司法政策层次上升为基本政策层次。如严打政策，提出之初就定位在“惩办与宽大相结合”政策中“惩办”的一面，“‘两打’方针是根据实际情况，依照惩办与宽大相结合的政策

---

① 《人民法院加强人权保障　去年宣告2162人无罪》，载 http：//www. cctv. com/news/china/20060311/100382. shtml，最后访问日期：2019年12月30日。

② 陈兴良：《宽严相济刑事政策研究》，载《法学杂志》2006年第1、2期。

制定的，在具体执行‘两打’方针中，也必然受这一政策的指导和制约”①。但是后来随着刑事法律的修改，尤其是1997年刑法中删除了惩办与宽大相结合政策的规定，“严打”也就取代了惩办与宽大相结合政策的地位，成为了基本刑事政策。可以预期，宽严相济刑事政策的发展路径也会如此，因为刑事政策与刑事法律应当是统一的，不能互相割裂、对立，而在实践中，刑事政策往往是先行的，在发展过程中同刑事法律表现出某些不一致，刑事政策发展并被实践检验后，必然有些内容以法律形式被固定下来，有些则作为基本精神促进和规范了某些刑事法律的制定。毕竟社会的刑事政策最终是由社会的实际需要所决定的，司法实践中的一些有益探索和尝试最终需要上升到法律高度。

值得关注的是，2010年2月8日最高人民法院印发的《关于贯彻宽严相济刑事政策的若干意见》，正式采纳了学者的意见，把该政策定位于基本刑事政策：宽严相济的刑事政策是我国的基本刑事政策，贯穿于刑事立法、刑事司法和刑罚执行的全过程，是惩办与宽大相结合的政策在新时期的继承、发展和完善，是司法机关惩罚犯罪，预防犯罪，保护人民，保障人权，正确实施国家法律的指南。

2011年2月25日通过的《刑法修正案（八）》全面体现了宽严相济的刑事政策，也意味着这一政策属于基本刑事政策层面。

（三）宽严相济刑事政策的内涵

关于宽严相济刑事政策的内涵，笔者非常赞同陈兴良教授的见解，即该宽则宽，该严则严，以宽济严，以严济宽，宽严有度，宽严审势，宽中有严，严中有宽。② 其中重点在“济”，即宽严之间互相协调、配合、救济。“济”体现了中国哲学的中庸和谐之义，决定了宽严相济政策与国外的“轻轻重重”的两极化政策是有根本区别的。

值得我们重点研究的是宽严相济的刑事政策与惩办与宽大相结合的刑事政策的关系。学术界主要有三种观点：第一种观点认为，宽严相济政策与惩办与宽大相结合政策一脉相承，前者不过是在新的历史条件下对后者基本精神的新表述；第二种观点认为，二者之间形似而神异，无论是从语义表述还是政策取向上都不相同；第三种观点带有折中色彩，但倾向于第一种观点，认为二者之间在精神上是一致的，宽严相济含有意识形态的成分，因而赞同以宽严相济的提法取代惩办

---

① 肖扬主编：《中国刑事政策和策略问题》，法律出版社1996年版，第83页。此处“两打”方针就是后来所说的“严打”政策。

② 陈兴良：《解读宽严相济的刑事政策》，载《新华文摘》2007年第3期。

与宽大相结合。[①] 笔者赞同第二种观点，理由如下：

1. 二者的哲学基础不同

惩办与宽大相结合政策的哲学基础是斗争哲学。斗争哲学是毛泽东思想所特有的哲学范畴，是中国共产党人在一定历史时期对辩证唯物主义的具体运用，其基本内涵是："从马克思主义的矛盾运动原理出发，认定阶级斗争是推动社会发展的直接动力，矛盾的斗争性是绝对的，统一性是相对的，因而应注重矛盾的斗争性，主要通过斗争的方法和手段来消除矛盾。"[②] 在斗争哲学的指导下，革命是斗争，运动是斗争，万事万物的存在都是斗争，惩罚犯罪同样是斗争。"惩办与宽大相结合政策是我们党和国家在同敌对势力和犯罪分子的长期斗争中形成并逐步发展完善的，是长期历史经验的总结。"[③] 从历史发展来看，惩办与宽大相结合政策来源于民主革命时期我党对敌对阶级的政策——镇压与宽大相结合，它是一种对敌斗争的政策和策略。中华人民共和国成立以后，这一政策演变为惩办与宽大相结合，尽管表述有所不同，但其哲学基础是一脉相承的。

宽严相济刑事政策的哲学基础是和谐思想。"和谐"的含义是协调、温和、和缓、谦和、讲和、媾和、和平、和气，和衷共济，互助合作等。从哲学上说，和谐是协调一致的统一，是对立统一的高层境界。和谐虽包含着与对立统一相同的质和量方面的差异的统一，但这些差异的相容程度却大为增高。在和谐社会中，虽然也存在差异和矛盾，但各种差异不能离开统一而独立地表现出来，否则就会破坏了和谐。宽严相济的刑事政策体现了和谐思想，主要表现在以下三个方面：第一，宽严相济刑事政策提倡"以人为本"，把犯罪人当作公民来看待，尊重人的基本权利，而不是像"惩办与宽大相结合"政策那样把犯罪人当作敌人来对待；第二，宽严相济刑事政策的内涵强调宽与严的协调统一，而协调、配合、救济是和谐的应有之义；第三，宽严相济刑事政策既重视公权力保护，也允许私权利救济。和谐并不主张一元价值观，而提倡多元价值并存，"和而不同"。宽严相济刑事政策在指导解决犯罪问题时，既重视国家公权力的运用，也允许私权利的救济，如实践中试行的刑事和解制度，既体现了宽严相济刑事政策"宽"的一面，也是私权利参与的体现。

2. 二者的语义表述不同

从语义表述来看，惩办与宽大相结合政策中，惩办在先，宽大在后，重心在

---

① 参见王牧、赵宝成：《构建和谐社会：中国犯罪学发展的历史机遇——2006 年犯罪学研究述评》，载《中国法学》2007 年第 2 期。

② 梅宁华：《中国共产党人政治哲学观的重大发展——学习十六届六中全会〈决定〉的体会》，载《北京日报》2006 年 11 月 6 日。

③ 肖扬主编：《中国刑事政策和策略问题》，法律出版社 1996 年版，第 63 页。

“惩办”；而宽严相济政策则是“宽”在前，“严”在后，重心在“宽”。有学者认为这种理解有望文生义之嫌，[①] 实际上这种语义表述的理解是有政策法律依据的。

惩办与宽大相结合刑事政策的基本内涵是“首恶必办，胁从不问，坦白从宽，抗拒从严，立功折罪，立大功受奖”，但在中华人民共和国成立初期执行这一政策的过程中，不少地方由于对这一政策缺乏全面正确的理解，而出现了“镇压不足，宽大有余”的偏向。有的认为“镇压”就是杀，“宽大”就是不管。认为“胁从不问”就是根本不管，并把“胁从”与“从犯”甚至“共犯”混为一谈，可一概“不问”。[②] 为此，1950 年 11 月 3 日《政务院关于加强人民司法工作的指示》明确指出，对于反革命分子，首先是镇压，只有镇压，才能使他们服罪，只有服罪后才能谈到宽大。宽大只能结合镇压进行。只有对于首要分子和中华人民共和国成立后怙恶不悛的特务间谍，采取从严的原则，才能打掉反革命的气焰，才能平泄民愤，树立人民的正气，团结社会各阶层积极参加镇反运动，才能分化瓦解反革命营垒，使多数受蒙蔽被欺骗者，以及胁从分子和动摇分子，有所醒悟，彻底同首要分子划清界限，检举揭发他们的罪恶。这一解释表明，惩办与宽大不是等同的，有主次之分。惩办为主，宽大为次。1979 年 7 月 1 日颁布的我国第一部刑法典，把惩办与宽大相结合政策法律化了，其惩办为主，宽大为辅的内涵集中体现在刑罚结构中。众所周知，我国的刑罚结构是一个重刑结构。[③] 1979 年《刑法》规定的“类推”制度，也体现了犯罪化、刑罚化的倾向。1997 年《刑法》大量增加新罪名，扩大刑罚圈，一方面固然与社会形势的发展变化有关，另一方面也是重视惩办犯罪的刑事政策观使然。

宽严相济刑事政策的语义表述重点在“宽”，依据有二：第一，宽严相济刑事政策的提出是对“严打”政策的纠偏。无论是惩办与宽大相结合政策还是严打政策，其所指向的犯罪都具有浓厚的政治色彩。然而应当承认，我国目前的犯罪现象已经不同于几十年前的犯罪现象，其政治色彩已经逐渐淡化，犯罪的原因不是出于阶级斗争的需要，而是社会深层次矛盾激化的产物。犯罪现象更多地集

---

① 王牧、赵宝成：《构建和谐社会：中国犯罪学发展的历史机遇——2006 年犯罪学研究述评》，载《中国法学》2007 年第 2 期。

② 张希坡：《中华人民共和国刑法史》，中国人民公安大学出版社 1998 年版，第 144 页。

③ 储槐植教授认为，刑罚结构有五种：一是死刑占主导；二是死刑和徒刑占主导；三是徒刑占主导；四是徒刑和罚金并列占主导；五是徒刑的替代方式在刑罚体系中占主导地位。第一种已经成为历史，第五种在世界上还未到来。死刑和徒刑占主要比例的就叫作重刑，第三种和第四种属于轻刑。我国的刑罚结构是属于重刑结构。参见储槐植：《论犯罪学理论框架及其研究目标》，载《犯罪学论丛》（第 1 卷），中国检察出版社 2003 年版，第 19 ~ 20 页。

中在财产犯罪而不是政治犯罪上，犯罪人绝大部分是社会下层成员：下岗职工、失地农民、外来务工人员、失业者等，事实证明对这样的犯罪和犯罪人一味地实施“严打”，严刑重罚，并没有达到预想的效果，犯罪率越打越高充分说明了这一点。认识到“严打”政策的局限性以后，宽严相济政策应运而生，其历史使命就是纠“严打”之偏，理性对待犯罪及犯罪人，这必然要求刑罚宽缓、人道、谦抑。第二，从现有的司法解读来看，也是侧重于宽。首先，2006 年的“两高”工作报告尽管强调了“严”的一面，但落脚点是“宽”，一方面要求坚持“严打”方针不动摇，另一方面要求“坚持宽严相济的刑事政策，对犯罪情节轻微或具有从轻、减轻、免除处罚情节的，依法从宽处罚”。在这里，提到宽严相济刑事政策时，突出强调了“依法从宽处罚”。其次，司法实践中把死刑案件的核准权收归最高人民法院，从严掌握死刑案件判决的做法，也体现了“宽”的一面。最后，为了贯彻实施宽严相济的刑事政策，2006 年 12 月 28 日最高人民检察院制定了《关于在检察工作中贯彻宽严相济刑事司法政策的若干意见》，强调“在对严重犯罪依法严厉打击的同时，对犯罪分子依法能争取的尽量争取，能挽救的尽量挽救，能从宽处理的尽量从宽处理，最大限度地化消极因素为积极因素，为构建社会主义和谐社会服务”，并从逮捕条件的掌握、起诉不起诉条件的把握、无罪判有罪及量刑畸重案件的抗诉、未成年人犯罪案件、人民内部矛盾引发的轻微刑事案件、轻微犯罪中的初犯、偶犯案件及群体性事件中的犯罪案件处理等方面如何从宽提出了具体要求。以上事实充分说明，宽严相济刑事政策重心在“宽”。

3. 二者的价值取向不同

“惩办与宽大相结合”的刑事政策出台之际，我国刑罚观念还比较陈旧，程序正义、诉讼效率、人权保障等现代诉讼理念也尚未确立，因而决定了该政策的历史局限性。在价值取向上，惩办与宽大相结合政策是以社会为本位的，强调对秩序的保护而忽视了对人权自由的保障，把犯罪人当作敌人看待，难以公正对待、处置犯罪人。

宽严相济政策体现了公平正义、权利保护和诉讼效率等价值标准的有机统一，体现了刑事司法不同的价值标准和价值取向的统一。它的统一主要体现在：“宽”要求对轻微犯罪依法从宽处理，对严重犯罪中的从宽情节充分重视，以体现不同情况区别对待；“严”要求对严重刑事犯罪依法从严打击，对轻微犯罪中的从严情节充分考虑，旨在严厉打击严重刑事犯罪，创造良好的社会秩序，增强人民群众的安全感；对轻微犯罪快速办理，既体现了办案效率观念，也体现了刑罚的及时性原则；“相济”就是要通过以宽济严，以严济宽，做到严而有据，宽而有度，宽严互补，实现各价值目标的和谐统一、整体公正与个别公正的统一、法律效果和社会效果的统一。可见，宽严相济之间彰显了社会主义法治的公平、效率和正义理念的辩证统一。

第三节 我国的总刑事政策——社会治安综合治理

一、社会治安综合治理政策的提出与确立

社会治安综合治理从思想形成到政策成型，大致经过了以下四个阶段：

（一）社会治安综合治理思想的形成（1978—1981 年）

大体是从党的十一届三中全会到 1981 年中央政法委员会召开五大城市治安座谈会，中共中央发表 21 号文件。

“文化大革命”结束后，我国刑事犯罪尤其是青少年违法犯罪的情况相当严重，成为危害社会稳定的突出问题。鉴于刑事犯罪尤其是青少年犯罪以及影响社会治安问题形成的原因，是极其复杂的，既有历史的、现实的、社会的原因，也有政治经济及文化教育的原因，并且这些问题不是哪一个或哪几个部门在短期内所能完全解决的。因此，1979 年 6 月，中共中央宣传部、教育部、文化部、公安部、国家劳动总局、全国总工会，共青团中央、全国妇联八个单位联合向党中央写了《关于提请全党重视解决青少年违法犯罪问题的报告》。同年 8 月，中共中央批转了这个报告，并向全党发出通知，要求必须实行党委领导、全党动员、书记动手，依靠学校、工厂、机关、部队、街道、农村社队等城乡基层组织和全社会的力量来加强对青少年的教育。要求在党委领导下，把宣传、教育、劳动、公安、文化等部门及工会、共青团、妇联等各方面的力量统一组织起来，通力合作，着眼于预防、教育、挽救和改造，积极解决青少年违法犯罪的问题。同时也指出，对极少数严重刑事犯罪分子必须依法予以惩办。可以看出，在这个文件里虽然尚未使用“社会治安综合治理”的概念，但是却贯穿了社会治安综合治理的思想，全面阐述了社会治安综合治理的基本内容。我们认为，1979 年 8 月中共中央转发中央宣传部等八个单位《关于提请全党重视解决青少年违法犯罪问题的报告》的通知，标志着我国社会治安综合治理思想的形成。

（二）社会治安综合治理方针的提出与完善（1981—1990 年）

“综合治理”一词是 1981 年后开始使用的。1982 年中央关于加强政法工作的指示，明确提出了社会治安综合治理要采用多种手段的问题。

用“综合治理”一词概括地表达我国社会治安工作的总方针，最早可以追溯到1981年。1981年5月，中央政法委员会召开了北京、天津、上海、广州、武汉五大城市治安座谈会，讨论了当时社会治安形势、任务、政策和措施。中央批转的此次座谈会纪要指出，党的十一届三中全会以来，社会治安经过整顿有了好转，但情况还相当严重。要充分认识搞好社会治安对于保障安定团结和经济调整的重要性、紧迫性；要充分认识治安问题的复杂性和各种困难；要充分认识在一定范围内阶级斗争还将长期存在，对少数阶级敌人的破坏活动要提高警惕。强调解决社会治安问题，必须由各级党委来抓，全党动手，实行全面“综合治理”。首要任务是搞好党风，并从政治、经济、教育、文化等方面加强工作，才能克服社会上的歪风邪气，大大减少犯罪现象，建设良好的社会秩序。

这里不仅对解决社会治安问题和实行综合治理的重要性、必要性作了原则的表述，而且第一次明确提出了“综合治理”是解决社会治安问题、实现长治久安的方针。从此以后，在各种文件、文章、著作中广泛使用了社会治安“综合治理”的概念，并对其含义从各个方面进行了研究和阐述。1982年8月，中共中央批转的全国政法工作会议纪要，分析了治安形势，初步总结了社会治安综合治理的经验，明确提出，严厉打击严重刑事犯罪是综合治理的首要环节；加强对青少年的教育，是综合治理的重点；加强基层组织和基层工作，是综合治理的基础；加强公安、司法队伍工作，并建立治安保卫责任制，是综合治理的关键。1983年8月，经中共中央书记处同意印发的中央宣传部、中央政法委员会关于严厉打击刑事犯罪活动的宣传提纲中强调指出，严厉打击刑事犯罪活动与社会治安综合治理的方针是一致的。

1984年10月，中共中央批转的中央政法委员会的一个报告中指出，社会治安综合治理，要抓住打击、预防、改造等各个环节，通过思想的、政治的、经济的、行政的、法律的各种手段，达到控制犯罪、预防犯罪、减少犯罪，并把犯罪分子中的绝大多数人改造成新人的目的。综合治理要分几个层次：第一个层次，在各级党委统一领导下，组织各部门分工协作来抓，条块结合，以块为主。第二个层次，政法各部门各司其职、密切配合，并协助党委做好宣传、组织和推动工作。第三个层次，发动和依靠群众，动员全社会的力量，参与综合治理的工作。因此，各级党委要有专人负责和建立各有关部门负责人参加的专门领导机构，切实加强对综合治理工作的领导。基层组织和政权组织都要遵照中央指示，把维护社会秩序、落实综合治理措施作为重要任务之一。各级民政部门在加强基层政权建设的过程中，要同公安、司法部门配合，把居民委员会、村民委员会和治安保卫组织、人民调解组织整顿建设好。这个文件总结了前三年的实践经验，全面阐述了贯彻社会治安综合治理方针应当采取的措施和方法，标志着对综合治理方针的认识已经深化。

1985 年 10 月，中共中央发出关于进一步加强青少年教育、预防青少年违法犯罪的通知。通知指出，关心和教育青少年，预防和减少青少年违法犯罪，是一项综合治理的“系统工程”，必须依靠全党，组织各条战线、各个部门的力量，从各个方面做大量工作，作长期不懈的努力。中央在通知中提出了十项综合治理措施：（1）全社会都要关心和教育青少年；（2）大力加强对青少年的理想、道德、纪律和法制教育；（3）积极开展群众性的、健康有益的文体活动，丰富青少年的业余、课余生活；（4）为青少年提供更好的精神产品，满足青少年的求知欲望；（5）严禁淫秽物品，整顿内容不健康的报刊，严厉打击引诱青少年犯罪的教唆犯；（6）严格纪律，在青少年中形成良好风气；（7）巩固在学率，减少辍学生；（8）认真做好有轻微违法犯罪行为的青少年的帮教工作，教育挽救失足者；（9）充分发挥离休退休老干部、老工人、老教师的作用，精心培养青少年；（10）抓紧制定保护青少年的有关法律，切实保障青少年的合法权益。中央提出的社会治安综合治理的十项重要措施，反映出中央对社会治安综合治理方针的认识，更加深刻、更加全面。

1986 年 2 月，全国政法工作会议明确提出，近几年的实践证明，社会治安综合治理，实质上就是一项教育人、挽救人、改造人的“系统工程”。要做好这项工作，根本方法是走群众路线。不能只靠哪一个部门，而是要靠全党、全社会；不能只用哪一种方法，而是要用千百种方法；不能只抓一阵子，而是要长期坚持。会议强调指出，各级党委和政府要进一步加强对社会治安综合治理的领导，把它列为精神文明建设的重要内容之一。至此，中央对社会治安综合治理方针的实质、内容和手段、措施作出了科学的比较完整的概括，完成了在认识和治理社会治安的伟大工程中又一次理论和实践的飞跃。

（三）社会治安综合治理方针的全面发展和深化（1991—2011 年）

1991 年 3 月 2 日，第七届人大常委会第十八次会议通过了《全国人民代表大会常务委员会关于加强社会治安综合治理的决定》，标志着我国综合治理工作已经开始步入法制化、规范化的轨道，更标志着我国犯罪预防的总体思路和战略已经成熟。为加大工作力度，1991 年 3 月 21 日，中共中央决定成立中央社会治安综合治理委员会，协助党中央、国务院领导全国社会治安综合治理工作，下设办公室，与中央政法委机关合署办公。

1992 年 10 月，党的十四大把“加强社会治安综合治理，保持社会长期稳定”写入了新修改的《党章》的总纲，从而使社会治安综合治理成为全党的一项工作纲领。

2001 年 9 月 5 日，中共中央、国务院又发布《关于进一步加强社会治安综合治理的意见》，强调“各级党委、政府的主要领导要进一步提高对社会治安综合治理工作重要性的认识，切实加强组织领导，担负起维护社会治安和社会稳定、保一方平安的政治责任……”“要把社会治安综合治理工作作为一项重要任务，纳入各地经济社会发展的总体规划和年度计划之中，拿出足够的时间和精力，常抓不懈，持之以恒。要定期听取社会治安综合治理部门的工作汇报，帮助解决工作中的困难和问题。要大力加强社会治安综合治理队伍建设，配强各级领导班子，增加必要的工作力量，加强教育培训，全面提高干部队伍的政治素质和业务素质。各级政府在安排财政预算时，对社会治安综合治理的经费要予以保证。”

2004 年 9 月，党的十六届四中全会通过的《中共中央关于加强党的执政能力建设的决定》强调，坚持打防结合、预防为主，专群结合、依靠群众，加强和完善社会治安综合治理工作机制。这是在总结社会治安综合治理多年实践经验的基础上，对社会治安综合治理方针的重要补充。从此，“打防结合、预防为主，专群结合、依靠群众”明确成为社会治安综合治理工作的指导方针，社会治安综合治理工作方针得到进一步丰富和发展。

2005 年 2 月，胡锦涛同志在中央党校提出了构建社会主义和谐社会需要重点做好的十项工作。这十项工作都与社会治安综合治理工作密切相关。

平安建设是新形势下社会治安综合治理的新举措。党中央、国务院对平安建设工作高度重视。2005 年 5 月，胡锦涛同志在接见全国社会治安综合治理先进集体、先进工作者代表时明确要求，深入开展基层安全创建和平安建设活动，切实把社会治安综合治理的各项措施落到实处。

2005 年 10 月 21 日，中共中央办公厅、国务院办公厅转发了《中央政法委员会、中央社会治安综合治理委员会关于深入开展平安建设的意见》。这是新形势下加强社会治安综合治理、开展平安建设的一份纲领性文件。到 2005 年年底，平安建设已在全国全面展开。

2009 年 3 月，中共中央办公厅、国务院办公厅转发了《中央综治委关于进一步加强社会治安综合治理基层基础建设的若干意见》，对全力推进综治基层基础建设作出新的部署。

社会治安综合治理工作方针的演变和发展，是对实践经验的高度总结和提炼，是一个认识不断深化、逐步走向科学的发展过程。同时，社会治安综合治理工作方针的确立和贯彻执行，也是在不断克服和纠正各种片面认识、错误观点的过程中曲折前进、逐步深化的。

（四）社会治安综合治理的发展与完善（2011 年至今）

1981 年党中央文件中第一次提出“综合治理”这个词，1991 年成立中央社会治安综合治理委员会，2011 年更名为中央社会管理综合治理委员会，2014 年 7 月恢复为社会治安综合治理委员会，2018 年 3 月，不再设立中央社会治安综合治理委员会及其办公室，有关职责交由中央政法委员会承担。

2011 年 9 月 16 日，中共中央在北京召开中央社会管理综合治理委员会第一次全体会议。会上，时任中共中央政治局委员、国务院副总理、中央综治委副主任回良玉宣读了中共中央办公厅、国务院办公厅关于中央社会治安综合治理委员会更名为中央社会管理综合治理委员会的通知。

中央综治委更名，表明原来较为单纯的社会治安管理、打击犯罪功能，转变为内涵更加丰富，工作范围更广的社会管理工作。

综合性被认为是社会治安综合治理的优点，也是其科学性的体现，在社会管理综合治理中得以强化，充实了领导力量，增多了成员单位，加强了工作机构。在原中央社会治安综合治理委员会 40 个成员单位的基础上，综治委增加了 11 个部门为成员单位，下设办公室和若干专项组。在由中央综治委主办的网站中国平安网上，包括全国人大、全国政协、最高法、最高检、公安部、财政部、民政部等部门都是成员单位。在工作内容变化后，领导范围也更宽了，在公、检、法之外，更多的增加社会管理部门，除了传统意义上的打黑除恶、维护治安之外，人口及社会组织的服务管理，也被纳入了综治委的工作范围。

从工作内容来看，此次确认了综治委社会管理的宽口径。综治委原来主要是打击犯罪，强调对社会的控制。更名后，它还包括了如何服务非公有制经济组织，如何培育、促进社会组织的发育，当然也包括对互联网的有效治理。

2011 年颁发了《中共中央国务院关于加强和创新社会管理的意见》，此后中共中央办公厅、国务院办公厅印发了中央有关部门贯彻落实中共中央、国务院关于加强和创新社会管理的意见重要政策措施分工方案，列出了 50 项重要政策措施，逐一明确了贯彻落实的牵头单位和主要参加单位。

为充分发挥有关部门的职能作用，组织协调各有关部门围绕群众反映强烈的治安重点、难点问题齐抓共管，中央综治委还根据工作需要设立了五个专门工作领导小组，即中央综治委铁路护路联防工作领导小组、流动人口治安管理工作领导小组、刑释解教人员安置帮教工作领导小组、预防青少年违法犯罪工作领导小组、学校及周边治安综合治理工作领导小组，以加强对这些专门工作的组织领导。各领导小组办公室分别设在铁道部、公安部、司法部、共青团中央和教育部，具体负责领导小组的日常工作。

2014 年 7 月 15 日，时任中央政治局委员、中央政法委书记孟建柱在司法体制改革试点工作座谈会上讲话中说："最近，中央决定，将中央社会管理综合治理委员会恢复为中央社会治安综合治理委员会，目的是集中精力抓好平安建设。”

有学者认为，“中央社会管理综合治理委员会”恢复为“中央社会治安综合治理委员会”，变化主要体现在社会治理主体的多元性。“中央社会管理综合治理委员会”的治理主体是单一的，只能是政府；“中央社会治安综合治理委员会”的治理主体则是多元的，不只是政府，还可以是各种社会组织。中央综治委名字的改变，与社会发展阶段的需要有关。多元治理是社会治理理论的核心，社会治理中尤为重要的是形成良好的社会治理机制。①

也有学者认为，中央综治委从“社会管理”到“社会治安”的名字变化，意味着权力的收缩。因为“社会管理”涵盖的面非常宽，不仅仅包括“社会治安”。党的十八大以后，政法委权力收缩，如不再干预、协调具体案件。此次中央综治委名字的变化，也是这一趋势的反映。②

2018 年 3 月，根据中共中央印发的《深化党和国家机构改革方案》，不再设立中央社会治安综合治理委员会及其办公室。有关职责交由中央政法委员会承担。调整后，中央政法委员会在社会治安综合治理方面的主要职责是，负责组织协调、推动和督促各地区各有关部门开展社会治安综合治理工作，汇总掌握社会治安综合治理动态，协调处置重大突发事件，研究社会治安综合治理有关重大问题，提出社会治安综合治理工作对策建议等。中央综治委与中央政法委在人员、职能方面高度重合，此次改革，旨在推进党和国家机构职能优化，协同高效。

二、社会治安综合治理的政策定位

从政策定位来看，对社会治安综合治理的定位有不同观点：有的学者定性为我国的总刑事政策，③ 有的学者定性为基本刑事政策，④ 也有的学者将其定性为我国预防犯罪的基本模式。⑤

我们赞同总刑事政策说。社会治安综合治理无论从治理内容的全面性、治理手段的多样性还是治理力量的多方性，都是综合的，是其他基本刑事政策所不能

---

① 《“社会管理综治委”复名“社会治安综治委”》，载 http：//www. netalent. cn/guojiazengce/show/98. html，最后访问日期：2019 年 9 月 14 日。

② 《中央综治委恢复“治安”原名，收缩权力专注平安建设》，载 https：//www. thepaper. cn/newsDetail_ forward_ 1270571，最后访问日期：2019 年 9 月 14 日。

③ 侯宏林：《刑事政策的价值分析》，中国政法大学出版社 2005 年版，第 240 页。实践中也称为是我国新的历史时期解决社会治安问题的总方针。另参见肖扬主编：《中国刑事政策和策略问题》，法律出版社 1996 年版，第 115 页。

④ 王牧主编：《新犯罪学》，高等教育出版社 2005 年版，第 394 页；此书同时也认为其定位是：“预防犯罪的基本方针”。卢建平主编：《刑事政策学》，中国人民大学出版社 2007 年版，第 374 页。

⑤ 许章润主编：《犯罪学》（第二版），法律出版社 2004 年版，第 296 页。

比的。作为总刑事政策，社会治安综合治理应当在理论上统领其他刑事政策，在实践中发挥纲领性的指导作用。然而在实践中，社会治安综合治理却在起着配合其他基本刑事政策或者具体刑事政策的作用。典型的表征是严打政策在我国占据主导地位的时候，社会治安综合治理实际上是配合严打而不是指导严打。具体表现体现在两个方面：一是理论上甚至法律上把打击犯罪作为社会治安综合治理的首要环节；二是实践中把严打作为首要任务。在严打方针提出以后，我们一提到社会治安综合治理，必定提到严打，而且是首先提到严打，如2003年全国社会治安综合治理工作要点第一条就是坚定不移地坚持严打方针，深入持久开展严打整治斗争。我们还经常把对某种具体犯罪的打击纳入社会治安综合治理工作范围中，如把打击传销、涉电犯罪、赌博活动等纳入社会治安综合治理工作范围。这样使社会治安综合治理处在一个配角的地位上，起不到它应有的指导作用。

2004年，“严打”政策开始淡出我国刑事政策视野以后，我国开始真正重视社会治安综合治理的总指导方针地位，2008年4月在广州召开的全国社会治安综合治理工作会议上强调，做好矛盾纠纷排查化解是综合治理工作第一位的任务。

三、社会治安综合治理方针的内容

（一）社会治安综合治理的基本含义及特征

社会治安综合治理是指在党委和政府的统一领导下，组织和依靠国家政权、社会团体和人民群众的力量，各单位、各部门协调一致，齐抓共管，运用政治的、经济的、行政的、法律的、文化的、教育的综合手段，整顿社会治安，从根本上预防和减少违法犯罪，保障社会稳定，为改革开放和社会主义现代化建设创造良好社会环境的一项社会控制活动。

其特征如下：

1. 社会治安综合治理是在各级党委和政府的统一领导下进行的；
2. 社会治安综合治理需要动员全社会的力量；
3. 社会治安综合治理需要采用多种方法、手段、措施；
4. 社会治安综合治理对象具有多元性；
5. 社会治安综合治理目标具有一定的层次性、综合性。

（二）社会治安综合治理的基本内容和要求

1991年3月2日第七届人大常委会第十八次会议通过的《全国人民代表大会常务委员会关于加强社会治安综合治理的决定》中规定，社会治安综合治理要坚持打击和防范并举、治标和治本兼顾、重在治本的方针。其基本内容和要求是：

1. 打击各种危害社会的违法犯罪活动，依法严惩严重危害社会治安的刑事犯罪分子；

2. 采取各种措施，严密管理制度，加强治安防范工作，堵塞违法犯罪活动的漏洞；

3. 加强对全体社会公民特别是青少年的思想政治教育和法制教育，提高文化道德素质，增强法制观念；

4. 鼓励群众自觉维护社会秩序，同违法犯罪行为作斗争；

5. 积极调解、疏导民间纠纷，缓解社会矛盾，消除不安定因素；

6. 加强对违法犯罪人员的教育、挽救、改造工作，妥善安置刑满释放和解除劳教人员，减少重新违法犯罪。

（三）社会治安综合治理的组织领导

1. 社会治安综合治理领导体制

实践中，社会治安综合治理工作实行党委和政府统一领导，专门办事机构具体指导和协调，各部门、各单位各负其责的领导体制，实行“条块结合，以块为主”的属地管理原则。

2. 治安综合治理委员会

社会治安综合治理委员会是治安综合治理工作的专门组织领导和办事机构，是协助各级党委、政府领导社会治安综合治理的常设机构，是党委、政府的参谋和助手。社会治安综合治理委员会下设办公室、综治办与党委政法委员会机关合署办公。

（1）中央社会治安综合治理委员会

中央社会治安综合治理委员会是全国社会治安综合治理领导机构，于 1991 年 3 月 21 日成立。其主要任务是：贯彻执行党的基本路线、方针政策和国家法律，根据国民经济和社会发展的总体规划及治安形势，指导和协调全国社会治安综合治理工作。其主要职责是：第一，根据全国社会治安状况，研究提出社会治安综合治理的方针、政策和重大措施，供党中央、国务院决策；第二，对一个时期全国社会治安综合治理工作作出部署，并督促实施；第三，指导、协调、推动各地区、各部门落实社会治安综合治理的各种重大措施；第四，总结推广实践经验，表彰先进，组织有关部门加强社会治安综合治理的理论研究，探索和逐步完善具有中国特色的维护社会治安的路子；第五，办理党中央、国务院交办的有关事项。

中央社会治安综合治理委员会由主任、副主任和委员组成。委员为有关的党政军部门、群团组织、事业单位的主要负责同志。

2018 年 3 月，根据中共中央印发的《深化党和国家机构改革方案》，不再设立中央社会治安综合治理委员会及其办公室。有关职责交由中央政法委员会承担。

（2）地方各级社会治安综合治理委员会

地方各级社会治安综合治理委员会是所辖地区社会治安综合治理工作的领导机构，是同级党委、政府领导社会治安综合治理工作的参谋和助手。其主要职责是：第一，结合本地实际，贯彻落实党和国家关于社会治安综合治理的方针和政策。第二，对本地区一个时期的社会治安综合治理工作作出总体部署，并监督实施。第三，组织指导各部门、各单位落实社会治安综合治理措施。社会治安综合治理是一个宏大的系统工程，它的工作对象是社会治安这个复杂的综合体；它的工作内容和措施也必然是综合的，涉及打击、防范、教育、管理、建设、改造等方方面面；它的工作主体也是综合的、全方位的，要求各级组织、各部门、各单位和广大人民群众齐抓共管。社会治安综合治理的关键是社会治安综合治理委员会充分发挥组织、指挥作用，协调各方面的力量，综合运用好各种措施和手段，形成综合治理的整体合力，取得最佳效益。第四，总结推广典型经验，表彰先进，推动后进。第五，办理党委、政府交办的有关事项。

地方各级社会治安综合治理委员会由主任、副主任和委员组成，委员的选任参照中央社会治安综合治理委员会和上级社会治安综合治理委员会的做法情况，综合本地实际统筹安排。

四、社会治安综合治理的科学依据

党的十一届三中全会以来，中央反复强调要争取社会治安的稳定好转，实行全面的综合治理。综合治理的提出是有客观依据（或称科学根据）的。

（一）犯罪原因的多元性、复杂性决定了预防方针的综合性

对社会治安实行综合治理是由社会治安问题“综合征”的特点决定的。社会治安问题是社会上各种矛盾的综合表现，违法犯罪是一种复杂的社会现象。犯罪的发生，犯罪的存在和变化，无不具有社会性、综合性。在解决这个问题的过程中，实践证明必须采取综合措施，必须依靠全社会的力量进行综合治理。只靠某一方面的力量，某一种手段是解决不了的。根据这些客观现实情况，这一战略方针的基本点就不是单一的“治”，而是综合的“治”。可见，综合治理是建立在对社会治安形势，违法犯罪复杂性、综合性认识的基础之上的，因而是科学的、正确的。

（二）社会主义制度给社会治安综合治理提供了客观可能性，同时也是社会主义制度巨大优越性的体现

我国的社会制度是建立在生产资料公有制基础上的社会主义制度，国家和人民在根本利益上是一致的。在中国共产党的领导下，全国人民能够统一意志，统

一步伐，组织动员各方面的力量，解决包括犯罪在内的各种社会问题。因此，究竟要不要对社会治安实行综合治理，是要不要发挥社会主义制度优越性的原则问题。而任何资本主义国家是不可能从整体上真正实行综合治理方针的，这是由建立在生产资料私有制基础上的资本主义制度决定的。

（三）我们党领导国家依靠人民群众的力量改造社会、治理犯罪的丰富经验，为综合治理提供了客观依据

多年来，我们采取打击犯罪和预防犯罪相结合、惩罚和教育相结合、专门机关与群众路线相结合对社会治安实行综合治理的方针，在运用法律手段，同危害社会的犯罪分子作斗争，依法惩办（不这样就不能保护人民，不能维护社会秩序）犯罪分子的同时，也注意采取各种预防措施，努力减少和消除引起违法犯罪的各种因素，教育、感化、挽救那些失足者。所有这些都为社会治安综合治理方针的形成和提出提供了依据。

延伸阅读

最好的社会政策就是最好的刑事政策——李斯特

弗兰茨·冯·李斯特，德国著名的刑法学家，他既是犯罪学（尤其是刑事政策学的杰出代表），又是现代刑事社会学派（新派）的创始人，是一位集犯罪学和刑法学研究于一身并取得了显赫成果的学术大师。1851 年出生于奥地利维也纳，1875 年在奥地利格拉茨大学担任刑法教师，并先后在德国的吉森、马尔堡、哈勒和柏林等大学任教，在马尔堡、哈勒和柏林等地开办刑法学研究所。1881 年创办《全体刑法科学杂志》、1889 年与比利时刑法学家普林斯和荷兰刑法学家哈默尔共同发起组织国际刑法学会，又称国际刑事科学协会。1919 年去世。他的基本学术思想和理论观点，对当代的刑法和刑法理论仍然具有重要的影响。

李斯特十分重视社会政策在预防犯罪中的作用。他通过对犯罪与刑罚的产生及变迁的实证考察，提出了“最好的社会政策就是最好的刑事政策”这一著名的论断。李斯特认为，犯罪是一种社会现象，虽然犯罪的原因可以分为个人原因与社会原因，但是社会原因才是主要的原因。消除犯罪的个人原因，是刑事政策的任务；而消除犯罪的社会原因，则是社会政策的任务。由于犯罪人是社会环境的产物，改善社会环境对预防犯罪有重要意义。20 世纪以后的社会连带思想更进一步说明，犯罪是社会病态的表征，社会应负相应的责任，不能只归责于犯罪人个人。因而，从积极预防犯罪的角度出发，广义的刑事政策是犯罪的治本之策。

第十六章

罪犯矫正

第一节　罪犯矫正概述

一、相关概念的界定

（一）罪犯

《刑事诉讼法》第 12 条明确规定，未经人民法院依法判决，对任何人都不得确定有罪。但长期以来，我们国家将“犯人”“人犯”“罪犯”“刑事被告人”“犯罪嫌疑人”等概念混用，直到 1996 年，修改后的《刑事诉讼法》明确将以上概念进行界定。依照《刑事诉讼法》的规定，行为被作为刑事案件立案之后至检察院向法院提起公诉之前，行为人被称为“犯罪嫌疑人”；检察院向法院提起公诉或自诉人向法院起诉后，行为人被称为“被告人”；法院经过审理，作出判决确定行为人的行为构成犯罪时，行为人方被称为“罪犯”。因此，严格来讲，所谓罪犯应是经人民法院依法判决确定应当承担刑事责任的人。

（二）改造

“改造”一词在我国的使用较为普遍，具体而言包括两个层次的意思：一是另制和重制；二是另外选择。因此，“改造”一词的引申含义可以表述为改变旧的，使之适应新形势的需要。“劳动改造”一词是我国监狱对罪犯执行刑罚过程中的一种制度和手段，意思是使罪犯通过劳动，养成劳动习惯，掌握劳动技巧，增长文化知识，转化观念纠正恶习，树立新的、正确的人生观和价值观，成为社会的守法公民。可见“改造”，主要是针对罪犯思想的改造。

（三）矫正

“矫正”一词作为司法工作的专业用语源于西方国家，该词在西方国家的含义等同于我国的刑罚。根据美国学者克莱门斯·巴特勒斯的观点，所谓矫正，是指“法定有权对被判有罪者进行监禁或监控机构及其所实施的各种处遇措施”①。在我国汉语词典中，“矫正”的意思是正曲使直，匡正、纠正和改正。由于我国长期使用“改造”一词，因此对“矫正”一词的使用较晚。但随着刑罚理念的不断更新和发展，近年来，“矫正”一词在监狱理论研究和监狱实际工作中被频繁使用。

尽管实践和理论研究中“改造”和“矫正”通常会被混用，但仔细考究两者还是有较大差别。在我国，“矫正”一词是个小概念，仅指矫正恶习，而“改造”一词是个大概念，包括针对罪犯所采用的各种手段和方法。但在西方，“矫正”是个大概念，不仅包括监狱矫正还包括社区矫正，而“改造”则是一个小概念，仅指个别化治疗或“改造模式”。②

（四）罪犯矫正

罪犯矫正作为刑事司法的一项重要制度，起源于西方。它是指通过监禁隔离、教育感化、心理咨询和治疗、技术培训等措施，使罪犯逐步适应社会生活而进行的活动。③ 一般来说，罪犯矫正存在两种形式：一种是监禁矫正，指对监狱内的服刑人员进行的监管和矫正；另一种是非监禁矫正，通常指对在社区执行刑罚的罪犯进行的管理和矫正。

二、罪犯矫正的产生与发展

受经济条件、生产方式和意识形态的影响，在对罪犯的处罚含有报复和惩罚的意识支配下，生产条件落后和刑罚方法残酷野蛮的奴隶和封建社会，不可能产生对罪犯进行矫正的思想，因此，罪犯矫正这一理念并不是随着监狱的出现而产生的，而是生产状况和人类文明发展到一定阶段的产物。

（一）西方罪犯矫正的产生与发展

16 世纪至 17 世纪的欧洲，政局紊乱，犯罪日增。人们逐渐认识到，仅依靠残酷的刑罚已无法避免犯罪的增长趋势，因而在刑罚报应观念存在的基础上，开始注意刑罚的预防作用。

---

① ［美］克莱门斯·巴特勒斯：《矫正导论》，孙晓雳等译，中国人民公安大学出版社 1991 年版，第 27 页。

② 于爱荣等：《矫正技术原论》，法律出版社 2007 年版，第 132 页。

③ 中国劳改学会编：《中国劳改学大辞典》，社会科学文献出版社 1993 年版，第 621 页。

18世纪法国资产阶级革命时，“文艺复兴”运动中倡导的人文主义思想被具体表述为“自由”“平等”“博爱”，形成作为世界观的人道主义。受人道主义思想的影响，资产阶级刑事古典学派提出了废除或限制死刑，取消残废刑和侮辱刑，建立以自由刑为中心的刑罚体系，改良监狱，给罪犯人道主义待遇的主张。自由刑的执行既惩罚了罪犯，又保存了劳动力，符合资本主义发展过程中需要大量劳动力的客观要求。因此，从18世纪开始，西方一些主要资本主义国家的刑罚内容较原来发生了很大变化。主要表现为侮辱刑和肉刑逐渐消失，以剥夺人的人身自由为主要内容的自由刑逐渐发展起来。因为当时资产阶级提出个性解放，尊重人权，使人身价值得以提高，人们将自由与生命健康看得同等重要，使自由的剥夺也能对罪犯起到惩罚作用，监狱也同时成为执行自由刑的主要场所。但随着在押人犯数量的增加，原有的监狱设施和监狱制度已不能满足形势的需要，对罪犯刑罚的执行面临改良的需要。随着自由刑的发展和监狱制度改良的需要，罪犯矫正制度应运而生。

19世纪末20世纪初，资本主义社会完成了由自由竞争向垄断的过渡，同时也标志着现代社会的开始。但是进入现代社会后，资本主义国家的犯罪率不断上升，累犯所占的比重越来越大。在这种情况下，人们逐渐认识到，为了社会的稳定和发展，对罪犯不能仅仅适用监禁和单纯的惩罚，而是要采取积极的措施以避免其再次犯罪。在这种思想支配下，随着社会的发展、刑罚制度的改革，监狱制度的改良也进入了新的历史发展时期，并逐渐形成了“对罪犯刑罚的执行是为了使其改恶从善更好适应社会生活”为主导思想的现代罪犯矫正制度。

（二）我国罪犯矫正的产生与发展

我国的奴隶制社会发展到西周时期，政治、经济、文化制度日趋成熟，监狱制度也得以发展，对罪犯的矫正制度出现了萌芽状态，并且有了根据罪行轻重不同对罪犯进行分别关押的机构，如囹圄、圜土、嘉石等。但受当时酷刑和狱政管理制度野蛮落后状况的影响，对罪犯不可能施以真正的教育和矫正，更不会形成专门的矫正制度。

我国的监狱管理制度在封建时期得到了进一步发展，在各朝代中逐渐形成了能够体现对罪犯有一定矫正意识的监狱管理制度，主要有：（1）系囚制度，主要是关于监狱的安全和保卫方面的制度，包括门卫、桎梏和点视制度；（2）悯囚制度，主要是关于监狱囚犯生活和待遇方面的制度，包括矜老怜幼、狱囚衣粮等制度；（3）居作制度，主要是关于强制囚犯进行劳役的制度，包括居作的时间、居作的形式、居作时所戴的戒具等；（4）录囚制度，主要是指皇帝和各级官吏对监狱的巡视、讯查以及对狱情的审查、复核和监督制度。[①] 从以上几种制度中可以看出，封建社会时期对罪犯进行矫正的意识在当时已有所凸显，但由于封建酷刑及统治的专制性特征，同样也不可能建立真正意义上的罪犯矫正制度。

鸦片战争后，受当时中国所处的历史环境的影响，清朝时期的监狱制度具有明显的封建性和半殖民地性。清末对监狱制度的改良主要表现在设立新监、起草监狱法规、实行分类监禁、建立以感化为宗旨的教诲教育制度、设立体现人道主义精神的卫生医疗制度、改变宗室犯人特权地位等几个方面。其中，法学家沈家本提出要建立分房制和杂居制的劳动制度，并在首都等地进行法律学和监狱学研究且给予罪犯刑罚和改良平等的主张，对监狱制度的改良有较大的积极影响。可以说，当时的监狱改良已具有了近代监狱矫正制度的特点，但在当时重刑思想的影响下，不可能产生现代意义上的罪犯矫正制度。

中华人民共和国成立前，革命根据地如看守所、劳动感化院、监狱、苦工队等监管场所的设置及对罪犯实行管理和教育改造等政策的提出，为中华人民共和国成立后监狱矫正制度的进一步发展和完善提供了宝贵的经验积累。中华人民共和国成立后，我国正式形成了劳动改造矫正制度。尽管是从大规模的劳改生产开始，但从内容上已不限于仅通过生产劳动对罪犯进行改造，而是包括了刑罚执行、狱政管理、教育改造等多方面的内容。

1994 年《监狱法》的颁布实行，标志着我国监狱管理制度规范化、法制化的形成。《监狱法》第 3 条明确规定，监狱对罪犯实行惩罚和改造相结合、教育和劳动相结合的原则，将罪犯改造成为守法公民。国务院在 1995 年发布的《关于进一步加强监狱管理和劳动教养工作的通知》中进一步指出，监狱工作要坚持“惩罚和改造相结合，以改造人为宗旨”的方针。为了适应我国社会主义现代化建设，展示我国监狱的现代文明形象，1995 年司法部颁发的《关于创建现代化文明监狱的标准和实施意见》详细规定了现代化文明监狱的各项标准。以上这些均显示了我国监狱矫正制度的新发展及罪犯矫正制度建设的新动向。

随着世界范围内对罪犯的行刑思想由“报应刑”向“教育刑”观念的转变，整个国际社会越来越关注对罪犯执行刑罚过程中的教育和矫正工作。联合国的一些刑事司法规则如《囚犯待遇最低限度标准规则》《联合非监禁措施最低限度标准规则》等，都提倡尽量避免使用监禁刑，以促进国际社会刑罚制度中非监禁刑的适用。一些国家也不断进行行刑社会化工作的探索，并逐步将社区矫正作为行刑制度列入法律规定。受人权保护思想及教育刑观念的影响，社区矫正制度在我国也逐步得以发展。2002 年 1 月，时任司法部部长张福森同志在全国司法厅

---

① 夏宗素：《罪犯矫正与康复》，中国人民公安大学出版社 2005 年版，第 52 页。

(局)长会议上又一次提出，要使监狱工作“以改造人为宗旨”的方针在实践中得以贯彻落实。为了进一步提高改造质量，2003年司法部再次提出要树立监狱工作新观念，提出在不影响刑罚执行的情况下，对符合一定条件的罪犯实行社区矫正。2003年7月，最高人民法院、最高人民检察院、公安部、司法部联合印发《关于开展社区矫正试点工作的通知》，确定在国内开展社区矫正工作试点，并首选在北京、上海、天津、江苏、浙江、山东6省（市）进行。2010年，公安部、司法部、最高人民法院和最高人民检察院联合下发通知，决定在全国范围内推行社区矫正试点。2011年2月25日通过并于2011年5月1日起施行的《刑法修正案（八)》明确规定，对判处管制的犯罪分子，依法实行社区矫正。这一规范标志着我国的罪犯矫正制度发展了一个新台阶。

从以上的发展过程看，整体而言，罪犯矫正制度呈现出了由落后到文明、由野蛮到人道和宽容的发展趋势，这一演变过程反映了人类社会对待刑罚执行更加理性、对罪犯更加宽容的理念的形成。

第二节 罪犯矫正的原理

一、罪犯矫正的可能性

现代刑罚理论认为，犯罪不是犯罪人与生俱来的，乃是社会多种因素共同作用而生成的独特的社会实践的产物。人来到这个社会后，社会赋予了他一切，包括实施犯罪行为的能力。因此，社会有责任帮助他们消除实施犯罪的潜在因素，使他们重新适应正常的社会生活。从心理学的角度讲，人的心理活动会随着外界客观环境的变化而改变，这种心理变化是绝对的，而人的心理稳定则是相对的。既然变化的人的心理能向着有违规范的不良倾向发展，相应地，如果条件允许、引导得当，其也会朝着符合道德传统和规范要求的方向转化。行为人的犯罪心理是在参与社会的交往中，在外界环境的刺激下和自己的不良心理支配下逐渐形成的，而罪犯所处的环境是可以改变的，因此，若向罪犯提供一个完全与旧的不良环境不同的全新的良性环境，正面的信息不断刺激和影响其对事物的反应，罪犯的心理自会朝着好的方向发展。另外，人的潜意识里都会存在对美好生活的向往，即使是罪犯，其内心深处也会潜藏着重返社会和被社会及周围人员接纳的美好愿望，也会隐藏着不同程度的进取心，人的这种希望被人尊重的思想就是对罪犯进行矫正的有利因素，从而有可能最终达到将其改造为符合社会规范的守法公民。

二、罪犯矫正的指导思想

对罪犯的矫正工作是否能够顺利开展并取得预期效果，与一国所倡导的关于罪犯矫正的指导思想和在此基础上制定的指导原则有密切的关系。我国关于罪犯矫正的指导思想主要体现为：

（一）坚持辩证唯物主义认识论原理

该理论认为，认识是人们的头脑对客观世界的反映，是为了改造客观世界的积极的能动的反映；实践是认识的基础，认识从实践中产生，随实践的发展而发展。认识是一个从感性认识到理性认识，再到能动地改造客观世界的辩证过程。在辩证唯物主义认识论意识的影响下，毛泽东同志不止一次提出，许多犯罪分子是可以改造好的，是能够教育好的；人是可以改造的，就是政策和方法要正确才行。我国罪犯矫正制度的发展也充分体现了辩证唯物主义认识论的指导作用。例如，对于犯罪的治理，从理念上经历了一个由单纯的打击、报复到教育、改造，再到打击、报复和教育、改造相结合的过程。我国对于刑罚目的的认识，也经历了认识、实践、再认识的过程，直到目前基本达成共识，即刑罚的目的在于预防犯罪。再如，我国曾长期坚持对罪犯进行惩罚与改造相结合的思想，也是在理论与实践中逐渐形成且不断发展完善的。

（二）坚持实事求是的基本思想

实事求是，就是指从实际对象出发，探求事物的内部联系及其发展的规律性，认识事物的本质，即通常所说的按照事物的实际情况办事。“实事求是，一切从实际出发”是我党的思想路线，同时也是党的优良传统和作风。在我国的罪犯矫正制度方面，该思想也充分起到了重要的指导作用。同样的犯罪，其造成的危害程度也会因行为人的犯罪动机、文化程度、主观恶性的大小而不同，对危害程度不同的犯罪和人身危险性不同的罪犯，就应该实行有区别的个别化对待，有针对性地加以矫正，这是实事求是的辩证唯物主义的基本要求，也是我国宽严相济的刑事政策的突出体现。

（三）坚持以改造人为宗旨的思想

目前，我国罪犯矫正的指导思想主要表现为：惩罚与改造相结合，以改造人为宗旨。“惩罚与改造相结合”是实现“改造人”这一宗旨的基本方法和根本途径，是我国监狱在对罪犯执行刑罚和进行矫正过程中的两项最重要的活动。监狱在对罪犯执行刑罚的过程中，要做到惩罚和改造并举并且把握好两者的结合点。既要强制罪犯遵守法规、纪律和履行义务，对违反者要给予相应的处罚；同时还要系统地对他们进行政治思想、文化知识、职业技术的教育，使罪犯在认罪服法的同时，能痛改前非，回归社会后成为遵纪守法、自食其力的公民。

三、罪犯矫正的基本原则

总体而言，我国罪犯矫正制度的基本原则有：

（一）人道主义原则

“人道主义”一词本来的含义，是指一种能够促进个人的才能得到最大限度发展的具有人道精神的教育制度。它所倡导的是关怀人、尊重人、以人为本、以人为最高价值、尊重人的权利、关心人的幸福。作为一项伦理道德的基本原则，人道主义深刻地影响着人类的社会制度变革和社会实践活动，其中包括刑罚制度、监狱制度及刑罚执行活动。

人道主义作为一种思想理念，对刑罚理论的影响较早开始于刑事古典学派。该派代表人物贝卡利亚、边沁、康德、黑格尔等都对人道主义刑罚作出了重要阐释。贝卡利亚在他的《论犯罪与刑罚》一书中，明确从人道主义角度出发探讨犯罪与刑罚。他反对残酷刑罚，提出了刑罚应当宽和，认为人道的刑罚才是人类善良美德的体现，是人类理性的体现，也是刑罚公正的需要和表现。之后，犯罪实证学派也从刑罚人道的角度出发，认为刑罚不是预防犯罪、保卫社会的最有效手段，而应改革传统的镇压性的刑罚体系，而代之以纯粹预防性质的刑罚体系。

罪犯矫正人道化的主旨在于尊重和保障罪犯作为人的地位及其基本权利。其内容主要体现在三个方面：一是刑罚目的人道化，矫正要重于惩罚；二是刑罚过程人道化，尊重罪犯的基本权利；三是罪犯处遇人道化，关注罪犯个人价值和社会价值的双重实现，以罪犯复归社会为最终目标。当今人道化已成为世界各国罪犯矫正的共同趋势。自 1948 年以来，以联合国的名义发布的《世界人权宣言》(1948 年)、《囚犯待遇最低限度标准规则》（1955 年)、《禁止酷刑和其他残忍、不人道或有辱人格的待遇或处罚公约》（1984 年)、《保护所有遭受任何形式拘留或监禁的人的原则》（1988 年)、《囚犯待遇基本原则》（1990 年)、《公民权利和政治权利国际公约》(1996 年）等世界性法律文件，都体现了罪犯矫正的人道化原则，并以法律方法保障人权的实现。①

（二）个别化原则

联合国《囚犯待遇最低限度标准规则》较准确而详尽地指出了实行罪犯评估和处遇个别化的内容和措施。该规则规定，为实现培养犯人出狱后守法自立的意志，并使他们有做到这个境地的能力这一目的，“应当照顾到犯人社会背景和犯罪经过、身心能力和习性、个人脾气、刑期长短、出狱后展望，而按每一囚犯的个人需要，使用一切恰当办法，其中包括教育、职业指导和训练、社会个案调

① 张学超主编：《罪犯矫正学概论》，中国人民公安大学出版社 2011 年版，第 37 页。

查、就业辅导、体能训练和道德性格的加强，在可能进行宗教照顾的国家并包括这种照顾”。“在囚犯入狱并于刑期相当长的每一囚犯的人格作出研究后，应尽快参照有关他个人需要、能力、倾向的资料，为他拟订一项待遇方案。”[①] 为了实现罪犯评估和处遇的个别化，目前，世界上许多国家已成立了专门的罪犯矫正分类评估机构。我国监狱在对罪犯改造过程中，也一直遵循矫正个别化原则，主要表现在：对罪犯分类处遇的个别化；对罪犯教育的个别化；罪犯劳动的个别化。

（三）教育化原则

随着社会的文明和进步，关注违法犯罪人员复归社会这一目的，已成为现代矫正制度的基本价值，对罪犯刑罚的执行也已由单纯的报复性制裁转化为改善性矫正。教育目的和重返社会理念取代了传统的报应哲学，对罪犯实行教育矫正，已日益成为矫正制度人道化、社会化的核心内容。教育是一种培养人的社会实践活动。教育刑理论起始于德国犯罪学家李斯特所主张的教育刑。该理论把刑罚作为教育犯人的一种方法。我国历来重视在对罪犯进行矫正过程中的教育作用，其在各项矫正措施中发挥着主导作用。主要是通过思想教育帮助罪犯树立正确的人生观、价值观；通过文化教育改变思想愚昧落后的状态；通过技术教育为其刑满释放回归社会提供有力的就业条件。

（四）社会参与原则

社会参与，是指依靠社会各方面力量对罪犯进行矫正和改造。罪犯矫正过程中的社会参与，能一定程度上避免和克服监禁矫正存在的某些弊端，通过罪犯尽可能多地接触社会，并使社会最大限度地参与罪犯矫正事业，使罪犯在社会上获得更多的教育改造机会，易于罪犯再社会化目标的实现。另外，通过社会最大限度地参与罪犯矫正事业，可以使刑事执行与社会发展保持同步，为罪犯顺利回归社会创造有利条件。

当前，国外的罪犯矫正实践更明显地表现出这一点。例如，很多欧洲国家都设有开放式监狱，其中丹麦和瑞典是设立开放式监狱的典范。开放式监狱中，有的国家囚犯可以出去工作，然后交纳一些房费，有的国家囚犯每 3 周可回家一次。芬兰犯罪率很低，那儿的封闭式监狱都没有围墙，狱警甚至连枪支都不配备。[②] 此外，国外监狱非常重视罪犯与社会的不间断接触。例如，丹麦、瑞典的监狱犯人有休假制度，丹麦在 1971 年的刑法改革中也对此作了专门规定。法国、

① 于爱荣等：《矫正技术原论》，法律出版社 2007 年版，第 140 页。

② 张学超主编：《罪犯矫正学概论》，中国人民公安大学出版社 2011 年版，第 40 页。

德国实行“监外走廊”，允许罪犯受雇于监狱之外的公司企业。[①] 目前，世界范围内的刑罚方式呈现由监禁刑为主的体系向以非监禁方式转变的趋势。社区矫正作为一种充分利用社会的自我净化及自我恢复功能、追求罪犯顺利回归社会及再社会化的刑罚执行方式，被越来越多的国家所采用。我国 2011 年 5 月 1 日施行《刑法修正案（八）》首次以法律的形式明确将社区矫正作为一种刑罚的执行方式加以规范。

第三节　监 狱 矫 正

一、我国监狱的概念、性质和任务

（一）我国监狱的概念

根据《宪法》和《监狱法》的规定，所谓监狱，是指国家依法设置与管理的，对判处死刑缓期二年执行、无期徒刑、有期徒刑的罪犯执行刑罚、实施惩罚与改造的刑罚执行机关。

（二）我国监狱的性质

由于监狱在整个刑事司法体系中承担了特殊的职责与任务，因此其具备了与其他刑事司法机关不同的法律属性，具体来说监狱的性质主要体现在以下几个方面：

1. 监狱是国家的刑罚执行机关

《刑事诉讼法》第 264 条规定：“……对被判处死刑缓期二年执行、无期徒刑、有期徒刑的罪犯，由公安机关依法将该罪犯送交监狱执行刑罚……”该法条明确指出了我国监狱的法律属性是国家的刑罚执行机关，是对依法被判处死刑缓期二年执行、无期徒刑、有期徒刑罪犯的刑罚执行场所。

2. 监狱是人民民主专政的工具

人类进入阶级社会以前的氏族社会里，由于没有私有制，没有阶级压迫和剥削，也就没有为实现政治统治的国家机器，也就没有监狱。随着生产力的发展，有了剩余产品的出现，也就出现了私有制，社会开始分裂继而产生了阶级。经济上占优势的阶级，为了巩固胜利果实必然会采取措施以镇压被统治者的反抗，就会制定体现国家意志的规章制度，即法律。将严重触犯法律的行为视为犯罪，为

① 张峰、连春亮：《行刑与罪犯矫治社会化研究》，群众出版社 2007 年版，第 10 页。

了对犯罪者进行惩罚就产生了刑罚和监狱。因此，马列主义认为，监狱是阶级矛盾不可调和的产物。

迄今为止，人类历史上已经有了四个类型的监狱。奴隶制国家的监狱，体现的是奴隶主阶级的意志，维护的是奴隶主贵族的特权利益；封建制国家的监狱，体现的是地主阶级的意志，是封建皇权统治下的地主阶级专政的工具，维护的是封建贵族特权的利益；资本主义国家的监狱，体现的是资产阶级的意志，维护的是资产阶级的利益；我国是工人阶级领导的，以工农联盟为基础的人民民主专政的社会主义国家，这种国家性质，就决定了我国的监狱是人民民主专政的性质。

（三）我国监狱的任务

监狱作为最主要的国家刑罚执行机关，其任务概括起来主要表现为以下几个方面：

1. 执行刑罚

作为国家的刑罚执行机关，监狱的主要任务就是对罪犯执行刑罚。收监制度的实施表明刑罚执行的开始。将罪犯收监之后，监狱根据人民法院所作的已经发生法律效力的判决书，依照法律规定的程序，将判决书上的刑罚内容付诸实施，直至刑罚内容执行完毕将罪犯释放。当然在刑罚执行过程中，根据法定情况可能会对符合条件的罪犯进行减刑、假释或者监外执行等刑罚执行过程中的变通情况，严格按照法律所规定的内容和程序付诸实施，也是监狱刑罚执行过程中的内容。

2. 惩罚和矫正罪犯

惩罚性是刑罚的固有属性，罪犯在监狱执行刑罚本身，就意味着对罪犯所犯行为的惩罚，这是刑罚正义性的要求，也是国家创设刑罚一般目的的实现。尽管惩罚是监禁刑的固有属性，但其不是为惩罚而惩罚。惩罚的力度仅限于对罪犯人身自由的限制和剥夺，而且这种剥夺和限制必须严格遵循法律规定，罪犯依然有一定的活动范围，可以相对自由地从事劳动和学习。对罪犯的矫正主要体现在两个方面，首先是对罪犯在过去生活中形成的错误人生观、世界观、价值观及不良行为习惯采取直接的、强制性的管理、约束和控制；其次是围绕提高罪犯的整体素质出发，培养罪犯良好的文化素质、道德素质、行为习惯和心理素质以及谋生的技能，以促进不良行为、认识和习惯的消除，从而完成整体的、良性的社会化转变过程。

3. 预防和减少犯罪

罪犯在监狱服刑的过程本身就是对社会上潜在的犯罪人的一种警示和威慑，使其为避免重蹈覆辙而悬崖勒马，从而预防和减少犯罪现象的发生。另外，监狱通过严密的警戒设施将罪犯拘禁在监狱内，使罪犯丧失了继续犯罪的能力，同时对监狱内的服刑人员进行教育和矫正，也会使服刑人员从根本上打消犯罪的念头，从而达到刑罚预防犯罪目的的实现。

二、我国监狱的管理体制和设置

我国的监狱工作长期以来实行的是集中统一领导与分级管理相结合的监狱管理体制。司法部主管全国的监狱工作。同时，国家还设立了专门负责领导惩罚和改造罪犯工作的政府职能机构，即监狱工作的管理机关，包括司法部监狱管理局和省、自治区、直辖市监狱管理局。司法部监狱管理局负责对全国监狱工作的规划和领导，解决各地监狱工作中有关法律性、政策性的问题，对各地监狱工作进行检查、指导和评定。省、自治区、直辖市监狱管理局受本省、自治区、直辖市司法厅（局）领导，负责领导本地区监狱管理方面的各项工作。在基层，设有监狱机构，具体负责刑罚的执行和罪犯的改造任务。

监狱的内部管理体制，在领导体制上普遍实行监狱长负责制。监狱内部的基础组织，实行的是监区、分监区两级管理的基层管理体制。监狱的行政首长称为监狱长，内部的工作机构由监狱长一人、副监狱长若干人组成，并根据实际需要设置必要的工作机构和配备其他监狱管理人员。

监狱的设置是否科学和合理不只是一个简单的物质形态问题，更重要的是它反映了一个国家的行刑精神和价值理念。目前，我国监狱的设置和分类主要表现为：

（一）依据罪犯的性别设置监狱

按照罪犯的性别，我国的监狱有男犯监狱和女犯监狱两种。

男犯监狱，是指专门用来关押男性犯人的监狱，在我国主要是指关押成年男性犯人的监狱（男性未成年犯人关押在专门的未成年犯管教所中）。男犯监狱占监狱总数的90%以上，这种情况，世界各国大致相同。但我国的男犯监狱基本上没有再按警戒度划分，在建筑结构上也大致相同。监狱的外围一般都有高墙、电网、岗楼，监狱内部一般划分为三大区域：犯人生活区、劳动区和教学区。犯人监舍与其他区域隔离开，有全封闭的围墙或者是围墙形成的封闭区域，并都有相应的监控设施。

女犯监狱，是指专门用来关押女性犯人的场所。由于女性罪犯在数量上较少，女性监狱占监狱总数的4%左右。除个别省份外，绝大多数的省一般只有一所女犯监狱。由于女犯自身的特点，女犯监狱的监控和管理相对于男犯监狱要宽松一些，但同样都是封闭式的，没有区分不同的警戒度。

（二）依据罪犯的年龄设置监狱

我国监狱根据犯人的年龄不同主要分为成年犯监狱和未成年犯管教所两类。

成年犯监狱。中国的成年犯监狱是指关押年龄在 18 周岁以上犯人的场所。中国没有专门的女性未成年犯管教所，有少量的女性未成年犯也是在女子监狱中服刑。因此，通常所说的成年犯监狱，指的就是男性成年犯监狱。

未成年犯管教所。中国的未成年犯管教所也是监狱的一种类型，是对年龄在 18 周岁以下的未成年罪犯以及未成年犯在年满 18 周岁时剩余刑期不超过两年的监禁场所。未成年犯管教所的数量相对较少，占监狱总数的 5% 左右，一般每个省（直辖市、自治区）只有一所未成年犯管教所，极少数省设置有两所。未成年犯管教所的围墙高度和厚度比成年犯监狱稍低，一般不设置电网和岗楼，也没有武警看押，不过在重要部位安装有监控、报警装置。

（三）依据所判的刑期设置监狱

根据罪犯所判处刑期的长短，将我国监狱分为重刑犯监狱和轻刑犯监狱。

重刑犯监狱是关押被判处 10 年以上有期徒刑、无期徒刑和死刑缓期 2 年执行罪犯的场所。重刑犯监狱一般占男性成年犯监狱总数的 30% 左右，占监狱总数的 25% 。重刑犯监狱的建筑和警戒设施比较坚固，监控和报警设施齐全，管理比较严格，罪犯劳动一般设在监狱围墙内进行。

轻刑犯监狱主要是关押被判处 10 年以下有期徒刑罪犯的场所。轻刑犯监狱占男性成年犯监狱的 70% 左右。轻刑犯监狱的总体建筑和警戒设施与重刑犯监狱大同小异。与重刑犯监狱相比，原来最大的区别是重刑犯监狱的罪犯是在室内劳动（工业生产劳动为主），而轻刑犯监狱的罪犯多数是从事室外劳动（农业生产为主），但随着中国监狱布局的逐步调整和监狱体制改革的不断深入，现在这种区别已经在逐步缩小，轻刑犯监狱的罪犯从事狱外劳动的情况也很少。同时，随着国家财政对监狱投入的加大，轻刑犯监狱的建筑、警戒设施和内控设施与重刑犯监狱大致相似。①

三、监狱人民警察

在我国，监狱人民警察是依法从事监狱管理，对罪犯执行刑罚，并对罪犯进行矫正的主体。《监狱法》第 12 条第 2 款规定：“监狱的管理人员是人民警察。”由此可见，中国监狱管理人员属于警察序列。

《监狱法》第 5 条规定：“监狱的人民警察依法管理监狱、执行刑罚、对罪犯进行教育改造等活动，受法律保护。”根据监狱法的规定，监狱人民警察在对罪犯执行刑罚进行教育改造过程中具有下列职权：（1）对罪犯执行刑罚并依照法定程序对罪犯进行刑罚的变更执行；（2）对罪犯在监狱内实施的犯罪行为进

① 张学超主编：《罪犯矫正学概论》，中国人民公安大学出版社 2011 年版，第 51 ~ 53 页。

行狱内侦查；（3）实施狱政管理；（4）对罪犯进行教育和改造；（5）组织罪犯进行劳动；（6）对罪犯进行考核奖惩。

为了保证监狱人民警察正确行使职权，保障罪犯的合法权益不受侵犯，我国历来重视监狱人民警察行为规范的约束和警察队伍的建设，并从法律上对监狱人民警察的职业道德与纪律要求做出明确规定。《监狱法》第13条“监狱的人民警察应当严格遵守宪法和法律，忠于职守，秉公执法，严守纪律，清正廉洁”的规定体现了法律对监狱人民警察最基本的职业道德要求。《监狱法》第14条对监狱人民警察的下列行为作了明确性的禁止性规定，监狱的人民警察不得有下列行为：（1）索要、收受、侵占罪犯及其亲属的财物；（2）私放罪犯或者玩忽职守造成犯罪脱逃；（3）刑讯逼供或者体罚、虐待罪犯；（4）侮辱罪犯的人格；（5）殴打或者纵容他人殴打罪犯；（6）为谋取私利，利用罪犯提供劳务；（7）违反规定，私自为罪犯传递信件或者物品；（8）非法将监管罪犯的职权交予他人行使；（9）其他违法行为。监狱的人民警察有前款所列行为，构成犯罪的，依法追究刑事责任；尚未构成犯罪的，应当予以行政处分。

为了促进监狱机关更好地发挥职能作用，进一步加强监狱人民警察队伍建设，司法部2006年又发布了《监狱人民警察六条禁令》，具体内容为：（1）严禁殴打、体罚或者指使他人殴打、体罚服刑人员；（2）严禁违规使用枪支、警械、警车；（3）严禁索要、收受服刑人员及其亲属的财物；（4）严禁为服刑人员传递、提供违禁物品；（5）严禁工作期间饮酒；（6）严禁参与赌博。违反上述禁令者，视其情节轻重予以相应纪律处分或者辞退，构成犯罪的，依法追究刑事责任。《监狱人民警察六条禁令》的内容与监狱人民警察的纪律要求是一致的，有利于监狱人民警察进一步增强法律意识和依法履行职责的观念。

如果说我们对婴儿的教育是从零开始，那么对罪犯的矫正则是以负值为起点，为了达到将罪犯改造成以守法公民的姿态重新融入社会这一矫正目的，就要求监狱人民警察具有较高的综合素质，具体表现为：

（一）政治素质

监狱人民警察是对罪犯实施刑罚的具体执行者，是国家有关监狱工作方针、政策的体现者，因此，他们必须在思想上和党中央保持高度一致，坚持四项基本原则，坚持党的领导，在工作中能坚决贯彻落实党有关监狱方面的方针、政策，维护国家的安全和人民群众的根本利益，积极同一切违法犯罪行为做斗争。

（二）业务素质

首先，监狱人民警察要有较强的事业心和责任感。监狱人民警察肩负着将罪犯矫正为守法公民的重任，既是执法工作者又是教育工作者，工作中面对的不是一般人员，而是对正常的社会规范有抵触情绪或者说是有抵触倾向的人，这就要求他们具备较之普通工作相比更强的事业心和责任感，忠诚和热爱党的监狱工作事业，有在监狱这个特殊工作岗位上全心全意为人民服务、艰苦奋斗、无私奉献的精神。

其次，监狱人民警察还要具备从事工作所需要的专业知识和业务技能。作为警察不仅要具备高中以上文化水平，通晓普通文化课知识，还要掌握刑事法律规范、狱政管理、罪犯改造、警察法等方面的专业知识，从而做到正确执法、守法、用法。

再次，由于对罪犯进行教育和改造的过程中离不开和罪犯的交流与沟通，因此，作为监狱人民警察要具备较强的语言表达能力和组织协调沟通能力。以较强的语言表达能力为媒介，将正确的价值观念、法律意识传输给服刑人员，帮助他们树立正确的价值观、人生观，引导他们克服陋习，洗心革面，重新做人。通过组织协调能力，对罪犯的学习、生活、劳动及罪犯的群体关系进行管理，在活动的组织开展中有效地对他们进行感化、文化知识、专业技能的教育。通过与罪犯的沟通和交往，了解服刑人员的心理变化和心理症结，找出解决问题的方法，在对罪犯执行刑罚的过程中，营造相互关心、理解和信任的和谐范围，激发他们由被动改造变主动要求进步的积极性。

最后，监狱人民警察要具备较强的应急处置能力。由于监狱布局的调整、在押人员的变化、服刑人员思想的波动等多种原因的影响，使监狱工作中存在很多不安定因素，监狱工作随时会面临新情况和新问题，各种危急性事件随时可能发生，这就要求监狱人民警察具备较强的处理紧急事务的应急能力。

（三）身体素质

强健的体魄是监狱人民警察做好本职工作的重要条件。由于监狱工作危险性强，可能随时会发生各种紧急突发情况，需要迅速投入工作。再加上监狱工作任务繁重、条件艰苦，如果没有强健的身体，很难保证有监狱工作所需要的充沛精力。反过来说，如果身体虚弱无力，不仅不能很好地胜任本职工作，可能还会因为无法应付突发事件而给国家造成不应有的损失。因此，监狱警察队伍要有合理的年龄结构，以保证整个队伍有较强的战斗力。

（四）心理素质

监狱作为对罪犯进行矫正的监禁场所，封闭性强，风险性高，再加上长期接触直接反映社会阴暗面的服刑人员这一特殊群体，这个特殊的工作环境，容易使监狱人民警察产生较强的精神压力，因此这就要求对罪犯进行矫正的矫正主体首先要有一个健康的心理素质。具体来说，首先，监狱人民警察首先要有一个成熟的自我认识，包括自我评价、自我控制、自我进行心理调节的能力等。较强的自我控制和心理调节能力，能使人保持心理平衡，使心境处于最佳状态。其次，监狱人民警察要有积极丰富的内心情感和顽强的意志。具体而言，对罪犯要保持一个平和的心态，不能先对其有抵触情绪，这是对罪犯进行有效矫正的一个前提。对工作要有热情，对罪犯要有耐心、关心和爱心。在积极的情感和顽强意志的支配下，才可能以饱满的热情投入艰苦的工作环境中，才能在平凡、复杂的工作环境中取得优良的成绩，做好罪犯矫正工作。

四、我国监狱的罪犯矫正方法

我国监狱对罪犯的矫正是通过一定的方法和手段来完成的，目前我国监狱对罪犯进行矫正的手段主要包括监管改造、狱政管理、教育矫正、劳动矫正、心理矫正。

（一）监管改造

监管改造是指通过对罪犯执行刑罚、监禁管理等方面的工作实现对罪犯改造的目的，是最基本的一种矫正手段。我国监狱对罪犯的监禁管理，是通过剥夺对依法判处死刑缓期执行、无期徒刑、有期徒刑罪犯的人身自由来实现的。将被判处死刑缓期执行、无期徒刑、有期徒刑的罪犯置于严密而有效的控制之下，这种剥夺人身自由的状态本身对罪犯就是一种教育，同时也体现了法律的正义和尊严，是实现罪犯矫正的一种途径。

（二）狱政管理

狱政管理是监狱对罪犯进行的行政管理工作，其涉及监狱对罪犯的各种管理，具体包括分押分管、分级处遇、通讯、会见、日常生活、环境卫生、奖惩等各个方面的事项。通过对罪犯实行分级管理并通过不同的处遇方式激励罪犯进行改造，实行严格、公正、公平、公开的考核监督和奖惩机制，引导罪犯自觉接受改造，激发罪犯改造的积极性，增强改造的决心和信心。

（三）教育矫正

教育改造的主要内容有思想教育、文化知识教育、职业技能教育等，其中思想教育是教育改造的核心，文化知识教育是教育改造的基础，职业技术教育是教育改造的重点。通过对罪犯进行这种有目的、有计划、有组织、系统的、整体性的教育活动，使在监狱服刑的人员获得一定的文化知识、职业技能，使其无论从思想上还是从生存技能上，都能以全新的姿态重新回归社会。

（四）劳动矫正

劳动改造是监狱通过组织在狱内服刑的罪犯参加具有法律强制性的劳动而进行改造的一种执法活动。劳动是我国宪法赋予公民的基本权利和义务，也是对罪犯进行改造的基本手段。我国《监狱法》第 69 条规定：“有劳动能力的罪犯，必须参加劳动。”《刑法》第 46 条也明确指出：“被判处有期徒刑、无期徒刑的犯罪分子，在监狱或者其他执行场所执行；凡有劳动能力的，都应参加劳动，接受教育和改造。”从理论上讲，罪犯的劳动改造不仅会使罪犯的自身素质和思想意识得到进一步提高，而且可以给社会创造出一定数量的具有价值的产品，带来相当的经济效益。

（五）心理矫正

心理矫治是指遵循心理咨询、心理治疗原则，运用心理矫治技术，通过个别矫治、心理健康教育、心理诊断和治疗等措施，帮助罪犯调整心理状态、排除心理障碍等的一系列活动，具体内容包括对罪犯进行心理状况评估、心理咨询、心理健康教育、心理治疗、心理预测和心理危机干预。在充分收集资料的基础上，对罪犯的心理状况和行为问题进行全面了解和掌握，并对其心理问题作出准确判断，在此基础上有针对性地设计治疗方案、开展矫正活动。通过对罪犯的心理问题、心理疾病和不良行为习惯进行矫治，促使罪犯的心理和行为发生积极变化，提高其适应社会生活的能力，从而达到罪犯矫正的目的。

五、监狱矫正的弊端

尽管通过长期的监狱矫正，多数监狱服刑人员都能成为自食其力的守法公民，但其弊端也显而易见。

（一）监狱矫正不利于服刑人员重新回归社会

由于监狱的数量有限，在犯罪数量居高不下的情况下，在监狱服刑的人员数量必然会相对增加：第一，在拥挤的监狱环境中，犯罪人的物质、文化等方面的合理要求可能得不到满足，服刑人员的权利可能会被忽视，身体和心理会受到不利影响，影响服刑人员的改造质量。第二，对罪犯适用监禁刑，等于在罪犯身上贴了一个另类的标签，容易在罪犯心理上打上“耻辱”的烙印，也容易使公众对其有抵触情绪，不利于其出狱后更好地融入社会，这种被排斥不被接纳的状态容易激发重新犯罪的危险性。第三，罪犯在监狱内服刑，长期与社会隔离，就会使罪犯不了解社会的变化，思想与社会脱节，技能落后于社会，加上监狱亚文化的影响，相当一部分人的社会化速度滞后于社会正常人群，出狱后很难顺利地融入社会。第四，经济上的困难，罪犯找不到自己在社会上的定位，再加上因犯罪在心理上产生的阴影，这些都会导致服刑人员的情绪低落，形成亚健康的心理状态，容易使其重新走上犯罪道路。

（二）监狱矫正成本较高

目前，我国的监狱矫正成本主要包括：国家财政保障体制所明确的经费，包括人民警察的经费、罪犯改造经费、罪犯生活费、狱政设施费及其他专项经费；监狱管理人员在体能、智能、精力上的付出；解决监管人员及家属、子女的就业、就学、就医和解决退休工人所需要的养老费用等；社会支出和监狱的行刑成本；刑释人员的技能培训投入；国家为罪犯劳动改造提供的土地、矿产、技术、设备等资源；监狱系统工人的劳动付出；国家用于创建现代化文明监狱，调整监狱布局，加强监狱基础设施、狱政设施建设以及发展监区文化、改善罪犯文化生活条件的投入；社会力量对监狱矫正工作的支持；国家用于罪犯劳动改造的生产资源所隐含的经济效益和社会效益损失。① 在以监禁刑为主要方式的传统行刑模式支配下，若不改变行刑方式，随着在押人员的增加，必然会使监禁矫正成本升高。

（三）监狱矫正不利于对被害人的损失进行赔偿

将犯罪人判处监禁刑，送进监狱执行刑罚，虽然可以发泄被害人的愤怒情绪，使被害人心理上得到安慰，但由于判处监禁刑后不能从事有报酬的劳动，若家庭经济本来就拮据，会使犯罪人因犯罪行为给被害人造成的身体上的伤害和财产上的损失没办法进行实际的赔偿。

第四节　社 区 矫 正

一、社区矫正的概念和特征

关于社区矫正的概念，尽管表述很多，但到目前为止，我国学者对此还没有一个统一的定义。2003 年 3 月两会期间，时任司法部部长张福森对社区矫正做了这样的解释："我们所讲的社区矫正，是指将符合社区矫正条件的罪犯置于社区内，由专门的国家机关，在相关社会团体和民间组织以及社会志愿者的协助下，在判决或裁定规定的期限内，矫正其犯罪意识和行为恶习，并促进其顺利回归社会的非监禁刑罚执行活动。"社区矫正不是一个刑种，而是刑罚执行方式的一个概念。尽管此概念目前为多数人所接受，但其循环解释的弊端显而易见，因此，笔者觉得将社区矫正解释为"是指将符合条件的罪犯置于社区内，由专门的国家机关，在相关社会团体和民间组织以及社会志愿者的协助下，在判决或裁定规定的期限内，矫正其犯罪意识和行为恶习，并促进其顺利回归社会的非监禁刑罚执行活动"比较合适。

社区矫正作为一种行刑方式，具有下列特点：

① 刘江华：《浅谈我国监狱罪犯矫正成本及效益》，载《湖北社会科学》2003 年第 12 期。

1. 社区矫正的对象是符合一定条件的罪犯

根据《关于开展社区矫正试点工作的通知》，社区矫正的对象主要有以下五类：一是被判处管制的罪犯；二是被宣告缓刑的罪犯；三是被暂予监外执行的罪犯，具体包括有严重疾病需要保外就医的、怀孕或者正在哺乳自己婴儿的妇女和生活不能自理适用暂予监外刑不致危害社会的；四是被裁定假释的罪犯；五是被剥夺政治权利，并在社会上服刑的罪犯。按照《社区矫正法》第2条的规定，矫正对象是被判处管制、宣告缓刑、假释和暂予监外执行的罪犯。

2. 社区矫正的场所是社区

《社区矫正法》第17条规定，社区矫正执行地为社区矫正对象的居住地。社区矫正对象在多个地方居住的，可以确定经常居住地为执行地。

3. 社区矫正的管理执行者是专门国家机关，参与者是社会团体、民间组织和社会志愿者

《社区矫正法》第8条规定，国务院司法行政部门主管全国的社区矫正工作。县级以上地方人民政府司法行政部门主管本行政区域内的社区矫正工作。人民法院、人民检察院、公安机关和其他有关部门依照各自职责，依法做好社区矫正工作。人民检察院依法对社区矫正工作实行法律监督。地方人民政府根据需要设立社区矫正委员会，负责统筹协调和指导本行政区域内的社区矫正工作。

第11条规定，社区矫正机构根据需要，组织具有法律、教育、心理、社会工作等专业知识或者实践经验的社会工作者开展社区矫正相关工作。第12条规定：居民委员会、村民委员会依法协助社区矫正机构做好社区矫正工作。社区矫正对象的监护人、家庭成员，所在单位或者就读学校应当协助社区矫正机构做好社区矫正工作。第13条规定，国家鼓励、支持企业事业单位、社会组织、志愿者等社会力量依法参与社区矫正工作。

4. 社区矫正的时间是判决、裁定、决定确定的期限。

5. 社区矫正的目的是在对罪犯执行刑罚的过程中同时对罪犯进行教育帮扶，帮助矫正对象转变错误思想，改变其不良行为和恶习，使其作为一个愿意遵守社会规范的守法公民回归社会，实现刑罚特殊预防的目的。

《社区矫正法》第1条规定，为了推进和规范社区矫正工作，保障刑事判决、刑事裁定和暂予监外执行决定的正确执行，提高教育矫正质量，促进社区矫正对象顺利融入社会，预防和减少犯罪，根据宪法，制定本法。社区矫正工作要坚持监督管理与教育帮扶结合，要坚持专门机关和社会力量相结合，要坚持采取分类管理，个别化矫正，有针对地消除矫正对象可能重新犯罪的因素，帮助其成为守法的公民。

6. 社区矫正是一种非监禁的刑罚执行制度

尽管是一种非监禁的执行制度，但作为一种严肃的刑事执法活动，社区矫正的实施同样具有惩罚性和强制性，主要是按照法律的规定对矫正对象的权利进行一定的剥夺和限制，利用社区矫正的工作机制和行为规范要求，对罪犯进行强制性的约束，如果违背规范或者不履行法定的义务，将要承担对己不利的法律后果。如《刑法》第38条第2款规定，对判处管制的犯罪分子，依法实行社区矫正。同时，《刑法》第39条规定，被判处管制的犯罪分子，在执行期间，应当遵守下列规定：遵守法律、行政法规，服从监督；未经执行机关批准，不得行使言论、出版、集会、结社、游行、示威自由的权利；按照执行机关规定报告自己的活动情况；遵守执行机关关于会客的规定；离开所居住的市、县或者迁居，应当报经执行机关批准。

《社区矫正法》第23条规定，社区矫正对象在社区矫正期间应当遵守法律、行政法规，履行判决、裁定、暂予监外执行决定等法律文书确定的义务，遵守国务院司法行政部门关于报告、会客、外出、迁居、保外就医等监督管理规定，服从社区矫正机构的管理。

7. 实施社区矫正的工作程序和具体内容

法院将有关法律文书送达街、镇司法所，受刑人员根据刑事裁判的要求到司法所登记报到后，由公安、司法、社团、社工和社区服刑人员共同签订协议，宣告社区矫正开始。社区矫正期满前，提前1个月或半个月进行鉴定；期满时，同样按期宣告社区矫正期满。社区矫正实施期间，主要通过社团、社会组织和社工及志愿者与社区服刑人员进行个别谈话，提供咨询，进行教育，组织他们集中学习或从事非营利性公益劳动等方式开展工作。

二、社区矫正的价值

目前，社区矫正已经成为世界各国广为采用的一项行刑制度，发展和增加使用社区矫正刑已成为国际趋势。与监禁刑的监狱矫正相比，社区矫正作为一种全新的非监禁的刑罚执行方式，具有如下优势：

（一）有利于合理配置行刑资源，降低行刑成本

长期以来，人们对刑事犯罪的处罚所持的观点是“不进监狱就不算判刑”，在这种意识支配下，加上传统重刑思想的影响，我国在对罪犯刑罚的选择方式上通常以监禁刑的监狱矫正为常态，而对于管制、剥夺政治权利等非监禁刑和缓刑、假释、监外执行制度，在实践中适用的较少。随着社会的发展，通过监禁刑的方式对罪犯执行刑罚的成本会越来越高。但把罪犯放在社区，通过利用社会资源和社会力量对罪犯进行矫正和改造，不仅可以减少国家对监狱运行的投入，还

可以减少监狱在押人员的数量，使监狱能够集中人力、财力和物力重点矫正那些恶习较严重、危害性较大的罪犯。

（二）为服刑人员回归社会提供有利条件

正如美国伊利诺伊州矫正局前局长查尔斯·罗所说："我认为一个人连续数年被关在一个高等安全监狱里，告诉他何时就寝，何时起床，每天的每一分钟干什么，然后再把他抛在街头并指望他能够做一名模范公民，这显然是无稽之谈。"① 对罪犯进行矫正的最根本目的就是使其更好地再社会化。社区矫正可以最大限度地减少对罪犯人身自由的限制，较好地避免监禁刑所可能引起的交叉感染和人格监狱化状态的形成。另外，社区矫正可以为罪犯从狱中服刑到走向社会提供一个过渡，在这期间，被矫正对象可以尽可能地多接触社会、了解社会，较好地适应和接受社会主流文化。另外，社区矫正工作在平等、尊重、自觉思想的指导下对罪犯进行接纳，对矫正对象进行教育和改造，使矫正对象能够和矫正工作者进行平等接触，这有利于增强被矫正者的自尊心和社会责任感，调动其改造的主动性和积极性，避免与人交往中出现较大反差，有利于他们更好地早日融入社会。

（三）有利于提高罪犯的改造质量

正如龙勃罗梭在《犯罪人论》一书中所说的那样："获得自由是一种梦想，服刑人员总是为此而思虑。如果他们看到有一条比逃跑更保险和更可及的阳关大道，他们会立即奔向那里。他们做好事仅仅是为了获得自由，但他们毕竟是在做好事。不断重复的运动会变成第二种本能，它可以使人养成习惯。"对罪犯进行矫正的最终目的是使他们成为守法公民。社区矫正一方面避免了监禁刑所产生的交叉感染的可能，给罪犯提供接触社会的机会；另一方面又从规范要求上给罪犯较强的限制性，使他们感到因犯罪所受到的宽容待遇，从而较好地消除犯罪人的逆反心理，使其不再排斥社会、仇视社会，帮助矫正对象保持健康心态，积极面对现实，增强自我约束的能力，降低重新犯罪的可能性，从而达到刑罚的特殊预防的目的。

（四）体现了刑罚的人道主义精神

一般认为，刑罚人道主义精神主要包括以下三个层次的内容：一是关心和改善罪犯的物质生活和环境条件，包括衣、食、住、医疗、卫生、体育等，这是行刑人道主义的最基本层次；二是尊重罪犯人格，维护罪犯的人权，这是行刑人道主义的较高层次；三是使罪犯的人格得到改造并健康发展，实现其作为人的价

① ［美］克莱门斯·巴特勒斯：《罪犯矫正概述》，龙学群译，群众出版社 1987 年版，第 113 页。

值，它要求国家行刑机关着眼于罪犯人格的完善，并与社会同步发展，这是行刑人道主义的最高层次。[①] 社区矫正将罪犯置于社区之中进行矫正，对自由只是给予一定的限制而不是像监狱那样剥夺其自由，在适度的社会监督情况下，让其拥有正常的家庭生活、稳定的就业环境和生活环境，基本保证其所处的生活环境与犯罪前没有发生太大变化，从而使其情感上有所寄托，生活上有所依靠，体现了对于人之主体性的承认与尊重。社区矫正所体现的这种人道主义精神有利于罪犯人格的重新塑造，有利于罪犯矫正将罪犯改造成守法公民的最根本目的的实现。

（五）体现了我国宽严相济的刑事政策

目前，宽严相济是我国重要的刑事政策之一，对罪大恶极、危害严重的罪犯适用死刑或监狱刑，对情节较轻、主观恶性不大的罪犯，尽量避免监狱矫正而适用社区矫正，体现了我国宽严相济的刑事政策精神。刑罚轻缓化执法导向，与我国确立的宽严相济的刑事政策的刑罚价值取向也是相吻合的，同时也有助于我国宽严相济刑事政策的贯彻与落实。刑罚体系从以死刑为主到以肉刑为中心，再到以自由刑为中心的历史发展，使刑罚的严厉性日趋缓和。近年来，随着刑法目的由惩罚报应为主转向以教育改造为主，刑罚轻缓化的理念也进一步传播并逐渐被接受。刑罚的轻缓化是相对于刑罚的严厉性和残酷性而言的，由于宽和轻缓的刑罚更能彰显人性，体现人道和人文精神，因此成为刑罚发展的一种趋势。在现代社会，相对刑罚的严厉和残酷，刑法的轻缓化更能唤起人们对法律的认同和信仰，激发人们守法的自觉性。相反，刑罚如果过分严厉，则容易把公众推向对立面，使公众在惧怕中被动地承担责任和履行义务，损伤法律的尊严。社区矫正作为行刑方式，既反映了刑罚轻缓化的趋势，也彰显了我国宽严相济的刑事政策精神。

三、社区矫正面临的缺陷及困境

自20世纪六七十年代以来，国外社区矫正受到越来越多的批评。批评者认为，社区矫正有以下缺陷：[②] 社区矫正没有减少累犯率；社区处遇并不比机构处遇更人道；社区矫正的花费并不少；社区矫正可能出现不公正；矫正工作者对矫正对象过度干预；矫正工作者对矫正对象放任自流；矫正工作重点分配不均，重监督轻矫正；矫正工作缺乏严肃性，随意性强。

也有学者对我国社区矫正实践存在的困境进行了研究研讨，主要有以下

① 陈士涵：《人格改造论》（下卷），学林出版社2001年版，第677页。

② 何显兵：《社区刑罚研究》，群众出版社2005年版，第136～145页。

几点：①

（一）矫正措施（种类）的局限

当前我国现行法律中规定的社区矫正种类与国外相比相对较少，矫正措施较为单一，特别是针对未成年犯、精神障碍者等特殊群体没有针对性的措施和项目，实务中通常将之与普通矫正对象放在一起进行监督教育，没有针对性和特殊性。单调、陈旧的社区矫正类型，无法适应随着社会发展变得越发错综复杂的实际情况。

（二）缺乏科学的评估机制

在对宣告缓刑、假释等人员作出决定之前，应当根据犯罪人的个体特征、家庭环境、行为背景以及受教育情况等进行科学系统的评估，根据结果最终决定是否可以对其宣告社区矫正。但由于法律法规的缺位，导致对犯罪人的评估方式缺少一个硬性的规定和标准。

（三）社区矫正重监管、轻教育

社区矫正工作人员往往忽视对矫正对象的教育和心理建设，将大部分的时间和精力都放在对矫正对象的监督和劳动教育上，或是矫正教育的方式缺乏针对性。对矫正对象现行的主要矫正方式仍是公益劳动、组织讲座等传统方式，这些方式的矫正作用难以达到理想状态，并且缺乏对矫正对象的专业心理疏导和矫正教育。

（四）社区矫正队伍整体素质有待提高

2016 年 12 月《社区矫正法（征求意见稿）》出台，社会各界也在广泛关注如何配置社区矫正专业队伍的问题。社区矫正工作队伍能力的高低在矫正工作中起到至关重要的作用，对社区矫正制度的良好运作关系重大，同时直接影响到社区矫正这一刑罚执行制度的质量。目前社区矫正工作人员并不具有相应的法律职称，大多数地区特别是基层司法所未配备专门的社区矫正工作人员，导致社区矫正工作队伍在数量上已严重不足。

（五）没有合理的经费保障

随着社区矫正服刑人员数量的逐渐增加，各基层司法所针对社区矫正需要开展大量的工作，这就需要有力的财政支撑，但在很多地区，都出现社区矫正经费在财政经费安排中的保障难以到位的现象。

（六）人员分类管理难实现

在基层社区矫正管理过程中，还存在人员分类管理难实现的问题。县、区一级城市司法所对社区矫正人员进行学习教育、劳动改造场所极其受限。有的地区

① 周梦哲：《论社区矫正制度的完善》，广西大学 2018 年硕士学位论文。

未能实现未成年社区服刑人员进行单独管理，而将其与成年社区服刑人员一起进行学习教育和劳动改造。

（七）检察机关监管不到位

一方面，检察机关并没有配备专门的社区矫正监督人员；另一方面，由于没有相关法律法规赋予检察机关实权，往往导致检察机关对社区矫正的监督工作只能“有心无力”。

四、我国社区矫正的立法进展

我国自2003年开展社区矫正试点至今，在制度、规范层面，一直在完善。2003年7月最高人民法院、最高人民检察院、公安部、司法部联合发布《关于开展社区矫正试点工作的通知》、2004年5月司法部制定《司法行政机关社区矫正工作暂行办法》、2005年1月“两院两部”联合发布《关于扩大社区矫正试点范围的通知》、2009年9月“两院两部”联合发布《关于在全国试行社区矫正工作的意见》、2012年司法部会同最高人民法院、最高人民检察院、公安部制定《社区矫正实施办法》。2012年国务院立法工作计划将《社区矫正法》列入需要抓紧工作、适时提出的立法项目，从那以后理论界与实务界一直高度关注，对《社区矫正法》给予高度期待。《社区矫正法》连续数年列入国务院和全国人大常委会的立法计划，但由于种种原因，直到2019年才列入正式审议。

2019年10月21日，《社区矫正法》提请第十三届全国人大常委会第十四次会议二次审议。二审稿完善了对社区矫正对象的监督管理和教育帮扶制度。为充分发挥社会力量的作用，采用社会化的方式进行社区矫正，草案二审稿作出三方面修改补充：一是国家支持企业事业单位、社会组织、志愿者等社会力量参与社区矫正工作。二是社会组织依法协助开展社区矫正工作所需的经费应当依照规定列入本级政府预算。三是社区矫正机构可以通过公开择优购买社会服务、项目委托等方式，由相关社会组织提供心理辅导、社会关系改善等专业化的帮扶；国家鼓励有经验和资源的社会组织跨地区开展帮扶交流和示范活动。在保障社区矫正对象合法权利方面，二审稿进一步充实了相关规定。在总则中增加规定“社区矫正工作应当依法进行，尊重和保障人权”。在监督管理一章中增加规定开展社区矫正工作，应当保障社区矫正对象的合法权益，非依法律规定，不得限制或者变相限制社区矫正对象的人身自由。增加规定社区矫正机构应当注意保护社区矫正对象的身份信息和个人隐私。针对未成年人社区矫正工作，二审稿对相关内容作出进一步充实和细化。草案规定，对未成年人社区矫正，应当与成年人分别进行；社区矫正工作人员对履职过程中获得的未成年人身份信息应当予以保密；共青团、妇联、未成年人保护组织应当协助做好未成年人社区矫正工作；国家鼓励相关社会组织参与未成年人社区矫正工作，依法给予政策支持。

2019 年 12 月 28 日，《社区矫正法》经第十三届全国人大常委会第十五次会议表决通过，于 2020 年 7 月 1 日实施，分为总则，机构、人员和职责，决定和接收，监督管理，教育帮扶，解除和终止，未成年人社区矫正特别规定，法律责任，附则，共九章 63 条。

该法有以下亮点：

1. 注重社会关系修复和矫正对象融入社会。犯罪行为侵害的是刑法所保护的社会关系，社区矫正作为一种非监禁刑罚执行方式，其主要目的不在于对犯罪人施加报应性惩罚，而是致力于对受损的社会关系进行整体修复，恢复和谐融洽的社会关系以及重塑社区矫正对象健全的人格。

2. 确立监督管理与教育帮扶两大核心任务。

3. 鼓励和引导多元社会力量参与社区矫正。

4. 充分保障社区矫正对象享有的合法权益。

5. 设立社区矫正委员会统筹协调相关工作。社区矫正工作涉及诸多部门，事务繁杂，设立这样一个专门的高规格组织机构，旨在建立起党委、政府统一领导、司法行政部门组织实施、相关部门协调配合、社会力量广泛参与的领导体制和工作机制，保障社区矫正工作顺利开展。

6. 提高社区矫正信息化水平与推动信息共享。

7. 矫正对象分类管理与矫正方案个别化实施。在分类处遇的基础上，制定个别化、针对性的矫正方案，并根据矫正效果动态调整。

8. 设立未成年人社区矫正特别规定专章，对未成年人社区矫正对象予以特殊保护。

五、社区矫正的未来展望

《社区矫正法》审议获得通过，标志着我国社区矫正领域首部专门性法律正式出台，填补了我国社区矫正工作缺乏统领性主干法律依据的空白，在完善社区矫正法律规范体系的进程中迈出关键性一步，对于推进社区矫正工作规范化、专业化、法治化以及国家治理体系和治理能力建设具有重大意义，充分体现了保障人权、宽严相济、科学矫正、社会参与、修复融入的现代刑罚执行精神。

但是，《社区矫正法》的颁布并不是社区矫正法治的终结，中国特色的社区矫正制度探索永远在路上。

1. 《社区矫正法》在回应此次立法之前出现的新情况、新问题、新难点时，不可能做到面面俱到、具体细微。因此相关部门、专家学者、一线人员应进一步调查研究，待《社区矫正法》实施到一定时间后，针对《社区矫正法》留下的空间和实施过程中存在的问题，尽快草拟并出台《社区矫正法实施细则》，使《社区矫正法》更具有操作性，更好地发挥监管教育作用，以及提高改造质量、预防重新犯罪、促进社会治理体系和治理能力现代化的功能。

2. 尽快梳理目前各种各样的社区矫正工作规范性文件和地方性法规，使之与《社区矫正法》的精神与内容相一致，避免出现冲突。

3. 进一步加强理论研究，推动《社区矫正法》的贯彻落实。迄今为止，如何界定社区矫正的定义理论上的争议并未平息，实务中的分歧也未消除。在《社区矫正法》的起草和审议过程中，"社区矫正"这一概念也争议不断。最终，《社区矫正法》没有直接回应这一问题，而是采取了"留白"的处理方式，保持了"社区矫正"概念的开放性。立法将社区矫正这一概念交给了接下来的理论和实务去界定、发展和完善。

4. 建立政府购买社区矫正服务项目机制。《社区矫正法》第 40 条规定，社区矫正机构可以通过公开择优购买社区矫正社会工作服务或者其他社会服务，为社区矫正对象在教育、心理辅导、职业技能培训、社会关系改善等方面提供必要的帮扶。社区矫正机构也可以通过项目委托社会组织等方式开展上述帮扶活动。因此，急需政府部门制定《政府购买社区矫正服务项目管理办法》，对社区矫正服务项目的内容、服务方式、服务经费、服务效果评估、购买流程等进行规范。建立政府购买社区矫正服务项目的良好机制，才能引导社会工作机构有序参与，充分发挥社会工作在社区矫正工作中的专业作用。

延伸阅读

联合国《囚犯待遇最低限度标准规则》

《囚犯待遇最低限度标准规则》是联合国制定的在司法领域内保护囚犯基本权利的重要法律文件之一，发布于 1957 年，全文分三个部分，共 95 条，主要有序言、一般适用的规则、普通囚犯的管理标准及特种囚犯规则等内容。

序言：说明订立本规则的目的旨在说明什么是人们普遍同意的囚犯待遇和监狱管理的优良原则和惯例。

一般适用的规则："一般适用的规则"规定监所管理、囚犯处遇、管理人员选拔等方面应公正执行的基本原则。

特种囚犯规则：第三部分对服刑中的囚犯、精神错乱和精神失常的囚犯、在押或等候审讯的囚犯、民事囚犯、未经指控而被逮捕或拘留的人等民事利益的权利、社会保障权利和其他社会利益做了详尽规定。

《囚犯待遇最低限度标准规则》规定：监狱应具有良好秩序，不存在对生命、健康和身体完整危险的地方；监狱是对任何囚犯都不存在歧视的地方；被法庭判处监禁本身就属于一种折磨人的惩罚，监狱的条件不应加重这种固有的折磨；监狱活动要尽可能围绕囚犯重返社会这一中心目标进行，监狱的规章制度应有助于囚犯适应和重返正常的社会生活。

第十七章

国外预防犯罪的理论与实践

第一节　国外预防犯罪理论的历史沿革

一、古典犯罪学派犯罪预防的理论

古典学派产生于18世纪中后期，是启蒙运动和反对封建刑罚制度的结果。一般而言，古典学派对犯罪预防的理论与实践是强调刑罚预防的，即希望通过刑罚的适用来达到预防犯罪的目的。他们认为，刑罚具有一般预防与特别预防的双重作用，但更强调一般预防。在这一理论基础上，古典学派犯罪预防的措施主要是围绕着刑事立法和司法来实施的，包括主张通过罪刑法定引导公众的行为，通过心理强制来威慑犯罪和通过实施最佳刑罚效果来预防犯罪等。但是，他们在强调刑罚预防作用的同时，也注重其他犯罪预防的手段，如建议实施良好的教育，建立有效的、为众人所信赖的司法系统等。

（一）通过刑罚预防犯罪

贝卡利亚认为："刑罚的目的既不是要摧残折磨一个感知者，也不是要消除业已犯下的罪行……刑罚的目的仅仅在于：阻止罪犯再重新侵犯公民，并规诫其他人不要重蹈覆辙。"① 所谓"阻止罪犯再重新侵害公民"，就是我们通常所说的特殊预防；所谓"规诫其他人不要重蹈覆辙"，则体现了一般预防的要求。

一般预防论强调刑罚的目的在于预防一般人犯罪，只要能促成这一目的实现

---

① ［意］贝卡利亚：《论犯罪与刑罚》，黄风译，中国大百科全书出版社1993年版，第42页。

的刑罚，都是正当的刑罚。但是古典学派从古典经济学的角度出发，更注重刑罚的效益，既起到预防犯罪的效果，又付出最小的代价，这明显不同于重刑威吓主义。重刑威吓主义认为，只要能收到预防犯罪的效果，无论什么样的刑罚都是正当的，其注重的是刑罚的效果。古典学派着重点在刑罚的效益，认为刑罚不但应该收到预防犯罪的效果，而且只有在所收的预防犯罪之效最大且所投入的刑罚代价最小的情况下，才是正当的，因为它注重的是刑罚的效益。

为达到一般预防的效果，古典学派认为，区别于重刑威吓主义盛行时代的行刑活动公开，刑罚应该是公开的。贝卡利亚在论述罪刑法定时指出，"刑罚应该是公开的"①，"把法律制定得明确而通俗"②。费尔巴哈提出心理强制的前提就是公布刑法，预告与犯罪相适应的刑罚，预告人们实施犯罪后就要承担与之相应的痛苦，就能起到对人们心理强制进而抑制犯罪的效果。因此，首先需要对什么行为是犯罪以及对犯罪处以什么样的刑罚，必须由法律明文加以规定，即通过罪刑法定的宣告来达到预防犯罪的目的。

为达到一般预防的效果，古典学派主张追求最佳刑罚适用效果。要达到最佳刑罚的适用效果，就要坚持刑罚与犯罪相适应、刑罚的确定性、刑罚的及时性原则。如何适用刑罚，才能更好地实现预防犯罪的目的？贝卡利亚在《论犯罪与刑罚》一书中概括了他的观点："刑罚应该是公开的、及时的、必需的，在既定条件下尽量轻微的、同犯罪相对称的并由法律规定。"③ 刑罚的及时性指的是刑罚应当紧随犯罪而来。贝卡利亚说："惩罚犯罪的刑罚越迅速和及时，就越是公正而有益的。"在贝卡利亚看来，刑罚只有紧随犯罪而来，才能给人以鲜明的印象，并收到最大的预防犯罪的效果。刑罚的确定性，即必需性，是指刑罚与犯罪相联系的不可避免性与可信性。刑罚的一般预防作用的大小不但取决于其严厉程度，而且还取决于其不可避免性。贝卡利亚指出："对于犯罪最强有力的约束力量不是刑罚的严酷性，而是刑罚的必定性。"

总之，古典学派认为，预防犯罪的主要手段是刑罚预防，通过实施刑罚来达到一般预防的效果。为达到一般预防的效果，刑罚应为公开的、及时的和确定的。

（二）预防犯罪比惩罚犯罪更高明

贝卡利亚在《论犯罪与刑罚》中指出："预防犯罪比惩罚犯罪更高明，这乃

① ［意］贝卡利亚：《论犯罪与刑罚》，黄风译，中国大百科全书出版社 1993 年版，第 109 页。
② ［意］贝卡利亚：《论犯罪与刑罚》，黄风译，中国大百科全书出版社 1993 年版，第 104 页。
③ ［意］贝卡利亚：《论犯罪与刑罚》，黄风译，中国大百科全书出版社 1993 年版，第 109 页。

是一切优秀立法的主要目的。”① 若要预防犯罪，就可从下列措施着手：

1. 制定明确而通俗的法律

贝卡利亚认为，含糊不清的法律不仅会成为少数人的私有财富，而且会助长犯罪的产生。人都有理性，能够决定自己的行为和预知行为的后果。法律规定越明确，人民对法律条文了解得越清楚，犯罪率就越低；反之，则会增加其欲望，易陷入犯罪。所以，制定简单、明确的法律并公之于众，可以预防犯罪及维护社会正义。

2. 使法律的执行机构注意遵守法律而不腐化

贝卡利亚认为，法官是法律的执行者，只能根据法律执行职务，不能滥用法律或创设法律。对所有违法者，应平等地执行法律。遵守法律的司法官员越多，合法权利被滥用的危险性就越小，因此而产生的犯罪就越少。

3. 改善教育

贝卡利亚认为，预防犯罪的最可靠但也最困难的手段是改善教育。愚昧无知是犯罪产生的重要条件，应大力开展启蒙思想和改善教育的活动以启发人们的理性，使人们在自由状态下自觉地进行符合理性的行为。应当注重教育科目的恰当选择和教育的成效；应当向年轻人介绍他们所遇到的精神和物质现象；应当用情感的方式引导青年形成美德，用说服的方式防止青年去做坏事。

4. 奖励美德

贝卡利亚认为，法律是被用来维护正义和惩罚非正义的，但不能对人们的美德进行奖励。应当注意在适用法律之外奖励美德，奖励美德会使美好的德行不断增加，也会使犯罪行为相应地减少。

（三）系统地预防犯罪

边沁以动态的眼光，较为系统、细致地提出了犯罪的预防对策，设计了庞大的预防犯罪计划。他将预防和矫正犯罪统称为补救方法，其分为四种类型：预防方法、遏制方法、补偿方法和刑罚方法。②

1. 预防方法

预防方法是指有助于防止犯罪的措施，包括直接方法和间接方法。

预防犯罪的直接方法，是指针对已经有预兆或已经开始而即将发生危害结果的犯罪行为所采取的预防方法。直接方法分别由有职责的公民和治安官员实施。公民采取的直接预防犯罪的方法可以称为司法前预防方法，表现为公民在遇有犯

---

① ［意］贝卡利亚：《论犯罪与刑罚》，黄风译，中国大百科全书出版社 1993 年版，第 104 页。

② ［英］边沁：《立法理论——刑法典原理》，孙力等译，中国人民公安大学出版社 2003 年版，第 26～61、94～184 页。

罪时的自我保护方法，包括与正在实施犯罪的罪犯进行暴力对抗，抓获嫌疑犯，防范嫌疑犯，将嫌疑犯送交治安官员，请求援助，扣押确信属于被盗的物品或应保护的受损被盗物品，要求旁观者作证，请过路人协助将进行犯罪预谋的嫌疑人送交治安官员等。治安官员采取的直接预防犯罪的方法，对于已暴露的犯罪很有成效，包括告诫、威吓、强制离开某地、部分放逐、保证、给处于危险状况中的人或物设置警戒或由守卫人员予以保护，查获意图用于实施犯罪的武器或其他器械。除了上述的两类以外，直接方法还有其他特别适用某种犯罪的措施，这些措施在时机和方式的选择上有赖于案件的许多具体的情节，决定于具体案件的性质。

预防犯罪的间接方法，是指能对人们的客观行为与主观意图发生作用，使其服从法律，避免受到邪恶的诱惑，依靠人们的意志和知识进行自我约束的方法，目的在于预防所有犯罪的发生。间接方法包括剥夺犯罪能力，禁止获得可能形成犯意的知识，抑制犯意，引导人们热衷于有益的公共娱乐以改变危险的欲望，在无害或危害尽可能小的限度内满足本能欲望，避免怂恿犯罪，宣传仁善文化，利用荣誉心或公众制裁、宗教动力、训示和教育等力量进行。在预防犯罪中，边沁更为注重间接方法。间接方法不仅具有较为温和的优势，而且能够成功地适用于许多直接方法无法解决的案件。

2. 遏制方法

遏制方法是指有助于阻止已经发生且正在进行中，但尚未完成的犯罪的方法。遏制方法适用于具有一定的持续时间以便司法介入的犯罪。治安官员对不同类型的持续犯罪，应采取不同的遏制方法。边沁强调，在适用预防和遏制方法时，必须考虑各种可能发生的结果，既包括罪犯所追求的，也包括被罪犯忽视或没有预见到的结果。

3. 补偿方法

补偿方法由赔偿和保障构成，以保护那些遭受犯罪侵害的人。当给予的补偿与犯罪所造成的损害相等时，补偿就是完整的。补偿包括两个部分，即过去的补偿和将来的补偿。前者称作损害赔偿，后者则在于抑制罪恶。边沁重视补偿对治理犯罪的作用，他认为，人们总是在观察承担痛苦能够换取什么。补偿应当和惩罚一样，与犯罪如影相随。如果对犯罪只适用惩罚，而不采用补偿措施，很多证据表明，尽管许多犯罪受到惩罚，但惩罚的效力甚微，必然给社会增加令人吃惊的负担。不同的犯罪需要不同的补偿方法，包括金钱补偿、实物返还、宣誓补偿、名誉补偿、惩罚补偿和替代补偿等。

4. 刑罚方法

刑罚方法有两种，即消除再犯罪意图和消除行为能力。前者称作改造，后者称作剥夺能力。边沁认为，刑罚方法有利于防止类似的犯罪。尽管惩罚有它的局限性，但是边沁并没有完全否定惩罚对治理犯罪的作用。他指出，在许多案件中，惩罚虽然不可能矫正已经实施的罪恶，但有可能消除其再犯的意图。尽管犯罪能获得很大的“快乐”，但是，惩罚所造成的痛苦超过实施犯罪获得的快乐。

二、实证犯罪学派犯罪预防的理论

19 世纪后半叶，随着资本主义的发展，犯罪急剧增多，累犯和常习犯也大量增加。在这种情况下，刑事古典学派在抑制犯罪方面变得无能为力。于是，人们对刑事古典学派的犯罪理论进行了反思，在批判刑事古典学派的基础上，用科学、实证的研究方法，以寻求犯罪成因和对策为己任的实证犯罪学派应运而生。以意大利犯罪学家龙勃罗梭、菲利、加罗法洛及李斯特等为代表的实证犯罪学派的研究主要集中在对犯罪人的研究上，他们主张刑罚的目的在于保护个人的生命、身体、财产、自由和名誉等利益，在于保卫国家的安全和统治利益，亦即刑罚是用来预防再犯、防卫社会免遭侵害的。因此主张特殊预防，即对犯罪人科处刑罚是为了避免其再次犯罪。不论是龙勃罗梭、菲利、加罗法洛，还是李斯特，他们都对犯罪人进行了分类，主张对不同的犯罪人适用不同的处罚，以便预防其重新犯罪，保卫社会。

然而他们认为，刑罚仅仅是预防犯罪的手段之一，是诸多犯罪预防对策中的一部分，预防犯罪单靠刑罚是不能达到保卫社会的目的的。因此，主张适用保安处分消除犯罪人的人身危险性，适用其他刑罚的替代性措施来预防犯罪，同时也主张运用良好的社会政策来消除犯罪产生的原因，进而达到预防犯罪的目的。

（一）刑罚的个别化

实证学派极力反对古典学派的一般预防理论，主张特别预防论，其目的在于对犯罪人进行改造，使其人身危险性逐步消失，从而不至于再危害社会。主张刑罚的个别化，认为只有针对不同的犯罪人适用不同的刑罚，才能最大限度地发挥刑罚的作用。所以，他们主张首先对犯罪人进行分类，然后针对不同类型的犯罪人采取不同的措施。这些措施既包括刑罚的，也包括保安处分的，还包括其他社会性措施。

社会防卫论是实证学派的核心理论。他们认为，刑罚的主要目的是阻止犯罪人重新犯罪，以保卫社会。因此，不应从报应犯罪人或罪刑相适应出发，而应从预防社会可能遭受的侵害出发来考虑刑罚问题，主张根据犯罪人对社会的危险程度来使用刑罚，即刑罚应与犯罪人的人身危险性相适应。因此，对不同的犯罪人应适用不同的刑罚方法。龙勃罗梭认为，对于天生犯罪人来说，仅以道德的赎罪或名誉、自由剥夺的刑罚方式来处理，并不能达到矫治和防止其再犯的效果。对于天生犯罪人，社会必须采取自卫的方法将其隔离。对其他犯罪人则应以其行为的恶性程度不同处以不同的刑罚，或采取不同的矫正措施。加罗法洛认为，对那些严重道德失常的犯罪人应适用死刑，因为他永远不能适应社会生活；对缺乏正直情操的犯罪人，可适用长期监禁或终身监禁、流放、禁止从事一定职业、剥夺民事或政治权利等刑罚；对那些缺乏利他情操，在特定环境下实施了犯罪行为但不可能再犯的犯罪人，可适用强制性赔偿的处罚方法等。菲利就具体的刑罚措施阐述了自己的主张，他赞成使用不定期刑；主张强制犯罪人对被害人进行赔偿；呼吁建立犯罪精神病院以收留犯了罪的精神病人；建议废除死刑等。李斯特主张，对于瞬间犯罪人，刑罚的威吓所产生的警戒作用，足以防止他们重新犯罪；对可改善的状态犯罪人，通过教化和矫治，可以促使其改过自新，重新适应社会生活；对不可改善的状态犯罪人，应当用刑罚将他们同社会隔离，以使他们不再威胁社会。

（二）刑罚的替代性措施

刑罚的替代性措施是菲利提出的。他认为，刑罚的作用对抑制犯罪而言是有限的，应当建立刑罚之外的补充策略，这种刑罚的补充策略菲利称其为“刑罚的代替物”或“刑罚的替代性措施”。刑罚的替代措施主要是指保安处分和预防犯罪的社会改良性措施，涉及经济、政治和科学等各个方面，如控制生育、结婚离婚自由、增设街灯并提高照明度、对武器的制造和贩卖实行严格的控制、设立大众储蓄银行、建立低价的劳工住宅、充分发挥教育的预防作用等。实际上也就是将社会政策及社会福利措施纳入犯罪预防的系统中，这种治理和预防犯罪的思想对后来犯罪预防理论和实践起着极其重要的影响，改变了人们预防犯罪的导向。

（三）最好的社会政策就是最好的刑事政策

实证学派尤其是菲利和李斯特特别重视通过社会政策预防犯罪的理论，主张消除社会环境中的不良因素才是预防犯罪的根本。菲利认为，预防犯罪不能仅仅依赖刑罚的威慑力，根本出路在于革除社会弊端从而来改变促使人们犯罪的地理因素和人类自身因素的影响。李斯特认为：“大众的贫困是培养犯罪的最大基础，也是遗传素质所以质变的培养液。改善劳动阶级境况是最好的和最有效的刑事政策。”① 因此，消除犯罪的社会原因是社会政策的固有任务，最好的社会政策就是最好的刑事政策。

李斯特还十分强调刑事政策的作用，消除犯罪的个人原因是刑事政策的任务，而消除犯罪的社会原因则是社会政策的任务。按照他的说法，刑事政策是指“要根据把刑罚和与刑罚相类似的处分加诸犯罪者人格中，以求克服犯罪的原则总体”。他主张刑法与刑事政策结合起来建立所谓的综合刑法学的观点，重施刑

① 马克昌主编：《近代西方刑法学说史略》，中国检察出版社 1996 年版，第 185 页。

事政策在教育、改造犯罪和保卫社会中的作用。

三、当代犯罪学派犯罪预防的理论

从20世纪30年代至今，犯罪预防的理论和实践得到了突飞猛进的发展。国际社会、发达国家以及发展中国家为了预防犯罪，对犯罪预防理论的研究在学者数量、研究规模、研究角度、研究广度及深度方面都呈现出了前所未有的繁荣景象。在理论研究的基础上，犯罪预防的实践也得以充分发展，主要表现在运用犯罪社会学、犯罪经济学及其综合学科的观点来发展犯罪预防的理论和实践。

（一）社会解组理论与芝加哥犯罪预防计划

社会解组理论，也称为社会生态学理论，起源于20世纪30年代的芝加哥学派对芝加哥犯罪的研究。美国芝加哥市由于外来移民而带来的犯罪问题引起了犯罪研究者的注意，芝加哥大学社会学系的克利福德·肖和亨利·麦凯对芝加哥市的城市生态环境研究后发现，在这个城市中存在不同的生态地区，这些不同的地区发生的犯罪率也具有稳定的、明显的差别。流动人口率高的过渡性聚居区犯罪率最高，那里有大量的新定居的移民。而那些远离城市中心的地区犯罪率则相应较低。其原因是人口成分的不断变化、外来文化的瓦解和社会的解体有利于少年犯罪团伙和有组织犯罪栖息生长。肖和麦凯指出："人口成分的不断变化、外来文化的瓦解、不同文化标准的扩散以及地区的工业化，导致了聚居区文化和组织的解体，聚居区传统的管理和组织的持续性被打破。这样，聚居区作为整体控制以及社会道德标准传递媒介的效能将会大大地降低。在这种环境中长大的儿童几乎没有机会接触传统社会的文化遗产，他们中的绝大多数参加自发的游戏群体和有组织的犯罪团伙。这种地区特别有利于少年犯罪团伙和有组织犯罪的栖息、生长。"在这一研究的基础上，他们提出了旨在预防犯罪的芝加哥区域计划。这一计划是美国乃至于世界上第一个由犯罪学理论转化为预防犯罪实际行动的预防犯罪计划，对美国和世界犯罪学的发展和预防犯罪活动的展开具有深远的影响。这一犯罪预防计划目的在于打破青少年的犯罪亚文化、进入社区预防犯罪的发生。[①] 自此，通过研究社会生态环境来解释和预防犯罪的社会生态学理论兴起。

（二）运用对犯罪的经济分析方法预防犯罪

20世纪60年代美国芝加哥大学教授加里·S. 贝克尔用微观经济分析方法对犯罪与惩罚进行研究，提出了根据犯罪分子对"犯罪成本"和"犯罪收益"的核算预防犯罪的方法，从增加犯罪成本和犯罪的风险、减少犯罪收益的角度采取

---

① Clifford Show, *The Natural History of A Delinquent Career*, Philadelphia, Albert Saifer, 1951, p. 15.

预防犯罪的措施，使犯罪预防在理论和实践上都得到了进一步的发展。

（三）以被害人学的理论指导被害预防

20世纪中叶以后，犯罪被害人的研究逐渐兴起，并成为犯罪学学科的重要组成部分。围绕犯罪被害人进行研究，犯罪预防得到了充分的发展。一方面，发展犯罪被害人自身的防范措施；另一方面，发展犯罪被害情境的预防措施。于是，犯罪预防形成了分别以犯罪人为中心和以被害人为中心的双层模式。

第二节　法国的社会预防理论

一、社会预防理论的理论基础

社会预防理论是世界各国犯罪社会学派所共同倡导的犯罪预防理论。这种理论认为，犯罪是各种社会因素共同作用于行为人的结果。因此，预防犯罪要从社会方面入手。

社会预防理论的理论基础是马克·安塞尔所倡导的“新社会防卫思想”。马克·安塞尔强调，刑法不是唯一的，甚至也不是主要对付犯罪的工具。他认为，首先应当对预防予以极大的注意，通过预防抵制或消除诱发犯罪的因素，其中包括个人的因素即特殊预防和社会机体的因素即一般预防。而且，预防行动的作用日益显著，特别是在未成年人犯罪和处于危险状态的青少年方面。其次还应超越刑罚的范围，同时也应用民法、行政法、社会法以及教育、卫生和社会福利组织等方法，对犯罪形势和冲突形势加以解决或处理。社会预防理论充分认识到了资本主义刑法制度在惩治犯罪方面的局限性，充分认识到了光靠惩罚是无济于事的。因此，它强调预防，将预防犯罪放在首位，强调预防与惩罚相结合，主张超越刑罚并广泛寻求刑罚以外的治理犯罪的各种方法。这无疑击中了问题的要害，具有很强的积极意义。但是，这种理论要付诸实现，需要全社会的配合与协助，在实践中非常困难。

二、社会预防理论的具体内容

基于社会预防理论，法国学者提出了许多预防犯罪的具体措施。归纳起来，主要有以下几个方面：

（一）改善社会氛围和生活环境的措施

法国政府于1976年和1982年分别组织了大批犯罪学家专门研究法国犯罪现

象急剧上升的原因及对策。两个研究集体最后的研究报告中首先都强调了改善社会环境、加强犯罪预防的重要性，并提出了一系列具体措施。例如：

1. 改革住宅政策，优先照顾住宅条件差的；在各市镇之间公平分配社会住宅，鼓励改造现有住宅，改善住宅的安全防护设施。

2. 以法律调整雇主对社会福利事业的经济、财政支持；在居民区发展社会教育机构；改善公共照明设施；加强社区工作管理，提高社区工作人员的素质与地位；协调社会工作者的行动。

3. 在各市镇设立交通安全教育中心；加强交通工具，如地铁、火车和汽车与停车场的安全防范；在城镇大力发展步行街区。

4. 广泛宣传教育，增强公民的社会治安意识；新闻媒介应积极参与犯罪预防工作；要大力推行保安制度。

5. 加强对外籍人的管理；限制持旅游签证的外国人在法国长期居留；要优先考虑外籍移民的社会住宅；改善外籍移民子女的入学条件；努力消除外籍移民中的文盲；向外国移民普及法国家庭法知识。

6. 加强对流浪人口的安置和接待；制定一项对处于贫困生活边缘人口有利的政策，加强对他们的安置和职业培训教育；加强对酗酒、吸毒者的治疗以及这方面的预防工作。

（二）加强对青少年的保护工作

法国犯罪学界主张，应在法国家庭普及公民权利与义务教育，普及家庭法知识教育，以明确青少年的法定权益与义务；学校的规模应尽可能适合青少年的发展，不宜过大，小学的规模应尽可能控制在250～300人，初中学校的规模不能超过600人，高中学校的规模不能超过1000人；要鼓励学生在校内交流，加强学生之间的相互人际交往，教育内容上要注意结合学生的特点，对学生的公民教育应尽可能符合现代社会的实际；要推行新的教育方法，试行混合班和综合班，并加强对学习较差学生的帮助教育；要扩大青少年中社会不适应者为国服务，如参军服役的可能性；要加强对那些处于危险状态的青少年的管教工作；要对青少年进行起码的职业培训教育；成立青少年安置接待办公室，加强这项工作；推行预防行动合作制度，采取众多形式，如夏令营、公益服务等丰富青少年的课余生活；提高教学设施的使用率，教学设施在课外也应开放。

（三）改善行政管理的措施

法国犯罪学家强调，改善行政管理是预防犯罪的重要一环。他们认为，要改善现有犯罪统计体系，使之趋于完善，逐步提高犯罪统计的可信程度；法国国家警察的部分职能，如维持交通应移交给各地方警察；改善各警察局的公共关系与咨询服务机构；通过多渠道集资，加快或改进警察的物资装备建设；加强警察培训工作；推行警察分工责任制；充分发挥法国治安部队的作用；要重视地方警察的工作，提高地方警察的地位；国家应尽早承担地方警察的财政费用；改善警察与政府机构，尤其是地方政府机构的关系，加强讯息沟通，加强互相配合协作；要明确保安公司的地位，严格保安公司职员的聘用条件，严格管理，并尽可能改善其工作条件；要严格枪械管理。

（四）改革司法制度的措施

法国犯罪学界强调，司法机构应积极参与犯罪预防工作，参与犯罪预防政策的制定和执行；民事司法和刑事司法应很好地配合与协调；各法院要大力推行公益劳动刑，即让犯罪者走出牢房，到法院指定的地点或单位从事一定的社会服务劳动，在劳动过程中逐步适应社会正常生活；对犯罪受害人的地位和权益应给予高度重视，要对犯罪受害人进行精神上和物质上的帮助，要加强对犯罪受害人的经济补偿或援助；各地有条件的可成立“帮助犯罪受害人协会”，为他们提供咨询服务；监狱应在犯罪预防中发挥更大的作用，要在犯人在押期间积极对其进行治理、教育和职业培训，以有效地预防累犯；在法国国立法官学校、警官学校和公务员学校等机构大力加强犯罪预防的宣传教育。

（五）设立常设的犯罪预防机构

法国犯罪学界建议，应设立固定的犯罪预防机构，如在全国范围内设立全国预防委员会，在各省、市、镇也设立相应机构；同时设立全国预防犯罪基金；要尽可能多地吸收失业人员参加犯罪预防机构的工作。

社会预防理论所提上述建议在法国的实际影响是很大的，很多建议已被法国立法采纳或已付诸实施，并已取得了一定的成效。

第三节　美国的综合预防理论

一、综合预防理论的由来

综合犯罪预防理论是美国犯罪学学者史蒂文·拉布总结美国犯罪预防理论和实践的结果。该理论认为，犯罪预防必须从实际的犯罪和被害以及想象的犯罪和被害方面着手，以公共卫生机构的防范和治疗传染疾病模式来设计犯罪预防的模式。从公共卫生的观点来看，第一层次的预防是为了避免疾病最初出现所采取的措施，包括公共卫生机构所做的接种免疫和清扫环境卫生的工作；第二层次的预防集中在那些已经出现疾病早期征兆的人和环境中，包括对这些人的 X 光检查和为接触有毒物质的人员进行的定期检查等；第三层次的预防集中在疾病已经出现阶段，采取措施旨在消除已经出现的问题并采取步骤防止问题再次出现。与此相对应，发展出犯罪预防的三级模式。

二、综合预防理论的内容

美国综合犯罪预防理论的体系也分为三个层次：

（一）第一层次的犯罪预防

第一层次的犯罪预防是鉴别犯罪产生的自然环境和社会环境，可采取的方法包括环境设计、邻里照看、一般威慑、私人保安和就预防犯罪进行的教育。环境设计是为了增加犯罪实施的难度，使居民更容易监视而采取的措施，如提高建筑物的可见度、多加照明灯和门锁以及在自己的财产上做记号以便于认领等都属于环境设计的范畴。邻里照看和公民巡逻旨在加强居民对居住区的控制能力，增大了犯罪人被发现的可能性。另外，警察的出现会增加居民的安全感；私人保安也是维护社会稳定预防犯罪的重要力量。

（二）第二层次的犯罪预防

第二层次的犯罪预防的重点是对已经表现出犯罪征兆的人进行鉴别并采取预防其犯罪的措施。这一层次的预防方法是先鉴别出犯罪高发区和已发生犯罪的地区，然后将注意力集中在如何消除这些地区存在的不良因素上。第二层次的预防还涉及不良青少年的转处问题，即将不良青少年交给刑事司法系统外的其他机构处理。转处方案包括通过旅游、娱乐和运动等方式改造青少年等。学校、父母和社区管理人员在第二层次的预防中起着重要作用。

（三）第三层次的犯罪预防

第三层次的犯罪预防主要是针对已然犯罪人，预防他们重新犯罪。这一层次预防的大部分属于刑事司法系统内部的工作。逮捕、起诉、监禁、治疗和矫正等活动都属于这一层次的预防。

第四节　英国的情景预防理论

一、情景犯罪预防概述

情景犯罪预防，又称情境犯罪预防，是由英国学者罗纳得·克拉克等倡导的一种犯罪预防的理念，它是指通过直接管理、设计和调整等方式，建立一种特定的预防犯罪环境，在犯罪易发区或高发区，通过减少犯罪的机会而预防犯罪。犯罪行为同其他社会行为一样，是个体人格对外在情景的一种具体反应。情景犯罪预防就是通过改造可能发生犯罪的情景，减少犯罪的机会，实现预防犯罪的目的。近年来，情景犯罪预防的有效性，得到了国际社会的认可，国际犯罪预防中心因此向各国推广。

情景犯罪预防最初来源于环境预防犯罪观。从预防犯罪的角度，建筑学家和地理学家提出了从城市建筑设计、土地使用和空间分布的角度寻求影响犯罪因素的观念，认为犯罪人根据环境机会和情境抑制因素选择犯罪的时间和地点。因此，侧重于通过环境设计和一定的监视系统来减少犯罪机会，预防犯罪的发生，这种观点被称为环境犯罪学或环境预防犯罪观。典型代表是20世纪70年代纽曼提出的“防卫空间”理论和杰夫瑞于1971年提出的“通过环境设计预防犯罪”的理念。他们从技术角度提出的防范犯罪的措施是情景犯罪预防的开端。

纽曼指出，在这一空间中，环境呈现的状态可以起到鼓励或抑制犯罪的作用。人们只要稍加注意，就可以进行监视，减少犯罪机会。他倡导在防卫空间中孕育四个要素：领地观念、自然监视、形象和环境，其目的是让潜在的犯罪人意识到在该地作案具有较大的风险，从而放弃犯罪念头。（1）领地观念，是指合法使用某地区的人员对该地区主张自己权利的能力和愿望。要形成领地观念，就必须通过各种措施，如插上篱笆，使私人住宅与公共空间之间形成明显的分界线，便于有效地识别该地区的陌生人和合法使用人，并使居民增强对本地区的责任心，促进社区气氛的形成。（2）自然监视，即通过对环境的设计，比如营造视野开阔的门厅和窗子，使居民便于观察和识别陌生人。纽曼主张，在房屋外避免栽种、设置过高而又不能透视的屏障物，因为它妨碍人的视野，为犯罪人趋近作案提供了掩护。（3）形象，即追求一种安全的、不易为犯罪所侵犯的，便于邻里互相联系与照看的社区外观形象。（4）环境，即把居民区设置在一个更为广阔的低犯罪区之中，它可以通过安全屏障与外界相分离。

杰夫瑞认为，绝大多数犯罪发生在极少的地方，且其发生时间是可以预测的。因此，犯罪预防最有效的措施就是通过环境设计预防犯罪的模式，原因在于：（1）于案发前付诸实施；（2）直接控制犯罪；（3）以诱发犯罪的环境为焦点；（4）符合经济原则，节省大量的人力、物力和时间。

二、情景犯罪预防的理论基础

情景犯罪预防的理论基础是理性选择理论和日常行为理论。

（一）理性选择理论

美国犯罪学家德瑞克·科尼西和罗纳得·克拉克从研究整个犯罪事件，即包括犯罪行为、犯罪动机和犯罪情景的角度出发，提出了理性选择理论。所谓“理性”，是指犯罪人对犯罪信息的处理和对犯罪的选择评估；“选择”是指犯罪人做出的犯罪决定。根据这一理论，一个人犯某一罪行是他做出理性决定后的结果，即是他衡量这一行为的风险和收益后，根据各种情况决定实施某种特定的犯罪行为。例如，一个人在盗窃之前，常常要考虑以下因素：第一，犯罪目标数量的多寡；第二，是否容易接近；第三，对选择的犯罪手段的熟悉程度；第四，每次犯罪的收益；第五，是否具有必需的专业技术；第六，完成犯罪行为需要的时间；第七，可能遇到的身体伤害的危险；第八，被逮捕的风险。

（二）日常行为理论

日常行为理论是与理性选择密切相关的一种理论。该理论的代表人物美国犯罪学家劳伦斯·科恩和马库斯·费尔森经研究认为，社会上总是存在大量具有犯罪动机的潜在犯罪人，对我们而言，需要知道的是他们决定实施犯罪的目标及范围，就像狮子常在湖边寻找猎物小鹿一样，犯罪人常常到一定的情境中寻找犯罪目标。该理论认为，每一个犯罪行为都是以下三个因素的集合体：（1）有犯罪倾向和犯罪动机的犯罪人，如没工作的少年；（2）适合的目标，如便于运走的财物；（3）缺乏预防潜在犯罪人犯罪的或者有能力的保护人，如朋友、邻居的照看等。而人们日常工作、消遣和空闲时间的生活方式影响着这三个因素，三者缺一不可，缺少任何一个因素，犯罪就无从发生。如果在一定时空内，三个因素都得以加强，犯罪则趋向于增加；如果潜在犯罪人和适合的犯罪目标一定，人们日常工作、消遣和空闲时间的生活方式为潜在犯罪人提供了更多的机会，犯罪也会增加。

三、情景犯罪预防理论的内容

情景预防的关键在于通过环境设计和管理抑制潜在犯罪人的犯罪的决断来达到预防犯罪的目的，因为大多数犯罪人犯罪与否和成功与否取决于情境的便利程度。采取情景犯罪预防措施的目的有三个：其一，增大犯罪代价；其二，增加犯罪风险；其三，减少犯罪收益。为达到三个不同的目的分别采取一些预防犯罪的措施：

（一）增大犯罪代价的措施

为了使犯罪人增加犯罪成本，减少其犯罪的机会，一般至少采取四种措施：（1）目标加固。采用各种手段，增加目标的坚固程度，设置障碍。在靠近目标处或目标本身设置物理性障碍。这一方法可以从两个角度减少犯罪，一是增加机会犯罪人的犯罪难度，使其主动放弃犯罪；二是通过延长犯罪人的行为时间，增加犯罪人被发现和被捕的可能性。（2）入口控制。限制特别地区，如住宅或购物中心的入口。限制出入，控制接近。（3）转移犯罪人。采取措施迫使犯罪人离开潜在的犯罪目标，开设夜间公共汽车，把夜间酗酒滋事的青年转移出市中心，减少他们接近犯罪目标的机会。（4）控制和管理犯罪工具和装置，如通过枪支等火器的管理控制暴力犯罪。

（二）增加犯罪风险的措施

通过增加或改善多种形式的监督来提高逮捕率，这些措施一方面靠技术设备，另一方面靠人的参与，通过技防和人防监督来预防犯罪。人的监督主要有三种形式：（1）正式监督。由专业执法人员实施对财产的保卫、对案件的侦破和对犯罪分子的威慑。执法人员有三种：警察、安全警卫和内部保安人员。（2）雇员监督。雇员监督不同于正式监督，不是由专业执法人员来实施的，而是由单位内的一般雇员来实施的。这些人本是雇做他用的，如店里的店员、清扫员等。（3）自然监督。由一般市民在日常生活中进行自然监督，以保护人身与财产的安全。

（三）减少犯罪收益的措施

减少犯罪收益，可以从减少罪犯所期待的利益入手，如减少赃物的价值。主要有四项措施：（1）移走潜在的犯罪目标。如将路边的自动售货机移出公共场所，可预防青少年的故意破坏；尽可能地少用现金，培训店员严格遵循现金控制政策，可预防抢劫和盗窃。（2）财产标志法。在贵重物品上标刻不易察觉的永久性标记。如在电视机、电冰箱等贵重物品的指定部位刻上主人的姓名、地址和邮政编码，这样不利于犯罪分子销赃，并有利于警察返回被窃的物品。（3）转移犯罪的诱因。这是针对暴力犯罪和打砸抢而实施的措施，即把那些潜在的被害对象存在的问题清除掉，如提醒妇女不要佩戴昂贵的珠宝炫耀地走在街上等。（4）建立规章制度。建立管理和控制人们行为的规则。

英国在情景预防领域中先行一步。在英国，出于防范犯罪的考虑，对于建筑物的环境设计都有比较规范的要求，并且城市每建设一座新的房舍，均须征询警察局专职犯罪预防警官的意见，并应采纳犯罪预防警官的建议，因而新建社区中犯罪率大都比较低。针对不同的犯罪类型，发展不同的措施，如为减少国际劫机事件的发生，在入口加强对旅客携带的金属的检测；为减少伤害或杀人案件的发生，加强对枪支的管理，减少便利取得枪支的机会。[1]

---

① Waller. Irvin：《犯罪预防国际观：维系都市之决策》，载《新知文萃》第16卷。

第五节　恢复性司法

一、恢复性司法的概念

20 世纪中后期，西方国家兴起了一场新形式的司法改革运动——恢复性司法运动，并深刻地影响着西方国家的刑事司法的走向和犯罪预防模式。恢复性司法是社会对犯罪的反应方式之一，它力求通过恢复性程序来达到被害人、犯罪人和社区复原的恢复性结果。众所周知，犯罪行为具有非正义性，它不仅违反了法律，而且在绝大多数情况下会给受害人和社区造成实际的损害。犯罪行为不仅与犯罪人关系密切，而且与被害人、社区的关系也极为密切。因此，要维护社会正义，除可对犯罪人惩罚外，还要恢复犯罪行为对被害人和社区造成的损害。同时，要节约刑事司法成本，提高刑事司法的效益和刑事司法的效果，也要重视被害人和社区的作用。各国在这些理念的基础上，不断对传统的刑事司法进行改革，恢复性司法的观念和实践也在不断发展。

最早使用“修复性司法”这一术语的被认为是美国学者巴内特。他在 1977 年发表了一篇题为《赔偿——刑事司法中的一种新范式》的文章，论述了早期在美国被害人与犯罪人调解试验中产生的一些新原则。①

1999 年，联合国通过了一项决议，鼓励成员国在适合的案件中使用恢复性司法。2000 年在维也纳召开的第十届联合国预防犯罪与罪犯待遇大会上通过了一项宣言，要求各成员国扩大恢复性司法的使用。

关于恢复性司法的定义，在国际上接受程度较广的是英国犯罪学家托尼·F. 马歇尔在其《恢复性司法概要》一文中的界定：“恢复性司法是由犯罪人、被害人及他们所在的社区共同参与，并与法定的犯罪问题处理机构之间保持着一种积极关系的，一种处理犯罪相关问题的方式。”② 该定义强调的是为被害人及其家庭、社区这些与犯罪者之间有重要关系的个体创造一个参与问题解决的空间。

恢复性司法英文形式是 restorative justice，是近年来我国法学研究中的一个

---

① Barnet, Randy E., “Restitution: A New Paradigm of Criminal Justice”, *Ethics* 87 (4), 1977, pp. 279 – 301.

② ［英］托尼·F. 马歇尔：《恢复性司法概要》，载王平主编：《恢复性司法论坛》（2006 年卷），群众出版社 2006 年版，第 323 页。

舶来术语。关于恢复性司法之所以还没有一个为大家广为认同的定义，是因为justice有“司法”和“正义”两种含义。翻译不同，语境不同。“司法”是程序意义上的，而“正义”则是从价值论意义上进行翻译。从不同语境出发，可能就会有不同的定义方式。以“司法程序”为主导所构成的定义，强调的是犯罪行为及受其后果影响的当事人（利害关系人）之间进行会面的重要性，而以“正义”为主导的定义强调的则是恢复性司法结果和价值。

我国大陆的研究者一般将它译为“恢复性司法”或“修复性司法”，即以“程序”为主导定义恢复性司法。但在我国香港特别行政区和台湾地区，有学者从“正义”的价值角度定义恢复性司法。例如，香港特别行政区有学者将它译为“复合公义”①，台湾地区有学者将它译为“复归正义”②。在我国“司法程序”的语境下，我们认为恢复性司法可采用托尼·F. 马歇尔的定义，即恢复性司法是由犯罪人、被害人及他们所在的社区共同参与，并与法定的犯罪问题处理机构之间保持着一种积极关系的一种处理犯罪相关问题的方式。

二、恢复性司法的特征

（一）恢复性

恢复性司法最重要的特征就是恢复性。恢复性司法强调的是对犯罪造成的损害给予更多的关注，而不是去更多地关注犯罪行为对法律的违反。因此，恢复的内容也是多方面的。

1. 从主体方面分析，主要包括被害人、社区和犯罪人三个方面。要恢复被害人的身心状态和财产就要关注被害人的需要；恢复犯罪行为对社区造成的损害；恢复犯罪人的守法生活。

2. 从具体内容方面分析，被犯罪行为破坏或侵害的事物都要恢复。这些事物主要包括物质形态、社会秩序和人际关系三个方面。就物质形态而言，犯罪行为可能会造成建筑的破坏和环境的损害等。在恢复性司法模式下，要让犯罪人恢复他们的犯罪行为所造成的这些物质损害。就社会秩序而言，犯罪行为可能会造成某一地区社会秩序的混乱，引起人们的消极情绪和道德堕落等，这些不良后果也要让犯罪人通过一定的行为加以恢复。就人际关系的损害而言，犯罪行为往往对被害人造成直接的损害。要让犯罪人通过多种行为取得被害人的理解和谅解，努力恢复被犯罪行为所破坏的人际关系。

---

① 黄成荣：《复合正义在香港的实践与运用》，载《江苏社会科学》2004年第2期。

② 陈祖辉：《谈报应式的转向——归式正义的复出与实践》，载《人大报刊复印资料》（海外法学）2004年第2期。

（二）个人参与性

恢复性司法为个人参与司法活动提供了条件，为被害人提供了一个扩大的角色。在恢复性司法活动中，遭受犯罪行为侵害的被害人、犯罪人以及他们的家庭成员、社会成员等，都有机会参与司法活动，发表自己的意见，使自己因犯罪行为而遭受的损害获得补偿或恢复。

（三）平衡性

恢复性司法旨在平衡各方利益，给予犯罪者与被害者同样的关注和尊重。恢复性司法强调在解决犯罪的过程中，给予各方当事人提供更积极、更直接的参与机会的重要性。它强调加害人应对其所侵害的受害人和社区作出解释、表达歉意，并积极承担对被害人物质损害和精神损害进行合理赔偿的责任；强调给受害人、犯罪人、他们的家庭成员以及其他相关人员之间创造各种直接对话和解决问题的机会；强调为犯罪人提供弥补罪过并重新融入社区的机会；强调通过社区建设来加强公共安全。可见，恢复性司法强调的是各方利益的平衡性，它不仅要促进公共安全，更要促进广泛的社会正义的实现。

（四）前瞻性

在实施恢复性司法的过程中，尽管十分重视补偿犯罪行为造成的痛苦和恢复犯罪行为造成的损害，但是，人们不是设法对已经发生的犯罪行为进行报复，不是想办法如何对犯罪人进行更有效的惩罚，而是着眼未来，千方百计地设想如何解决所存在的问题，如何预防未来可能发生的犯罪行为。

（五）社会性

恢复性司法将司法融入社区。这意味着对犯罪问题的认识要从社会环境的角度着眼，对犯罪行为的处理要有社会各方的参与，而且也要从社会环境的角度出发，预防未来的犯罪行为，鼓励社区发挥在控制和降低犯罪方面的作用。在恢复性司法过程中，人们不是将犯罪人与社会环境隔离开来，而是将犯罪人重新整合进社区生活中。通过建立有效社区（working community），预防他们重新犯罪。

（六）灵活性

在恢复性司法的过程中，人们不是墨守成规，死扣法律条文的规定，而是最大限度地发挥创造性，努力降低实现正义的成本，以最符合社会各方利益的方式来处理犯罪案件。

三、恢复性司法的基本模式

恢复性司法在不同的国家以及同一国家的不同地区都有自己的模式。其中有三种模式在西方已经成为恢复性司法的象征，这就是：被害人与犯罪人调解、小组会议以及圆桌会议。[1]

（一）被害人与犯罪人调解模式（Victim Offender Mediation）

这可能是目前国际上最为流行的一种恢复性司法模式。它的表现形式是：起着协调和主持会议作用的调解员，首先把被害人与犯罪人领到一起。在会议进程中，被害人描述遭遇犯罪的过程以及对其造成的影响。犯罪人解释他们干了什么，以及为什么要这么做，并回答被害人提出的问题。在被害人与犯罪人发言之后，调解员帮助他们考虑弥补损害的方法。在一些欧洲国家，调解不一定是双方当事人之间的直接见面，而是由调解员在各方当事人之间进行穿梭协商，直到达成一个赔偿协议。这种方式能够满足一些恢复性司法的要求，但不如直接见面的效果好。在其他国家或地区，特别是在北美，被害人与犯罪人调解越来越多地包括其他受到犯罪影响的人，以及愿意出面对主要当事人提供帮助的人。

（二）小组会议模式（Conferencing）

小组会议模式起源于新西兰，起初是被用来批判传统青少年司法体系的弊端，后来又将毛利人的价值观传统（强调家庭和社区作用）融入进来的一种恢复性司法模式。当被运用于其他国家时，小组会议的具体形式被进一步修正。目前在新西兰、南非、澳大利亚，以及亚洲、北美洲和欧洲，小组会议形式有不同的版本。小组会议不仅包括主要的被害人与犯罪人，还包括从属被害人（如被害人的家庭成员和朋友）、犯罪人的帮助者（如犯罪人的家庭成员和朋友）。这些人员的参与，是因为他们在某些方面也受到犯罪的影响，因为他们关注其中的一位主要当事人。他们参与也可能是为了更好地执行达成的协议。同时，刑事司法系统的代表也可以参加。典型的会议程序是：首先是犯罪人解释发生了什么，他们的行为对别人造成了何种影响。接着被害人叙述遭遇犯罪的经历以及对他们造成的伤害。被害人的家庭和支持者可以接着发言。其次是犯罪人的家庭和支持者发言。最后是小组成员共同商定犯罪人应当需要采取什么措施来弥补所造成的伤害，以及犯罪人为此需要什么样的帮助。协议以书面形式形成，签名之后送交到适当的刑事司法官员手中。

（三）圆桌会议模式（Circles）

圆桌会议与小组会议很相似，他们都扩大了参与者的范围，除了被害人与犯罪人之外，还包括他们的家庭和支持者，以及刑事司法系统的人员。但所不同的是，在圆桌会议中，任何对案件感兴趣的社区成员都可以参加。所以，圆桌会议

---

① Daniel Van Ness, Allison Morris and Gabrielle Maxwell, "Introducing Restorative Justice", in Allison Morris and Gabrielle Maxwell (eds.), Restorative Justice for Juveniles—Conferencing, Mediation and Circles, Hart Publishing, Oxford and Portland, Oregon, USA, 2001.

对“与犯罪有关系的当事人”作最广义的解释。圆桌会议来源于北美印第安人解决纠纷的传统，并仍然保留其中的一些原始形式，比如所有的参与者坐成一个圆圈。典型的程序是：犯罪人首先解释发生了什么事情，然后圆圈周围的每一个人都可以发言。讨论就这样围着圆圈一个接着一个进行，每个人都可以说自己想说的话。谈话要一直进行到把该说的事情都说完，然后得出结论。圆桌会议中有一个“圆桌管理人”，相当于被害人与犯罪人调解模式、小组会议模式中的调解员和协调员，其职责是确保会议按既定程序进行。通常有一个“谈话牌”（可以是一根羽毛或别的物件），谈话牌围着圆圈传递，只有拿到谈话牌的人才可以发言。

四、恢复性司法的价值

恢复性司法在西方国家的兴起绝不是偶然的，它是西方国家对西方现代刑事司法危机乃至社会危机的反应和改革。它对人们现在津津乐道的所谓文明而人道的现代刑事司法制度提出怀疑、批评甚至否定。恢复性司法认为，现代刑事司法制度主要还是报应刑传统，只是一味地惩罚和打击犯罪人，没有关注被害人和社区的利益。除了惩罚犯罪人之外，所得甚少。如果说这也是一种公平正义，那只能是一种有害的公平正义。因为通过刑事司法活动，犯罪人、被害人和社区都受到了损失。“有害的正义”是恢复性司法对现代刑事司法制度的一个简明概括。有人探讨“正义”的真正含义，认为“有害的正义”不是真正的正义。古希腊、古罗马当时的思想家们所说的正义是指无害的正义。如果按照这个标准，现在流行的所谓正义的概念，就不是正义，而是“非正义”。

因此，恢复性司法试图对现代刑事司法理论和制度进行全面的更新和改造。恢复性司法认为，犯罪发生以后，受到损害的不仅仅是被害人，而且还包括犯罪人和社区。因此，刑事司法的主要任务不是惩罚犯罪人，而是要全面恢复犯罪人、被害人和社区因犯罪所造成的损失，以试图达到一种“无害的正义”。“无害的正义”是恢复性司法所追求的核心价值。

恢复性司法对西方的主流文化提出挑战，对各种本土文化持一种宽容乃至欣赏的态度。主张文化多元，反对文化霸权，特别认可非主流文化在预防和控制犯罪方面的独特作用。目前，恢复性司法的许多做法就是西方非主流文化社会的产物，例如，在西方已经成为恢复性司法象征的三种模式，即被害人与犯罪人调解模式、小组会议模式和圆桌会议模式就是最好的例证。

恢复性司法未必是无懈可击的，更不是万能的，但却是智慧的。它击中了现代刑事司法制度的要害，它向社会提出了如何对犯罪作出反应的新问题并寻求回答，是一种崭新的思维模式，是对古典主义犯罪学理论和实证主义犯罪学理论的双重超越。

延伸阅读

“破窗理论”和“零容忍”措施

美国斯坦福大学心理学家菲利普·津巴多于1969年进行了一项实验，他找来两辆一模一样的汽车，把其中的一辆停在加州帕洛阿尔托的中产阶级社区，而另一辆停在相对杂乱的纽约布朗克斯区。他把停在布朗克斯的那辆车的车牌摘掉，把顶棚打开，结果当天就被偷走了。而放在帕洛阿尔托的那一辆，一个星期也无人理睬。后来，辛巴杜用锤子把那辆车的玻璃敲了个大洞。结果呢，仅仅过了几个小时，它就不见了。以这项实验为基础，1982年政治学家威尔逊和犯罪学家凯琳提出了一个“破窗效应”理论，认为：如果有人打坏了一幢建筑物的窗户玻璃，而这扇窗户又得不到及时维修，别人就可能受到某些示范性的纵容去打烂更多的窗户。久而久之，这些破窗户就给人造成一种无序的感觉，结果在这种公众麻木不仁的氛围中，犯罪就会滋生、猖獗。

纽约市交通警察局长布拉顿受到了“破窗理论”的启发。纽约的地铁被认为是“可以为所欲为、无法无天的场所”，针对纽约地铁犯罪率的飙升，布拉顿采取的措施是号召所有的交警认真推进有关“生活质量”的法律，他以“破窗理论”为师，虽然地铁站的重大刑案不断增加，他却全力打击逃票。结果发现，每七名逃票者中，就有一名是通缉犯；每二十名逃票者中，就有一名携带凶器。结果，从抓逃票开始，地铁站的犯罪率竟然下降，治安大幅好转。他的做法显示出，小奸小恶正是暴力犯罪的温床。因为针对这些看似微小却有象征意义的违章行为大力整顿，却大大减少了刑事犯罪。

纽约警察局认为，修复“破窗”的最好策略就是“零容忍”，即对于任何犯罪或违法扰乱公共秩序、行为不检点者，无论大小，均一视同仁地依法强力彻底制止，绝不妥协，绝不因为违反者身份、地位有所不同，也绝不屈服于任何说情或政治压力，一切依法办事，以提高警察执法的公权力和公信力。警方改变对轻微违法行为的态度，在改善生活质量方面下大力气，起到了犯罪预防的作用。

第五编　犯罪类型论

第十八章

财产犯罪

第一节　财产犯罪概述

一、财产犯罪的概念

财产犯罪，又叫财产罪、侵犯财产罪，是指以非法占有为目的的获取、挪用或者毁坏公私财物的行为。广义的财产犯罪除了包含传统的财产犯罪之外，还包含部分经济犯罪，如金融诈骗犯罪、贪污挪用犯罪、侵犯知识产权的某些犯罪等。狭义的财产犯罪仅仅指我国《刑法》分则第五章当中规定的犯罪，诈骗、盗窃、抢劫、抢夺等犯罪便是其主要的类型。财产犯罪是一类多发常见的犯罪，其发案数多年来一直居于我国各类刑事案件的首位。因此为更好地应对中国的犯罪问题，弄清财产犯罪的特点、类型及治理对策，具有特别重要的意义。

二、财产犯罪的特点

财产犯罪的特点是指财产犯罪所具有区别于其他种类犯罪所固有的特征。其特征主要表现为以下几点：

（一）财产犯罪的主体特点

财产犯罪是最普遍的传统犯罪类型，它不像经济犯罪那样对主体有职业、职务上的特殊要求，也不像危害公共安全罪主体那样一般具有偏执倾向，因而凡是达到法定年龄，具备刑事责任能力的，在少年、青年时期就已产生行为偏差而又未得到及时矫治的人，都有可能实施财产犯罪。一项对深圳市 2003 年、2004 年的 1483 名财产犯罪调查表明，财产犯罪主体有以下几方面的特点：

1. 犯罪分子年龄呈现低龄化趋势，青少年犯罪突出

在2004年已审结的刑事案件中，有470宗666人为青少年犯罪（25岁以下），同2003年相比增加了232宗339人，案件数量增加了49.4%，涉案的被告人数量增长50.9%。被告人犯罪时的年龄基本上处于18~25岁年龄段，而80年代出生的犯罪人数超过80%。其中，未成年人犯罪案件为61宗74人，比2003年增加31宗40人。未成年犯罪案件数占全部刑事案件的6.8%，未成年犯罪人数占全部犯罪人数的5.5%。在这些犯罪分子中年龄最小的为17岁。

2. 共同犯罪是主要的犯罪形式之一，且犯罪人员组成具有较大的随意性

在审结的财产型犯罪案件中，共同犯罪案件为183宗522人，占该类案件总数的29.7%，是主要的犯罪形式之一，且犯罪人员组成具有较大的随意性。参与犯罪的人员在一起为实施犯罪而随意组合，少则二三个人，多则是六七个人；犯罪人员之间的关系，多为在深圳一同打工的老乡或者是结识不久的“朋友”。这些人在犯罪之前，在深圳基本上是处于无固定职业、无固定住址、无固定收入的“三无”状态。

3. 犯罪方式简单、动机单纯

通常是趁单身女性行走不备之机实施抢夺；或者是以持刀威逼、殴打被害人等手段要被害人交出财物；或者是以推销、找工作、打工等名义进入公寓或写字楼，乘办公室内无人之机，秘密窃取他人财物；或者是以故意碰撞被害人，借机敲诈被害人的钱财。作案工具常常使用的是水果刀、螺丝刀等。一旦被抓获后，犯罪嫌疑人所交代和陈述的犯罪动机都十分简单。90%的犯罪嫌疑人、被告人都是来深圳寻找打工赚钱、发财的机会，一旦因文化程度偏低或没有专业技术而被拒之门外后，理想与现实出现了严重偏差，自身的愿望无法实现，生存保障处于危机时，犯罪的念头就应运而生，一拍即合并积极响应，进而单独或结伙去实施犯罪。①

（二）财产犯罪被害人的特点

对财产犯罪被害人的特点进行分析，可以把握易被害群体的特征，以便对这一群体提供各种形式的保护，防止他们被害或再次被害；同时，通过研究财产犯罪被害人的特点，确定易被害群体，并通过各种媒体传播这一知识，可以使广大人民群众，尤其使潜在的被害人认识到易导致被害的因素，从而为其敲响警钟，对其不当行为加以改善，以防止受到侵害。以行为方式受行为人年龄、性别、性格特点和文化程度等因素的影响，可以说，行为方式往往可以反映行为人在上述方面的特征。因此，对于财产犯罪被害人特点的研究，仅以能反映行为人众多方

① 刘余敏：《我院审理的财产型犯罪案件特点、成因及对策调研报告》，载 http：//nsqfy.chinacourt.org/public/detail.php？id=13，最后访问日期：2005年5月23日。

面特点的行为方式为对象，以下就最常见的几种财产犯罪被害人的特点作一简要分析。

1. 盗窃罪中被害人的行为特征

在事先有预谋的盗窃犯罪中，犯罪人事先会进行各种犯罪预备活动，了解被害人随身携带或住处存有相当数量的现金或价值较高的物品，然后伺机或创造机会实施盗窃。在这种情况下，由于被害人有意或无意地显露了财产或者由于被害人对其财产存放处未采取必要的安全防范措施，如家中无人时未关好门窗，促使犯罪人产生犯罪动机进而实施犯罪。对于这种情况，被害人防不胜防。在事先无预谋的盗窃犯罪中，犯罪人没有明确的目标，不了解其盗窃的对象拥有财产的数量，其犯罪动机是确定的，侵害对象是不确定的。在这种情况下，犯罪人选择缺乏防范意识的对象进行盗窃。犯罪人在公交车和公共场所进行的扒窃是最典型的例子，缺乏防范意识是被害人招致被害的决定性因素。

2. 诈骗罪中被害人的行为特征

诈骗罪被害人的一个普遍特点是贪财，而且是贪图可以轻易得到的意外之财。犯罪人常常利用被害人的这一特点而采取以帮助被害人购买便宜商品骗取货款、将中奖领取奖金的机会以很低的价格转让给被害人、以高额利润为诱饵骗签合同、以高额利息骗取借款等方式行骗。被害人的贪财心理使其对于凭借一般智商和生活常识便能识破的骗局，由于贪财心切而不能识破导致成为诈骗罪的受害人。

3. 抢劫罪中被害人的行为特征

一般情况下，该罪被害人因随身携带大量现金或便于转移的贵重财物、暴露随身携带的钱财、缺乏应有的戒备而成为犯罪分子行抢的对象。

通过上述三种常见且最典型的财产犯罪案例，足以窥见财产犯罪被害人的一般性特点。

（三）财产犯罪的危害性特点

和其他任何类型的犯罪一样，财产犯罪也具有很大的社会危害性。这种危害性不仅表现为对国家、社会、被害人的危害，同时犯罪人本人也是危害的承受者。

1. 财产犯罪对犯罪人自身的危害

首先，从财产方面而言，在犯罪过程中，除购买犯罪工具要花费钱财外，还要为犯罪做准备而舍弃正当劳动时间。案件破获后，罪犯除非法所得被没收外，还有可能被处以罚金的附加刑处罚，可谓得不偿失。

其次，从犯罪心理学角度而言，犯罪时多数人都很亢奋和恐惧，有耳鸣、心跳加速、周身麻木、手脚发抖、呼吸急促、胸部郁闷、口干舌燥等表现。同时还会担心遭到报复和惩罚，对自己的前途有毁灭的预期，因此往往自暴自弃。这种心理会促使犯罪人的人格逐渐向冲动和反社会方向变化，缺乏自信心和自控力。

即使重返社会后，在与人交往过程中难免遭遇他人的不信任甚至对其有高度防备心理的情况，无形的心理压力无时不在对其心理进行折磨。

2. 财产犯罪对被害人的危害

被害人在遭受财产犯罪侵害后，除了财产损失和可能遭受的人身伤害以外，在精神上往往也会受到一定程度的损害，表现为短期症状和长期症状两种形式。短期症状包括气愤、委屈、不安全、无助以及不能自主支配自己的身体和财产等感觉。长期症状指病程持续一年以上未愈的精神损害，包括神经症和反应性精神障碍等，从而对被害人正常的社会生活造成影响。

3. 财产犯罪对国家和社会的危害

财产犯罪对社会和经济建设的破坏是巨大和触目惊心的，同时是难以挽回的。在侵吞和毁坏物质财富的同时也延缓和阻碍了社会的发展与经济的快速繁荣，增大了人类通往幸福之路进程的阻力。

三、财产犯罪的分类

财产犯罪可从以下不同角度划分为不同的种类：

（一）侵犯单一客体的财产犯罪和侵犯复杂客体的财产犯罪

这是以财产犯罪所侵犯的客体是否为单一客体为标准进行的划分。

多数财产犯罪都仅仅以财产所有权为侵犯客体，包括对财产所有权整体的侵犯和对财产所有权权能的侵犯（如使用权）。但有的财产犯罪不仅侵犯财产所有权，同时还侵犯其他社会关系。例如，抢劫罪同时侵犯了财产所有权和人身权，其所侵犯的客体具有双重性，所以抢劫罪不仅具有侵犯财产罪的性质，还具有其他类型犯罪的性质。

（二）一般主体的财产犯罪和特殊主体的财产犯罪

这是以犯罪主体是否要求具备特殊身份为标准进行的划分。

多数财产犯罪不要求特殊身份，只要行为人达到刑事责任年龄、具备刑事责任能力即具备犯罪主体资格，如盗窃罪、抢劫罪、抢夺罪、诈骗罪、敲诈勒索罪和故意毁坏财物罪等。但是有少数犯罪因其特殊性质决定行为人必须具有特定身份才能构成该种犯罪，如职务侵占罪、挪用资金罪的主体只能由公司、企业或者其他单位的人员（国家工作人员除外）构成；挪用特定款物罪的主体虽然法律没有明确列举限制为特殊主体，但一般认为其主体只能由掌管国家特定款物的人，如财物发放人员、会计及财物所在单位有关领导人员构成。特殊主体犯罪的行为人都具有相应的职权，这类犯罪的实施都是犯罪主体利用职务之便进行的。

（三）侵犯一般财物的犯罪和侵犯特殊财物的犯罪

这是以犯罪对象是否具有特殊性为标准进行的划分。

多数财产犯罪对犯罪对象并无特殊要求，即侵犯任何性质的公私财产并达到一定的程度就可构成犯罪，但有些侵犯财产罪对犯罪对象有特殊要求，构成这类犯罪只能以特定财物为犯罪对象。例如，职务侵占罪和挪用资金罪的犯罪对象只能是公司、企业或其他单位的财物或资金，挪用特定款物罪的犯罪对象只能是用于救灾、抢险、防汛、优抚、扶贫、移民或救济的款物。侵占或挪用其他财物、资金或款物的不能构成这三种犯罪。

（四）取得型财产犯罪、挪用型财产犯罪和毁坏型财产犯罪

这是以犯罪人的主观意图为标准进行的划分。

取得型财产犯罪，即一般所说的以非法占有为目的攫取公私财物的犯罪，包括抢劫、盗窃、诈骗、侵占、抢夺等多数侵犯财产犯罪，行为人犯罪的意图是使自己或他人完全占有并支配所攫取的财产，使财产所有权人完全丧失对财产的支配权，危害性最为严重；挪用型财产犯罪，即改变款物原定用途而挪作他用的犯罪，虽未使财产所有权人完全丧失对财产的支配权，但因其侵犯了财产所有权权能之一的使用权，同样造成对财产所有权的侵犯；毁坏型财产犯罪，是指意图毁弃、破坏他人财产而实施的犯罪，包括故意毁坏财物犯罪和破坏生产经营犯罪，虽然行为人一般出于泄愤报复或其他个人目的而实施犯罪，但这类目的是通过对财产进行直接破坏来实现的，所以在行为人主观心理态度中，其直接意图是破坏财产。

（五）暴力型财产犯罪和非暴力型财产犯罪

这是以是否以暴力手段实施财产犯罪为标准进行的划分。

多数财产犯罪都是以非暴力手段实施。例如，盗窃罪以秘密窃取的方式实施；诈骗罪以虚构事实或隐瞒真相的方法实施；侵占罪的实施方式表现为将代为保管的他人财物非法占为已有，数额较大，拒不退还，或者将他人的遗忘物或者埋藏物非法占为已有，数额较大，拒不交出的行为。而财产犯罪中还包括以暴力手段实施的犯罪，如抢劫罪，《刑法》第 263 条对抢劫罪的规定，以暴力、胁迫或者其他方法抢劫公私财物……

第二节 我国的财产犯罪

一、财产犯罪的现状

（一）财产犯罪居于各类犯罪之首

改革开放后，财产犯罪迅猛增长。进入 21 世纪以来，财产犯罪居于各类犯

罪之首。盗窃、抢劫、诈骗这三类典型的财产犯罪的立案数，可以反映侵财案件立案的总体情况。2000～2008 年，盗窃、抢劫、诈骗案件数之和基本都在 78% 以上，2007 年、2008 年两年则超过了 80%。财产犯罪发案数一直保持在高位，且比较稳定，没有出现大起大落的情况。从 2004 年开始，财产犯罪发案数出现了小幅下降的趋势。据公安部统计，2006 年全国公安机关共立“两抢一盗”犯罪案件 3641 万起，比 2005 年减少 6.1 万起，下降 1.6%。这是在 2005 年比 2004 年下降 2.2% 的基础上出现新的降幅。在公安机关所立的“两抢一盗”案件中盗窃案件 314.4 万起，比 2005 年下降 0.6%。其中，入室盗窃 107.3 万起，下降 4.9%；盗窃机动 63.7 万起，下降 6.7%；抢劫案件 31 万起，下降 6.8%。其中，入室抢劫 2.6 万起，下降 16.1%；抢劫机动车 2.4 万起，下降 10.8%；抢夺案件 19.2 万起，下降 9.5%。[①] 2013 年全国公安机关立案 6,598,247 起，其中盗窃案 4,506,414 起，占比 68.3%。2014 年全国公安机关立案 6,539,692 起，其中盗窃案 4,435,984 起，占比 67.83，财产诈骗案 785,306 起，占比 12.01%。全国法院刑事一审收案 104 万件，全国各级人民法院审结一审刑事案件 102.3 万件，其中抢劫罪案件 3.2 万件（下降 15.9%），抢夺罪案件 7327 件（下降 17.2%），盗窃罪案件 21.6 万件（上升 3.8%），金融诈骗、内幕交易等经济犯罪案件 5.6 万件。2015 年全国公安机关立案 7,174,037 起，其中盗窃案 4,875,561 起，占比 67.96%，财产诈骗案 1,049,841 起，占比 14.63%。全国各法院新收盗窃罪案件 224,907 件，上升 4%；诈骗罪案件 35,719 件，上升 8%；破坏金融管理秩序罪、金融诈骗罪、传销犯罪案件大幅上升。新收非法吸收公众存款罪案件 4825 件，上升 127.38%；妨害信用卡管理罪案件 844 件，上升 50.45%。新收集资诈骗罪案件 1018 件，上升 48.83%；骗取贷款、票据承兑、金融票证罪案件 1284 件，上升 44.43%；保险诈骗罪案件 422 件，上升 33.54%；信用卡诈骗罪案件 11,782 件，上升 12.28%。各级法院审结一审刑事案件 109.9 万件，期中抢劫罪案件 26,588 件（下降 16.27%），抢夺罪案件 6389 件（下降 12.8%），盗窃罪案件 224,907 件（上升 4%），诈骗罪案件 35,719 件（上升 8%），集资诈骗罪案件 1018 件（上升 48.83%），保险诈骗罪案件 422 件（上升 33.54%），信用卡诈骗罪案件 11,782 件（上升 12.28%）。2016 年全国公安机关立案 6,427,533 起，其中盗窃案 4,304,321 起，占比 66.97%，财产诈骗案 979,956 起，占比 15.25%。全国法院审结一审刑事案 111.6 万件，其中抢劫案件 61，428 件（占比 0.96%），盗窃案件 4,304,321 件（占比 66.97%），财产诈骗案件 979,956 件（占比

① 《公安部召开新闻发布会通报 2006 年社会治安形势暨侦破命案工作情况》，载 http：//www1mp s1gov1cn/n16/n1237/n1432/n1522/1356381html，最后访问日期：2007 年 2 月 6 日。

15.25%)。2017年全国法院刑事一审收案1,294,377件，全国各级人民法院审结一审刑事案件1,296,650件，其中抢劫案件39,230件（占比0.72%），盗窃案件3,459,742件（占比63.1%），财产诈骗案件927,583件（占比16.92%）。[①]

（二）财产犯罪呈现严重化趋势

财产犯罪与现代化是密不可分的。因为现代化的发展极大地促进了生产力发展，造成社会财富大量增多，而那些不断接触属于别人所有的大量物质财富的城市居民更经常地感到自己相对地被剥夺。社会发展进程导致城市化加剧和随之而来的更大的金钱诱惑。有些人经不住这种诱惑，就大肆实施财产犯罪，特别是盗窃犯罪和诈骗犯罪等。现代化的发展进程也造成巨大的社会变迁，加剧了人口的流动，促使大量农民涌向城市，在中国形成所谓的民工潮。这些新的城市居民和原来的城市居民相比处于被剥夺的状态，而且为前所未见的丰富的物质财富所包围，他们向往着现代化进程的果实。因此，盗窃动机部分是由于他们难以满足的愿望，部分则出于实际的需求，正是在疯狂占有欲望的支配下，财产犯罪出现了越来越严重化的趋势。改革开放以来，财产犯罪经历了由侵犯私人财物、数额较小，开始转向对公有财产、数额越来越大的发展趋势，特别是诈骗犯罪，涉案数额更大。有的犯罪案件诈骗数额高达数十万元、数百万元、数千万元，甚至数亿元。

（三）财产犯罪手段更智能化、科技化

现代化实质上是科学技术普及化。现代化越发展，科学技术就会越普及，科技产品和科技技能就越会被一般民众所掌握和运用，因而在刑事犯罪领域，包括在财产犯罪领域，必然会表现出犯罪智能化、科技化的特点。比如在网络财产犯罪中，案犯主要是运用科技手段来实施犯罪。其中最主要的，一是盗号木马，二是网络监听，三是发送虚假邮件或伪造网站。盗号木马是以键盘记录的方式盗取用户的账号和密码，通常以欺骗用户安装的方式感染用户电脑系统，当用户使用网络进行电子商务交易时，伺机盗取账号、密码。网络监听是通过拦截网络数据包，采用提取敏感词的方法获取用户的账号和密码。盗窃者在网络中使用嗅探工具，拦截网络中的数据，来提取有用的账号和密码信息。犯罪者发送的虚假邮件大多以中奖、顾问、对账等方式引诱用户在回复邮件中填入账号和密码。虚假邮件发送者通常会以垃圾邮件的形式向外大量发送，以各种紧迫的理由要求收件人登录其虚假网页并提供诸如用户名、密码、身份证号、信用卡号等信息，或者发布假广告、假信息。此外，有些邮件朦朦胧胧写些信息，诱骗客户点击链接，从

① 数据来源于中国法律年鉴、历年最高人民法院工作报告及2015年全国法院审判执行情况、2017年全国法院司法统计公报。

而在客户机上安装木马程序，从而浏览或控制客户电脑，实施财产犯罪的行为。

（四）财产犯罪形式更加多样化

随着现代社会多元化的发展趋势。财产犯罪也出现了多样化的特点。不仅犯罪种类多种多样，同种犯罪也出现了多种犯罪形式。例如，在抢劫犯罪，入室抢劫、拦路抢劫犯罪仍然高发，同时麻醉抢劫、色诱抢劫、驾车抢劫、抢劫出租车司机等特殊犯罪不断增多。一些地方还发生过在城市十字路口，随机拉开过往汽车车门进入车厢内劫持驾驶员、抢劫财物或车辆的犯罪。在抢夺犯罪中，飞车抢夺、袭击银行提解款人员、夜间抢夺妇女和老人财物等犯罪所占的比重不断增大。在盗窃犯罪中，入室盗窃、盗窃社区居民财物等犯罪不断发生；盗窃汽车和电动自行车、盗窃工业原材料等犯罪更是大幅上升；盗窃破坏电力、电信、输油设施及盗窃家禽家畜犯罪则在一些农村地区居高不下。街面诈骗犯罪的形式也花样翻新，有的利用非法外汇交易行骗，俗称“切汇”。这种犯罪最初在沿海开放城市出现，后蔓延至内地，甚至发展形成专门从事切汇的诈骗群体。还有的利用兜售假贵重物品行骗，如兜售假金佛、假金元宝。行骗者多装扮成民工，谎称金佛、金元宝是在某建筑工地施工时挖出来私自藏匿的，使被骗者上当。利用网上银行卡犯罪也有多种表现形式。最常见的，一是“网络钓鱼”，主要利用人们的心理实现诈骗。诈骗者通常会将自己伪装成知名银行、在线零售商、信用卡公司等可信的品牌，利用欺骗性的电子邮件和伪造的网址进行诈骗活动，受骗者往往会泄露自己的数据信息，如信用卡号、密码和身份证号等。二是通过黑客攻击、发布病毒等技术手段，窃取卡号、密码。破坏性病毒通过信息交换和软件的传递传播，窃取用户的信用卡信息。三是以骗取、偷窥等手段获取密码，通过网上转账、网上购物的方式，窃取他人的信用卡资金等。

二、财产犯罪产生的原因

为了科学地揭示现实社会中的财产犯罪的一般生成机理和过程，并在此基础上建构合理有效的治理对策，我们认为，财产犯罪产生的原因包括以下三类，即社会原因、个人原因和情景原因。

（一）财产犯罪的社会原因

财产犯罪的社会原因，是指存在于犯罪人主观意识之外的、不以犯罪人意志为转移的、导致犯罪人实施犯罪行为的政治、经济、文化、教育等宏观社会环境方面的原因。就侵犯财产犯罪而言，当前比较突出的社会原因是：

1. 政治体制不适应市场经济的需求

市场经济是以市场机制为基础的资源配置方式，它要求政府对市场的各种资源由传统的计划经济体制下的直接管理和控制转变为间接调控；否则，资源配置不可能实现合理的市场化，而只能是掌握在相关的行政管理部门，甚至少数的个别领导手中，这便导致通过掌握优势资源提高竞争力的市场主体，不是积极运用市场机制获取优势资源，而是千方百计与管理资源的行政主管部门的官员拉关系、走后门，监督机制不健全，腐败行为便会日益恶化。目前，我国政治体制改革缓慢于市场经济的发展，在许多领域，政府管制的色彩仍很浓厚，政府对本应自我调节的市场伸手过长。政府公开程度不足、监督体制不独立等因素使监督机制不能发挥应有的作用，因此而衍生的腐败行为已成为社会问题。腐败行为的严重化对我国社会转型期财产犯罪的增多有着直接的影响。腐败现象的实质是利用权力侵吞公有和私有财产，是最严重的社会分配不公，容易使一些社会公众产生"相对剥夺感"。腐败行为损害国家、执法人员的形象和国家政治、法律的尊严，削弱了社会公众的守法观念，导致一些人从对腐败行为的憎恨转变为对偷盗等行为的同情，进而以身试法，违法犯罪。有些企业、单位频发职工内盗国家或集体财物，或与周边不法之徒勾结盗窃公家财物的案件，形成法不责众之势，就是表现之一。

2. 贫富悬殊的加剧，造成犯罪诱惑的升级

改革开放前，中国社会基本不存在相对贫困的问题。根据世界银行的测量，1978 年以前，中国社会个人收入的基尼系数是 0.16，几乎是世界最低的。但是改革开放以后，中国社会的相对贫困比较突出，贫富差距一直在扩大，基尼系数一直在上升。根据世界银行统计，1992—1998 年，中国的基尼系数从 0.37 上升到 0.4；最低和最高 20% 居民的收入份额分别从 6.2% 和 43.9% 变为 5.9% 和 46.6%。1998 年，最低和最高 10% 居民的收入份额为 2.4% 和 30.4%，后者是前者的 12.7 倍。按照中国的统计，现在中国的基尼系数已经进一步上升到 0.45，高中低收入的比例呈金字塔形。2000 年，城乡高收入户占总户数的 2%，中低收入户占 18%，低收入户占 80%。从当前家庭财产总额的差距来看，最高的达到 158.1 万元以上，相当于户均财产 22.8 万元的近 7 倍。贫富差距是社会不满与社会动乱的重要原因。中国人具有重视平均主义的文化传统，具有宁愿选择共同贫困也不愿他人发财的心理倾向。从理论上说，社会贫富差距越大，社会底层成员相对剥夺感越强，相对剥夺感增强与感受者犯罪存在正相关关系，人的相对剥夺感越强，犯罪的可能性越大。①

3. 人口的大量流动，导致财产犯罪的大量发生

我国农村自从实行土地联产承包制度以来，大量青壮年劳动人口涌进城市。一方面，由于文化水平低、专业技能差，他们很难找到相对稳定、收入较好的职

① 蒋异城、李伟、赵宋明：《关于期待可能性理论的探讨》，载《山西科技》2006 年第 2 期。

业，因此其生活水平普遍比较低，而城市所展示的不断增长的物质财富，使他们的金钱欲望大大增加。繁华的都市生活与流动人口自身贫穷落后的状况所形成的巨大反差，使一些流动人口有一种强烈的不平衡心理。加之外来工在城市生活和工作中经常受挫，产生被歧视感，容易诱发不同程度的认同危机和心理危机，感到自己被剥夺，想要得到补偿。当这种危机达到一定程度时，就会导致极端的反社会行为。另一方面，由于人口管理制度上的低效和缺失，使流动人口管理工作难以适应现实的需要，对流动人口的失管、漏管严重，也使打击流动人口犯罪工作处于被动状态，由此直接导致部分流动人口肆无忌惮地从事犯罪活动。

（二）财产犯罪的个人原因

财产犯罪的个人原因，是指导致犯罪人实施财产犯罪的个人生理及心理方面的原因。其中主要是个人心理原因。当前比较突出的有以下几种表现：

1. 极端个人主义思想

受当前不良社会风气的影响，不少人不能正确认识和处理个人与社会的关系，极端自私自利的个人主义思想比较严重，他们总是把自己的利益凌驾于社会和他人的利益之上，以至于不惜作出非法占有他人财产的犯罪行为。

2. 拜金主义思想

进入商品经济时代之后，金钱的影响力较之计划经济时代大大增强，由此也使社会上金钱万能、有钱能使鬼推磨的不良思想泛滥开来，一些人由于盲目追求金钱而实施了盗窃、抢劫等财产犯罪。

3. 好逸恶劳、贪图享乐的思想

随着社会物质文化生活的丰富和提高，各种享乐的机会也越来越多。有一部分人不顾自身的经济条件，一味追赶时髦，贪图超出自己经济能力的物质享受，由此走上非法取财的不归路。

（三）财产犯罪的情景原因

财产犯罪的情景原因，是指具体地激发犯罪行为人实施侵犯财产犯罪的微观方面的各种机会和便利条件。主要包括以下几个方面：

1. 犯罪机会的增多

犯罪机会论认为，和其他社会行为一样，造成犯罪行为的动因是人的理性。不过，在罪犯的理性中，他们关于“成本—收益”的看法常常是短视的，并只限于他们直接所处的环境。犯罪机会论还认为，影响犯罪的其他因素（如社会紧张）常常掩盖甚至压倒了有诱惑力的犯罪机会对财产犯罪率的正效应。从理论上说，经济越繁荣，对财产犯罪有吸引力的目标就越多。如果经济繁荣没能缓解社会紧张和控制社会混乱，就可能造成更多的财产犯罪。①

目前，我国财产犯罪之所以大量增多，原因正在于此。改革开放以来，我国的现代化建设不断发展，极大地提高了生产力发展水平，经济建设欣欣向荣，经济活动频繁，社会财富丰富，人、财、物流动加快，这就必然为财产犯罪提供了更多的机会。与此不相适应的是，社会整体防范机制却相对薄弱。具体表现在：拥有金钱和财物的个人和单位自我防范能力极为薄弱。特别是那些来钱容易的个体户和小型私营企业，自我保护意识更为薄弱。社会治安管理工作在一些领域也存在失控现象。不少特种行业的业主唯利是图，公然违反政府规定，收赃销赃；部分群众贪小便宜，购买赃物自用，甚至从中介绍销赃。这在客观上为盗窃犯罪分子销售赃物提供了方便，实际上亦是为财产犯罪提供了犯罪机会。网络财产犯罪之所以多发，与网络安全欠佳也是密切联系的。一是电子商务安全意识严重不足为实施网络侵财犯罪留下了可乘之机；二是电子商务客户端安全薄弱，使网络侵财犯罪易于实施；三是网上大量无人维护的主机成为网络侵财的犯罪工具。②总之，无论是现实世界还是虚拟世界，都存在大量犯罪机会，使犯罪人容易得手。犯罪机会普遍存在，必然导致犯罪成本低廉；犯罪成本低廉必然刺激起更多人的犯罪欲望。我国的财产犯罪就是在这种恶性循环中日趋严重的。

2. 被害人防范意识的欠缺

在社会生活乃至自然界中，各种因素是相互联系、互为依存的，而非孤立存在。德国学者汉斯·约阿希德·施耐德提出了“无被害人即无犯罪”的观点。被害的产生，与被害人的防范意识欠缺密切相关。

对于财产犯罪的被害人，从心理状态角度可以划分为以下几类：（1）抑郁型的被害人。这种类型的被害人具有抑郁倾向，保护自身的本能发生障碍，对于自己所面临的危险或痛苦往往无感觉，不能觉察危险的处境，故容易受害。（2）贪婪型的被害人。这种类型的被害人因贪图利益而无法客观地判断，易于落入对方的圈套成为诈骗犯罪的被害人。（3）麻痹大意型的被害人。这种类型的被害人粗心大意，对自己的财产保护意识较弱，对自己所处的环境之危险性缺乏必要的警惕。这种类型的被害人易成为盗窃罪和抢劫罪的被害人。（4）露富型的被害人。这种类型的被害人在穿着打扮或使用消费品等方面给人以富足的印象，如缺乏防范意识，容易成为财产犯罪的被害人。

---

① ［美］L. 汉农：《犯罪机会论和贫穷与财产犯罪的关系》，载《国外社会科学》2002 年第 1 期。

② 张晓薇：《广东省网络侵财犯罪的实证分析》，载《中国刑事法杂志》2007 年第 14 期。

三、财产犯罪的治理对策

财产犯罪严重影响广大群众的安全感，不利于社会发展，因此，必须采取有效的对策，控制财产犯罪的增长。

（一）大力发展经济，解决贫富悬殊问题

为了构建安定有序的和谐社会，尽快实现社会的全面小康、缩小贫富差距是一个十分紧迫的问题，也是完全必要的，但缩小贫富差距并不是完全平均主义，而是要把贫富差距缩小到一定合理的程度。

首先，保持经济快速协调发展，为缩小贫富差距提供物质基础。只有打破二元经济结构，统筹经济社会发展，推进城乡一体化建设，才能大力发展市场经济，发展生产力，进一步完善我国的社会主义市场经济体制，最终缩小贫富差距，实现共同富裕。

其次，扩大中等收入阶层的比重。中等收入阶层是当前我国缩小贫富差距，构建和谐社会的社会基础。我国市场经济发展到今天，社会发展应由传统的“哑铃式”分层结构向现代“橄榄型”的分层结构转变。教育公平是扩大中等收入阶层的重要途径之一。社会成员受教育程度的高低与其收入的多少通常成正比，只有给低收入者提供更多的受教育机会，提高他们的生产能力，他们才能更多地参与市场竞争，分享到更多经济增长的果实。

再次，完善分配制度，加大收入再分配的力度。根据党的十七大精神，“初次分配和再分配都要处理好效率和公平的关系，再分配更加注重公平”，通过加大再次分配的力度，以此来缩小初次分配造成的收入差别，从而遏制贫富两极走向趋势。同时加大对垄断行业分配的监管力度，才能有效缩小行业间的贫富差距，减少和控制财产犯罪。

最后，国家要通过政策调整，加强宏观调控，逐步缩小东中西部地区的贫富差距，以兼顾各地区不同的经济发展水平，实现各地区间的横向公平。

（二）促进社会保险一体化和社会机会公平

社会保险制度不仅将生活在生命发达时期的人与社会联系起来，更将生活在相对困难时期的个人与社会联结在一起，从而使生活在困难中的人得到社会的帮助，消除可能实施财产犯罪的念头。根据清华大学李强教授于2000年至2002年对北京市民工的调查，被调查者有32.9%到36.3%出现过身无分文的情况。因为没有失业保险，出现身无分文情况，他们往往选择违法。“轻微盗窃的现象在这个群体中极为普遍，甚至是习以为常的”①。由于存在城市与农村差别，社会

① 李强、唐壮：《城市农民工与城市中的非正规就业》，载《社会学研究》2002年第6期。

保障并不平等。特别是农民工，因此而被社会排斥，这种排斥不仅仅体现在社会保障方面，还体现在子女入学等方面，最终导致与社会疏离。在被社会疏离的情况下，由于生活所迫，更带来了“仇富”等负面心理影响，在这种动机的驱使下实施财产犯罪将成为可能。

促进社会机会公平最主要的因素是岗位开放与就业机会公平。岗位开放意味着任何人都有可能选择他热衷的事业，就业机会公平意味着任何人都要接受优胜劣汰法则的调控。岗位越开放，机会越平等，意味着每个人自我发展的机会越多。而个人发展的机会越多，作为社会中个体的“我”越有可能投入一种事业。基于促进个人与社会联系的目的，国家与社会应当努力促进机会公平，消除社会排斥，给每个努力的人机会，使每个人从机会中看到希望，从机会中发现自我，从机会中实现自我。

（三）推进社会治安防控体系的建设

财产犯罪的种类很多，要按照什么犯罪突出就重点打击什么犯罪，什么方式更加有效就采取什么方式的原则，坚持重拳出击；对发生的现行犯罪，要坚持快速反应，及时破获财产犯罪案件，形成强有力的打击震慑效应。要围绕犯罪性质、袭击目标、作案工具、作案手段、活动区域等方面的规律特点，加强案件串并，发现跨地区的系列案件和带有地域性的犯罪帮伙，要组织涉案地公安机关联手攻坚；要积极开展网上追逃财产犯罪，进一步加大对在逃嫌疑人的追捕力度，全力缉捕归案，切实消除社会治安隐患。

要通过侦查破案和打击犯罪，及时发现防范管理工作中的薄弱环节和漏洞，大力推进社会治安防控体系建设，织密治安防控网络，全面挤压财产犯罪空间，尽量减少财产犯罪的机会，有效遏制和减少财产犯罪。一是加强社会全面巡逻防控。最大限度地把警力压向街面路面，切实加强巡逻检查、设卡盘查和伏击守候工作，着力形成对社会治安全时空、多方位的控制。二是深入实施社区警务战略。要壮大社区民警、保安联防及治保队伍等力量，织密社区防控网络，不断提高社区防控能力。三是严密场所行业阵地控制。要围绕犯罪分子吃、住、行、销、乐等环节，加大对中小旅馆、桑拿浴室、网吧和二手机动车市场、手机市场、金银首饰加工点、典当行、农贸市场、废品收购站等重点场所和行业的管理控制，主动发现和打击财产犯罪。

（四）加强财产犯罪的情景预防，增强自我防范意识

就社区、单位、家庭和公民个人来说，应当加强对重要区域和贵重财物的管理和控制，给侵财犯罪分子设置一道防火墙，尽可能减少被害的机会。比如，可以在居民小区配备保安值班，实行邻里互助；在案件多发地区、多发时段加强警察巡逻，加固居民住户的门窗，安装汽车防盗报警设置；在特定区域增加夜间照

明以及安装电子监控设施等。此外，尽量不要携带贵重财物出入治安混乱场所或在夜间外出。尽量消除被害诱因，减少被害的机会和条件。要培养自己具有科学求实的态度，不侥幸，不贪婪，不轻信，不盲从，自觉落实各项防范措施，要具有识别坏人与小人的能力，这样才不会给犯罪分子可乘之机，避免生活中发生的圈套与陷阱，更好地预防财产犯罪。

延伸阅读

最高人民法院发布六起惩治电信诈骗犯罪典型案例

（最高人民法院2016年9月30日发布）

电信诈骗犯罪典型案例（北京）

一、戴春波等32人诈骗案

（一）基本案情

2013年8月，北京市海淀区人民法院审结一起跨国团伙电信诈骗案，对戴春波等30余名被告人以诈骗罪判处刑罚。

2011年8月底，被告人戴春波、王瑞讯、周娟受雇佣参加他人组织的针对中国大陆公民的电信诈骗团伙，并持旅游签证出境到老挝人民民主共和国，后被安排在位于万象市西沙达腊彭巴报村的24组一栋别墅内从事电信诈骗活动。三人主要负责接听被害人回拨的电话，并按月领取工资及提成。戴春波等实施诈骗行为的方式为：一名台湾地区男子每天通过互联网向全国各地发送语音包，内容是对方因涉嫌恶意透支信用卡被法院传唤，需要查询详情的就会给转接人工查询，戴春波等三人便冒充法院工作人员接听电话，并按照话术内容告诉对方恶意透支信用卡未还钱涉嫌刑事犯罪，若对方予以否认，便帮助对方将电话转接给二线人员，由二线人员冒充公安局工作人员继续进行诈骗，诱导被害人向指定账户内转账或汇款，从而骗取被害人钱财。同年9月26日，戴春波等三人在该别墅内被老挝国家警察局抓获，同年9月30日被移交我国公安机关。

2011年8月底至9月初，被告人黄辉云等29人相继受雇佣参加他人组织的针对中国大陆公民的电信诈骗团伙，并持旅游签证出境到老挝人民民主共和国，在位于万象市西沙达腊县撒潘通村19组的一栋别墅内从事电信诈骗活动。黄辉云等29人主要负责接听被害人回拨的电话，并按月领取工资及提成。诈骗团伙成员冒充公安局、检察院和法院等司法机关工作人员，按照话术要求，接听被害人回拨的电话，虚构被害人的信用卡因购物等被恶意透支的虚假信息，诱使对方向指定账户内转账或汇款，从而骗取被害人钱财。同年9月16日，该团伙于从被害人马某某处成功骗取人民币41万元。经马某某报案，9月26日，黄辉云等29人在该别墅内被老挝国家警察局抓获，9月30日被移交我国公安机关。

（二）裁判结果

海淀法院经审理认定，戴春波等32名被告人以非法占有为目的，利用拨打电话等电信技术手段对不特定多数人实施诈骗，构成诈骗罪；该诈骗团伙冒充公检法工作人员实施的跨国电信诈骗行为不仅损害司法机关声誉，而且严重干扰了广大群众的正常生活，故对32名被告人以诈骗罪分别判处2年6个月至6年不等的有期徒刑，并处罚金。

（三）典型意义

电信诈骗犯罪多为团伙作案，根据统计，北京法院有50%以上的电信诈骗案件出现三人及三人以上的诈骗团伙。本案系近年来北京法院受理的个案中被告人人数最多的跨国电信诈骗犯罪，诈骗团伙通过在互联网上发布“招聘信息”招揽人手并将其安置于境外，冒充公、检、法单位工作人员，通过向境内拨打电话的方式，形成严密的话术体系，从而获得被害人信任，诱使被害人向其汇款，达到诈骗钱款的目的。近年来，电信诈骗借助互联网技术的发展，越发呈现出跨地域、团伙作案、难辨认、受害范围广等特点，给人民财产造成了巨大损失，社会危害性极大。海淀法院通过本案的审理给所有参与诈骗的犯罪分子以法律制裁，有效打击了电信诈骗犯罪，为办理跨国类电信诈骗案件积累了宝贵的经验。

二、吉秀燕等14人诈骗案

（一）基本案情

2011年8月至9月，被告人吉秀燕、李开琴、欧阳秀真、夏凤仪、夏秋怡、赖炳同、赖庆汉、陈冬冬、赖韩韩、庄敬意、林智强、杨剑、张西、张叶伙同赖伟城（已判刑）先后出境前往印度尼西亚，于2011年9月16日至26日，在印度尼西亚雅加达市一别墅内，分别作为一线、二线、三线人员，冒充中华人民共和国公安机关工作人员身份，通过电信技术手段，采用向中国居民拨打电话的方法，向被害人虚构个人信息泄露、涉嫌犯罪、资产需要保全等事实，诈骗48名被害人共计人民币462万余元。其中被告人陈冬冬、赖韩韩、庄敬意、林智强参与诈骗金额共计人民币405万余元，被告人杨剑参与诈骗金额共计人民币303万余元。14名被告人于2011年9月26日被抓获。

（二）裁判结果

北京市东城区人民法院经审理认为，被告人吉秀燕、李开琴、欧阳秀真、夏凤仪、夏秋怡、赖炳同、赖庆汉、陈冬冬、赖韩韩、庄敬意、林智强、杨剑、张西、张叶以非法占有为目的，共同通过电信技术手段，采取虚构事实、隐瞒真相的方法，骗取他人钱财，且数额特别巨大，14名被告人的行为侵犯了公民的财产权利，均已构成诈骗罪，依法应予刑罚处罚。其中，被告人吉秀燕、李开琴共同负责对别墅内人员的诈骗活动进行管理，且作为三线话务员直接骗取被害人钱款，二被告人在共同犯罪中起主要作用，属于主犯。依照刑法有关规定，以诈骗罪判处14名被告人5年至12年不等的有期徒刑，并处相应数额的罚金。

（三）典型意义

在电信诈骗案件中，诈骗金额、被害人人数、诈骗次数、诈骗手段、情节、危害后果等因素都会影响被告人的量刑。本案中，14名被告人在境外集中居住于别墅内，共同参与电信诈骗活动，且分工明确，有一定的组织性，已形成固定的犯罪团伙。每名被告人参与的诈骗金额均在百万元以上，且案发后赃款并未追回，给48名被害人造成了巨大的经济损失，故东城法院最终对14名被告人全部判处了有期徒刑5年以上的重刑，两名主犯被判处12年有期徒刑，对于电信诈骗犯罪案件形成了极大的震慑。

电信诈骗犯罪典型案例（福建）

一、陈观湖、陈礼华、陈黄华诈骗案

（一）基本案情

2015年3月28日至4月16日，被告人陈观湖、陈礼华从陈某华、张某鑫（均另案处理）处拿来数十张银行卡，相互配合，共同保管、使用涉案银行卡，在福建福州、厦门、泉州等地将27名被害人因受骗汇入的钱款取出，收取相应提成后，汇入诈骗人员提供的账户，涉案金额人民币637，721元。2015年3月2日至7日，被告人陈黄华伙同陈某华、张某鑫，明知是被害人因受骗汇入的钱款，仍驾驶车辆前往江西等地多次取款，涉案金额共计人民币108，888元。

（二）裁判结果

本案由福建省闽侯县人民法院一审，福建省福州市中级人民法院二审，现已发生法律效力。

法院认为，被告人陈观湖、陈礼华、陈黄华明知他人进行电信诈骗，仍结伙对涉案诈骗款项实施取款并转移，致使被害人被骗款项无法追回，其行为已构成诈骗罪的共同犯罪，诈骗数额应当按照共同取款数额计算。三名被告人所实施的提取并转移被骗款项的行为，是诈骗集团成功控制诈骗款的最后一个环节，三人在整个电信诈骗的共同犯罪中仅有分工不同，并无主次之分。据此，依法以诈骗罪对被告人陈观湖判处有期徒刑13年，并处罚金人民币10万元；对被告人陈礼华判处有期徒刑13年，并处罚金人民币10万元；对被告人陈黄华判处有期徒刑4年3个月，并处罚金人民币2万元。

（三）典型意义

近年来，随着网络电信诈骗日益猖獗，此类犯罪行为形成的产业链也呈现专业化、跨区域性、集团化之趋势，涵盖了购买设备、拨打电话、群发短信、假冒身份虚构事实、骗取钱款、转账取款等行为过程。为了逃避侦查，电信诈骗犯罪中的取款、转移赃款等行为往往由犯罪行为实施地以外的多个地方的专门取款人完成。本案中的三名被告人，虽未参与前一阶段对被害人的具体诈骗行为，但其明知所取款项是诈骗犯罪所得，而与前阶段诈骗犯罪人员相互配合，辗转各地为诈骗犯罪团伙转取款，其行为是整个骗局得逞、诈骗分子获得钱款的重要环节，应以诈骗犯罪共犯定罪量刑。

二、林炎、胡明浪诈骗案

（一）基本案情

2015年10月18日至21日，被告人林炎、胡明浪和杨东昊（另案处理）经事先共谋，由杨东昊提供伪基站并事先编辑好诈骗短信，指使被告人林炎、胡明浪在福州市鼓楼区、台江区、仓山区、闽侯县上街镇等地使用伪基站，屏蔽干扰以该伪基站为中心一定范围内的通信运营商信号，搜取屏蔽范围内用户手机卡信息，冒充“95533、10086、95588”等相关客服号码向手机用户发送虚假短信30，801条，企图骗取手机用户的信任，点击短信中的钓鱼网站、填写相关银行账户信息，以达到骗取手机用户钱款的目的。

（二）裁判结果

本案由福建省福州市鼓楼区人民法院一审，福建省福州市中级人民法院二审，现已发生法律效力。

法院认为，被告人林炎、胡明浪以非法占有为目的，伙同他人利用电信技术手段发送虚假短信，对不特定多数人实施诈骗，情节严重，其行为已构成诈骗罪。被告人林炎、胡明浪已经着手实行犯罪，由于意志以外的原因而未得逞，是犯罪未遂，可以比照既遂犯从轻处罚。被告人林炎、胡明浪如实供述自己的罪行，是坦白，可以从轻处罚。据此，依法以诈骗罪分别对被告人林炎、胡明浪判处有期徒刑3年7个月，并处罚金人民币5000元。

（三）典型意义

近两年来，利用伪基站实施电信诈骗的手段翻新、案件频发，最高人民法院、最高人民检察院专门出台了相关司法解释，加大对此类违法犯罪行为的打击力度，明确规定：对电信诈骗数额难以查证，但发送诈骗信息5000条以上，拨打诈骗电话500人次以上的，或者诈骗手段恶劣、危害严重的，即可以诈骗罪（未遂）追究刑事责任。本案被告人林炎、胡明浪通过“伪基站”，向不特定多数人发送冒充银行或移动运营商客服电话的虚假短信3万余条，诱骗手机用户点击短信中的钓鱼网站、填写相关银行账户信息以达到骗取手机用户钱款的目的。虽因意志以外的原因，被告人的犯罪目的未能最终得逞，但其犯罪行为仍具有严重的社会危害，公民个人若未及时察觉，其财产便会处于一种极不安全的状况。

三、邓之桂、龙碧燕、刘春艳、刘海英诈骗案

（一）基本案情

台湾地区人员“阿水”等人（均另案处理）组织犯罪团伙在老挝万象一栋别墅内进行电信诈骗活动，将事先编辑好的诈骗语音包通过网络电话向中国大陆各省市固定电话用户群发送语音信息，谎称被害人涉嫌用医保卡购买违禁药品需向公安机关报备。待被害人回拨时，电话转到冒充医保中心工作人员的被告人刘春艳、龙碧燕等一线人员，让被害人“报案”并让其拨打预先改好显示号码的“公安局号码”，后由冒充公安机关工作人员的二线人员接听，谎称被害人银行账户存在安全问题，将电话转给冒充检察院工作人员的被告人邓之桂等三线人员要求被害人将银行卡内的存款转到指定账户进行资金清查比对，以此实施诈骗犯罪。被告人刘海英主要负责为该犯罪团伙做饭，同时亦冒充一线医保中心人员参与诈骗。邓之桂、刘海英、龙碧燕、刘春艳与其他同案人诈骗数额达人民币10, 369, 340元。

（二）裁判结果

本案由福建省晋江市人民法院一审，福建省泉州市中级人民法院二审，现已发生法律效力。

法院认为，被告人邓之桂、龙碧燕、刘春艳、刘海英的行为均已构成诈骗罪，且犯罪数额特别巨大。在共同犯罪中，四被告人受纠集在该团伙中按照分工，互相配合共同实施诈骗犯罪，获利相对较少，起次要、辅助作用，是从犯，予以减轻处罚。被告人龙碧燕、刘春艳犯罪后自动投案，并如实供述自己的罪行，是自首，可以从轻或减轻处罚。被告人邓之桂、刘海英归案后如实供述自己的罪行，是坦白，可以从轻处罚。被告人刘春艳、刘海英归案后协助公安机关抓获同案犯、其他犯罪嫌疑人，有立功表现，可以从轻或减轻处罚。本案部分赃款被追缴，可对四被告人予以酌情从轻处罚。综上，对四被告人均予以减轻处罚，以诈骗罪对被告人邓之桂、龙碧燕、刘春艳、刘海英判处有期徒刑7年至3年不等，并处罚金人民币8万元至1万元不等。

（三）典型意义

本案是台湾地区人员在境外组织实施的以发送医保卡出现异常的虚假语音信息进行诈骗的典型案件。被告人邓之桂等人受纠集参加他人组织的诈骗团伙，发送医保卡异常的虚假语音信息，而后分别冒充医保中心工作人员、公安人员、检察院工作人员进行连环诈骗，套取被害人的个人信息，并诱骗被害人将存款转至

"指定银行账户"，从而骗取钱款，社会危害性大。在此提醒广大参保人员不要轻信医保卡出现异常的电话语音信息，更不要轻易将银行账号、密码等个人重要信息告知陌生人，以免上当受骗。

四、杨海鸿、黄晋河、吴彩云诈骗，杨海鸿、黄晋河侵犯公民个人信息案

（一）基本案情

2015年7月至9月9日，被告人杨海鸿单独或伙同被告人黄晋河通过购买的方式非法获取公民个人信息2万余条，并雇用被告人吴彩云在福建省龙岩市武平县平川镇租住房等地，通过拨打上述公民个人信息中的手机号码，谎称可以向对方发放残疾人补贴、教育补贴等方式，骗取被害人将钱款转入指定的账户。截至2015年9月9日被查获时，被告人杨海鸿、吴彩云共骗取人民币70,000元，其中，被告人黄晋河自2015年8月12日以来参与骗取17,700元。

（二）裁判结果

本案由福建省安溪县人民法院一审，福建省泉州市中级人民法院二审，现已发生法律效力。

法院认为，被告人杨海鸿、黄晋河、吴彩云以非法占有为目的，采用虚构事实的方法，骗取公民财物，数额较大，其行为均已构成诈骗罪，属共同犯罪；被告人杨海鸿单独或伙同被告人黄晋河通过购买的方式非法获取公民个人信息，情节严重，其行为均已构成侵犯公民个人信息罪，部分属共同犯罪。在共同犯罪中，被告人杨海鸿、黄晋河起主要作用，是主犯，应按其参与的全部犯罪处罚；被告人吴彩云起次要作用，是从犯，依法从轻处罚。被告人杨海鸿、黄晋河在判决宣告前一人犯数罪，应当数罪并罚。归案后，三被告人如实供述自己的罪行，是坦白，可以依法从轻处罚。据此，以诈骗罪、侵犯公民个人信息罪判处被告人杨海鸿有期徒刑2年4个月，并处罚金人民币17,000元，以诈骗罪判处被告人吴彩云有期徒刑1年3个月，并处罚金人民币3000元，以诈骗罪、侵犯公民个人信息罪判处被告人黄晋河有期徒刑8个月，并处罚金人民币6000元。

（三）典型意义

近年来，信息技术的广泛应用让我们的生产生活变得更高效便捷，但也给犯罪分子利用信息技术实施犯罪提供了便利条件。本案中，被告人杨海鸿、黄晋河通过互联网非法购买公民个人信息数万条，雇用他人共同冒充政府工作人员拨打诈骗电话，通过提供被害人准确的身份信息，骗取被害人的信任，以达到实施诈骗犯罪的目的。公民个人信息权利保护已成为信息化社会中公民权利保护的一个重点。要从源头整治电信网络诈骗犯罪，信息安全保护是关键。除了公民要提高信息保护意识以外，各有关单位等也需加强信息管理与信息安全保护工作，不给犯罪分子以可乘之机。

第十九章

经济犯罪

第一节　经济犯罪概述

一、经济犯罪的概念

我国《刑法》分则将具体犯罪分为十个类型，尽管第三类破坏社会主义市场经济秩序罪集中规范了具有严重破坏和扰乱市场经济秩序的行为，但也未将本章称为“经济犯罪”。因此，所谓的经济犯罪，是犯罪学从犯罪的种类对犯罪行为所作的一种归类，而不是刑法学或者刑法中较为规范的一种犯罪类型。因而，对于经济犯罪的概念，尽管国内外学者均有过不同的表述，但对该概念的内涵和外延一直没有形成较为统一的理解和界定。

1872 年，英国学者希尔在英国伦敦进行的以“犯罪的资本家”为题的演讲中，首次使用了“经济犯罪”一词。但西方犯罪学界对经济犯罪研究的开始，一般认为是起始于 20 世纪三四十年代美国犯罪社会学家萨瑟兰对白领犯罪的研究和揭示。萨瑟兰对白领犯罪下的定义是“由具有较高社会地位和体面身份的人在其职务活动中实施的犯罪”①。但与我们平时的理解所不同的是，这里所指的“犯罪”，既包括犯罪行为，也包括一般的民事违法和行政违法行为。后来美国一些学者对萨瑟兰关于白领犯罪的概念又作了进一步修正，如 H. 埃德尔赫在 1970 年出版的一本著作中将白领犯罪定义为“以非体力的和隐瞒或欺骗手法获

① ［美］萨瑟兰：《白领犯罪》，赵宝成等译，中国大百科全书出版社 2007 年版。

取钱物，逃避支付或者损失钱物，或者企业或个人好处的任何非法行为或系列非法行为”。这一定义在美国司法界受到欢迎，美国国会在 1979 年制定的《改进司法体系管理法令》中涉及的以及美国联邦调查局提到的白领犯罪，基本均采纳了上一定义。在英美犯罪学中，白领犯罪与经济犯罪是被作为同义词使用的，二者尽管在一定程度上存在交叉和重合，但逻辑起点有所不同。前者是从犯罪的主体方面而言的，而后者是从犯罪所侵犯的客体方面而言的。相比之下，大陆法系更倾向于以犯罪所侵犯的犯罪客体作为界定某类犯罪概念的基准。例如，德国刑法学家林德曼把经济犯罪定义为是“一种针对国家整体经济及其重要部门与制度而违犯的可罚性行为”①。日本学者芝原邦尔认为，把经济刑法定义为对企业犯罪和有关经济交易的犯罪所适用的刑罚法规的总体就足够了。经济犯罪不仅包括侵犯个人或企业财产的行为，还包括经济秩序违反行为。② 目前，德国犯罪学和刑法学界关于经济犯罪概念的通说是“经济犯罪是滥用经济交易的信任关系，违反规范经济活动的有关法规，危及或侵害整体经济秩序的不法图利行为”③。

我国台湾地区刑法学者林山田综合各家之观点，将经济犯罪定义为“意图谋取不法利益，利用法律交往与经济交易所允许的经济活动方式，滥用经济秩序赖以为存的诚实信用原则，违反所有直接或间接规范经济活动之有关法令，而足以危害正常之经济活动与干扰经济生活秩序，甚至于破坏整个经济结构的财产犯罪或图利犯罪”。其中既包括刑法规定并列举的经济犯罪行为，也包括应处以行政罚或秩序罚的违反经济秩序行为。④

20 世纪 80 年代以来，我国就有学者研究经济犯罪的相关问题，修订后的 1997 年《刑法》也用诸多条文对有关经济犯罪加以规定，但关于经济犯罪的概念，无论是在刑法学界还是在犯罪学界，至今都未形成统一的认识。综合各种观点和学派，可以将我国刑法学者提出的有关经济犯罪的概念大体归纳为三类：一是宏观经济犯罪概念。认为经济犯罪是侵害社会经济关系的犯罪。具体包括《刑法》分则第三章破坏社会主义市场经济秩序罪中的所有犯罪行为，《刑法》分则第五章侵犯财产罪中的所有以取得财产为意图的犯罪，以及《刑法》分则第八章贪污贿赂犯罪中国家工作人员利用职务便利在经济管理过程中实施的职务犯罪及分则其他章节中涉及的经济利益和财产利益的犯罪。二是中观经济犯罪概

---

① 林山田：《经济犯罪与经济刑法》，台北，三民书局 1981 年版，第 12 页。
② ［日］芝原邦尔：《经济刑法》，金光旭译，法律出版社 2002 年版。
③ 许春金等：《犯罪学》，台北，三民书局 2006 年版，第 344 页。
④ 林山田：《经济犯罪与经济刑法》，台北，三民书局 1981 年版，第 13 页。

念。认为经济犯罪是侵害一定范围的经济关系的犯罪。所谓一定范围的经济关系，是指经济管理关系和经济协调关系。这样，就将经济犯罪的范围限定在《刑法》分则破坏社会主义市场经济秩序罪和有关经济管理的渎职罪的范围内，《刑法》分则第五章规定的侵犯财产罪不再属于经济犯罪的范畴。三是微观经济犯罪概念。认为经济犯罪就是破坏社会主义市场经济秩序的犯罪，从而把侵犯财产犯罪和贪污贿赂犯罪以及有关经济管理方面的渎职犯罪均排除在经济犯罪的范围外。

如上所述，经济犯罪是犯罪学从犯罪的种类角度对犯罪行为所作的一种归类，而不是刑法学或者刑法中较为规范的一种犯罪类型。经济犯罪是随着市场经济的逐步发展而产生的，与传统的财产犯罪如盗窃罪、诈骗罪相比，对经济犯罪概念的界定应当突出其与市场经济的运行密切相关这一显著特征，因此，所谓经济犯罪，应是指在市场经济的运行领域中，为牟取不法利益，侵害一定的经济关系，破坏社会经济秩序，依照刑法应受刑罚处罚的行为。该概念对经济犯罪的界定，更接近于以上所述的中观经济犯罪的范畴。但对于《刑法》分则第五章规定的侵犯财产罪中所涉及的公司、企业或者其他单位的人员，利用职务上的便利所实施的职务侵占罪和挪用资金罪，管理、经手特定款物的人员挪用特定款物构成的挪用特定款物罪，以及国家工作人员所实施的贪污贿赂犯罪也应包含在经济犯罪范围内。因为，以上犯罪主体利用职务便利实施犯罪行为时，其行为往往与经济活动紧密联系，主要表现为以上人员在经济领域活动中利用职务之便，与市场主体相勾结，违规操作，危害国家的经济管理秩序。有学者将其称为“职务型经济犯罪”。这种职务性经济犯罪具有职务犯罪和经济犯罪的双重属性，因此应隶属于经济犯罪的范畴。

由于学界对经济犯罪的概念没有形成统一的结论，因而有关经济犯罪的类型和范围的确定也就存在不同的理解。目前，关于经济犯罪的范围，学术界较认同的观点主要有以下几种：(1) 各种破坏社会主义市场经济秩序的犯罪，具体包括：生产、销售伪劣商品罪，走私罪，妨害对公司、企业的管理秩序罪，破坏金融管理秩序罪，金融诈骗罪，危害税收征管罪，侵犯知识产权罪，扰乱市场秩序罪；(2) 侵犯财产罪中的职务侵占罪、挪用资金罪和挪用特定款物罪；(3) 妨害社会管理秩序罪中的破坏环境资源保护罪；(4) 贪污贿赂犯罪；(5) 部分渎职犯罪，如徇私舞弊发售发票、抵扣税款、出口退税罪及违法提供出口退税凭证罪，国家机关工作人员在签订、履行合同失职被骗罪，等等。

二、经济犯罪的特征

经济犯罪作为整个犯罪现象的组成部分，是我国经济发展到一定阶段的产物，经济犯罪的出现与发展和我国的经济发展、经济建设形势有密切的关系。从犯罪学的意义上讲，经济犯罪作为一种特殊的犯罪类型，自然具有不同于其他犯罪的特点。只有深刻、系统地认识了经济犯罪的各种特征，才能切实把握经济犯罪的活动规律，从而更加有的放矢地制定预防经济犯罪的对策，减少和避免此类案件的发生。从我国经济犯罪产生、发展变化的情况进行分析，当前我国经济犯罪主要有以下特征：

（一）经济犯罪涉案金额巨大

据公安部的统计显示，2005 年，全国公安机关共立经济犯罪案件 7.2 万起，涉案总值 1463 亿元，破案 6.1 万起，挽回经济损失 143 亿元。总体上呈现发案总量在高位平台上持续攀升，犯罪危害进一步加深加剧的态势。① 2008 年查处、2009 年 3 月判决的重庆亿霖木业有限公司非法经营案，涉案金额 6000 余万元。② 震动全国的东阳吴英集资诈骗案于 2011 年 4 月 7 日由浙江省金华市中级人民法院进行二审。审理查明，从 2005 年 5 月至 2007 年 2 月，被告人吴英以高额利息为诱饵，以投资、借款、资金周转等为名，先后从林卫平、杨卫陵、杨卫江等 11 人处非法集资人民币 77,339.5 万元，用于偿还本金、支付高额利息、购买房产、汽车及个人挥霍等，实际集资诈骗人民币 38,426.5 万元。③ 2011 年，昆明市中级人民法院对包崇华非法集资诈骗进行审理。法院经审理查明，2005 年 10 月，包崇华在未真实出资的情况下，虚报注册资本人民币 500 万元，骗取工商注册登记，成立云南金座农业科技有限公司，由包崇华担任法定代表人兼公司董事长。2007 年至 2009 年，包崇华伙同陈文跃、崔晓红，以非法占有为目的，向社会不特定人员，主要是向中老年人编造各种虚假事实和信息，以金座公司发展“三农”建设为幌子进行虚假宣传，以高额回报为诱饵，采取用后笔集资款兑付前笔集资款本金和利息的方法，先后向 12,608 名集资人非法吸纳资金共计 4 亿多元，至今尚未返还吸纳资金本金达 3 亿多元。④ 2011 年 2 月 21 日，浙江省公安厅公布的 2010 年十大经济犯罪案件显示：2010 年，浙江省共立经济犯罪案件 7600 多起，涉案金额 200 多亿元，挽回经济损失 41.58 亿元。其中一起银行承兑汇票贴现的案件涉案金额过百亿元，此案也是浙江近年来第一例非法从事银行承

① 《公安部：当前经济犯罪呈现五大特点》，载 http：//finance.sina.com.cn/g/20060214/14372341190.shtml，最后访问日期：2019 年 12 月 30 日。

② 数据来源：《重庆晨报》2007 年 7 月 17 日。

③ 《非法集资 7.7 亿元，吴英一审被判死刑》，载 http：//news.xinhuanet.com/fortune/，最后访问日期：2019 年 12 月 30 日。

④ 《云南最大非法集资诈骗案一审宣判两首犯被判死缓》，载 http：//www.qtfz.gov.cn/zjfzol/system/2011/05/26/013789291.shtml，最后访问日期：2019 年 12 月 30 日。

兑汇票贴现业务专案。①

（二）经济犯罪类型多样化

随着我国经济政策和产业结构的调整，人们的消费领域逐渐拓宽，经济犯罪的类型必定会逐步增加。较为明显的是，我国 1979 年《刑法》对经济犯罪仅罗列了 10 多个罪名，如投机倒把罪，而新刑法对经济犯罪的规定多达近百个罪名，仅破坏社会主义市场经济秩序罪一章就多达 101 个罪名。在实践生活中，一些新型的经济犯罪不断出现，如生产销售伪劣商品罪、期货犯罪、证券方面的犯罪、外汇管理方面的犯罪、金融诈骗方面的犯罪等，与此同时在与人们生活息息相关的衣食住行领域，也时有经济犯罪行为的发生，如“三聚氰胺”“染色馒头”“瘦肉精”等近几年发生的与人们生活密切相关的案件。

（三）经济犯罪往往涉及权钱交易

由于经济犯罪一般都要通过一系列活动方能实施完成，为了达到目的，必定会产生有共同需要的犯罪分子相互勾结。而在这一链条中，手中握有权力的一些工作人员往往会成为犯罪分子拉拢的对象，从而为他们实施相应的经济犯罪活动提供方便。因此，在市场经济条件下，国家工作人员利用职权进行职务经济犯罪的现象就比较突出。主要表现为，一方面，一些不法经营者为了最大限度地获取利益，对一些国家工作人员或非国家工作人员行贿；另一方面，一些享有职权的国家工作人员和非国家工作人员为了牟取利益而在营销过程中非法收受回扣，假公济私，或者利用掌管项目、资金的职务便利索贿受贿或直接侵吞单位资产。可以说，经济犯罪嫌疑人利用腐败为自己打开了方便之门，而腐败现象又催化、助长和掩护了经济犯罪。

（四）经济犯罪具有较强的隐蔽性

经济犯罪属于智能性犯罪，犯罪分子通常都具备一定的专业知识和较高的文化程度，很多人甚至具有比较丰富的经济、财税、贸易、会计等方面的专业知识，常常是利用自己的职业和专长，在自己熟悉的领域中进行犯罪，因此其犯罪手段通常比较隐蔽，这也是经济犯罪区别于传统财产犯罪的一个主要标志。这种犯罪的隐蔽性使其暴露的概率小，侦破困难，而经济犯罪往往伴随的是巨额利益，这种风险小收益大的经济犯罪容易使犯罪人产生侥幸心理，从而刺激此类案件的发生。2011 年 2 月 21 日，浙江省公安厅在公布 2010 年十大经济犯罪案件时表示，2010 年涉及金融领域的犯罪呈现高科技高智商化，犯罪嫌疑人都为高级白领，其中警方侦破的一起数百万元的特大信用卡诈骗案，犯罪嫌疑人曾某就是

① 《浙江公布十大经济犯罪案　一案涉案过百亿令人瞠目》，载 http：//news. cntv. cn/law/20110222/108428. shtml，最后访问日期：2011 年 2 月 22 日。

某银行的职员。①

（五）经济犯罪的“多米诺骨牌”效应比较严重

经济犯罪所带来的危害后果严重。一方面，是因为经济犯罪严重破坏了我国的宏观调控、经济秩序、金融秩序和国家经济的安全，给国家和社会及经济的安全运行造成了严重的经济损失。据有关资料显示，偷税骗税、走私、合同诈骗、金融诈骗、生产销售伪劣商品罪、假冒他人注册商标等经济犯罪，每年给国家和企业造成的损失至少在千亿元以上。另一方面，经济犯罪的泛滥还会引发其他一系列的社会问题。经济犯罪的发生不仅会给企业造成严重的经济损失，导致大量企业倒闭、破产，不仅破坏了市场经济的公平竞争秩序，而且还会引发绑架、勒索、杀人等其他严重的刑事案件，其不断地向政治、社会、文化领域渗透，严重地败坏了社会风气，加剧了贿赂、渎职等腐败现象。另外，由于经济犯罪案件涉及面广，影响人数众多，而且其中涉及的大多是一些低收入的困难群体，同时某些企业采取负债经营模式，运营成本多由银行或商家提供，一旦出现资金链条断裂，经营风险极易转化为社会风险，导致大量群众上访、请愿等连锁反应，甚至出现“打砸抢”等社会骚乱事件，危及社会稳定。

第二节　我国的经济犯罪

一、我国经济犯罪的现状

我国正处于经济体制的转轨时期，旧的管理制度和规范不能完全适应新的经济形势发展需要，而新的管理规范和管理制度尚未建立健全，致使少数犯罪嫌疑人利用工商、税收、金融和财会等方面出现的真空和漏洞，实施经济犯罪活动，严重破坏了我国的社会经济秩序，给国家、集体造成了重大的经济损失，危害严重。

公安部经济犯罪侦查局负责人2006年2月13日在接受记者采访时透露：经济犯罪总体上呈现发案总量在高位平台上持续攀升，犯罪危害进一步加深加剧的态势。据分析，当前经济犯罪呈现的状态主要表现为：

（一）经济犯罪发案总量持续攀升，金融领域大案要案频发

合同诈骗案件，职务侵占案件，虚开增值税专用发票、用于骗取出口退税、

---

① 《浙江公布十大经济犯罪案　一案涉案过百亿令人瞠目》，载 http：//news. cntv. cn/law/20110222/108428. shtml 最后访问日期：2019 年 12 月 30 日。

抵扣税款案件，这三类仍占据立案排行榜的前三位。

（二）侵犯知识产权的犯罪日益严重

假冒、盗版商品涉及从食品、药品、农药、化肥、烟酒、服装、化妆品，到机动车整车、汽车配件、工业机械、建筑材料、家用电器、电子元件等生产生活的各个领域，案件总量持续上升，涉案金额不断增大，犯罪手法日益隐蔽，许多犯罪分子开始采用“化整为零”、“异地装配仓储”和“遥控指挥”等手法逃避打击，并表现出跨地区“地下网络”的特征。

（三）证券领域案件值得关注

2005年，随着国家对证券领域管理措施的日趋严格、规范，相当一部分证券期货市场主体多年违规甚至违法经营造成的风险正逐步爆发，涉及大量债权人切身利益，在风险处置过程中存在较大风险，严重影响股票市场的正常经营运转秩序，危害社会稳定。

（四）农村经济犯罪活动突出

2005年，农村经济犯罪问题逐步暴露。从犯罪主体来看，多是村支书、村委会主任和村民小组长利用职权进行犯罪，同时出现了与信用社、土地管理部门等机构和部门相互勾结作案的趋势。从犯罪手段来看，犯罪分子或收入不入账，以各种名义侵吞集体财产；或利用职权，侵占或挪用群众上缴款；或巧立名目，采取虚报冒领等手段弄虚作假，向国家资金伸手。从犯罪类型来看，与犯罪主体身份相适应，犯罪类型主要集中在职务侵占、挪用资金等侵财犯罪上，同时非法转让、倒卖土地使用权犯罪等上升较快。从案件情况来看，由于受农民自身素质的影响，以及村务公开渠道不畅等因素的制约，造成案件周期长，侦查难度大的问题。

（五）经济犯罪涉及领域不断拓展、犯罪手法不断翻新

在国家宏观调控和商业银行紧缩银根的双重作用下，上海等地房地产交易从热潮中冷却降温，犯罪分子以虚假承诺高额返租收益的方式诱骗热衷投资和理财的群众投资商铺，房地产中介采取伪造身份证件、钻二手房交易评估漏洞等手段骗取银行抵押贷款以转嫁“炒房危机”。这是经济犯罪出现的新动向。随着经济市场化程度的不断深化，经济犯罪侵犯的领域也不断扩展，呈现出由金融、税收和商贸等传统领域向就业、体育、教育、服务、房地产等新市场化的领域渗透，由东部发达地区向中西部地区转移，由城市向农村蔓延的趋势。

（六）跨国、跨境案件上升，携款逃往境外增多

2005年，在公安部经济犯罪侦查局和美国移民与海关执法局的密切合作下，天津、河南公安机关与美国执法部门开展代号“越洋行动”的联合行动，成功破获了一起跨国制售假药案，共涉及11个国家。

（七）犯罪智能化程度提高，犯罪复合化现象突出

一个由某超市20余名内部人员组成的犯罪团伙，利用超市收银系统软件设计不够严谨的隐患，由为首人员设计作案用的补丁程序，然后输入超市收银电脑，涉案收银人员据此截留约20%的经手收银款。至案发时，该犯罪团伙已在该超市的三家分店侵占了500余万元营业款。同时，经济犯罪的复合化现象日益突出，如在国企改制或证券犯罪中，犯罪嫌疑人往往涉嫌虚报注册资本、虚假出资、抽逃出资、挪用资金、职务侵占、伪造公司印章等多种犯罪。

（八）犯罪地域性差异明显，沿海经济发达地区发案高

“由于各地经济、文化发展水平存在差异，以及长期以来在经济活动中形成的行为习惯等方面存在差异，导致经济犯罪涉及的领域、侵害的对象、作案的手段和水平等都存在很大差异。”公安部经济犯罪侦查局负责人说：“总体而言，沿海及经济发达地区发案高，涉案金额大，犯罪涉及的领域广，犯罪分子作案的方法和手段不断翻新，新型犯罪不断出现。”

据介绍，从经济犯罪案件立案数和涉案金额来看，东部沿海地区经济犯罪案件高发，涉案金额巨大，立案数、破案数和挽回经济损失数等都位居全国前列；从犯罪分子作案的水平来看，在经济发展水平较高，人民群众文化素质较高，以及与国外文化信息交流和贸易往来较为频繁的地方，犯罪分子作案的方法和手段不断翻新，新型犯罪不断出现，跨国境犯罪突出；从经济犯罪类型来看，由于受到经济发展水平、产业结构、人民群众文化素质水平以及经济行为习惯的影响，各地区在犯罪类型上存在较大差异。例如，地下钱庄案件主要集中在沿海经济发达地区，资金往来比较频繁、资金转移比较方便；“标会”“合会”等形式的非法吸收公众存款和集资诈骗犯罪，主要集中在浙江、福建和广东等地；知识产权的大案要案主要集中在广东、河南等地；边境地区的外贸诈骗犯罪活动猖獗；交通便利、物流行业发展迅速的地区，利用车辆配载进行合同诈骗的现象突出。随着东中西部地区交流的不断频繁，犯罪信息的交流不断加快，加之受到公安机关打击的影响，经济犯罪还呈现在地域上快速转移的特点。①

随着市场经济的发展，进入21世纪第二个十年，我国的经济犯罪呈持续攀升态势，且涉及的经济犯罪类型众多，社会危害性巨大。根据公安机关的相关统计，2000年以来年均增幅达9.2%。2008年以来，经济危机对经济犯罪的影响持续明显，经济犯罪数量连续大幅增长，且增幅逐步加大。根据公安机关的统计，2010年全国公安机关共立经济犯罪案件11万余起，同比上升10%以上。根据最

① 《公安部：当前经济犯罪呈现五大特点》，载 http://finance.sina.com.cn/g/20060214/14372341190.shtml，最后访问日期：2006年2月14日。

高人民法院的统计，2010 年全国法院一审破坏社会主义市场经济秩序类犯罪收案 30,386 件，同比上升 20%。[①] 2011 年，全国经济犯罪案件立案数和破案数同比分别上升了 10% 和 13%，均创历史新高[②]。因民间借贷引起的金融犯罪是当年经济犯罪的突出类型，高利贷问题危及经济安全和社会稳定。高利贷问题引发非法集资、高利转贷、金融传销、洗钱、暴力索债、赌博、贪污贿赂、金融诈骗等违法犯罪行为；还激化社会矛盾，引起群体性事件。2012 年，全国经济犯罪数量大幅增长。根据公安机关统计，仅在 2012 年 3 月 1 日至 8 月 31 日全国公安机关开展的严厉打击经济犯罪的"破案会战"专项行动中，就破获各类经济犯罪案件 22.9 万起，是 2011 年全年的 2.3 倍。[③] 根据最高人民检察院统计，2012 年 1～10 月，共批捕破坏市场经济秩序犯罪 53,558 人，同比上升 59.4%。[④] 2013 年全国公安机关共破获各类经济犯罪案件 14.98 万起，挽回经济损失 492.6 亿元。[⑤] 2014 年，全国公安机关共查处经济犯罪案件 19.3 万起；为受害人挽回直接经济损失 762.7 亿元，同比上升 54.8%。[⑥] 2015 年，金融犯罪、涉传销犯罪案件大幅上升，P2P 等网络借贷平台加剧了金融犯罪的复杂性。根据有关统计，2015 年涉 P2P 等平台的非法集资案件不仅数量增长了 48.8%，而且涉及人数众多、涉案金额巨大，严重危及社会稳定。[⑦] 其中，被查处的 MMM 金融互助平台、e 租宝、泛亚事件、金赛银基金、大大集团、水果营行等案件都是这类非法集资活动的典范。证券期货领域犯罪串案、窝案、大案、要案多发，呈现内外勾结、行业犯罪与职务犯罪相交织的特点。2015 年公安机关查处了中信证券公司徐某等 11 人涉嫌内幕交易、泄露内幕信息、编造并传播证券期货交易虚假信息、操纵证券期货场的窝案，以及号称中国"私募一哥"的徐翔涉嫌从事内幕交易、操纵股票交易价格案等。2016 年，经济犯罪活动总体上仍处于高发态势，尤其是非法集资、传销等涉众型经济犯罪持续高发，金融诈骗、证券期货犯罪、银行卡犯罪、假币犯罪、制假售假等仍比较多发，而且犯罪手法不断翻新。全国公安

① 靳高风：《2010 年中国犯罪形势与刑事政策分析》，载《中国人民公安大学学报》（社会科学版）2011 年第 2 期。

② 靳高风：《2011 年中国犯罪形势与刑事政策分析》，载《中国人民公安大学学报》（社会科学版）2012 年第 2 期。

③ 王文硕：《鏖战 184 天：会战风暴严打经济犯罪》，载《人民公安报》2012 年 11 月 6 日。

④ 徐日丹、李轩甫：《今年前十月全国检察机关批捕各类犯罪嫌疑人 83 万余人》，载《检察日报》2012 年 12 月 11 日。

⑤ 《2013 年全国公安机关打击经济犯罪战果显著》，载《人民公安报》2014 年 2 月 13 日。

⑥ 《2014 年公安机关查处经济犯罪案件 19.3 万起》，载 https://society.huanqiu.com/article/9CaKrnJIdd3，最后访问日期：2020 年 3 月 28 日。

⑦ 刘子阳：《政法机关护航金融安全，推进专项整治》，载《法制日报》2016 年 2 月 26 日。

机关相继组织开展了打击整治非法集资、地下钱庄、证券期货犯罪、假币犯罪、网上非法买卖银行卡、虚开增值税专用发票和出口骗税等一系列专项行动。根据专项行动战果，2016 年全国公安机关共破获各类经济犯罪案件 20.7 万起，挽回直接经济损失 470 余亿元。其中，非法集资、传销等涉众型经济犯罪案件立案数和涉案金额比 2015 年分别下降了 8.9%、7.3%。银行卡犯罪大幅攀升，2016 年全国公安机关共立妨害信用卡管理和信用卡诈骗案件近 6.3 万余起，同比上升近 40%。①

二、我国经济犯罪的原因

经济犯罪是随着商品经济的运行而产生的一种犯罪形态，和其他类型的刑事案件一样，经济犯罪也不是单一的原因所致，而是多种因素共同作用的结果。在社会主义市场经济体制建设的过程中，商品经济和市场竞争本身所固有的消极性，新旧经济体制交替过程中暂时存在的薄弱环节，经济犯罪分子的图利倾向等诸多因素，都对经济犯罪的产生和发展有着不同程度的影响，至于引发经济犯罪产生的原因，归结起来主要有以下几个方面：

（一）新旧两种经济体制转换过程中存在的薄弱环节，为实施经济犯罪提供了可能性

社会主义市场经济体制的建立和完善是一个长期的过程，中华人民共和国成立后，我国实行了几十年的计划经济体制，计划经济固有的一些因素根深蒂固，尤其是以计划规律为轴心的产品经济和以价格规律为轴心的商品经济处于矛盾的地位，计划价格与市场价格之间巨大的利润空间，就对一些人产生了巨大的诱惑。旧的经济体制已不能很好适应新的经济形势，新的经济体制尚不健全，新旧两种体制相互作用下，各种弊端必然出现，从而给包括经济犯罪在内的各种犯罪可乘之机。如由于资本市场改革的滞后，由于高额利润和利益的诱惑引发的金融领域内的贷款诈骗、金融凭证诈骗、非法集资等大量的严重经济犯罪。

（二）市场经济和市场竞争中消极因素的影响

市场经济由价值、价格、货币、成本、利润、市场、竞争等因素组成，市场经济中生产者和交换者最直接的目的就是通过最少的投入、最低的成本换取最大的利润，因此在市场经济中必然存在激烈竞争。面对竞争，一些不法分子就会视“市场竞争规则”于不顾，为了获取自身利益最大化，不惜牺牲他人利益、国家及集体的利益，甚至无视法律规范以身试法。建立市场经济体制是发展和繁荣我

---

① 《“公安改革两年间”系列报道：防范打击涉众型经济犯罪工作不断深入》，载 http://www.mp-s.gov.cn/n2254098/n4904352/c5638204/content.html，最后访问日期：2017 年 3 月 21 日。

国经济的必由之路，但其自身存在的消极因素也会影响我国的政治和经济生活。正如夏吉先教授所说，“商品经济的两重性共生一体。它的积极性与社会的经济繁荣相连；它的消极性与经济犯罪相关”。

（三）人的趋利本性没有受到理性遏制，是产生经济犯罪的主观原因

市场经济是追求利益最大化的社会，利益成为衡量一个人是否成功的标准之一，也是生活幸福的现实物质基础。从某种意义上讲，社会每一成员的心理结构中都潜伏着实施经济犯罪的可能倾向，这是客观存在的。如果这种利益的追求没有受到道德、伦理观念的有效约束就有可能导致经济犯罪的发生。严重的利己倾向，漠视公共和他人财产权利的态度，过分强烈和不正当的经济动机，在市场经济竞争的环境下，这些都有可能成为促发经济犯罪产生的不利因素。只要抑制犯罪产生的社会条件存在疏漏，行为人就有可能超越道德与法律规范而实施犯罪。①

（四）职能部门的监管失控，为经济犯罪提供了便利

与我国经济迅速发展形成鲜明对比的是职能部门对经济活动的监管不力，甚至可以说是处于一种失控状态。例如，大量金融诈骗犯罪案件的发生多与金融管理部门管理不严、监控不力有关，表现为银行违规操作，对贷款不进行严格审核、抵押流于形式、付款审核把关不严，甚至把吸纳存款同职工的利益挂钩，致使金融机构大量资金流失。出口退税、购汇也有严格的操作规则，需要海关、银行、外汇等主管部门共同把关，但实际工作中却往往存在审核不严和监管失控的现象，致使犯罪分子利用伪造或者变造的假报关单据实施骗税、骗汇的犯罪行为屡屡得逞。

（五）腐败、官僚主义等不正之风，客观上助长了经济犯罪

为了使职能部门对自己从事的经济活动放松监管和提供方便，或者实施行为后为掩盖罪行逃避制裁，行为人往往会对掌有实权的政府官员、经济主管部门领导甚至是司法人员进行拉拢和腐蚀，通过权钱交易寻求“保护伞”和靠山。一些官员甚至与犯罪分子内外勾结、共同作案。近年来查处的一些重大的非法集资、金融诈骗、走私、偷税骗税等经济犯罪案件表明，经济犯罪的得逞与官僚主义、渎职、行贿受贿、徇私舞弊等腐败现象和不正之风有着密切的联系。

（六）惩治、打击不力，是不能有效遏制经济犯罪的一个重要原因

经济犯罪作为一种法律现象与法律有密切的关系，经济犯罪的状况同时受到对经济犯罪进行治理的因素的影响。因此，经济犯罪现象的严重很大程度上与我

① 叶志伟：《经济犯罪原因剖析与预防对策研究》，载《行政与法：吉林省行政学院学报》2005 年第 5 期。

们对经济犯罪的惩治和打击不力有关。造成对经济犯罪打击不力的局面原因是多方面的：一是因为经济犯罪本身所固有的隐蔽性、复杂性、智能性，致使该类案件不易被发现；二是对经济犯罪所可能产生的严重危害性认识不够，有时甚至认为对经济犯罪惩罚过重，会影响经济的发展。认识上的偏差和经验的不足必然会影响到有关经济犯罪立法的滞后，从而影响和制约对经济犯罪的打击及惩治工作的有效开展。

（七）市场经济良好运行所需要的诚实信用氛围尚未完全形成

诚实信用的氛围是市场经济良性发展的一个重要保障，也是市场经济主体之间进行正常交易的前提。如果失去诚信或者不讲诚信，整个社会就会陷入相互欺骗的非理性怪圈。之所以有些人会采取非法手段获取不当利益，除了以上分析的原因外，很大一部分原因是我们国家整个社会所需要的诚实守信的大环境尚未完全形成，再加上一些人自律性不强，从而导致个别经济主体的社会价值观、责任感日渐削弱，容易走上经济犯罪的道路。

三、预防经济犯罪的对策

（一）营造诚实信用的社会氛围

经济犯罪的预防不仅需要依据法律对经济犯罪行为进行惩处，还需要公众对经济活动及其秩序、法律本身及法律的适用等多方面的规范发自内心的信仰和自觉遵守。市场经济其实是最为典型的信用经济，信用堪称市场经济的道德基石。诚实信用不仅是我国传统的优良美德，同时也是法律之道德底蕴。而市场经济利益的多元化导致市场主体的短期行为和本位主义，以及为追求个人利益甚至不惜牺牲他人、集体利益甚至整个民族长远利益的情况，必然使一些人无视或抛弃传统美德，重利轻义；而道德作为一种规范具有传递性，这种情况又会进一步引发和助长整个社会的道德滑坡。没有公正、公平就没有市场经济。市场经济越发达，越需要高度完善的商业道德和社会公德相辅佐，因此，诚实信用不仅是民事活动应当遵守的基本法律原则，也是市场经济得以有效运行的道德信仰。当前经济犯罪的频频发生，无疑是对国家信用的一种透支。因此，为了市场经济的良性发展，更好地促进我国经济的繁荣，必须要在全社会范围内重新营造诚实信用的氛围。

（二）发挥非刑事法律规范对经济犯罪的预防作用

对经济犯罪的预防固然应从刑法本身着手，加大刑法对该类犯罪的处罚力度在短期内确实能对经济犯罪的遏制起到一定的积极作用，但这毕竟是短期效益，并不必然产生长远的正面效应。经济违法与经济犯罪之间并没有不可逾越的鸿沟，两行为质的差异主要仍是量变积累的结果，将某种行为纳入民事调整范围还是刑法的视野是立法者进行权衡的结果。但即使将经济违法行为视为犯罪，也无法改变它所适用的经济领域的私法性。因此，如果仅从刑法的角度来考量如何预防经济犯罪行为的发生，对经济违法行为仍以刑法为模式进行泛化和扩展，对具备较强自由性、自发性质的经济运作的调控将难以奏效。但长期以来，受我国传统“刑即法”观念的影响，近年来我国刑事立法非常注意将经济活动中具有危害性的行为犯罪化，试图用公法去遏制经济领域中具有社会危害性的行为，而不重视司法的调整功能及公法与私法的衔接。而实际上，“现代社会更多应该依靠重调节的私法而不是重强制的刑法。刑法这种最后制裁力量施加必须依靠自身的谦抑，即在不得已的情况下介入，如同高悬头顶的尚方宝剑，无它不可，但经常坠落则会伤害无辜，且使公众变得麻木，淡化了刑法的威慑力”①，从而不能真正起到刑法作为保障其他部门法有效实施的最后一道屏障作用。另外，还容易使一些对经济活动应尽监督义务的职能部门在履行义务时持懈怠心理，不认真行使管理职权，从而不能及时将一些经济违法行为扼杀在摇篮中，不利于经济犯罪行为的预防。因此，应转变观念，在重视刑法对经济犯罪打击的同时着重强调其他非刑事法律规范对经济违法行为的调整和处罚。

延伸阅读

公安部：涉众型经济犯罪十大典型案件

2018 年 5 月 15 日是第九个全国公安机关打击和防范经济犯罪宣传日。宣传日活动的主题是“与民同心、为您守护”，宣传重点是打击和防范非法集资、网络传销等常见多发的涉众型经济犯罪。

宣传日活动当天，公安部对外发布了公安机关打击涉众型经济犯罪十大典型案件，还在互联网新媒体推出了专门策划制作的专题节目《竹篮岂能打水?!》，通过大量真实案例和情景短片，生动揭露非法集资、网络传销的“十大骗局”“六大障眼法”，详细介绍防骗知识和自救技巧，充分展示公安机关依法严厉打击犯罪的坚定立场和显著成效。各地公安机关也同步组织开展了丰富多彩的现场宣传活动，通过现场答疑、专题海报、实物展览、艺术表演等群众喜闻乐见的形式，剖析典型案例、讲解犯罪手法、展示打击战果，帮助广大人民群众更加直观地识别犯罪手法，防范不法侵害。

① 孔祥俊：《中国现行反垄断法理解与适用》，人民法院出版社 2001 年版，第 291 页。

当前，受国际国内各种因素影响，我国经济犯罪形势呈现许多新的特点，发案总量持续高位运行，尤其是社会领域犯罪与金融领域犯罪交织、网上犯罪与线下犯罪叠加，防范打击犯罪面临新的挑战。其中，非法集资、网络传销等涉众型犯罪高发频发，2017年以来，全国公安机关共立该类案件1.7万起，网络借贷、投资理财、私募股权、虚拟货币、电子商务、消费返利、慈善互助、养老等领域成为“重灾区”，涉及人员多、地区广，蕴含巨大经济金融风险。证券、期货等资本市场领域犯罪较为活跃，内幕交易、“老鼠仓”、操纵市场等犯罪的隐蔽性、专业性、传导性进一步增强，利用各类交易平台从事非法证券、期货活动成为“新兴”犯罪样态。虚开增值税专用发票、骗取出口退税犯罪增幅明显，严重扰乱国家税收秩序。以假币、假银行卡、骗取贷款、金融诈骗、洗钱等为主要形式的金融犯罪高位运行，新类型新手法犯罪多发，损害广大群众利益，破坏金融市场秩序。

据了解，2017年以来，全国公安机关深入践行以人民为中心的发展思想，依法打击、稳妥处置各类经济犯罪活动，会同相关行政监管和司法机关，先后查处了“善心汇”“钱宝”“善林金融”“云联惠”等一大批全国性重特大案件，相继组织开展了“猎狐行动”和打击非法集资、网络传销、地下钱庄犯罪等系列专项行动，共破获各类经济犯罪案件9万余起，挽回直接经济损失上千亿元，为服务经济社会发展、促进社会公平正义作出了积极贡献。

公安部有关负责人表示，下一步，全国公安机关将全力服务防范化解重大风险攻坚战总体部署，进一步做好打击和防范经济犯罪工作，更好地满足人民日益增长的美好生活需要，坚决维护市场经济秩序和国家经济金融安全。同时，也希望广大群众进一步增强法律意识和防范意识，发现有关涉嫌经济犯罪线索的，及时向公安机关举报。

公安机关打击涉众型经济犯罪十大典型案件

1.“钱宝”非法吸收公众存款案。据江苏省南京市公安机关立案侦查，2012年以来，张小雷等人依托钱宝网网络平台，以完成“广告任务”可获取高额回报为诱饵，向社会公众吸收巨额资金，涉嫌非法吸收公众存款犯罪。目前，检察机关已对主要犯罪嫌疑人批准逮捕。

2.“中晋公司”集资诈骗案。据上海市公安局立案侦查，2012年7月以来，徐勤等人利用中晋资产管理（上海）有限公司及关联公司，通过投放广告等方式进行公开宣传，以“中晋合伙人计划”名义设立虚假股权私募基金产品，非法吸收公众资金，涉嫌集资诈骗犯罪。为规避查处，有关涉案公司支付业务员高额返佣，由业务员向投资人承诺10%～25%的年化收益。目前，法院已对该案开庭审理。

3. “龙炎公司”非法集资案。据浙江省杭州市公安局萧山分局立案侦查，2015年2月以来，杭州龙炎电子商务有限公司法定代表人黄定方等人在自有资金短缺并且明知返利模式必然亏损、无法持续履约的情况下，以高额返利为诱饵，并以虚夸投资项目、虚假宣传公司上市等方法骗取投资人信任，向社会不特定人员骗取资金，涉嫌集资诈骗犯罪、非法吸收公众存款犯罪。2018年1月8日，杭州市中级人民法院对该案作出了一审宣判。

4. “京金联公司”非法吸收公众存款案。据湖北省武汉市公安局武昌区分局立案侦查，2014年6月以来，王灿等人利用京金联武汉网络服务有限公司及关联公司，以高额回报为诱饵，以借款项目和基金为名非法吸收公众资金，涉嫌非法吸收公众存款犯罪。目前，检察机关已对主要犯罪嫌疑人批准逮捕。

5. “臻纪文化传播公司”非法吸收公众存款案。据重庆公安机关立案侦查，马永彤等人利用重庆臻纪文化传播有限公司及关联公司，向社会宣称其在全国范围内签约艺术家为其提供字画等艺术品，鼓吹这些艺术品的增值潜力大，打着购买后委托公司销售分红、第三方公司团购增值等幌子，以支付“预付定金”方式定期分红、到期回购返本等高额回报为诱饵向社会公众非法吸收公众存款，涉嫌犯罪。2017年8月，重庆市人民法院对该案作出了宣判。

6. “善心汇”组织、领导传销活动案。据湖南等地公安机关立案侦查，2016年5月以来，张天明等人利用广东深圳善心汇文化传播有限公司及关联公司，以“扶贫济困、均富共生”为名，以高额回报为诱饵，通过“拉人头”等方式发展会员，涉嫌组织、领导传销活动犯罪。目前，该案已开庭审理。

7. “五行币”组织、领导传销活动案。2017年5月，按照公安部统一部署，全国公安机关依法对宋密秋及其控制的“五行币”系列传销犯罪团伙进行查处，潜逃境外4年多的宋密秋被缉捕回国。经查，2012年以来，宋密秋等人长期在境内外从事传销犯罪活动，先后推出“云数贸联盟”“中国国际建业联盟”“云讯通”等十余个传销平台，假借“爱国、慈善、扶贫”的旗号，以销售“原始股”“虚拟货币”等为名，以动态、静态收益为诱饵，采取“拉人头”方式不断发展人员加入，涉嫌组织、领导传销活动犯罪。该案已移送检察机关审查起诉。

8. “一川币”组织、领导传销活动案。据广东省珠海市公安机关立案侦查，吴宗霖等人利用一川（澳门）国际有限公司及“幸福100云购在线”平台，以投资“一川币”并进行虚拟积分交易可获“静态奖金”、发展人员可获“动态奖金”等为诱饵，引诱人员参加，涉嫌组织、领导传销活动犯罪。该案已移送检察机关审查起诉。

9. “中国人际网”组织、领导传销活动案。据辽宁省沈阳市公安机关立案侦查，孟儒等人利用“中国人际网”，以兜售“人际网－国网－GK卡”为手段引诱人员加入，要求加入者缴纳3900元获得一个“GK”卡编号，并谎称加入者每年可获得不低于15万元的收益及诸多额外福利，涉嫌组织、领导传销活动犯罪。检察机关已对主要犯罪嫌疑人批准逮捕。

10.“705”系列组织、领导传销活动案。据广西壮族自治区南宁市公安局立案侦查，多个传销团伙在南宁市青秀区、兴宁区、西乡塘区一带活动，打着“纯资本运作”的幌子，以分发提成为诱饵，引诱参加者继续发展他人参加，涉嫌组织、领导传销活动犯罪。2017年11月，南宁公安机关组织开展集中行动，捣毁传销窝点102个。有关案件已移送检察机关审查起诉。①

① 《公安机关打击涉众型经济犯罪十大典型案件》，载中国法院网：https：//www. chinacourt. org/index. php/article/detail/2018/05/id/3307006. shtml，最后访问日期：2019年11月23日。

第二十章

暴力犯罪

第一节　暴力犯罪概述

一、暴力犯罪的概念

暴力犯罪是我国当前刑事犯罪活动中日趋严重的犯罪现象。运用法律手段遏制预防暴力犯罪，特别是严重暴力犯罪，是当前维护社会治安秩序的重要环节。但目前，在各国刑法中，尚无哪一个国家在刑法典中系统、集中规定暴力犯罪这一类犯罪，而是泛指以暴力作为犯罪手段严重危害社会的犯罪行为。从我国现行法律规定来看，暴力犯罪大体上可以归纳为以下四种情形：

1. 直接规定“暴力”为犯罪的要件。如暴力危及飞行安全罪、抗税罪、强迫交易罪、强奸罪、强制猥亵、侮辱罪、暴力干涉婚姻自由罪、抢劫罪、妨害公务罪、妨害作证罪、强迫卖血罪等。这类犯罪除少数只以暴力为要件外，多数犯罪还规定可以以胁迫、其他方法、手段构成犯罪。

2. 虽然没有直接规定“暴力”，但是法律用语事实上是指该种犯罪是以暴力（包括以暴力为胁迫内容）行为实施的，刑法上则以“叛乱”、“暴乱”、“强制”、“绑架”、“殴打”、“聚众扰乱”、“聚众斗殴”、“劫夺”、“暴动越狱”、“强迫”和“阻碍”等来表示，如武装叛乱、暴乱罪，绑架罪，劫夺被押解人员罪，暴动越狱罪，聚众持械劫狱罪，强迫卖淫罪等。

3. 既没有直接规定以暴力为要件，法律用语也并不意味着该类犯罪只能以暴力行为实施，但实践中该类犯罪通常是以暴力行为实施的，传统观念及理论上也认为该类犯罪就是暴力犯罪，如爆炸罪、放火罪、故意杀人罪、故意伤害罪等犯罪。

4. 虽然不具有上述的各种特征或者特点，但是法律将以暴力实施犯罪的规定为从重处罚的情节，或者按照刑法所规定的相应犯罪论处，如组织、领导、参加恐怖组织罪，犯各种走私罪而武装掩护走私、非法拘禁罪，拐卖妇女、儿童之第5项之罪，收买被拐卖的妇女、儿童之第2款和第3款之罪等。

正是由于法律对该类犯罪在规定上的不统一，因而如何界定暴力犯罪的内涵就显得格外重要。我们认为，暴力犯罪可以分为广义和狭义两种。

广义的暴力犯罪，是指使用暴力或以暴力相威胁的方法为特征的一切犯罪活动。根据犯罪侵害的对象、目的、动机、情节的不同，暴力犯罪可分为以下几种：（1）以暴力危害国家安全的犯罪，如叛乱、暴动等罪；（2）以暴力侵害公共安全的犯罪，如放火罪、爆炸罪；（3）以暴力侵害公民人身权利、民主权利的犯罪，如杀人罪、伤害罪、强奸罪等；（4）以暴力侵害财产的犯罪，如抢劫罪、绑架勒索罪等；（5）以暴力妨碍社会管理秩序罪，如暴力扰乱社会秩序罪、聚众斗殴罪；（6）以暴力妨碍婚姻、家庭罪，如暴力干涉婚姻自由罪、暴力虐待家庭成员罪等。

狭义的暴力犯罪，通常是指以暴力或以暴力相威胁直接侵犯危害到公民人身权利、民主权利的犯罪，一般包括杀人罪、伤害罪、强奸罪、抢劫罪等。

二、暴力犯罪的特点

（一）严重暴力犯罪增长迅速，比重增大危害加大

纵观全国20世纪80年代以来的犯罪统计：1990年凶杀、伤害、抢劫、强奸四类暴力犯罪案件为1981年的2.34倍；2001年为1990年的2.84倍，为1981年的6.64倍。也就是说，20年间暴力犯罪增长了6倍多，10年间增长了近3倍，平均每年增幅约为30%；并且随着时间的推移增幅比例逐步加大，1991—2000年10年间的增幅高于1981～1990年10年间的增幅，这说明，中国暴力犯罪一直在以每年30%的速度增长，并且增长速度在变快。从四类暴力犯罪占犯罪总数的比例来看，1981年至2001年的20多年间，一直在15%左右徘徊，基本上变化不大。但在1991—1998年，暴力犯罪所占比重较大，在20%左右浮动。2000—2009年，局势有所改观，严重暴力犯罪开始呈现平稳态势，并明显下降。但从2009年开始，中国犯罪数量打破了2000年以来一直保持的平稳态势，出现大幅增长。其中，暴力犯罪、财产犯罪等案件大量增加。根据中国社科院发布的2010年《法治蓝皮书》显示："2009年1月到10月，中国刑事案件立案数和治安案件发现受理数大幅增长，刑事案件数增幅在10%以上，治安案件数增幅达20%左右，全年刑事立案数达到530万件，治安案件数达到990万件。这是2001

年以来，杀人、抢劫、强奸等严重暴力犯罪案件出现的较大幅度的增长。”①

（二）青少年暴力犯罪突出

1. 低龄化的趋势越来越明显

据某省高级人民法院统计，从抓获未成年人违法犯罪人员占违法犯罪人员总数的比例看，2000 年是 6.3%；2001 年是 6.7%；2002 年是 9%；2003 年是 10.5%。2000 年至 2003 年全省抓获的涉及危害严重的八类案件的未成年人违法犯罪人员所占比例：2000 年占 34.8%；2001 年占 34.2%；2002 年占 36.4%；2003 年占 37.5%。从未成年人违法犯罪人员的平均年龄看：2000 年 15.8 岁；2001 年 15.6 岁；2002 年 16.2 岁；2003 年 15.5 岁。中国青少年犯罪研究会的统计资料表明，近年来，青少年犯罪总数已经占到了全国刑事犯罪总数的 70% 以上，其中十五六岁少年犯罪案件又占到了青少年犯罪案件总数的 70% 以上。②

2. 犯罪手段成人化，犯罪形式团伙化

所谓犯罪手段成人化，就是未成年人实施犯罪的手段模仿成年人，与成年人作案方法、步骤相似。实际上，现在青少年犯罪尤其如杀人、伤害、强奸、轮奸等暴力犯罪的作案手段比成年人有过之而无不及，手段极端残忍，甚至泯灭人性，不惜伤害无辜。与此同时，青少年团伙犯罪和共同犯罪的比重有所增加。据有关部门调查，青少年暴力犯罪中团伙犯罪占 70% 左右，有的地区甚至达 95% 以上。他们结成或大或小的团伙，成群结帮进行刑事犯罪。这种情况较成年人更为常见，是目前青少年暴力犯罪的主要形态。

（三）外来流动人口成为暴力犯罪主体的主要组成部分

随着改革开放的深入，大批的外来流动人口开始进城从事生产经营，一方面促进了地方经济的快速发展，另一方面也带来了严重的社会问题。目前，外来流动人口已成为暴力犯罪主体的主要组成部分。这类群体的犯罪问题在改革开放之后愈演愈烈，一直未能得到有效解决，其中难点很多。从宏观来看，涉及国家的户籍、人口管理制度、公民基本权利当中的自由权利（具体是指迁徙的自由）等方面；从微观来看，涉及外来流动人员（主要是外来务工农民）资薪保障、生产生活保障、福利与社会保障、婚恋家庭、心理健康、文化娱乐活动、法制教育、民事纠纷的处理与化解等诸多问题，如果不能及时得到解决，就可能引发各类严重暴力犯罪。据上海浦东新区人民检察院数据统计：“在 2006 年度 47 起严

① 中国社会科学院法学研究所：《法治蓝皮书——中国法治发展报告（2010）》，社会科学文献出版社 2010 年版。

② 张强、刘蕾：《社会学视野下的青少年犯罪及其社会控制》，载《法制与社会》2007 年第 10 期。

重暴力犯罪案件中，犯罪嫌疑人一般多为20岁至40岁的青壮年，在上述47件案件的85名犯罪嫌疑人当中，属于外来人员的共有61人，占总人数的71%。行为人的文化程度普遍偏低。实施严重暴力犯罪的行为人多为初中及其以下文化程度。”另据统计，“2001年案件总数651件，其中外来务工人员案件数377件；2002年案件总数761件，其中外来流动人员案件数488件；2003年案件总数922件，其中外来流动人员案件数674件；2004年案件总数1041件，其中外来人员案件数804件；2005年案件总数1226件，其中外来流动人员案件数977件。近五年来，外来流动人员刑事案件数占所有刑事案件总数的比例高达72.1%”。①

（四）以暴力和暴力相威胁的侵财型案件比重增大

随着市场经济的发展、人们价值观念的转变，追逐经济利益成为社会的主流，在这种大的形势背景下，暴力犯罪表现出了一些新的特征。当前以暴力及以暴力相威胁的侵财型案件日益突出。抢劫、抢夺“两抢”案件在当前部分地区十分严重。以暴力和暴力相威胁的侵财型案件容易造成了被害人极大的心理恐惧与生理创伤，而且通常延续时间较长，甚至会影响被害人的一生，危害严重。具体来说，以暴力和暴力相威胁的侵财型案件中比较典型。比如在杀人案件中，图财害命型的案件有了成倍增长，受害对象主要是私营企业主、个体户、包工头和富裕户等，其主要目的就是勒索钱财，这对于广大的个体从业者、私营企业主从事经营活动造成了极大的心理危害，严重影响经济的健康发展。在所有暴力和暴力相威胁的侵财性案件中，由盗窃转化的暴力犯罪案件所占比重最大。个别犯罪分子在盗窃被人发现后，就采用极其残忍的暴力手段杀人、伤害、抢夺等手段获取财物。当前这种转化型的暴力犯罪案件也已成为侵财型暴力犯罪的重要组成部分。

第二节 我国的暴力犯罪

一、暴力犯罪的现状

20世纪90年代以来，中国改革开放进一步深入，经济保持持续增长，社会、政治、文化和外交等方面都发生了巨大的变化，并取得了举世瞩目的成就。但在社会全面发展的同时，也带来了一些社会问题，其中犯罪问题就是一个突出

① 数据来源：上海法院网：http：//shfy. chinacourt. org/public/detail. php？id＝4111，最后访问日期：2008年6月12日。

的表现。而在所有的犯罪中，暴力犯罪在当时又占有重大的比例，暴力犯罪这种具有巨大社会危害性的犯罪类型，它在致人伤亡的同时，还给国家、集体和人民群众的财产带来巨大的损失。进入21世纪后，在党中央的正确领导和各级公安机关部门的共同努力下，我国社会治安整体状况得到改善，暴力犯罪特别是严重暴力犯罪数量开始有所下降，以杀人犯罪情况为例。2000年杀人案件立案数为2.8万起，2008年已下降到1.5万起，几乎减少一半。另据公安部全国治安形势通报：2003年1月至11月，几类严重犯罪案件下降幅度较大。爆炸案同比下降33.7%，放火案同比下降25.3%，强奸案同比下降9.8%，杀人案同比下降7.7%，抢劫案同比下降5.7%。[①] 2005年，几类严重影响群众安全感的严重暴力犯罪案件如爆炸、放火、杀人、强奸案件，同比分别下降13.7%、23.9%、15.9%、6.8%；[②] 2006年，严重暴力犯罪进一步下降，全国公安机关共立案放火、爆炸、杀人等严重暴力犯罪案件53.2万起，比2005年减少2.2万起、下降4%。这是继2002年以来严重暴力犯罪连续四年出现明显下降，也是降幅较大的一年。[③] 2007年严重影响群众安全感的爆炸、放火、杀人、强奸、绑架等严重暴力犯罪进一步减少，同比分别下降25.2%、11.3%、10.3%、1.9%、1.5%。[④] 比较而言，2009年全国社会治安形势相对比较严峻。一方面，表现为全国刑事案件立案数、治安案件数大幅增长。根据统计数据，全国刑事案件立案数和治安案件发现受理数大幅增长，刑事案件数增长幅度在10%以上，治安案件数增长幅度达20%左右，全年刑事立案数达到530万件，治安案件数达到990万件，这种增长态势打破了2000年以来违法犯罪数量一直保持的平稳态势。另一方面，主要犯罪类型的犯罪数量也明显增加。主要表现在：暴力犯罪、侵犯财产犯罪增幅明显，黑恶势力犯罪处于活跃期，群体性事件持续增多，境内外敌对势力煽动、组织的恐怖暴力犯罪活动时及严重危害国家经济安全等方面。2010年，社会治安形势仍然会比较严峻。由于社会还没有完全走出金融危机阴影，一些群体就业困难，贫富差距加大，相对贫困人口增加，加上各种社会矛盾引发的各种群体性事件多发，2010年维稳压力不会减轻。从犯罪类型来看，暴力犯罪、侵犯

---

① 樊曦、全晓书：《公安部通报〈2003年全国社会治安形势〉》，载《人民日报》2004年1月3日，第5版。

② 《2005年全国社会治安形势暨火灾形势》，载 http：//www. 1mp s1gov1cn /n16 /n1237 /n1432 /n1522 /961781html1，最后访问日期：2019年12月30日。

③ 《2006年社会治安形势暨侦破命案工作情况》，载 http：//www1mp s1gov1cn /n16 /n1237 /n1432 /n1522 /1356381html1，最后访问日期：2019年12月30日。

④ 《公安机关全警动员全力抗击雨雪灾害和2007年全国社会治安形势》，载 http：//www. 1mp s1gov1cn /n16 /n1237 /n1432 /n1522 /1425291html1，最后访问日期：2019年12月30日。

财产犯罪、经济犯罪可能会持续增加。暴力犯罪发案数量持续增长是经济危机下的一个规律，暴力性侵财犯罪会有所增多，由各种矛盾引起的冲突和暴力事件可能会增加。[①] 2013 年，全国公安机关共立案 6, 598, 247 起，其中故意杀人案 10, 640 起，占比 0. 16%，故意伤害案 161, 910 起，占 2. 45%，抢劫案 146, 193 起，占 2. 22%，强奸案 34, 102 起，占 0. 52%。2014 年全国公安机关立案 6, 539, 692 起，其中故意杀人案 10, 083 起，占 0. 15%，伤害案 140, 709 起，占 2. 15%，抢劫案 111, 187 起，占 1. 70%，强奸案 33, 417 起，占 0. 51%。2014 年全国法院判决发生法律效力被告人 118. 4 万人，其中故意杀人罪案件 1. 1 万件（比上年下降 7. 6%），故意伤害罪案件 12. 6 万件（下降 2. 4%），强奸罪案件 2. 3 万件（同比微升），绑架罪案件 1043 件（下降 12. 9%），爆炸罪案件 160 件（下降 10. 1%），涉枪支、弹药、爆炸物犯罪案件 1 万件（上升 15. 2%），非法制造、买卖、运输、邮寄、储存枪支、弹药、爆炸物罪案件 2867 件（上升 12. 3%），非法持有、私藏枪支、弹药罪案件 7181 件（上升 16. 9%）。2015 年全国公安机关立案 7, 174, 037 起，其中杀人案 9200 起，占 0. 13%，伤害案 132, 242 起，占 1. 84%，抢劫案 86, 747 起，占 1. 21%，强奸案 29，948 起，占 0. 42%。全国各级法院新收故意杀人罪案件 10, 187 件，下降 5. 81%；故意伤害罪案件 122, 209 件，下降 3. 04%；强奸罪案件 21, 252 件，下降 9. 39%；绑架罪案件 787 件，下降 24. 54%；爆炸罪案件 131 件，下降 18. 13%；新收抢劫罪案件 26, 588 件，下降 16. 27%；抢夺罪案件 6389 件，下降 12. 8%。审结一审刑事案件 109. 9 万件，其中故意杀人罪案件 10, 187 件（比上年下降 5. 81%），故意伤害罪案件 122, 209 件（下降 3. 04%），强奸罪案件 21, 252 件（下降 9. 39%），绑架罪案件 787 件（下降 24. 54%），爆炸罪案件 131 件（下降 18. 13%）。2016 年全国公安机关立案 6, 427, 533 起，其中杀人案 8634 起，占 0. 13%，伤害案 123, 818 起，占 1. 93%，抢劫案 61, 428 起，占 0. 96%，强奸案 27, 767 起，占 0. 43%。全国法院审结一审刑事案 111. 6 万件，其中杀人案件 8634 件（占比 0. 13%），伤害案件 123, 818 件（占比 1. 93%），强奸案件 27, 767 件（占比 0. 43%），抢劫案件 61, 428 件（占比 0. 96%）。2017 年全国公安机关立案 5, 482, 570 起，其中杀人案 7990 起，占 0. 15%，伤害案 111, 124 起，占 2. 03%，抢劫案 39，230 起，占 0. 72%，强奸案 27, 664 起，占 0. 50%。全国法院刑事一审收案 1, 294, 377 件，全国各级人民法院审结一审刑事案件 1, 296, 650 件，其中杀人案件 7990 件（占比 0. 15%），伤害案件 111, 124 件（占比 2. 03%），强奸案件 27, 664 件（占比

① 中国社会科学院法学研究所编：《中国法治发展报告 No. 8（2010）》，社会科学文献出版社 2010 年版，第 177 ~ 189 页。

0.5%），抢劫案件39,230件（占比0.72%）。[①]

二、暴力犯罪产生的原因

（一）经济生活的反差，引发心理冲突和行为失范

任何事物都有其两面性，市场经济在带给我们滚滚财富的同时，挟裹而来的还有很多人已所不欲的东西。有些人的价值观被曲解，导致社会利益观念淡化、个人利益观念强化。“人为财死”的思想，往往促使一些人为了无止境的物欲铤而走险，实施各种形式的暴力犯罪活动。社会主义市场经济的逐步发展完善，必然导致利益的重新调整，在逐步调整的过程中，收入差别和消费档次进一步拉大，这就更加剧了人们对物质利益追求的迫切感。在大款显阔的刺激，消费的攀比等外在因素的不断影响下，使经济生活的变革成为暴力犯罪增多的原发性动因。尤其是在青年人当中，由于个人能力机遇等方面的差异，有些人在经济快速发展的背景下迅速积累大笔资金，成为“新贵”。这种情况致使同龄人心理冲突加剧，萌生一种“被剥夺感”。农村的“打工仔”们，置身于城市的现代消费氛围中产生的心理挫折则可能转化为暴力谋财的攻击性行为，长久的贫困生活及陌生的城市生活环境则导致心态不健康。这些均进一步加剧心理冲突，成为暴力犯罪的催化剂。大量的持械抢劫、绑架勒索等以疯狂夺取钱物为目标的暴力犯罪，犯罪动机中大多存在一种狭隘而可悲的“愤愤不平”心理。

（二）道德、法制、文化教育不足

据有关部门统计，当前在所有实施严重暴力犯罪的行为人中初中及其以下文化程度的犯罪人占很大的比例，大中专以上文化程度的人在暴力犯罪主体中只占较少部分。文化程度越高则越少实行暴力犯罪，成为一个普遍现象。产生这一现象的原因可能存在以下几点：（1）文化程度影响获取财富的能力。一般情况下，文化程度与获取财富的能力相关，文化程度越高，获取财富的能力越强。挣钱能力越差，越可能走上犯罪等非法获取财物的道路。（2）文化程度影响抑制犯罪的能力。影响抑制犯罪能力的因素也很多，它不仅仅取决于文化程度，但文化程度与抑制犯罪的能力密切相关却不容否定，一般而言，文化程度越高，其抑制犯罪的能力也越强；反之亦然。（3）文化程度影响犯罪方式的选择。文化程度较高的人更倾向于智能型的、手段较为隐蔽的犯罪，而文化程度偏低的人较多实施更为“直白”的暴力犯罪。

目前，我国的教育途径主要是以学校教育为主，重点是对文化的教育，对于法制的宣传教育还远远不够。应试教育使在校学生的道德观念、法制观念淡薄。

① 数据来源于历年中国法律年检及最高人民法院工作报告。

主要存在以下问题：(1) 把法制教育纳入德育范畴。“道德”与“法律”尽管有着密切的联系，但本质上是有区别的，德育概念本身并不涵盖法制教育内容。(2) 法律素质没有包括在素质教育内容中。当前的学校素质教育没有突破传统学校教育的人才培养模式，在认识上只承认“法律意识”或“法制观念”的存在，在实践中忽视甚至放弃对学生的法律素质培养。(3) 把法制教育等同于法律知识教学。当前学校法制教育，绝大多数只停留在法律知识教学这一层面上，忽视了对学生进行法律情感的陶冶和法律行为习惯的培养。

（三）社会转型期治安管理的薄弱

目前，我国正处于社会的转型期，社会分化的速度、深度和广度比任何时期都要深刻，原有的体制常常难以适应新形势的变化，会导致社会不稳定和社会问题大量涌现。这些问题的出现在一定程度上给暴力犯罪尤其是严重暴力犯罪嫌疑人实施犯罪提供了便利条件，主要表现在以下几点：(1) 城市化扩展加速，基层组织工作措施不到位，特别是由于在基层治保单位之间还缺乏明确的分工和协调配合，在管理环节上对具体制度的贯彻缺乏灵活性。这些都为暴力犯罪的发生提供了机遇。由于对群众邻里纠纷、家庭矛盾、婚姻、恋爱矛盾导致的治安案件未及时处理和调解，有的甚至对已出现暴力危险苗头的治安案件仍相互推诿不予受理，当事人在受到挫折又得不到法律保护的情况下，在应激心理下自己动手解决，从而激化矛盾导致凶杀的案件，在故意杀人案件中都占有相当的比例。(2) 经济发展迅速，对于新形势下产生的新情况、新问题缺乏及时准确的应对措施。随着犯罪行为的智能化、职业化、集团化，执法机关对严重暴力犯罪进行打击的过程中会出现人员不足、力度不够，缺少群众其础，预警机制无力等状态。(3) 对于制造、生产管制枪械弹药、爆炸物品、刀具等企业混乱，政府监管部门监管措施不善，为实施严重暴力犯罪使用工具提供便利条件，而有关监管部门监管工作也只是流于表面，使犯罪分子有可乘之机，给社会治安留下安全隐患。

（四）暴力文化的影响

当今社会，暴力文化通过大众传媒的广泛传播，形成一种效应场，“当人们置身或观察这一效应场时，便会与它发生感应关系，从而使人自觉或不自觉地获得某种特殊的体验、熏染和感受，感悟暴力文化的精神、情调、气质和状态”，这就是所谓的暴力文化氛围。① 暴力文化为暴力犯罪提供诱发氛围。它实际上是一种诱发暴力犯罪发生的文化氛围，因为置身于这种氛围中的人，特别是一些青少年，会通过与暴力文化经常性的互动感应，严重影响其对信息的选择与加工，

① 潘登：《暴力文化对青少年犯罪的影响》，载《青少年犯罪研究》2004 年第 2 期。

强化角色扮演意识，逐步形成暴力犯罪心理倾向，完成由初期无意识暴力犯罪心理倾向向有意识占主导地位的暴力犯罪心理倾向的转变，甚至形成暴力犯罪心理定式，从而为暴力犯罪行为的发生奠定心理基础。①

近年来，由于中外文化交流的增多，国内文艺氛围随之活跃而管理相对松懈的矛盾日益突出，形成了国外大量不健康的文艺作品以及国内自产的不健康的文艺作品充斥文化消费市场的现象。遍布城乡各地的镭射厅、录像厅、个体书摊，大量传播着思想不健康的武打、凶杀、抢劫等书刊和影视作品；有的地方只看经济的繁荣，甚至对传播、贩卖黄色刊物等行为放任不管。其结果使青少年群体中崇尚用武力解决纠纷，或者以武力满足自己非法需求的现象也大量出现。关于暴力文化对犯罪的影响，早在一百多年前，被称为“犯罪学之父”的龙勃罗梭就作过论述。他认为，报刊对犯罪的报道扩大了它们的发行量，而报刊发行量的扩大，又使更多的人进行犯罪模仿，导致更多的犯罪产生，不断地模仿最终会导致一种成熟的价值观的形成，受众不再是简单的模仿，而是将原本属于媒介人物的思想转化为自己的意识，自觉不自觉地用这种意识来指导自己的行为。②

三、暴力犯罪的治理对策

（一）努力实现社会公平，控制贫富差距

市场经济在不断提高人民群众生活水平的同时，却也难掩其先天不足的弊端。尤其是一些法治意识薄弱、自我控制能力差的人，为了追逐最大化利润，贪污腐败、利欲熏心、制销假冒伪劣产品等不法行为层出不穷，这些不法行为的存在也成为引发暴力犯罪发生的导火索。这些负面现象虽然不可避免，但我们对此并非无可作为，尽量减少上述弊端，尽可能消减其影响范围，实现社会公平是我们的努力方向。鉴于目前收入差距已经比较悬殊的事实，在今后的工作中，我们应当更加兼顾效率和公平，要依靠政府的社会职能逐步实现效率与公平的新的统一。重点要抓好扶贫工作，逐步缩小地区差距。国家要继续在资金、物资与技术上支持贫困地区发展生产，增加投入，同时制定一系列配套的扶贫政策，加大扶贫力度。要继续改革和完善社会保障制度，以弥补个人收入事实上不平等的缺陷。进一步改革和完善养老保险制度、失业保险制度、住房公积金制度和医疗保险制度，完善税收法律政策。实行有利于低收入阶层的税收政策，向低收入阶层提供各种社会福利以及带有福利性质的公共服务和补助等，从而促进收入分配的

---

① 李锡海：《暴力文化与暴力犯罪》，载《中国人民公安大学学报》（社会科学版）2006 年第 2 期。

② 胡钰：《大众传播效果：问题与对策》，新华出版社 2000 年版。

均等化，缩小贫富差距。要把加大对各种非法收入及各种腐败行为的打击力度，作为规范初次分配秩序的重要任务。对非法收入的打击不仅可以缓解收入分配领域的矛盾，也是缓和公众不满情绪的有效手段。

（二）依法建立完善社会治安防范网络，强化治安管理

重视和掌握日常生活和社会生活中暴力犯罪的危险征兆，发现危险苗头要及时果断采取一定措施，力争将暴力犯罪消灭在萌芽阶段，制止可能发生的暴力犯罪。依法建立健全基层治保组织和调解组织，并协调其与司法机关工作的配合。及时妥善调解和处理日常生活中的各种纠纷、矛盾和冲突，消除其内部蕴含的暴力因素。依法加强对行业和可就业人员的管理，注重瓦解青少年中的不良社会群体。在暴力犯罪易发生的敏感地区，应加强安保措施，防止暴力犯罪发生。依法加强对管制刀具、枪支、弹药、毒品以及其他危险品和贵重财物的保管，消除易引发暴力犯罪的各种因素。

（三）加强以道德、法制、文化教育为内容的精神文明建设

全面的教育是提高公民素质，增强其社会责任感的根本途径，要重点加强以下三个方面的教育：

1. 加强道德教育

要把握好大众传媒、学校教育和社会舆论的导向，弘扬先进典型，让人们学有榜样。同时要抨击丑恶现象与腐朽意识，警诫人们歪风邪气不能学，培养广大人民群众的健全人格。

2. 加强法制教育

经常进行普法教育，以案说法更容易让人理解并且印象深刻，要注重分析，遇到矛盾冲突，千万不可“怒从心头起”而诉诸暴力。要划清非法施暴与正当防卫的界限，要用对比法，比较出于维护自身权益时依靠法律与使用暴力这两种不同行为导致的不同结局。对于因施暴而从“有理方”变为“被告方”的案例，更应向血气方刚、易受激惹的青少年宣讲，促使他们学法、懂法、守法，自我约束，在法律规范内行事。

3. 加强文化教育

暴力型犯罪群体的受教育程度相对较低，智力型犯罪群体的受教育程度相对较高，这一点具有普遍性。首先，必须坚决贯彻九年义务教育，采取有力措施提高中小学校在校生的巩固率。司法实践表明，大部分青少年暴力型罪犯经历了从在校双差生到流失生再到犯罪人的人生轨迹。教育部门应当在公安机关等社会力量的配合下，将流失生拉回学校，保证其正常的社会化过程，这也是抑制暴力犯罪的必要措施。其次，大力开办各类中专、高职等职业教育，尽可能让心理不成熟、尚未走入社会的青少年接受学校的正面教育，提高文化素质与技能水平，同

时也使其具备一定的是非判断能力，以便去迎接人生的挑战。

（四）积极调动各方面力量，遏制暴力文化的泛滥

大力整顿文化市场，净化社会风气，大力清扫社会暴力文化，全面调动社会各方面力量治理暴力犯罪行为，创建文明社区，加强对青少年特别是社会闲散青少年的控制。

1. 全体社会成员、各社会团体、群众组织要站在社会发展及民族责任心的高度，自觉抵制暴力文化及传媒的侵蚀，共同打击社会暴力文化，制止不良暴力行为，相互配合，形成反对社会暴力文化和暴力风气的统一阵线。

2. 政府要运用宏观调控政策、行政、法律等手段加强对不良暴力文化的控制力度。在政策方面，对有利于青少年身心健康的游戏、文艺作品及其创作者、表演者，政府要大力支持，给予优惠和奖励政策；而对宣扬损害青少年身心的暴力文化的影视、书刊等应制定相应的制裁查禁措施。在法律方面，要充分运用法律武器维护青少年的合法权益，特别要运用《未成年人保护法》、《预防未成年人犯罪法》及《刑法》的有关内容，利用《音像制品审查方法》《互联网络服务管理方法》中规定的途径，清除过滤社会暴力文化。在行政管理方面，要从国家发展的长远规划和战略目标来考虑和解决问题。应提醒所有的大众媒体，严格按照国家的有关法律、法规办事。应尝试借鉴国外的成熟做法，将影视节目分级，规定有些节目为“儿童不宜”，以尽量减少暴力文化对青少年的危害。

延伸阅读

校园暴力

校园暴力，也称为校园欺凌，指在校园内外学生间一方（个体或群体）单次或多次蓄意或恶意通过肢体、语言及网络等手段实施欺负、侮辱，造成另一方（个体或群体）身体伤害、财产损失或精神损害等的事件。校园暴力多发生在中小学。校园暴力分为单人实施的暴力、少数人的暴力和多数人实施暴力。实施环境地区多为校园周边或人少僻静处，甚至是明目张胆的在校园公共区域进行欺凌，对学生的身心造成伤害。

近年来，各地校园暴力欺凌事件频发。翻开互联网大家会发现各种各样的校园暴力事件令人触目惊心。据统计，2015—2016 年全年校园暴力事件达数十起之多，对社会造成了极其恶劣的影响。2013—2015 年，广东省检察机关受理移送审查起诉“校园暴力”案件共 510 宗 915 人，其中已提起公诉 748 人，决定不

起诉98人。[①] 2016年5月26日，青岛市中级人民法院通报了青岛法院十大校园暴力典型案例。[②]

据广东省检察院调研报告，实施校园暴力犯罪的多系未成年人（校内学生），约占该类犯罪总人数的70%（640人），性别大多为男性（99%）。其中，14~15周岁的未成年被告人约占21%，16~18周岁的未成年被告人约占49%。另有275人为18岁以上成年人对校内学生实施的暴力犯罪行为，约占30%。大多数校园暴力集中在抢劫、故意伤害、寻衅滋事及聚众斗殴案件，分别占总数的38.41%、37.68%、7.25%及5.80%。此外，强奸、强制猥亵妇女儿童、敲诈勒索、故意杀人、抢夺、非法拘禁等案件也有涉及。调研报告显示，犯罪人一般主观恶性较小，犯罪动机单纯。实施抢劫所涉及财物数额也不大，如手机、自行车等；引起故意伤害、聚众斗殴的事由，多系为琐事纠纷便使用暴力伤害他人身体；寻衅滋事的动机则多是为了寻求刺激。在抢劫犯罪案件中，在校学生的团伙性表现尤为明显，由于能力所限，个人往往难以实施犯罪，导致他们集结一起，共同实施犯罪。以佛山禅城区法院办理的抢劫罪10宗22人为例，有6宗19人属于团伙式作案，占该类案件的六成。

校园欺凌暴力事件频发，已经严重影响了学生们的正常生活和学习，身心健康也受到严重威胁，更削弱了学校的教育成果。国外有一项研究表明，遭受校园暴力的孩子除了身体上受到侵害外，心灵上还会受到长达40年的负面影响，成年后的社会经济生活仍会被暴力阴影笼罩。许多学者专家多次呼吁应当引起家长、老师、社会、学校高度的重视。

校园暴力的原因很多，无外乎以下几个方面：

1. 学生自身的原因。中小学生正是身心发育比较迅速的时期，他们的心智还不成熟，对事物的判断往往比较模糊，分不清真善美和假恶丑，分不清什么是友谊，什么是哥们义气，从而导致他们一冲动，爱逞能，鲁莽行事。广东省检察院的调查报告指出，部分学生在享乐主义的支配下，容易作出不法侵财行为。在佛山罗某、钟某等人抢劫案中，罗、钟两人看到同班同学赵某炫耀新买的iPhone手机而心生嫉妒，意图侵占该手机，遂召集校外人员抢劫赵某的手机，得手后将手机卖掉，赃款用于吃喝玩乐。未成年人的辨别能力较低，受部分电影、游戏宣扬的“暴力美学”影响，一些未成年人并非以获取财物为主要目的，更多的是

① 《3年公诉“校园暴力”748人 孩子暴力折射家庭暴力与社会风气》，载南方网：http://law.southcn.com/c/2016-05/26/content_148376571.htm，最后访问日期：2019年11月23日。

② 《青岛十大校园暴力案例公布 呼吁向校园暴力说“不”》，载南方网：http://law.southcn.com/c/2016-05/26/content_148376573.htm，最后访问日期：2019年11月23日。

想从中体会做“大佬”的乐趣。

2. 家庭教育因素。有校园暴力倾向的孩子，其家庭教育多多少少都有点儿问题。有些家长有暴力倾向，无疑会使孩子受到感染。有些家长过度溺爱孩子，孩子与同学有矛盾时，不问青红皂白地认为是别人不对，无原则为孩子撑腰，导致孩子唯我独尊，老子天下第一，一旦有谁不顺眼，就会付诸暴力。

3. 社会环境因素。网络游戏无疑是导致学生产生暴力倾向的重要因素之一，一些学生总有把游戏环境中的厮杀场面现实化，以显示自己的“英雄本色”。社会舆论无底线地过度强调学生的权益，忽视教师教育管理权，导致教师不敢管、不能管、没法管，从而使一些学生无法无天，胆大妄为。

4. 学校管理因素。校园对欺凌暴力现象整治力度不足，教育力度不足以深入到学生内心。广东省检察院的调研报告指出，部分学校不重视对学生的安全教育、法制教育，致使有的学生遇到纠纷不采取合法途径解决，而通过邀约打架的方式暴力解决。

5. 政策法律原因。政策性条例，整治办法相关文件缺失，导致校园暴力欺凌的整治只成为口头教育工作。

国务院总理李克强针对校园暴力事件频发曾作出重要批示：校园应是最阳光、最安全的地方。校园暴力频发，不仅伤害未成年人身心健康，也冲击社会道德底线。教育部要会同相关方面，多措并举，特别要完善法律法规，加强对学生的法制教育，坚决遏制漠视人的尊严与生命的行为。2016 年 4 月，国务院教育督导委员会办公室印发《关于开展校园欺凌专项治理的通知》，在全国开展了为期九个月的专项治理。2016 年 11 月，教育部联合中央综治办、最高人民法院、最高人民检察院、公安部、民政部、司法部、共青团中央、全国妇联九部门印发《关于防治中小学生欺凌和暴力的指导意见》，对积极预防处置学生欺凌和暴力事件提出了宏观性、原则性的指导意见。2016 年 12 月，国务院教育督导委员会办公室印发《中小学（幼儿园）安全工作专项督导暂行办法》，将学生欺凌和暴力行为预防与应对纳入安全专项督导工作。2017 年 12 月 27 日，教育部、中央综治办、最高人民法院、最高人民检察院、公安部、民政部、司法部、人力资源和社会保障部、共青团中央、全国妇联、中国残联十一部门联合印发《加强中小学生欺凌综合治理方案》。方案明确了中小学生欺凌综合治理的四个原则。一是坚持教育为先，通过加强教育，培养校长、教师、学生及家长等不同群体积极预防和自觉反对学生欺凌的意识。二是坚持预防为主，强化学校及周边日常安全管理，及时排查可能导致学生欺凌事件发生的苗头隐患。三是坚持保护为要，切实保障学生的合法权益，严格保护学生隐私。四是坚持法治为基，按照全面依法治国的要求，依法依规处置学生欺凌事件。明确了学生欺凌的界定、建立健全防治学生欺凌工作协调机制、积极有效预防、依法依规处置和建立长效机制等五方面内容。重点对学生欺凌的预防措施、事件处置和申诉处理、学生欺凌不同情形的教育惩戒措施等作了明确规定。明确了学生欺凌综合治理中，教育、综治、人民法院、人民检察院、公安、民政、司法、人力资源社会保障、共青团、妇联、残联等各部门及学校的职责分工。

国外校园暴力也非常严重。韩国国会2018年公布的“校园暴力现状”资料显示，在小学、中学当中，集体暴力施暴者人数在2015年为2582人，2017年增加至5176人，两年翻一番。日本政府2015年公布的《儿童和青少年白皮书》显示，日本校园欺凌现象普遍，在为期6年的追踪调查中，近九成学生曾遭遇校园欺凌，形式包括集体孤立、无视、说人坏话等。校园欺凌不只属于亚洲。在以开放包容文化著称的加拿大，校园暴力问题也极其严重。加拿大广播公司的一项近期调查显示，4000名受访者中，每10个高中男生中，就有4人称曾遭肢体袭击，甚至部分还曾受到武器威胁。① 据美国教育部1993年一个全国性的犯罪调查显示，学校里每年大约有30万例暴力事件发生，也就是，每学日里大约发生1600例②。根据媒体报道，截止到2019年11月23日，仅2019年在美国全国各地的高中或大学校园里，已至少发生了11起枪击事件，其中包括11月14日在加利福尼亚州圣克拉丽塔的袭击事件。此外，校方和执法机构还应对了数十起实质性的攻击威胁。③

针对校园暴力，世界各国也采取了很多措施。日本文部科学省加强了对教师进行预防校园暴力的培训，增加了合格学校辅导员和护理员的数量，以帮助学生处理各种问题；同时，允许学校对那些给同学带来身体或心理伤害的学生停课，并为此制定了更加明晰的指导原则和程序。澳大利亚建立了政府支持的组织和网站，如“反暴力网络组织”和“澳大利亚无暴力计划”，以帮助学校了解暴力现象，为学校制定相关政策，提供教师培训的指导大纲。澳大利亚政府通过增进师生们对社会正义问题的理解来解决校园暴力问题。以色列为解决校园暴力问题采取了一系列措施，其中要求学校建立全校范围的反暴力政策，并对在职教职员工进行培训。调查发现，暴力现象发生最多的是在放学后的走廊和厕所，或教师监控不力的时间段。很多学校采取的办法很简单，如增加警力、保证照明、让父母

---

① 《〈少年的你〉电影里的校园暴力 现实中怎么应对?》，载荔枝网新闻：http：//news.jstv.com/a/20191029/1572279293657.shtml，最后访问日期：2019年11月23日。

② Jane Close Conoley, *School Violence Intervention: A Practical Handbook*, The Guilford Press, 2004, pp. 1－2, 6－13, 21－22.

③ 《回顾2019年美国11起校园枪击案》，载加拿大院校规划申请中心：http：//www.canadaae.net/anquan/34902.html，最后访问日期：2019年11月23日。

接送孩子、休息时间在走廊上安排更多教师等。在美国，校园暴力被称为“欺凌”（bullying）。校园暴力在初中（6～8年级）阶段最严重，高中时逐渐减少，但依然存在，是中学普遍存在的问题。学校对“暴力”十分重视，每年开学时，会培训教师如何处理暴力事件，发给指导材料。对学生也会有预防性的教育，告知他们学校的有关规章。针对越来越严重的中小学校园暴力，韩国教育部决定，将从2016年3月中旬开始向一些中小学生提供免费“警卫服务”，让其免受校园暴力。“警卫”工作除了警察之外，还动员民间保安公司的保安、体育馆协会等人员来承担。只要学生向学校或教育厅提出身边保护申请，政府就会安排“警卫”到学校或特定地点保护学生①。

① 《世界各国面对校园暴力怎么办?》，载南方网：http：//law. southcn. com/c/2016 – 05/27/content_ 148411540. htm，最后访问日期：2019年11月23日。

第二十一章

未成年人犯罪

第一节　未成年人犯罪概述

随着人类社会生存环境和生活方式的急剧变化，未成年人犯罪问题也变得越来越突出和严重，并已然与毒品犯罪、环境污染问题等并称为人类社会的公害。预防未成年人犯罪发生，保障未成年人健康成长，是摆在全社会面前的一个重要课题和任务。

一、未成年人犯罪的概念

什么是青少年犯罪？什么是未成年人犯罪？青少年犯罪的概念应如何表述？未成年犯罪的概念应如何表述？这是青少年犯罪研究中的一些最基本的问题。总体来说，青少年犯罪与未成年人犯罪都是以主体的年龄特征为尺度归纳出来的一个犯罪类型。而青少年犯罪概念的表述则比较笼统，目前还没有一个统一的定义。之所以这样，主要是因为存在如下两个方面的问题：一是对青少年犯罪中青少年的刑事责任年龄的界定问题；二是对青少年犯罪中“犯罪”范围的界定问题。由于各国的自然、社会和历史条件的不同，因而不仅在这两个问题上存在不同的看法和认识，而且也直接导致青少年犯罪、未成年人犯罪概念含义的差异。这样，当然也就难以形成一个一致的结论。

正是由于各国或地区历史背景、政治、经济、文化、立法技术、传统习惯等情况的不同，未成年人犯罪在世界范围内称谓并不一致。英美法称“少年罪错”或“少年违法”；日本普遍称“少年非行”或“少年不良行为”；埃及称“少年不轨行为”；我国澳门特别行政区刑法称“未成年人犯罪”；根据《少年犯条例》，我国香港特别行政区刑法中称为“儿童犯罪”；我国台湾地区“少年事件处理法”则称为“少年犯罪”。

严格来说，未成年人犯罪在我国不是一个纯粹意义上的法律概念，而是一个在社会学、犯罪学研究中经常使用的、非刑事法学的概念。在我国犯罪学研究领域一般也称为少年犯罪。显然，何为未成年人，即未成年人如何确定，则是研究未成年人犯罪的首要问题。

《现代汉语词典》对“少年”的诠释是：指人在十岁左右到十五六岁的阶段，是未成年人中特定的一个年龄段。但是“少年”在特定词汇中有年龄的宽限，“少年犯”则是指年满 14 周岁不满 18 周岁因犯罪而依法受刑罚处罚的人，这是从刑法刑事责任年龄上考虑的。少年犯是俗称，法律术语是“未成年犯”。①

在法学范畴中，对“未成年人”这个概念有明确的界定，其内涵有广义与狭义之分。

我国《宪法》规定：年满 18 周岁的人方能享有选举权和被选举权。我国《民法典》规定，18 周岁以上的自然人为成年人，成年人为完全民事行为能力人，可以独立实施民事法律行为。《未成年人保护法》第 2 条规定，本法所称未成年人是指未满 18 周岁的公民。很明显，我国《宪法》及《未成年人保护法》的相关规定所使用的“未成年人”就是它的广义概念，即指未满 18 周岁的公民。而狭义上的“未成年人”，则指已满 14 周岁不满 18 周岁的少年，犯罪心理学家称这一时期为“危险年龄”段。在我国，狭义的未成年人概念主要出现在刑法的相关规定中。我国刑法理论中所说的未成年犯罪是指已满 14 周岁、不满 18 周岁实施的危害社会、触犯刑律，并应当受到刑罚处罚的行为。

本书认为，未成年犯罪的概念应在犯罪学意义上进行定义。在本书第五章中，我们已经比较了犯罪学中的犯罪概念和刑法学中的犯罪概念，应该指出的是这种区别缘于这两个研究领域对犯罪目的的不同。刑法学是为了研究如何惩罚犯罪，这就需要严格科学的定罪量刑标准和罪与非罪的界限；而犯罪学是为了寻找犯罪的原因，以便找到预防犯罪的对策。因而，对于未成年人的犯罪来说，不仅包括刑法中的犯罪，而且包括大量未成年人的严重不良行为和违法行为。因为对未成年人犯罪而言，重要的是教育和预防而不是惩罚，所以未成年人犯罪概念中包括不良行为和违法行为，其是为了防微杜渐、预防犯罪；是为了从苗头抓起，找到犯罪原因，立足于教育挽救。这样定义也是与《预防未成年人犯罪法》的立法目的及体例保持一致的。

基于上述考虑，犯罪学中的未成年犯罪，是指已满 14 周岁不满 18 周岁、具

① 雍自元：《青少年犯罪研究》，安徽人民出版社 2006 年版，第 14 页。

有刑事责任能力的自然人实施的具有一定社会危害性的触犯了刑事法律规范而应受到处理的行为。

二、研究未成年人犯罪的现实意义

犯罪低龄化是目前全球性的严重社会问题。未成年人犯罪是当今世界各国十分重视的社会问题，有人将未成年人犯罪与环境污染、贩毒吸毒并列为世界三大公害。由于未成年人独有的身心特点，未成年犯罪人又往往成为成年犯罪人的来源和“后备军”。我国未成年人达3.67亿，如何充分有效保护和促进这个特殊群体的健康成长意义重大。然而近年来，未成年人违法犯罪数量增多，在全部犯罪中所占比率增大，社会危害性日趋加剧，已成为“当今之患，未来之忧”。因此，预防和矫治未成年人违法犯罪已迫在眉睫，成为全社会的共同课题和共同责任。

当前我国未成年人犯罪的形势是非常严峻的。未成年人犯罪对我国社会、经济发展以及对社会主义和谐社会的构建都会产生非常大的负面影响，因此，研究未成年人犯罪是关系到社会和谐稳定的全局性问题，具有特别重要的意义。

（一）研究未成年人犯罪可以真正揭示未成年人犯罪的规律，从而为控制、预防未成年人犯罪提供正确的决策，有利于我们发挥全社会的整体优势，实行社会整体防范和综合治理

未成年人犯罪是一种复杂的社会现象，包含着许多复杂的问题，涉及犯罪学、刑法学、社会学、犯罪社会学、心理学、监狱学等多门学科。为此，我们需要分析研究未成年人犯罪的特点、原因、发展趋势，揭示未成年人犯罪的规律，为控制、预防未成年人犯罪提供正确的决策。在党和政府的统一领导下，以政法机关为核心，由各机关单位、群众团体协同配合，动员全社会的力量，充分运用政治的、经济的、教育的、文化的、行政的和法律的各种手段，打击未成年人犯罪，改造未成年犯，把专门工作和群众工作结合起来，将治标与治本结合起来，打、防、改结合起来，从而积极消除产生未成年人犯罪的因素和条件，从根本上预防和减少未成年人犯罪。

（二）研究未成年人犯罪可以丰富犯罪学和犯罪社会学、监狱学的理论体系

未成年人犯罪在犯罪主体、犯罪原因和特点、犯罪手段与方法、犯罪心理、犯罪类型、发展趋势等方面都有自己的特点，且未成年人犯罪呈上升趋势；未成年犯在监管改造中，其思想、心理、行为等方面与成年犯相比也有很大的不同。因此，研究未成年人犯罪发生、发展、变化的社会机理，研究未成年犯的心理、行为特征，探讨如何预防、控制和消除未成年人犯罪现象的途径和方略，可以弥补未成年人犯罪相关理论研究的空白，从而丰富犯罪学和犯罪社会学、监狱学的

理论体系。

（三）研究未成年人犯罪，是构建和谐社会重要的基础性工作

胡锦涛同志指出，我们所要建设的社会主义和谐社会，应该是民主法治、公平正义、诚信友爱、充满活力、安定有序、人与自然和谐相处的社会。因此，构建和谐家庭、构建和谐校园，以及构建各种与未成年人的和谐关系，是摆在我们全社会各个机关、学校以及相关单位的日常工作中的头等大事。家庭是社会的细胞，未成年人是家庭的希望，是家长关注的焦点。未成年人能否健康成长，直接影响家庭的稳定、幸福，影响整个社会的稳定与和谐。维护未成年人的合法权益，保护未成年人健康成长，是构建和谐社会的一项重要任务。未成年人犯罪是其自身的悲哀，也是家庭的不幸，更是和谐社会之痛。当前，未成年人犯罪问题已经成为影响社会和谐的突出问题之一，探索和研究解决这一问题的方法、对策，是构建和谐社会重要的基础性工作。只有形成快速提升，改变当前未成年人的生活、教育、保障环境，并将现行法律最大限度地落到实处，我们的家庭、社会才会和谐、安宁。

第二节　我国的未成年人犯罪

一、未成年人犯罪的情况

20 世纪 50 年代初期，我国青少年犯罪率极低。1956 年仅占全部罪案的 18%，但是，1957 年增至 32.3%。这个百分比相对稳定，一直维持到 1965 年，即“文化大革命”的前一年。多数估计认为，“文化大革命”期间，青少年犯罪率为总犯罪率的 40% ~50%。地方的调查表明，14 岁至 25 岁的犯罪率在 1973 年前后达到一次高峰。此后即下降，1975 年仅较“文化大革命”前的 1965 年略有上升。新的上升发生在 20 世纪 70 年代后期，全国和省级的统计均作如是说。1979 年，在全国总犯罪数量中，青少年犯罪为 47.6%，而在 1988 年直线上升到 75.7% 的高峰。

在我国，未成年违法犯罪问题引起社会各界的广泛关注始于 20 世纪 80 年代中期。从 1985 年开始，未成年违法犯罪人数逐年快速攀升，并于 1989 年达到了第一个高峰。20 世纪 90 年代上半期，未成年人违法犯罪的高发态势得到了有效的遏制，但从总量上看，仍居高不下，见表 21 -2 -1 所示。同时，全国未成年人刑事作案成员占全部刑事作案成员的比例，也在自 1985 年以来逐年下降的基

础上重新呈现出上升趋势，由1996年的11.9%提高到了2004年的13.8%，见表21－2－2所示。

据《中国青年报》2005年报道，近年来，我国未成年人犯罪呈现明显上升趋势。根据最高人民法院有关部门提供的数据显示，2000年以来，我国未成年人犯罪呈现了明显的上升趋势。从2000年至2004年，全国各级人民法院判决生效的未成年人犯罪人数平均每年上升14.18%，2005年1月至7月，比2004年同期上升了23.96%；其中在生效判决中判处5年以上有期徒刑的，2000年至2004年上升7.68%，而这一数字在2005年上半年又比2004年同期上升了19.94%。从犯罪人数上看，排在前10位的分别是抢劫、盗窃、故意伤害、强奸、寻衅滋事、聚众斗殴、故意杀人、走私贩卖运输毒品、诈骗、敲诈勒索，其中，抢劫、强奸和盗窃，分别占在押未成年犯犯罪总数的64.4%、11.3%、10.5%，占全部犯罪类型的八成以上。①

表21－2－1　1985—1995年查获的刑事案件作案成员情况

年份	1985	1986	1987	1989	1990
刑事作案成员人数	471, 342	488, 415	530, 254	1, 075, 282	1, 176, 882
未成年人	112, 063	108, 817	114, 667	205, 046	192, 971
百分比	23.8	22.3	21.62	19.1	16.4
年份	1991	1992	1993	1994	1995
刑事作案成员人数	1, 424, 112	1, 166, 633	1, 340, 980	1, 449, 736	1, 450, 121
未成年人	189, 203	142, 355	162, 992	162, 192	152, 755
百分比	13.3	12.2	12.1	11.2	10.5

表21－2－2　1996—2004年全国未成年人刑事案件作案成员人数占全部刑事作案成员人数的比例

年份	1996	1997	1998	1999	2000	2001	2002	2003	2004
比例	11.9%	12.6%	12.7%	11.9%	11.8%	12%	13.43%	13.5%	13.8%

据《南方日报》报道，根据中国青少年犯罪研究会的统计，近年来，青少年犯罪总数已经占到了全国刑事犯罪总数的70%以上，主要以抢劫、盗窃和抢夺等侵犯财产型犯罪为主。值得注意的是，作为全国改革开放前沿的广东，已成

① 王亦君：《我国青少年犯罪形势严峻犯罪人数年均上升14%》，载《中国青年报》2005年9月18日。

为未成年人犯罪案件的“大户”，特别是在广州、深圳、佛山等珠三角地区中心城市，外来人员密集、未成年人缺乏监管导致未成年犯罪案件数量惊人。据统计，近五年来，全省共判处未成年被告人43,152名，占同期判决刑事罪犯总数的11%。①

从总体来看，我国未成年人犯罪总量与整个社会违法犯罪总量逐年攀升相比，犯罪数量基本平稳，呈波浪式起伏，但自2009年以来，无论是未成年人犯罪的数量还是在整个刑事犯罪中的占比，都呈逐年下降的趋势。来自最高人民法院统计数据表明，2000年至2008年全国法院判处未成年罪犯人数呈递增趋势，从2000年的41,709人上升到2008年的88,891人，平均每年递增9.2%。从2009年起至2012年，全国法院判处的未成年罪犯人数呈递减趋势，平均每年递减8.0%。未成年人犯罪占刑事犯罪的比率于2009年后总体趋于下降，但从2010年开始，下降的速度趋缓。全国法院判处未成年人犯罪占刑事犯罪的比率从2000年的6.52%，经过连续五年的增长，达到2005年的9.81%，从2006年开始逐年下降，至2009年连续四年平均每年下降5.6%，从2010年至2012年平均每年下降1.1%。统计数据表明，未成年人犯罪呈现低龄化趋势，尤其是14岁所占的比例增长较快。故意杀人罪和抢劫罪低龄化趋势特别明显，14岁犯故意杀人罪的占近一半，犯抢劫罪的占近1/3。② 山东省人民检察院和山东省高级人民法院的数据也证实了这个趋势。山东省人民检察院2017年统计，最近3年未成年人犯罪率呈逐年下降趋势：2014年1月至4月，山东各级检察机关受理提请逮捕人数为415人；2015年同期则为409人；2016年同期降为360人。③ 山东省高级人民法院2017年6月的新闻发布会通报：从最近3年的统计数据来看，山东省青少年犯罪群体中未成年人罪犯人数持续走低，2014年人数为2133人，2015年人数为1792人，2016年人数为1273人，每年分别下降15.99%、28.96%。④

① 赵琦玉、戎明昌、林晔晗：《广东四万迷途少年的罪与罚》，载《南方日报》2010年10月12日，A06版。

② 路琦、董泽史、姚东、胡发清：《2013年我国未成年犯抽样调查分析报告（上）》，载《青少年犯罪问题》2014年第3期。

③ 《我国未成年人犯罪低龄化暴力型趋势明显》，载中国教育：http://www.edu.cn/edu/zong_he/zong_he_news/201605/t20160513_1397455.shtml，最后访问日期：2019年9月14日。

④ 《山东省高法通报未成年人犯罪案件基本走势：职业学院学生涉案数量明显增加》，载http://www.cankaoxiaoxi.com/china/20170601/2068368.shtml，最后访问日期：2019年9月14日。

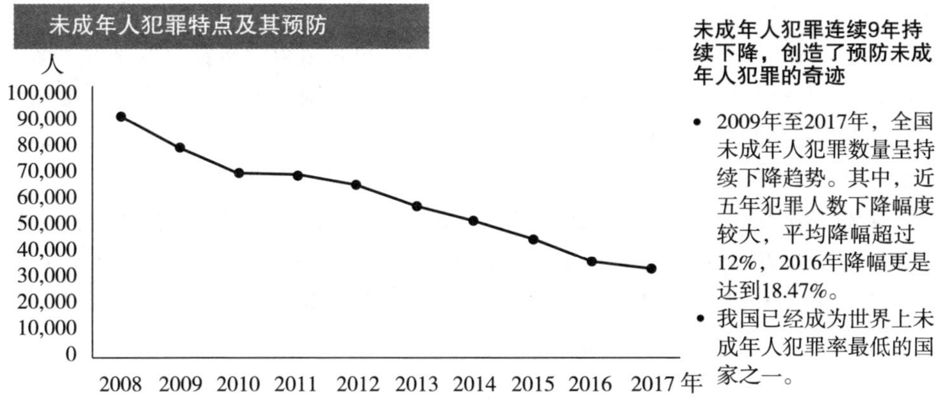

图 21－2－1　2009—2017 年全国未成年人犯罪数量①

近十几年来，随着我国对未成年人的思想道德建设日益重视和加强，各级党委、政府及教育、政法等部门都比较重视预防未成年人犯罪工作，未成年人犯罪大幅上升的势头得到了一定的遏制，自 2009 年以来开始呈逐年下降趋势。见图 21－2－1 所示。但另一值得注意的趋势是，未成年人犯罪数量在下降，但实际“质量”在上升——以前未成年人不涉及的犯罪现在开始涉及了。未成年人犯罪的形势依然非常严峻。中国社会科学院法学研究所发布的 2016 年《法治蓝皮书》研究报告也指出，近些年来未成年人犯罪数量总体呈下降趋势，但不少未成年人犯罪手段暴力凶残，共同犯罪居多且犯罪后果严重。

综观上述数据及这些年未成年人的犯罪情况，其犯罪的主要特征如下：

（一）未成年人犯罪主体呈现新特点

一是文化水平低得多。从文化结构分析，未成年犯罪人的文化程度不高，文盲占 3.8%，小学文化程度占 32.3%，初中文化程度的占 62.7%，初中以上文化程度占 1.2%。② 二是未成年人犯罪日益向低龄化方向发展。见图 21－2－2 所示。中国预防青少年犯罪协会曾于 2009 年 9 月至 11 月进行抽样调查，发现 1793 名被管教的未成年人中，14 岁的占 12%，15 岁的占 25.6%。③ 见图 21－2－3 所示。三是女性未成年人犯罪开始增多，并在未成年人犯罪整体中的比重逐渐增

① 资料来源：《从司法大数据看我国未成年人权益司法保护和未成年人犯罪特点及其预防》，载中华人民共和国最高人民法院网：http：//www. court. gov. cn/fabu－xiangqing－119901. html，最后访问日期：2019 年 10 月 22 日。

② 时永增：《未成年人犯罪内在犯因性因素分析》，载福建律师协会网：http：//www. fjlawyers. net，最后访问日期：2004 年 3 月 5 日。

③ 姬玮：《未成年人犯罪低龄化特点明显》，载《法制晚报》2010 年 10 月 25 日。

加，女性未成年人犯罪大都与性有关，涉及性犯罪（含违法，如卖淫）的占有很大比例，如仅北京市朝阳区法院未成年人案件审判组织调研资料就显示：据朝阳区法院刑事审判二庭副庭长刘鹏介绍，近年来，该院未成年人案件审判组织审理的未成年少女犯罪案件不断攀升。据统计，2001 年该院共审结未成年人犯罪案件 173 件，案犯 221 人，其中少女犯罪人数为 3 人；2002 年审结这类案件 140 件，案犯 176 人，少女犯罪人数为 16 人；2003 年审结的未成年人犯罪案件达到了 214 件，案犯 362 人，少女犯罪人数为 25 人；2004 年审结的未成年人犯罪案件上升到 230 件，案犯 397 人，少女犯罪人数为 26 人，且使用暴力的程度明显增强。[①] 四是独生子女未成年人犯罪增多。五是未成年人犯罪呈上升趋势。

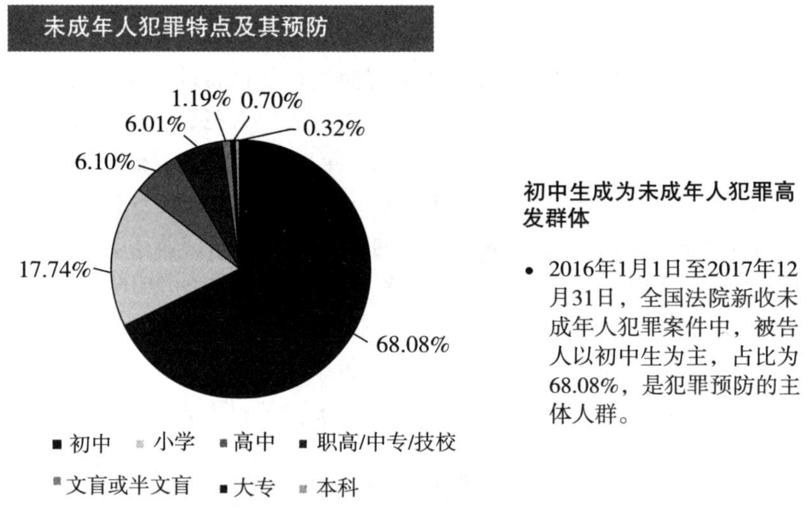

图 21-2-2　初中生成为未成年人犯罪高发群体[②]

① 朱磊：《成年少女暴力犯罪率逐年攀升　手段越来越残忍》，载搜狐新闻网：http：//news.sohu.com/20050619/n225999083.shtml，最后访问日期：2005 年 6 月 19 日。

② 资料来源：《从司法大数据看我国未成年人权益司法保护和未成年人犯罪特点及其预防》，载中华人民共和国最高人民法院网：http：//www.court.gov.cn/fabu-xiangqing-119901.html，最后访问日期：2019 年 10 月 22 日。

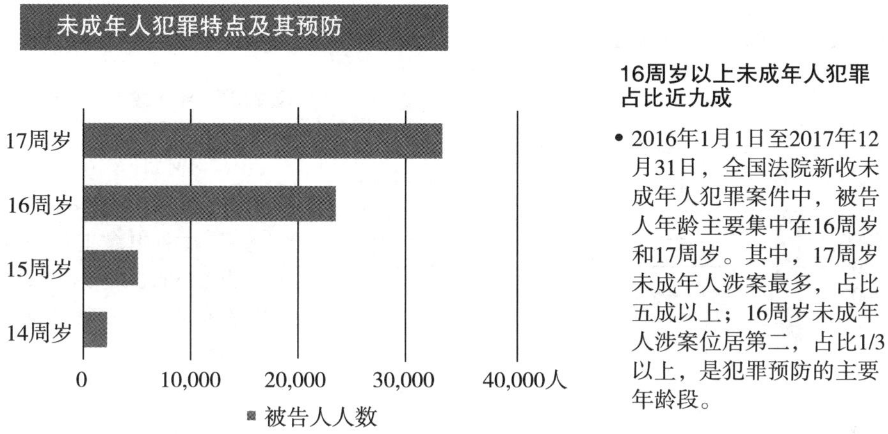

图 21－2－3　16 周岁以上未成年人犯罪占比①

（二）从犯罪手段来说，未成年人犯罪作案的手段呈现凶残化和智能化

所谓凶残化，是指未成年人在作案时，不计后果、惨无人道；在犯罪过程中，对被害人没有丝毫同情怜悯之心，有的残害被害人肢体，有的为消灭证据而灭口。所谓智能化，一是指未成年人在犯罪中使用的工具越来越先进，如在通讯工具上使用手机、对讲机等，在代步工具上使用摩托车甚至小轿车；二是实施高科技犯罪，未成年人越来越多的采用一些现代化的技术和手段进行犯罪，如网络犯罪等；三是未成年人的反侦查能力不断增强，实施犯罪之前精心部署，作案后伪造现场，毁灭、转移证据。

（三）从犯罪类型来看，犯罪类型呈现多元化

过去未成年人犯罪以盗窃为主，犯罪类型单一，而目前已向多元化形势发展。暴力犯罪和财产犯罪是当前未成年人犯罪的主要表现形式，并且暴力型等严重危害社会的犯罪日益突出，不断向严重化方向发展。从某省的统计资料看，未成年人涉及的抢劫、盗窃、故意伤害类案件犯罪人数分别占未成年人犯罪人数的 42.5%、26.16%、15.8%。② 见图 21－2－4 至图 21－2－7 所示。

① 资料来源：《从司法大数据看我国未成年人权益司法保护和未成年人犯罪特点及其预防》，载中华人民共和国最高人民法院网：http：//www. court. gov. cn/fabu－xiangqing－119901. html，最后访问日期：2019 年 10 月 22 日。

② 蔡鸿铭：《和谐社会语境下的未成年人犯罪问题兼论未成年司法程序中的人文关怀》，载《青少年犯罪研究》2007 年第 2 期。

未成年人犯罪特点及其预防

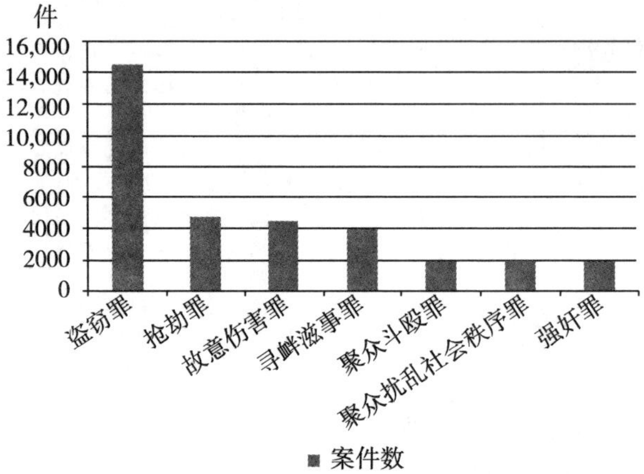

盗窃罪位居未成年人犯罪首位

- 2016年1月1日至2017年12月31日，全国法院新收未成年人犯罪案件中，未成年人最易犯盗窃罪、抢劫罪和故意伤害罪，是未成年人犯罪预防的重点领域。

图 21－2－4　盗窃罪位居未成年人犯罪首位①

未成年人犯罪特点及其预防

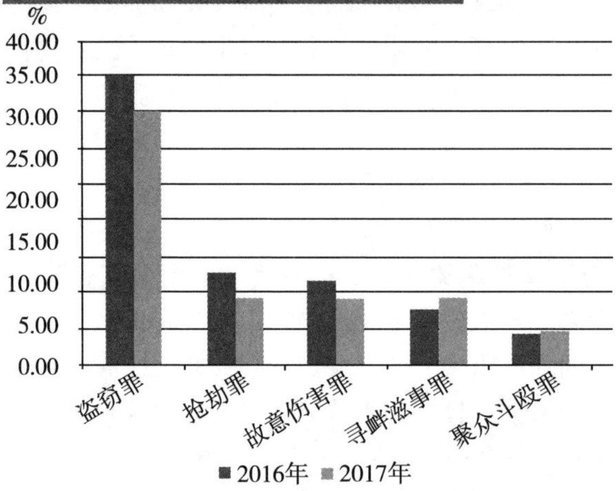

未成年人犯寻衅滋事罪、聚众斗殴罪案件有所上升

- 2017年全国法院新收未成年人涉盗窃罪、抢劫罪、故意伤害罪的案件占比较之2016年有所下降，但未成年人涉寻衅滋事罪、聚众斗殴罪案件占比较之2016年有所上升，值得关注。

图 21－2－5　未成年人犯寻衅滋事罪、聚众斗殴罪案件有所上升②

---

① 资料来源：《从司法大数据看我国未成年人权益司法保护和未成年人犯罪特点及其预防》，载中华人民共和国最高人民法院网：http：//www. court. gov. cn/fabu－xiangqing－119901. html，最后访问日期：2019 年 10 月 22 日。

② 资料来源：《从司法大数据看我国未成年人权益司法保护和未成年人犯罪特点及其预防》，载中华人民共和国最高人民法院网：http：//www. court. gov. cn/fabu－xiangqing－119901. html，最后访问日期：2019 年 10 月 22 日。

未成年人犯罪特点及其预防

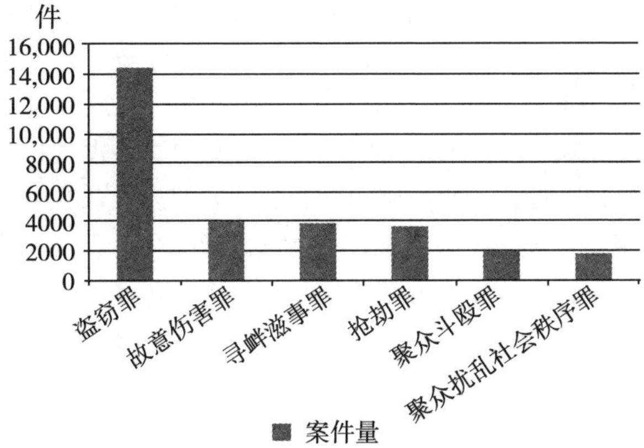

16~17周岁未成年人最易犯盗窃罪

- 2016年1月1日至2017年12月31日，全国法院新收未成年人犯罪案件中，盗窃罪在16~17周岁的未成年人犯罪罪名中排名第一，学校、家庭要特别加强对此年龄段未成年人金钱观、法治观的教育。

图 21－2－6　16～17 周岁未成年人最易犯盗窃罪①

未成年人犯罪特点及其预防

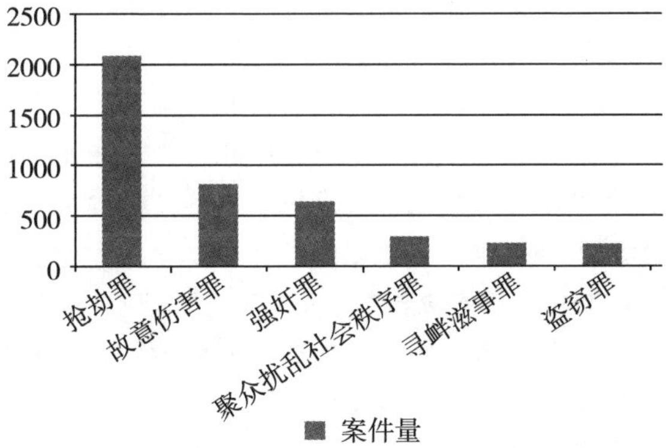

14~15周岁未成年人最易犯抢劫罪

- 2016年1月1日至2017年12月31日，全国法院新收未成年人犯罪案件中，14~15周岁的未成年人犯罪罪名主要为抢劫罪，此年龄段未成年人高发不正常的金钱观及不择手段、暴力劫取财物的现象值得家长、学校高度关注。

图 21－2－7　14～15 周岁未成年人最易犯抢劫罪②

① 资料来源：《从司法大数据看我国未成年人权益司法保护和未成年人犯罪特点及其预防》，载中华人民共和国最高人民法院网：http：//www. court. gov. cn/fabu－xiangqing－119901. html，最后访问日期：2019 年 10 月 22 日。

② 资料来源：《从司法大数据看我国未成年人权益司法保护和未成年人犯罪特点及其预防》，载中华人民共和国最高人民法院网：http：//www. court. gov. cn/fabu－xiangqing－119901. html，最后访问日期：2019 年 10 月 22 日。

（四）从犯罪形态变化来说，未成年人犯罪形态出现新特点

一是团伙犯罪是未成年人犯罪的主要形式。由于未成年时期的生理和心理特征所固有的局限性，未成年人喜欢结交朋友，盲目随从，容易拉帮结派，组成小团伙，他们在作案时存有恐惧心理，往往依仗人多势众相互壮胆以减少作案阻力，使犯罪易于得逞。目前，未成年人犯罪中已有70%是团伙犯罪。在对天津市少年犯管教所的调查中显示，2002年，未成年人犯罪中团伙犯罪所占的比例为66%。[①] 二是出现一些带有黑社会性质的犯罪组织。当前，有的未成年人犯罪团伙拥有严密的组织系统、作案纪律和防侦破措施，有共同的亚文化，已经初步形成黑社会组织的雏形。近几年来，未成年人采取团伙形式作案的越来越多，且有向“专业化”方向发展的趋势，如形成“专业化”的盗窃团伙、抢劫团伙、性犯罪团伙等。

（五）从犯罪动机来看，具有明显的情景性特点

从未成年人犯罪动机形成和起因来看，只有少数惯犯或连续作案以及团伙实施犯罪时具有预谋，而多数在犯罪作案前犯罪意向不明显，犯罪动机形成带有明显的情景性，即大多是在遇到外界事物刺激、理智失去控制、情绪激动的情况下实施犯罪的，属于突发性犯罪。

二、未成年人犯罪的原因

作为一种复杂的社会现象，未成年人犯罪的产生和存在有其特定的原因和条件。制约和决定未成年人犯罪的原因多种多样，错综复杂。因此，为了探究未成年人犯罪的原因，有必要运用多种学科作为工具进行全方位、多角度的分析。下面是从心理学和社会学的角度对未成年人犯罪的原因进行的分析。

（一）社会不良因素是滋长未成年人犯罪的诱因

改革开放以来，特别是社会主义市场经济的确立，极大地促进了社会的繁荣与进步。但是，随着经济领域的急速转轨，社会转型相对滞后，利益调整、价值失范、社会流动等因素不可避免地带来了社会控制力的削弱，“社会规范体系的功能缺陷”导致犯罪现象复杂化，这些因素是未成年人犯罪的诱因。同时，互联网的普及性、全球性、开放性、隐蔽性与无约束性及不良文化和不良精神产品导致未成年人道德失范，引发未成年人的人格分裂，直接影响未成年人的健康成长。另外，社区环境不良、社区中的不良人际交往、社区教育工作不到位等，对未成年人的社会化产生消极影响。社会不良因素的影响成为滋生未成年人犯罪的

① 司凯歌：《未成年人犯罪刑事政策研究》，载中国论文下载中心：http：//www. studa. net/，最后访问日期：2019年12月30日。

"肥沃土壤"。

(二) 教育不当是未成年人犯罪的根源

第一，父母的教育方法不当。有研究资料表明，许多未成年人犯罪都与家庭生活、抚养和教育方式的影响有关，家庭环境是导致未成年人犯罪的重要因素之一。有的父母仅看重未成年人的学习成绩，对思想品德教育不重视，孩子做了错事，父母经常采取打骂体罚等方式管教，很少考虑未成年人的自尊心，使其产生逆反心理，从而走上违法犯罪道路。

第二，学校教育不当，导致未成年人违法犯罪。学校教育的好坏对未成年人思想品德和人生价值观的形成影响极大。目前还有许多学校没有实现从"应试教育"向素质教育的根本转变，在办学方向、治学方法上存在一定程度的偏差。一是片面追求升学率。学校、班级划分为各种等级，极大地伤害了学生的自尊心和自信心，有的可能会滑向违法犯罪的深渊。二是重智育、轻德育的现象依然存在。有的学校只重视智育，不重视德育教育和法制教育，造成不少学生思想品德"滑坡"，有的走上了违法犯罪的道路。三是对后进生和差生缺乏关怀和帮助，缺乏耐心细致的思想工作，简单地采取停课、劝退、开除等方法使这些学生失去了受教育的信心和机会，有的中途辍学，有的"破罐子破摔"，从而被社会上的不法分子拉拢成为犯罪团伙的成员。

第三，学校对法制教育重视不够。教育是多方面、立体的，学生受教育也应当从各方面入手，特别是法制教育必不可少。从目前情况来看，学校虽然开设了思想政治教育、法制教育等课程，但法制教育只是为了应付考试而让学生死记硬背。另外，法制教育也只是停留在法律知识的传授上，不能使学生形成与法律规范的要求相适应的价值观；不能使法律规范的要求内化为学生自己的需要和行为；不能使学生用法律规范约束自己的行为、形成守法的行为习惯，没有收到预防犯罪的效果。有的学校只是一味地追求升学率，不开设法制教育课，使未成年人从小不能树立法治意识，更谈不上提高法律素质。他们不知道什么是违法、什么是犯罪，更不知如何正确保护自己的合法权益。

第四，社会教育的不足。社会是未成年人的第二课堂，是校外活动或校外教育，尤其是影响他们思想意识形成的重要场所。目前，社会对未成年人的法规约制力度不够，未成年人盲目地、被动地接受社会的各种现象；社会教育场所太缺乏，未成年人缺乏健康娱乐的客观条件；生动的、高质量的优秀的精神文化作品少，满足不了未成年人日益增长的精神文化需求，极大地影响了未成年人的健康成长。

(三) 心理"荒漠化"是未成年人违法犯罪的起点

大量研究表明，未成年人时期生理发育与心理发展之间的矛盾、心理活动本身各部分之间的矛盾以及心理意识与客观现实之间的矛盾的产生和相互作用是造成未成年人时期心理不稳定的因素。对这种不稳定因素缺乏引导或引导不当，都会使未成年人出现各种各样的心理问题或心理障碍，当他们不能承受时，很可能走向极端，通过暴力等方式宣泄出来，造成暴力、强奸等犯罪。由此可见，心理“荒漠化”是未成年人产生犯罪心理的重要原因。

三、预防未成年人犯罪的对策

（一）发挥家庭教育的职能作用，构筑预防未成年人犯罪的第一道防线

我国《未成年人保护法》规定，父母应当以健康的思想、品行和适当的方法教育未成年人，引导未成年人进行有益身心健康的活动。

由于未成年人尚未独立，在生活上仍然与家庭保持密切的联系，家庭环境的优劣，对未成年人的成长有着特殊的作用。因此，要预防和减少未成年人违法犯罪，家庭是一条不可或缺的基础防线。为此，第一，要提高家长素质，树立家长权威，提高家长的感召力，为未成年人作出表率。第二，家长应讲究科学的教育方法和管理方式。家长应充分了解未成年人的实际情况，调整好对未成年人的目标期望值和适合未成年人的教育方法和管理方式，因材施教，逐渐教会未成年人

未成年人犯罪特点及其预防

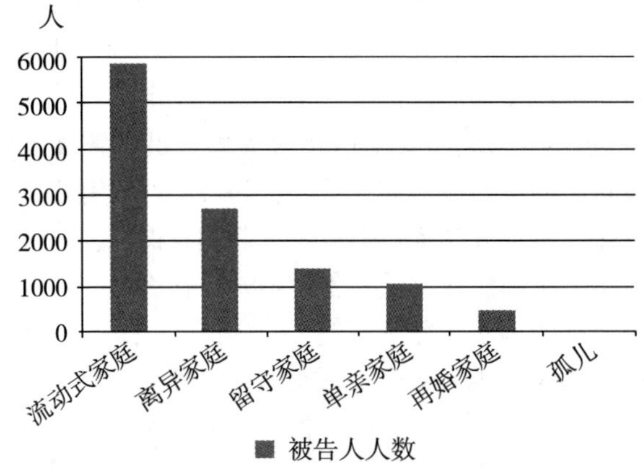

流动、离异等家庭的未成年人犯罪排名靠前

- 2016年1月1日至2017年12月30日，全国法院审结的未成年人犯罪案件中，来自流动式家庭、离异家庭、留守家庭、单亲家庭、再婚家庭的未成年人排名前五，充分说明上述家庭中的相关因素对未成年人健康成长影响巨大，是开展未成年人犯罪家庭预防的重点。

图 21－2－8　流动、离异家庭的未成年人犯罪排名靠前①

① 资料来源：《从司法大数据看我国未成年人权益司法保护和未成年人犯罪特点及其预防》，载中华人民共和国最高人民法院网：http：//www. court. gov. cn/fabu－xiangqing－119901. html，最后访问日期：2019 年 10 月 22 日。

正确思考和面对人生。第三，家庭内部要建立起平等互爱、相互关心，互相帮助的关系，使家庭成员对生活的态度趋于一致，减少家庭的矛盾，营造一个良好的家庭环境。第四，应加强家庭法制教育。我国《预防未成年人犯罪法》第16条规定："未成年人的父母或者其他监护人对未成年人的预防犯罪教育负有直接责任……"家庭教育是培养子女法治观念和法律意识的重要途径，是未成年人树立遵纪守法意识的基础工程。因此，应该加强家庭的法制教育。见图21-2-8所示。

（二）加强和改进学校教育管理模式，构筑坚实、关键的校园防线

学校是"传道、授业、解惑"的主要场所，对未成年人施加的影响最为直接。近几年来，未成年人违法犯罪呈上升趋势，从一个侧面反映了学校教育还存在许多弊病。因此，要遏制未成年人违法犯罪的上升势头，第一，改善学校教育环境，突出德育的首要地位，发挥学校教育的主渠道作用，努力培养学生自我教育、自我管理、自我服务的能力。第二，加强法制宣传和教育，使学校成为普及法律常识的重要阵地，使未成年人知法守法，远离违法犯罪。第三，做好"差生"的教育转化工作，帮助他们克服学习、生活中的困难，指导他们树立正确的人生观、价值观，激发他们的学习兴趣，使他们感受到学校的温暖，避免发生逃学、辍学现象。第四，抓好社会化教育，加强良好行为习惯训练，着重进行意识、品德方面的培养和锻炼，提高未成年人独立生活和应付各种困难的能力，养成良好的生活习惯，增强适应复杂社会的能力。第五，认真开展未成年人心理健康教育，促进未成年人健康成长，落实心理健康教育教材，设立心理咨询室，配备专职心理健康教育教师，开设心理健康教育课程，开展有针对性、实效性的心理咨询和心理辅导活动。第六，建立以学校帮教工作为重心的帮教工作机制，为实行社区矫正的少年犯创造好的学习环境，对那些被判刑的未成年学生，应最大限度地接纳他们重新回到校园，防止他们因为没有学上而与社会上的不良人群交往，重新犯罪。

（三）社会各方联动、齐抓共管，构筑预防未成年人犯罪的基础防线

社会环境如何，直接影响到未成年人的身心健康。要消除未成年人违法犯罪，就要净化社会环境，优化社会教育环境，创作出优秀的作品丰富未成年人的头脑，陶冶未成年人的情操，引导未成年人树立正确的世界观、人生观和价值观。以积极向上的文化作品来占领文化市场，给未成年人创造一个文明、规范、有序的生活环境。消除可能影响未成年人社会化过程的各种消极因素，消除产生未成年人犯罪的不良心理基础，减少不良因素对未成年人犯罪可能产生的诱发和刺激作用，减少未成年人违法犯罪动机产生的刺激情境。同时，政府对预防未成年人犯罪应当予以高度重视并积极参与，为此项工作的开展提供必要的物质保障；改变工作观念，变事后管教为事前预防，实施爱心"帮教"工程；营造社

区环境，减少未成年人犯罪的诱因；建立以社区帮教矫正为中心的帮教工作机制，做好对非监禁刑少年犯的帮教工作。同时，关工委、共青团、妇联、教育局等部门应与政法各家密切配合，对失足未成年人进行综合矫治，关心他们的思想和生活，发动全社会力量帮助他们的就学、就业等具体困难。在此基础上，社会的各种力量要形成合力，形成优势互补、纵横交错、环环相扣的综合治理预防控制网络体系。

（四）提高未成年人社会适应能力与自我管理能力，构筑预防未成年人犯罪的根本防线

社会适应能力，是指人在社会上生存需要的心理和生理上的各种适应性的改变，并对改变作出行动。社会适应能力的内容包括：个人生活自理能力、基本劳动能力、选择并从事某种职业的能力、社会交往能力、用道德规范约束自己的能力。

未成年人在社会适应能力方面存在诸多不足，如认知能力较差，不能正确评价自我和他人；缺乏有效的学习方法和自主学习的能力；人际交往存在障碍；实践能力弱等。要提高未成年人社会适应能力，应从学校教育和未成年人自我教育两个方面入手，主要包括：强化认知训练，提高未成年人的认知能力；加大“三自”教育力度，提高未成年人的独立生活能力；注重学习方法的训练，提高未成年人的学习能力；加强人际沟通，提高未成年人的人际交往能力；优化心理适应的辅导，提高未成年人的应对挫折能力；加大实践性教育的力度，提高未成年人的应变能力等，不断提高未成年人社会适应能力，促使未成年人健康人格的养成。

自我管理是一种控制自己行为的能力，是人通过自我认知，调整和修养自己的心理，并使自己的外部行为与社会环境相适应。主要内容有：自我监督，对自己进行检查、督促。自我批评，自己批评自己的短处，辩证地否定。自我控制，实行自我约束，防止感情用事，理智的待人接物，抵制和克服一切外来的不良影响。自我调节，通过自我疏导，使自己从矛盾、苦恼、冲突、自卑中解脱出来。自我组织，在新环境，重新振作，重新审视和组织自己的心理行为。

预防未成年人犯罪主要从以下几个方面加强其适应与自我管理能力：首先，未成年人应当遵守法律、法规及社会公共道德规范，这是未成年人对犯罪进行自我预防的基本条件。其次，未成年人应当树立自尊、自律、自强意识。这是对未成年人进行人格培养、提高其综合素质的一个重要方面。最后，未成年人应当增强辨别是非和自我保护的能力，不断提高修养以及识别不良现象的能力，从而从根本上杜绝违法犯罪发生，这是未成年人对犯罪进行自我防范的一个重要的主观条件。

延伸阅读

美国青少年犯罪矫治体系①

美国的青少年犯罪惩治体系，是多层次的，有很强的科学性，虽然是以矫正为目的，但绝对不是忽视或不管。

相关领域的理论认为，刑罚并不能很好地矫正青少年的犯罪行为，对于身心尚未发育成熟的青少年，与社会隔绝，会对他们将来的成长造成长远的不利影响。与此同时，权利与刑法的对应性，也阻碍下调刑事责任的法定年龄，更重要的思路还是从人道主义出发。

美国针对青少年犯罪的惩治体系，经过了百余年探索，目前，形成了包括保护观察、家庭监禁、电子监控、训练营地等措施在内的青少年矫治体系，值得学习借鉴。

保护观察（probation）并不剥夺法院判决构成犯罪的青少年的人身自由，只要该少年不再进一步实施违法行为，并符合一定的条件，就可适用“保护观察”。目前，大多数州已将保护观察作为一种刑罚替代措施。

保护观察最主要的目的就是让少年在原有的社区关系与人际关系中接受治疗和引导，使其恢复正常的生活。为了实现这个目标，一般要求少年遵守法律、按时上学、定期会见保护观察员、在社区范围内活动、夜间在指定的时间段内不得外出等。

另一种形式的措施是称作 House Arrest 的家庭监禁。被实施家庭监禁的青少年，除了上学、工作及其他事先取得许可的事情外，通常被限制待在家中。家庭监禁一般由少年法院保护观察机构进行管理和监督，内容包括每天与违法少年见面，每天与少年的家长、老师和雇佣者见面。

相对而言，训练营地是一种较新的，也较严厉的形式。在训练营，青少年要接受军事化管理，接受为期 90～120 天的训练，每天工作 3～6 小时。训练营还提供文化教育、假期辅导、工作技术训练和就业培训以及关于毒品、酒精的指导。在结束训练营后，青少年会回到家中，接受社区的密切监督。

除了人身自由的限制，美国各州现在都批准罚金和赔偿损失可以作为一种刑罚替代措施，有时候，需要赔偿才能得到“保护观察”的待遇。赔偿的金额，

---

① 《美国如何矫治青少年犯罪》，载 http：//www.360doc.com/content/16/1218/12/2646494_615702802.shtml，最后访问日期：2019 年 11 月 11 日。夏菲：《美国少年司法制度的特点及启示》，载《人民法院报》2019 年 11 月 8 日，第 8 版。

可以是法官根据违法少年与被害人的陈述决定赔偿的金额，也可以是法官根据自己的知识来确定，还可以由被害人和违法少年协商决定。

美国矫治青少年犯罪的体系本身也随美国社会的大趋势而变化。美国少年司法政策经历了三次重大转变。

19世纪末至20世纪60年代，是美国独立的少年司法形成、发展的阶段。1899年，美国第一个少年法庭在芝加哥设立，这是以“国家亲权”理论为基础，针对未成年犯罪人个体特征施以治愈性处置的、独立的少年司法制度的开端。此后至1925年，美国每一个州都设立了专门的少年法庭，由此逐步形成了少年司法和适用于成年人的普通刑事司法两套区别极大的体系。在少年司法体系中，没有检察官、辩护律师，而是法官、缓刑官。审判也不对公众公开，法官有绝对的决定权。

20世纪60年代至20世纪末，是美国少年司法制度趋同于普通刑事司法体系发展的阶段。这种反向的发展主要基于两个原因：一是少年司法程序完全不受“正当程序”规则规范的弊端被公之于众。最高法院大法官在高尔特案（In re Gault）中得出结论：少年法院在两方面均做得极为糟糕，既没有给予当事人其最初承诺的针对青少年的个性化回归社会处遇，也没有给予成年人的正当程序保护。因此，包含高尔特在内的若干最高法院判决明确少年法院审理案件也要遵守“正当程序”。这实际上使得少年司法程序更接近普通刑事司法程序。二是20世纪八九十年代，青少年犯罪率持续增长，成为困扰美国社会的严重问题，在这个背景下，以“国家亲权”和“康复”理念为特征的美国少年法院及少年司法制度也逐渐发生变化，趋于硬化，向成人刑事司法制度靠拢，传统的少年法院的福利性基础遭到动摇。用中国的话语来描述这一过程，就是乱世用重典。

随着经济的发展，美国社会有了更多的力量多层次地来解决与预防青少年犯罪。美国的青少年犯罪惩治又开始软化。

21世纪初以来，美国少年司法制度进入第三次变革阶段：反思“严打”弊端，以神经科学、心理学等科学研究为基础，趋向轻刑化以及再次强调预防、分流和恢复。当然，目前各州发展的趋势还不尽相同，有的州积极推进各种新项目的开展，有的仍然更侧重惩罚。2005年、2012年，美国联邦最高法院两次推翻了下级法院的判决，宣告“对未成年犯适用死刑”和“对未成年犯适用终身监禁不得假释”的法律违宪，应予废除。这一判决结果意味着美国刑法中两项针对未成年人的严厉处罚条款失效，自此，未成年犯不仅不得被判处死刑，也不被判处终身监禁不得假释。这说明，美国最高法院在少年司法问题上向传统的福利型少年司法制度回归。

第二十二章

有组织犯罪

第一节　有组织犯罪概述

一、有组织犯罪的概念

关于有组织犯罪的概念，各国都有不同的定义。正如联合国秘书长在1993年的一项报告中指出的那样：“为有组织犯罪确定一个明确而又普遍能够接受的定义的一切努力已经失败。实际上，有关的资料文件曾提出许多不同的定义，但是没有一项定义能够获得人们的普遍接受。”这是因为，有组织犯罪在一个国家的滋生，与这个国家的社会环境、经济环境、人文环境息息相关。而不同的国家，甚或不同社会制度的国家，社会、经济、人文环境是存在迥异差别，这样对有组织犯罪的定义也是千差万别。此外，由于各国对有组织犯罪在刑事立法上的不一致，研究角度的立足点不同，这也导致了这一定义很难达到统一。

我国现行法律也没有对有组织犯罪的概念进行界定，只是界定了特定的有组织犯罪的组织形式，即对从事特定的有组织犯罪的犯罪组织进行界定，如《刑法》关于黑社会性质组织和黑社会组织犯罪的规定，关于洗钱罪、恐怖组织犯罪、邪教组织犯罪等规定，都是有组织犯罪的组织形式在立法上的反映。

我们认为，所谓“有组织”应包含三层意思：一是行为主体的组织结构；二是行为本身的组织性；三是行为内容的合意。因此，科学界定有组织犯罪的概念，应从犯罪学和有组织犯罪的自身特点出发，既要关注有组织犯罪从萌芽到发展形态再到成熟形态的全过程，又要明确有组织犯罪与其他犯罪相区别的特有的鲜明特征。我们认为，有组织犯罪的概念应定义为：有组织犯罪是指三个或三个以上的人，按照纪律和等级集合在一起，以暴力、贿赂、称霸、垄断等非法方式为手段，以攫取巨额经济利益或其他物质利益为目的，共同反复多次实施严重犯罪行为的组织。

二、有组织犯罪的特征

有组织犯罪具有不同于其他犯罪的特征，表现为结构的组织性，目的的经济性，行为手段的暴力及贿赂腐蚀，社会危害的全局性。正是这些特征决定了有组织犯罪具有更大的社会危害性和更强的反侦控能力，这些特征也助于帮助我们将有组织犯罪与其他犯罪区别开来。

（一）结构的组织性

1. 人数较多

组织性是有组织犯罪的本质特征。从结构上分析，它是由三人以上组成的，组成人员之间具有一种在特定宗旨的支配下形成的联结性，互相之间具有配合关系，从而使其具有整体的色彩。如果行为人只是单独的个人，显然无所谓组织性，单个人即便是行为上有计划，有安排，但不能形成与其他人的相互配合，也不属于有组织的犯罪行为。

2. 组织的严密性

有组织犯罪组织结构严密、稳定。组织结构呈“金字塔”形，排座次如帮主、大哥、大佬、老板，其次是副帮主、军师、参谋长之类，在下设几个小头目，每个头目下面有一定数量的成员。其进行犯罪活动时，一般都要经过精心选择，反复讨论，制订比较完备详细的行动计划，由组织首领和领导层决策，骨干成员分子负责具体指挥，各犯罪分子分工合作，互相配合、协调统一行动。与一般的犯罪相比，有组织犯罪组织的反侦查能力和抗打击能力也较强，社会危害性也更为严重，其根本原因在于其本身具有严密的组织性和有效的运作系统。

3. 有较为明确严格的组织纪律

为了控制成员保障自身安全，维护组织的运转，犯罪组织往往制定了严厉而又苛刻的“帮规”“家法”等规定。既有成文的规定也有不成文的规定。如四川宜宾县获绍伟犯罪集团制定的《员工手册》共4章17条，俨然是他们的“黑帮刑法”，内容包含对出卖成员、背叛组织、不听从指挥的处以割舌、挖眼、切指、断手、断腿等处罚，严重的要处死；同时对于组织成员的一些日常活动的琐碎事项也作了具体规定，如不准酗酒，酒后5小时之内不准外出，在正常的情况下外出必须讲明去向，在公共场所必须注重礼仪端正，衣冠整洁等。

4. 有相对独立的亚文化氛围

犯罪的亚文化，是指“犯罪亚群体在犯罪活动过程中逐渐形成并一同信奉和遵循的，与主文化相对立的价值标准，行为方式及其现象的综合体”。因此也被称为“反社会的文化”。[①] 亚文化的形成是由于犯罪组织成员长时间、高频率地聚集在一起，不仅学会了犯罪技能，而且还学到了将犯罪动机、欲望进行合理化辩解等特定的心态，从而降低了实施犯罪的罪责感。其所提倡的人生观、价值观都是反社会的，在他们的意识里，违反社会的规范的行为并不是不道德的，违反法律的犯罪行为不会产生罪恶感。在这种亚文化中，犯罪就是其生存和发展的生活方式。这种亚文化将犯罪组织成员凝聚在一起，让他们相互影响、相互鼓励，产生了一种极强烈的群体归属感，克服了单个人实施犯罪的胆怯心理，弱化了法律的威慑作用，进而促使群体犯罪心理更加坚定。

（二）目的的经济性

有组织犯罪多以一定的经济实力为依托，并以获取经济利益为目的。在黑社会组织的初级阶段，多以盗窃、抢夺、抢劫等财产犯罪手段聚敛财富，也实施替人讨债、清账、报复、收保护费、敲诈勒索、放高利贷、拐卖人口等犯罪行为，获取财产利益。如湖北宜昌李发全犯罪组织由100多名歹徒组成，内部划分为鱼帮、菜帮、水果帮、服装帮、客运帮等，设立了手枪队、片刀队等，拦截车船、大肆敲诈，每年仅收取“保护费”就达40多万元。还有的是垄断某种或某几种行业的经营权，强买强卖，称霸一方，如黑龙江齐齐哈尔的潘家长犯罪组织曾控制了全市蔬菜、水果、钢材三大市场，利用打手队在市场中持枪威胁，强取豪夺。待发展到一定程度后，黑社会性质组织则以公开身份开办企业，成立公司、工厂，经营歌舞厅、饭店、度假村等，以商养黑，以黑护商，攫取犯罪资本。如江苏省曾发现18名境外黑社会组织成员在南京、无锡等地建立合资合作企业19家。黑社会性质组织开办的企业有的从事洗钱、走私、贩毒、色情、赌博等非法行业，有些企业也进行合法经营，使犯罪资本越滚越大。如沈阳以刘涌为首的黑社会性质组织，1995年创办嘉阳集团，涉足商贸、服装、餐饮、娱乐、房地产等行业，下属公司26家，员工2500人，拥有资产7亿多元。随着中国证券业的发展，黑社会的触角已经延伸到股票市场。兰州黑帮操纵证券黑市、洗劫股民数亿元的事件就是一个典型。据调查，这些证券黑市幕后操纵者其实就那么几个，掠夺来的钱财被这些人投入合法行业（主要是房地产）。

（三）行为手段的暴力及贿赂腐蚀

有组织犯罪的形成与壮大都与暴力活动有关，实际上这是一种强势群体利用各种暴力手段对弱势群体的欺凌和掠夺。犯罪组织采用武力威胁、殴打、凶杀、伤害等手段，进行各种犯罪活动，获取大量的物质财富，为犯罪集团的发展壮大

① 许章润主编：《犯罪学》（第二版），法律出版社2004年版，第238页。

提供了雄厚的经济基础。如海南省琼山市查获的以海再文为首的黑社会性质犯罪组织，全部是靠暴力手段开路，长期在当地寻衅滋事，滥杀无辜。许多犯罪组织的武器装备相当精良，犯罪中多动用枪支，且绝大多数是军用枪支，有的还非法制造和贩卖枪支弹药。成都警方侦破的“3·1”涉黑涉枪大案，其首犯经常使用的汽车中便装有冲锋枪。广东的黑社会性质犯罪组织斧头帮的帮主郭华，为了报复拒交保护费并向公安机关举报的同乡王君明，竟将其左手砍27刀，右手砍6刀，10个手指被砍掉，其中5个被拿走，并挑断了其两只脚的脚筋。[①] 同时，暴力也是在组织内建立组织首领或首要分子个人权威、维持组织秩序和纪律的手段。“暴力成为加入犯罪组织的必要条件，是组织内拥有权势的个人资本。因此，权力的分配标准是使用暴力的能力；与国家司法机关抗衡的能力；为其实权人物所承认的能力；使人敬畏并得到下属拥护的能力”[②]。如果组织内部有人违犯了门规、帮规、教规等行为规范，犯罪组织将毫不留情地对其施加暴力，以维护组织秩序。

通过贿赂腐蚀国家工作人员，为其犯罪行为提供“保护伞”，为其非法经营大开方便之门，也是有组织犯罪的惯用手法。贿赂犯罪得以顺利进行和迅速泛滥“得益于”犯罪组织与个别国家工作人员权力意识的恶性膨胀，进而发展到与犯罪组织相互利用，搞权钱交易。权力和有组织犯罪组织的结合，使这些黑恶势力在关系网的保护下，肆无忌惮地进行各种违法犯罪活动。贿赂有关国家工作人员，为更加猖狂地进行有组织犯罪捞取政治资本。有的甚至染指基层政权，利用政府职能，以官以权进行有组织犯罪，是其另一手段。贿赂所渗透企业的管理人员，在价格、原料、质量、商业秘密等多方面进行不当竞争，以获取更大的非法利润，也是其追逐经济利益的主要方法。

（四）社会危害的全局性

组织、领导、参加有组织犯罪不仅仅在于它违反了国家关于成立非法组织的禁止性规定，更在于犯罪组织的产生和存在对社会秩序、公共安全构成极大的威胁。犯罪组织的价值取向是企图在以刑罚手段等国家强制力为后盾的法律秩序中，建立以暴力等犯罪手段为后盾的反社会秩序。因此，有组织犯罪的存在是对以宪法为基础的法治秩序的极大威胁，它对社会的破坏是自觉的、全方位的，不同于具体犯罪对社会关系某一部分或具体某一成员权利的侵害。它动摇的是社会的根基，是社会群体的信念，给人民心理上造成一种邪恶当道、正义不存、善良的人们只能向邪恶低头的错觉。刑法所称的“称霸一方，为非作歹，欺压、残

① 资料来源：《南方都市报》2001年6月25日。

② 张旭：《犯罪学要论》，法律出版社2003年版，第533页。

害群众，严重破坏经济、社会生活秩序”即是此意。

三、有组织犯罪的分类

有组织犯罪可以根据不同的标准进行不同的分类。

（一）按组织化程度可分为黑社会型、带有黑社会性质型、流氓恶势力型和一般团伙型

1. 黑社会型，是指在一定地域内从事违法犯罪活动的、控制一定区域、形成与主流社会相对抗的、具有自己独立的文化制度的地缘组织。

2. 带有黑社会性质型，是指那些已经具备了黑社会犯罪的某些性质、特征或痕迹，但还没有明显的、典型的具备黑社会犯罪的完整特征的犯罪集团。这是在我国目前已经普遍出现的一种有组织犯罪形式。

3. 流氓恶势力型，是指那些在城市和农村普遍存在的、有一定发展程度、数量大、增长快、危害面广的犯罪集团。这是有组织犯罪发展的初级阶段。

4. 一般团伙型，是指一种有核心成员或骨干分子，无固定成员，由一定地域内的、自愿结合的、具有反社会倾向或越轨行为的人共同组成的落后小群体。实施具体犯罪的成员往往临时纠合而成，犯罪目的一经达到，即自行解散。

（二）按犯罪手段可分为暴力型、智能型、提供非法商品型和服务型

1. 暴力型，是指从事直接与暴力有关或者以暴力（像杀人、绑架、敲诈勒索等手段）威胁为手段的违法犯罪活动的组织。这是比较低级也是比较传统的黑社会性质组织，但也是对社会的危害性最大的组织。

2. 智能型，是指以从事智能（像网络诈骗、计算机犯罪等）性的犯罪活动为主要犯罪活动的组织。

3. 提供非法商品和服务型，是指提供非法商品（毒品、枪支弹药、高利贷、假币等法律所不允许买卖的商品）和非法服务（赌博、色情服务、提供打手等法律不允许的服务）的犯罪组织。

（三）按产生来源可分为土生土长型、境外渗透型和复合型

1. 土生土长型，是指没有境外黑社会势力参与，在我国境内发展壮大的犯罪组织。目前我国大部分有组织犯罪为此种类型。

2. 境外渗透型，是指国外或者我国港澳台地区犯罪组织为了发展壮大自己，便设法进入我国境内，通过投资办公司、企业等形式单独形成的犯罪组织。

3. 复合型，也叫内外勾结型，是指我国境内犯罪组织与我国港澳台地区甚至国外犯罪组织相互勾结而形成的犯罪组织。

（四）按活动的范围可分为农村宗族型、城镇流氓恶势力型、流窜型和行业型

1. 农村宗族型，是指在我国广大农村，一些地方恶势力借助宗族地位，其

成员主要是以亲戚、家族、朋友、同学老乡为纽带纠合成团，依仗人多势众，在当地形成一霸，为非作恶，进行一种或多种犯罪活动的组织。

2. 城镇流氓恶势力型，这是一种“活跃”在城镇的有组织犯罪团伙，其成员以青少年为主，大多是一些流氓、街痞、混混儿。他们往往以地缘为基础，为了共同的目的纠集在一起，恃强凌弱，称霸一方。

3. 流窜型，是指以流窜犯罪为主要方式，经常在车站码头等公共场所作案，流动性很强的犯罪组织。

4. 行业型，是指以非法手段垄断或者控制某一或某些行业的犯罪组织。

第二节　我国的有组织犯罪

一、有组织犯罪的现状

我国的有组织犯罪在中华人民共和国成立后，经历了一个由高向低再由低向高发展的过程。中华人民共和国成立之初，在我国政府的大力打击下，我国有组织犯罪一度销声匿迹。而后，从20世纪七八十年代开始，有组织犯罪现象开始在我国兴起，并日益严重起来。据公安部统计，1988年，全国查获犯罪团伙5.7万个，成员21.3万人；1990年，查获犯罪团伙10.5万个，成员36.8万人；1993年，查获犯罪团伙上升为15万个，成员57.3万人；1994年，查获犯罪团伙猛增至20余万个，成员90余万人。① 进入21世纪，随着改革开放的深入，一些犯罪组织开始逐步向黑社会性质发展演变，从而导致黑社会（性质）组织犯罪迅猛增长，严重危害社会稳定和人民生命财产安全。2000年12月，公安部在全国范围内部署开展了打黑除恶专项行动，上千个黑恶犯罪团伙被摧毁。一大批称霸一方、作恶累累、人民群众深恶痛绝的黑恶势力骨干分子被绳之以法。仅2005年，打掉黑社会性质组织55个（检察机关起诉数），比2004年上升25%；打掉恶势力团伙218个，是2004年的117倍；抓获黑恶势力犯罪分子17,249人；破获案件17,110起，缴获各类枪支723支，收缴非法资产212亿元。② 2006年2月，全国公安机关按照党中央、国务院的统一部署，积极开展打黑除恶专项斗争。三年来，全国公安机关共侦办涉黑案件1267起，打掉恶势力团伙113万多

① 任惠华：《世纪之交我国有组织犯罪的特点及趋势》，载《铁道部郑州公安管理干部学院学报》2000年第10期。

② 《中国法律年鉴》（2006年版），中国法律年鉴社2006年版，第166页。

个，抓获犯罪嫌疑人819万多名，破获各类刑事案件1018万余起，缴获各类枪支2700多支。检察机关提起公诉的涉黑案件共1053起、15,135人。法院一审以黑社会性质组织罪名审结1171件、112万多人，已经审结生效案件共723件、6739人，其中被判处5年以上有期徒刑、无期徒刑、死刑的共有3134人，重刑率为46.51%。[①] 2006—2011年5年间，全国公安机关共打掉涉黑组织2174个，移送起诉涉黑案件372起，提出公诉342起、一审判决329起、生效判决293起。这些案件主要是针对杀人、抢劫、强奸、涉毒、涉枪和多发性侵财案件等直接暴力犯罪。[②] 2012—2017年，全国检察机关深入推进打黑除恶、缉枪治爆、禁毒扫黄等专项斗争，起诉刘汉、刘维等为非作歹、欺压百姓的黑社会性质组织犯罪8932人，立案侦查为黑恶势力充当“保护伞”的国家工作人员333人。[③] 2018年年初，中共中央、国务院发出《关于开展扫黑除恶专项斗争的通知》，决定在全国范围内开展“扫黑除恶”专项斗争，要求各有关部门，尤其是政法机关要坚持依法严惩方针，聚焦黑恶势力犯罪突出的重点行业及领域，依法从严惩处黑恶势力犯罪，从而切实保障社会稳定、维护人民利益。2018年1月至7月，全国公安机关共扫除涉黑组织514个，恶势力犯罪集团2993个，破获刑事犯罪案件3.4万起，全国刑事治安警情同比下降6.1%。[④] 2018年1月至9月，全国检察机关共批准逮捕涉黑涉恶犯罪17,000余件57,000余人，提起公诉6300余件32,000余人。共逮捕黑恶势力保护伞200余人，起诉黑恶势力“保护伞”150余人。[⑤] 截至2019年1月，共扫除涉黑组织1292个、恶势力犯罪集团5593个，破获各类刑事案件79,270起，缴获各类枪支851支，查封、扣押、冻结涉案资产621亿元，全国刑事案件同比下降7.7%，八类严重暴力案件同比下降13.8%。[⑥] 截至2019年9月25日，全国打掉涉黑组织2367个，打掉涉恶犯罪团伙29,571

---

① 张玉光、闵政：《打黑除恶还百姓一片安全的天空》，载 http://www.mps.gov.cn/n16/n1252/n1687/n2212/2135544.html，最后访问日期：2019年12月30日。

② 蔡军：《我国惩治有组织犯罪的问题与破解路径》，载《河南大学学报》（社会科学版）2014年第4期。

③ 《最高人民检察院工作报告》，载 http://www.spp.gov.cn/spp/gzbg/201803/t20180325_372171.shtml，最后访问日期：2020年3月23日。

④ 《公安部：今年前7月警方共打掉涉黑组织514个》，载人民网：http://polifics.people.com.cn/n1/2018/0830/c1001-30259902.html.，最后访问日期：2020年5月29日。

⑤ 《扫黑除恶，检察机关1至9月批捕涉黑涉恶犯罪17000余件57000余人》，载新华网：http://www.xinhuanet.com/2018-10/30lc_1123637711.htm，最后访问日期：2020年5月29日。

⑥ 《公安机关开展扫黑除恶专项斗争取得重大进展》，载中国政府网：http://www.gov.cn/xinwon/2019-01/29/content_5361899.htm，最后访问日期：2019年1月31日。

个，34,792 名涉黑涉恶违法犯罪人员投案自首。[①]

二、有组织犯罪的发展趋势

（一）有组织犯罪攫取经济利益的手段日益多样化

直接通过暴力抢夺因其风险高、获益少，已经不再是有组织犯罪获取利益的主要手段，建筑业、房地产、矿业开采、交通运输、娱乐业等商业利润大、技术水准相对较低的行业已成为有组织犯罪的作案领域。据统计，在全国公安机关2006 年 2 月至 2010 年 3 月四年间侦办的 1449 起涉黑组织案件中，盘踞在以上行业的涉黑组织达 500 多个，超过全国案件总数的 1/3。[②]

（二）有组织犯罪企业化的趋势日益突出

从全球范围来看，有组织犯罪一般都要经历从低级的松散型有组织犯罪向高级的结构严密型有组织犯罪的发展演变历程。在有组织犯罪的转型升级过程中，传统的松散型犯罪组织向结构相对稳定的犯罪组织演变，企业型犯罪组织在有组织犯罪中的比重越来越高，并逐渐占据主导地位。数据显示，在 2008 年至 2013 年 5 年间，河南、湖南两省终审审结的 362 起有组织犯罪案件中，在黑社会性质组织中采取这一组织形式的超过了 1/4。[③] 调查发现，一些地方黑社会性质组织犯罪的显著特点是犯罪职业化、公司化，不仅通过违法放贷攫取非法利益，甚至实施暴力垄断行业市场，以商养黑、以黑护商。[④]

（三）有组织犯罪的国际化趋势加强，跨国有组织犯罪增多

2010 年 6 月 17 日，联合国毒品与犯罪问题办公室发布最新报告指出，跨国有组织犯罪已形成全球化态势，甚至对一些国家的安全和主权构成了威胁。[⑤] 全球化的经济浪潮，也使得多数犯罪集团抛弃了传统的领地。再加上现代信息技术的发展，便利了其沟通与交流的同时也极大地便利了有组织犯罪的实施手段等。所有的这些便利条件都极大地促进了有组织犯罪的全球蔓延进程。例如，2011 年 9 月 28 日，公安部统一指挥大陆 10 省区市公安机关，联手台湾地区警方，与

① 《全国扫黑除恶专项斗争取得重大阶段性成果》，载 http：//news. cpd. com. cn/n18151/201910/t20191012_ 859548. html，最后访问日期：2020 年 3 月 23 日。

② 靳高风：《当前中国有组织犯罪的现状、特点、类型和发展趋势》，载《中国人民公安大学学报》（社会科学版）2011 年第 5 期。

③ 莫洪宪、刘夏：《我国有组织犯罪发展规律实证研究——以河南、湖南两省为例》，载《辽宁大学学报》（哲学社会科学版）2013 年第 6 期。

④ 李文婧：《黑社会性质组织犯罪实证调查研究——2018 年 H 市打处的 19 起黑社会性质组织案件为例》，载《江西警察学院学报》2019 年第 5 期。

⑤ 《联合国称跨国有组织犯罪呈全球化态势》，载 https：//news. qq. com/a/20100618/001377. htm，最后访问日期：2020 年 3 月 23 日。

印度尼西亚、柬埔寨、菲律宾、越南、泰国、老挝、马来西亚、新加坡东盟8国警方采取集中统一行动，成功摧毁了两个特大跨国跨两岸电信诈骗犯罪集团，抓获犯罪嫌疑人828名，其中大陆籍犯罪嫌疑人532名，台湾地区籍犯罪嫌疑人284名，其他国家犯罪嫌疑人12名；捣毁拨打诈骗电话、转账洗钱、开卡取款和诈骗网络平台等犯罪窝点162处，缴获银行卡、电脑、手机、网络平台服务器等一大批作案工具和赃款，破获电信诈骗案件1800余起。①

（四）有组织犯罪的社会危害性日益增强

有组织犯罪的萌芽时期，其手段主要是暴力压制，枪击、抢劫、街头暴力等强取豪夺，这些手段造成的影响直接且迅速，通常能给受害者带来巨大的身体和心理的伤害，从而引起人心恐慌，也极易引发严重的社会混乱。随着市场经济的发展，市场机制的弊端日益凸显，有组织犯罪为了争取更大的生存空间，作案手段和方式也发生了巨大变化，开始向软暴力、更成熟的高级形态演进，其危害性也日益增大。

（五）有组织犯罪向某些机关渗透

早期的黑社会性质组织，为了维持它的存在与发展，一般是寻求“保护伞”，主要手段是贿赂、收买官员。但是现在很多黑社会性质组织不再满足于寻求“保护伞”，而是洗白自己。

三、有组织犯罪产生的原因

随着我国有组织犯罪的日益猖獗，越来越多的人关注有组织犯罪产生的原因，以寻求遏制有组织犯罪的万全之策。深入分析有组织犯罪产生的原因，是我们制定有组织犯罪防范对策的前提条件，可以提高有组织犯罪防范的针对性。

（一）社会因素

首先，人口膨胀为有组织犯罪提供了充足的主体资源。20世纪50年代以来，我国人口迅速膨胀，导致了人口增长速度与社会发展和自然资源的供给能力不相协调、不相适应，容易引起社会关系的失调和犯罪的生成。其次，大量的人口流动是有组织犯罪的动态温床。改革开放以来，第三产业的迅速发展引发大量“民工潮”的出现，当大量的农村剩余劳动力涌向城市时遭遇到户籍制度和文化差异的阻止，人为地阻断强化了“城里人”与“农村人”的敌视心理，在得不到疏导的情况下便通过一种极端的形式——犯罪表现出来。相同的地位、地域、

① 《9·28特大跨国电信诈骗案》，载百度百科：https：//baike. baidu. com/item/9% C2% B728% E7% 89% B9% E5% A4% A7% E8% B7% A8% E5% 9B% BD% E7% 94% B5% E4% BF% A1% E8% AF% 88% E9% AA% 97% E6% A1% 88/5972645？fr = aladdin，最后访问日期：2020年3月23日。

文化背景产生的亲和力使他们更容易聚集，在犯罪活动中更容易相互联系和照应，经演化便有可能发展成为有组织犯罪。① 最后，社会财富的分配不均，失业率的不断增加以及竞争的不断加剧，也使一大批不幸的人们被沉淀下来，形成一个最低下的社会阶层。他们收入低，社会地位低，缺乏谋生技能，生活长期得不到保障。因此，这个阶层的成员一般悲观消沉，愤世嫉俗，对现实强烈不满，甚至敌视社会和反社会。在这样多种因素的共同作用下，这些大批外来流动人口就会自发组织起来，用非法的手段或路径来改变自己的恶劣处境，于是有组织犯罪便应运而生。

（二）经济因素

半个世纪以来经济的快速增长，也是刺激有组织犯罪滋生的原因之一。随着经济的繁荣，社会财富大量增加，尤其是大量财富暴露于外，以及高消费的滋长，导致犯罪的诱因增多，引增了拜金主义、仇富心理、腐败现象的发展。贫富不均的现象也进一步引起低收入阶层的不平衡，尤其是当社会经济遭遇经济萧条、失业率节节升高时，更使贫者越贫、富者越富。这种贫富悬殊造成各社会阶层的冲突加剧，也使低阶层人们向上流动的机会阻塞，从而造成部分人采取偏差行为，加上现代社会交流面的扩大及传播工具的发达，这些偏差行为者很容易抱团，并逐步演变成组织犯罪。

有组织犯罪不仅仅是以暴力犯罪为主要活动形式来获取经济利益，他们已经将黑手伸进了歌舞、洗浴等娱乐休闲场所和餐饮服务业，以及建筑、运输、商业批发等各类市场，有的甚至还渗透到金融、能源领域。纵观近年来“打黑除恶”专项斗争破获的案件，其中拥有合法经济实体的占大多数，这就说明我国的有组织犯罪已经有了企业化的趋势。“以商养黑，以黑护商”这个恶性循环必将给我国法治社会的政治、经济、治安秩序造成极大的破坏。

（三）政治因素

有组织犯罪的产生和发展离不开一定的政治气候。一般来讲，当一个国家政治稳定，政治控制力强，则有组织犯罪产生的可能性较小，规模也不会太大；而当一个国家控制力不足的时候，有组织犯罪产生的概率就较高，其规模也较大，甚至可能因国家控制不力而造成有组织犯罪的猖獗。我国这些年的改革开放带来了经济的空前繁荣，个人空间和个人自由度也随之增大，但一些基层政权组织，行政控制力削弱，一些家庭宗法组织便乘机兴起，利用宗族的影响和号召力，为非作歹，称霸一方。有组织犯罪凭借巨额的犯罪收益，贿赂腐蚀部分党政官员，

① 游伟、肖晚祥：《我国黑社会性质组织犯罪成因初探》，载《华东政法学院学报》2001 年第 4 期。

被腐蚀的党政官员则为有组织犯罪团伙撑起了政治“保护伞”。

四、有组织犯罪的治理对策

（一）有组织犯罪的立法对策

与世界其他国家相比，我国关于有组织犯罪的立法存在严重滞后的缺点，面对有组织犯罪“高智商”“精良装备”“破坏严重”等特点，司法界打击有组织犯罪的呼声日益高涨，但由于立法的滞后造成了“握紧拳头不能出击”的局面。从一些在反有组织犯罪方面取得良好效果的国家来看，均有专门的反有组织犯罪的立法，如德国于1992年制定了《打击非法毒品交易和其他形式的有组织犯罪法案》，该法案对有组织犯罪的概念、表现形式、处罚等作了明确的规定，同时规定刑事侦查机关可使用或加强使用现代化调查方式，如投入隐蔽调查力量、使用有关技术措施、改善证人保护措施等。这些立法理应为我国反有组织犯罪立法所借鉴。我们认为，结合我国有组织犯罪的客观形势及刑法中关于有组织犯罪内容的滞后，制定一部单行的立法是必要的。首先要对有组织犯罪的概念、特征、构成、刑事责任等加以明确规定，增强法律规范的完备性；其次要调整现行刑法的内在的逻辑结构，用规范的法律术语表述有组织犯罪的罪名及主要特征，完善现行刑法，增强法律规范的准确性；再次要完善有组织犯罪罪名的设定，如增设境内人员参加境外黑社会组织、非黑社会组织成员的境外人员入境从事黑社会犯罪活动、包庇、纵容境外黑社会组织入境发展成员和违法犯罪活动、介绍、教唆、胁迫他人参加黑社会犯罪组织等罪名，增加黑社会犯罪的规定，增加财产刑等，为打击黑社会犯罪做好准备，增强刑事立法的前瞻性；最后要“适当颁布一些具有法律效力有组织犯罪的判例，以弥补成文法律的过于抽象和概括的不足，来指导司法实践”①。

（二）有组织犯罪的司法对策

完善打击有组织犯罪刑事司法体制的建设。首先要设立专门打击有组织犯罪机构，将打击有组织犯罪特别是黑社会犯罪作为其单一的职能。为了彻底消灭有组织犯罪，很多国家都建立了专门的机构。在我国，1994年公安部刑侦局就特设负责协调全国警察系统打击有组织犯罪的“反有组织犯罪处”，并在边疆沿海省区，地方公安机关组建专职反黑部队，如缉毒队、缉私队，但这些机构尚处于初创阶段，专司防暴打黑的综合机构和专业队伍没有建立起来，各地公安司法机关仅限于通过各类专项斗争来打击黑社会犯罪，显然不能遏制中国日益严峻的有组织犯罪形势，因此在我国设立一个专门的打击有组织犯罪机构是完全有必要

① 陈兴良：《共同犯罪论》，中国人民大学出版社2006年版，第500页。

的。其主要工作是负责搜集有组织犯罪活动情况，建立本地反有组织犯罪网络，总结国内外反有组织犯罪的动态、经验，研究和探讨有关法律、政策和斗争中出现的新情况、新问题，提出反有组织犯罪的策略和设想等，对有组织犯罪进行专门研究和打击。其次要建立反有组织犯罪的专门程序和制度，如建立污点证人司法豁免制度，这有利于从有组织犯罪内部进行瓦解，鼓励犯罪分子弃恶从善，为反黑机构提供迅速及时的侦破线索。对于一些证据确凿的有组织犯罪成员，“国家以给予部分罪行或者全部罪行的司法豁免为代价来换取他们的合作，让他们充当打击‘保护伞’的线索来源和定罪证据以克服打击‘保护伞’的巨大困难，实现对‘保护伞’的有力打击”①。

（三）坚持反腐败斗争，将“反黑”与反腐败相结合，清除黑社会性质组织的“保护伞”

各种类型的犯罪集团、黑社会性质组织，它们为了生存和发展，必然挖空心思地向党政机关和执法部门渗透，编制“关系网”，寻求“保护伞”。因此，“反黑”必须与反腐败紧密结合。“只有政府官员和司法人员都廉洁地履行职责，全力以赴地进行反有组织犯罪的斗争，犯罪组织才会失去‘依靠’而陷入困境，力量减弱，从而逐步被消灭”②。因此首先应当建立、健全政府机构、司法执法等重要部门的内部监督机制，建立严格的公务人员财产申报制度，从而提高干部素质，纯洁干部队伍，为打击有组织犯罪创造良好的外部条件。其次要完善社会主义市经济体制，净化国家权力系统，“实现国家权力的退让，实现由过去对社会全面直接支配的管理方式转变为依据法律对社会的运行机制的宏观的引导和调控方式”③，消除权力机关通过垄断而获取高额利润的可能。最后要加强政法队伍建设和各级政权建设，强化对政法干部队伍的勤政、廉政教育，特别是要坚决反对和抵制拜金主义对政法队伍的影响和冲击，树立全心意为人民服务思想和执政为民意识。

（四）加强国际或区域司法合作

有组织犯罪具有日益强烈的国际化特征，因而加强打击跨地区、国际化的有组织犯罪的国际合作就显得十分重要。它包括相互提供黑社会犯罪的情报，协查刑事犯罪案件，引渡或遣返外逃罪犯，联合追捕黑社会犯罪分子等。总体来说，国际反黑合作大致有两大类：一类是全球性的反黑合作。例如，国际刑警组织一

---

① 张美英、王劲松：《严厉打击黑社会性质组织背后的保护伞——污点证人司法豁免制度》，载王牧主编：《犯罪学论丛》（第1卷），中国检察出版社2004年版，第199页。

② 张旭：《犯罪学要论》，法律出版社2003年版，第556页。

③ 莫洪宪、王燕飞：《职务犯罪预防战略研究》，中国人民公安大学出版社2008年版，第327页。

直将有组织犯罪作为国际刑警的打击重点，联合国“防治有组织犯罪会议”已经召开过九届；自1991年以来，全球性的反洗钱会议每年召开一次。另一类则是地区性的双边或多边反黑合作。实践证明，加强国际或区域合作的确是打击有组织犯罪的一条行之有效的途径。20世纪90年代以来，国际上反黑斗争所取得的几个重大成果，无一不是在有关国家和地区的密切配合下取得的。

延伸阅读

2018年我国开展扫黑除恶专项斗争以来的成果和新动向

2018年1月，中共中央、国务院发出的《关于开展扫黑除恶专项斗争的通知》指出，为深入贯彻落实党的十九大部署和习近平总书记重要指示精神，保障人民安居乐业、社会安定有序、国家长治久安，进一步巩固党的执政基础，党中央、国务院决定，在全国开展为期3年的扫黑除恶专项斗争。

2018年1月23日，中央政法委召开全国扫黑除恶专项斗争电视电话会议，全国扫黑除恶专项斗争开始，至2020年年底结束，为期3年。2018年的任务是治标。打掉一批涉黑涉恶组织，惩处一批黑恶势力“保护伞”，黑恶势力违法犯罪突出问题得到有效遏制。2019年的任务是治根。对已侦破的案件循线深挖、逐一见底，使人民群众安全感、满意度明显提升。2020年的任务是治本。建立健全长效机制，取得扫黑除恶专项斗争压倒性胜利。

扫黑除恶专项斗争打击的重点是以下几个方面：

1. 威胁政治安全特别是政权安全、制度安全以及向政治领域渗透的黑恶势力；

2. 把持基层政权、操纵破坏基层换届选举、垄断农村资源、侵吞集体资产的黑恶势力；

3. 利用家族、宗族势力横行乡里、称霸一方、欺压残害百姓的“村霸”等黑恶势力；

4. 在征地、租地、拆迁、工程项目建设等过程中煽动闹事的黑恶势力；

5. 在建筑工程、交通运输、矿产资源、渔业捕捞等行业、领域，强揽工程、恶意竞标、非法占地、滥开滥采的黑恶势力；

6. 在商贸集市、批发市场、车站码头、旅游景区等场所欺行霸市、强买强卖、收保护费的市霸、行霸等黑恶势力；

7. 操纵、经营“黄赌毒”等违法犯罪活动的黑恶势力；

8. 非法高利放贷、暴力讨债的黑恶势力；

9. 插手民间纠纷，充当“地下执法队”的黑恶势力；

10. 境外黑社会入境发展渗透以及跨国跨境的黑恶势力。

近两年来，各地各有关部门积极采取切实有效措施，推动专项斗争取得了重大阶段性成果。实践充分证明，以习近平同志为核心的党中央作出开展“扫黑除恶”专项斗争的重大决策完全正确，这是党的十九大以来最得人心的举措之一。

2018 年 1 月至 11 月，全国政法机关共打掉涉黑组织 1082 个，缴获枪支 1620 支；纪检监察机关立案查处涉黑涉恶腐败案件和“保护伞”问题 11, 829 起，给予党纪政纪处分 8288 人、移送司法机关 1649 人；截至 2018 年 10 月底，全国对查处的 1141 名涉黑涉恶村干部及时进行了撤换。

2019 年 10 月 11 日至 12 日，全国扫黑除恶专项斗争第二次推进会在陕西西安召开。会议全面总结了近两年来“扫黑除恶”专项斗争的成效和经验，分析当前形势，研究阶段性特点，并对下一步有关工作作出安排。

会上，中共中央政治局委员、中央政法委书记、全国“扫黑除恶”专项斗争领导小组组长郭声琨透露，截至 2019 年 9 月 25 日，全国打掉涉黑组织 2367 个，打掉涉恶犯罪团伙 29, 571 个；34, 792 名涉黑涉恶违法犯罪人员投案自首。此外，全国扫黑办还对云南孙小果案、湖南“操场埋尸案”等 47 件重大恶性案件进行挂牌督办。自 2019 年各地各有关部门推广应用升级后的 12, 337 智能化举报平台后，截至 9 月底，全国扫黑办已接到群众举报 66 万余件，省、市两级扫黑办接到群众举报 106 万余件。全国“扫黑除恶”专项斗争领导小组自 2018 年 7 月开始组织三轮督导，目前已对全国实现全覆盖。共计收到群众举报线索 47. 2 万件，直接督办重点线索 19, 788 件，推动打掉涉黑组织 139 个，涉恶犯罪团伙 1521 个。

郭声琨在会上也提到了“扫黑除恶”的成效：（1）社会治安环境明显改善——今年上半年，全国刑事案件同比下降 6%，八类严重暴力案件下降 11. 1%，涉枪案件下降 44%，社会大局稳定的良好局面不断巩固。（2）群众安全感、满意度明显提升——一批称霸一方的黑恶势力被打击处理，一些沉冤多年积案得到侦破，人民群众进一步感受到专项斗争带来的“红利”。（3）党风政风明显好转——截至 9 月底，全国纪检监察机关立案查处涉黑涉恶腐败和“保护伞”案件移送司法机关 5500 人，有效净化了政治生态。（4）基层组织建设明显夯实——全国组织部门排查整顿软弱涣散村党组织 7. 38 万个，清理黑恶势力干扰、渗透的村组织 1700 余个，基层政权进一步巩固。（5）经济社会发展环境明显优化——通过打击一批破坏市场秩序的黑恶势力，整治一批行业领域社会乱象，完善一批行业监管制度，进一步净化了营商环境，保障了经济社会持续健康发展。

郭声琨说："当前，扫黑除恶专项斗争进入爬坡攻坚的新阶段，形势更加复杂，任务更加艰巨。"一是专项斗争进入不进则退、慢进易退的战略相持阶段。二是专项斗争进入啃硬骨头、蹚深水区的攻坚突破阶段。三是专项斗争进入检验证据质量、考验司法能力的法律交锋阶段。四是专项斗争进入标本兼治、综合治理的整体推进阶段。对照3年为期目标要求，专项斗争正处于承上启下的关键阶段，既要为下阶段深挖整治拓宽领域，又要为明年长效常治打牢基础。

会议提出，要进一步学习贯彻以习近平同志为核心的党中央决策部署，全面准确把握专项斗争的努力方向，要在破案攻坚、"打伞破网"、"打财断血"、行业治理四个方面实现新突破，努力推动专项斗争不断取得新成效。会上介绍，经过近两年的扫黑除恶专项斗争，从案件梳理和调研督导情况来看，交通运输、矿产资源、建筑工程、服务娱乐等传统行业，金融、网络、共享经济等新兴行业领域，是黑恶势力滋生蔓延的重点行业和领域。

会议提出，要在行业治理上实现新突破，全国扫黑办要推动重点行业主管部门落实行业监管责任，切实加大对行业领域内黑恶线索排查、乱象整治等工作力度；要完善落实政法单位与行业主管部门信息共享、线索发现移交、通报反馈制度，推动刑事司法和行政执法有效衔接；要建立办案机关不同环节发现涉及行业监管和治理存在的风险隐患反馈机制，强化监察、司法、检察建议和公安提示函的跟踪问效，做到以案促治、以案促建。

第二十三章

职务犯罪

第一节　职务犯罪概述

一、职务犯罪的概念

我国立法中并未对职务犯罪的概念进行明确规定，它只是法学研究者对与职务有关的犯罪的概称。目前我国学者已从社会学、伦理学、政治学等角度对职务犯罪的概念进行了界定。然而由于侧重点不同，对职务犯罪的概念很难形成统一的认识。如有的观点认为所谓职务犯罪是指国家工作人员利用职务，违背职务要求滥用职权、徇私舞弊或玩忽职守，危害国家机关正常活动及其公正、廉洁的信誉，使公共财产、国家利益和人民利益遭受重大损失的行为或不作为的行为。① 有的观点认为，所谓职务犯罪，是指国家工作人员和其他在社会团体、企业、事业单位中依照法律、法规或者组织章程等从事公务的人员在履行职责过程中，利用职务上的便利条件，或者滥用职权，或者不正确履行职权所实施的违背要求的依照刑法规定应受刑罚处罚的行为的总称。② 还有人认为职务犯罪是指国家公职人员滥用职权、徇私舞弊或者严重不负责任而实施的犯罪。③

除了上述列举的种种观点，学术界还有其他一些观点，这里就不一一赘述。面对诸说纷呈、观点各异的对于职务犯罪的认识，我们认为，科学地界定职务犯

---

① 康树华：《当代中国热点与新型犯罪透视》，群众出版社 2007 年版，第 249 页。

② 周洲、滕志强：《职务犯罪预防》，中国检察出版社 2004 年版，第 2 页。

③ 张旭：《犯罪学要论》，法律出版社 2003 年版，第 380 页。

罪的概念必须坚持法定性、科学性、政策性和习惯性的原则，同时，对职务犯罪不宜做过于宽泛的理解，若理解过于宽泛则不利于突出打击重点，不利于体现国家“重典治吏”的政策，不利于昭示党和政府反腐倡廉的决心。因此，我们认为，对职务犯罪应当做一个宽严适当的理解，即职务犯罪就是特指国家工作人员利用职务之便进行非法活动，或者滥用职权、玩忽职守，破坏国家管理活动，依照刑法应受刑罚处罚的行为的总称。

二、职务犯罪的分类

职务犯罪的分类，是指依据不同的标准，把复杂多样的职务犯罪划分为若干类别。对职务犯罪进行科学分类，可以在掌握职务犯罪共性的基础上进一步掌握不同类型职务犯罪的个性，以及它们不同的构成要件。我国的职务犯罪依据不同标准可以做出以下分类：

（一）贪污贿赂类职务犯罪、渎职类职务犯罪与侵犯公民人身权利和民主权利类职务犯罪

这是依据职务犯罪所侵犯的客体的不同而作的分类。所谓贪污贿赂类职务犯罪，是指以国家工作人员职务行为的廉洁性为主要犯罪客体而构成的职务犯罪，如贪污罪、受贿罪等。所谓渎职类职务犯罪，是指以国家机关的正常活动为主要犯罪客体而构成的职务犯罪，如玩忽职守、滥用职权罪等。所谓侵犯公民人身权利和民主权利类职务犯罪，是指以公民人身权利和民主权利为主要犯罪客体而构成的职务犯罪，如报复陷害罪等。以职务犯罪所侵犯的客体为标准对职务犯罪进行分类，可以认识同类职务犯罪的共同本质，有助于把握同类职务犯罪的本质特征和社会危害性。

（二）故意类职务犯罪与过失类职务犯罪

这是依据职务犯罪主观罪过形式而作的分类。所谓故意类职务犯罪，是指行为人明知自己违反职责义务的行为会发生妨害国家对职务行为管理活动的结果，并且希望或放任这种结果的发生而构成的犯罪。刑法中规定的职务犯罪大多数属于故意类职务犯罪，如贪污罪、刑讯逼供罪、滥用职权罪等。所谓过失类职务犯罪，是指行为人应当预见自己违反职责义务的行为会发生妨害国家对职务行为管理活动的结果，由于疏忽大意而没有预见或已经预见但轻信能够避免，以致发生这种结果而构成的犯罪。刑法中规定的职务犯罪只有一小部分由过失构成，如玩忽职守罪、过失泄露国家机密罪、失职致使在押人员脱逃罪等。将故意类职务犯罪与过失类职务犯罪予以区别，有利于正确区分职务犯罪主观方面的内容，寻找职务犯罪发生的不同主观因素，从而有针对性地加以控制。

（三）单一型职务犯罪与混合型职务犯罪

这是依据构成职务犯罪的犯罪主体身份的不同而作的分类。所谓单一型职务犯罪，是指依据我国刑法规定，只能由国家机关工作人员为犯罪主体而构成的职务犯罪，如徇私舞弊不征、少征税款罪等。所谓混合型职务犯罪，是指依据我国刑法规定，既可以由国家机关工作人员为犯罪主体也可以由其他准国家机关工作人员为犯罪主体而构成的职务犯罪，如贪污罪等。将单一型职务犯罪与混合型职务犯罪加以区别有助于进一步认识职务犯罪主体的复杂性，正确把握犯罪主体的范围。

（四）徇私舞弊型职务犯罪、滥用职权型职务犯罪、玩忽职守型职务犯罪与贪利型职务犯罪

这是依据职务犯罪的主观要件和客观行为的不同而作的分类。所谓徇私舞弊型职务犯罪，是指国家工作人员出于徇私的动机，利用职务上的便利实施的危害国家对职务行为管理活动的职务犯罪，如徇私舞弊减刑、假释、暂予监外执行罪等。所谓滥用职权型职务犯罪，是指国家工作人员利用职务上的便利，不履行职责或不正确履行职务，妨害国家对职务行为的管理活动而构成的职务犯罪，如刑讯逼供罪、私放在押人员罪等。所谓玩忽职守型职务犯罪，是指国家工作人员不负责任，不履行或不正确履行职务，妨害国家对职务行为的管理活动而构成的职务犯罪，如玩忽职守罪、国家工作人员签订、履行合同失职被骗罪等。所谓贪利型职务犯罪，是指国家工作人员利用职务上的便利，非法牟取经济利益，妨害国家对职务行为的管理活动而构成的职务犯罪，如贪污罪、挪用公款罪等。对职务犯罪从主观与客观行为的结合方面进行分类，便于从微观上了解各个职务犯罪的具体特点，从而对职务犯罪有一个更加全面、深刻的了解与把握。

第二节　我国的职务犯罪

一、职务犯罪的现状

进入21世纪，我国现代化建设和改革开放事业取得了巨大成就。然而伴随着巨大的辉煌，腐败现象的黑影也在不断扩展，特别是职务犯罪呈蔓延之势，已引起党中央及社会各界的关注，并在预防职务犯罪方面也出台了一系列举措，反腐败斗争也取得了一系列突破性进展。党的十五大提出了“力争在今后五年内使党政机关和干部队伍中腐败现象蔓延的势头得到遏制”的目标。党的十六大

确定反腐倡廉的途径和方法，提出要加强教育，发展民主，健全法制，强化监督，创新体制，把反腐败寓于各项重要政策措施之中，从源头上预防和解决腐败问题。

党的十七大创造性地提出了反腐倡廉建设的重要概念，并将反腐倡廉建设同党的思想建设、组织建设、作风建设、制度建设并列为党的建设的重要组成部分，强调“着力加强反腐倡廉建设”。

党的十八大以来，以习近平同志为核心的党中央着眼于全面从严治党，以力挽狂澜的气魄和胆识，以猛药去疴、重典治乱的决心，以刮骨疗毒、壮士断腕的勇气，作出了坚决打赢反腐败这场硬仗的战略决断，工作力度之大前所未有，取得成效之大有目共睹。

（一）我国职务犯罪的查处情况

2003—2007 年，全国检察机关共立案侦查各类职务犯罪案件 179,696 起，209,487 人，比前 5 年下降 13.2% 和 9.9%。已判处 226,627 人，同比上升 30.7%。其中涉案金额百万元以上的 35,255 件，县处级以上领导干部 13,929 人，通过办案挽回直接经济损失 244.8 亿多元①。

2007—2012 年 5 年间，全国检察机关共立案侦查各类职务犯罪案件 165,787 件 218,639 人，其中县处级以上国家工作人员 13,173 人（含厅局级 950 人、省部级以上 30 人）。立案侦查行政执法人员 36,900 人、司法工作人员 12,894 人。会同有关部门追缴赃款赃物计 553 亿元，抓获在逃职务犯罪嫌疑人 6220 人。2013—2017 年 5 年间，全国检察机关立案侦查职务犯罪 254,419 人，较前 5 年上升 16.4%，为国家挽回经济损失 553 亿余元。其中，涉嫌职务犯罪的县处级国家工作人员 15,234 人、厅局级 2405 人。党的十八大以来，检察机关对周永康、郭伯雄、徐才厚、孙政才、令计划、苏荣等 122 名原省部级以上干部立案侦查，对周永康、薄熙来、郭伯雄、孙政才、令计划、苏荣等 107 名原省部级以上干部提起公诉。依法办理衡阳破坏选举案、南充拉票贿选案、辽宁拉票贿选案涉及的职务犯罪。坚持受贿行贿一起查，严肃查办国家工作人员索贿受贿犯罪 59,593 人，严肃查办行贿犯罪 37,277 人，较前 5 年分别上升 6.7% 和 87%。严肃查办不作为、乱作为的渎职侵权犯罪 62,066 人，依法查处“万吨小麦霉变”“地铁问题电缆”等事件背后的渎职等犯罪。② 2018 年 3 月 20 日，《监察法》通过，检察机

① 贾春旺：《最高人民检察院工作报告》，2008 年 3 月 10 日第十一届全国人民代表大会第一次会议。

② 《最高人民检察院历年工作报告》，载 http://www.spp.gov.cn/spp/gzbg/index.shtml，最后访问日期：2020 年 3 月 25 日。

关的反腐职能赋予国家监察机关。该年度全国检察机关受理各级监委移送职务犯罪16,092人，已起诉9802人，不起诉250人，退回补充调查1869人次。依法对孙政才、王三运等32名原省部级以上人员提起公诉。①

（二）十八大以来我国反腐败的状况及特点

党的十八大以来，以习近平同志为核心的党中央坚持反腐败无禁区、全覆盖、零容忍，坚定不移“打虎”“拍蝇”“猎狐”，不敢腐的目标初步实现，不能腐的“笼子”越扎越牢，不想腐的“堤坝”正在构筑。

腐败是党执政面临的最大威胁，严重侵蚀党的执政基础，人民群众深恶痛绝。党中央深化对反腐败斗争形势的认识，在1993年以来一直沿用“依然严峻”基础上，增加“复杂”二字，强调反腐败才能兴党兴国，必须有腐必反、有贪必肃，无禁区、全覆盖、零容忍，坚决惩治腐败的旗帜立场始终如一，遏制腐败蔓延势头的目标任务从未动摇。

十八大以来，经党中央批准立案审查的省军级以上党员干部及其他中管干部440人。其中，十八届中央委员、候补委员43人，中央纪委委员9人。全国纪检监察机关共接受信访举报1218.6万件（次），处置问题线索267.4万件，立案154.5万件，处分153.7万人，其中厅局级干部8900余人，县处级干部6.3万人，涉嫌犯罪被移送司法机关处理5.8万人。②

十八大以来，截至2019年12月14日，被查处的省部级以上官员至少有191人。③ 十八大以来我国的反腐工作有以下特点：

1. 反腐力度越来越大

反腐力度大的突出表现是，十八大以后查处的腐败犯罪数量越来越多，查处的处级以上官员占比越来越高。尽管以前我们也严打腐败，但是查处的基本是处级以下官员。

2. 反腐无禁区

坚持“老虎、苍蝇”一起打，是十八以来中央强力反腐的指导原则。也就是说，在法律面前没有特殊公民，在党内没有特殊党员，腐败问题无论涉及谁、无论他职务有多高、影响有多大，也不管是在职干部还是退休干部，都将一查到底，绝不容情、绝不手软。没有“铁帽子王”，退休也不是“护身符”。

---

① 《最高人民检察院工作报告》，载 http：//www. spp. gov. cn/spp/gzbg/201903/t20190319_412293. shtml，最后访问日期：2020年3月25日。

② 《十八届中央纪律检查委员会向中国共产党第十九次全国代表大会的工作报告》，载 http：//www. xinhuanet. com//politics/2017－10/29/c_ 1121873020. htm，最后访问日期：2019年10月4日。

③ 《图说：大老虎陆续被打 十八大、十九大以来落马省部级名单》，载 http：//district. ce. cn/newarea/sddy/201403/03/t20140303_ 2403198. shtml。

3. 投案自首的增多

在纪检监察部门发布的官员被查通报中，“投案自首”已成为一个高频词。2018 年 7 月底以来，选择主动投案的问题官员有省部级，有厅局级，也有县处级。在反腐高压震慑之下，“自首效应”正在形成。

自首潮的出现是现阶段反腐败斗争取得压倒性态势并不断巩固发展的具体体现，也是持续保持反腐败高压态势带来的必然结果。以前可能还有人持观望态度，但十九大以来全面从严治党永远在路上的实践，再次表明“严惩腐败”绝不是说说而已。除了高压态势形成的持续震慑，政策感召也是重要原因。对于犯了错误的党员干部和公职人员，我们党一直坚持惩戒与教育相结合，体现宽严相济的原则。对于迷途知返，能够及时主动说明问题的，按照规定给予从轻减轻处分。

二、职务犯罪产生的原因

职务犯罪的成因是研究职务犯罪的重要环节，为我们研究职务犯罪的现象和预防起到了一个承前启后的重要作用。我们认为，诱发和导致职务犯罪的因素有以下几个方面：

（一）法治方面的原因

1. 立法方面，当前我国控制职务犯罪的法律体系还不够完善，存在立法滞后、法规不详尽、体系不完备的问题。不能完全规范现实生活中已经存在的职务犯罪的各种类型，对如何惩治一些新出现的职务犯罪形态，法律无明文规定。这就造成对职务犯罪惩治的困难，也会相对地增强职务犯罪人实施犯罪的决心和逃避打击的信心，因此增加了职务犯罪发生的概率。从这个意义上讲，法治因素也是导致职务犯罪发生的重要因素。

2. 执法方面，打击不力。一是执法机关和执法人员在办理职务犯罪案件时，有时不能完全做到法律面前人人平等；二是对职务犯罪以罚代刑，以经济、行政处理和党内处理代替法律制裁的现象比较严重，致使某些犯有严重渎职罪的国家工作人员得不到应有的处罚而逍遥法外。

3. 法律监督方面，对国家工作人员缺乏监督约束机制。有些国家工作人员的活动及其行为实际上是处于一种无人监督、无法监督的状态，一旦发现某个国家工作人员有严重问题，该问题就已经构成了职务犯罪，法律监督起不到“防患于未然”的早期预防作用。即使有人知情，想举报揭发某个国家工作人员的渎职犯罪行为，也是顾虑重重，害怕遭到打击报复。目前的职务犯罪增多，而举报揭发者却心有疑虑，两者形成强烈的反差便是人民群众监督弱化或不力的集中体现。

（二）经济方面的原因

1. 经济发展水平滞后

党的十一届三中全会以来，四十多年的改革开放极大地促进了我国经济的发展。尤其是沿海地区的经济取得了突飞猛进的发展，人们的生活水平有了很大的改善和提高。但是，我国广大的中西部地区的经济发展仍相对落后，沿海与内地在经济发展和生活水平等方面形成了强烈的反差。这种经济发展的不平衡必然在生活上体现出来，导致掌握公权力的人对现有生活的不满足。贪图享乐的心态一旦无法得到满足，必然会滥用手中权力，走上职务犯罪的道路。在实践中，经济发展水平较低在许多职务犯罪中都是引发犯罪行为的根源，尤其是贪利性职务犯罪。另外，经济发展水平滞后的现状也制约了我国公职人员的个人素质发展，成为职务犯罪屡禁不止的原因之一。受经济发展水平所限，我国在教育领域投入不足，造成了基础教育不发达、高等教育机会不足的现状，严重影响了我国人口整体素质的提高。尤其是许多工作多年的国家公职人员并未接受过系统、良好的教育，在个人素质和自我约束能力方面都比较欠缺，在不良情绪的影响下，无法控制手中权力的运行方向，滥用权力谋取私利。而深受职务犯罪侵害的受害者往往因为文化水平不高、法律意识淡漠，不知道运用法律武器维护自己的合法权益，放纵了职务犯罪行为，使职务犯罪更加嚣张。

2. 社会分配不公

当前我国城乡间、区域间收入差距的不断增大，社会利益的不合理分配，造成了尖锐的社会矛盾。国家公职人员尽管拥有较高的社会地位，工资却普遍较低。与此同时，社会上从事商业的人员，甚至个体商摊贩，他们的每日所得可能是担任领导职务人员工资的几倍甚至十几倍。面对这样的现实，一些担任公职的人员心理失衡。当他们不能通过自己的工资收入来达到别人的生活水平时，就利用手中的权力，来牟取不正当利益。因此，贪污、受贿、挪用公款等职务犯罪便由此而生，有些人为了钱财，甚至徇私舞弊、出卖国家秘密等。

3. 经济利益的驱动

追求物质利益是人们的本能，是影响人们的思想和行为最深刻的因素。面对巨大物质利益的诱惑，逐利的本能很容易被激发，并将法律、法规、道德等约束自己行为的规范抛之脑后，铤而走险，通过犯罪活动来满足“个人需要”。尤其是一些手握权力的领导干部，对自己职责范围内的事情，在心理上也认为是一种付出，期望有关当事人给自己以等价的回报。这不仅表现在有的领导干部利用职务上的便利和手中的权力受贿、索贿，还表现在有的领导干部只要对方不给自己相应的好处，就故意不正确履行自己的职责，甚至滥用职权、索拿卡要。

（三）政治方面的原因

1. 公权力缺乏制约和监督

权力缺乏制约和监督构成导致我国职务犯罪产生的主要政治因素。监督机制是防范国家权力滥用的重要保障，不受监督的权力必然导致腐败，这是人类社会在长期反腐败斗争中得出的宝贵经验。当前，在我国政治生活中，人大监督、党内监督、司法监督、行政监督、群众监督、舆论监督都不同程度地存在监督不到位和监督乏力的问题。其一，内部监督难以真正到位。通过纪检部门对党员干部实行监督，是我党在长期革命和建设实践中形成的重要监督形式，但负有纪检职责干部的任免、调动通常又均由党政主要领导决定。因此，难以避免监督不力的情况发生。其二，权力机关监督的主动性不强。人大拥有立法权、人事任免权、重大事项决策权和干部监督权，拥有这些权力是行使监督权的坚强后盾。但实际上人大监督同样存在监督渠道不畅和监督得不到保证等问题，影响了监督效果的实现。其三，舆论监督的力度不够。舆论监督大多是指通过新闻运作手段实施的监督，这种监督被世界各国的实践证明在预防和揭露犯罪方面具有明显的作用。如美国的“水门事件”和日本的“利库路特丑闻”均是被媒体最先发现和揭露，最终导致腐败政府垮台。但我国的舆论部门对政治活动的监督深度和广度还相当有限，主要表现为正面宣传多，负面报道少，现象介绍多，深刻分析少，客观上导致舆论监督的作用未能得到充分发挥。其四，群众监督难以形成合力。我国历史上缺乏民主政治的传统，“官本位”思想严重，缺少对公职人员监督的思想意识和行为习惯，在广大群众中还没有形成制止公职人员不正当行为的氛围。人民群众的监督总是处于零散的、自发的、被动的、无奈的状态。[①] 各民主党派的监督也因种种原因无法实施有效的监督。[②]

2. 干部、人事管理制度存在缺陷

职务犯罪行为的主体主要是国家工作人员，是干部、人事管理的直接对象。该制度缺陷的直接后果是导致对国家工作人员管束的失范，从而给想实施职务犯罪的人提供了便利条件。突出表现在：一是一些地方和部门，没有按照精简、效能需要的原则设置机构、编制人员，一定程度上存在因人设岗的现象，结果导致机构臃肿、职责不清、冗员过多、人浮于事，加大了行政管理的难度。这种迅速增编的局面，一方面说明改革开放以来行政管理队伍的迅速发展和扩大，但另一方面也存在只求数量，不求质量，导致管理人员鱼目混珠、素质参差不齐的状

① 李生明：《对党政“一把手”监督的现状调查、原因分析及对策研究》，载《改革》2001 年第 3 期。

② 李雪勤：《民主与改革——新世纪反腐败思路》，中国方正出版社 2001 年版，第 31 页。

况。二是一些地方和部门，没有根据权责相适应的原则，科学合理地分配行政管理权力，结果导致行政管理权力分配不当。一方面赋予一部分人较大的行政管理权力，而没有同时规定相应的责任和制约措施；另一方面使一些缺乏从政道德和从业素质的人掌握了较大的行政管理权力，这部分人中有的就把手中权力视作个人特权，或滥用，或谋私。三是干部、人事制度如干部选拔、任用制度缺乏公开、民主、竞争机制，人治的因素较多。任用干部任意性太强，用人权力与用人责任不对称。① 选拔干部的年龄标准存在问题，尤其是在基层干部选拔工作中存在片面理解干部年轻化的问题。干部选拔程序不规范、监督虚设。提拔干部的过程中，主要领导搞"一言堂"，任意提拔干部。这为某些人跑官、要官、买官、卖官提供了机会，同时又成为派生其他腐败的源头，为职务犯罪的实施创造了有利的条件。

（四）犯罪主体方面的原因

个人因素也是引起职务犯罪的主要原因。

1. 个人品德不良、价值错位

职务主体个人品质不良，是其实施职务犯罪的重要原因之一。人性天生是存在弱点的，尽管人性善恶的命题几千年来争论不清，但"人无完人"的道理不容否认。职务犯罪的产生既有外部客观原因，也同行为人的个人素质有关。从思想根源看，市场经济的负面效应使一些公职人员产生权钱交易的"商品意识"，私欲观念和特权思想增长，背弃基本的党性，以权谋私、腐败堕落。"官本位"思想和"拜金主义"泛滥，一些公职人员以自我为中心，个人至上，将个人利益凌驾于国家和人民利益之上，在面临外界各种诱惑时，贪欲膨胀、心理失衡、行为失范，走上职务犯罪的道路。在实践中，很多职务犯罪行为人的品质低下甚至非常卑劣。

2. 缺乏职业道德、敬业精神

职务主体缺乏职业道德、敬业精神，也是导致职务犯罪的重要原因。一些从事公务的人员对工作严重不负责任，不严格履行自己的职责，致使发生重大工作失误，使国家、集体和人民利益遭受重大损失。实践中，很多玩忽职守罪就是这样发生的。改革开放以来，在大量引进西方先进技术和优秀文化成果的同时，一些腐朽的生活方式和意识形态也不可避免地传播进来，严重污染了一些国家工作人员的世界观与人生观，使他们的公职观念日益淡薄，为职务犯罪提供了内在动因。我们也在诸多案例中发现，大部分腐败分子在工作之初都还是能做到廉洁奉公，以人民利益为重的，而且一般都具有一定的办事能力，所以才取得党和人民

① 柳晞春：《预防职务犯罪：反腐败的理性选择》，法律出版社 2003 年版，第 278 页。

的信任，获得了较高的职务，但到后来，尤其是在升迁无望或者即将退休时，在利益面前，私欲和利己的人性弱点占了上风，放松了人生观、世界观的改造，最终走上了犯罪的道路。

三、职务犯罪的治理对策

职务犯罪的深层原因决定了其存在是不可避免的，因此欲将其彻底消灭的想法是不切实际的。理性的目标是将其控制在社会可以容忍的程度和范围之内。职务犯罪既然是多种因素综合作用的结果，其治理工作必然应综合多项措施，争取最佳效果。

（一）深化政治经济体制改革，转变政府职能，完善权力运行机制

所谓权力运行机制，是指关于国家公共权力运作和行使的一套基本制度和具体程序的总称。对权力的运行过程进行规范和调控，使其在法治化、规范化的轨道上运行，避免公共权力异化，是治理职务犯罪的基础环节。党的十六大报告明确提出要建立结构合理、配置科学、程序严密、制约有效的权力运行机制；党的十七大报告进一步提出要完善权力运行机制，做到“情为民所系、权为民所用、利为民所谋”，实现“立党为公，执政为民”。治理职务犯罪工作，首先要从权力的正确配置和运行着手，通过深化政治经济体制改革，转变政府职能，使公共权力的行使真正服务于国家和公众利益。2008 年，国务院推行大部制改革，就是要让行政组织及其人员正确运用法律所赋予的行政权力，有效地管理公共事务，最大限度地维护和实现公共利益，满足公众需求和国家需要，建立服务型政府。

继续推行和完善公开招投标的政府采购制度，提高政府资金运用流向的透明度，以便实行社会监督。广泛建立办事公开制度，便于群众知情和监督，以杜绝“暗箱操作”。采取必要和适当的措施，努力改革分配制度，消除社会分配不公的现象。认真执行《公务员法》关于公务员的录用标准、程序及考核的规定，保证公务员队伍素质的进一步提高，改善公务人员的工资和物质待遇，从而为预防某些职务犯罪，促进廉政勤政建设提供某些配套措施。加强干部人事制度建设。针对当前干部人事制度方面存在的“一把手”权力过大的现象，在干部选拔、任用方面，要严格落实相关负责人责任追究制，在《党政领导干部选拔任用工作条例》的基础上，完善对非党员干部选拔、任用程序与监督程序，将干部人事制度建设公正公开地覆盖所有公职人员。

（二）完善相关的立法及制度

首先，完善监察法相关配套立法。2018 年 3 月 20 日《监察法》通过，意味着国家监察体制改革成果进一步固化为法律制度，这是反腐败工作法治化的重要

里程碑。我们还需要进一步调研监察法实施过程中出现的新情况、新问题，推动执纪与执法相贯通，有效衔接司法，也就是推动纪法贯通、法法衔接。完善监察法配套法律政务处分法、监察官法等，推动形成制度体系。

其次，完善刑事立法。在受贿罪方面，存在入罪门槛过高、贿赂仅限于“财物”、既遂形态只能是结果犯、成立的要件需具备“为他人谋取利益”等缺陷。刑事立法应该进行完善，堵上这些漏洞。

再次，要在法律层面建立国家公务员个人财产申报公示制度，完善公务员财产申报和登记。这是对国家公务员的财产取得和拥有情况进行有效监督的一种预防性的廉政措施。目前，公务员在任职期间仅向有关部门申报个人财产状况。应当立法规定公务员定期向社会公示其个人财产状况，以增加其财产的透明度，便于社会监督。一旦发现公务员的消费水平和生活方式与薪金收入不相符或发现有违法收入时立即查处。

最后，改革行政审批制度，剥离权力之上的附加值。要对现有行政审批事项进行全面清理，提出撤销、下放、合并、转移的意见，并制定相应的制度，规范审批，以便从源头上防止和治理腐败。要在制定和完善金融、工商、税收法规的同时，强化工商、税务、海关、审计等国家职能部门的监督机制，以预防和减少职务犯罪的发生。

（三）建立健全监督体系

健全有约束力的监督体系，建立和完善对职务主体的监督制度，对其进行全方位、多层次的监督。要健全各种监督约束机制，完善内部监督与外部监督协调配合的机制，形成包括法律监督、人大监督、社会监督、舆论监督等多种监督相结合的有机链条。目前需要重点加强的有两方面：一个是权力机关的监督；各级权力机关应当改变只听汇报的被动监督方式，开辟多方监督渠道，进行主动监督；另一个是社会监督。我国目前一些公务行为的透明度还不高，人民群众对国家机关及其工作人员的活动知之甚少，限制了社会监督作用的发挥。我们应当尽力扩大职务行为的透明度，并疏通和完善群众举报职务犯罪的途径，使人民群众的监督进一步发挥作用。[①] 党的十八大以来，各级纪检监察机关不断推动党内监督方式方法的改革创新，实现党内监督全覆盖。积极探索监督执纪“四种形态”。各级纪检监察机关通过有效运用“四种形态”，从小处抓起、从日常抓起，对反映党员干部的苗头性、倾向性问题，及时予以纠正，减存量、遏增量，防止腐败势头蔓延。

《监察法》赋予了监察机关对国家公职人员的全面监督监察权，但是，对于

① 胡渝：《职务犯罪的预防研究》，载《重庆工商大学学报西部论坛》2008 年第 S1 期。

监察机关自身的监督存在欠缺。《监察法》仅仅规定了人大监督、民主监督、社会监督、舆论监督与内部监督。人大监督以事后监督为主，及时性不足；民主监督、社会监督与舆论监督不具有纪律的约束性和法律的强制性，约束力不够；内部监督虽然可以及时发现、解决问题，但是监督易受影响，独立性稍差。对监察机关如果不谨慎地加以制约与监督，不仅不利于被调查人员合法权益的保障，恐怕还会滋生更加严重的腐败问题。要建立起对监察机关的制约与监督机制。第一，要完善权力对权力的制约，在监察机关内部，打通上级监督、同级监督、下级监督之间的体制性障碍，让权力运行走上法治化轨道。在监察机关与审判机关、检察机关、执法部门的工作衔接中，不仅要做好配合协作，还要建立制约机制，保证权力规范运行。更要发挥党的纪律检查制度的作用，保障监察机关公正地履行职责。第二，要继续加强人大监督、民主监督、社会监督、舆论监督等监督制度的建设，切实保障人大及其常委会对监察人员进行监督、质询和罢免的权力得以实现，保证公民对监察机关及其工作人员的批评、建议、申诉、控告、检举等权利得以落实，使权利对权力的监督发挥确实有效的作用。

（四）强化思想教育、法治教育，提高政治素质

对公务员加强政治思想教育，帮助他们树立正确的世界观、人生观、价值观和权力观、地位观、利益观。要严格要求广大的国家公务员，时刻注意加强国家工作人员的爱国主义教育和党风廉政教育，并对其严格监督、严格管理，要求他们时刻保持和发扬艰苦奋斗的作风，勤政廉政，无私奉献，时刻以为人民服务为宗旨，自觉抵制各种腐败思想和文化的侵蚀，甘做人民的公仆。同时还要不断深入普及有关职务犯罪的法律知识，增强国家工作人员的法律意识，使之自觉遵守各种法律规范，切实做到学法、知法、守法、护法，运用法律来约束自己的行为，维护法律尊严，防止他们思想上的落伍，从思想上保障国家工作人员行使国家权力活动时的廉洁性。

（五）加强国际合作，推进反腐败国际追逃追赃制度的实施

2014 年，在 APEC《北京反腐败宣言》中，中国第一次以国际文件的形式明确提出加强反腐败追逃追赃等务实合作的“中国主张”。经过几年实践，中国开展的国际追逃追赃工作取得举世瞩目的成绩，所倡议的反腐败追逃追赃国际合作也得到了国际社会的广泛认可和道义支持。2017 年 1 月 5 日，违法所得没收程序司法解释正式实施，2018 年 3 月，第十三届全国人大第一次会议审议通过了《宪法》修正案和《监察法》，反贪污反渎职案件的侦查职能整体转隶给监察委。为保障国家监察体制改革顺利进行，加强反腐败国际追逃追赃工作力度，丰富反腐败国际追逃追赃手段，2018 年 10 月 26 日，第十三届全国人大常委会第六次会议表决通过新修改的《刑事诉讼法》和《国际刑事司法协助法》，通过立法建立

刑事缺席审判制度和国际司法协助制度，对以法治方式推进反腐败斗争和开展国际追逃追赃作了制度安排，建成更加严密的反腐败国际追逃追赃法网。

加强反腐国际合作是一项长期战略，面临诸多现实的机制、制度、条约的障碍，并非能在短期内达到立竿见影的效果，必须多管齐下，长期坚持。要进一步加大反腐败斗争力度，以坚定的反腐败态度和实际行动赢得世界各国的认同、理解、支持。加强与他国在反腐败国际条约、机制、制度签订、落实，加强与反腐败国际组织合作机制化，加强国际反腐败新秩序的构建，获得更多国际反腐话语权，营造对中国更有利的国际反腐合作环境。

延伸阅读

联合国反腐败公约

2000年12月4日，第55届联合国大会提出，设立特设委员会，起草一份预防和打击腐败的综合性国际法律文件。之后，包括我国在内的107个国家及28个国际组织、非政府组织代表，先后进行了7轮谈判，起草出《联合国反腐败公约》（以下简称《公约》）草案。2003年10月31日，第58届联合国大会审议通过了《公约》。2003年12月10日，我国政府签署了《公约》。2005年10月27日，第十届全国人大常委会第十八次会议以全票通过决定，批准加入《公约》。截至2005年9月，已有33个国家批准了公约。《公约》于2005年12月14日正式生效。对于每个加入《公约》的国家或区域经济一体化组织，本公约自该国或者该组织交存有关文书之日后第三十天起开始生效。《公约》于2006年2月12日对我国生效。目前公约有140个签署国，172个缔约国。这是联合国历史上通过的第一个用于指导国际反腐败斗争的法律文件，是世界各国反腐败经验的总结，体现了国际社会治理腐败的共同意愿和决心，对预防腐败、界定腐败犯罪、反腐败国际合作、非法资产追缴等问题进行了法律上的规范，对各国加强国内的反腐行动、提高反腐成效、促进反腐国际合作具有重要意义。

《公约》除序言外共分8个章节、71项条款，包括总则，预防措施，定罪和执法，国际合作，资产的追回，技术援助和信息交流，实施机制以及最后条款。公约涉及预防和打击腐败的立法、司法、行政执法以及国家政策和社会舆论等方方面面，是一个重要、全面、综合性的反腐败国际法律文书。公约对如下问题进行了法律上的规范："腐败"的概念、"公职人员"的概念和其他相关的概念、挪用或转用犯罪、财产非法增加罪、贿赂外国官员和国际组织官员行为的定罪、

“双重犯罪原则”的适用、在引渡合作中不将腐败犯罪视为“政治犯罪”、被非法转移国外资产的追回机制、被追缴资产的返还或处置、被追缴资产的“分享”等。公约为世界各国政府执行对各种腐败行为的定罪、惩处、责任追究、预防、国际法律合作、资产追回以及履约监督机制提供了法律依据。

《公约》确立了反腐败五大机制：

1. 预防机制

包括规定专门的预防腐败机构，建立科学的非选任公职人员的管理制度，建立以透明、竞争、客观为标准的公共采购制度，简化行政程序，防止私营部门的腐败，促进社会参与，打击洗钱活动等。

2. 刑事定罪和执法机制

刑事定罪方面，《公约》将贿赂外国公职人员及国际公共组织官员，贪污、挪用、占用受托财产，利用影响力交易等行为确定为犯罪。对腐败的制裁，除刑事定罪外，还包括取消任职资格、没收非法所得等，反腐败专门机关还有权采取特殊侦查手段。保护措施包括保护举报人、证人、鉴定人、被害人，对因腐败而受到损害的人员或实体予以赔偿或补偿等。

3. 国际合作机制

《公约》规定缔约国应当就打击《公约》规定的犯罪进行国际合作，包括引渡、司法协助、执法合作等。引渡须满足两个基本条件：一是被引渡人有《公约》所涵盖的犯罪行为；二是请求国和被请求国同为《公约》缔约国，且符合双重犯罪原则。

4. 资产追回机制

《公约》规定缔约国应当对外流腐败资产的追回提供合作与协助，包括预防和监测犯罪所得的转移、直接追回财产、通过国际合作追回财产、资产的返还和处置等。

5. 履约监督机制

《公约》规定设立缔约国会议，负责监督《公约》的实施。根据《公约》第63条规定，设立公约缔约国会议，增进缔约国的能力和加强缔约国之间的合作。

第二十四章

计算机犯罪

第一节　计算机犯罪概述

一、计算机犯罪的概念

计算机犯罪作为一个概念，是在计算机不断发展的过程中产生的，是计算机技术发展到一定阶段的产物。计算机犯罪，又称与计算机有关的犯罪、电脑犯罪等，其概念最初是在20世纪五六十年代由美国等信息科学技术比较发达的国家提出并形成，并立刻得到国际社会的广泛认可。尽管计算机犯罪这一表述已为公众所接受，但有关计算机犯罪的概念，目前尚没有形成一个统一的定义。随着有关计算机犯罪理论研究的深入及计算机技术的迅速发展、新形态计算机犯罪的不断出现，关于计算机犯罪概念的界定可谓众说纷纭。综观国内外学者提出的观点，关于计算机犯罪的定义整体上可以概括为广义说、狭义说和折中说三个学说。

（一）广义说

广义说流行于计算机犯罪早期，通常是指所有与计算机有关的一切犯罪，但具体表述又各有不同。欧洲经济合作与发展组织的专家认为，在自动数据处理过程中，任何非法的、违反职业道德的、未经批准的行为都是计算机犯罪；[①] 美国司法部则将人们惯常认为的计算机犯罪行为分为三种情况：（1）计算机滥用，

① 公安部计算机管理监察司编：《计算机安全必读》，群众出版社1988年版，第16页。

指任何与计算机技术相关的事件，在事件中受害者遭受了或者可能遭受到损失，而犯罪者有意获得或可能已获得利益；（2）计算机犯罪，指任何利用计算机技术知识作为基本手段的行为；（3）数据泄露，指未经许可从计算机系统暗中转移或者取得数据拷贝，此处是指故意的心理状态，不包括过失。日本刑法学者高石义认为，计算机犯罪就是把有关计算机只是作为不可缺少要素的不当行为。① 日本刑法学者板仓宏认为，计算机犯罪是指与计算机相关联的一切反社会行为。② 我国持广义说观点的学者也不在少数，如有学者认为，计算机犯罪是指与计算机相关的危害社会并应当处以刑罚的行为。③ 有的学者认为，计算机犯罪是指行为人借计算机以达到犯罪目的的犯罪。

（二）狭义说

与广义说的区别在于，狭义说对计算机犯罪的范围加以限制，将从涉及计算机的所有犯罪缩小为对计算机资产和计算机内存数据进行侵犯的行为。如瑞典的《私人保密法》规定："未经批准建立和保存计算机私人文件，有关侵犯受保护数据的行为，非法存取电子数据处理记录或者非法修改、删除、记录侵犯个人隐私的行为都是计算机犯罪。"④ 我国台湾地区有学者认为："计算机犯罪是指与电子资料的处理有关的故意而违法的财产侵害行为。"⑤

（三）折中说

这一概念注重的是计算机本身在犯罪中的作用，认为计算机本身在犯罪中是以"犯罪工具"或者"犯罪对象"的方式出现，并将计算机犯罪定义为是行为人针对计算机的犯罪和计算机被用作犯罪工具的犯罪。例如，德国学者施奈德认为："计算机犯罪指的是利用电子数据处理设备作为作案对象的犯罪行为。"⑥ 日本学者藤本哲也认为，所谓计算机犯罪，是指针对计算机的犯罪或者不正当使用计算机的犯罪，同时也是以计算机的技术知识为不可缺少要素的犯罪。⑦ 我国有学者认为，计算机犯罪是"以计算机为工具或以计算机资产为对象的犯罪行为"。⑧ 也有学者认为，所谓计算机犯罪，是指行为人依计算机的特点而故意或

---

① ［日］高石义：《电脑犯罪的防治技术》，载《法学家》1985 年第 4 期。

② ［日］板仓宏：《电脑与刑法》，载《法学论坛》1982 年第 7 期。

③ 常建平：《网络安全与计算机犯罪》，中国人民公安大学出版社 2002 年版，第 167 页。

④ 公安部计算机管理监察司编：《计算机安全必读》，群众出版社 1988 年版，第 16 页。

⑤ 林山田、林东茂、林灿璋：《犯罪学》，三民书局 1989 年版，第 420～421 页。

⑥ ［德］施奈德：《犯罪学》，吴鑫涛、马君玉译，中国人民公安大学出版社 1990 年版，第 70 页。

⑦ ［日］藤本哲也：《信息化社会和电子计算机的犯罪》，高作宾译，载《国外社会科学》1987 年第 3 期。

⑧ 陈兴良主编：《刑法疏议》，中国人民公安大学出版社 1997 年版，第 59 页。

者过失地利用计算机为工具实施的危害社会的行为，或者以暴力毁坏他人正在使用中的计算机及其设备，依法应受刑罚处罚的行为。①

广义说将一切与计算机相关的犯罪均视为计算机犯罪，尽管体现了极强的包容和概括性，但因其范围过宽导致概念稍显空洞。依据广义说，故意破坏计算机外观完整性的行为也可视为计算机犯罪，但这与故意毁坏财物没什么区别，一些传统的如诽谤罪也可以利用计算机去实施，但若将这两类案件作为计算机犯罪去研究和探讨显然有违将计算机犯罪作为一种新型犯罪着重进行研究的初衷。目前该观点已为绝大多数刑法学者所摒弃。狭义说将计算机犯罪作为一种新型犯罪加以研究，突出了计算机犯罪的信息性特征，但该说将计算机犯罪的范围限定得过于狭隘的缺陷显而易见。一方面是范围限制得过于狭隘，致使有的计算机犯罪行为无法被纳入进去，如非法侵入受保护的计算机信息系统的犯罪行为；另一方面仍然存在与传统犯罪的界定相重合的状况，从而使狭义说不太符合实际，因此，狭义说的观点在理论界不是太为学者所认可。目前，关于计算机犯罪的概念，理论界较为流行的是折中说。折中说避免了广义说范围过宽和狭义说范围过窄的不足，从计算机作为犯罪对象和犯罪工具两方面来把握计算机犯罪，可以说比较科学。根据折中说的观点，计算机犯罪可以分为两种类型：一是利用计算机实施某些传统类型的犯罪；二是以计算机信息系统为犯罪对象的犯罪。我国《刑法》第287条的规定属于第一个类型的计算机犯罪，《刑法》第285条、第286条的规定属于第二个类型的计算机犯罪。在计算机犯罪中，学界普遍认为第二种是典型的计算机犯罪。至于第一种是否属于计算机犯罪的范畴，目前理论界尚有争议。与刑法学对具体犯罪的定义要求高度严谨性不同的是犯罪学重在对犯罪现象的研究，其对犯罪的概念强调的是高度的概括性。犯罪学研究犯罪的意义在于，找出犯罪产生的根源，制定针对性的预防犯罪的对策，从而维护社会秩序的良性运转。因此，为了最大限度地预防该类案件的发生，减少因计算机犯罪所带来的危害，以上两个类型的计算机犯罪都应当纳入犯罪学的研究范围。

众所周知，犯罪学中研究的计算机犯罪并不是一个具体的罪名，也不是刑法意义上的一种类罪，而是从多种犯罪行为中提取出来的利用电子技术侵害计算机信息系统正常运行的诸多犯罪行为的总称。与其他犯罪相比，计算机犯罪最明显的特征在于其犯罪的高智能、高技术性，在对计算机犯罪这一概念进行界定时，这一特征应得以体现。综上分析，所谓计算机犯罪，应界定为是利用电子数据破坏计算机系统安全及必须通过计算机操作才能实施并且应当依法追究刑事责任的行为。

---

① 杨春洗、秦秀春：《刑法上计算机犯罪概念之提出》，载《现代法学》2000年第3期。

二、计算机犯罪的特征

作为一种新型的犯罪，与传统的犯罪相比，计算机犯罪具有以下特征：

（一）犯罪主体和犯罪手段的高智能化

计算机犯罪的根本特点在于犯罪过程中的高技术和高智慧的结合。要实施计算机犯罪必然要以接触和使用计算机为前提，而能熟练运用计算机，并借此以实现其犯罪目的的，则通常是具有相当丰富的计算机技术知识和娴熟的计算机操作技能的专业人员，否则相应的计算机犯罪无法实施。在犯罪行为实施以前，犯罪分子通常会对行为进行周密的部署和精心的策划，且会利用计算机信息系统的功能和缺陷设计反侦察对策，这些都要求实施计算机犯罪的主体具有较高的智商，而且计算机专业知识越高，作案的手段就越高明和巧妙，也就越难以被发现和侦破。据有关资料显示，当今世界所发生的计算机犯罪案件中，有70% ~80%是计算机专家所为。

（二）犯罪形式具有隐蔽性

首先，利用计算机这一平台实施犯罪行为时，行为人的作案时间和地点一般不受限制，可以随心所欲地去选择，并且作案时间通常比较短，长则几分钟，短则几秒钟，可以说转瞬间犯罪行为即可完成。其次，利用计算机犯实施的犯罪，其证据往往只是几个字节，并且大多数证据都可以从计算机信息系统中直接删除或者自然销毁，即使留下了证据，往往也会因为这些证据都是些不可直接阅读的电磁记录，而难以查清和确认计算机具体在哪个环节被做了手脚，不易被发觉。

（三）计算机犯罪取证困难，破案率低

如前所述，计算机犯罪无论从时间、地点或者是证据方面都具有很强的隐蔽性，难以取证，再加上计算机犯罪是一种高智能、高智商的犯罪，这类案件的侦查，需要侦查人员具有较高的计算机业务知识，这就给实践中该类案件的侦破增加了一定的困难。

（四）具有极大的社会危害性

国际计算机安全专家一致认为，计算机犯罪的社会危害性大小与计算机信息系统的社会作用成正比，社会资产计算机化的程度和计算机的应用普及度越高，计算机犯罪的概率就越高，社会危害性也就越大。计算机普遍应用于金融、交通、电子、通信系统及政府办公、经济管理、军事控制等国家重要领域，可以想象，当某个要害环节出问题时，灾难性的“多米诺骨牌”连锁反应将接踵而至。更为严重的是，它对整个社会的经济、文化、政治、军事、社会管理及物质生产产生全方位冲击，犯罪后果的多重危害性非其他犯罪可以与之相提并论。①

第二节　我国的计算机犯罪

计算机犯罪首先出现在军事领域，然后逐步渗透到科学、工程技术领域，进而进入金融和商业领域。世界上第一例有案可查的涉及计算机犯罪的案件是于1958年发生于美国的硅谷，但这起案件直到1966年才被发现。中国第一例涉及计算机犯罪的案件（利用计算机贪污）发生于1986年，而被破获的第一例纯粹的针对计算机实施犯罪的案件（该案为制造计算机病毒案）则发生在1996年11月2日。从首例计算机犯罪被发现至今，计算机犯罪无论是犯罪类型还是发案率都在不断变化，案件数量逐年大幅度上升，犯罪方法和类型不断翻新，由开始以计算机为犯罪工具的犯罪类型逐渐向以计算机信息系统为犯罪对象的犯罪发展，并呈愈演愈烈之势。正如国外有的犯罪学家所言，“未来信息化社会犯罪的形式将主要是计算机犯罪”，同时，计算机犯罪“也将是未来国际恐怖活动的一种主要手段”。

一、计算机犯罪的现状

计算机犯罪是伴随着计算机技术的产生、发展而出现的，从军事领域首先介入，逐步渗透到工程、科学、金融和商业领域，越来越体现出计算机犯罪危害的加重。

1966年10月，美国斯坦福研究所研究人员、著名的计算机安全专家唐·B.帕克在调查与计算机有关的事故中发现了一起一名计算机工程师通过篡改计算机程序修改银行账目上余额的事件，从而引发了世界上第一例被追究刑事责任的计算机犯罪案件。1974年，美国发生了首例法人组织利用计算机实施的利用计算机伪造保险单骗取保险金的案件。此后，有关计算机犯罪的案件层出不穷，但这一时期的计算机犯罪主要体现在财产诈骗方面。英国计算机安全专家阿德瑞·诺曼在《计算机不安全》一书中详细介绍了1953年至1982年20年间世界各地发生的107个“计算机不安全事件”，其中犯罪案件67起，诈骗案件44起，约占66%。

进入20世纪80年代以后，随着计算机技术的飞速发展，计算机网络之间联

① 丘志馨：《计算机犯罪及防治对策》，载《公安大学学报》1999年第5期。

系的加强，计算机犯罪带来的威胁和压力也与日俱增。发生在世界各国的计算机犯罪案件迅速增长，计算机犯罪的严重态势在全球蔓延，案件的年平均增长率达到30%左右。20世纪90年代以后，计算机犯罪更加严重，成为一种普遍多发的案件类型。1994年，英国工业贸易部、国家计算机及英国信息产业安全评估与认证委员会对10,000家公司进行的有关计算机犯罪的调查中发现，在接受调查者中，80%有过信息安全被破坏的经历。1997年，美国计算机安全研究所和FBI国际计算机犯罪中心旧金山总部合作对563家美国公司、政府部门、金融机构以及科研院所做的“计算机犯罪与安全调查”发现，仅1996年一年的计算机犯罪就给其中的249个机构造成超过1亿美元的经济损失。①

其实，从20世纪70年代起，随着计算机技术的发展和普及，与上述计算机犯罪类型并存且具有较强破坏性的“黑客”案件也逐渐产生并且呈上升趋势。美国《2001年计算机犯罪和安全调查》报告称，美国各地的计算机系统遭到计算机病毒供给、拒绝服务攻击和存在各种安全漏洞的事例比比皆是。企业、政府部门和大学的538位计算机安全专家在接受采访时表示，美国公司和其他机构每年都要因为计算机犯罪复出高昂的代价。虽然损失的数额尚没有确定，但显然已经达到数亿元。在接受调查的部门中，有35%承认他们遭受了损失，总额达37.78亿美元之多，比2000年的近26.56%亿美元大大增加。美国著名会计师事务所普华公司的一项调查结果表明，美国业界在2000年花费了3000亿美元对付黑客和计算机病毒。

计算机犯罪在全球的发展和蔓延同样影响着中国。一般认为，1986年7月发生在深圳的陈新义、苏庆忠伪造存折骗取存款的案件是中国内地破获的第一起计算机犯罪。自此，我国每年至少会出现几起或几十起计算机犯罪。1989年3月，我国西南铝工厂计算中心的七台计算机发现被“小球”病毒感染，这是我国首例公开报道的计算机病毒。随后在1990年广州发现了“国产化”计算机病毒“中国001号”，这是发现的国内最早的制作计算机病毒的犯罪，但这一犯罪行为没有被侦破。随着计算机的普遍运用和网络技术的发展，计算机病毒案件接连不断，危害程度也越来越深。如2006年的“熊猫烧香”病毒，该病毒2006年12月首次出现，短短一个多月就在全国迅速蔓延，上百万个人电脑及企业局域网电脑用户受到病毒感染和破坏，损失特别严重。

随着计算机技术的不断提高，计算机犯罪的手段和方式也趋于多样化。目前，公安部公共信息网络安全监察局发布的信息显示，当前中国的计算机违法犯罪主要表现为五个动向：一是利用计算机制作、复制、传播色情、淫秽物品的案

① 康树华、张小虎主编：《犯罪学》，北京大学出版社2009年版，第371页。

件比较突出，这类案件2001年共立案2000余起，几乎占所有计算机案件的一半。二是利用计算机网络侵犯公私财产的案件呈多发趋势。从1986年深圳市公安机关侦破第一起利用计算机盗窃储户存款案以来，这类案件已由利用计算机盗窃发展到了网上诈骗、网上敲诈勒索、利用网络非法传销等。三是危害计算机信息网络安全的案件增幅较大。如2001年的“红色代码”二型“尼姆达”等恶性病毒，造成一些政府机构、教育科研单位等行业的网络通信阻塞，甚至导致服务器瘫痪。四是侵犯公民人身权利和民主权利的案件增多，2001年警方共立案侦查此类案件186起，其中刑事案件11起，违法案件175起，比上年增长3倍多。五是利用互联网危害国家安全的案件持续上升，危害性大。利用互联网宣传、煽动、指挥危害国家安全的犯罪，有民族分裂分子利用互联网煽动民族歧视和仇恨、组织指挥境内民族分裂分子从事破坏活动，还有一些违法人员受境外敌对组织和敌对分子的蛊惑和影响，在网上传播攻击我党、政府以及国家领导人的反动有害信息。这些行为严重危害了我国的社会主义经济和文化建设，影响了国家的安全和稳定。从整体情况来看，目前我国的计算机犯罪还不像西方发达国家表现得那样突出，犯罪方法和手段也相对简单，但我们必须清醒地认识到，这种状况是与目前我国计算机总体普及率偏低、技术化程度不高、计算机犯罪不易被及时发现等因素有密切关系。随着信息技术的发展，我国计算机的使用领域将会扩大，人们对计算机的整体依赖性会越来越强，在今后的几年内计算机犯罪也将会大量发生，从而成为社会危害性最大，也是最危险的一种犯罪。

可以看出，在整个世界范围内，随着计算机发案率的逐年递增，计算机犯罪已经呈现出社会化趋势。万维网的开通使整个社会的信息交流超越了时空和国界的限制，利用计算机实施跨国性的国际性犯罪已成为计算机犯罪的另一新趋势。计算机犯罪专家唐·帕克说：“将来，计算机犯罪作为一种特定的犯罪类型可能会不复存在，所有的经济犯罪都将是计算机犯罪，因为各种工商活动都离不开计算机。”

二、计算机犯罪的原因

（一）计算机自身系统的脆弱性

计算机系统自身的脆弱性是促使计算机犯罪产生和增长的一个重要原因。具体来讲，计算机系统的脆弱性主要表现为以下几个方面：

1. 数据的易获取性

计算机数据大量存储于可读写的磁介质中，因此可以被不留痕迹地拷贝，甚至移动、修改、增加和删除，而且磁介质中存储的信息数据即使被删除也不会立即彻底消失，一般通过反删除命令或特殊手段仍可恢复，计算机存储介质的这一特点增加了系统泄密的可能性。

2. 电磁的泄漏性

计算机设备工作时会辐射电磁波，利用高灵敏度的仪器可以接收和破译辐射电磁波，造成信息泄露。

3. 系统的不稳定性

大多数系统软件都存在技术漏洞，几十个字节的病毒程序就可以破坏整个系统，造成系统崩溃。再加上软件系统规模不断扩大，系统软件、应用软件日趋复杂，其中隐含的 bug 防不胜防。

4. 安全防范措施的可破解性

无论是硬件加密还是软件防范都不是无懈可击，特别是多数身份识别系统手段单一，主要依靠各种符号的排列组合来达到识别身份和保密的作用，但这种措施往往容易被破译。①

（二）计算机犯罪容易实施、侦破困难

计算机犯罪的发案率之所以高居不下，还有一个非常重要的原因就在于计算机犯罪容易实施却难以被侦破。可以说，计算机犯罪是最能体现智力型犯罪特征的一种犯罪行为，犯罪分子运用计算机专业知识只需敲几下键盘向计算机输入简单指令即可完成犯罪，作案时间短，手段极其隐蔽。由于该方式不会对计算机硬件造成表面上的损害，其他数据信息通常也不会致损，再加上行为的时间地点与结果时间地点的分离，侦破该类案件又要求侦查人员具备较高的计算机专业知识，致使该类案件难以被发现和侦破，这在一定程度上激发了行为人利用计算机犯罪的侥幸心理。有关统计表明，全世界计算机犯罪以 10% ~15% 的速度增长，但被发现的案件只占 5% ~10%，及时发现但真正受到刑事责任追究的也仅占 3%。计算机犯罪案件侦破率偏低的事实除了计算机犯罪自身所具备的隐蔽性特征不易被发现外，与被害人自身也不无关系。发生在银行、证券公司领域的计算机犯罪往往涉及公司企业的内部秘密及对外形象，为了维护自身的公众形象和商业信誉，一些受害的公司和企业通常会运用法律之外的途径去解决问题，这在一定程度上也就加大了计算机犯罪的犯罪“黑数”。

（三）计算机系统安全技术的落后和对计算机从业人员管理的不善

计算机系统安全技术的落后和对计算机从业人员监管的不力是诱发计算机犯罪的另一原因。近年来，计算机的开发应用技术发展很快，而有关防范计算机犯罪的安全技术体系的研发却相对迟缓。

由于我国在计算机信息技术方面起步比较晚，目前，我国使用的计算机核心

---

① 康树华、张小虎主编：《犯罪学》，北京大学出版社 2009 年版，第 376 页。

部件以及计算机操作系统大多是国外的产品。由于少数发达国家对重要技术的垄断，致使有关计算机安全的关键技术掌握在外国厂商手中，从而使我国无法从核心硬件、软件上做技术防范。并且由于计算机信息安全产品涉及国家安全，各国出口这类产品时都以本国安全机构能够破解为前提，因此进口的安全产品实际并不安全。再加上我国拥有自主知识产权的安全产品不多，使国内使用的大部分软件都存在安全隐患，这就容易为犯罪分子所利用。

如果说计算机自身安全性能不高只是为犯罪分子提供了方便，那么，对计算机安全方面管理制度的不完善就为犯罪分子营造了更大的犯罪空间。一些单位在实际工作中只注重系统的高效与便利，对计算机系统的安全重视不够，监管与风险控制策略很不成熟，导致计算机犯罪较易发生。据调查，我国的计算机应用单位80%未设立相应的安全管理组织；58%无严格的调存管理制度；59%无应急措施；48%无事故发生后的系统恢复方案。一份关于我国信息机构安全意识和防护措施的调查结果也显示：60%以上的机构没有保留犯罪证据；70%以上的机构没有设置预示计算机可能受到监视的报警装置。可以说，我国目前对互联网的管理在很大程度上处于无政府状态，防范意识不足，技术水平不高，很难对计算机网络实行有效的管理。①

（四）对计算机犯罪认识的偏差

与传统的犯罪行为相比，计算机犯罪具有较强的隐蔽性，并且多发生在金融机构、政府部门、公司企业等领域，与公众的生活联系不太紧密，不太为公众所关注。并且如上所述，由于计算机犯罪“黑数”的存在，致使计算机造成的严重后果不易被公众感知，即使对一些计算机犯罪所引发的严重损害结果进行公开报道，由于与普通民众关注的事项有一定的距离，也不容易对一般公众产生感觉上的冲击。另外，即使计算机犯罪一经实施就会造成较大的损害后果，但与传统的杀人、绑架、抢劫等诸多违反伦理道德的残暴犯罪行为相比，计算机犯罪手段表现得比较温和，不易引起公众的反感，这就在一定程度上形成了对计算机犯罪行为的包容心理，使意图实施计算机犯罪行为的人也不易产生像传统犯罪那样强烈的罪恶感。计算机犯罪是一种高智能的犯罪，实施这一犯罪行为的人通常具有较高的计算机专业知识，并且计算机专业知识水平越高，作案的手段就越高明和巧妙，也不容易被发现和侦破，因此，公众对实施计算机犯罪行为的犯罪分子不仅不唾弃，反而容易将计算机犯罪分子视为“超人”和“天才”，并且极易被一些具有叛逆和反传统文化意识的青年人所效仿，这种反常的公众意识就为计算机犯罪的发生提供了一定的酝酿土壤。

① 康树华、张小虎主编：《犯罪学》，北京大学出版社2009年版，第377页。

（五）对计算机犯罪的打击不力

尽管计算机犯罪一经实施就易产生极大的社会危害性，但从目前来看，各国对计算机犯罪的打击力度并不大。美国是世界上最早制定计算机犯罪方面法律的国家，它的第一部有关计算机犯罪的成文法是1984年才出台的《伪装进入设施和计算机欺诈及滥用法》。英国、法国、德国、日本等发达国家也大都是在20世纪80年代开始制定计算机犯罪方面的法律。到现在为止，仍有一些国家没有制定这方面的法律，或者尽管制定了但处罚力度显然不大。如美国《联邦计算机系统保护法》规定："任何人只要为了图谋或实施任何欺诈方案或诡计，或利用虚假的手段、陈述或承诺获取金钱、财物或服务，而直接或间接地接近或使之接近任何计算机、计算机系统及计算机网络，利用计算机进行犯罪者，将构成重罪犯，可处15年以下的监禁或5万美元以下的罚金，或二者并罚。"针对计算机犯罪日趋严重的情况，我国1997年《刑法》第285条和第286条分别对非法侵入计算机信息系统罪和破坏计算机信息系统罪进行了专门规定。具体内容为，第285条规定："违反国家规定，侵入国家事务、国防建设、尖端科学技术领域的计算机信息系统的，处三年以下有期徒刑或者拘役……"第286条规定："违反国家规定，对计算机信息系统功能进行删除、修改、增加、干扰，造成计算机信息系统不能正常运行，后果严重的，处五年以下有期徒刑或者拘役；后果特别严重的，处五年以上有期徒刑。违反国家规定，对计算机信息系统中存储、处理或者传输的数据和应用程序进行删除、修改、增加的操作，后果严重的，依照前款的规定处罚。故意制作、传播计算机病毒等破坏性程序，影响计算机系统正常运行，后果严重的，依照第一款的规定处罚……"从该刑法条文的内容看，我国对计算机犯罪的处罚力度并不大。

此外，随着互联网的发展，计算机犯罪的国际化趋势将越来越明显，但如何开展国际的合作，却未引起国际社会的足够重视。国与国之间针对计算机犯罪缺乏引渡、互助条约和合作执法机制，这些都为实施计算机犯罪的犯罪分子提供了可乘之机。例如，1997年，克罗地亚的三名中学生在互联网上利用计算机破译了美国国防部五角大楼的计算机系统密码口令，侵入美国军事计算机系统，将美军战略导弹部署军事卫星用途等高度机密文件资料饱览一通后从容退出，事后美国向克罗地亚提出引渡三名中学生到美国受审的要求，却遭到克罗地亚方面的拒绝，因为克罗地亚的刑法不承认计算机入侵是犯罪行为。1997年发生在我国哈尔滨市和上海市的计算机网络破坏案件，经分析很可能是来自美国得克萨斯州的黑客所为，根据中国刑法规定该案显然应当由中国法院管辖，但由于中美没有签署这方面的引渡条约，此案只能作罢。① 可见，就国际范围来说，对计算机犯罪的打击力度也是比较薄弱的。

三、计算机犯罪的预防

（一）提高计算机自身的安全性能

计算机自身系统安全系数的薄弱性是诱发计算机犯罪的一个重要原因，因此，加强计算机安全技术方面的研制和开发，提高计算机安全系数是预防计算机犯罪的根本策略所在。计算机的安全需要在硬件和软件两个方面进行保护。硬件安全技术主要表现为防辐射和电磁波干扰，一般可采用屏蔽技术。当前计算机安全的软肋主要体现在软件方面。目前，我国计算机操作系统主要靠进口，因此在购买时要选择系统自身保护功能较强的。另外，我国的计算机专家应加快对操作系统的研制步伐。此外，应注重计算机数据安全技术的提高，具体表现为在数据的传输和储存过程中，要对用户进行鉴别，设置口令以及对用户操作进行自动记录与跟踪的系统自动锁定，一旦系统安全出了问题，使系统能具备保护“现场”的能力。对重点、机密部门和区域还应设置核对指纹、声纹的设备，加设监控系统和自动报警系统。设置网络过滤系统，有效封锁计算机犯罪分子在网上制造计算机病毒、散布有危害国家安全的信息等。

（二）提高针对计算机犯罪活动的侦查能力

计算机犯罪案件的侦查，说到底是技术高低的较量，侦查人员只有掌握较高的计算机运用知识、拥有针对性较强的专门侦查技术，才能在该类案件的侦查中取得主动权。但长期以来，由于受知识结构、经费等多种因素的影响，侦查人员的技术更新稍显滞后。因此，首先应加强侦查人员在计算机知识方面的专业训练，提高他们发现、控制和证明计算机犯罪的能力，就显得尤为重要。其次应建立计算机犯罪信息分析机制。为了提高对计算机犯罪的破案率，应及时收集有关计算机犯罪的资料，并分类存入文档。对典型案例进行全面分析并定期或不定期地印发计算机犯罪情况通报，作为侦查人员工作的参考。及时了解计算机犯罪的动态，探究其发展规律和特点，借鉴国外打击计算机犯罪的成功经验，制定有针对性的对策，从而争取对计算机犯罪进行打击的主动权。

（三）加强关于计算机安全方面的人事和业务管理

加强对从事或接近计算机人员的人事管理，也是防范计算机犯罪的重要环节。对从事计算机操作的人员要定期进行必要的教育、考核和审查。在确定关键岗位的人选时，不仅要考虑其业务知识，还要综合考虑其一贯的工作态度、道德

① 康树华、张小虎主编：《犯罪学》，北京大学出版社 2009 年版，第 380 页。

修养。对于调离人员，除办理人事手续外，有必要进行离前谈话，申明其离岗后的保密义务，同时更换系统的秘密和口令。对于案件多发的金融系统，管理层应该熟悉计算机犯罪针对的业务范围，了解业务操作的薄弱环节，针对计算机犯罪常用的作案手段，和资深的计算机专业人士商谈并制定防止计算机犯罪的关于金融系统内部的电脑安全保密措施。

（四）加强预防计算机犯罪的宣传教育

由于计算机在我国普及应用的时间比较短，再加上媒体在报道计算机犯罪案例的时候，往往会强调计算机犯罪所需要的才智，致使人们对计算机犯罪所可能产生的社会危害性认识不足，对计算机犯罪表现得比较宽容，也就间接地鼓励了计算机犯罪行为的发生。因此，为了防范计算机犯罪行为的发生，应在全社会开展计算机安全方面的宣传和教育工作，普及相关的法律知识，增强人们对计算机犯罪严重危害性的认识，树立安全意识，形成对计算机犯罪行为进行否认的大的社会环境。另外，国家可以通过网络等平台及时发布有关病毒的信息，使计算机用户能及时采取措施，预防和减少损害的发生。对一些计算机犯罪的最新手段和作案手法，有关部门应及时进行通报，使公众能及时提防。

（五）加大对计算机犯罪的打击力度

从法律角度来讲，有法可依是预防计算机犯罪的有效手段。尽管 1997 年《刑法》对计算机犯罪进行了专门规定，但所描述的关于计算机犯罪的手段很难应对当前种类繁多的计算机犯罪活动，并且最高刑为 15 年有期徒刑，甚至非法侵入计算机信息系统罪的最高刑才为 3 年有期徒刑，这显然与计算机犯罪所可能产生的严重危害结果是不匹配的，《刑法》所规定的罪责刑相适应的基本原则很难得到体现，因此首先应当先从法律上完善关于计算机犯罪的规定，增强对计算机犯罪的处罚力度和处罚范围，使对于严厉打击计算机犯罪活动的行为有法可依。

随着国际互联网的开通，计算机体系结构的开放性、资源的共享性不断扩大，计算机犯罪的国际化倾向越来越明显。在世界各国和地区关于计算机犯罪的行为类型未达成共识，网络犯罪尚未形成较系统的认识，网络犯罪的国际公约未形成之前，司法协助和引渡存在较大困难的情况下，各国在对计算机犯罪行为进行责任追究时应加强双边的平等协商，更好地解决和避免司法冲突、控制权移转等问题，从而为打击计算机犯罪营造比较畅通的国际环境，更好地预防计算机犯罪行为的发生。

延伸阅读

计算机黑客

“黑客”是一个中文词语，在我国台湾地区对应的中文词语为“骇客”，皆源自英文hacker，不同地区的中文使用习惯造成了翻译的差别。实际上，黑客（或骇客）与英文原文Hacker、Cracker等含义不能够达到完全对译，这是中英文语言词汇各自发展中形成的差异。Hacker一词，最初曾指热心于计算机技术、水平高超的电脑专家，尤其是程序设计人员，逐渐区分为白帽、灰帽、黑帽等，其中黑帽（black hat）实际就是cracker。到了今天，“黑客”一词已被用于泛指那些通过互联网非法入侵他人的计算机系统，查看、更改、盗取他人数据的人。对这些人的正确英文叫法是Cracker。在媒体报道中，“黑客”一词常指那些软件骇客（software cracker），而与黑客相对的是红客。

黑客的主要破坏作用是非法窥视他人在网络上的核心机密，截取正在使用中的密码，远距离操纵电脑盗窃巨额资金，移植潜态病毒并在关键时刻将其激活，传输反动、色情、暴力和怪诞的信息，利用大量信息垃圾将网络中某一终端的输出输入通道堵塞，等等。黑客还会敲诈勒索，当其搜索到“有价值”的信息后，就会向信息的管理者（通常是银行或大公司）发出威胁，扬言如不给他们送钱，其电脑网络就会遭到毁灭性打击。

计算机黑客犯罪的现状：

美国是网络犯罪的发源地，种类繁多，内容复杂，犯罪技术先进，危害后果严重，都在世界各国中位居榜首。据统计，1998年，美国FBI调查的侵入计算机事件共547件，结案399件；1999年，则调查了1154件，结案912件。一年之间，翻了一番。黑客广泛入侵美国商贸领域，1998年，美国一家ISP—RT66公司因为一场黑客间的战争游戏而遭到攻击。美国网络犯罪还涉及文化领域。1999年，美国新闻总署遭黑客攻击，造成网络完全无法运作，损失难以估量，直至2016年，美国网络犯罪造成了美国大公司损失1270万美元，同比增长9.7%[①]。到1999年年底，因特网上已有3万多个黑客网站，全球具备“黑客”电脑技术的人有1700多万。2000年全世界发生的网上违法犯罪行为有数十万起，平均每20秒钟就发生一起非法侵入计算机网络事件。以我国香港特别行政

① 邓东贵：《网络犯罪的现状与特点分析》，载参考网：http：//www.fx361.com/page/2018/0920/4248234.shtml，最后访问日期：2019年11月23日。

区为例，1998 年的网上犯罪仅 38 起，1999 年达到 296 起，一年增长了 6 倍多。其中，非法侵入他人电脑系统的犯罪由 1998 年的 13 起增至 218 起；发送淫秽物品的犯罪由 13 起增至 32 起；网上购物诈骗由 1 起增至 17 起。[①] 诺顿公司 2015 年发布的《诺顿网络安全调查报告》指出，在 2014 年接受调研的 17 个国家大约有 5.94 亿人遭受网络犯罪的攻击，而中国是其中最严重的国家。仅在 2014 年中国就有 2.4 亿网民成为网络犯罪的受害者，经济损失达 7000 亿元人民币。[②] 2019 年公安部组织部署全国公安机关开展"净网 2019"专项行动，依法严厉打击侵犯公民个人信息、黑客攻击破坏等网络违法犯罪活动。截至 2019 年 10 月 31 日，共侦破涉网案件 45,743 起，抓获犯罪嫌疑人 65,832 名，取得了显著成效。其中侦破侵犯公民个人信息类案件 2868 起，抓获犯罪嫌疑人 7647 名；侦破黑客类案件 1361 起，抓获犯罪嫌疑人 2133 名。[③]

计算机黑客的入侵方式主要有以下几种：

1. 数据欺骗方式入侵。通过非法获取口令入侵计算机系统。获取口令的方式有 3 种：一是缺省的登录界面（Shell Scripts）攻击法。在被攻击主机上启动一个可执行程序，该程序显示一个伪造的登录界面。当用户在这个伪装的界面上键入登录信息（用户名、密码等）后，程序将用户输入的信息传送到攻击者主机，然后关闭界面给出提示信息"系统故障"，要求用户重新登录。此后，才会出现真正的登录界面。二是通过网络监听非法得到用户口令，这类方法有一定的局限性，但危害性极大，监听者往往能够获得其所在网段的所有用户账号和口令，对局域网安全威胁巨大。三是在知道用户的账号后（如电子邮件_ @前面的部分），利用一些专门的软件强行破解用户口令，这种方法不受网段限制，但黑客要有足够的耐心和时间，尤其对那些口令安全系数极低的用户，只要短短的一两分钟，甚至几十秒内就可以将其破解。

2. 通过网页与电子邮件攻击。这种方式一般是采用电子邮件炸弹（E - mailBomb），是黑客常用的一种攻击手段。指的是用伪造的 IP 地址和电子邮件地址向同一信箱发送数以千计、万计甚至无穷多次的内容相同的恶意邮件，也可

---

① 《网络犯罪的现状是怎样的》，载华律网：https：//www. 66law. cn/laws/371531. aspx，最后访问日期：2019 年 11 月 23 日。

② 黄志坚：《网络犯罪及其刑法规制》，载 http：//kns. cnki. net//KXReader/Detail？TIMESTAMP = 637101464987466250&DBCODE = CJFQ&TABLEName = CJFDLAST2017&FileName = SXZF201702009&RESULT = 1&SIGN = N8FHpbS%2ffa36WYbhsTnkBX02Vc0%3d，最后访问日期：2019 年 12 月 30 日。

③ 《公安部通报"净网 2019"专项行动典型案例共侦破涉网案件 4 万余起　抓获犯罪嫌疑人 6 万余名》，载 http：//www. mps. gov. cn/n2253534/n2253535/c6776987/content. html，最后访问日期：2019 年 11 月 23 日。

以称之为大容量的垃圾邮件。由于每个人的邮件信箱是有限的，当庞大的由邮件垃圾到达信箱的时候，就会挤满信箱，把正常的邮件给冲掉。同时，因为它占用了大量的网络资源，常常导致网络塞车，使用户不能正常地工作，严重者可能会给电子邮件服务器操作系统带来危险，甚至瘫痪。

3. 使用特洛伊木马攻击。“特洛伊木马程序”技术是黑客常用的攻击手段。它通过在用户的电脑系统隐藏一个会在 Windows 启动时运行的程序，采用服务器/客户机的运行方式，从而达到在上网时控制用户电脑的目的。黑客利用它窃取用户的口令、浏览用户的驱动器、修改用户的文件、登录注册表等，如流传极广的冰河木马，现在流行的很多病毒也都带有黑客性质，如影响面极广的“Nimda”、“求职信”和“红色代码”及“红色代码 II”等。攻击者可以佯称自己为系统管理员（邮件地址和系统管理员完全相同），将这些东西通过电子邮件的方式发送给用户。如某些单位的网络管理员会定期给用户免费发送防火墙升级程序，这些程序多为可执行程序，这就为黑客提供了可乘之机，很多用户稍不注意就可能在不知不觉中遗失重要的信息。

4. 诱入法。黑客编写一些看起来“合法”的程序，上传到一些 FTP 站点或是提供给某些个人主页，诱导用户下载。当一个用户下载软件时，黑客的软件一起下载到用户的机器上。该软件会跟踪用户的电脑操作，它静静地记录着用户输入的每个 121 令，然后把它们发送给黑客指定的网络信箱。例如，有人发送给用户电子邮件，声称为“确定我们的用户需要”而进行调查。作为对填写表格的回报，允许用户免费使用多少小时。但是，该程序实际上却是搜集用户的口令，并把它们发送给某个远方的黑客。

5. 寻找系统漏洞。许多系统都有这样那样的安全漏洞（Bugs），其中某些是操作系统或应用软件本身具有的，如 Sendmail 漏洞，Windows 98 中的共享目录密码验证漏洞和 IE5 漏洞等，这些漏洞在补丁未被开发出来之前一般很难防御黑客的破坏，除非用户不上网。还有就是有些程序员设计一些政能复杂的程序时，一般采用模块化的程序设计思想，将整个项目分割为多个功能模块，分别进行设计、调试，这时的后门就是一个模块的秘密入口。在程序开发阶段，后门便于测试、更新和增强模块功能。正常情况下，完成设计之后需要去掉各个模块的后门，不过有时由于疏忽或者其他原因（如将其留在程序中，便于日后访问、测试或维护）后门没有去掉，一些别有用心的人会利用专门的扫描工具发现并利用这些后门，然后进入系统并发动攻击。

6. 利用网络的缺陷。Internet 的前身是 ARPANet，由于当初设计 ARPNet 时根本没有想到未来它会发展成为一个世界性的网络，再加上当时 ARPNet 只供内部人员使用，所以整个网络的体系结构是在基于每个节点主机都值得信任的基础上而开发出来的，这个可以说是所有网络漏洞的根源。Internet 的安全问题与其体系结构底层 TCP/IP 通信协议有很大的关系。在一个局域网里，一台计算机通过 TCP/IP 通信协议向另一台计算机发送数据，一般情况下只有目标计算机会接收到这个包数据。但是黑客懂得窃取与监听网络里川流不息的数据包，能伺机解析数据包的数据信息并盗取相关资料。

防范计算机黑客攻击的措施：

1. 安装防火墙和杀毒软件。正确地安装和配置防火墙，建立严格的防火墙规则体系，可以防范大部分的黑客攻击。除此之外，面对不断更新变化的计算机病毒，相关杀毒软件的安装也是必不可少的。杀毒软件，即反病毒软件，其主要作用就是清除计算机网络中的病毒、木马以及恶意软件等。防火墙与相关杀毒软件的有效安装，在一定程度上可以保证计算机网络的安全，清除存在的安全隐患。

2. 及时升级系统，安装漏洞补丁程序。大部分黑客的攻击都是利用系统漏洞进行的，如果能及时通过升级系统来堵上漏洞，就可以有效地避免黑客利用漏洞进行攻击。

3. 使用安全密码。尽量使用长度大于 8 位并且由字母、数字以及特殊字符组合而成的密码。黑客要破解这种类型的密码，需要花费大量的精力。

4. 数据加密传输。数据尽量以加密形式传输，这样即使黑客监听到了数据，也不能很快地分析出数据包包含的信息。

5. 网络监控、入侵检测技术。对局域网内的计算机进行监视和控制就是网络监控，通过监控手段保护计算机网络的安全。网络监控的功能强大，除了基本的上网行为管理控制、内容监视、屏幕监视和数据安全等，还具备 IP 网络监控、多画面的监控效果、灵活的报警联动方式等多样特殊功能。作为一种新兴的防范技术，入侵检测技术综合了众多技术，例如，专家系统入侵检测方法、神经网络的入侵检测方法等，其主要通过获取安全日志、行为等信息来监控计算机，从而推断出计算机网络是否遭受到攻击和入侵，以此达到保护计算机网络安全的目的。

第二十五章

流动人口犯罪

第一节　流动人口犯罪概述

一、流动人口犯罪的主体

（一）流动人口的概念

关于流动人口的概念，尽管学术界和有关实务部门都曾对此进行过界定，但目前为止尚无一个统一的结论。从行政管理的角度出发，以是否有某地的常住户口为依据，认为流动人口是在某地滞留，而无常住户口的人口；从发展经济学的角度出发，以产业结构为依据，将产业结构转变过程中从第一产业中游离出来的未能进入城市正规部门的那部分劳动力视为流动人口或外来劳动力；从人口学的角度出发，以常住地是否改变为唯一标志，将流动人口定义为暂时离开其常住地而非迁移的各种移动人口；从人口经济学的角度出发，以流动人口产生的根本原因为依据，认为流动人口是不改变常住户口进入某一地区从事社会经济活动的人口；从人口地理学的角度出发，认为流动人口是人口空间迁移的一种特殊形式，是指在一定地理区域内发生短暂流动行为的那部分居民。[①]

现实生活中，有关国家机关也从不同角度对何谓流动人口进行过表述。国家统计局将流动人口定义为“居住地处于不断变动过程中的人口”，具体包括从甲地到乙地联系公务的人员，从事商品生产、交换和各种劳务活动的人员，探亲访

① 麻国安：《中国的流动人口与犯罪》，中国方正出版社2000年版，第32页。

友人员等。《黑龙江省流动人口管理规定》将流动人口定义为“离开常住户口所在地的市、县、乡（镇），在其他地区暂住的公民”。《石家庄市流动人口管理办法》将流动人口定义为“离开常住户口所在地来本市暂住三日以上的人员”。

以上定义均有其合理性，但从犯罪学的角度看以上定义都有待商榷。犯罪学作为一门学科，其直接任务是有效预防和减少犯罪的发生，因此在对流动人口这一犯罪现象进行定义时，首先要以犯罪学的这一学科任务作指导。在众多的界定标准中户籍是界定流动人口的重要因素，从以上诸多定义可以看出作为流动人口的重要特征就是居住地与户籍所在地分离。因此，可以将流动人口定义为是：离开户籍所在地，到其他区域从事各种活动的人员。

（二）流动人口犯罪的主体

研究流动人口问题，确定流动人口的范围，其根本目的是预防和减少流动人口犯罪行为的发生。但是，如果不加区别地将凡是符合上述流动人口概念的人员都作为犯罪学范围内的流动人口犯罪主体加以研究，该犯罪现象的范围将过于宽泛，有违犯罪学的任务要求。因此，有必要对作为流动人口的犯罪主体范畴进行界定。现实中出现的因公外出离开户籍所在地的各类工作人员和科技人员、因探亲访友和旅游观光及求学而离开户籍所在地的人员，由于犯罪的概率太小，将他们作为流动人口的犯罪主体进行研究，难免会冲淡研究流动人口犯罪的初衷。至于专业的流动作案人员，由于流动只是他们便于作案的手段，而不是产生犯罪的原因，也不宜列入流动人口犯罪主体的范畴。因此，流动人口犯罪的主体应定位为因从事经济活动而离开户籍所在地的人员，或者称就业型的流动人员。

二、流动人口犯罪的特点

我国正处在经济发展转型时期，庞大的流动人员队伍给各地的经济发展提供了充足的动力和血液，促进了我国经济的稳健发展和市场经济的繁荣。但不能避讳的是，流动人口在解决了我国经济增长中所需要的大量劳动力问题的同时，也给社会带来了诸多不安定因素和隐患，如盗窃、抢夺、抢劫、绑架、强奸、杀人等严重侵犯公民财产权和人身权的案件呈上升趋势，其他一些破坏社会秩序的如赌博、淫秽活动的犯罪也屡见不鲜。综合分析，流动人口的犯罪主要体现为以下特点。

（一）犯罪性质以侵犯人身权和财产权为主

流动人口进入城市多是以赚钱致富为目的，但由于文化程度低且缺乏技能，他们难以找到工作，有的即使能就业但岗位极不稳定，待遇也不高；有的即使自己经营但也会因为竞争太大、收入太薄而难以维持生计或者难以达到他们的预期要求。可以说，与常住人口相比，流动人口的衣、食、住、行都处于较低水平，工作强度却往往很大，因而当他们面对其他家境富裕、工作轻松的群体时，心理难免会产生落差。再加上现实生活中，人们对流动人口存在或多或少的误解和歧视，流动人口的自身权益也往往容易受到侵犯，在这种环境下就很容易滋生他们的仇富和报复心理，因而也就容易产生与他们生活联系比较紧密的侵犯人身权和财产权案件的发生。

（二）犯罪目标的随机性强

流动人口大多居无定所，工作不稳定，流动人口的这种流动性决定了他们在选择犯罪目标时，具有很强的随机性。他们往往抱着碰运气的心理随机确定犯罪目标，捕捉犯罪时机，大多具有较强的突发性，在作案地点和犯罪对象的选择上也体现为较强的“顺手牵羊式”。

（三）犯罪主体具有较强的“亲缘地域性”

以亲缘和地域作为纽带建立的犯罪团伙，在流动人口犯罪案件中表现得非常明显。大多流动人口是在亲戚的带动下走进城市，这就决定了在这样的犯罪团伙中有着浓厚的亲缘和地域观念。加上在城市中，流动人口属于弱势群体，因此流动人口中有很强的内部认同感和凝聚力，以抵抗外来的压力。在这种环境下，当犯罪成为共同的需求和价值表现时，他们就会利用同村、同乡、同县形成的地域、亲缘关系，拉帮结派组成紧密或松散的团伙进行犯罪。“调查表明，流动人口中犯罪分子共同作案的比例均超过常住人口案犯的比例。北京市1993年查获的犯罪团伙案中，外来人员作案1252起，占当年全部团伙作案总数的61.2%；其中，大案796起，占团伙大案总数的66.4%，比1992年增加9.8%。”①

（四）犯罪主体具有复杂性

目前，流动人口犯罪成员的构成大体有四种类型：一是“三逃人员”，即外逃的劳改犯、劳教人员及已被批捕的罪犯，这类人尽管数量不多，但他们既有犯罪经历又有逃避法律制裁的经验，作案手段往往比较残忍，一些绑架、杀人、强奸等恶性案件多是这帮人所为；二是专门以犯罪为谋生手段的“职业犯罪人”；三是流动到外地就业而因各种原因演变成的犯罪人；四是盲流人员中的犯罪人。调查显示，重特大案件中流动人口的案犯比例远远超出一般案件，以杀人、诈骗和抢劫案件为例，重大案件流动人口占12%～37%；特大案件流动人口占22%～55%；一般案件流动人口占7%～37%。另据广东省统计资料显示，该省一些影响极其恶劣的案件大都是外省市来的流窜犯所为。②

① 麻国安：《中国的流动人口与犯罪》，中国方正出版社2000年版。

② 申月霞：《流动人口犯罪的原因与对策》，载《当代经理人》2006年第3期。

（五）青壮年参与犯罪现象突出，低龄化趋势明显

流动人口中，35岁以下的青壮年犯罪人数居多，这与目前流动人口以中青年为主的情况一致，他们当中又有许多未成年人。由于流动人口中青年人多，而青年人大多自我控制能力差，易感情用事，特别是容易受到社会不良现象的影响，导致部分人胆大妄为，在实施某些犯罪行为时往往不计后果。这也是目前我国青少年犯罪现象严重的重要原因。犯罪人员的低龄化也是一个值得关注的问题。一些失学的未成年人随亲友到大中城市打工，由于受教育少，加上年幼，辨别是非的能力较差，在缺乏足够的指导和约束的情况下，很容易被一些不法分子诱导，从而走上犯罪的道路。

（六）犯罪行为具有一定的“自我救济”性特征

这种“自救”性特征往往会导致流动人员由受害人转化为实施犯罪人，令人惋惜。通常情况下“自我救济”式犯罪主要集中表现为以下几种情况：一是拿不到工资的流动人口纠集人员去老板处讨薪，遭拒绝时便砸东西或打架斗殴，严重者将构成侵害公私财产罪或聚众斗殴罪和故意伤害罪；二是拿不到工资的流动人口将工作单位的产品、原料、部件或生产工具变卖以“自我兑现工资”，构成盗窃罪；三是以暴力对拖欠工资的老板或其家属实施报复，严重者常常酿成故意杀人、故意重伤以及抢劫、绑架等恶性案件。

第二节　我国的流动人口犯罪

一、我国流动人口犯罪的现状

改革开放40多年来，我国经历了经济的高速增长和空前规模的人口流动，与之相伴随的是流动人口犯罪问题凸显。2015年国家卫生和计划生育委员会发布的《中国人口流动发展报告》指出，2014年全国流动人口2.53亿，相比1984年（2000万）增长11.7倍，年均增长率8.8%。同期，公安机关立受案情况显示，2014年全国治安案件发案率为每万人86.3起，相比1986年（10.4起）增长7.3倍，年均增长率7.8%；2014年全国刑事案件发案率为每万人47.5起，相比1978年（5.57起）增长7.5倍，年均增长率6.1%。① 人口流动性的不断攀升不仅改变了我国区域人口的结构和分布，还引起社会结构的变化，使传统社会的控

① 数据来源于历年《中国人口流动发展报告》及张庆五：《对我国流动人口的初步探析》，载《人口与经济》1986年第3期。

制机制失去了基础，给社会经济治安等多方面带来深刻影响。现阶段，流动人口并没有停下流动的脚步，其年龄与结构又在发生深刻变化，据第六次全国人口普查报告显示，2010年我国新生代流动人口2首次超过半数，达1.18亿人；国家卫生和计划生育委员会统计显示，“十二五”时期，我国流动人口年均增长约800万人，2014年年末达到2.53亿人。2014年我国流动人口子女在现居住地出生比例已高达58%[①]。随着我国城镇化的不断推进和经济的快速发展，流动人口犯罪数量不断增长，据不完全统计，2004年，全国公安机关共抓获流动人口刑事案件作案人员60.4万人，比重超40%，到2006年达56.5万人，2009年达到64.9万人。随着社会的发展，我国流动人口由2011年的2.3亿人增长到2014年2.53亿人，2015年、2016年总量分别为2.47亿人和2.45亿人，呈现出先增长后降低的发展趋势，但仍保持较大比重，大规模的人口流动仍将是我国现阶段人口发展和经济社会发展所表现出的重要现象[②]。伴随着我国经济的发展和社会结构的重组，人口流动的频率必然加大，在这个过程中，流动人口犯罪必将呈现高发态势，并主要表现为：

（一）流动人口犯罪所占的比例将会增加

随着经济一体化和城市化进程的加快，我国流动人口将会逐步增加，而伴随着竞争的加剧和对技术水平要求的提高，城市经济对流动人口素质的要求将会进一步提高，社会提供的对技术要求较低的简单劳动岗位会越来越少，这就会使流动人口就业的需要与城市对就业人员吸纳力有限的矛盾显得更加突出，失业人口递增的趋势在短期内无法避免。并且随着竞争格局的形成和经济结构调整步伐的加快，部分企业难免被重组和兼并，大量的失业人口将会流向社会。受利益的驱使，这部分失业人群也可能会导致流动人口犯罪数量的增加。近年来确实呈现这一现象，随着流动人口基数的增大，流动人口占犯罪总人数的比例也在不断攀升，1985年占比为15%，1988年上升至18%，2004年超过40%[③]，2014年更是高达70%。在我国流动人口积聚的东南沿海地区及大中城市中问题更加严重，北京占82%，上海占80%，广州占86%[④]。

---

① 《中国流动人口发展报告2015》，载https://baike.baidu.com/item/%E4%B8%AD%E5%9B%BD%E6%B5%81%E5%8A%A8%E4%BA%BA%E5%8F%A3%E5%8F%91%E5%B1%95%E6%8A%A5%E5%91%8A2015/18826070?fr=aladdin，最后访问日期：2020年3月30日。

② 胡伟云：《新型城镇化进程中流动人口犯罪及预防研究》，内蒙古大学2018年硕士学位论文。

③ 胡联合：《转型与犯罪——中国转型期犯罪问题的实证研究》，中共中央党校出版社2006年版，第24页；史晋川、吴兴杰：《我国地区收入差距、流动人口与刑事犯罪率的实证研究》，载《浙江大学学报》（人文社会科学版）2010年第1期。

④ 张强、陈怡霓、杨秦：《2015年中国广州社会形势分析与预测》，社会科学文献出版社2015年版，第21~44页。

（二）财产型犯罪将会更加突出

随着经济的发展，我国流动人口递增的趋势无法改变。但由于我国是发展中国家，国内生产总值只占世界的3.4%，以现有的经济规模和经济实力很难马上解决2亿多农村剩余劳动力的转移问题。另外，我国城乡分割的二元社会结构的存在以及流动人口文化素质和技术技能偏低的现实，也限制和阻碍了农业剩余人口向非农业人口的转移。由于流动人口的转移管道不够畅通，加上流动人口多以赚钱为目的，因此，当他们的愿望得不到实现时，有些人就会铤而走险，实施侵犯财产权益类型的案件，以弥补他们在现实中无法获利而造成的自认为的损失。根据对南京市农民工犯罪案件的调查，结果显示，盗窃、抢劫、抢夺、诈骗、制造贩卖毒品和假币及涉嫌淫秽物品等涉及财产类的犯罪所占比例高达85%以上。

（三）犯罪的暴力化倾向更加严重

据调查，目前发生在城市的绑架、抢劫、雇凶杀人等多起恶性案件，大多与流动人口有关。例如，从辽宁和内蒙古流入北京的犯罪嫌疑人焦文军与马俊二人，自1997年7月至2000年8月，在北京城近郊区的地下通道、过街天桥，采用“打闷棍”手段实施抢劫，先后打死12名无辜的行人。1999年2月发生的抢劫、绑架、杀害全国政协常委、国家气象局名誉局长邹某某案，也是外来流动人口所为。随着经济发展过程中出现的贫富差距的扩大，流动人口犯罪由物欲型向暴力、放纵型方向转化的趋势可能会更加明显。有研究发现，流动人口犯罪中新生代比例（63.1%）明显高于老生代，在犯罪选择上更具掠夺性和暴力性，随着年龄层次的变化，作用更加明显①。

（四）犯罪的突发性、流动性日益凸显

本地人作案通常是先踩点后下手，而流动人口在实施犯罪行为时通常事先没有明确的犯罪对象，在选择作案目标时有很强的随机性。又由于他们往往居无定所，因此作案后极易转移和改变居住地，这就给公安机关的侦查工作带来了一定的难度。加入WTO后，随着地区和部门之间的壁垒被逐步打破，流动人口犯罪的这一趋势将会更加明显，公安机关对此类案件的侦查难度将会进一步增加。

（五）有组织的犯罪将会成为犯罪的主要形式

随着生活环境的改善和生存空间的扩大，一些有犯罪倾向的流动人口可能会越来越感到独立作案的不易，只有拉帮结派结成团伙才能使犯罪更容易得逞。而流动人口所具有的先天亲缘和地域性优势，又为他们结伙作案提供了便利条件。另外，加入WTO后，随着我国全方位的开放以及对外经贸、文化交流活动的增

---

① 刘婷、林君：《当前流动人口代际更迭与犯罪演变——基于犯罪大数据的实证研究》，载《中国人民公安大学学报》（社会科学版）2018年第6期。

加，境外的犯罪组织和犯罪势力也会乘虚而入。他们为了降低成本减小犯罪风险，很大可能会谋求犯罪成员的本地化，而居无定所、收入低、经济上又有要求的流动人口很容易被他们所利用。因此，随着经济的发展和国际交往的日益频繁，流动人口自身形成的有组织犯罪及与境外势力勾结形成的有组织犯罪的形成将更加明显。研究发现，从犯罪形式看，2010 年 79.3% 的新生代农民工犯罪是共同犯罪，与 2017 年的调查数据相比，上升了近 10 个百分点①。

此外，从犯罪地点看，在新生代农民工罪犯所实施的犯罪行为中，29.6% 的发生在街道里巷，18% 的发生在出租屋，12% 的发生在宾馆饭店。犯罪地点的选择与新生代农民工罪犯的性别有关，男性犯罪人的犯罪地点主要是街道、里巷（43.9%）和网吧（13.8%），女性犯罪人的犯罪行为发生在出租屋（27.8%）和宾馆饭店（20.9%）的比例较大②。

二、流动人口犯罪的原因

任何犯罪都有其产生的原因，一定的原因作用于一定的主体便会产生相应的犯罪。没有促使犯罪产生的原因，就不会有犯罪这种结果的出现。就任何社会而言，促使犯罪产生原因的多寡直接决定着该社会犯罪现象数量的大小，促使犯罪产生的原因因素的性质决定着该社会犯罪现象的严重程度。对任何一个犯罪主体来说，之所以走上犯罪的道路，总是有一定原因可循的，没有相应的因素对他发生作用，任何人都不会去实施犯罪。正如著名的犯罪学家贝卡利亚所言："人之所以成为犯罪，并不是因为他要犯罪，而是由于他处在一定的物质和社会条件下，罪恶的种子得以在这种条件下发芽、生长。"流动人口的犯罪原因一直是研究的重点，也是研究的难点。作为一种特殊的社会现象，导致流动人口实施犯罪行为的因素也是极其广泛的，在这里拟着重从违法犯罪的主体因素和客观因素进行分析。

（一）流动人口违法犯罪的主体因素

1. 理想与现实形成的反差产生的心理失衡

进入城市的流动人口，多数主观上的目的是追求更加美好的生活，希望通过地域性的变化获得更多的财产性利益从而使生活水平得到提高。但他们离开户籍所在地后将要干什么、能干什么，却往往带有很大的盲目性，并且对今后可能遇到的诸多困难在思想上准备不充分。进入城市后，由于文化知识和就业技能的匮乏，又缺少进行职业竞争的能力，再加上日趋激烈的就业竞争，使外来流动人员

① 郭开元：《新生代农民工犯罪状况调查报告》，载《青少年犯罪问题》2011 年第 4 期。

② 郭开元：《新生代农民工犯罪状况调查报告》，载《青少年犯罪问题》2011 年第 4 期。

很难找到合适的工作。有的即使能找到工作，但工资待遇难以保障。出于改善生活条件的动机，但现实中又不能获得改善生活条件的物质财富和社会地位，在繁华的城市生活和自己的境遇及愿望形成极大反差的情况下，就容易产生紧张和焦虑感，心理上容易扭曲，实施反常行为的可能性就很大。

2. 传统的思维方式和价值观念受到冲击

人口的流动不仅是居住地的变迁和劳动方式的转换，而且在深层次上会涉及价值观念和思维方式的改变。在激烈竞争而形成的适者生存、优胜劣汰的大环境下，金钱很容易成为判断一个人是否成功的标志。一些“金钱至上”“有钱就能拥有一切”的观念便应运而生。一些人为了追求利益最大化往往会不择手段。这与传统文化尊崇的重人伦、崇道德、尚礼仪的观念形成了极大的反差。受传统文化影响较深的流动人口，在发现依靠传统理念不能给他们带来经济利益，而又经常目睹和感受到收入差距及贫富悬殊带来的落差时，很容易滋生不劳而获、贪图享受的心理，这就为他们实施犯罪提供了不良的主观因素。

3. 文化水平低，法制观念淡薄

由于贫困或者教育水平的限制，大多进入城市的流动人口所受教育的文化程度不高。文化素质低导致法律观念淡薄，自我调节能力差。当合法权益遭到侵害时，不知道如何用法律武器来维护自己的合法权益，当感到无助或者前途渺茫时，他们便会铤而走险，走上犯罪的道路。据《北京青年报》2004 年 5 月 10 日的报道，17 岁的河北来京打工人员王某，因所在装修公司拖欠其 3000 元左右工资，多次索要未果，便于 2003 年 10 月 19 日在装修工地盗窃同屋老板和其他外地民工的三部手机，后被抓获，2003 年 10 月 20 日因涉嫌盗窃罪被刑事拘留。一项来自浙江金华监狱（该监狱为特大型监狱，具有一定代表性）的调查问卷显示，在该监狱服刑的外省流动人口罪犯中，2.2% 为文盲，36.5% 为小学文化水平，54.9% 为初中文化水平，6% 为高中文化水平，0.4% 为大专文化水平，可见，在流动人口罪犯中 93.6% 为初中及以下文化①。

4. 社会角色的失调

社会角色是指与人们的某种社会地位、身份相一致的一整套权利、义务的规范与行为模式，它是人们对具有特定身份的人的行为期望，它构成社会群体或组织的基础。具体说来，它包括以下四方面含义：角色是社会地位的外在表现；角色是人们的一整套权利、义务的规范和行为模式；角色是人们对于处在特定地位上的人们行为的期待；角色是社会群体或社会组织的基础。② 所有的人在参与社

① 马青福：《论我国城市流动人口犯罪的成因与防控》，复旦大学 2013 年硕士学位论文。

② 郑杭生：《社会学概论新修》（第三版），中国人民大学出版社 2003 年版，第 139 页。

会的交往中都会扮演一定的社会角色，只是这种社会角色的承担在现实生活中会遇到一定的障碍，从而出现所扮演社会角色的失调。统计表明，社会的边缘人，即没有固定职业者，更容易出现角色失调的现象。作为边缘人，流动人口的角色失调主要表现为两种情况：一种是角色冲突，包括角色间的冲突和角色内的冲突，如昔日生活在相对闭塞的乡村，以血缘、地域关系为交往特征形成了一套农村社会行为模式的农民，一旦进城务工，面对城市社会结构的复杂性和城乡经济的巨大反差，很难适应以现代化大生产为主、以业缘关系为交往特征的城市社会行为方式，以致产生自卑、失落、逆反报复、反社会等复杂心理，使自己处在与社会相冲突的位置上。另一种是角色不清，即角色的扮演者对于某一角色的行为标准不清楚，不知道这一角色应该做什么、不应该做什么和怎样去做，导致的结果常常是：一是与城市社会的疏离；二是缺乏对城市社会的认同感和归属感。而这两种情况的发生，又常常导致流动人口行为的错乱，甚至使其陷入违法犯罪的泥潭，难以自拔。①

（二）流动人口违法犯罪的客观因素

1. 传统社会结构的破坏及当前社会控制的弱化

固定或者严谨的社会结构有利于预防和减少犯罪现象的发生。稳固的家庭关系、亲密的亲子关系、家庭成员间的监督及外界熟悉环境的约束是避免犯罪发生的有利条件。流动人口进入城市后，其原来形成的与家族成员之间及相邻之间的牢固的社会关系被削弱，逐渐形成的松散的非亲情关系加上社会交往范围的局限性，使他们对自己行为的控制力逐渐减弱。流动人口进入城市导致的传统社会结构破坏的局面，加上城市管理部门对流动人口管理制度的不完善，造成对流动人口的管理处于真空，这容易导致流动人口的行为处于失控状态，监督的缺乏导致其行为方式任意而自由。

2. 侵犯流动人口合法权益现象的存在

流动人口为大中城市创造了大量的社会财富，但却没有得到与其付出相对应的“城市社会”的全面认可，反而在许多方面会遭遇到不公平的待遇，最常见也是最令他们不能接受的是合法权益得不到维护，如现实生活中发生的工资不按时支付或者无故克扣工资发放数额，超负荷的加班加点工作却领不到加班费，甚至遭雇主体罚等情况。例如，2011 年 4 月 30 日晚上 7 时许发生在重庆市江北区三湾路“中凯·城市之光”项目部工地的“黑保安”对讨要工资的民工进行毒打的案件。重庆市公安局刑警总队政委从市公安局返回刑警总队，途经江北区三

① 王光森：《对加入 WTO 后流动人口犯罪的社会学分析》，载《天津市政法管理干部学院学报》2002 年第 4 期。

湾路“中凯·城市之光”项目部工地时，遇到一伙手持钢管、铁锹等凶器的歹徒疯狂追打几名手无寸铁的民工。他立即下车亮明身份制止，被歹徒围攻殴打致使左手受伤。后重庆市公安局随即成立“4·30”专案组，对此案进行调查。调查结果显示：“中凯·城市之光”工程项目部长期拖欠工地民工工资，行凶的歹徒系该工程项目部以每人每月5000元高薪聘请、由社会闲杂人员组成的“黑保安”。工程项目部经常指使这伙人通过打、砸等方式“摆平”各种纠纷，毒打讨要工资的民工，拒绝支付民工工资。不少民工被打伤甚至致残，民愤极大。专案组在严惩黑恶势力犯罪的同时，协助江北区政府开展“中凯·城市之光”项目部拖欠农民工工资清欠兑付工作。2011年5月3日下午，首批67名农民工现场领取了共计81万元欠薪，之后，重庆警方联合政府其他部门已将700多万元拖欠的工资发放到825名民工的手中。①

三、流动人口犯罪的预防和控制

流动人口是社会经济发展到一定阶段的必然产物，也是市场经济有效运行的必然要求。在充分利用流动人口为我国经济建设发挥的积极作用的同时，如何采取有效措施预防和减少流动人口犯罪现象的发生，笔者提出如下建议：

（一）加强文化教育，不断提高流动人口的自身素质

文化程度偏低是流动人口中存在的一个普遍现象。要从教育方面预防流动人口犯罪问题，从长远和根本上应考虑的是进行长期不懈的文化教育，加快普及农村基础教育，提高学龄青少年的文化素质，加快青壮年的扫盲工作。但这是一个系统性的长期工程，从当前形势看，除了坚持普及系统化的基础教育外，同时还要重视针对流动人口的短期文化教育和培训。各地管理部门要重视流动人口的思想教育、法制教育和社会角色教育，提高他们适应城市生活的能力，帮助流动人口尽快适应身份的转变所引起的外界环境的变化，从而以平和的心态对待生活中遇到的问题和挫折，避免不良情绪的产生。除此之外，还要对他们进行流出前和流入后的职业培训，提高他们的职业技能和参与竞争的能力，减少遭遇挫折的机会，使其能够更快地融入城市生活。

（二）加强对流动人口的规范化管理

目前对流动人口采取的收费、发暂住证等方式谈不上对流动人口的有效管理，因为其不仅不能给流动人口提供更大的帮助，反而会给他们增加经济上的负担。真正的管理是能为他们提供帮助的管理。对此，政府应成立专门的流动人口

① 《特警讨薪为民工》，载央视网：http：//news. cntv. cn/law/20110613/106625. shtml，最后访问日期：2011年6月13日。

管理机构，对跨地域流动人口的流量、流向、流速等劳动力市场信息进行收集、分析、传递和控制，协调处理区域间劳动力供求关系、数量和矛盾，制定并落实劳动力跨地域流动的政策法规，逐步形成包括信息、咨询、职业介绍、培训教育在内的社会化就业服务体系。建立由各级政府牵头，以公安、劳动部门为主，各方参与、综合治理的管理网络，即建立以户口管理为基础、治安管理为重点、劳动管理和其他管理相配套的管理机制，使人口的流动有序化，从而减少滋生违法犯罪的环境。①

（三）完善流动人口权益保障机制

一是要减少收费项目，减轻流动人口的负担。流动人口往往为了生计而背井离乡，然而有些地方政府为了本地区、本部门的利益，或明或暗地设置了种种并不低的入城门槛，要求流动人口办理名目繁多的证件，而且手续烦琐、费用不低，加重了流动人口的负担。因此，减少针对流动人口采取的收费项目和收费数额势在必行。二是要建立欠薪保障制度，减少拖欠工资现象的发生。稍微注意就不难发现，各地因拖欠流动人口工资而引发的群体纷争或极端行为时有发生。在提倡公平、正义、以人为本的年代，我们不能让流动人口流汗又流泪。为了保障流动人口的合法权益，各地的相应部门要建立欠薪保障制度，如设立拖欠工资举报制度、设立举报箱、开通举报电话，使问题申诉有门，处理及时。三是要加大法律宣传，加强法律援助。发生劳务纠纷时，流动人口往往因为法律意识淡薄，不知道用法律武器维护自己的合法权益，甚至会出现由受害人向犯罪人的转变，代价惨重。因此，应加强法律知识的普及，让流动人口掌握外出期间必要的法律常识和自我防范意识，让他们知道如有纠纷发生尽可能用法律武器来维护自己的合法权益，杜绝和防止盲目维权导致的以身试法现象的发生。此外，还要加强必要的法律援助，加大劳务市场的管理力度和制定相应的管理措施，切实维护流动人口的合法权益。四是要改善流动人口的居住环境。由于经济原因，流动人口常常选择城乡接合部的民用房作为自己的居住地，在流动人口聚集和生活的城市局部，必然会形成属于他们自己的商品供应和生活服务系统，如日用品供应、医疗、浴池等。可这些服务单位多被拒绝在城市规划之外，处于无证和非法经营状态，从而使流动人口聚居区的社会管理混乱无序，给社会治安带来了隐患。因此，各级管理部门要增强责任意识，加强城乡接合部的规范化管理，有条件的城市应为他们提供住房，逐步改善他们的居住条件，或者建立流动人口互助会，以防止极少数人因生活无望或遇到困难以身试法。还可以通过创建文明社区活动，拉近流动人口与城市居民之间的距离，有效化解各种矛盾，从而达到预防和减少

---

① 刘青：《流动人口违法犯罪成因及防控》，载《平原大学学报》2001年第3期。

流动人口犯罪现象的发生。

延伸阅读

报告称农民犯罪多因维权遇阻　易引发团伙性犯罪

（2014 年 8 月 8 日《法制晚报》）

近年来，以农民工人群为主的流动人口犯罪现象越来越突出。据媒体报道，流动人口犯罪比例已占到全国各地犯罪总数的 70% 以上。流动人口犯罪存在高犯罪率、高逮捕率、高羁押率的“三高”现象。

今天上午，北京市致诚公益律师事务所发布《农民工刑事法律援助案件研究报告》，对该所 2012—2013 年两年来办结的 170 起农民工刑事法律援助案件进行了统计。

调研显示，农民工中竟也出现了特殊的“职务犯罪”，且多与雇主形成共同犯罪。

数据解读 18 ~ 29 岁嫌疑人比例最高

致诚公益 2012 ~ 2013 年度办结的农民工刑事法律援助案件共计 170 起（包括侦查、审查起诉和审判三个诉讼阶段的案件），涉及 102 名当事人，其中犯罪嫌疑人或被告人 84 名，刑事被害人 16 名，被申请强制医疗的被申请人 2 名。

在被援助的 84 名犯罪嫌疑人或被告人中，18 ~ 29 岁的犯罪嫌疑人或被告人 46 名，比例最高，占总数的 54.8%；在所有被援助的当事人中，40 岁以下的犯罪嫌疑人或被告人共 68 名，占总数的 81%。

女性犯罪近四成涉嫌诈骗

统计显示，故意伤害罪最多，占 25%；其次是诈骗罪，寻衅滋事、妨害公务罪共占 20.2%，前四项涉嫌犯罪人数占 59.5%。84 名犯罪嫌疑人中，女性 20 人。而在女性犯罪中，涉及诈骗罪的 7 人，占到 35%。排在女性犯罪类型前三位的分别是诈骗罪、故意伤害罪和销售假药罪。

原因分析　维权遇阻产生报复心理

报告指出，农民工犯罪很多属于维权自救性犯罪，就是指当农民工的生存、发展受到威胁或合法权益遭受侵害时，在维权无果或上告无门后，不得已以犯罪的手段来维护自己的权利或权益。

据致诚公益主任佟丽华律师介绍，自救性犯罪是在犯罪实施之前，农民工的合法权益受到了某种侵害，如获得劳动报酬的权利、工伤索赔的权利受到了侵害等，通过正当法律渠道无法及时、有效地维护其合法权益。

农民工因此对于侵犯他们合法权益的主体甚至是整个社会产生了仇恨和报复的心理。

常见类型有侵犯公民人身权利和财产权利的犯罪。致诚公益就办理过一起故意伤害案，嫌疑人刘某兄弟俩跟着包工头干装修，在多次讨要工资无果后，二人和包工头发生肢体冲突，致包工头轻伤。

84 名当事人中有 10 名涉嫌寻衅滋事犯罪，有 7 名涉嫌妨害公务犯罪，农民工涉嫌妨害社会管理秩序类犯罪案件数量呈现增长趋势。

犯罪特点　易引发团伙性犯罪

农民工涉嫌妨害社会管理秩序类的犯罪有一个特点：涉案人数较多或共同犯罪形式较为明显。农民工个人的力量有时无法维护自己的权益，于是可能会纠结多人集体闹事，引发群体性事件，给社会秩序造成一定混乱。

更为严重的是，相同的处境和遭遇以及在血缘、地缘上的联系都可能使他们组成具有犯罪亚文化的团伙与组织，进行团伙犯罪甚至发展到黑社会性质的组织犯罪。

报告显示，此类犯罪也是农民工在维权过程中可能引发自救性犯罪的一种新的发展类型，应该引起社会和政府的高度重视。

农民工“职务犯罪”多受雇主指使

调研显示，农民工也出现了“职务犯罪”，且具有三个特点：犯罪行为发生在农民工工作过程中；农民工受到雇主的指使，农民工和雇主多构成共同犯罪；农民工有盲从性，有的农民工知道其工作内容属于犯罪，仍听从雇主安排，有的农民工不知道工作属于犯罪行为。

84 名涉嫌犯罪的当事人中，有 10 名涉嫌诈骗罪，原因就是“因工作关系引发犯罪”。

此类犯罪主要体现在电信诈骗、培训资格证书等事件中。

例如，陈某等人涉嫌的诈骗案中，雇主注册公司，大量招聘农民工作为业务员，以“中国民营经济促进会”和“中国民营企业联合管理会”的名义，编造了“第三届民营经济发展创新论坛”，通过电话销售牌匾和证书进行诈骗。

佟丽华律师表示，预防此类犯罪，一方面，应加大对类似“注册成立正规公司、披上合法外衣”的方式来进行隐蔽诈骗活动的打击力度；另一方面，求职心切的务工人员在求职时也应擦亮眼睛，一旦发现掉入招工骗局，在面对违法犯罪的“红线”时，绝不能心存侥幸。